ROUSSEAU · MUSIK UND SPRACHE

KUNSTWISSENSCHAFTEN

Jean-Jacques Rousseau

MUSIK UND SPRACHE

Ausgewählte Schriften

Mit einem Essay von Peter Gülke:

Rousseau und die Musik

oder

Von der Zuständigkeit des Dilettanten

1989

Verlag Philipp Reclam jun. Leipzig

Aus dem Französischen
Übertragen von Dorothea Gülke und Peter Gülke
Herausgegeben von Peter Gülke
Mit Notenbeispielen

ISBN 3-379-00204-6

© Verlag Philipp Reclam jun. Leipzig 1989

Reclams Universal-Bibliothek Band 1322
1. Auflage
Umschlaggestaltung: Friederike Pondelik unter Verwendung einer
zeitgenössischen Titelseite und eines zeitgenössischen Stiches
Reproduktionsvorlagen der Notenbeispiele: Dietmar Holey
Lizenz Nr. 363. 340/118/89 · LSV 8384 · Vbg. 32,3
Printed in the German Democratic Republic
Grafischer Großbetrieb Völkerfreundschaft Dresden
Gesetzt aus Garamond-Antiqua
Bestellnummer: 661 483 3
00400

Statt eines Vorwortes

Jean-Jacques Rousseau zählt zu den Großen der Geschichte, deren Individualität und Leistung so sehr mit historischen Tendenzen ineinsfallen, daß sie gewissermaßen „anonym" fortwirken — mit der Folge, daß selbst einschlägig Interessierte wohl einen allgemeinen Begriff von ihnen, von den Details ihrer Wirksamkeit jedoch kaum noch Kenntnis haben. Rousseau wird mit wichtigen Entwicklungen seiner Zeit sehr sicher — und grosso modo auf richtige Weise — identifiziert, jedoch (am ehesten mit Ausnahme der „Bekenntnisse") wenig gelesen. Weitgehend in Vergessenheit geraten scheinen seine Schriften zur Musik, welche hier in Auswahl in — zumeist erstmaliger — deutscher Übersetzung vorgelegt werden. Dieser oder jener Leser mag fragen, wozu das geschehe, und mag sich dabei jener Passagen in den „Bekenntnissen" erinnern, da Rousseau von seiner unglücklichen Liebe zur Musik und seinem nie überwundenen Dilettieren handelt. Indessen schmälert der Umstand, daß er es zu professionellem Können nie gebracht hat, die Bedeutung seiner Schriften zur Musik nicht im geringsten, und es ist besonderen Nachdenkens wert, daß in der musikgeschichtlichen Situation jener Zeit gerade ein Dilettant seines Zuschnitts neue Impulse geben, neue Ansätze wagen, neue Wahrheiten artikulieren konnte. Derjenige, der nie vom Blatt zu singen, nie ein Instrument einigermaßen perfekt zu spielen gelernt hat, konnte nicht nur (weil er u. a. die gewohnheitsrechtlichen Implikationen übersah) eine neue Notierungsweise vorschlagen, sondern auch ein sensationell erfolgreiches Singspiel verfertigen, den bedeutendsten Musiker Frankreichs publizistisch in die Schranken fordern (und im historischen Sinne gegen ihn recht behalten), im Streit um die italienischen buffoni zeitweise zum bestgehaßten Manne Frankreichs avancieren, das weitestverbreitete musikalische Wörterbuch seiner Zeit verfassen, mit seinem Melodram nahezu zum Erfinder eines neuen Genres und gegen Ende seines Lebens von Gluck als Ratgeber in kompositorisch-dramaturgischen Fragen gesucht werden — nicht zu reden von den Einflüssen, die auch inbezug

auf die Musik von seinem ästhetischen Denken gerade auf Deutschland ausgegangen sind, auf Herder, Kant, Goethe, Beethoven etc.
Es scheint zu der oben angesprochenen anonymen Wirksamkeit zu gehören, daß die individuelle Komponente — und das bei so persönlicher Prägung wie durch Rousseau! — kraft ihrer Symbolfähigkeit „aufgezehrt" wird und wir, wenn wir seiner Leistung gerecht zu werden versuchen, auf eine besondere Art der Spurensicherung angewiesen sind — auf eine Folgewirkung des scheinbaren Paradoxons reagierend, daß die Details so sehr vergessen werden konnten, weil das Ganze so stark gewirkt hat! Über dem Thema „Rousseau und die Musik" meinte man die Akten immer wieder schließen zu können, weil der große Genfer stets mit dem Odium des Dilettanten behaftet blieb und die Verdächtigung nie loswerden konnte, er habe sich kompositorisch mit fremden Federn geschmückt — aber selbst, wenn dies der Fall war, wäre nichts gegen seine spezifische Zuständigkeit in Sachen Musik bewiesen. Man meinte sie überdies schließen zu können, weil gerade in Deutschland, wie Werner Krauss eindrucksvoll dargestellt hat, die von der französischen Aufklärung ausgehenden Impulse bald verdrängt wurden, und endlich auch, weil alle seine musikalischen und musiktheoretischen Aktivitäten mit speziellen Zeitumständen und -konstellationen in einer Weise verflochten sind, die sie ohne deren Kenntnis kaum verstehbar erscheinen läßt. „Für sich" sprechen seine musiktheoretischen Schriften heute ebensowenig wie seine Kompositionen. Nun wäre es aber eine sehr undialektische Betrachtungsweise, die in diesem Angewiesensein einen Makel sehen würde; für die Herausgabe der Schriften indessen stellt es ein Problem dar, zumal — und nun redet der Herausgeber in eigener Sache — eine Einführung vorhanden ist. Mit ihr erging es ihm wie einigemale auch seinem großen Protagonisten: Sie wuchs sich so sehr aus, daß sie, obwohl immer nur als Lese-Einladung konzipiert, für diesen Zweck am Ende nicht mehr recht taugte. So wurde sie schließlich, um durch ihren Umfang die Hauptsache an der vorliegenden Ausgabe, die Texte Rousseaus, nicht zu verdecken, diesen Texten nachgestellt. Die nötigen philologischen Hinweise findet der Leser jeweils in der ersten Anmerkung der Aufsätze, hier umso wichtiger, als der innerhalb der Bibliothèque de la Pléiade seit 1959 in Aussicht stehende Band, der die

textkritische Ausgabe der Schriften zur Musik enthalten wird und später sicher als philologisch gesicherter Ausgangspunkt gelten dürfte, bisher noch nicht erschienen ist.

Peter Gülke

Brief an Grimm über die italienische und die französische Oper[1]

... Ich werde Ihnen also von Theateraufführungen in Italien berichten, Ihnen, der die französischen bereits so trefflich beurteilt hat. Ich würde mich überglücklich schätzen, wenn mein Brief Ihnen einiges Material liefern könnte, um die ersteren gleichfalls zu beurteilen.
Es ist ein Unglück für die Oper, daß weder Aristoteles noch Horaz uns Regeln für sie hinterlassen haben. Ich könnte mir denken, daß die Griechen und Römer von heute dann mit weniger Geringschätzung von ihr gesprochen hätten. Boileau hätte sie aus seinen Satiren herausgenommen, um sie in seiner *Art poétique*[2] auf einen Ehrenplatz zu stellen. La Bruyère hätte wenigstens genau gewußt, weshalb er sich an ihr ärgerte, Madame Dacier hätte ihre Kritiken in Lobpreisungen verwandelt und sich etliche ziemlich platte Spötteleien über die Liebhaber dieses reizenden Genres ersparen können.
Es ist wohl einzigartig, daß es zum guten Ton gehörte, gerade die Oper aus der Zeit Lullys und Quinaults zu verachten, und daß man, seitdem wir mit miserablen Rhapsodien[3] überschwemmt worden sind, sie günstiger zu beurteilen begonnen hat — offenbar, weil die unnützen Anstrengungen, die man die modernen Amphionen[4] hat machen sehen, die Schwierigkeiten des Unternehmens besser haben begreifen lassen und weil man erkannt hat, daß für ein Genre, mit dem Erfolge zu erzielen so schwer ist, doch wohl strengere Gesetze gelten müßten, als man zuvor gemeint hatte. Welche auch immer diese Gesetze sein mögen, sicher ist, daß sie außer den allgemeinen Regeln des Theaters andere enthalten müssen, die allein für diese Art Bühnenstück gelten; denn da die Musik ihm Einzigartigkeit und Außergewöhnlichkeit verleiht, muß sich das Textbuch ihr anpassen und mit ihr korrespondieren. Tragödie und Komödie haben, abgesehen von den ihnen gemeinsamen Regeln, jeweils ganz eigene, die aus ihnen zwei verschiedene Arten des gleichen Genres machen; die Oper wäre hierzu die dritte, von den anderen nicht weniger unterschieden, und gewiß ist es ein Feh-

ler, sie mit jenen zu vermischen und nicht in jeder den ihr eigenen Charakter zu erkennen.

Legt man dies zugrunde, so muß man zugeben, daß die Texte der italienischen Opern viel weniger taugen als die der unseren, und zwar sogar deshalb, weil sie besser und vernünftiger sind. Man hat schon früher festgestellt, daß die Tragödie nichts weniger sei als die Darstellung einer menschlichen Handlung. Menschen — und besonders Helden — sprechen nicht in Versen, auch rechtfertigen sie keineswegs durch große Worte die Dummheiten, die die Liebe sie begehen läßt; ihre Reden sind mitnichten ein Gewebe gigantischer Gedanken und gewaltiger Ausbrüche, sie stoßen niemals solche lächerlichen Schreie aus, noch ergehen sie sich in so übersteigerten Gesten, wie sie in unserem Theater üblich sind. Ist jedoch der Dichter klug und der Darsteller geschickt, so können sie zugegebenermaßen Wirklichkeit vortäuschen. Eine gut geführte und gut deklamierte Szene hat nichts Befremdliches; so, wie ich Grandval für Cinna halten kann, kann ich mitunter Sarrazin für Augustus halten. In der Oper sieht es anders aus; hier kann man sich nicht vorstellen, daß zwei Personen, wenn sie singen, sich auf natürliche Weise unterhalten und dergestalt eine oft sehr ernste Unterredung führen. Das gilt umso mehr, je ernster und ungewöhnlicher der Gegenstand ist, so daß es der Gipfel der Lächerlichkeit wäre, einen König mit seinem Minister oder seinem General über Angelegenheiten des Staates oder des Krieges sich musikalisch unterhalten, sie singend beratschlagen zu lassen. Genau da liegt die Schwäche der italienischen Oper. Ihre Stoffe mögen gut gewählt sein, taugen jedoch nicht für die Oper, weil sie der Geschichte bedeutende Ereignisse entlehnt haben, statt sich an das Wunderbare zu halten, was Legenden und Sagen bieten. Anstelle von Isis, Phaethon, Perseus[5] und Iphigenie schockieren Cäsar, Cato, Themistokles und sogar Antiochus und Tamerlan unseren Geschmack und unser Wohlbefinden mit langen und blitzenden Rouladen, und man stellt uns diese antiken, respektablen Helden in Gestalt kastrierter Schurken vor, die ihren Kehlen Gewalt antun müssen, um zu bewirken, daß man ihr Meckern auch noch bewundere. Was würden, ich bitte Sie, die Schatten dieser großen Männer sagen, sähen sie sich — als Beobachter von einer Ecke des Theaters aus — derart unwürdig dargestellt, und welche andere Wirkung kann der bizarre und trillernde

Gesang eines Cato oder Themistokles auf unseren Geist machen, als diejenige, daß wir annehmen, sie seien verrückt geworden? Der Wahl des Stoffes entspricht die Aufführung des Stückes. Da die Liebe durchaus nicht immer majestätisch wie auf hohen Kothurnen geht und selten galant ist, darf sie nur schmeicheln, indem sie sich in blumenreichen Bildern und Vergleichen ergeht, und das auf eine Weise, das die traurigen und ernsten Worte des Darstellers einen befremdlichen Kontrast bilden zur Lebhaftigkeit der Arie, die er darauf singt. Dies ist eine der Ursachen dafür, daß italienische Opern, obwohl interessant zu lesen, auf dem Theater immer von eisiger Kälte sind. Schließlich handelt es sich um echte Tragödien, die deklamiert werden wollen, und die man ja tatsächlich deklamiert, wenn man einige hihzugefügte Arien streicht, die der Komponist nur um der Musik willen geschrieben hat und die normalerweise als Sättel für alle möglichen Pferde gut sein mögen, zum Sujet aber nur eine lockere, sehr entfernte Beziehung haben und etwa auf gleiche Weise benutzt werden wie die für sich stehenden Arien der Festszenen unserer Opern. Böte man solche Werke ohne Musik dar, würden sie viel stärker wirken als auf der Opernbühne, wo sie uns mächtig langweilen — was wiederum bei den unseren nicht passiert, die, obwohl unerträglich zu lesen, aufgeführt sehr reizend sind. Ich zweifle daran, daß Italien der rechte Ort ist, sich um diese Unterscheidung verdient zu machen; ein Text sollte nur für gut befunden werden im Hinblick auf das, was der Komponist vorhat. Opern müssen schließlich gesungen werden, und es ist Sache eines Musikers mit Geschmack und Urteil, diesem Genre zu geben, was ihm angemessen ist, weil ein Werk nur im Hinblick auf seine Zielsetzung vollkommen gut werden kann. In eben diesem Punkte erscheint mir Quinault höchst bewundernswert und Metastasio überlegen, dessen Stücke gleichwohl besser gebaut und edler sind als die seinen.

Quinault befragte die Natur, und wahrhaft schöpferisch in dem Genre, dem er sich verschrieb, gab er seinen Libretti genau das Besondere, dessen sie im Hinblick auf ihre Verwendung bedurften. Er machte daraus eine besondere Gattung, aus der man für die Oper die bestmöglichen Regeln abziehen kann. Metastasio hat Tragödien verfertigt wie tausend andere vor ihm. Quinault dagegen hat weder Tragödien noch Komödien geschrieben; er hat ein drittes Genre von Bühnenstück erfunden, er hat wirklich Opern geschrieben. Offenbar hat er gespürt, daß es nur ein einziges Mittel gäbe, den Zuschauern das Lächerliche einer Unterhaltung in Musik zu verschleiern, daß man sie nämlich über sich selbst hinausheben, sie in eine Zauberwelt entführen müsse, etwa in ein Feenreich; daß man sie mithilfe von Überraschungswirkungen und Wunderdingen täuschen müsse, weil sie inmitten außergewöhnlicher Erscheinungen weniger überrascht sein werden, wenn gesungen wird, wo man eigentlich spricht, und getanzt, wo man zu gehen pflegt. Dieser Vorsichtsmaßnahme hat er eine weitere hinzugefügt, die dazu beiträgt, die Oper endgültig erträglich zu machen, und das ist, nur Sujets zu verwenden, die von sich aus Gesang zulassen: Opferhandlungen, Beschwörungen, öffentliche Belustigungen und galante Feste, Kriegsgeschrei und Siegesgesänge. All das ist wie für Musik geschaffen, und man muß die Phantasie nicht gewaltsam dazu zwingen, dies zu akzeptieren. Im übrigen steigern große Chöre und der Pomp solcher Feste die Begeisterung der Zuschauer. Ein glänzendes Schauspiel, von wohlklingender Musik begleitet, umschmeichelt die Sinne und hindert den Verstand daran, über die geringe Glaubwürdigkeit der Dinge nachzudenken, die er wahrnimmt. Auch sollte man bei der Oper nicht dem Verfahren der Tragödie folgen, den Zuschauer allmählich zu verzaubern. Dies wird man mit solchen Mitteln niemals erreichen; man muß ihn emporheben, ihn jählings entzücken. Die Oper würde gewiß dann den größten Effekt haben, wenn sie immer mit großen Chören und mit allem Glanz eines pompösen Schauspiels begänne.

Im übrigen will ich gar nicht sagen, daß unsere Wunderwelt nicht auch Nachteile habe; zunächst denjenigen, uns viel weniger anzurühren als die Realität. Man interessiert sich nur mäßig für die Unglücke von Menschen, die so viele Möglichkeiten haben, sich von ihnen zu befreien: Da braucht nur irgendein Deus ex machina zu kommen (...)[6], und schon sind ohne viel Federlesens alle Gefahren zerstreut. Und ist man diesen simplen Verfahrensweisen erst einmal auf die Schliche gekommen, so überläßt man im wesentlichen der Bühnentechnik das Heil des in Gefahr schwebenden Helden. Deshalb regt man sich über einen Dardanus[7] und einen Perseus nur wenig auf. Man traut der Macht des Vaters zuviel zu, als daß man sich um den Sohn sorgte. Allerdings rührt die Kälte dieser

Stücke und des Genres oft viel mehr von der schlechten Stoffwahl her als von dem, was sich in ihnen an Unglaubwürdigem zuträgt. So sind die Sagen von Theseus, Atys, Thetis und Peleus Stoffe, in denen das Wunderbare das Interesse sogar steigert, weil es die Gefährdung der Helden durch die unüberwindliche Macht der Gegner vergrößert.[8] Und außerdem kann man auch zwischen den Göttern selber intime oder offizielle Konflikte anlegen, die für den Ablauf des Stückes die gleiche Anteilnahme gewährleisten wie in einer gewöhnlichen Tragödie und die im übrigen all dem Spektakel Raum geben, den die Oper erfordert. Im Gegensatz hierzu ist der historische und realistische Hergang in italienischen Opern eine Quelle unendlich vieler Fehler, die in dieser Art Bühnenstück unerträglich sind: ermüdende Langeweile von Szenen, die immer als dieselben, ohne Lebendigkeit und ziemlich geistlos aneinandergereiht erscheinen; endlose Rezitative in genau abgemessenem Wechsel mit Arien, immer nach dem gleichen Schema ablaufend, ohne Abwechslung, ohne Kontraste, so daß es scheint, als handle es sich stets um dasselbe: Sosehr sie sich wiederholen, sosehr ähneln sie einander. In einem Wort: Fügen Sie eine Kette völlig belangloser Unterhaltungen von vierzehn- oder fünfzehnhundert Versen aneinander, in drei Akte aufgeteilt und im Verlauf von vier tödlichen Stunden heruntergesungen, so haben Sie inbezug auf den Text den Stil der italienischen Oper getroffen.

Was freilich die Musik angeht, so ist diese der eigentliche Punkt. Nun hat man aber über diese herrliche italienische Musik schon so viel geredet, hat schon so viele Vergleiche mit der unseren angestellt, daß es unmöglich scheint, hierüber noch etwas zu sagen, ohne in langweilige Wiederholungen zu fallen. Hier folge dennoch – ganz unter uns und allein für Sie – die Meinung, die ich mir darüber gebildet habe.

Die Italiener haben die Musik bis zum höchsten Punkt der Vollkommenheit gebracht – entsprechend den Vorstellungen, die sie sich davon gemacht haben, d. h. die Töne geschmackvoll zu setzen und zu kombinieren, um Stimmen und Instrumente glänzen zu lassen. In dieser Hinsicht, so kann man sagen, haben sie die Schönheiten dieser Kunst ausgeschöpft; das Ohr ist gleichermaßen entzückt von der Vielfalt und Eleganz wie von der Beweglichkeit der Stimmen und Instrumente, die diese Schönheiten hervorbringen. Ich jedenfalls schlürfe sie

alle Tage mit neuer Begeisterung und glaube nicht, daß es irgendeinen Menschen auf der Welt gibt, der so wenig empfänglich wäre für schöne Töne, daß er dieser bewundernswerten Musik ohne Vergnügen lauschen könnte. Alle Nationen Europas sind sich einig in ihren Huldigungen, und der Eifer, mit dem sie diese Musik übernommen haben, spricht deutlich genug für die Wertschätzung, die sie ihr entgegenbringen. Wenn wir sie, wie die anderen, übernehmen, muß unsere Wahl mehr Gewicht haben, weil wir sie uns aus Geschmacksgründen und nicht aus Gründen der Notwendigkeit zueigen machen.
Was würden die Deutschen, die Spanier und die Engländer ohne die italienische Musik tun? Jämmerliche Katzenmusik nach der Art dieser Völker wäre das einzige, was sie zu bieten hätten. Eine hübsche französische Musik dagegen — was man darüber auch sagen möge — kann sehr wohl gefallen, selbst den Fremden. Wir schätzen die italienische Musik und pflegen sie, weil wir fähig sind, das Schöne zu erkennen und zu lieben, ohne die Wirkung des Klimas in Rechnung stellen zu müssen, die sie hervorbringt.[9] Aus dieser Tatsache ziehen die Italiener eine Folgerung, die nach ihrer Meinung unanfechtbar ist und die Vorrangstellung ihrer Musik beweist: „Sie sehen", so sagen sie, „daß alle Nationen, die Ihre nicht ausgenommen, unsere Musik bewundern und spielen; sie ist die Musik par excellence, alle Stimmen vereinigen sich in ihrer Bewunderung, während Ihr allein durch schlechten Geschmack und Vernarrtheit in die Hervorbringungen Eures Landes den Anspruch erhebt, Eure französische Musik neben die unsere stellen zu können; aber Ihr seid parteiisch, während alle übrigen Richter, die dies nicht sind, Euch einhellig verdammen: also habt Ihr unrecht." Darauf geben sich die Franzosen mit der Antwort zufrieden, daß die italienische Musik ihre besondere Art habe und die französische die ihrige und daß der Unterschied beider keinen Vergleich erlaube. Sie müßten für gleichwertig gelten, jede auf ihre Weise.
Mir scheint, daß die Ausländer kaum unrecht daran tun, solchen Überlegungen nicht allzuviel Bedeutung beizumessen. Denn abgesehen davon, daß sie das Recht haben, die Feststellung zu verwerfen, auf der solche Überlegungen aufbauen; selbst wenn sie sie akzeptieren würden, hätten sie noch guten Grund, die Schlußfolgerungen abzulehnen. Erstens ist die Musik der Italiener keineswegs so sehr auf die Sprache und die Ei-

genart ihrer Nation fixiert, als daß sie sich nicht auch mit der Sprache jeder anderen verbinden könnte. Deutsche Worte würden durchaus gut zu italienischen Arien passen, sogar französische Worte wären nicht lächerlich, hätte man die Melodie auf sie zugeschnitten oder ihnen zumindest geschickt angepaßt. Unbestreitbar ist die italienische Musik eine universale Musik, und wenn sie besonders den Italienern gehört, dann nicht, weil ihr Charakter ausschließlich ihrer Sprache und ihrer Nation angemessen wäre, sondern vielmehr deshalb, weil sie genug Genie und Feuer hatten, ihr als erste jenen brillanten Charakter zu geben. Wer wollte daher bestreiten, daß dieser Musik der Vorzug vor der unseren zu geben sei, welche sich ausschließlich dem Tonfall und den Eigenheiten der französischen Sprache anpassen kann? Woraus sich ergibt, daß, wenn man der italienischen Musik jenen besonderen Charakter zugesteht, sie der unseren immer vorzuziehen ist, weil sie allenthalben gefällt.

Woher also rührt der Eigensinn der Franzosen, ihre Musik so zu hegen und zu pflegen? Soviel Vergnügen die italienische ihnen auch bereitet, wie empfänglich sie für ihre Schönheiten auch sein mögen — man weiß dennoch, wie heftig alle Leute von Geschmack sich dem Eindringen italienischen Geistes in unsere Musik widersetzt haben. Trotz der angeborenen Vorliebe der Franzosen für alles, was Frankreich nicht selbst hervorbringt, hat sich die Verbindung dieses fremden Tonfalls mit der Weichheit des unseren nicht herstellen lassen. Der wahre Grund dafür liegt darin, daß die Schönheiten der italienischen Musik nicht von der gleichen Art sind wie die der unseren und daß sie nicht die gleichen Wirkungen hervorbringen. Die italienische Musik gefällt mir außerordentlich gut, aber sie rührt mich in keiner Weise. Die französische gefällt mir nur, weil sie mich rührt. Die Triller, die Passagen, die Melodielinien, die Rouladen der ersteren mögen die Stimme brillieren lassen und dem Ohre schmeicheln, die verführerischen Töne der zweiten jedoch gehen geradenwegs zum Herzen. Wenn die Musik lediglich dazu geschaffen wäre zu gefallen, so laßt uns Italien die Palme reichen; wenn sie aber auch ergreifen soll, behalten wir die Palme bei uns, wo man Leidenschaften zu erregen und den Zuschauer anzurühren beabsichtigt. Wie viele Male haben nicht im Pariser Theater unsere Tränen und unsere Rührung der Kunst des Musikers und dem Talent des Darstellers Ehre erwiesen! Alle göttliche italienische Musik hat auf den großen, prachtvollen Bühnen nie vermocht — ich will nicht sagen: Tränen zu entlocken, aber die geringste Bewegung in den rührenden Szenen hervorzurufen. Man verharrt immer in eisiger Ruhe, man denkt über den Zusammenhang der Töne nach, die man hört, man bewundert die Kehle, die sie formt; aber niemals geschieht es, daß man gerührt ist — und zwar deshalb, weil man statt einer leidenschaftlichen Frau z. B., die die Erregungen ihres Gemüts mit Gefühl ausdrücken würde, immer nur eine Sängerin vor sich sieht, die Grimassen schneidet und ihren Hals malträtiert, um Bewunderung für die Leichtigkeit ihrer Stimme zu ernten. Wie viele schöne Augen werden naß bei der ergreifenden Szene von Atys und Sangaride im dritten Akt von *Pyramos et Thisbe*[10], bei der Erkennungsszene der Iphigenie[11], dem Monolog des Dardanus[12] und an tausend anderen Stellen, bei denen noch der unsensibelste Zuschauer sich gegen seinen Willen bewegt und gerührt fühlt. Der Darsteller, der nicht zugleich singen und spielen kann, spielt schlecht, und der Komponist schreibt italienisch, also ohne Gefühl. Die Versessenheit auf Rouladen, Kadenzen und all das gesuchte Passagenwerk beansprucht ihre ganze Aufmerksamkeit, und so bleibt nichts für das Natürliche, für das sie schon gar nicht mehr empfänglich sind.

Sie überladen ihre Schriften mit Pointen, ihre Häuser mit Säulen und Reliefs und ihre Gärten mit Statuen, sie ersetzen also durch Künstlichkeit die Schlichtheit der Natur, die ihnen den Sinn für ihre Schönheiten nicht gegeben hat.

Große Schwächen der italienischen Musik sind ferner Eintönigkeit und Mangel an Kontrasten. Die Oper ist, wie ich schon sagte, zusammengesetzt aus der Aufeinanderfolge eines langen Rezitativs und einer Arie, dann einem anderen langen Rezitativ, wieder einer Arie, und in diesem Wechsel so immer weiter. Obendrein sind diese Arien, die einander in vorbestimmten Abständen folgen, alle nach dem gleichen Schema gebaut, in zwei Teile unterteilt, deren erster nochmals aus zwei Abschnitten zusammengesetzt ist, nämlich Ritornell und Schlußkadenz; dieser folgt der zweite Teil der Arie, immer zur vierten Stufe modulierend, was, nebenbei gesagt, weder so natürlich noch so angenehm ist wie eine Modulation zur Dominant oder zur sechsten Stufe. Die dergestalt aneinandergereihten Arien ähneln einander nicht nur in der Art ihres Auftretens, sondern auch in Charakter und Bewegungsform, wie es kaum anders möglich ist bei der Häufigkeit, mit der man sie bemüht. Denn eine Oper setzt sich normalerweise aus etwa dreißig großen Arien zusammen, die alle fast gleiche Länge haben und alle auf gleiche Weise eingeführt werden, ohne daß eines jener begleiteten Rezitative[13], eine jener kleinen Arietten oder lockeren Dialoge eingeschaltet würden, die bei uns dazu dienen, den Charakter des Gesanges und der Musik zu variieren und damit die verschiedenen Stücke in kontrastierende Verhältnisse zu setzen. Im Orchester und in der Begleitung herrscht dieselbe Monotonie: Statt die Unterschiedlichkeit der Orchesterinstrumente einzusetzen, benutzen die Italiener ständig die Violinen, die tatsächlich mit bewundernswerter Sauberkeit und Präzision spielen, aber immer wieder die gleichen Passagen hören lassen, fortwährend begleitet von vier großen Jagdhörnern, die – so wirkungsvoll sie auch sein mögen, wenn sie richtig eingesetzt werden – mir durch ihr fortwährendes Geschmetter in schrecklichster Weise den Schädel zermartern, besonders in Arien, die das am wenigsten vertragen. Was die Begleitung durch Flöten, Oboen, Celli, Fagotte, Kontrabässe und andere Abwechslungen angeht, auf die unsere Musiker sich so gut verstehen, so wissen jene überhaupt nicht, worum es sich handelt. Daher ist ihre Baßführung die schlechteste der Welt, ohne Melodie, ohne Ausarbeitung und ohne Anmut, verdrießlich heruntergekratzt auf einem halben Dutzend Kontrabässen, die sicherlich eher dazu dienen könnten, den Takt zu klopfen, als dem Ohr zu schmeicheln. Tatsächlich stellen der schöne Gesang und die Melodie, die sie in ihren Oberstimmen haben, das einzige Verdienst ihrer Kompositionskunst dar, denn was den harmonischen Satz angeht, so finden wir nach meiner Meinung allein in den *Indes galantes*[14] mehr davon als in allen italienischen Opern zusammen. Von Imitationen spreche ich gar nicht erst, von Fugen, obligaten Bässen und anderen Quälereien, die sie mit den besten Gründen aus ihrer Musik, zumindest aus der Oper, verbannt haben, um weder dem guten Geschmack noch dem schönen Gesang Fesseln anzulegen, welche beide in diesem musikalischen Genre allein ausschlaggebend sind. Ich sollte diesen Artikel jedoch nicht abschließen, ohne ihnen auch die Vernachlässigung der Chöre vorzuwerfen, welche im Theater so große Wirkung tun, sei es durch sich selbst, sei es durch die schmückende Belebung, die singende Mädchen und junge Männer auf die Bühne bringen. Wir haben so schöne Chöre, daß man sie nur hören muß, um festzustellen, daß sie die Oper in sehr vorteilhafter Weise bereichern und in mehr als einer Hinsicht zu ihr gehören. Zwanzigmal habe ich bei dem berühmten Chor aus *Jephte*[15] *„Die Erde, die Hölle und selbst der Himmel, alles zittert vor dem Herrn..."* den ganzen Saal von Bewunderung und Ehrfurcht ergriffen, ja geradezu außer sich geraten sehen. Der Chor „*Strahlende Sonne*" etc. und derjenige der Matrosen, die in den *Indes galantes* zugrundegehen, die Hymne an Ceres in *Pyramos et Thisbe*, der Chor „*Schleudert den Blitz*" in *Hippolyte et Aricie*[16] kann man unmöglich kalten Blutes anhören. Italien hat meiner Meinung nach nichts, was für diese Schönheiten auch nur halbwegs entschädigt, denn die wenigen Chorsätze, die dort nur von den Hauptdarstellern gesungen werden, verdienen diesen Namen nicht. (...)

1 Dieser Fragment gebliebene Brief fehlt in den älteren Gesamtausgaben. Erstmals veröffentlicht wurde er bei A. Jansen, *Rousseau als Musiker*, Berlin 1884, S. 445—463, und eben hieraus — aus dem im Besitz der Deutschen Staatsbibliothek befindlichen korrigierten Handexemplar des Verfassers — übersetzt.
2 Boileaus 1674 erschienene Poetik galt als kanonisch. In ihr sind die aus den Werken der französischen Klassiker des 17. Jahrhunderts abgezogenen Regeln in Gedichtform kodifiziert.
3 Hier ist, wie in einer Parallelformulierung in den *Bekenntnissen*, summarisch alles in letzter Zeit Komponierte gemeint. Mit „Rhapsodie" verband sich zu Rousseaus Zeiten, außer inbezug auf die altgriechische Dichtung, keine konkrete Vorstellung; z. B. fehlt das Stichwort im *Dictionnaire*.
4 Amphion war in der griechischen Mythologie Sohn des Zeus und der Antiope; unter der Wirkung seiner von Hermes geschenkten Leier fügten sich die thebanischen Mauern von selbst zusammen.
5 Gestalten der griechischen Mythologie: Isis ursprünglich die ägyptische Göttermutter, im Hellenismus Gegenstand einer Mysterienreligion; Phaethon Sohn des Sonnengottes Helios, der bei der Lenkung des Sonnenwagens die Gewalt über die Sonnenrosse verlor, einen Brand verursachte und von Zeus erschlagen wurde; Perseus, Sohn des Zeus und der Danae, enthauptete die Medusa.
6 Hier befindet sich im Manuskript eine Lücke.

7 Oper von Rameau auf ein Libretto von La Bruyère, 1739 uraufgeführt, 1744 mit zwei von Rameau neukomponierten Akten wiederaufgenommen.
8 Rousseau spielt hier auf Opern der Sonnenkönigzeit an: *Thesée*, mit Libretto von Philippe Quinault und Musik von Jean-Baptiste Lully, wurde 1675 uraufgeführt, *Atys* von den gleichen Autoren ein Jahr später, *Thétis et Pelée* von den wenig bekannten Autoren Fontenelle, Libretto (nicht mit dem großen Vertreter der Frühaufklärung zu verwechseln) und Colasse, Musik, im Jahre 1678.
9 Ein allenthalben in der französischen Aufklärung aufscheinender Gesichtspunkt.
10 Im Jahre 1726 uraufgeführte Oper von François Francoeur und François Rebel.
11 Rousseau spielt hier auf eine Szene im letzten Akt der Oper *Iphigénie en Tauride* von Henri Desmarets, vollendet von André Campra, an, die, 1704 uraufgeführt, in den Jahren 1711, 1719, 1734, 1746, 1750 und 1762 (zuletzt von Berton überarbeitet) in Paris gespielt wurde.
12 Siehe Anm. 7.
13 Vgl. auf S. 312 dieser Ausgabe Rousseaus Artikel über das begleitete Rezitativ.
14 Oper von Rameau, 1735 uraufgeführt und später in den Jahren 1736, 1743, 1751 und 1761 wiederaufgenommen.
15 Im Jahre 1732 uraufgeführte, sehr erfolgreiche, zeitweise vom Pariser Erzbischof verbotene gewesene Oper von Michael Pinolet de Montéclair.
16 Im Jahre 1733 uraufgeführte Oper von Rameau, später in den Jahren 1742, 1757 und 1767 gespielt.

Brief an Herrn Grimm, die „Bemerkungen"[1] zu seinem Brief über „Omphale" betreffend

Picas quis docuit nostra conari?[2]

Ich beglückwünsche Sie, Monsieur, zu Ihrem neuen Ruhm. Sie sind im Besitze einer Ehre, wie sie Homer und Platon erst lange nach ihrem Tode zuteil wurde und deren bei uns zulande allein Boileau zu seinen Lebzeiten sich erfreuen konnte: Sie haben einen Kommentator. Die Bemerkungen über Ihren Brief erheben zwar nicht den Anspruch, ein Kommentar zu sein; Sie wissen, daß Kommentatoren das Wesentliche übergehen und das Unwesentliche auswalzen, daß sie die Sucht haben, all das auszudeuten, was ohnehin klar ist, daß ihre Erklärungen immer dunkler sind als der Text und daß es nichts gibt, was sie nicht bei ihrem Autor entdeckten, Anmut und Scharfsinn natürlich ausgenommen.

Nun also, die *Bemerkungen* sagen kein Wort über *Omphale*, welche immerhin den Gegenstand Ihres Briefes bildet. Zum Ausgleich dafür ergehen sie sich lang und breit über Ihre etwas ausführlichen Abschweifungen. Sie, Herr Grimm, haben über das Rezitativ gesprochen, und die *Bemerkungen* machen mit Ihren Worten eine lange Predigt daraus. Erster Punkt: das französische Rezitativ ist langsam. Zweiter Punkt: das französische Rezitativ ist monoton. Beflissen fügt man der Definition hinzu, was Sie vermutungsweise vom italienischen Rezitativ übernommen haben könnten. Danach definiert man das *„Rezitativ bzw. die Melopöie der Alten"*[3]. Demnächst wird man die Ariette definieren; was definierte man schließlich nicht!

Sodann: großer Kommentar darüber, daß Sie gewissen Leuten am liebsten verbieten würden, Musik von Pergolesi, Galuppi, Adolfati zu hören; selbiger Kommentar beweist mit methodischer Betulichkeit, daß Sie recht haben mit der Auskunft, man könne nichts gegen das italienische Rezitativ vorbringen, und zwar, weil man es im Opernhaus nicht zu hören bekommt. Des weiteren großer Kommentar über die in Bologna von dem berühmten Bernachi erfundene Ariette, welche aber durch andere in Umlauf gebracht worden sei, weil nämlich der be-

rühmte Bernachi keineswegs Komponist, sondern ein berühmter Sänger war.
Weiter ein Kommentar über die Kunst des Zuhörens, die der Verfasser für die Kunst des Ohrenaufsperrens hält. Überdies beklagt er sich höchst geistreich, daß man die Kunst des Verstehens vernachlässige. Folgt ein Kommentar zu dem, was Sie zum Mißbrauch der Gestik gesagt haben; hier nimmt sich der Kommentator sogar die Freiheit, nicht Ihrer Meinung zu sein, da die Geste ein wesentlicher Bestandteil der Musik Lullys sei.
Item — großer Kommentar über Ihr feinsinniges Verständnis für die schönen Künste und alle Arten von Begabungen. Sie haben dem Gott des guten Geschmacks und der Talente einen Tempel errichtet. Man muß dem Kommentator Glauben schenken, wenn er erklärt, Ihre Götter seien durchaus nicht die seinen. Indem er es sagt, hat er es schon bewiesen und kann sichergehen, daß man ihn niemals des falschen Götzendienstes verdächtigen wird.
Kommen wir zu den erleuchteten Interpretationen. Der Verfasser fügt den Definitionen liebenswürdigerweise hinzu, es sei sicher ein Fehler von Ihnen gewesen, diese wegzulassen, und diktiert Ihnen sozusagen diejenige des italienischen Rezitativs: *„Das in seinem Ablauf strenge italienische Rezitativ läßt dem Orchester bei jeder Gefühlswendung genug Zeit, um die Modulationen zu erleichtern, vermeidet dadurch schließende Kadenzierungen und kennt also keinen Schlußpunkt vor dem Ende der Erzählung. Nirgends überdeckt das Orchester die Deklamation des Darstellers durch eine Überfülle von Akkorden, hilft ihm aber in allen noch so unterschiedlichen Ausdruckslagen* die jeweils verlangte durch neue Arten der Darstellung zu verdeutlichen. Damit ist es vieler Differenzierungen fähig."* Um Ihnen zu einer so klaren Definition offen meine Meinung zu sagen: Ich nehme an, daß der Verfasser zufällig irgendein durch Ritornelle bzw. Orchesterzwischenspiel unterbrochenes italienisches Rezitativ gehört und davon schlankweg auf den allgemeinen Charakter des Rezitativs geschlossen haben wird. Mit alledem hat der Verfasser dieser Definition, wer er auch sei, uns gründlich dessen versichert, daß er von Musik nie etwas verstanden hat.
Eine andere Definition, der man interessehalber lauschen

---

* Genauso stehen die Worte in den *Bemerkungen* geschrieben.[4]

sollte, ist diejenige der Ariette. Ich schreibe sie wortgetreu ab:
„*Der berühmte Bernachi hat das Moll stets zwischen zwei Dur-Abschnitte gestellt und hat die erste und wichtigste melodische Wendung in verschiedenen Modulationen wiederholen lassen, damit das Ohr — durch diese Wiederholung — den Charakter der musikalischen Prägungen besser erfasse.*" Sie lachen; Geduld, wir sind noch nicht zuende, Sie müssen bitte auch diesen Passus noch aushalten: „*Was ich als Moll bezeichnet habe, erhält oft nur durch das Verhältnis der Tonarten zueinander seinen Sinn. An der Geschicklichkeit des Komponisten ist es, das zu seinem Gegenstande passende Verhältnis, zugleich dasjenige, das am besten zum Hauptteil zurückzuführen erlaubt, aufzusuchen. Im Moll-Abschnitt wird die Gangart stets verändert, d. h. er wird im langsamen ³/₄-Takt verlaufen, wenn im Dur-Abschnitt ⁴/₄-Takt vorgeschrieben ist, welcher also nach dem Moll-Abschnitt wieder aufgenommen wird. Eben dies gibt dem Bilde die Schattierungen.*" Wir sollten dem Verfasser nicht das Unrecht antun, zu glauben, alle diese Verworrenheiten seien seinem eigenen Kopfe entsprungen. Vielmehr ist wohl dies die Wahrheit: Die Passagen werden aus irgendeinem alten italienischen Buch abgeschrieben und mehr schlecht als recht von irgend jemandem übersetzt worden sein, der rein gar nichts von Musik und nicht gerade viel von der italienischen Sprache versteht.
Ich bin bereit, Ihnen das im Text Folgende unter der Bedingung zu erlassen, daß Sie zugeben, die *Bemerkungen* seien wirkliche Kommentare. Da der Charakter von Wörterbuchkundigen und Pedanten nie deutlicher offenbar geworden ist, halte ich den Beweis für erbracht.
Nun weiß ich tatsächlich nicht, wer der Verfasser ist; ich halte ihn aber, wie Sie, nicht einmal für schlecht, weil er nach meiner Meinung nicht ohne einige Finesse zuwege gebracht hat, daß viele hübsche Stellen aus Ihrem Brief deutlicher hervortreten. Es handelt sich wohl um eine Art Komplizen, der die Sentenzen des Polichinell[5] wiederholt und nur deshalb sich darüber lustig zu machen vorgibt, weil er sie dem Publikum besser verständlich machen will. Ich weiß sehr wohl, daß Sie mit Polichinell nichts gemeinsam haben; was aber den Komplizen angeht, so sage ich noch einmal: Ich vermute, daß es einer Ihrer Freunde ist.
Erlauben Sie mir also, mich an Sie zu wenden, um Ihnen einige meiner Absichten mitzuteilen, von denen er, wie ich mir ein-

bilde, Gebrauch machen könnte, bevor er seinen Kommentar in Ihren Brief einfügt. Da ich mich durchaus, von ihm angesteckt, angelegentlich über die *Bemerkungen* verbreiten könnte (zumindest, um der Monotonie zu entgehen), werde ich Ihrem Verfasser verschiedene Namen geben. Wo er die Mühe auf sich nahm, des langen und breiten darzulegen, warum er Ihnen die Ehre antat, Ihrer Ansicht zu sein, würde ich ihn „Kommentator" nennen. Wo er den Anschein erweckt, Sie zu widerlegen, wird er „Komplize" heißen; als „Kritiker" wird er überall da auftreten, wo er recht hat. Freilich werde ich mich gezwungen sehen, von dieser letzten Benennung recht zurückhaltend Gebrauch zu machen.

Daß ein Kommentator dunkel, verschwommen und weitschweifig redet, ist das Vorrecht seines Berufs; dennoch gibt es einen Punkt, über den er nicht hinausgehen dürfte. Man sollte Matanasius im Zusammenhang mit der Ariette weder Mainard zu zitieren erlauben, der als erster erkannte, daß der dritte Vers eine Art Schluß oder Ruhepunkt innerhalb einer Stanze darstellen müsse, noch die *Sophonisbe* von Trissino, das Muster der drei Einheiten; weder Maigret, der erstmalig das Gesetz der drei Einheiten in der Tragödie einführte und demzufolge Sophokles, Euripides und Seneca darin unterwies, noch den berühmten Bernachi, von dem weder Sie noch ich noch viele andere je haben sprechen hören (was Sie jedoch nicht überraschen darf): Ihm ergeht es wie vielen dieser berühmten Leute, die niemand kennt und die ihr Leben damit verbringen, sich gegenseitig zu feiern, ohne je allgemein bekannt geworden zu sein. Wie dem auch sei – dies sind die einleuchtenden Gründe, derentwegen die italienische Ariette keineswegs darauf beschränkt bleibt, ewig nur, wie die französische, zu scherzen im thematischen Umkreis von „Lanze", „Stich", „Fessel", „Geplapper" – Gründe, die nicht genannt zu haben der Komplize Ihnen vorwirft und die an Ihrer Statt zu nennen er die große Güte hat.

Der Komplize behauptet, daß, weil das buffoneske Genre in Italien zuhause ist, Herr Rameau nicht ihr Schöpfer in Frankreich sein könne — was höchst amüsant ist. Denn wenn dies Genre in Italien nie existiert hätte, wäre es ziemlich lächerlich, zu formulieren, daß Herr Rameau es nur für Frankreich erschaffen habe. Ich will hier keineswegs untersuchen, ob das buffoneske Genre tatsächlich in der französischen Musik zu finden ist. Aber ich weiß sehr wohl, daß es notgedrungen ein anderes Genre sein müßte als dasjenige der italienischen Oper. Eine feiste Gans fliegt nie so wie eine Schwalbe. Was die Musik der *Platäa*[6] angeht, die oberflächlich abgehandelt zu haben der Kritiker Ihnen vorwirft, so nennen Sie sie göttlich, wenn ihm das lieber ist; bereuen Sie aber niemals, diese Oper als Hauptwerk Rameaus angesehen zu haben und als das bedeutendste Musikwerk, das bis heute auf unserem Theater zu hören war. Ich gestehe, daß Sie dabei die Zustimmung all derer übergehen müssen, die ein Werk nur einschätzen können, indem sie die zählen, die ihm applaudiert haben. Darüber brauchen Sie Ihre Meinung nicht zu sagen.

Gern würde ich jenen großen Mann fragen, der die Grenzen des Erhabenen festzuschreiben sich bemüht,[7] welches Attribut er wohl der ersten Szene des *Tartuffe*, besonders den beiden letzten Versen: „*Los, Dirne, gehen wir ...*", geben würde bzw. diesen anderen Versen im gleichen Stück: „*Das ist erledigt. Ich verzichte auf alle rechtschaffenen Leute ...*"[8] Bitten Sie ihn, gütigst entscheiden zu wollen, ob dies zum Erhabenen zu rechnen sei oder nicht. Ebensogut könnte man ihn zur Musik der *Serva padrona* befragen; davon aber hat er vermutlich noch nie etwas gehört.

Der Komplize, der sich die Freiheit nimmt, Ihnen zu sagen, daß Adolfati innerhalb Ihrer Anführungen von Pergolesi und Galuppi schlecht plaziert sei, wird sicher gutheißen, daß wir unsererseits uns die Freiheit nehmen, ihn hierzu nach den Gründen zu fragen, zumindest nach seinen Überlegungen, ihn, der bei anderen nur erwiesene Meinungen durchgehen lassen möchte. Vom Hauptwerk dieses Autors kann er keine Ahnung haben, aber Unkenntnis entschuldigt die üble Nachrede keineswegs, sondern verpflichtet vielmehr zu schweigen, besonders wenn es darum geht, einen lebenden Autor öffentlich zu verurteilen, dessen Laufbahn eben erst begonnen hat. Gewiß verachtet dieser Adolfati, der nicht die Ehre hat, dem Komplizen zu gefallen, die französischen Musiker von Herzen; aber das muß man ihm ein wenig nachsehen. Der arme Teufel ist durch den Schnabel jener Gans gerutscht.

Aus vier unwiderlegbaren Gründen sollte man Hasse unbedingt auf den Platz von Adolfati setzen: zum einen, weil Hasse Ihr Landsmann ist; zum anderen, weil er im Alter von 48 Jahren bereits 54 Opern geschrieben hatte, und drittens, weil er

der einzige Ausländer ist, dessen Musik die Italiener aufführen.
Wie konnte es der böswillige Boileau unterlassen, Madame de Scuderi zu beweihräuchern, die Kommandantin unserer Damen-Garde, zumal sie doch seine Landsmännin und Zeitgenossin war, sie, die so viele Bücher geschrieben hat und so viele ehrenwerte Leser entzückte! Und jener schuldbeladene Philosoph[9], der es gewagt hat, seine Landsleute zu bewundern — hat den der Komplize nicht unglücklicherweise vergessen? Freilich hat er nicht die Ehre, s e i n Philosoph zu sein, sondern der Ihre; schließlich kann ich mir sehr gut vorstellen, daß Sie beide ebensowenig dieselben Philosophen wie dieselben Götter haben. Hasse ist der einzige Fremde, dessen Musik die Italiener akzeptieren. Der Komplize hat, da er Terradeglias zitierte, offenbar vergessen, daß dieser ein Spanier ist. Hasse wird von den Italienern bewundert, und die Italiener bewundern den Ariost[10].*
Und der vierte Grund? wird der Komplize fragen. Er wird sich sehr ärgern, ihn vergessen zu haben. Der Grund: Ihr Name fängt mit G an und diejenigen von Hasse und Händel mit H; die Nachbarschaft der Anfangsbuchstaben im Alphabet verpflichtete Sie, diese beiden Komponisten zu nennen. Ich bitte um Vergebung, daß ich ihm diese Waffe gegen Sie geliefert habe; aber ich nehme mir, den Verfasser der *Bemerkungen* nachahmend, das Recht, mitunter als Komplize aufzutreten.
Der Kommentator verbreitet sich über Ihr Lob Pagins und seines illustren Meisters[11], und wir, Sie und ich, zollen ihm aus ehrlichem Herzen Beifall. Er wünschte, Sie hätten gesagt, bis zu welchem Punkt die undankbare Nation es gewagt hat, ein so erhabenes Talent öffentlich zu demütigen. Man sollte formulieren: „sich selbst öffentlich zu demütigen". Midas demütigte Apoll keineswegs; ein Schwan kann von Gänsen verhöhnt, aber nicht gedemütigt werden.

* Ich behaupte keineswegs, damit von Hasse schlecht zu reden, der über viel Verdienste, Talente und über eine verschwenderische Produktivität verfügt, wenn er meiner Meinung nach auch weit davon entfernt ist, Pergolesi gleichzukommen. Ich überprüfe hier lediglich die Gründe, aufgrund derer der Komplize sich anmaßt, Herrn Grimm vorzuschreiben, welche Autoren er nennen und welche er weglassen soll. Wer von beiden ist tadelnswerter: der, der von Hasse gar nicht spricht, oder der, der von Adolfati schlecht redet?

Ich möchte gerecht sein, Monsieur, und bin nicht weniger bereit, dem Verfasser der *Bemerkungen* das ihm gebührende Lob zu spenden, als ihm meine Einwände darzulegen. Beispielsweise haben Sie gesagt, daß der Sinn für die Künste in Frankreich etwas Allgemeines sei; das ist er sicher viel zu sehr. Die ungebildete und geistlose Masse vorgeblicher Kenner bringt eine anmaßende und verächtliche Vielzahl talentloser Künstler hervor, während das Genie in der Menge der Dummen erstickt. Sie haben ferner gesagt, es entspräche dem Geschmack, daß der Hof der Nation die Moden diktiere und die Philosophen die Gesetze. Der Komplize antwortet Ihnen mit dem Hinweis auf chinesisches Porzellan. Die Vasen aus zerbrechlichem Porzellan, indische Papiere, kolorierte Stiche – dies seien seiner Ansicht nach die von den Philosophen gegebenen Gesetze. Was die Moden angeht, die wir vom Hof empfangen, so spricht er darüber gar nicht. Sie sagen, daß die Philosophen die Völker unmerklich Geschmack lehren, d. h. Unterscheidungsvermögen inbezug auf große Begabungen und Bewunderung für diejenigen, die sie besitzen. Der Komplize erwidert, daß die Philosophie Talente nicht beflügele, und warnt Sie eindringlich davor, Geschmack mit nüchterner Berechnung zu verwechseln. Wahrhaftig, ich sage das aus ehrlichem Herzen: Der Komplize scheint mir ein bewundernswerter Mann zu sein.

Lassen Sie den Komplizen nur reden; zweifeln Sie nicht daran, daß wir tatsächlich nicht den Philosophen jene schönen Erkenntnisse verdanken, die uns zu erleuchten beginnen, und glauben Sie, daß, wenn die Philosophie schon keine großen Künstler erschafft, das Geld es noch weniger tut. Glückliches Italien, dessen Volk die Natur jenen auserlesenen Geschmack gegeben hat, der es empfänglich macht für den Zauber der schönen Künste! Noch glücklicher Frankreich, das sich den gleichen Geschmack mithilfe von Studien und Erkenntnissen erwirbt und also der Kunst des Denkens die viel kostbarere Kunst des Empfindens verdankt! Die Philosophie, ich weiß es sehr wohl, kann das Genie nicht erschaffen; wenn sie aber die Nationen lehrt, es zu erkennen und zu lieben, so heißt dies, ihm eine neue Qualität verschaffen, eine nicht weniger kostbare und nicht weniger nützliche als diejenige, die es von Natur aus besitzt.

Der Verfasser betont, keine Nation in Europa stünde dem

Theater aufgeschlossener gegenüber als die französische, und Paris sei die einzige Stadt, wo im Theater Polizisten nötig wären, um das Durcheinanderrufen der Urteile über Corneille, Racine und Quinault einzudämmen. An einer Stelle sagt er, *„daß die Musik unserer Tage von Seiten des Geschmacks her keinerlei Bereicherung erfahren habe"*, an einer anderen aber, *„daß Herr Rameau uns durch seinen besonderen Geschmack beschenkt habe".* Solche Widersprüche, Monsieur[12], sind Spitzfindigkeiten Ihrer Kunst, sichere Mittel, die Wahrheit nicht ganz zu verfehlen bei Dingen, über die man räsonnieren möchte, ohne etwas von ihnen zu verstehen.

Sie, Herr Grimm, haben Ihren Brief mit einem wunderbar schönen Gedankengang beendet,[13] und Sie sollten nicht daran zweifeln, daß diejenigen, die ihm folgen, seine Kraft und Wahrheit empfinden werden. An diesen Menschen — wenn es aufrichtige Menschen sind — ist es, das Erhabene dieser Stelle zu würdigen. Vergessen Sie aber bitte ja nicht ein kleines Dankeschön für den Komplizen, denn in der Kommentierung dieser Stelle hat er sich selbst übertroffen.

Übrigens ist es ein geschickter Schachzug — er verdient ein Kompliment —, daß der Kommentator nicht ein Wort zum Gegenstand Ihres Aufsatzes sagt. Derlei erhabene Dinge sind ihm ein Buch mit sieben Siegeln. Glauben Sie mir: Er muß sehr gute Gründe gehabt haben, darüber nicht zu reden. Sie haben uns allesamt gelehrt, wie man ein Musikstück analysieren muß, Sie haben die Methode entwickelt, die Ideen, Fehler und Widersinnigkeiten des Musikers zu verdeutlichen, indem man die Worte des Librettisten übertrieben deklamiert. Sie haben eine ausgezeichnete Auswahl von Vergleichsobjekten zusammengestellt, Sie haben über das Duett, über die Ariette und das Rezitativ als ein Mann gesprochen, der Geschmack besitzt, der die Musik versteht und darüber nachzudenken weiß. Sie entgehen gleichermaßen der dummen Selbstgefälligkeit und der arglistigen, boshaften Heuchelei modischer Schreibereien und verstehen sich auf die schwierige Bescheidenheit, nur aus Vernunftgründen zu urteilen, und auf den Mut, Ihre Meinung mit Entschiedenheit zu äußern. Ich bescheide mich dabei, dieses zu sagen; vermutlich wird niemand Ihr Vorgehen gutheißen, aber ganz sicher werden viele Leute davon profitieren.

Was mich angeht, der ich Ihnen freiheraus sage, was ich — Sie belastend oder auch verteidigend — denke, dem Ihre Schriften das Recht geben, es Ihnen nicht leicht zu machen: Ich wünschte in erster Linie, Sie hätten einen anderen Gegenstand gewählt als *Omphale*. Diese jämmerliche Rhapsodie[14] war es nicht wert, daß Sie sich mit ihr befaßten. Überdies wünschte ich, daß Sie den Unterschied der beiden Arten von Rezitativ deutlicher gemacht hätten und die Ursache, die dem italienischen Rezitativ den Vorrang sichert, nämlich den viel innigeren Bezug auf die Deklamation des Italienischen — verglichen mit demjenigen zwischen dem französischen Rezitativ und der Deklamation der französischen Sprache. Eigentlich haben die Franzosen überhaupt kein richtiges Rezitativ; was sie als solches bezeichnen, ist nichts anderes als eine Art mit Geschrei untermischten Gesanges, wie ihre Arien wiederum nichts weiter darstellen als eine Art Rezitativ, das aus Gesang und Geschrei zusammengesetzt ist. Das geht nun alles durcheinander, und man weiß nicht, was es bedeuten soll. Ich wette darum, daß niemand imstande ist, für die französische Musik irgendein genaues Merkmal anzugeben, wodurch das, was sie Rezitativ nennen, von dem unterschieden werden kann, was sie als Arie bezeichnen. Denn ich glaube kaum, daß irgend jemand es wagt, sich auf den Takt zu berufen. Den Beweis dafür, daß es diesen in der französischen Musik nicht gibt, liefert der Umstand, daß immer einer zum Taktschlagen gebraucht wird. Wie viele Ausländer hat dieser verfluchte Stock nicht schon aus unserer Oper vertrieben![15]

Da Sie sehr schön von der großen Überlegenheit der italienischen Ariette, von der Kraft und Vielfalt der Leidenschaften und Bilder handelten, hätten Sie vielleicht einen lächerlichen Widerspruch richtigstellen sollen, der dort oft begegnet und das einzige ist, was die französischen Musiker getreulich kopieren: Ich meine den Umstand, daß im Text normalerweise eine Metapher entwickelt wird, deren erstes Glied mit dem ersten Teil der Ariette zusammenfällt wie dessen zweites mit deren zweitem. Wenn nun der Komponist am Schluß auf die Musik des ersten Teils zurückkommt,[16] so offeriert er uns eine Sinnstruktur, die derjenigen einer sehr genau interpunktierten Rede ähnelt, welche überraschenderweise bei einem Komma endet.

Aber kehren wir zu unserem armen Komplizen zurück, der vielleicht ungeduldig darauf wartet, Weiteres zu erfahren, und nichts zu hören bekommt.

Der Kritiker hat Ihnen einen Hinweis gegeben, den zu befolgen ich Ihnen anrate, nämlich Lobeshymnen in einem Land, in dem diese so sehr in Mode sind, nüchtern zu betrachten. Verdammen oder Beweihräuchern ist die Art niedriger Seelen. Seien Sie stets bereit, dem, der es verdient, mit Freuden Gerechtigkeit widerfahren zu lassen. Das steht Ihnen sehr wohl an, wäre aber für einen gewöhnlichen Menschen schon viel zuviel. Ich sage ja nicht: Unterlassen Sie Schmeicheleien. Hielte ich Sie nämlich dessen für fähig, so würde ich gar nichts sagen. Hingegen sage ich Ihnen aus ehrlichem Herzen: Sie selbst verachten Lobreden viel zu sehr, als daß Sie anerkennenswürdige Leute damit beunruhigen dürften. Was unseren Kritiker angeht, so möchte man beim Lesen seiner *Bemerkungen* fast glauben, seine bewußte Enthaltsamkeit von Lobsprüchen stelle einen Kunstgriff dar, der denjenigen, die er dann doch austeilt, mehr Wert geben soll. Zumindest ersieht man daraus deutlich, daß er nicht der Mann ist, der, einem Bedürfnis nachgebend, Fehler begeht.

Der Komplize scheint mit dem Tempel Ihrer Götter nicht übermäßig zufrieden zu sein, und da er ihn nur von außen zu sehen vermag, sagt er darüber nichts weiter; der Kritiker aber wirft Ihnen sonderbare Einteilungen und Gruppierungen vor, und ich gestehe, daß ich seine Meinung teile. Ich weiß, daß es sich bei dieser Besonderheit, die er als Ungeschicklichkeit angesehen haben mag, um ein methodisch durchdachtes Arrangement, die Folgewirkung eines wohlüberlegten Systems handelt. Doch eben dieses System verurteile ich. Sie bewundern alle Talente – das ist sehr gut für diese und für Sie. Aber Sie bewundern Sie alle gleichermaßen, und das kann ich Ihnen nicht durchgehen lassen. Sie behaupten, daß alle den gleichen Ursprung haben und daß der Geist, der sie hervorbringt, sie gleichermaßen adelt. Sind die genialen Geister, wie Sie meinen, wirklich alle gleich? Es ist hier nicht der Platz, in eine lange Behandlung dieses Themas einzutreten; allerdings würde ich mit Ihnen gern zumindest darin übereinkommen, daß es hier bei den Voraussetzungen und Anforderungen erhebliche Unterschiede gibt, desgleichen bei den Schwierigkeiten, sich hervorzutun, und daß ein begrenztes Talent, das ein sehr schönes Adagio zustandebringt, doch weit entfernt ist von dem gewaltigen Genie, das das Universum zu erklären unternimmt.

Vielleicht liebe ich die Musik ebensosehr wie Sie, aber nicht weniger liebe ich das Wort von Philipp, der seinen Sohn verhöhnte, weil dieser so schön sang.[17] Wäre er so weise gewesen wie dessen Lehrer, hätte er ihn nicht verhöhnt. Sie werden mir vermutlich einen König nennen, der Flöte spielt,[18] und ich werde erwidern, daß es für ihn nicht leicht gewesen ist, sich das Recht darauf zu sichern.

Sie brauchen mir nur guten Geschmack und gesunde Organe zu geben, und ich werde tanzen wie Dupré oder singen wie Jelyotte. Fügen Sie dem Geschmack noch Kenntnis und Phantasie hinzu, so werde ich eine Oper schreiben wie Rameau. Um einen passablen Roman zu verfassen, bedarf es dann noch genauer Kenntnis des menschlichen Herzens und der Torheiten der Liebe. Die Kunst der Rhetorik – eine Begabung wie die anderen – käme noch hinzu, um die Dialoge einer guten Tragödie zu schreiben. Dies alles reicht aber noch keineswegs aus, um ein philosophisches Buch zu verfassen, wenn man nicht einen gesunden, starken, tiefdringenden, im Denken geübten Geist besitzt. Ein guter General sollte robust sein, mutig, klug, standhaft, beredt, vorausschauend und nie um Auswege verlegen. Zu allen diesen Eigenschaften – ich sage: zu allen, ohne Ausnahme und darüberhinaus noch weiteren – kämen noch eine große, erhabene Seele, welche ihre Leidenschaften bemeistert, und überaus glänzende Tugenden, um die Qualitäten beisammen zu haben, auf die derjenige, der ein Volk regiert, verpflichtet ist. Talente sind ihrer Natur nach nicht gleich und sind es noch viel weniger durch die Gegenstände, auf die sie sich beziehen. Alle übrigen mögen dazu gut sein, die Menschen zu amüsieren, zu verderben oder innerlich zu veröden. Nur diese offenbar scheinen dazu geschaffen, sie glücklich zu machen. Womit, wie mir scheint, die Frage entschieden ist.

Der Kritiker warnt Sie ferner davor, sich parteiisch zu geben, er sagt es im Zusammenhang mit Rameau. Dies ist ein weiterer kluger Ratschlag, für den ich ihm an Ihrer Stelle danke. Dies auch wird der Gegenstand des letzten Abschnittes in meinem Brief sein; schließlich ist es mir ein echtes Vergnügen, Ihren Kommentator zu kommentieren.

Zunächst, weil ich von dem Gekeif und den Kabalen des Pro und Kontra nichts halte, möchte ich versuchen, die Vorstellung zu umreißen, die ein vernünftiger, unparteiischer Mensch von Rameaus Werken haben muß. Was mich betrifft, so könnte ich aus Mangel an Kenntnis falsch urteilen, allerdings: Wenn sich in dem, was ich dazu sagen will, auch wenig Sachkenntnis findet, so doch sicher Unparteilichkeit — und diese zu erreichen ist nach wie vor das schwierigste.

Die theoretischen Werke Rameaus sind darin einzigartig, daß sie sehr berühmt wurden, ohne je gelesen worden zu sein; man wird sie fürderhin noch weniger lesen, weil ein Philosoph* sich der Mühe unterzogen hat, eine Zusammenfassung der Lehre dieses Autors zu geben. Ziemlich sicher wird dieser Auszug die Originale verdrängen, und aufgrund dieser Entschädigung haben wir keinerlei Anlaß, es zu bedauern. Die verschiedenen Werke enthalten weder Neues noch Nützliches, mit Ausnahme der Prinzipien des Fundamentalbasses**. Nun ist es nicht wenig, derlei Prinzipien begründet zu haben (selbst wenn sie willkürlich anmuten) in einer Kunst, die zuvor solche nicht zu kennen schien, Prinzipien, von denen mit Leichtigkeit Regeln abgeleitet werden können, so daß das Studium der Komposition, früher eine Sache von zwanzig Jahren, nun Sache einiger Monate ist. Die Musiker haben Rameaus Entdeckung gierig aufgegriffen, indem sie vorgaben, sie zu verschmähen. Seine Jünger haben sich mit erstaunlicher Geschwindigkeit vermehrt, aus allen Richtungen kamen kleine, meist talentlose Eintags-Komponisten, die ihre Qualifikation auf Kosten ihres Meisters erwarben. So haben die wirklich greifbaren, großen und soliden Verdienste, die sich Herr Rameau um die Musik erworben hatte, zugleich den unerträglichen Zustand herbeigeführt, daß Frankreich sich plötzlich überschwemmt fand von schlechter Musik und schlechten Musikern; jedermann glaubte, alle Finessen der Kunst zu kennen, wenn er nur deren Grundelemente beherrschte, jedermann ist damit befaßt, Zusammenklänge zu fabrizieren, noch ehe Gehör und Erfahrung ihn gelehrt haben, das Richtige zu erkennen.

Was Rameaus Opern angeht, so danken wir ihnen zunächst, daß sie erstmalig das Operntheater über das Niveau der Jahrmarktsbuden vom Pont-Neuf gehoben haben. Rameau hat den engen Kreis recht minderwertiger Musik kühn gesprengt, in dem unsere kleinen Musiker sich seit dem Tode des großen

---

* D'Alembert[19].
** Nicht aus Vergeßlichkeit sage ich hier nichts über das angeblich physikalisch begründete Prinzip der Harmonie.

Lully ohne Unterlaß drehten. Selbst wenn man ungerecht genug sein wollte, Herrn Rameaus überragende Begabungen zu bestreiten, müßte man ihm zumindest bescheinigen, daß er in gewisser Weise anderen Musikern den Weg geebnet und sie in die Lage versetzt hat, ihre Begabung ungestraft zu entfalten — was gewiß keine leichte Aufgabe war. Er hat die Dornen zu spüren bekommen. Seine Nachfolger werden die Rosen pflücken.

Wie mir scheint, beschuldigt man ihn recht leichtfertig, er habe nur mit schlechten Texten gearbeitet. Ehe dies zur allgemeinen Meinung wird, sollte man nachweisen, ob er je die Möglichkeit gehabt hat, gute Texte zu wählen — oder sollte er etwa besser gar nichts komponiert haben? Viel eher ist der Vorwurf gerechtfertigt, daß er diejenigen, mit denen er umging, nicht immer verstanden hat, daß er oft die Ideen der Textdichter mangelhaft erfaßt bzw. sie nicht durch passendere ersetzt und auf diese Weise allerhand Widersinniges produziert hat. Daß er mit schlechten Texten arbeitete, ist nicht sein Fehler; hingegen darf man bezweifeln, ob er bessere besser komponiert hätte. Was Geist und Intelligenz angeht, so steht er zweifellos tief unter Lully, obwohl er ihm im Ausdruck fast immer überlegen war. Rameau hätte den Monolog des Roland* nicht bewältigt, wie andererseits Lully nicht den des Dardanus[20].

Man muß Rameaus sehr große Begabung anerkennen, sein Feuer, den musikalischen Kopf, die umfassende Kenntnis der harmonischen Umkehrungen und aller Arten von Wirkung, viel Fertigkeit im Aneignen, Verändern, Ausschmücken und Verschönern der Ideen anderer, und die Fähigkeit, darin die eigenen auf immer neue Weise vorzuzeigen, ziemlich wenig Leichtigkeit in der Erfindung neuer Ideen, mehr Erfahrung als Schöpfertum, mehr Wissen als Genie, oder doch zumindest ein in zu viel Wissen fast ersticktes Genie; immer jedoch ist er kraftvoll und elegant und sehr oft schön in der Melodie.

Sein Rezitativ erscheint weniger natürlich, doch sehr viel abwechslungsreicher als das von Lully, bewundernswert in einigen wenigen Szenen, überall sonst aber schlecht, was vielleicht ebensosehr ein Fehler des Genres wie sein eigener ist, denn oft werden seine Melodien nur deshalb überladen und seine Übergänge unelastisch, weil er sich allzusehr der Deklamation un-

---

* Akt IV, Szene II.

terwerfen wollte. Hätte er die Kraft besessen, sich das wahre Rezitativ vorzustellen und es seiner blindlings folgenden Anhängerschaft weiterzugeben – ich glaube, er hätte damit glänzen können.[21]

Er ist der erste, der größere orchestrale Abschnitte und gut durchgearbeitete Begleitungen geschrieben hat – und er hat damit Mißbrauch getrieben. Bevor er auftrat, ähnelte das Orchester der Oper einer Truppe von fünfzehn bis zwanzig von Paralyse Befallenen. Er hat sie ein bißchen aus ihrer Erstarrung gelöst, und sie glauben sich nun auf die rechte Aufführungsart zu verstehen. Ich aber behaupte, daß diese Herrschaften niemals Geschmack und Herz besitzen werden. Es bedeutet noch gar nichts, wenn man präzis zusammen ist, wenn man laut oder leise zu spielen und einem Sänger gut zu folgen versteht. Töne an- oder abschwellen lassen, sie aushalten, zurücknehmen, wie der gute Geschmack oder der Ausdruck es fordern, den Sinn einer Begleitung erfassen, den Singstimmen zur Wirkung verhelfen und sie stützen – das vermögen alle Orchester der Welt, ausgenommen dasjenige unserer Oper.

Ich sagte, daß Herr Rameau Mißbrauch mit dem Orchester getrieben habe. Er hat seine Begleitungen so konfus komponiert, so überladen, so kurzatmig, daß man das fortwährende Spektakel der verschiedenen Instrumente während der Aufführung kaum aushält – die zu hören man so viel Vergnügen hätte, wenn sie die Ohren etwas weniger betäuben würden. So kommt es, daß uns das Spiel des pausenlos im Einsatz befindlichen Orchesters nicht ergreift und überrascht und sich nahezu ständig seiner Wirkung begibt.

Nach einer Rezitativszene muß ein unerwarteter Bogenstrich den zerstreuten Zuschauer aufmerken lassen und ihn neugierig machen auf das, was der Komponist ihm bietet, oder sich den Empfindungen öffnen, die jener in ihm erregen will. Das aber vermag ein Orchester niemals, wenn es pausenlos herumkratzen muß.

Ein anderer, noch schwerer wiegender Grund gegen allzu weit ausgearbeitete Begleitungen ist, daß sie genau das Gegenteil von dem bewirken, was sie bewirken sollten. Anstatt die Aufmerksamkeit des Zuhörers aufs angenehmste zu fesseln, zerstören sie diese, indem sie sie ablenken. Bevor man mich davon überzeugt, daß es eine gute Sache sei, drei oder vier Motive in drei oder vier verschiedenen Instrumentengruppen übereinanderzuschichten, müßte man mir beweisen, daß drei oder vier gleichzeitig laufende Handlungen in der Komödie erforderlich sind. Bei all diesen schönen Finessen, diesen Nachahmungen, kontrapunktierten Motiven, den obligaten Bässen und Doppelfugen handelt es sich um mißgestaltete Monstren, um Denkmale des schlechten Geschmacks, die man in die Klöster als ihre letzte Zufluchtsstätte verbannen sollte.

Um auf Monsieur Rameau zurückzukommen und diese Abschweifung zu beenden: Ich glaube, daß niemand besser das Wesen von Details getroffen hat als er, daß niemand die Kunst der Kontrastierung besser übt, daß aber niemand weniger verstanden hat, seinen Opern eine wohlüberlegte, wünschenswerte Einheit zu verschaffen. Vielleicht ist er der einzige auf der Welt, der nie mehr erreichen konnte, als ein gutes Werk aus etlichen schönen, sehr gut arrangierten Einzelteilen zusammenzuschreiben.

> „... *Bei des Aemilius Kaserne...*
> *gibts einen Meister, der welliges Haar und die Nägel geschickt*
> *in Bronze zu bilden vermag, doch ein Kunstwerk im Ganzen mißlingt ihm...* "[22]

So, mein Herr, denke ich über die Werke des berühmten Rameau, dem die Nation sehr viel Ehre erweisen sollte, um ihm zuzubilligen, was er verdient. Ich weiß sehr wohl, daß meine Beurteilung weder seine Parteigänger noch seine Gegner zufriedenstellen wird. Ich habe ja auch nichts anderes gewollt, als ein ausgewogenes Urteil zu fällen, und unterbreite es Ihnen hiermit, nicht, um das Ihrige zu präjudizieren, sondern lediglich als Beispiel einer Aufrichtigkeit, mit der ein ehrlicher Mensch von großen Talenten spricht, die er bewundert, wenn auch nicht für fehlerlos hält.

Ich billige Ihren Sinn für alles, was den Stempel des Genies trägt; wenn Sie aber hierzu der Meinung eines ernsthaften, erfahrenen Mannes im Hinblick auf die Würde der Künste und der Reinheit Ihrer Freude an ihnen Glauben schenken wollen, so halten Sie sich an die Bewunderung der Werke und wünschen Sie nicht, deren Urheber kennenzulernen. Sie verkehren in Kreisen, in denen Ihnen nur Intriganten und Schwärmer begegnen, und deren Mitglieder schon im vorhinein ganz genau

wissen, ob sie Werke gut oder schlecht finden werden, die erst noch geschrieben werden müssen. Bewahren Sie sich vor all diesem schändlichen Fanatismus wie vor einem Laster, das Ihnen das Urteil trübt und auf die Länge der Zeit imstande ist, selbst das Herz zu beflecken. Möge Ihr Geist stets dieselbe Freiheit bewahren wie Ihre Seele. Erinnern Sie sich der gerechten Spöttereien Platons über jenen Schauspieler, den die Verse eines einzigen Dichters außer sich geraten ließen, der hingegen bei der Lektüre aller übrigen kalt wie Eis blieb;[23] bedenken Sie, daß es auf der Welt niemanden gibt — was immer er für ein Genie sein mag —, der das Recht hätte, Ihre Urteilsfähigkeit zu bevormunden, nicht einmal Herr Voltaire, unter allen Lebenden der Meister in der Kunst des Schreibens. In einem Wort: Ich wünschte, daß, während Sie die *Henriade* lesen, Ihnen das Herz höher schlägt und Sie von tiefer Bewunderung ergriffen sind, Sie dennoch unter Tränen auszurufen wagen: *„Nein, großer Mann, Sie sind durchaus noch kein Rivale Homers."*
Verzeihen Sie, mein Herr, einen vielleicht indiskreten, indessen von der Wertschätzung diktierten Eifer, den mir Ihre Werke für Sie eingeflößt haben. Die Öffentlichkeit hat Ihre Werke beurteilt und akklamiert und in dem Verfasser mit Vergnügen einen Mann von Geist und Geschmack erkannt. Was mich angeht, so glaube ich — mit noch viel größerem Vergnügen — in Ihnen einen wahren Philosophen und Menschenfreund zu erkennen. Fahren Sie fort, die Talente zu lieben und zu fördern, die Ihnen dessen würdig erscheinen und überdies Ihnen nützen können; vergessen Sie dennoch nicht, von Zeit zu Zeit gelassen den Blick des Wissenden auf sie zu werfen und mitunter über all jene kindlichen Spiele zu lächeln.

Ich bin ... etc.

1 Melchior Grimm hatte im März 1752 im *Mercure de France* (S. 139 ff.) einen *Brief über Omphale* veröffentlicht, worin er die von 1701 stammende gleichnamige Oper von Destouches, die am 14. Januar 1752 wiederaufgeführt worden war, kritisch zerpflückte. In dem Brief, der großes Aufsehen erregte, pries Grimm als das große Gegenbeispiel Rameau, den *„neuen Orpheus"*. Grimm blieb nicht unwidersprochen; u. a. erschienen anonym *Bemerkungen zu dem Thema des Briefes von Monsieur Grimm über Omphale*, auf die Grimm seinerseits im *Mercure de France* im Mai 1752 (S. 187 ff.) replizierte; außerdem sprang ihm Rousseau, der in den Bemerkungen indirekt angesprochen, wenn eigentlich auch nicht

angegriffen worden war, ebenfalls noch im Frühjahr mit dem hier vorliegenden *Brief...* bei, ohne sich — bei ihm ein einmaliger Fall — als Autor zu nennen. Noch in die zehn Jahre später von ihm redigierte Gesamtausgabe seiner Werke hat er den Aufsatz nicht aufgenommen, allerdings einen Teil davon dem Abbé de la Porte für die von diesem 1764 besorgte Werkausgabe überlassen, wie aus einem Brief an den Verleger Panckoucke vom 25. Mai 1764 hervorgeht. Die Briefe Grimms und seiner Kontrahenten zeigen, daß die Fronten (sofern man von solchen überhaupt schon reden darf) im „Opernkrieg" noch ganz anders verliefen und mancherlei Differenzierungen noch möglich waren, die sich wenig später, auf dem Höhepunkt des Streites — wo dann allerdings die ästhetisch-philosophischen Positionen in voller Deutlichkeit herausgearbeitet wurden —, weitestgehend verboten. Rousseaus Beitrag hat, ebenso wie die Eröffnung der Saison der *buffoni* im August des gleichen Jahres, entscheidend dazu beigetragen, die im folgenden für längere Zeit gültigen Frontlinien abzustecken. Offenbar war die eigentliche Veranlassung von Rousseaus Beitrag weniger das Bedürfnis und die Notwendigkeit, seinem Freunde Grimm beizuspringen, als vielmehr der, Grimms allzu Rameau-freundlichen Standpunkt zu relativieren und den Versuch einer konstruktiven Kritik am Werk des in jenen Jahren nahezu kanonisch werdenden Meisters zu versuchen. Übersetzt wurde nach der Ausgabe *Œuvres complètes*, 13 Bde., Paris 1865—1870, Bd. 9, S. 374—394. In der ersten postumen Gesamtausgabe, ed. Du Peyrou, *Aux Deux Ponts* 1782, ist der Brief noch nicht enthalten.

2 *Pers.*, prolog., Vers 10.

3 *Melopöie* (frz. *mélopée*) wird hier, dem griechischen Wortsinn recht nah, als „Melodiebildung" verstanden — wobei die Gleichsetzung mit dem rezitativischen Stil im Verständnis des 18. Jahrhunderts, nahezu ein topos der einschlägigen Diskussion, vage und fragwürdig bleibt. Rousseau hat zu einer diesbezüglichen Klärung nicht wenig beigetragen.

4 Frz. „*... mais à chaque différentes expressions ...*"; Rousseau glossiert u. a. auch einen grammatischen Fehler.

5 Anspielung auf Verfahrensweisen innerhalb der Stegreifkomödie.

6 Rameaus Oper *Platée* hatte gerade auch den Beifall der *philosophes* gefunden.

7 Trotz des hier benutzten Präsens ist wohl Boileau gemeint.

8 Molière, *Werke*, Wiesbaden 1959, S. 368 bzw. 389.

9 Wohl d'Alembert, der damals noch ein sehr positives Verhältnis zu Rameau hatte.

10 Rousseau scheint irrigerweise anzunehmen, Ariost sei nicht-italienischer Herkunft.

11 Tartini.
12 Rousseau spricht hier den Komplizen an.
13 Grimm hatte im letzten Absatz seines Briefes, mit Bezug auf Vertreter der verschiedensten Kunstgattungen, von der Bewunderung gesprochen, die die Tätigkeit zeitgenössischer Künstler und Philosophen erheische, und mit einer Apologie Friedrichs II. von Preußen geschlossen: *"... um ihn für das Unglück, Regierungsgeschäfte führen zu müssen, zu entschädigen, hat der Himmel ihm das große Privileg vergönnt, seine Wohltaten über Talente auszustreuen, die zu bewundern er glücklich ist."* Der Verfasser der *Bemerkungen* ... hatte sich über *"die ganze Zügellosigkeit jenes schönen poetischen Eifers"* lustig gemacht, mit der Grimm sich als Bewunderer der großen Talente seiner Zeit bekannte.
14 Von *"jämmerlichen Rhapsodien"* der Nachfolger Lullys und Quinaults hat Rousseau in jenen Jahren des öfteren gesprochen. „Rhapsodie", seinerzeit nicht auf ein Genre bezogen, bezeichnet das willkürlich Zusammengestückelte der kritisierten Werke.
15 Vgl. den Artikel *battre la mesure* aus dem *Wörterbuch*, S. 227 ff.
16 Eine interessante Kritik der in Arien des 18. Jahrhunderts bei weitem häufigsten ABA-Form!
17 Gemeint ist wohl Philipp von Mazedonien; der Lehrer seines Sohnes Alexander (des Großen) war Aristoteles.
18 Friedrich II. von Preußen; sein Vater Friedrich Wilhelm I. hatte sich den musikalischen Neigungen heftig widersetzt.
19 D'Alembert hatte für die Berliner Akademie der Wissenschaften eine Abhandlung über *Eléments de Musique Théorique et Pratique suivant les Principes de M. Rameau* geschrieben, worin die Rameausche Theorie sehr bündig und klar zusammengefaßt ist; Rousseau wird das Manuskript kennengelernt haben, das im gleichen Jahr veröffentlicht wurde wie die vorliegenden Streitbriefe.
20 Lullys *Roland* wurde 1685 erstmals aufgeführt, Rameaus *Dardanus* 1739.
21 Dies darf als erster Hinweis auf Rousseaus eigenes Konzept eines „begleiteten Rezitativs" verstanden werden, wie es schon ein Jahr später im *Brief über die französische Musik* entwickelt wurde, nachdem praktische Versuche — im *Dorfwahrsager* — ziemlich genau in die Zeit der Abfassung des vorliegenden Briefes gefallen sein dürften. Es war vom Grundansatz und von den Motivationen her zunächst ein gemeinsames Konzept der *philosophes*, wie nicht zuletzt aus Grimms Ausführungen im *Omphale-Brief* hervorgeht. Vgl. auch die entsprechenden Artikel im *Wörterbuch*.
22 Horaz, *De Arte poetica (Dichtkunst)*, Vers 32 ff., hier zitiert nach Horaz, *Werke in einem Band*, Bibliothek der Antike, Berlin und Weimar 1972, S. 278. Rousseau zitiert lateinisch und verkürzt:

„... *Et ungues / Exprimet, et molles imitabitur aere capillos; / Infelix operis summa, quia ponere totum / Nesciet.*"
23 Im Dialog *Ion*, Bd. I,5 (= Stephanus-Numerierung 535 a 6 — 535 e 6); Platon, *Sämtliche Werke*, Reinbek b. Hamburg 1957 ff., Bd. 1, S. 104.

Brief eines Orchestermusikers der Académie Royale de Musique[1] an seine Kollegen

Am Ende, meine lieben Kollegen, triumphieren wir: Die Buffonisten werden heimgeschickt, wir werden wieder mit den Partituren des Monsieur Lully glänzen, wir werden nicht mehr so viel Temperament auf der Bühne erleben und nicht mehr so viel Beschwerlichkeit im Orchester. Gebt zu, Ihr Herren, daß es ein mühseliges Geschäft war, diese hündische Musik zu spielen, deren Takt so erbarmungslos voranging und niemals wartete, daß wir ihm folgen könnten. Ich jedenfalls, wenn ich mich von irgendeinem dieser verdammten Bewohner der Königinnen-Ecke[2] beobachtet fühlte und ein Rest jener blöden Unterwürfigkeit mich dazu zwang, ziemlich genau das zu spielen, was in meiner Stimme stand, geriet vollkommen durcheinander und tat am Ende der einen oder der anderen Notenlinie, wenn ich nicht mehr genau wußte, wo ich mich befand, einfach so, als zählte ich Pausen, oder — noch besser — ich zog mich aus der Affäre, indem ich hinausging, um zu pinkeln.

Es ist einfach unfaßbar, welche Pein uns diese Musik mit ihren so schnellen Tempi bereitete, und auch, wie weit der Ruf unserer Unfähigkeit sich schon verbreitet hat, den einige sogenannte Kenner uns anzuhängen sich erdreisteten. Der geringste Gassenjunge glaubte für seine vierzig Sous das Recht zu haben, zu murren, wenn wir falsch spielten, was schließlich die Aufmerksamkeit der Zuhörer häufig beeinträchtigte. So etwas hat es nicht gegeben, bevor gewisse Herren, die man, soviel ich weiß, „Philosophen" nennt, ohne den geringsten Respekt gegenüber einem Königlichen Opernhaus, sich die Unverschämtheit herausnahmen, Personen unseres Standes in dreister Weise zu kritisieren. Fast sah ich schon den Augenblick kommen, da man, unsere alten, ehrwürdigen Privilegien schamlos brechend, königliche Offiziere einfach verpflichten würde, Musik zu studieren und ernstlich ein Instrument zu spielen, für das sie dann auch noch bezahlt werden.

Wohin, ach, sind die glücklichen Zeiten unseres Ruhms? — wohin die herrlichen Tage, da uns die Vorsteher der Rechnungskammer und die besten Bürger der Rue St. Denis einmütig zum besten Orchester Europas erklärten? — da man außer sich geriet bei der berühmten *Isis*-Ouvertüre[3], bei jener schönen Sturmszene in *Alcyone*[4] oder durch die strahlende Logistille aus dem *Roland*[5] und da das Aufrauschen unseres ersten Bogenstrichs gemeinsam mit dem Beifall des Parketts bis zum Himmel emporbrandete? Heute hingegen ist unverschämterweise jeder damit beschäftigt, unser Spiel zu kontrollieren, und wenn wir nicht übergenau spielen und nicht exakt zusammen sind, behandelt man uns geradehin wie Bierfiedler und würde uns am liebsten aus dem Theater jagen, wenn nicht die Wachen, die wie wir im Dienste des Königs stehen, also ehrenwerte Leute und von der richtigen Partei sind, halbwegs für Ordnung sorgten. Wieso eigentlich, meine lieben Kollegen, habe ich das Bedürfnis, Euren gerechten Zorn zu erregen, Euch den Ruhm von ehedem und die groben Beleidigungen, die ihn zunichte gemacht haben, ins Gedächtnis zurückzurufen? Alle diese schändlichen Unverschämtheiten sind Euch ja gegenwärtig, und Ihr habt mit Eurem Eifer, die hassenswerte Ursache aus der Welt zu schaffen, bewiesen, wie wenig Ihr geneigt seid, sie bestehen zu lassen. Jawohl, meine Herren, diese gefährliche fremde Musik hat, ohne andere Hilfe als die ihrer eigenen Anmut, die unsere — die sich überdies so bequem spielen ließ — beinahe vernichtet, und dies in einem Land, in dem alles gegen sie war. Sie ist es, die uns unsere Ehre kostet und gegen die wir alle vereint bis zum letzten Atemzug zusammenstehen müssen.

Ich erinnere mich, daß wir uns, durch die ersten Erfolge der *Serva padrona* gewarnt, heimlich versammelt hatten, um nach den wirksamsten Mitteln zu suchen, diese teuflische Musik zu verhunzen, und daß sich da einer — ich habe ihn seither als Verräter erkannt* — einfallen ließ, in spöttelndem Tone zu sa-

---

* Vor einigen Tagen, als ich mich gemeinsam mit ihm in der Oper wie ein Gassenjunge benahm (was zu tun wir uns ja alle angewöhnt haben), entdeckte ich in seiner Tasche einen Zettel, auf dem dieses skandalöse Epigramm stand: „*O unvergleichlicher Pergolesi, / wenn unser mitleidloses Orchester / dich unter seinen harten Violinstrichen aufschreien läßt, / glaube ich, daß, umgekehrt wie in der Sage, / Marsyas den Apoll umbringt.*"

Von dieser Art Kollegen gibt es im Orchester noch zwei oder drei, die sich unterstehen, unsere Intrigen aufzudecken, die es wagen, die italienische Musik öffentlich zu billigen, und die, ohne Rücksicht auf unser

gen, es gäbe da nicht viel zu beraten, man solle sie einfach freiweg und nach bestem Können spielen. Urteilt selbst, was geschehen wäre, wenn wir so ungeschickt und einfältig gewesen wären, diesem Vorschlag zu folgen, da schon die uns eigene Sorgfalt und unser großes Talent, der von uns aufgeführten Musik alle ihr innewohnenden Reize zu entlocken, das Publikum bekanntlich nicht daran gehindert haben, die Schönheiten der unseren Bögen anvertrauten italienischen Werke zu empfinden. Deshalb haben wir diese Musik und die Ohren der Zuhörer mit beispielloser Unverfrorenheit geschunden, mit dem Erfolg, auch die entschiedensten Buffonisten schockiert zu haben. Sicherlich war das Unternehmen gewagt, und sicherlich hätte sich an jedem anderen Ort die Hälfte von uns mindestens zwanzigmal ins Gefängnis gebracht; aber wir kennen unsere Rechte und nutzen sie; also sollte, wenn es sich beklagt, das Publikum ins Gefängnis geworfen werden.

Damit jedoch nicht zufrieden, haben wir die Ignoranz und die Böswilligkeit noch um die Intrige vermehrt, da wir nicht versäumten, den Darstellern ebensoviel Übles nachzusagen, wie wir der Musik zugefügt haben; und das Gerücht über die Behandlung, der sie bei uns ausgesetzt waren, hat sehr guten Effekt gemacht, es hat ihnen nämlich den Appetit verschlagen, wieder nach Paris zu kommen, um dort grobe Beleidigungen und alle jenen netten Dinge entgegenzunehmen, die Bambini auf sich zu lenken versucht hat.[6] Geeint durch ein mächtiges gemeinsames Anliegen und durch den Wunsch, den verlorenen Ruhm unseres Bogens zu rächen, ist es uns nicht schwergefallen, armselige Ausländer zu zermalmen, die, ohne die Hintergründe der Sache zu kennen, sich mit nichts anderem verteidigen konnten als nur mit ihrem Talent, die keine anderen Parteigänger hatten als empfindsame und gerechte Ohren, keine andere List als die Freude, die sie den Zuhörern zu bereiten versuchten. Die lieben Leutchen wußten nicht, daß genau diese Freude ihr Vergehen verschlimmerte und ihre Bestrafung beschleunigte. Sie sind reif, sie endlich zu empfangen, ohne etwas davon zu ahnen; denn, damit sie diese recht kräftig spüren,

---

Ensemble, sich erdreisten, ihre Pflicht zu tun und ehrenwerte Leute zu sein; aber wir rechnen damit, sie bald mit Schimpf und Schande davonjagen zu können, denn wir wollen nur Kollegen dulden, die mit uns gemeinsame Sache machen.

werden wir das Vergnügen haben, sie sehr abrupt verabschiedet zu sehen, ohne daß es ihnen angekündigt und die Gage gezahlt wird und ohne daß sie Zeit haben, sich irgendeinen Zufluchtsort zu suchen, wo ihnen erlaubt ist, dem Publikum ungestraft zu gefallen.

Überdies hoffen wir, zum Trost aller aufrechten Bürger und besonders der Leute von Geschmack, die unser Theater besuchen, daß die französischen Komödianten, die von aller Welt im Stich gelassen und mit Beleidigungen überhäuft sind, ebenfalls bald gezwungen sein werden, das ihre zu schließen – was uns umso mehr Vergnügen machen würde, als ihre glühendsten Parteigänger unter der Königinnen-Loge sitzen, jene ehrenwerten Bewunderer der Farcen von Corneille, Racine und Voltaire sowie der Intermezzi. Auf diese Weise werden die Fremden, die jetzt alle unhöflicherweise die französische Komödie und die italienische Oper besuchen, da sie dann in Paris nichts anderes mehr finden werden als die italienische Komödie und die französische Oper (dies kostbare Denkmal des Geschmacks unserer Nation), aufhören, mit so viel Begeisterung in die französische Komödie zu laufen; was ein großer Vorteil für das Königreich sein wird, wenn man bedenkt, daß man hier dann besser leben kann, weil die Saalmieten nicht mehr so teuer sein werden.

Was wir bisher getan haben, ist schon einiges, aber noch längst nicht genug. Ich habe etwas erfahren, worauf Ihr vorbereitet sein müßt, damit wir verabreden können, wie wir uns in dieser Frage verhalten werden: Es handelt sich darum, daß Herr Bambini, ermutigt durch den Erfolg der *Bohèmienne*[7], ein neues Intermezzo vorbereitet, das durchaus noch vor seiner Abreise herauskommen könnte. Mir ist unbegreiflich, woher zum Teufel er so viele Intermezzi nimmt, da uns doch alle Welt versichert hat, daß es in ganz Italien nur drei oder vier davon gibt! Ich für mein Teil glaube, daß diese verdammten Intermezzi von Engeln verfertigt vom Himmel fallen, eigens, um uns zu martern.

Es geht also darum, meine Herren, daß wir uns in diesem Augenblick fest zusammenschließen, um zu verhindern, daß dieses Stück in Szene geht, oder zumindest, um es mit Pauken und Trompeten durchfallen zu lassen, ganz besonders dann, wenn es gut ist, damit die Buffonisten, verfolgt vom allgemeinen Abscheu, endlich abziehen, und daß ganz Paris an diesem Beispiel lerne, unsere Autorität zu fürchten und unsere Entscheidungen zu respektieren. Im Hinblick darauf habe ich mich, freundliche Absichten vortäuschend, geschickt bei diesem Herrn Bambini eingeschmeichelt, und da der gute Kerl nichts argwöhnte, weil er nicht einmal so viel Geist hat, die Streiche zu bemerken, die wir ihm spielen, hat er mir freimütig sein Intermezzo gezeigt. Es trägt den Titel *Die englische Vogelfängerin*[8], und der Komponist ist ein gewisser Jomelli. Nun werden Sie wissen, daß dieser Jomelli einer jener italienischen Ignoranten ist, die von nichts etwas verstehen und, man weiß nicht wie, entzückende Musik schreiben, die zu entstellen uns mitunter große Mühe macht. Um in Ruhe über unsere Methode nachzudenken, habe ich die Partitur mit aller mir möglichen Sorgfalt studiert: Unglücklicherweise bin ich — genau wie Ihr anderen — nicht fähig, sie zu entziffern, habe aber genug gesehen, um zu wissen, daß dieses Werk just dazu gemacht scheint, unsere Pläne zu begünstigen. Sein Verlauf ist vielfach unterteilt, sehr abwechslungsreich, voll kleiner Abschnitte, kleiner Antworten verschiedener Instrumente, die nacheinander einsetzen — kurzum: es verlangt für die Ausführung eine einzigartige Präzision. Nun stellt Euch vor, wie leicht wir, ganz ohne Anstrengung und gerade so, als müßte es so sein, alles durcheinanderbringen werden. Wollen wir uns selbst nur etwas hören, entfachen wir einen wahren Höllenlärm; das wird köstlich sein. Deshalb hier ein Vorschlag zur Verfahrensweise, die wir mit unseren berühmten Koryphäen, u. a. mit Monsieur l'Abbé[9] und Monsieur Caraffe, ersonnen haben, die bei jeder Gelegenheit bei der richtigen Partei gut verdient und guter Musik so viel Schaden zugefügt haben.

1. Man sollte in diesem Fall nicht die übliche Methode wählen, die bei anderen Intermezzi erfolgreich angewendet worden ist: Bevor wir von dem Stück Schlechtes reden, werden wir die Proben abwarten, um es kennenzulernen. Ist die Musik mittelmäßig, werden wir mit Bewunderung von ihr sprechen; wir bemühen uns einmütig, sie in den Himmel zu heben, so daß man wahre Wunder erwartet und man sich in seinen Erwartungen bei der ersten Vorstellung getäuscht sieht. Sollte sich die Musik unglücklicherweise als gut erweisen, also nur allzuviel Grund vorhanden sein, das Stück zu fürchten, so sprechen wir mit Geringschätzung von ihr, mit übertriebener Verachtung, wie von der jämmerlichsten Sache, die je gemacht worden ist.

Die Dummen wird unser Urteil verführen, und die werden nicht Ruhe geben, bis sie bewiesen haben, daß sie im Recht sind; so wird die große Mehrzahl auf unserer Seite sein.
2. Laßt uns auf den Proben so gut wie möglich spielen, um die Verantwortlichen zu entlasten, denen man sonst vorwerfen würde, nicht oft genug wiederholt zu haben, bis alles gut läuft. Diese Proben werden für uns nicht verloren sein, weil wir dort vereinbaren können, auf welche Weise wir in den Vorstellungen so sehr wie nur möglich auseinanderkommen können.
3. Der Ton wird, wie es die Regel ist, vom ersten Geiger abgenommen, in der richtigen Erwartung, daß er taub ist.
4. Die Violinen werden in drei Gruppen aufgeteilt, deren erste einen viertel Ton zu hoch spielt, die zweite einen viertel Ton zu tief und die dritte so richtig wie möglich. So eine Kakophonie wird sich sehr leicht herstellen lassen, wenn man die Stimmung des Instruments unmerklich während der Vorstellung erhöht oder erniedrigt. Was die Oboen angeht, so gibt es da nichts zu sagen, sie werden von selbst wunschgemäß spielen.
5. Mit dem Takt werden wir ähnlich verfahren wie mit der Intonation: Ein Drittel folgt exakt, ein Drittel eilt, und das letzte Drittel schleppt. Bei den Einsätzen müssen die Violinen sich davor hüten, zusammen zu sein, denn wenn sie nacheinander einsetzen, immer einer nach dem anderen, spielen sie so etwas wie kleine Fugen oder Imitationen, was große Wirkung machen wird. Was die Celli betrifft, so werden sie ersucht, das erbauliche Beispiel eines der ihrigen zu befolgen, der sich mit allem Stolz zugute hält, niemals ein italienisches Intermezzo in der richtigen Tonart gespielt zu haben; sie mögen immer Dur spielen, wenn Moll vorgeschrieben ist, und umgekehrt.
6. Wir werden uns sehr große Mühe geben, die Forte-Stellen leise und die Piano-Stellen laut zu spielen, besonders, wenn Gesang begleitet wird. Vor allem sollten wir aus Leibeskräften kratzen, wenn die Tonelli[10] singt, da es besonders wichtig ist zu verhindern, daß man etwas von ihr hört.
7. Eine andere Vorsichtsmaßregel, die nicht außer acht gelassen werden darf, wäre, Begleitstimmen so stark wie möglich zu forcieren, die erste hingegen zurückzunehmen, so daß nur die Melodie der zweiten Stimme zu hören ist. Auch sollte man Durant dafür gewinnen, sich nicht zu bemühen, die Partien der Bratschen an den Stellen auszuschreiben, wo sie eine Oktave

über dem Baß spielen, damit dieser Mangel an Ausgleich zwischen Baß und Oberstimme den Zusammenklang trockener macht[11].

8. Den jungen Fiedlern empfehlen wir, nicht zu versäumen, Oktaven zu spielen, auf dem Steg herumzumiauen, ihren Part zu verändern und zu verzerren, vor allem dort, wo sie ihn nicht richtig auszuführen verstehen, um so über ihre Ungeschicklichkeit hinwegzutäuschen, die Musik durcheinanderzubringen und zu zeigen, daß sie über die Gesetze aller Orchester dieser Welt erhaben sind.

9. Da schließlich das Publikum wegen all der Katzenmusik ungeduldig werden könnte, und wenn wir bemerken, daß es uns allzu eindringlich beobachtet, sollten wir das Verfahren ändern, um allem Getuschel zuvorzukommen: Nun, während drei oder vier Violinen so gut spielen, wie sie können, sollten die anderen anfangen, während der Arien nachzustimmen, und sie sollten sich bemühen, mit aller Kraft zu kratzen und einen Höllenlärm auf ihren leeren Saiten zu vollführen, besonders bei den leisen Stellen. Dadurch verhunzen wir die schönste Musik, ohne daß man uns irgend etwas nachsagen könnte — denn schließlich muß man ja einstimmen. Und wenn man uns das vorhält, so werden wir den allerschönsten Vorwand auf der Welt haben, so falsch zu spielen, wie wir wollen. Ob man uns nun einzustimmen erlaubt oder ob man uns daran hindert — immer werden wir ein Mittel haben, auseinander zu sein.

10. Wir werden fortwährend „Skandal" und „Schande" rufen, werden uns lauthals darüber beklagen, daß man den Musentempel durch Gaukler entehrt. Wir werden uns bemühen zu beweisen, daß unsere Darsteller keine Gaukler sind wie die anderen, und zwar deshalb, weil sie wohl ausgezeichnet singen und gestikulieren, aber überhaupt nicht spielen, daß die kleine Tonelli sich ihrer Arme bedient, um ihre Rolle mit einer geradezu schmählichen Intelligenz und Anmut darzubieten, während die berühmte Madame Chevalier[12] die ihren nur dazu benutzt, um die Anstrengung ihres Brustkorbes zu unterstützen, was ja wohl viel diskreter ist; daß dadurch übrigens nur das mäßige Talent erniedrigt wird, unsere Darsteller sich aber niemals erniedrigt haben. Auch werden wir deutlich machen, daß die italienische Musik unser Theater entehrt, weil eine Académie Royale de Musique allein sich auf den Glanz ihres Namens

und auf ihre Privilegien stützen sollte und es deshalb unter ihrer Würde sei, guter Musik zu bedürfen.

11. Die allerwichtigste Vorsichtsmaßregel, die wir bei dieser Gelegenheit zu beachten haben, ist, unsere Beschlüsse geheimzuhalten; so erhabene Interessen dürfen den Augen des dummen Pöbels keinesfalls offenbart werden, welcher sich ja törichterweise einbildet, wir seien bezahlt worden, um ihm zu Diensten zu sein. Das Publikum ist von einer solchen Arroganz, daß, würde dieser Brief durch die Indiskretion eines von Euch bekannt, es sich berechtigt fühlen würde, unser Verhalten aus der Nähe in Augenschein zu nehmen, was durchaus Unannehmlichkeiten nach sich ziehen könnte, denn schließlich: wie sehr man auch immer über das Publikum erhaben sein mag, so ist es doch gar nicht angenehm, sein Gekeife zu ertragen.

Dies also, meine Herren, wäre der Entwurf einiger Punkte, über die wir uns im vorhinein einigen sollten. Was die einzelnen Verabredungen angehen, die wir während der Aufführung des fraglichen Stückes treffen, wie sie der Art angepaßt sein müssen, in der man auf diese reagiert, so sollten wir uns zu gegebener Zeit darüber einigen. Jeder von uns, mit wenigen Ausnahmen, hat sich bis jetzt so sehr dem allgemeinen Interesse entsprechend verhalten, daß es wohl keine Aktion geben wird, die sich nicht augenblicklich vereinbaren ließe, um unser Werk zu krönen. Und wir hoffen, daß, wenn man uns Mangel an Talent vorwerfen sollte, man dies zumindest inbezug auf das Intrigieren unterlassen wird.

Nachdem wir die italienische Brut mit Schimpf und Schande ausgetrieben haben werden, sollten wir uns als gefürchtetes Tribunal etablieren; bald wird der Erfolg oder wenigstens der Mißerfolg der Opern allein von uns abhängen. Die Autoren, von wahrer Furcht ergriffen, werden einem Orchester zitternd Ehrerbietung erweisen, das sie vernichten kann, und aus einer Bande jämmerlicher Fiedler, für die man uns gegenwärtig hält, werden eines Tages die obersten Richter der französischen Oper geworden sein, die souveränen Gebieter über Chaconne und Rigaudon.

    Ich habe die Ehre, liebe Kollegen, mit tiefem
      Respekt zu verbleiben... etc.

1 Übersetzt nach der Ausgabe *Œuvres complètes*, Paris 1865—1870, Bd. 9, S. 286—296; „Académie Royale de Musique" wäre am richtigsten als „Königliches Opernhaus" zu übersetzen. Die gelegentlich begegnende Übersetzung *Brief eines Sinfonikers der Königlichen Musikakademie* ist irreführend, vgl. etwa St. Markus, *Musikästhetik*, I. Teil, Leipzig 1967, S. 297. Unter „symphonie" versteht Rousseau in den häufigeren Fällen nicht mehr als „Orchesterbegleitung".
2 In der „coin de la Reine", d. h. in der Ecke unter der Loge der Königin, sammelten sich in der Oper die Enzyklopädisten.
3 Lullys Oper *Isis* wurde in Paris erstmals im Jahre 1677 aufgeführt, sodann wieder in den Jahren 1704, 1713, 1732.
4 Die berühmte, von Rousseau angesprochene Szene der 1706 uraufgeführten Oper von Marin Marais gehört zu den ersten „realistischen" Darstellungen ihrer Art; weitere Pariser Aufführungsdaten sind die Jahre 1719, 1741, 1756 und 1771.
5 Lullys gleichnamige Oper wurde erstmals im Jahre 1685 aufgeführt, später in den Jahren 1705, 1709, 1716, 1727, 1743 und 1755 wiederaufgenommen. Logistille (bei Tasso Logistilla) ist eine Frauengestalt in Lullys Oper.
6 Bambini war der Prinzipal der italienischen Truppe.
7 Diese Opernparodie von Charles-Simon Favart kam am 28. Juli 1755 in der „Comédie italienne" erstmals zur Aufführung; das Stück lief auch unter dem Titel *La Zingara*.
8 Jomellis *L'Uccellatrice* war erstmals am 6. Mai 1750 in Venedig herausgekommen; in umgearbeiteter Form wurde sie erstmals am 25. September 1753 in Paris unter dem Titel *Il Paratajo* präsentiert.
9 „Monsieur l'Abbé" mag der Abbé Voisenon sein, der glücklose Verfasser einer *Réponse du coin du Roi au coin de la Reine (Antwort der Königsecke auf die Königinnenecke)*.
10 Bekannte Sängerin an der „Académie Royale de Musique".
11 Gemeint ist das bei Partituren ohne eigens auskomponierte Bratschenstimme geübte, dem Abschreiber überlassene Verfahren, die Bratsche eine Oktav über der Baßstimme und nur dort mit dieser im Einklang zu führen, wo sie in der Oktavversetzung über die Oberstimme geraten würde. Vgl. in dieser Ausgabe S. 244 im Artikel *copiste*.
12 Pariser Sängerin.

Brief über die französische Musik

Vorwort[1]

Da der im vergangenen Jahre in der Oper entbrannte Streit nur zu Beleidigungen geführt hat, die von der einen Seite mit viel Witz, von der anderen mit großer Feindseligkeit vorgetragen wurden, wollte ich nicht Partei ergreifen; diese Art Krieg paßte mir in keiner Weise, und ich empfand sehr genau, daß dies nicht der Zeitpunkt war, nur mit Vernunftgründen zu argumentieren. Nun aber, da die Buffonisten verabschiedet worden sind — oder doch kurz davor stehen — und man keine Intrigen mehr zu befürchten hat, glaube ich, meine Meinung äußern zu können; ich werde das mit dem mir eigenen Freimut und ohne die Befürchtung tun, irgend jemanden zu beleidigen. Mir scheint sogar, daß bei solchen Angelegenheiten jede Art von Vorsicht die Leser eher kränken würde. Ich hätte — das gestehe ich gern — eine äußerst schlechte Meinung von einem Volk*, das Liedern eine lächerliche Wichtigkeit beimessen und von seinen Musikern mehr Aufhebens machen würde als von seinen Philosophen und unter dem man über Musik mit größerer Vorsicht sprechen müßte als über die großen Themen der Moral.

Da angeblich einige Leute mich beschuldigen, ich hätte es in der ersten Ausgabe an Respekt gegenüber der französischen Musik fehlen lassen, gebietet mir die Vernunft zu betonen, daß gerade der sehr viel größere Respekt und die Wertschätzung, die ich der Nation schulde, mich daran hindern, in dieser Hinsicht irgend etwas in der zweiten Ausgabe zu ändern.

Beträfe es jemand anderen als mich, so wäre es fast unglaublich, daß man die Beschuldigung wagt, ich hätte verächtlich von der Sprache geredet — in einem Werk, in dem von ihr oh-

---

* Da ich fürchte, meine Leser könnten die letzten Zeilen dieses Abschnittes für eine nach dem ersten Erscheinen hinzugefügte Satire halten, weise ich darauf hin, daß sie Wort für Wort der ersten Ausgabe dieses Briefes entnommen sind; das Folgende wurde in der zweiten angefügt.

nehin nur im Hinblick auf die Musik gehandelt werden kann! Ich habe diesbezüglich in der vorliegenden Edition kein einziges Wort verändert; so kann der Leser, wenn er sie mit kühlem Kopfe durchsieht, leicht feststellen, ob die Beschuldigung berechtigt ist. Wahr ist allerdings, daß ich unsere Sprache — obwohl wir ausgezeichnete Dichter und selbst ein paar nicht ganz talentlose Musiker besitzen — nur wenig für Dichtung geeignet halte und überhaupt nicht tauglich für Musik. Ich stehe nicht an, mich in diesem Punkte auf die Dichter selbst zu berufen; was die Musiker anbelangt, so kann man, wie jedermann weiß, sehr wohl darauf verzichten, sie bei einer theoretischen Überlegung zu Rate zu ziehen. Hingegen scheint mir die französische Sprache diejenige der Philosophen und der Weisen zu sein,* dazu geschaffen, der Wahrheit und der Vernunft als Werkzeug zu dienen. Wehe dem, der die eine oder die andere beleidigt in Schriften, die die Sprache entehren! Ich für mein Teil glaube, dieser schönen und geistvollen Sprache, die zu gebrauchen ich das Glück habe, die würdigste Huldigung darzubringen, indem ich mich bemühe, jegliche Herabsetzung zu vermeiden.

Obgleich ich, der vom Publikum nichts erwartet, den Ton im Umgang mit ihm weder ändern sollte noch ihn ändern will, ich mich auch wenig um Spott und Lobsprüche kümmere, glaube ich doch, ihm viel mehr Respekt zu erweisen als jene Masse käuflicher, gefährlicher Literaten, die ihm um des eigenen Vorteils willen schmeicheln. Mein Respekt hat allerdings nichts zu tun mit jenen eitlen Tricks, die die Schwäche der Leser einkalkulieren; hingegen tut er deren Urteilsvermögen Ehre an, indem er die vertretene Meinung auf solide Argumente stützt; eben dies habe ich stets zu tun mich bemüht. So habe ich — wie immer man die Dinge auch betrachten mag, und alles Geschrei nüchtern erwägend, das dieser Brief ausgelöst hat — vor allem die Sorge, zu meinem größten Unrecht könnte am Ende werden, daß ich recht behalte; denn ich weiß zu genau, daß mir dies nie verziehen würde.

---

* Das ist die Ansicht des Verfassers des *Briefes über die Taubstummen*[2], eine Ansicht, die er, die vorliegende Schrift ergänzend, sehr gut zu stützen weiß und in allen seinen Schriften noch viel besser unter Beweis stellt.

*Sunt verba et voces, praetereaque nihil.*³

Gewiß, Monsieur, erinnern Sie sich der Geschichte jenes schlesischen Kindes, von dem Herr Fontenelle spricht, das mit einem goldenen Zahn geboren worden sein soll. Alle deutschen Gelehrten ergingen sich zunächst in tiefsinnigen Abhandlungen, um zu erklären, wie man mit einem Goldzahn geboren werden könne; erst zuallerletzt kam man auf die Idee, die Wahrheit der Angabe selbst zu prüfen – wobei sich dann herausstellte, daß der Zahn gar nicht golden war. Um ähnliches Ungemach zu vermeiden, wird es vielleicht gut sein, wenn ich, bevor ich von der Vortrefflichkeit unserer Musik spreche, mich zunächst ihres Daseins versichere, also nicht untersuche, ob sie golden sei, sondern ob wir überhaupt eine Musik haben. Deutsche, Spanier und Engländer haben seit langem behauptet, daß sie eine ihrer Sprache gemäße Musik besäßen; wirklich gab es bei ihnen einige Nationalopern, die sie in bestem Glauben bewunderten, fest davon überzeugt, es ginge an ihre Ehre, sollten sie diese Meisterwerke, die allen Ohren außer den ihren unerträglich waren, verschwinden lassen. Endlich aber siegte auch bei ihnen das Vergnügen über die Eitelkeit, bzw. sie gaben der Sache zumindest eine gütliche Wendung, indem sie dem Geschmack und der Vernunft Vorurteile opferten, welche die Nation der Ehre wegen, die sie in sie setzen, oft lächerlich machen.

Wir in Frankreich sind, was die Einstellung zu unserer Musik angeht, nicht weiter als jene Völker. Wer aber steht uns dafür, daß unsere Hartnäckigkeit besser begründet ist? Wissen wir denn nicht, bis zu welchem Grade lange Gewöhnung selbst bei den schlechtesten Dingen unsere Sinne täuschen kann* und

---

* Neugierige mögen vielleicht begrüßen, hier die folgende Passage zitiert zu finden, die von einem alten Parteigänger der Königsecke stammt und die ich aus sehr guten Gründen zu übersetzen mich enthalte⁴:

„Als der sehr fromme König Karl nach Rom zurückgekehrt war, um das Osterfest mit seiner Apostolischen Majestät zu feiern, erhob sich während der Festlichkeiten ein Streit zwischen den französischen und den römischen Sängern. Die Franzosen behaupteten, besser und gefälliger zu singen als die Römer. Die Römer dagegen, die sich für die im Kirchengesang Kundigeren halten durften, weil sie ihn vom heiligen Papst Gregor gelernt hatten, beschuldigten die Franzosen, den wahren Gesang zu verderben, zu

wieviel Urteilskraft und Nachdenken in allen schönen Künsten erforderlich sind, um den unverständlichen Beifall, den ein Volk oft seinen fadesten Produkten erteilt, zu korrigieren und ihm das zweifelhafte Vergnügen daran zu vergällen? Sollte es jetzt nicht an der Zeit sein, ohne Rücksicht auf die Meinung des Pöbels aller Stände, die französische Musik gerecht zu be-

zerstören und zu entstellen. Als der Disput vor den König gebracht wurde, glaubten die Franzosen sich der Unterstützung ihres Königs sicher und beschimpften die römischen Sänger. Die Römer wiederum, stolz auf ihr Wissen und die Lehre des heiligen Gregor mit der Roheit der anderen vergleichend, bezeichneten diese als Ignoranten, Flegel, Dummköpfe und wahre Bestien. Da der Streit kein Ende nahm, sagte der sehr fromme König Karl zu seinen Sängern: ‚Sagt uns, welches das beste und reinste Wasser sei — das, was man einer lebendigen Quelle entnimmt, oder das den Bächen entnommene, das von weither kommt?' Alle sagten, daß das Wasser der Quelle das reinste wäre und daß das der Bäche umso mehr verändert und schmutziger sei, je weiter es herkomme. ‚Geht deshalb', fuhr der König Karl fort, ‚auf die Quelle des heiligen Gregor zurück, dessen Gesang ihr offenkundig verdorben habt.' Danach erbat der König vom Papst Hadrian einige Sänger, um den französischen Gesang zu verbessern, und der Papst überließ ihm Theodorus und Benedictus, zwei sehr gelehrte Sänger, die vom heiligen Gregor selbst unterwiesen worden waren; auch gab er ihm Antiphonare des heiligen Gregor, die dieser selbst in römischer Notation niedergeschrieben hatte. Als König Karl nach Frankreich zurückgekehrt war, schickte er einen der beiden Sänger nach Metz und den anderen nach Soissons und befahl allen Gesangsmeistern in den Städten Frankreichs, ihnen die Antiphonare zum Verbessern zu übergeben und von ihnen das Singen zu erlernen. Auf diese Weise wurden alle französischen Antiphonare korrigiert, welche jeder durch Ergänzungen oder Streichungen auf seine Weise verändert hatte, und alle Sänger Frankreichs erlernten den römischen Gesang, welchen sie nun französischen Gesang nannten. Was allerdings die schwebenden, schmeichelnden, angeschlagenen oder im Gesang abgeschnittenen Töne angeht, so lernten die Franzosen niemals, sie richtig wiederzugeben, und brachten wegen der naturgegebenen barbarischen Roheit ihrer Kehlen statt Läufen nur ein Meckern hervor. Im übrigen wird die Hauptschule des Gesanges immer diejenige von Metz bleiben; so, wie der römische Gesang den von Metz übertrifft, übertrifft der von Metz den aller anderen französischen Schulen. Gleichzeitig lernten die römischen Sänger von den französischen, sich mit Instrumenten zu begleiten, und da König Karl auch Meister der Grammatik und der Mathematik nach Frankreich gebracht hatte, befahl er, daß man überall das Studium der Wissenschaften aufnehme; denn vor den Zeiten des besagten Königs hatte man in Frankreich keinerlei Kenntnis von den Freien Künsten."

urteilen und einmal zu versuchen, sie an der Elle der Vernunft zu messen und zu sehen, wie sie die Probe bestehe? *„Soviel räume fürwahr auch ich der großen Menge ein"*, sagte Plato, *„dem Ergötzen nach sei über die Musik zu entscheiden, doch nicht nach dem irgendwelcher, sondern die schönste Muse sei wohl die, welche die Besten und genügend Erzogenen erfreut, hauptsächlich aber denjenigen, welcher durch Tugend und Bildung vor allen sich auszeichnet."*⁵

Ich habe nicht die Absicht, bei dieser Prüfung in die Tiefe zu gehen; weder wäre das die Aufgabe eines Briefes noch eigentlich die meinige. Nur einige Grundsätze möchte ich aufzustellen versuchen, von denen die Meister der Kunst, und noch mehr die Philosophen — wenigstens so lange, bis man bessere finden wird —, sich in ihren Untersuchungen leiten lassen sollten. Denn, wie einstmals ein Weiser sagte: es ist Sache des Dichters, Gedichte zu schreiben, und Sache des Musikers, Musik zu machen; aber es ist Sache des Philosophen, über das eine wie das andere gescheit zu reden.

Jegliche Musik setzt sich aus drei Bestandteilen zusammen: Melodie bzw. Gesang, Harmonie bzw. Begleitung, Bewegung bzw. Taktmaß*.

Obwohl der Charakter einer Melodie wesentlich vom Taktmaß bestimmt wird, wie sie zugleich unmittelbar aus der Harmonie hervorgeht, und weil sie die Begleitung ihrer Gangart anpaßt, werde ich hier beides in einem Abschnitt zusammenfassen und über das Taktmaß gesondert sprechen.

Da die Grundlagen der Harmonie naturgegeben sind, ist sie für alle Nationen dieselbe; wo gewisse Abweichungen auftreten, sind sie durch solche der Melodie hineingebracht worden. Deshalb darf man den besonderen Charakter einer nationalen Musik nur aus der Melodie herleiten, umso mehr, als dieser Charakter grundsätzlich von der Sprache her vorgegeben ist und die Gesangsmelodie also seinen Einwirkungen unmittelbar ausgesetzt wird.

Man kann sich vorstellen, daß manche Sprachen besser für Musik geeignet sind als andere, und man kann sich auch vor-

---

* Während man unter *mesure* (= Takt) die Bestimmung der Zahl und des Verhältnisses der (Takt-) Zeiten versteht und unter *mouvement* (= Bewegung) diejenige des Schnelligkeitsgrades, habe ich gemeint, hier diese Bestimmungen unter der allgemeinen Idee der Modifikation der Zeitwerte bzw. der Zeit zusammenfassen zu dürfen.

stellen, daß manche für Musik gar nicht taugen. Beispielsweise könnte es eine Sprache geben, die nur aus gemischten Klängen, aus stummen, dunklen oder nasalen Silben besteht, aus nur wenigen wohlklingenden Vokalen, vielen Konsonanten und harten Artikulationen, und der noch andere, für den Gesang wichtige Eigenschaften fehlen, worüber ich in dem Abschnitt über den Takt noch sprechen werde. Prüfen wir einmal aus reiner Neugier, was herauskäme, wenn eine solche Sprache mit Musik verbunden würde.
Zunächst müßte man, da die Vokale nicht klingen, den Tönen entsprechend kräftig nachhelfen; weil die Sprache stumpf ist, müßte die Musik schreien. Zweitens würden die Härte und Häufigkeit der Konsonanten es nötig machen, viele Worte zu vermeiden bzw. über andere in simpler Deklamation hinwegzugehen. Auf diese Weise bekämen wir eine geschmacklose, monotone Musik, schwerfällig im Fortgang und deshalb langweilig. Wollte man ihr Tempo auch nur etwas beschleunigen, so würde ihre Bewegung der eines harten, eckigen Körpers ähneln, der auf einer Fläche dahinrollt.
Da einer solchen Musik jede angenehme Melodie abgehen würde, könnte man ihr nur durch erkünstelte, unnatürliche Schönheiten aufhelfen; man müßte sie mit häufigen, schulgerechten, gefühllosen, ausdrucks- und reizlosen Modulationen überladen, müßte Triller, Rouladen, Glissandi und ähnliche unpassende Verzierungen erfinden, von denen man beim Singen verschwenderischen Gebrauch macht, durch die es aber nur noch lächerlicher werden würde, ohne daß seine Plattheiten verschwänden. Bei all solchem falschen Aufputz bliebe die Musik doch immer matt und ausdruckslos, ihre saft- und kraftlosen Prägungen würden in vielen Noten nur wenig aussagen, etwa jenen gotischen Schriften vergleichbar, die auf einer Linie, weil sie mit Ausmalungen und verschnörkelten Buchstaben ausgefüllt sind, nur zwei oder drei Worte unterbringen und also auf breitem Raum nur wenig mitteilen.
Die Unmöglichkeit, angenehme Melodien zu erfinden, würde die Komponisten dazu veranlassen, alle Sorgfalt der Harmonie zuzuwenden, und in Ermangelung realer Schönheiten würden sie sehr konventionelle einführen, bestenfalls mit dem Verdienst, einige Schwierigkeiten gemeistert zu haben. Statt guter Musik würden sie sich gelehrte ausdenken, und um der Melodie aufzuhelfen, würden sie die Begleitung verstärken; es

würde sie weniger Mühe kosten, viele schlechte Stimmen übereinanderzusetzen, als eine einzige gute Melodie zu schreiben. Um Fadheiten zu vermeiden, würden sie die Verwirrung vermehren; sie würden glauben, Musik zu komponieren, und dabei nur Lärm hervorbringen.
Eine andere Folgewirkung des Fehlens von Melodie wäre, daß die Musiker, weil sie von ihr falsche Begriffe haben, überall etwas fänden, was sie für Melodie halten. Da sie keinen wahren Gesang kennen, würde es sie nichts kosten, die Stimmen zu vervielfachen; sie würden dreist Melodie nennen, was diesen Namen nicht verdient, selbst einen Continuo-Baß, mit dem sie z. B. die Baßstimmen im Einklang rezitieren lassen würden – unter dem Vorbehalt, daß das Ganze in eine Art Begleitung eingepackt wäre, deren vorgebliche Melodie mit derjenigen des Vokalpartes nichts verbindet. Überall, wo sie Noten sähen, sähen sie auch gleich Melodie, wie tatsächlich ihre Melodie nur eine Aneinanderreihung von Tönen darstellte. *Voces praeteraeque nihil.*[6]
Kommen wir nun zum Zeitmaß; auf dem Gefühl für dieses beruhen Schönheit und Ausdruck der Melodie zum allergrößten Teil. Zeit- und Taktmaß sind für die Melodie etwa das, was für die Rede die Syntax ist; diese verbindet die Wörter, gliedert die Sätze, sie bringt in das Ganze Sinn und Zusammenhang. Alle Musik, deren Gangart man nicht mitvollziehen kann, gleicht, wenn der Fehler vom Ausführenden herrührt, einer Niederschrift in Chiffren, deren Schlüssel man erst finden muß, um den Sinn zu ergründen. Besitzt die Musik schon von sich aus keine Gangart, so gleicht sie einer konfusen Sammlung zufällig aufgelesener und ohne logische Aufeinanderfolge aufgeschriebener Worte, worin der Leser keinen Sinn entdecken kann, weil der Autor keinen hineingelegt hat.
Ich habe oben gesagt, daß jede nationale Musik ihren Grundcharakter aus der zugehörigen Sprache empfängt, und ich muß nun ergänzen, daß im allgemeinen die Prosodie der Sprache diesen Charakter ausmacht. Da Vokalmusik viel früher dagewesen ist als instrumentale, hat stets diese von jener die melodischen Wendungen und Taktmaße bezogen; und die verschiedenen Taktmaße der Vokalmusik wiederum haben nur entstehen können aus den verschiedenen Arten, in denen man die Rede skandieren und kurze und lange Silben in ein Verhältnis zueinander bringen kann. Ganz augenscheinlich ist das in der

griechischen Musik der Fall, deren Takte nichts anderes waren als Formeln bzw. Rhythmen, die durch das Arrangement langer und kurzer Silben und der Versfüße entstehen, wie man sie in Sprache und Poesie festlegte, und zwar in der Weise, daß — obgleich sich im musikalischen Rhythmus der prosodische Takt, das Versmaß und der Takt der Melodie sehr wohl unterscheiden lassen — die angenehmste, zumindest die deklamatorisch am besten durchgeformte Musik zweifellos diejenige ist, in der die drei genannten Taktqualitäten bestmöglich zusammenwirken.

Nach diesen Klarstellungen komme ich auf meine Hypothese zurück. Nehmen wir an, die Sprache, von der oben die Rede war, verfügte nur über eine schlecht ausgebildete, wenig markierte und ungenaue Prosodie, ihre langen und kurzen Silben stünden quantitativ und qualitativ nicht in Verhältnissen zueinander, die einfach und also dazu geeignet sind, die rhythmischen Folgen angenehm, genau und regelmäßig zu machen; nehmen wir weiter an, diese Sprache habe lange Silben, die unterschiedlich lang, und kurze Silben, die unterschiedlich kurz sind, sie habe also auch weder eindeutig lange noch eindeutig kurze Silben, so daß die Unterscheidung beider fast unbestimmbar wennicht überhaupt unmöglich sei: Es versteht sich, daß die zugehörige nationale Musik, da sie die Unregelmäßigkeiten einer solchen Prosodie gezwungenermaßen in ihren Takt aufnehmen müßte, nur sehr vage, in sich ungleiche und nur wenig sensible Musik sein könnte — wobei diese Unregelmäßigkeit ganz besonders stark im Rezitativ fühlbar werden müßte. Es versteht sich weiterhin, daß man kaum die Notenwerte mit den Silbenlängen würde übereinbringen können und alle Augenblicke gezwungen wäre, den Takt zu wechseln, daß man also die Verse niemals in einem klar definierten und durchgebildeten Rhythmus wiedergeben könnte; selbst in den taktmäßig durchlaufenden Arien wäre die musikalische Bewegung unnatürlich und unpräzise, ein Mangel, der bei langsamem Tempo dazu führen müßte, daß sich für Sänger und Hörer das Gefühl für ein bestimmtes Tempo ganz verlöre; endlich wäre der Takt, weil nicht mehr nachvollziehbar und in seinen Wiederholungen regelmäßig, der Willkür des Musikers unterworfen, der ihn jederzeit nach Lust und Laune beschleunigen oder verlangsamen könnte, so daß man im Konzert nicht auf jemanden verzichten dürfte, der ihn für alle angibt — allerdings eben je nach Phantasie und willkürlichem Belieben eines einzelnen.

Die Sänger würden sich so sehr daran gewöhnen, den Takt zu ignorieren, daß sie ihn nach eigenem Gutdünken selbst in den Stücken verändern würden, bei denen es dem Komponisten gelungen war, einen einzigen durchzuhalten. Den Takt zu betonen wäre ein Vergehen gegen die Musik, ihm einfach zu folgen ein Verstoß gegen den guten Ton beim Singen: So würden Mängel als Schönheiten angesehen und Schönheiten als Mängel, Untugenden würden durch Regeln befestigt, so daß es im ganzen also, um die Musik dem Geschmack der betreffenden Nation anzupassen, nur darauf ankäme, gerade das sorgsam zu kultivieren, was allen anderen mißfällt.

Man könnte die Mängel einer derartigen Musik mit noch soviel Kunstfertigkeit zu überdecken versuchen; dennoch bliebe ausgeschlossen, daß sie jemals anderen Ohren gefallen könnte als den Ohren der Einheimischen. Sollten diese nun gezwungen sein, Einwände wegen ihres schlechten Geschmacks zu widerlegen oder nur im Zusammenhang mit einer günstigeren Sprache echte Musik zu hören, könnten sie sich versucht fühlen, dieser die ihrige anzunähern, würden ihr damit aber allen Eigencharakter und alle Eignung für die Sprache nehmen, für die sie nun einmal gemacht ist. Wollten sie auf diese Weise ihre Musik unnatürlich machen, so würde sie hart, gekünstelt; selbst wenn sie sich damit begnügten, sie mit einer anderen Begleitung auszustatten als derjenigen, die zu ihr paßt, würden sie durch einen solchen unvermeidlichen Kontrast die Plattheiten ihrer Musik nur in ein noch grelleres Licht rücken, würden ihrer Musik die einzige Schönheit nehmen, die ihr eigen ist, weil sie ihren verschiedenen Komponenten die Einheitlichkeit rauben würden, die aus ihr wenigstens ein Ganzes macht; und würden sie die Ohren daran gewöhnen, an der Melodie vorbeizuhören und nur der Orchesterbegleitung zu lauschen, so würden ihnen am Ende die Stimmen nur noch als Begleitung zur Begleitung dienen.

Auf diese Weise würde die Musik eines solchen Volkes in Vokalmusik und Instrumentalmusik auseinanderfallen, würde also, da man beiden Arten unterschiedliche Charaktere gibt, aus der Musik als Ganzes eine Absurdität. Das Orchester würde im Takt spielen; weil aber gleichzeitig der Gesang sich keinerlei Zwang anbequemen würde, müßte man oft anhören, daß Darsteller und Orchester in den gleichen Nummern auseinandergeraten und einander behindern; derlei Unsicherheiten und die Vermischung der beiden Musikarten hätten in der Begleitung eine Gefühllosigkeit und Laschheit zur Folge, an die die Musiker sich so sehr gewöhnen würden, daß sie, selbst wenn sie gute Musik spielten, nicht mehr imstande wären, ihr Kraft und Nachdruck zu verleihen. Da sie sie wie ihre eigene spielen würden, würden sie sie in jeder Hinsicht entstellen, das Piano laut spielen, das Forte leise, und überhaupt den Sinn dieser beiden Bezeichnungen ignorieren. Andere Bezeichnungen wie *rinforzando, dolce*, risoluto, con gusto, spiritoso, sostenuto, con brio* besäßen in ihrer Sprache gar keine Synonyme, und dem Begriff des Ausdrucks fehlte bei ihnen jeder Sinn. Durch unabsehbar viele kleine, ausdruckslose und geschmacklose Verzierungen würden sie die Kraft des Bogenstrichs ersetzen. Wie stark das Orchester auch besetzt wäre — die Musiker würden keinerlei Wirkung erzielen, und wenn, dann eine höchst unangenehme. Da die Ausführung immer nachlässig wäre und die Musiker lieber für sich selber als gemeinsam im Takt spielen würden, kämen sie ständig auseinander; weder könnten sie einen sauberen und richtigen Ton erzeugen noch den Charakter des Gespielten treffen; und Ausländer wären sehr überrascht, daß ein als das beste der Welt gepriesenes Orchester kaum für die Bühne einer Vorstadtkneipe** gut genug wäre. Natürlich könnte es geschehen, daß solche Musiker eine Musik zu hassen beginnen, die ihre Schande offenbar gemacht hat, und oft genug werden sie, ihren schlechten Geschmack noch um bösen Willen ergänzend, eine Aufführung mit Plan

---

* Es gibt keine vier französischen Orchestermusiker, denen der Unterschied von *piano* und *dolce* geläufig wäre, und es ist auch ganz überflüssig, daß sie ihn kennen, denn wer von ihnen wäre schon imstande, diesen Unterschied wiederzugeben?
** Da man mir versichert hat, daß sich unter den Musikern der Oper nicht nur sehr gute Geiger befinden — was ich gern zugestehe, sofern jeder für sich genommen wird —, sondern tatsächlich ehrenwerte Männer, welche bei den Schlampereien ihrer Kollegen, die dem Publikum den Spaß verderben, nicht mittun, so beeile ich mich, diese Unterscheidung hier anzuführen, um nach besten Kräften mein mögliches Unrecht gegenüber denjenigen gutzumachen, die eine Unterscheidung verdienen.

und Vorsatz ins Lächerliche ziehen, bei der sie sich zuvor schon auf ihre Ungeschicklichkeit verlassen konnten.

In einer anderen, der eben entwickelten genau entgegengesetzten Hypothese könnte ich nun leicht alle Eigenschaften einer wahren Musik darstellen, die geschaffen ist zu bewegen, nachzuahmen, zu gefallen und dem Gemüt die süßesten harmonischen und melodischen Eindrücke zu vermitteln; weil uns dies aber zu sehr von unserem Thema abbrächte und besonders von uns schon bekannten Ideen, ziehe ich vor, mich auf einige Beobachtungen zur italienischen Musik zu beschränken, welche uns helfen könnten, die unsrige besser zu beurteilen.

Wenn man fragte, welche Sprache wohl eine besonders gute Grammatik hat, würde ich antworten, daß es wohl die Sprache des intelligentesten Volkes sein müsse; und wenn man fragte, welches Volk besonders gute Musik besitzt, würde ich sagen: es ist dasjenige, dessen Sprache sich am besten für Musik eignet. Dieses habe ich bereits weiter oben festgestellt, und ich werde Gelegenheit nehmen, es im Verlaufe dieser Ausführungen weiter zu bekräftigen. Nun, wenn es in Europa eine für Musik geeignete Sprache gibt, so ist dies gewiß die italienische; denn diese ist in höherem Maße als irgendeine andere sanft, klangvoll, harmonisch und wohlakzentuiert, und eben diese Eigenschaften sind genau die zum Singen am besten geeigneten.

Die italienische Sprache ist sanft, weil in der konsonantischen Artikulation unkompliziert; selten — und wenn, dann ohne Härte — treffen Konsonanten aufeinander. Da sehr viele Silben überhaupt nur aus Vokalen gebildet sind, machen deren häufige Elisionen die Aussprache weich; die Sprache klingt so gut, weil die meisten Vokale klar sind, weil Diphthonge gänzlich und Nasalierungen nahezu fehlen; selten begegnende und einfache Konsonanten setzen den Klang der Silben besser gegeneinander ab, welche dadurch reiner und volltönend erscheinen. Was den harmonischen Eindruck der Sprache angeht, der ebenso von der Silbenzahl, von der Prosodie wie von den Silbenklängen abhängt, so liegen in diesem Punkte die Vorzüge der italienischen Sprache auf der Hand; denn — das muß ergänzt werden — viel weniger die wirkliche klangliche Intensität ihrer Ausdrücke macht eine Sprache wohlklingend und abwechslungsreich als der Spielraum zwischen ihren sanften und starken Lauten und die Auswahl, die man innerhalb dieser treffen kann, um einen bestimmten Gegenstand angemessen zu schildern. Dies vorausgesetzt, mögen jene Leute, die das Italienische ausschließlich für die Sprache des sanften und zarten Wohllautes halten, sich die Mühe machen, die folgenden zwei Strophen von Tasso miteinander zu vergleichen:

> *Teneri sdegni, e placide e tranquille*
> *Repulse, e cari vezzi, e liete paci,*
> *Sorrisi, parolette, e dolci stille*
> *Di pianto, e sospir tronchi, e molli baci:*
> *Fuse tai cose tutte, e poscia unille,*
> *Ed al foco temprò di lente faci;*
> *E ne formò quel si mirabil cinto*
> *Di ch'ella aveva il bel fianco succinto.*
>
> *Chiama gli abitator dell' ombre eterne*
> *Il rauco suon della tartarea tromba:*
> *Treman le spaziose atre caverne,*
> *E l'aer cieco a quel romor rimbomba;*
> *Nè si stridendo mai dalle superne*
> *Regioni del cielo il folgor piomba,*
> *Nè si scossa giammai trema la terra*
> *Quando i vapori in sen gravida serra.*[7]

Falls jene Leute daran verzweifeln, den süßen Wohllaut der einen Strophe auf französisch wiederzugeben, sollten sie versuchen, die rauhe Härte der anderen auszudrücken. Um beides wahrzunehmen, braucht man die Sprache gar nicht zu verstehen; man muß nur gute Ohren und guten Willen haben. Im übrigen werden Sie bemerken, daß die zweite Strophe in ihrer Härte keineswegs dumpf klingt, sondern sehr voll, und daß sie nur für das Ohr, nicht aber für den Sprechenden hart erschcint, denn die Zunge artikuliert die zahlreichen R's, die die Rauhigkeit dieser Strophe ausmachen, nicht weniger leicht als die L's, die die erste so weich dahinfließen lassen. Wir hingegen müssen immer, wenn wir dem Wohlklang unserer Sprache eine gewisse Härte geben wollen, Konsonanten aller Art aufhäufen, was zu schwierigen und harten Artikulationen führt, den melodischen Vortrag aufhält und oft zu einem langsameren Tempo zwingt gerade dort, wo der Sinn der Worte eine Beschleunigung erheischt.

Wollte ich mich über diesen Punkt noch mehr verbreiten, so könnte ich Ihnen darlegen, daß sich die Inversionen der italienischen Sprache sehr viel besser mit einer guten Melodie vereinbaren lassen als die didaktische Anordnung der unsrigen, weil eine musikalische Phrase sich in viel angenehmerer und interessanterer Weise entfaltet, wenn der — zuvor lange offengehaltene — Sinn eines Satzes mit dem auf die Kadenz fallenden Wort voll greifbar wird, als wenn er sich auf seine eigene Weise offenbart, das Verständnis des Hörers allmählich zufriedenstellt und also schon entspannt, während die musikalische Spannung genau im Gegensinne bis zum Ende der Phrase hin zunimmt. Weiterhin könnte ich Ihnen nachweisen, daß die Möglichkeiten der Unterbrechungen und der zusammengezogenen Worte, welche die günstige Struktur der italienischen Sprache und deren Familiarität mit ihrer Musik ausmachen, in der unsrigen ganz unbekannt sind, so daß uns hier kein anderer Ersatz zur Verfügung steht als Pausen, die nicht eigentlich zur Melodie gehören und bei solchen Gelegenheiten eher die Armut der Musik demonstrieren als die Möglichkeiten des Musikers.

Bliebe mir noch, über Fragen der Akzentuierung zu sprechen; indessen erfordert dies wichtige Thema eine so gründliche Erörterung, daß man sie besser einer kompetenteren Feder vorbehalten sollte; ich werde deshalb zu Dingen übergehen, die für meinen Gegenstand wichtiger sind, und werde versuchen, unsere Musik nach ihren eigenen Maßgaben zu prüfen.

Die Italiener behaupten, unsere Melodie sei platt und unsanglich, und alle unparteiischen Nationen* bestätigen dieses Urteil einmütig; wir unsererseits werfen der ihrigen vor, sie sei bizarr und überladen.** Ich will lieber annehmen, daß die eine wie die andere Seite sich täuscht, anstatt mich zu der Folge-

---

* *„Zu jener Zeit",* so berichtet Lord Shaftsbury, *„da man in England französisch zu sprechen pflegte, kam bei uns auch französische Musik in Mode; bald aber hatte die italienische Musik, da sie dem Natürlichen näher steht, uns den Geschmack an der französischen verdorben, so daß wir sie nun ebenso schwerfällig, platt und geschmacklos fanden, wie sie tatsächlich ist."*

** Mir scheint, daß man die italienische Melodie nicht mehr in dieser Weise zu tadeln wagt, seitdem sie auch bei uns erklingt; es ist offenbar so, daß diese wunderbare Musik sich nur zu zeigen braucht, wie sie ist, um alle unrechtmäßigen Anschuldigungen zu widerlegen.

rung gezwungen zu sehen, in Gegenden, in denen die Wissenschaften und Künste einen sehr hohen Stand erreicht haben, könne die Musik noch gar nicht geboren sein.

Die weniger Voreingenommenen bei uns* geben sich mit der Feststellung zufrieden, daß die italienische Musik und die französische gleicherweise gut seien, jede auf ihre Weise und jede für die dazugehörige Sprache. Abgesehen davon, daß die anderen Nationen eine solche Gleichstellung nicht billigen, bliebe immer noch zu erkunden, welche von den beiden Sprachen die bessere Art von Musik in sich enthalte – eine in Frankreich heiß umstrittene Frage, welche anderswo nie umstritten sein wird, eine Frage, die nur durch ein vollkommen neutrales Ohr entschieden werden kann und deshalb in dem Lande, in dem sie zur Debatte steht, mit jedem Tag schwieriger zu entscheiden sein wird. Hier einige Erfahrungen zu diesem Thema, die jeder nachvollziehen kann und die mir bei einer Lösung dieser Frage hilfreich zu sein scheinen, zumindest was die Melodie betrifft, auf die fast ausschließlich der Disput sich konzentriert.

Ich habe mir aus der italienischen und der französischen Musik jeweils mehrere in ihrer Art geschätzte Arien vorgenommen, habe die einen von ihren ständigen Portamenti und Trillern und die anderen von ihren stillschweigend ergänzten Noten befreit, bei denen der Komponist, da er sie aufzuschreiben sich gar nicht erst die Mühe machte, auf die Intelligenz des Sängers**

---

* Etliche Menschen tadeln, daß die Musikliebhaber die französische Musik ohne Zögern völlig beiseiteschieben; diese bedachtsamen Kompromißler wünschen offenbar keinen exklusiven Geschmack, gerade als ob die Liebe zu guten Dingen dazu verpflichte, auch die schlechten zu lieben.

** Wenn man dies tut, begünstigt man die französische Musik sehr: denn diese stillschweigend ergänzten Noten sind in der italienischen Musik für die Melodie nicht weniger wichtig als die aufgeschriebenen. Es geht dort weniger um das, was geschrieben steht, als um das, was gesungen werden soll, so daß diese Art der Niederschrift nur als ein abkürzendes Verfahren gelten kann; wohingegen die Triller und Portamenti des französischen Gesanges, wenn man so will, wohl vom richtigen Geschmack gefordert werden, nicht aber wesentlich zur Melodie gehören und sie schon gar nicht ausmachen. Sie stellen eine Art Schminke dar, die die Häßlichkeit dieser Melodien verdeckt, ohne diese zu beseitigen, und sie dadurch für empfindsame Ohren nur noch lächerlicher macht.

baut; sodann habe ich sie ganz genau, Note für Note, ohne jede Verzierung solmisiert, ohne von mir aus auch nur das geringste zur Verdeutlichung oder Gruppierung der Phrasen hinzuzufügen. Ich werde Ihnen keineswegs verraten, zu welchem Ergebnis ich für mich bei diesem Vergleich gekommen bin, weil ich zwar das Recht habe, Ihnen meine Gründe darzulegen, nicht aber dasjenige, mich als Autorität aufzudrängen; ich leiste lediglich Rechenschaft über die Mittel, die ich benutzt habe, um zu einer Entscheidung zu kommen, damit Sie, wenn Sie diese gut finden, sie Ihrerseits anwenden können. Allerdings muß ich darauf aufmerksam machen, daß dies Experiment sehr viel mehr Vorsicht erfordert, als man zunächst meint. Als erste und schwierigste aller Vorbedingungen muß man sich darum bemühen, unvoreingenommen zu Werke zu gehen und sowohl bei der Auswahl der Objekte als auch im Urteil gerecht zu bleiben. Als zweites muß man, um eine solche Prüfung durchzuführen, mit beiden Stilen gleich gut vertraut sein; andernfalls wäre der, der sich in einem Stil besser auskennt, ständig dem Verdacht der Gegenseite ausgesetzt, Vorurteile zu hegen. Diese zweite Vorbedingung ist kaum weniger leicht zu erfüllen als die erste, weil von allen denen, die beide Stile genau kennen, kein einziger in der Wahl schwankt. Man hat ja bei dem spaßigen Geschwätz derer, die die italienische Musik anzugreifen sich bemüßigt fühlten, gut beobachten können, welche Kenntnis sie von dieser und der Kunst im allgemeinen besaßen.

Ich muß hinzufügen, daß es sehr wesentlich ist, wirklich taktweise vorzugehen; allerdings sehe ich voraus, daß ein solcher in jedem anderen Lande überflüssige Hinweis in Frankreich vergeblich ausgesprochen sein wird; schon diese Nachlässigkeit wird notwendigerweise ein kompetenteres Urteil verhindern.

Läßt man all diese Sorgfalt walten, so wird sich die Eigenart jedes Stils rasch erkennen lassen; im übrigen ist es sehr schwierig, die melodischen Phrasen nicht gleich wieder mit den zu ihnen passenden Ideen zu verbinden und ihnen nicht — zumindest in der Vorstellung — die Wendungen und Verzierungen wieder anzufügen, die man nur mit einiger Gewaltsamkeit wegdenken konnte. Auch darf man es nicht bei nur einer Probe bewenden lassen, denn eine Arie mag mehr gefallen als eine andere, ohne daß damit schon etwas über den Vorzug eines Stils entschieden wäre; ein vernünftiges Urteil läßt sich erst nach vielen Versuchen fällen. Würde man im übrigen auf die Kenntnis der Worte verzichten wollen, so beraubte man sich der Möglichkeit, den wichtigsten Bestandteil der Melodie zu beurteilen, nämlich ihren Ausdruck. Das einzige, was man bei dieser Verfahrensweise einschätzen könnte, wären die Qualität der Harmonieführung und die Natürlichkeit und Schönheit der Melodie. All das zeigt uns, wie schwierig es ist, unsere Vorurteile wirklich abzubauen, und wieviel Überlegung nottut, um imstande zu sein, in Dingen des Geschmacks ein gesundes Urteil zu fällen.

Ich habe noch eine andere Probe gemacht, die weniger Vorsicht erfordert und die Ihnen möglicherweise eindeutiger erscheint. Ich habe die schönsten Arien von Lully Italienern zu singen gegeben und französischen Musikern Arien von Leo und Pergolesi. Dabei habe ich bemerkt, daß die letzteren, obwohl weit davon entfernt, den Stil dieser Stücke sicher zu treffen, dennoch deren Melodie richtig empfunden und auf ihre Weise angenehme, sangliche und gut geführte musikalische Phrasen wahrgenommen haben. Wohingegen die Italiener, obwohl sie die Töne unserer pathetischsten Arien sehr genau sangen, in diesen dennoch weder Phrasen noch Melodie entdecken konnten; für sie war dies Musik, die keinen Sinn ergab, nur eine wahllose Folge zufällig zusammengewürfelter Töne; sie sangen sie so präzise, wie man arabische Worte lesen würde, die in französischen Buchstaben geschrieben sind.*

Drittes Experiment: Ich habe in Venedig einen Armenier kennengelernt, einen geistvollen Menschen, der nie Musik gehört hatte und nun nacheinander in einem Konzert einen französischen Monolog hörte, der mit der Zeile „*Temple sacré, séjour tranquille…*" („*Heiliger Tempel, stiller Aufenthalt*") beginnt, und eine Arie von Galuppi, die so anhebt: „*Voi che languite senza speranza…*" („*Ihr, die Ihr Euch ohne Hoffnung sehnt*"). Beide wurden — die französische mittelmäßig, die italienische schlecht — von einem Mann gesungen, der nur französische

---

* Unsere Musiker glauben, aus dieser Verschiedenheit einen für sie vorteilhaften Schluß ziehen zu können. „*Wir spielen italienische Musik*", sagen sie mit der ihnen eigenen Arroganz, „*und die Italiener können die unsere nicht spielen; also ist unsere besser als ihre.*" Sie sehen nicht ein, daß sie genau die gegenteilige Schlußfolgerung ziehen und sagen müßten: „*Also haben die Italiener Melodie, und wir haben keine.*"

Musik gewöhnt und übrigens von der Musik Rameaus sehr begeistert ist. Ich beobachtete bei dem Armenier während des Vortrags der französischen Arie mehr Überraschung als Vergnügen; doch jedermann konnte sehen, daß sich schon bei den ersten Takten der italienischen Arie seine Züge und Augen verklärten. Er war entzückt, er öffnete den musikalischen Eindrücken sein Herz. Obwohl er von der Sprache wenig verstand, verursachten ihm schon die einfachen Klänge ein inniges Vergnügen. Von diesem Augenblick an konnte man ihn nicht mehr dazu bewegen, auch nur eine französische Arie anzuhören.

Aber, ohne weiter nach Beispielen zu suchen: Gibt es nicht auch unter uns etliche, die, da sie nur unsere Opern kannten, allen Ernstes glaubten, keinerlei Sinn für die Melodie zu haben, und denen erst durch die italienischen Intermezzi ihr Irrtum deutlich wurde? — Genau aus dem Grunde, weil sie nur die wahre Musik liebten, glaubten sie, Musik gar nicht zu lieben.

Ich gestehe, daß so viele Fakten mich an der Existenz einer wahren Melodie bei uns haben zweifeln und argwöhnen lassen, daß es sich hier bloß um einen harmonisch unterlegten Choralgesang handele, der, weil er für sich genommen nichts Angenehmes hat, nur unter Zuhilfenahme etlicher willkürlicher Verzierungen zu gefallen vermag — und nur denjenigen, die übereingekommen sind, diese Verzierungen schön zu finden. Auch ist ja unsere Musik selbst für unsere Ohren kaum erträglich, wenn sie von mittelmäßigen Stimmen dargeboten wird, die unfähig sind, ihr Wert zu verschaffen. Es bedarf schon einer Fel oder eines Jelyotte, um französische Musik zu singen. Für italienische Musik aber ist jede Stimme gut, denn die Schönheiten des italienischen Singens liegen in der Musik selbst; die der französischen, sofern es da welche gibt, liegen allein bei der Kunst des Sängers.*

---

* Im übrigen ist es falsch zu meinen, die italienischen Sänger hätten ganz allgemein weniger Stimme als die französischen. Im Gegenteil: es bedarf eines sehr kräftigen und volltönenden Organs, um sich in den riesigen Theatern Italiens vernehmbar zu machen, ohne dabei, wie es die italienische Musik verlangt, aufzuhören, die Töne behutsam zu bilden. Der französische Gesang erfordert alle Kraft der Lungen, das gesamte Volumen der Stimme. „*Noch stärker*", pflegen unsere Meister zu sagen, „*lassen Sie den Ton anschwellen, sperren Sie den Mund auf, geben Sie volle Stimme.*" — „*Leiser*", sagen die italienischen Meister, „*forcieren*

Drei Dinge scheinen mir die Vollkommenheit der italienischen Musik zu bewirken. Als erstes die Sanftheit der Sprache, die dem Musiker Übergänge und Nuancierungen erleichtert und ihm die Freiheit läßt, aus ihnen je nach Geschmack eine gute Auswahl zu treffen, die Verknüpfungen zu modifizieren und jedem Darsteller einen eigenen Stil des Singens zu geben —, wie ja auch jeder Mensch eine eigene Art hat zu sprechen und sich zu bewegen, die ihn von anderen Menschen unterscheidet.

Das zweite ist die Kühnheit der Modulationen, die, obwohl weniger pedantisch angelegt als bei uns, sich angenehmer und subtiler darstellen und, ohne den Gesang hart erscheinen zu lassen, seinem Ausdruck Lebendigkeit und Kraft geben. Mit deren Hilfe vermag der Komponist, wenn er brüsk von einer Tonart in die andere, von einem Tongeschlecht in das andere hinüberwechselt und, wo nötig, vermittelnde und umständliche Übergänge beiseiteläßt, rhetorische Pausen, Unterbrechungen oder eine abgehackte Redeweise darzustellen, wie sie zur Sprache ungestümer Leidenschaften gehören und wie sie Metastasio in aufbrausenden Momenten oft gebrauchte und die Porpora, Galuppi, Cocchi, Jomelli, Perez und Terradellas trefflich wiederzugeben verstanden — welche unsere Librettoschreiber hingegen ebensowenig kennen wie unsere Komponisten.

Der dritte Vorzug — und derjenige, der der Melodie zu ihrer stärksten Wirkung verhilft — besteht in der besonderen Genauigkeit von Takt und Rhythmus, welche in den langsamsten wie den raschesten Tempi fühlbar bleiben — eine Präzision, die den Gesang belebt und interessant macht und die Begleitung eindringlich und gut durchgeformt; ja, sie vervielfacht die Melodien tatsächlich, da mit ihrer Hilfe aus einer gleichen Kombination von Tönen genausoviel verschiedene Melodien geformt werden können, wie es Möglichkeiten des Skandierens gibt — eine Präzision, die dem Gemüt alle Gefühlslagen und dem Verstand alle Inhalte mitzuteilen vermag und den Komponi-

Sie nicht, singen Sie entspannt, machen Sie die Töne sanft, flexibel und gleitend; sparen Sie die Ausbrüche für jene seltenen und rasch vorbeigehenden Stellen, wo Sie überraschen und das Publikum aufwühlen müssen." Mir scheint, daß, um sich Gehör zu verschaffen, derjenige mehr Stimme haben wird, der auf das Schreien verzichten kann.

sten befähigt, alle nur denkbaren Wortcharaktere in Musik zu setzen, selbst noch solche, von denen wir kaum eine Vorstellung haben;* und nicht zuletzt eine Präzision, die in jedem Tempo alle Charaktere** darzustellen ermöglicht, so daß diese je nach dem Belieben des Komponisten innerhalb eines Tempos wechseln und kontrastieren können.

Dies, so scheint mir, sind die Quellen, aus denen der italienische Gesang seine Anmut und seine Kraft bezieht. Man könnte noch einen weiteren, sehr starken Beweis der Überlegenheit seiner Melodie anfügen, die Tatsache nämlich, daß diese nicht, wie die unsrige, jene häufigen harmonischen Umbrüche erfordert, die dem Continuo-Baß Züge einer Oberstimme geben. Diejenigen, die in der französischen Melodie so viele Schönheiten entdecken, sollten nun einmal sagen, in welchen Tatbeständen diese gründen, bzw. uns die Vorzüge nennen, mit denen sie uns entschädigt.

Beim ersten Kennenlernen der italienischen Musik empfindet man nur deren Anmut und hält sie nur für den Ausdruck angenehmer Empfindungen geeignet; beginnt man aber, nur ein wenig ihre pathetischen und tragischen Möglichkeiten zu erkunden, so ist man sehr bald überrascht von der Kraft, die ihr die Kunstfertigkeit der Komponisten in den großen Stücken zu geben vermag. Mithilfe klug gewählter Nuancierungen, eines einfachen und sauberen Satzes und einer lebendigen und glänzenden Begleitung entzücken oder erschüttern diese göttlichen Melodien die Seele, lassen den Zuhörer außer sich geraten und entreißen ihm in seinen Verzückungen Schreie, mit de-

---

* Um im komischen Genre zu bleiben, dem einzigen in Paris bekannten, nenne ich die Arien „*Quando sciolto avrò il contratto*"; — „*Io ò un vespajo*"; — „*O questo o quello t'ai a risolvere*"; — „*A un gusto da stordire*"; — „*Stizzoso mio, stizzoso*"; — „*Io sono una donzella*"; — „*Quanti maestri, quanti dottori*"; — „*I sbirri gia lo aspettano*"; — „*Ma dunque il testamento*"; — „*Senti me, se brami stare, o che risa! che piacere*"; —[8] durchweg eine Sorte von Arien, zu denen die französische Musik nicht einmal die Grundvoraussetzungen hat und von denen auch nur ein einziges Wort auszudrücken sie nicht imstande wäre.

** Ich beschränke mich darauf, ein einziges, freilich überaus frappierendes Beispiel zu nennen, die Arie „*Se pur d'un infelice*" aus der *Serva padrona*[9], ein sehr pathetisches Stück in einem sehr lebhaften Tempo, dem bisher nur die Stimme gefehlt hat, es richtig zu singen, ein Orchester, es richtig zu begleiten, Ohren, die es richtig hören; und ein zweiter Teil, den man nicht weglassen sollte.

nen unsere stillen Opernhäuser niemals beehrt worden sind.
Wie nun gelingt es dem Musiker, solche Wirkungen zu erzielen? — etwa, indem er die Zeitmaße oft wechselt, die Akkorde, Töne oder Stimmen vervielfältigt? — oder, indem er Themen auf Themen häuft und Instrumente auf Instrumente? Nein, all dieser Plunder ist nur ein jämmerlicher Ersatz, wenn das Genie fehlt; er kann die Melodie nur ersticken, anstatt sie zu beleben, er kann die Anteilnahme nur behindern, weil er die Aufmerksamkeit aufspaltet. Was für einen Zusammenklang können mehrere gut geführte Stimmen schon ergeben! — die Wirkung schöner Linien muß verfliegen, sobald sie gleichzeitig erklingen, und am Ende bleibt nur eine Akkordfolge übrig, die, wenn man überhaupt etwas über sie sagen kann, immer ausdruckslos erscheinen muß, weil keine Melodie dominiert. Je mehr Melodien man recht und schlecht übereinandersetzt, je mehr also die Musik an Gefälligkeit und Sanglichkeit verliert — da das Ohr unmöglich mehrere Melodien gleichzeitig verfolgen kann, deren eine immer den Eindruck der anderen zunichte macht —, desto sicherer ergibt sich daraus nur Verwirrung, ein bloßes Geräusch. Damit eine Musik interessant werde und dem Gemüt jene Gefühlserregungen vermittele, um die es dem Komponisten zu tun ist, müssen alle Komponenten zusammenwirken, die die Darstellung des Sujets unterstützen. Da darf der Tonsatz nur dazu dienen, ihm mehr Nachdruck zu verleihen; da möge die Begleitung es nur verschönen, anstatt es zu überdecken oder zu entstellen; da soll der Baß, einheitlich und einfach voranschreitend, den Singenden wie den Zuhörer gewissermaßen führen, ohne daß der eine oder der andere dies überhaupt bemerkt. In einem Wort: Das musikalische Ganze soll jeweils nur eine Melodie dem Ohre, nur eine Idee dem Geist vermitteln.

Diese Einheit der Melodie[10] erscheint mir als ein unverzichtbares Gesetz für die Musik nicht weniger wichtig zu sein als die Einheit der Handlung in der Tragödie, denn sie stützt sich auf das gleiche Prinzip und richtet sich auf das gleiche Objekt. Tatsächlich unterwerfen sich die fähigen italienischen Komponisten ihm mit einer Gewissenhaftigkeit, welche zuweilen fast zu einer Sucht entartet; es bedarf nur wenigen Nachdenkens, um wahrzunehmen, daß ihre Musik hieraus ihre bedeutendsten Wirkungen zieht. In diesem wichtigen Gesetz sollte man die Begründung der in der italienischen Musik so häufigen

Unisono-Begleitungen suchen, die die Eigenheiten der Melodie unterstützen und gleichzeitig die Klänge voller, weicher und süßer machen und für die Stimme weniger anstrengend sind. Solche Unisoni lassen sich in unserer Musik kaum anwenden, es sei denn in einigen seltenen Arten von Arien, die ausdrücklich darauf zugeschnitten sind: Niemals ließe sich, in dieser Weise begleitet, eine pathetische französische Arie ertragen, weil — da bei uns vokale und instrumentale Musik von sehr unterschiedlicher Art sind — man bei der einen nicht die Verfahrensweisen der anderen anwenden kann, ohne gegen die Melodie und den guten Geschmack zu verstoßen; ganz abgesehen davon, daß die Instrumente und die Stimme nie zusammenkommen und kaum einverständlich vorangehen könnten, um gemeinsam angenehme Wirkungen zu erzielen, weil unser Takt immer vage und unbestimmt bleibt, zumal in langsamen Arien. Als eine andere schöne Möglichkeit kann man der Melodie mithilfe dieser Unisoni einen empfindsameren Ausdruck geben, nämlich, indem man in einer Passage die Instrumente bald plötzlich verstärkt, bald sie zurücknimmt oder ihnen auch eine kraftvolle, stark hervortretende Melodie zu spielen gibt, die die Singstimme auszuführen nicht imstande wäre — die der Zuhörer ihr aber dennoch zuordnet, wenn er geschickt getäuscht wird und wenn das Orchester sie in der richtigen Weise herausbringt. Auch hierher rührt jener vollkommene Einklang von Gesang und Orchesterbegleitung: Alle Einzelheiten, die man bei dieser bewundert, sind nur aus jener entwickelt, so daß man eigentlich immer im Vokalpart die Quelle aller Schönheiten der Begleitung suchen muß: Diese Begleitung bildet mit dem Gesang so sehr ein Ganzes, sie ist so präzis auf die Worte bezogen, daß sie oft das Spiel zu bestimmen und dem Darsteller zu diktieren scheint, wie er agieren soll;* und derjenige, der die Rolle vom Text her allein nicht spielen konnte, wird dies zur Musik sehr wohl vermögen, weil sie ihre ausdeutenden Funktionen so gut wahrnimmt.
Im übrigen gehen die italienischen Begleitungen keineswegs

* In den Intermezzi, die wir in diesem Jahre erlebten, wird man hierzu viele Beispiele finden, u. a. in der Arie „*A un gusto da stordire*" aus dem *Musikmeister*, in der Arie „*Son padrone*" aus *Das stolze Weib*, in der Arie „*Vi sto ben*" aus dem *Tracollo*, in der Arie „*Tu non pensi, no, signora*" aus der *Böhmin* und darüberhinaus in fast allen, bei denen Spiel erforderlich ist.[11]

immer unisono mit der Stimme. In zwei recht häufigen Fällen trennt der Komponist sie voneinander; zum einen, wenn die Stimme, da sie leicht vor dem harmonischen Hintergrunde dahinläuft, die Aufmerksamkeit so sehr auf sich zieht, daß die Begleitung diese nicht verstärken muß; zum anderen, wenn die Begleitung so einfach komponiert ist, daß das ausschließlich von angenehmen Akkorden erfüllte Ohr keine Melodie wahrnimmt, die es von der gesungenen ablenken könnte. Der zweite Fall erfordert, um verständlich gemacht zu werden, eine weitläufigere Erklärung.

„*Wenn der Musiker sein Handwerk versteht*", schreibt der Verfasser des *Briefes über die Taubstummen*[12], „*werden die Begleitstimmen darin wetteifern, entweder den Ausdruck des Gesangspartes zu verstärken oder neue Prägungen hinzuzubringen, die der Gegenstand erfordert und die die Stimme nicht darzustellen vermag.*" Dieser Satz scheint mir ein sehr nützliches Rezept zu enthalten, welches nach meiner Meinung folgendermaßen zu verstehen ist:

Wenn die Gesangsmelodie ihrer Natur nach einiger Ergänzungen bedarf (oder, wie unsere alten Musiker sagten, einiger Diminutionen*), die dem Ausdruck oder der Annehmlichkeit förderlich sind, ohne die melodische Einheitlichkeit zu zerstören, weil das Ohr in der Begleitung Ergänzungen akzeptiert, an denen es, begegneten sie in der Gesangsstimme, vielleicht Anstoß nehmen würde, und weil es sich von ihnen sanft angerührt findet, ohne von der Verfolgung der Gesangsstimme abgelenkt zu werden — wenn es so ist, wird ein geschickter Musiker, sofern er sie sorgsam und geschmackvoll einsetzt, seinen Gegenstand verschönen und ausdrucksvoll gestalten, ohne die Einheit des Ganzen zu beeinträchtigen. Obwohl die Begleitung dann nicht überall dem Gesangspart angeglichen ist, werden beide dennoch als Momente eines einzigen Gesanges, einer einzigen Melodie erscheinen. Wenn nun gar der Text einen zusätzlichen Gedanken enthält, der sich im Gesang nicht wiedergeben läßt, wird der Komponist dessen Darstellung während der Pausen oder der lang gehaltenen Töne der Gesangsstimme einfügen und ihn also dem Zuhörer darbieten, ohne diesen von jener abzulenken. Der Gewinn wird noch grö-

---

* Man findet das Stichwort *Diminution* im vierten Band der *Enzyklopädie*[13].

ßer sein, wenn dieser zusätzliche Gedanke in einer Generalbaß-Begleitung formuliert wird, welche sich eher als ein sanftes Gemurmel denn als eigene Melodie darstellt — vergleichbar dem Rauschen eines Flusses oder dem Gezwitscher von Vögeln; dann nämlich kann der Komponist den Gesang tatsächlich von der Begleitung trennen; wenn er ausschließlich dieser die Darstellung jenes ergänzenden Gedankens zuweisen will, wird er die Gesangsstimme so formen, daß die Ausfüllung häufiger Zwischenpausen dem Orchester zufällt und überhaupt sorgfältig darauf geachtet ist, daß die Begleitung immer vom Gesangspart bestimmt bleibe — was mehr als von der instrumentalen Ausführung vom kompositorischen Vermögen abhängt; freilich erfordert dies, will man eine bloße Verstärkung der Melodie vermeiden, viel praktische Erfahrung.

Dies wäre, was das Gesetz der melodischen Einheit dem Geschmack des Musikers aufgibt, um die Melodie zu formen und ausdrucksvoll zu gestalten, sei es in der Verschönerung des Hauptgegenstandes oder in der Ergänzung um einen anderen, der diesem nachgeordnet bleibt. Wohingegen es gleicherweise das Ohr und das Urteil der Zuhörer beleidigen hieße, würde man Violinen, Flöten, Fagotte etc. je auf eigene Weise und fast beziehungslos nebeneinanderher singen lassen und ein solches Chaos Musik nennen.

Nicht weniger als eine solche Überhäufung widerspricht dem oben erläuterten Gesetz der Mißbrauch oder überhaupt die Anwendung von Fugen, Imitationen, mehrerlei kombinierender Strukturen und anderer willkürlicher und rein konventioneller Schönheiten, die bestenfalls als Bewältigung handwerklicher Schwierigkeiten sinnvoll erscheinen und allesamt im Geburtsstadium der Kunst erfunden worden sind, um mit Gelehrsamkeit glänzen zu können, in der Annahme, man würde das für Genie halten. Nun erscheint es mir nicht ganz unmöglich, die melodische Einheit auch in einer Fuge zu bewahren, indem man — je nachdem, wo das Thema sich gerade befindet — die Aufmerksamkeit des Hörers geschickt von einer zur anderen Stimme führt; diese Aufgabe aber ist so schwierig, daß kaum einer sie löst, und sie ist so undankbar, daß selbst der Erfolg für derartige Anstrengungen nicht entschädigt. All dies, was letztlich in Lärmerei endet (wie die meisten unserer vielbewunderten Chöre*), erscheint gleicherweise unwert, die Feder eines Genies wie die Aufmerksamkeit eines Mannes von Geschmack zu beschäftigen. Was also alle die Kontrafugen, Doppelfugen, Fugen mit Umkehrungen, obligaten Bässe und andere diffizile Torheiten angeht, die das Ohr nicht erträgt und die Vernunft nicht rechtfertigen kann, so handelt es sich dabei offensichtlich um Überreste der Barbarei und des schlechten Geschmacks, welche ähnlich wie die Portale unserer gotischen Kirchen lediglich die Schande derer bezeugen, die sie geduldig verfertigt haben.

Es gab eine Zeit, in der Italien der Barbarei verfallen war; und auch nach der Wiedergeburt der anderen Künste, die Europa alle ihm verdankt, hat die später zur Reife kommende Musik keineswegs leicht jene Reinheit des Geschmacks erlangt, in der sie heute dort erstrahlt; man kann schwerlich eine traurigere Vorstellung von dem geben, was sich früher dort zutrug, als indem man sich klarmacht, daß es lange Zeit in Frankreich und Italien nur eine, die gleiche Art Musik gegeben hat,** und daß die Musiker beider Länder familiär untereinander verkehrten,

---

* Sogar die Italiener sind durchaus nicht ganz von solchen barbarischen Gewohnheiten abgerückt. Sie tun sich noch immer etwas darauf zugute, in ihren Kirchen lärmende Musik zu haben; oft singen sie Messen und Motetten zu vier Chören, von denen jeder einen eigenen Charakter hat; die großen Meister freilich können über all diesen Plunder nur lachen. Ich erinnere mich, daß Terradellas, als er mir von einigen selbstkomponierten Motetten sprach, in denen er die Chöre mit größter Sorgfalt ausgearbeitet habe, sich schäme, dies so schön ausgeführt zu haben und es mit seiner damaligen Jugend entschuldigte. „Früher", so sagte er, „liebte ich es, Lärm zu veranstalten; jetzt versuche ich, Musik zu machen."

** Der Abbé Du Bos[14] plagt sich entsetzlich damit, den Niederländern die Ehre der Erneuerung der Musik zuzusprechen, was hingehen könnte, wollte man ein unaufhörliches Gewoge von Akkorden Musik nennen. Wenn man hingegen die Harmonie nur als gemeinsame Grundlage und allein die Melodie als charaktergebend ansieht, muß man nicht nur zugestehen, daß die neuzeitliche Musik in Italien geboren wurde, sondern auch, daß – nach näherer Prüfung – von allen lebendigen Sprachen nur die italienische über eine Musik verfügt, die wirklich lebensfähig ist. In den Zeiten von Orlando di Lasso und Goudimel produzierte man Harmonie und bloße Klänge; Lully hat dem einige Gliederung hinzugefügt; Corelli, Buononcini, Vinci und Pergolesi sind die ersten, die wirklich Musik gemacht haben.

ohne daß man bei den unsrigen auch nur einen Keim jener Eifersucht bemerkt hätte, die mit Minderwertigkeitsgefühlen untrennbar verbunden ist. Immerhin beeilte sich dann Lully, von Corellis Ankunft alarmiert, ihn aus Frankreich wegjagen zu lassen — was ihm umso leichter fiel, als Corelli der größere Mann und folglich weniger Höfling war als er. In jenen Zeiten, da die Musik kaum geboren war, herrschten in Italien jene lächerliche Betonung der harmonischen Wissenschaft vor und jene pedantischen, doktrinären Ansprüche, die sie bei uns so getreulich bewahrt hat und an denen man heutzutage diese methodisch vorsätzliche, steifleinerne Musik ohne Genie, Erfindung und Geschmack erkennt, welche man in Paris die „geschriebene Musik par excellence" nennt — die im übrigen tatsächlich nur zum Aufschreiben gut ist, nicht aber zum Spielen.
Ich will nicht leugnen, daß selbst, nachdem die Italiener die Harmonie gereinigt und vereinfacht und alle Sorgfalt an die Vervollkommnung der Melodie gewendet haben, sich auch bei ihnen noch einige leichte Spuren von Fugen und altväterischen Merkmalen finden, zuweilen auch verdoppelte und verdreifachte Melodien; hierzu könnte ich aus den bei uns bekanntgewordenen Intermezzi einige Beispiele zitieren, u. a. das dürftige Quartett, das das Finale von *La femme orgueilleuse* bildet.[15] Aber abgesehen davon, daß derlei Dinge sich von bewährten Vorgaben herleiten und man Vergleichbares niemals in tragischen Opern finden wird, abgesehen auch davon, daß es genauso ungerecht wäre, über die italienische Oper nach diesen Farcen zu urteilen wie über unsere französischen Theater nach *L'Impromptu du campagne* oder *Le Baron de la Crasse*[16], muß man doch auch die Kunstfertigkeit würdigen, mit der die Komponisten dieser Intermezzi die von den Librettisten gelegten Fallen gemieden und Situationen im Sinne der Regel positiv gewendet haben, obwohl die Librettisten sie zu zwingen schienen, diese Regeln zu durchbrechen.
Diejenige musikalische Form, die sich ohne Beeinträchtigung der melodischen Einheit am schwierigsten behandeln läßt, ist das Duett. Das Problem verdient, daß wir uns einen Augenblick bei ihm aufhalten. Der Verfasser des *Briefes über Omphale*[17] hat schon angemerkt, daß Duette widernatürlich sind; denn nichts erscheint weniger natürlich, als wenn zwei Personen gleichzeitig aufeinander einreden, ohne je sich zuzuhören

oder zu antworten, sei es nun, daß sie dasselbe sagen, sei es, daß sie einander widersprechen. Wenn dies in besonderen Fällen vielleicht hingehen mag, so ist es gewiß fehl am Platz in der Tragödie, wo eine solche Unhöflichkeit sich weder mit der Würde der handelnden Personen noch mit der guten Erziehung vereinbaren läßt, die man ihnen unterstellt. Das beste Mittel, um diese Absurdität aufzuheben, wäre, das Duett soweit wie möglich als Dialog zu behandeln — in erster Linie ein Auftrag an den Librettisten. Sache des Musikers ist es dann, eine zum Gegenstand passende Melodie zu finden und sie so unter die wechselweise redenden Gesprächspartner aufzuteilen, daß sich der gesamte Dialog zu einer Melodie formt, welche, ohne ihre Metrik oder wenigstens ihre Gangart zu verändern, von einer Stimme zur anderen wandert und doch immer ein und dieselbe bleibt, wobei sich die Singstimmen nicht überlappen sollten. Geschieht dies dennoch, was tunlichst nur selten und jeweils nur kurz der Fall sein sollte, so müßte man eine Melodie finden, die in parallelen Terzen oder Sexten vorangehen kann, so daß die zweite Stimme zur Wirkung kommt, ohne die Aufmerksamkeit von der ersten abzuziehen. Harte Dissonanzen, durchdringende und verstärkte Töne und das Fortissimo des Orchesters sollte man den Situationen der Verwirrung und des Gefühlsüberschwangs vorbehalten, wenn die Darsteller sich zu vergessen scheinen, jeden fühlenden Zuschauer an ihren Ekstasen teilhaben und ihn die Gewalt einer kargen Harmonik spüren lassen. Solche Situationen freilich sollten selten und geschickt eingeführt sein. Man sollte Ohr und Herz durch eine sanfte und rührende Musik auf ein emotionelles Ereignis schon vorbereitet haben, damit beide sich den gewaltigen Erschütterungen auch öffnen; und das sollte, mit Rücksicht auf unsere Schwäche, schnell vorbeigehen, weil die Erregung, wenn sie allzu stark ist, nicht lange währen kann; alles, was den Rahmen des Natürlichen sprengt, rührt uns nicht mehr an.

Indem ich andeutete, wie Duette beschaffen sein sollten, beschrieb ich genau, wie sie in italienischen Opern sind. Wenn irgend jemand es fertig gebracht haben sollte, in einem italienischen Theater ein von zwei guten Darstellern gesungenes und von einem wirklichen Orchester begleitetes tragisches Duett zu hören, ohne gerührt zu sein, wenn er trockenen Auges den Abschied von Mandane und Arbaces[18] hat erleben können, dann allerdings halte ich ihn für würdig, bei demjenigen von Libye und Éphaphus[19] zu weinen.

Ohne mich aber länger bei tragischen Duetten aufzuhalten — als bei einem musikalischen Genre, von dem man in Paris nicht einmal eine Vorstellung hat —, könnte ich Ihnen ein komisches Duett nennen, das jedermann kennt, und ich werde es kühnlich als einen Modellfall bezeichnen inbezug auf Sanglichkeit, Einheitlichkeit, Melodik, auf dialogische Gestaltung und Geschmack, ein Stück, dem meiner Meinung nach, gut aufgeführt, nichts fehlt als diejenigen, die es richtig anzuhören verstehen: Es handelt sich um das Duett *Lo conosco a quegl' occhietti* im ersten Akt der *Serva padrona*[20]. Ich gebe zu, daß nur wenige französische Musiker imstande sind, die Schönheit dieses Stückes zu empfinden, und gern würde ich von Pergolesi sagen wie Cicero von Homer: daß es bereits ein sehr großer Fortschritt für die Kunst wäre, würde man sich zu seiner Lektüre herbeilassen.

Ich hoffe, Monsieur, daß Sie mir die Länge dieses Artikels im Hinblick auf die Neuheit und Wichtigkeit seines Gegenstandes verzeihen: Ich habe geglaubt, mich ein wenig verbreiten zu müssen über ein so wichtiges Gesetz wie das der melodischen Einheit, ein Gesetz, von dem meines Wissens bis zum heutigen Tage kein Theoretiker gesprochen hat und das allein die italienischen Komponisten empfunden und praktiziert haben, ohne an seiner Existenz zu zweifeln, und von dem sich die Süße des Gesangs und die Kraft des Ausdrucks ebenso herleiten wie fast aller Reiz guter Musik. Ehe ich das Thema verlasse, bleibt mir noch, Ihnen darzulegen, welche neuartigen Vorteile sich selbst für die Harmonie daraus ergeben, auf deren Kosten ich alle Vorzüge der Melodie zuzuschreiben schien, und weiterhin darzulegen, daß der melodische Ausdruck denjenigen der Akkorde geradezu inspiriert, indem er den Komponisten zwingt, mit diesen genau hauszuhalten.

Sie erinnern sich gewiß, Monsieur, in den während des letzten Jahres gegebenen Intermezzi manchmal den Sohn des italienischen Prinzipals, ein Kind von höchstens zehn Jahren, in der Oper begleiten gehört zu haben. Vom ersten Tage an waren wir frappiert von der Wirkung, die die Begleitung unter seinen kleinen Fingern hatte, und das gesamte Auditorium bemerkte bei seinem präzisen und brillanten Spiel, daß es sich hier nicht um die uns geläufige Art von Begleitung handelte. Auch ich suchte nach Gründen für diesen Unterschied, weil ich andererseits nicht daran zweifelte, daß Herr Noblet viel von Harmonie verstünde und besonders genau begleitete. Wie groß aber war meine Überraschung, als ich die Hände des kleinen Jungen beobachtete und sah, daß er kaum je die Akkorde vollgriffig spielte, viele Töne wegließ und sehr oft nur mit zwei Fingern spielte, deren einer fast immer die Oktav zum Baß anschlug! Wie, sagte ich mir, die vollständige Harmonie tut weniger Wirkung als die dergestalt verstümmelte? Und unsere Begleiter, die alle Akkorde vollgriffig spielen, veranstalten also nur konfusen Lärm, während dieser mit weniger Tönen mehr Harmonie erzielt oder doch zumindest seine Begleitung feinfühliger und angenehmer zu gestalten weiß? Dieses Problem beunruhigte mich, und ich begriff seine Bedeutung noch besser, als ich nach weiteren Beobachtungen feststellte, daß die Italiener alle in der Art des kleinen Jungen begleiteten, daß diese Sparsamkeit also mit demselben Grundsatz zusammenhängt, den sie auch in ihren Partituren beachten.

Ich begriff sehr wohl, daß der Baß, als das Fundament jeglichen Zusammenklangs, stets über das übrige herrschen muß und daß, wo die anderen Stimmen ihn ersticken oder überdekken, eine Konfusion entsteht, bei der die Harmonie stumpf und matt werden kann. So konnte ich mir erklären, weshalb die Italiener, während sie bei der Begleitung mit der rechten Hand so sparsam sind, in der linken den Baß normalerweise in Oktaven spielen, und weshalb sie im Orchester so viele Kontrabässe besetzen und die Bratschen* so oft mit dem Baß spielen lassen, anstatt ihnen eine eigene Stimme zu schreiben, wie es die Franzosen stets tun. Dies mag wohl der Klarheit der Akkorde dienlich sein, nicht aber ihrer Kraft; so begriff ich bald, daß es da irgendein verborgeneres, differenzierteres Problem in der Ausdrucksgestaltung geben müsse, welches ich sodann in der Einfachheit der italienischen Harmonik fand, wohingegen mir die unsrige so sehr zusammengesetzt, so gefühlsarm, so langweilig vorkam.

* Im Orchester unserer Oper kann man beobachten, daß die Bratschisten ihren Part fast nie spielen, wenn dieser den Baß oktaviert; vielleicht, daß man nicht wagt, ihn an solchen Stellen einfach zu übernehmen. Aber übersehen denn diejenigen, die das Orchester leiten, daß dieser Ausfall eines Bindemittels zwischen dem Baß und der Oberstimme den Zusammenklang viel zu trocken werden läßt?

Überdies erinnere ich mich, in irgendeinem Buch von Rameau gelesen zu haben, daß jede Konsonanz ihren besonderen Charakter, d. h. eine jeweils eigene Art hat, das Gemüt zu rühren, daß also die Wirkung einer Terz keineswegs derjenigen einer Quinte gleicht wie die Wirkung einer Quint nicht derjenigen einer Sext[21]; in gleicher Weise sind den kleinen Terzen und Sexten andere Wirkungen eigen als den großen. Hat man dies einmal festgestellt, so gelangt man zu dem Schluß, daß es um die Dissonanzen und alle anderen Intervalle nicht anders bestellt ist — eine Erfahrung, die durch die Überlegung bestätigt wird, daß allemal, wenn die Strukturen unterschiedlich sind, auch deren Eindruck auf uns nicht der gleiche sein kann.
Nun also, sagte ich mir, als ich nach Maßgabe dieser Hypothese weiter überlegte, ich kann eindeutig feststellen, daß zwei schlecht kombinierte Konsonanzen, selbst wenn sie den Zusammenklang vermehren, ihre Wirkung wechselweise abschwächen, zerstören oder aufsplittern können. Wenn für einen bestimmten Ausdruck, den ich suche, die Wirkung einer leeren Quint notwendig ist, riskiere ich, diesen Ausdruck durch einen dritten Ton abzuschwächen, der diese Quint in zwei andere Intervalle aufteilt und also notwendigerweise auch die Wirkung der Quint durch diejenige der beiden Terzen verändert, in die ich die Quint zerschnitten habe; und selbst diese beiden Terzen können — obwohl das Ganze einen recht guten, wenn auch andersartigen Zusammenklang ergibt — einander in ihrer Wirkung im Wege stehen. Ebenso wie ich vielleicht den gleichzeitigen Eindruck der Quint und der beiden Terzen für notwendig hielt, kann ich diesen Eindruck fälschlicherweise abschwächen und verändern, indem ich einen der drei Töne aus dem Akkord herausnehme. Diese Überlegung muß in der Anwendung auf Dissonanzen noch weiter differenziert werden: Nehmen wir an, ich bedürfte aller Härte eines Tritonus oder aller Schalheit einer falschen Quint — eine Gegenüberstellung, nebenbei gesagt, welche beweist, wie sehr die verschiedenen Umkehrungen der Akkorde deren Wirkung verändern können. Wenn ich in einem solchen Falle, anstatt nur die beiden Töne hören zu lassen, die die Dissonanz bilden, mich darauf einlasse, den Zusammenklang mit all den Tönen aufzufüllen, die in ihn hineinpassen, wenn ich den Tritonus um die Sekund und die Sext bzw. die verminderte Quint um die Sext und die Terz ergänze, d. h. in jeden dieser Akkorde eine

neue Dissonanz, zugleich aber auch drei konsonante Intervalle hineinbringen würde, welche deren Wirkung notwendigerweise dämpfen und abschwächen, so hätte ich damit dem einen Zusammenklang einiges von seiner Fadheit, dem anderen einiges von seiner Härte genommen. Es ist also eine ganz sichere, naturgegebene Folgewirkung, daß jegliche Musik mit peinlich genau ausgefüllter Harmonie, jegliche Begleitung in vollständigen Akkorden wohl viel Klang, aber sehr wenig Ausdruck geben werden: Genau dies macht den Charakter der französischen Musik aus. Gewiß wird die Auswahl, wenn man mit Akkorden und Stimmen umgeht, schwierig, sie verlangt viel Erfahrung und Geschmack, um richtig getroffen zu werden; aber es gibt eine Regel, die den Komponisten in derlei Fällen sehr wohl zu leiten vermag — eben jenes Gesetz von der Einheit der Melodie, das ich zu formulieren versucht habe, welches einen Wesenszug der italienischen Musik betrifft und erklärt, wie sich die hier übliche Kraft des Ausdrucks mit der Süßigkeit der Melodie verbindet.

Aus alledem folgt, daß der Musiker, nachdem er die Elementarregeln der Harmonie gründlich studiert hat, weder sich beeilen soll, mit der Harmonie unkontrolliert und verschwenderisch umzugehen, noch daß er meinen darf, er könne komponieren, weil er sich auf das Ausfüllen von Akkorden versteht. Er sollte vielmehr, ehe er zu Werke geht, sich dem sehr viel schwierigeren und langwierigen Studium der verschiedenartigen Eindrücke widmen, die die Konsonanzen, Dissonanzen und überhaupt alle Akkorde auf sensible Ohren machen, und sollte sich immer wieder sagen, daß die wahre Kunst des Komponisten vielmehr darin besteht, an entsprechenden Stellen unterscheiden zu können, wo man Töne weglassen und wo man sie einsetzen soll. Wenn er immer wieder in den Meisterwerken Italiens blättert und sie studiert, wird er diese schwierige Auswahl zu treffen lernen, sofern die Natur ihm Talent und Geschmack genug gegeben hat, deren Notwendigkeit zu empfinden: denn die Schwierigkeiten der Kunst werden nur von denjenigen wahrgenommen, welche auch dazu geschaffen sind, sie zu bewältigen. Diesen wird es nicht in den Sinn kommen, verächtlich die leeren Notenzeilen einer Partitur zu zählen, sie werden vielmehr, da sie wissen, wie leicht ein Schüler sie ausgefüllt haben würde, neugierig sein und nach den Ursachen dieser scheinbaren Einfachheit fragen, welche umso bewunderns-

werter ist, als sie ihre Geheimnisse hinter einer vorgetäuschten Nachlässigkeit versteckt: *L'arte che tutto fa, nulla si scuopre.*[22]
Hier, so scheint mir, liegen die Ursachen der erstaunlichen Wirkungen, welche die Harmonie der italienischen Musik hervorbringt, obwohl sie längst nicht so vollstimmig ist wie die unsere, die so wenig bewirkt. Das heißt nun keineswegs, daß man niemals volle Harmonien gebrauchen, sondern lediglich, daß man dies bedachtsam und mit sorgfältiger Auswahl tun sollte. Wobei kaum noch gesagt werden muß, daß der Musiker alle diese die Auswahl betreffenden Überlegungen, aber auch deren Ergebnis prüfen sollte. Seine Sache ist es, mit Genie und Geschmack die richtigen Nuancierungen zu treffen; wohingegen es Sache des Theoretikers ist, deren Ursachen zu ergründen und zu erklären, weshalb sie wirken.
Wenn Sie nun unsere heutigen Kompositionen anschauen, besonders, wenn Sie sie anhören, so erkennen Sie sehr rasch, daß unsere Musiker all das sehr schlecht begriffen haben und daß sie, angestrengt nach dem gleichen Ziel suchend, genau den entgegengesetzten Weg verfolgt haben. Ich finde — sofern es mir gestattet ist, meine Meinung frei herauszusagen —, daß unsere Musik, je mehr sie sich im äußeren Erscheinungsbilde vervollkommnet, inbezug auf ihre Wirkungen immer mehr verliert. Vielleicht mußte sie notwendigerweise den Punkt erreichen, an dem sie sich jetzt befindet, um unsere Ohren unmerklich dahin zu bringen, die Vorurteile der Gewöhnung zu verwerfen und andere Melodien schön zu finden als die, mit denen unsere Ammen uns eingeschläfert haben. Allerdings sehe ich voraus, daß wir, um die denkbar größte Mittelmäßigkeit zu erreichen, die der Musik zu erreichen möglich ist, über kurz oder lang zu dem Punkt hinab- oder hinaufsteigen müssen, auf den Lully sie gebracht hat. Immerhin sollten wir zugeben, daß die Harmonik dieses berühmten Musikers klarer und weniger verwickelt ist als heute, daß seine Bässe natürlicher geführt sind und gleichmäßig voranschreiten, daß seine Melodie schön erfunden und seine Begleitung weniger überladen ist, daß sie ganz und gar mit dem Gegenstande verbunden bleibt und sich nicht von ihm entfernt; daß sein Rezitativ viel weniger manieriert und also viel besser als das unsrige ist — was sich besonders bei einer geschmackvollen Ausführung bestätigen würde, denn das alte Rezitativ wurde von den Darstellern jener Zeit ganz anders wiedergegeben, als wir dies heute tun: Es

war lebhafter und zog sich nicht so in die Länge, man sang es weniger, als daß man es deklamierte.* In unserem Rezitativ haben sich Kadenzen und Appogiaturen vermehrt, es ist noch langweiliger geworden, und fast nichts unterscheidet es mehr von dem, was wir Arie nennen würden.

Da schon von Arien und Rezitativen die Rede ist, mögen Sie, Monsieur, vielleicht wünschen, daß ich diesen Brief mit einigen Beobachtungen zu den einen wie den anderen beschließe, welche sich vielleicht als nützliche Erläuterungen zu den Problemen herausstellen mögen, um die es hier geht.

Man kann die Vorstellung, die unsere Musiker vom Aufbau einer Oper haben, von der Eigentümlichkeit ihrer Nomenklatur her beurteilen. Jene großartigen Stücke italienischer Musik, die uns hinreißen, jene genialen Meisterwerke, die uns Tränen entlocken, die erstaunlichsten Bilder beschwören, die lebendigsten Situationen wiedergeben und in den Seelen alle in ihnen enthaltenen Leidenschaften erwecken – die Franzosen nennen sie „Arietten". Den Ehrennamen „Arie" hingegen geben sie jenen abgeschmackten Liedchen, die sie in die Szenen ihrer Opern einstreuen, und den eines Monologes reservieren sie insbesondere jenen weitläufigen und langweiligen Klagegesängen, die, um jedermann einzuschläfern, nur normal und ohne Geschrei gesungen zu werden brauchten.

In italienischen Opern stehen alle Arien voll in der Situation und bilden also einen Bestandteil der Szene, handle es sich um einen verzweifelten Vater, dem der Schatten eines ungerechterweise von ihm getöteten Sohnes erscheint, welcher ihm seine Grausamkeit vorwirft, oder um einen sanftmütigen Fürsten, der, gezwungen, ein Beispiel von Härte zu geben, die Götter darum bittet, ihm seine Herrschaft zu nehmen oder ihm ein weniger zartfühlendes Herz zu verleihen; oder handle es sich um eine zärtliche Mutter, die, einen totgeglaubten Sohn wiederfindend, Tränen vergießt: Dort in Italien findet man eine Sprache der Liebe, die ohne das abgeschmackte und kindische Geschwätz von „Flammen" und „Ketten" auskommt und tragisch, lebhaft, aufbrausend und stoßweise deklamiert

---

* Das beweist die Spieldauer der Opern von Lully, welche nach einhelliger Meinung derer, die sie in alten Zeiten erlebten, heute viel länger dauern als damals. Auch ist man jedesmal, wenn man diese Opern wiederaufnimmt, zu beträchtlichen Streichungen gezwungen.

wird, wie es sich für die großen, spontanen Leidenschaften gehört. Zu derartigen Texten schickt es sich sehr wohl, alle Möglichkeiten einer kraftvollen und ausdrucksstarken Musik zu entfalten und die Gewalt der Dichtung durch die der Harmonie und des Gesanges zu überbieten. Beim Text unserer Arietten hingegen, der wenig mit dem Sujet zu tun hat, handelt es sich nur um einen miserablen, süßlichen Jargon, den nicht zu verstehen man nur froh sein kann, um eine zufällige Auswahl aus der kleinen Zahl klingender Worte, die es in unserer Sprache gibt und die auf alle denkbare Weise gedreht und gewendet werden, nur nicht auf die Art, die ihnen einigen Sinn verschaffen könnte. An ein solches unwürdiges Kauderwelsch verschwenden unsere Musiker ihr Gefühl und ihr Können, unsere Darsteller ihre Gestik und ihre Lungen; und angesichts derart verrückter Stücke fallen unsere Damen vor Bewunderung in Ohnmacht. Den besten Beweis dafür, daß die französische Musik weder etwas darstellen noch etwas ausdrücken kann, liefert der Umstand, daß sie das wenige an Schönheit, dessen sie fähig ist, nur anhand von Worten zu entfalten vermag, die nichts bedeuten. Indessen, wenn man die Franzosen über Musik sprechen hört, müßte man glauben, in ihren Opern große Themen und gewaltige Leidenschaften dargestellt zu finden, Arietten hingegen nur in der italienischen Oper — in welcher übrigens der Name Ariette, wie auch der lächerliche Gegenstand, den er bezeichnet, gleicherweise unbekannt ist. Man sollte sich von der Großmäuligkeit solcher Vorurteile nicht überrumpeln lassen: Selbst unter uns hat die italienische Musik keine Gegner — außer denen, die sie gar nicht kennen. Alle Franzosen, die sich mit ihr in der Absicht zu beschäftigen begonnen haben, sie aus voller Kenntnis der Sachlage zu kritisieren, sind bald zu ihren eifrigsten Bewunderern geworden.*

Den Arietten, in welchen in Paris der moderne Geschmack triumphiert, kommen die berühmten Monologe am nächsten, die man in unseren alten Opern bewundern kann — wozu man bemerken muß, daß sich die schönsten Arien bei uns stets in

---

* Es ist eine für die französische Musik wenig günstige Auskunft, daß diejenigen, die sie am meisten verachten, genau diejenigen sind, die sie am besten kennen; sie ist ebenso lächerlich, wenn man sie prüft, wie unerträglich, wenn man sie hört.

den Monologen und niemals in den Szenen finden. Weil unsere Darsteller das stumme Spiel nicht kennen und weil die Musik keine Geste vorgibt und keine Situation wirklich abbildet, weiß derjenige, der gerade zu schweigen hat, mit sich nichts anzufangen, während der andere singt.

Die schleppende Art der Sprache, die geringe Flexibilität unserer Stimmen und der klagende Ton, der unsere Opern durchgängig prägt, sorgen in fast allen französischen Monologen für ein langsames Tempo; und weil das Taktmaß sich weder in der Melodie noch im Baß noch in der Begleitung bemerkbar macht, ist nichts so schleppend, so kraftlos, so ermüdend wie jene schönen Monologe, die jedermann bewundert, während er gähnt: Sie wollen traurig sein und sind nur langweilig, sie wollen die Herzen rühren und betrüben die Ohren.

Die Italiener verfahren in ihren Adagios viel geschickter, denn wenn bei ihnen die Melodie so langsam fortschreitet, daß ein Verblassen des Taktes zu befürchten steht, so lassen sie den Baß in gleichen Werten vorangehen, die das Tempo verdeutlichen; dieses wird auch in der Begleitung durch unterteilte Noten angezeigt. Eine solche Präzisierung, die für die Stimme wie für das Ohr die Taktvorstellung unterstützt, macht den Gesang angenehmer und gibt ihm mehr Kraft. Unseren Komponisten freilich verbietet der Charakter der französischen Melodie diese Hilfestellung: Weil nämlich der Darsteller streng im Takt voranzugehen gezwungen ist, kann er weder seine Stimme noch sein Spiel entfalten, weder seine Melodie dehnen noch anschwellen lassen, noch seine Töne verlängern oder aus vollem Halse singen; deshalb wird man ihm keinen Beifall spenden.[23]

Was aber in italienischen Tragödien jeder Monotonie und Langeweile noch viel wirksamer vorbeugt, ist der Vorzug, daß sie alle Gefühle und alle Charaktere in dem Takt und Tempo darzustellen erlaubt, das dem Komponisten gefällt. Unsere Melodie hingegen, die von sich aus nichts aussagt, zieht allen Ausdruck aus dem Tempo, in dem man sie wiedergibt; in einem langsamen ist sie daher gezwungenermaßen traurig, in einem lebhaften furios oder fröhlich und in einem gemäßigten gewichtig. Der Gesang trägt dazu fast nichts bei; das Taktmaß allein oder, noch genauer, allein der Schnelligkeitsgrad bestimmt den Charakter. Die italienische Melodie aber findet in jedem Tempo Ausdrucksmöglichkeiten für alle Charaktere und Prägungen für alle Gegenstände. Sie vermag, wenn es dem Musiker gefällt, in lebhafter Bewegung traurig zu sein, in langsamer fröhlich; sie wechselt, wie ich schon sagte, innerhalb eines gleichen Tempos den Charakter je nach dem Belieben des Komponisten; das ermöglicht ihr, ohne darin vom Textdichter abhängig zu sein und ohne Widersinnigkeiten zu riskieren, die ihr eigene Leichtigkeit im Formulieren von Gegensätzen.

Dies ist die Quelle jener verschwenderischen Vielfalt, die die großen Meister Italiens in ihren Opern auszubreiten vermögen, ohne sich jemals vom Natürlichen zu entfernen — eine Vielfalt, die aller Eintönigkeit, Ermattung und Langeweile vorbeugt und welche die französischen Musiker nicht nachahmen können, weil ihnen die Tempi durch den Sinn der Worte vorgegeben und sie gezwungen sind, sich daran zu halten, sofern sie nicht lächerlichen Widersinnigkeiten zum Opfer fallen wollen.

Was das Rezitativ angeht, von dem mir noch zu sprechen bleibt, so scheint es mir im Interesse einer gerechten Wertung notwendig zu sein, einmal genau zu definieren, was es eigentlich ist; denn ich wüßte nicht, daß bisher ein einziger von all denen, die darüber disputiert haben, sich auf eine Definition eingelassen hätte.[24] Ich weiß nicht, Monsieur, welche Vorstellung Sie mit diesem Wort verbinden; ich für mein Teil nenne Rezitativ eine ausharmonisierte Deklamation, d. h. eine Deklamation, deren Biegungen sich alle in harmonischen Intervallen vollziehen — woraus zwangsläufig folgt, daß, da jede Sprache über eine ihr eigene Deklamation verfügt, jede Sprache auch ihr besonderes Rezitativ haben muß.[25] Das hindert freilich nicht, daß man sehr gut ein Rezitativ mit einem anderen vergleichen kann, um zu erkennen, welches von beiden das bessere oder dasjenige sei, das am besten auf seinen Gegenstand bezogen ist.

Das Rezitativ ist in Opern erforderlich erstens, um die Handlung in sich zu verbinden und aus ihr ein Ganzes zu machen, zweitens, um die Arien, deren unvermittelte Aufeinanderfolge unerträglich wäre, in ihrer Eigenart zur Geltung zu bringen, und drittens, um eine Vielzahl von Details auszudrücken, die in melodischen, durchkomponierten Komplexen nicht ausgedrückt werden sollen oder können. Gesprochene Deklamation wäre in einem musikalischen Werk hierfür nicht passend, weil dem Übergang vom Sprechen zum Singen und mehr noch dem

vom Singen zum Sprechen eine Härte eigen ist, der sich das Ohr nur unter Schwierigkeiten anbequemt, und weil er einen schockierenden Kontrast darstellt, der alle Illusion und jegliches Interesse zerstört. Es gibt eine Art von Glaubwürdigkeit, selbst in der Oper, welche man bewahren muß, indem man die Sprechweise so einheitlich gestaltet, daß sie im ganzen zumindest für eine künstliche Sprache genommen werden kann. Kommt noch hinzu, daß die Stützung durch die Akkorde die Profilierung der ausharmonisierten Deklamation stärkt und dadurch sehr vorteilhaft ausgleicht, was ihr in der Intonation an Natürlichkeit fehlt.
Gemäß diesen Vorstellungen ist klar, daß das beste Rezitativ — in welcher Sprache auch immer, wenn diese überhaupt die notwendigen Voraussetzungen dafür mitbringt — dasjenige wäre, das sich dem Worte am meisten zu nähern vermag. Gäbe es eines, das sich ihm, ohne die dazugehörige Harmonie preiszugeben, so sehr annäherte, daß es, wie Rede erscheinend, das Ohr bzw. den Verstand zu täuschen vermöchte, so könnte man kühn behaupten, dieses habe alle Vollkommenheit erreicht, welche einem Rezitativ erreichbar ist.
Prüfen wir nun mithilfe dieses Maßstabes, was man in Frankreich Rezitativ nennt, und bitte sagen Sie mir dann, welchen Bezug Sie auffinden können zwischen diesem Rezitativ und unserer Deklamation! Wie können Sie nur annehmen, daß die französische Sprache, deren Akzentuierung so einheitlich, so simpel, so bescheiden, so unsanglich ist, durch die lärmigen, schreienden Intonationen eines solchen Rezitativs angemessen wiedergegeben wäre und daß es eine Beziehung geben könnte zwischen den sanften Modulationen der Sprache und diesen ausgehaltenen und schwellenden Tönen oder vielmehr jenen ewigen Schreien, die diesen Teil unserer Musik viel stärker prägen als die Arien. Lassen Sie z. B. jemanden, der zu lesen versteht, die ersten vier Verse der berühmten Erkennungsszene der Iphigenie[26] rezitieren. Sie werden kaum ein paar Schwankungen, ein paar schwache Modulationen der Stimme erkennen in einem ruhigen Vortrag, dem alle Lebhaftigkeit und Leidenschaft abgeht und überhaupt alles, was die Stimme sich zu heben oder zu senken veranlassen könnte. Lassen Sie danach diese gleichen Verse von einer unserer Darstellerinnen singend vortragen, und versuchen Sie, sofern Sie es vermögen, dieses verrückte Geschrei zu ertragen, das unaufhörlich von

der Tiefe zur Höhe und von der Höhe zur Tiefe wechselt, ohne Grund alle Stimmlagen durchläuft und die Erzählung entstellt, um an den Silben „schöne Töne" aufzufädeln, die nichts bedeuten und mit dem Sinn der Worte nichts zu tun haben.
Man denke endlich noch an all die ständig wiederkehrenden Triller, Kadenzen und Portamenti und sage mir dann, welche Art von Entsprechung überhaupt noch möglich sei zwischen den Worten und diesem abgeschmackten Plunder, zwischen der Deklamation und diesem vorgeblichen Rezitativ. Könnte man mir doch wenigstens irgendeine Einzelheit vorweisen, derentwegen dies wundersame französische Rezitativ, dessen Erfindung Lullys Ruhm ausmacht, gerechterweise zu preisen wäre!
Es ist recht vergnüglich, den Parteigängern der französischen Musik zuzuhören, wenn sie sich hinter dem Charakter der Sprache verschanzen und ihr Fehler zuschieben, die sie ihrem Idol nicht anzukreiden wagen, obwohl doch sonnenklar ist, daß das beste zur französischen Sprache passende Rezitativ in fast jeder Hinsicht dem jetzt gebräuchlichen entgegengesetzt wäre, daß es sehr kleine Intervalle benutzen müßte und keine großen Hebungen bzw. Senkungen der Stimme, nur wenige Schwelltöne, niemals Ausbrüche und noch weniger Aufschreie verwenden dürfte und überhaupt nichts, was an Gesang erinnert; auch dürften ihm nur geringe Unterschiede der Dauern und des Gewichtes der Noten erlaubt sein. In einem Wort: Das wahre französische Rezitativ, wenn es ein solches überhaupt geben kann, befände sich auf einem Wege, welcher demjenigen von Lully und seinen Nachfolgern genau entgegenliefe, auf irgendeinem neuen Wege, den zu suchen die französischen Komponisten sich so bald nicht einfallenlassen werden und den sie vermutlich auch niemals finden werden, da sie auf ihr falsches Wissen so stolz sind und folglich so weit davon entfernt, die Wahrheit zu empfinden und zu lieben.
Hier wäre wohl der Platz, Ihnen am Beispiel des italienischen Rezitativs zu zeigen, daß alle Bedingungen, die ich für ein gutes Rezitativ gestellt habe, dort erfüllt sind, daß man dort tatsächlich alle Lebhaftigkeit der Deklamation mit aller harmonischen Kraft vereint findet, daß es ebenso rasch wie der Text vorangehen und so melodisch wie wirklicher Gesang sein kann, daß es alle Nuancierungen wiederzugeben vermag, mit denen die kräftigsten Leidenschaften die Rede beleben; und

dies, ohne die Stimme des Sängers zu forcieren und die Ohren der Zuhörer zu betäuben. Ich könnte Ihnen zeigen, wie man mithilfe einer besonderen Baßführung die Modulationen des Rezitativs auf eine ihm eigentümliche Weise verstärken könnte, die zur Unterscheidung von den Arien beitrüge, bei denen man, um die Reize der Melodie zu erhalten, die Töne langsamer wechseln müßte; ich könnte Ihnen überdies zeigen, wie, wenn man der Leidenschaft Zeit lassen möchte, all ihre Dynamik zu entfalten, man das Orchester in einem geschickt disponierten Zwischenspiel in pathetischen, vielfach variierten Melodien all das zum Ausdruck bringen lassen kann, was der Darsteller nur vortragen könnte; Zeugnis der Meisterschaft eines Musikers, der dadurch auch in einem obligaten Rezitativ* die rührendste Melodie mit der ganzen Eindringlichkeit der Deklamation verbinden könnte, ohne je das eine mit dem anderen zu vermischen: Ich könnte Ihnen zahllose Schönheiten in dieser bewundernswürdigen Art von Rezitativ aufzeigen, über das man in Frankreich Märchen erzählt bekommt, die ebenso absurd sind wie die Urteile, in die man sich verstrickt – als ob irgend jemand über ein Rezitativ befinden könnte, ohne von Grund auf die Sprache zu kennen, zu der es gehört! Freilich, um hierbei ins Detail zu gehen, müßte man gewissermaßen ein neues Vokabular schaffen, bei jedem Anlaß neue Begriffe erfinden, um imstande zu sein, den französischen Lesern ihnen bisher unbekannte Vorstellungen zu vermitteln und ihnen Reden zu halten, die ihnen jetzt als Kauderwelsch erscheinen müßten. In einem Wort: Um hierbei verstanden zu werden, müßte man zu ihnen in einer Sprache reden, die zu verstehen sie lernen müßten, und müßte konsequenterweise alle Wissenschaften und Künste einbeziehen — nur zunächst nicht die Musik. Deshalb werde ich mit dieser Problematik nicht mehr als nötig ins Detail gehen, was der Belehrung der Leser auch gar nicht dienlich wäre — aus der sie hingegen schließen könnten, ich dankte ihrer Unwissenheit die offenkundige Kraft meiner diesbezüglichen Argumente.

---

* Ich hatte gehofft, daß Herr Caffarelli uns im *Concert spirituel* irgendein Beispiel eines großen Rezitativs und eines pathetischen Gesanges geben würde, um einmal die vorgeblichen Kenner hören zu lassen, worüber sie seit langer Zeit befinden; was seine Gründe anbelangt, in dieser Hinsicht nichts zu unternehmen, so habe ich herausgefunden, daß er die Fassungskraft seiner Zuhörer noch besser kennt als ich.

Aus dem gleichen Grunde werde ich auch auf den Vergleich zweier Musikstücke, eines italienischen und eines französischen, verzichten, wie er im letzten Winter in einem Schreiben an den „*Kleinen Propheten*" und an seine Gegner angestellt worden ist.[27] Da die italienische Oper — es gibt in Italien tausend gleichwertige oder gar bessere Stücke — in Paris kaum bekannt ist, würden nur wenige Leute den Vergleich nachvollziehen können; folglich spräche ich nur zu der kleinen Zahl derer, die schon kennen, wovon ich rede. Hingegen werde ich gern eine Analyse der französischen Oper skizzieren, und dies mit umso größerem Vergnügen, als ich durch die Wahl eines für die ganze Nation mit einem denkbar einmütigen Urteil geheiligten Stückes nicht zu fürchten brauche, man könne mir eine parteiliche Wahl vorwerfen oder ich hätte mithilfe eines wenig bekannten Gegenstandes mein Urteil der Nachprüfung durch den Leser entziehen wollen.

Da ich dieses Stück im übrigen nicht untersuchen kann, ohne sein Genre — zumindest hypothetisch — anzuerkennen, bedeutet das, der französischen Musik alle die Vorzüge zuzugestehen, die beim Schreiben dieses Briefes die Vernunft mich gezwungen hat, ihr abzuerkennen — denn darauf läuft es hinaus, wenn man sie nach ihren eigenen Maßstäben zu beurteilen sich vornimmt. Wenn diese Oper wirklich so wunderbar ist, wie man vorgibt, könnte man daraus also keinen anderen Schluß ziehen, als den, es sei deshalb der Fall, weil die französische Musik generell so gut komponiert ist — was andererseits nicht hindern würde, daß, wäre das Genre als mangelhaft erwiesen, nicht unbedingt schlechte Musik der Grund sein müßte. Also handelt es sich hier nur darum, zu prüfen, ob man diese Musik für gut ansehen kann, wenigstens dem Genre nach.

Zu diesem Zweck werde ich in wenigen Worten den berühmten Monolog der Armida „*Enfin il est dans ma puissance ...*" („*Endlich ist er in meiner Gewalt ...*")[28] zu analysieren versuchen, der als Meisterwerk der Deklamation gilt und den selbst die anerkannten Autoritäten als den vollkommenen Modellfall des wahren französischen Rezitativs betrachten. Zunächst möchte ich bemerken, daß Rameau ihn zu Recht als Beispiel guter und wohlverbundener Modulation angeführt hat;[29] freilich wird dies Lob gerade im Bezug auf dies Stück schlankweg zur Satire, und Herr Rameau würde in einem vergleichbaren Fall sich selbst gehütet haben, ein solches Lob zu erstreben, denn: kann man sich Widersinnigeres vorstellen als diese schulmeisterliche Regelhaftigkeit in einer Szene, in der das Aufwallen der Gefühle, die Zärtlichkeit und die Gegensätzlichkeit unterschiedlicher Leidenschaften die Darstellerin und die Zuschauer in die lebhafteste Erregung versetzen? Die zornige Armida will ihren Gegner töten; als sie ihn sieht, zögert sie, läßt sich erweichen, der Dolch entgleitet ihren Händen; sie vergißt alle Rachepläne, vergißt aber nicht einen einzigen Moment ihre musikalischen Modulationen. Die plötzlichen Unterbrechungen im Satz, die Pausen, die Umschwünge in ihren Äußerungen, die der Dichter[30] dem Musiker anbietet, sind von diesem auch nicht ein einziges Mal wahrgenommen worden. Am Ende betet die Heldin denjenigen an, den sie anfangs umbringen wollte. Der Komponist aber endet, wie er begonnen hat, in e-Moll, ohne jemals die dem Grundton zunächstliegenden Harmonien verlassen, ohne ein einziges Mal der Deklamation der Darstellerin eine außergewöhnliche Wendung gegeben zu haben, welche die Erregung ihres Gemütes glaubwürdig gemacht hätte, ohne je der Harmonie die geringste Expressivität verliehen zu haben. Wer immer es sei, ich fordere ihn auf, ausschließlich in der Musik — im Tonfall, in der Melodie oder in der Deklamation — irgendeinen fühlbaren Unterschied zwischen dem Beginn und dem Ende dieser Szene zu benennen, welcher den Zuschauer den ungeheuren Umschwung im Herzen Armidas nachvollziehen läßt.

Betrachten Sie den Continuo-Baß: Wieviel Achtel! Wieviel kleine Durchgangstöne, um den harmonischen Wechseln nachzulaufen! Schreitet so der Baß eines guten Rezitativs voran, in dem man möglichst langliegende, weit voneinander entfernte Baßtöne so selten wie nur möglich angeschlagen hören sollte, und eigentlich nur, um die Stimme des Sängers und das Ohr des Zuhörers daran zu hindern, in die Irre zu gehen?

Aber schauen wir uns an, wie die schönen Verse dieses Monologes wiedergegeben werden, der wirklich als Meisterwerk der Dichtung gelten darf.

> *Enfin il est en ma puissance ...*
> *(Endlich ist er in meiner Gewalt ...)*

Da gibt es einen Triller* und — noch schlimmer — eine klare Unterbrechung nach der ersten Zeile, obwohl der Sinn erst in der zweiten klar ist. Ich räume gern ein, daß der Dichter vielleicht besser daran getan hätte, diese zweite Zeile wegzulassen und den Zuschauern das Vergnügen zu gönnen, deren Aussage aus den Gemütsbewegungen der Darstellerin abzulesen; da er sie aber geschrieben hat, war es Aufgabe des Musikers, sie wiederzugeben.

> *Ce fatal ennemi, ce superbe vainqueur ...*
> *(Dieser verhängnisvolle Feind, dieser hochmütige Sieger ...)*

Ich würde dem Komponisten vielleicht verziehen haben, daß er die zweite Zeile in einer anderen Tonart gibt als die erste, wenn er sich solche Veränderungen bei wichtigeren Gelegenheiten etwas öfter erlaubt hätte.

> *Le charme du sommeil le livre à ma vengance ...*
> *(Der Zauber des Schlummers liefert ihn meiner Rache aus...)*

Die Worte *charme* und *sommeil* waren für den Komponisten eine unvermeidbare Falle; er hat Armidas Zorn vergessen, um hier in einen kleinen Schlaf zu sinken, aus dem er bei dem Wort *percer* wieder erwacht. Sollten Sie meinen, er habe beim ersten Halbvers nur zufällig süße Töne benutzt, so brauchen Sie nur den Baß zu hören: Lully war nicht der Mann, diese Versetzungszeichen für nichts und wieder nichts anzubringen.

> *Je vais percer son invincible cœur...*
> *(Ich werde sein unbesiegbares Herz durchbohren ...)*

Wie ist diese abschließende Kadenz angesichts einer so starken Erregung doch lächerlich! Wie ist dieser Triller gefühllos und bar jeden Reizes! Wie schlecht sitzt er auf einer kurzen Silbe,

* Ich bin gezwungen, dies Wort zu französisieren [= *trille* — d. Hrsg.], um die Glottisschläge zu bezeichnen, wie die Italiener sie nennen. Da ich nämlich immer wieder das Wort *cadence* benutzen muß [welches im Französischen zugleich für Triller steht – d. Hrsg.], ist es mir auf andere Weise nicht möglich, Äquivokationen zu vermeiden.

zumal innerhalb eines Rezitativs, das rasch vorübergehen sollte, und innerhalb einer so heftigen Gefühlsaufwallung!

> *Par lui tous mes captifs sont sortis d'esclavage:*
> *Qu'il éprouve toute ma rage ...*
> *(Durch ihn sind alle meine Gefangenen der Sklaverei*
>   *entkommen:*
> *Möge er nun all meine Wut verspüren ...)*

Hier bemerkt man, wie der Dichter geschickt im Satz abbricht. Nachdem Armida gesagt hat, daß sie Rinaldos unbesiegbares Herz durchbohren werde, bemerkt sie in dem ihrigen die ersten Regungen von Mitleid oder gar von Liebe; sie sucht nach Gründen, um stark zu bleiben, und eben dieser innere Umschwung motiviert die beiden zitierten Zeilen, welche sich ohne diesen Hintergrund schlecht an die vorangehenden anfügen und sich als vollkommen überflüssige Wiederholung von etwas darstellen würden, was der Darstellerin und den Zuschauern längst bekannt ist.
Betrachten wir nun, wie der Komponist diesen verborgenen Wandel im Herzen Armidas zum Ausdruck gebracht hat: Er hat sehr wohl erkannt, daß zwischen die beiden Zeilen und die ihnen vorangehenden ein Abstand gehöre – und läßt eine durch nichts erfüllte Stille eintreten in einem Augenblick, da Armida so viel empfindet und also das Orchester so viel zum Ausdruck zu bringen hätte! Nach dieser Pause setzt er genau in der gleichen Tonart, mit dem gleichen Akkord und mit der gleichen Note ein, auf denen er zuvor geschlossen hatte, geht sodann während eines ganzen Taktes durch alle Töne des Akkordes und verläßt endlich mühevoll die Tonart, um die er soeben so ungeschickt kreiste – in einem Augenblick, da es gar nicht mehr nötig ist.

> *Quel trouble me saisit? Qui me fait hésiter?*
> *(Welcher Zweifel überfällt mich? Was läßt mich zaudern?)*

Weitere Pause – und damit genug. Diese Zeile wird in der gleichen Tonart, nahezu zum gleichen Akkord vorgetragen wie die vorausgehende: keine Veränderung, welche den gewaltigen Wandel im Gemüt und in den Worten Armidas anzeigen würde! Die Tonika, soviel ist richtig, wird durch eine Bewegung im Baß zur Dominant.³¹ O Himmel! — kann es um To‍nika und Dominant gehen in einem Augenblick, da jegliche harmonische Verbindung unterbrochen werden, da alles die Verwirrung und Erregung zum Ausdruck bringen müßte? Im übrigen kann eine kleine Veränderung allein im Baß wohl den Wendungen der Singstimme mehr Nachdruck verleihen, nie aber sie ersetzen. Bei diesen Worten verändern sich die Augen, das Gesicht, die Gesten Armidas, nur ihre Stimme nicht: Sie spricht etwas tiefer, bewahrt aber den gleichen Tonfall.

>   *Qu'est-ce qu'en sa faveur la pitié me veut dire?*
>   *Frappons.*
>   *(Was will mir das Mitleid zu seinen Gunsten sagen?*
>   *Stoße zu.)*

Da diese Zeile in zwei unterschiedlichen Weisen gedeutet wer‍den kann, will ich Lully nicht tadeln, weil er nicht diejenige vorzog, die ich gewählt hätte. Dennoch ist sie unvergleichlich viel lebhafter und erregter und läßt das Folgende besser zur Geltung kommen. Wie Lully Armida reden läßt, besänftigt sie sich weiter und fragt sich selbst nach den Gründen:

>   *Qu'est-ce qu'en sa faveur la pitié me veut dire?*

Dann kehrt sie plötzlich zu ihrem Zorn zurück mit dem einzi‍gen Wort

>   *Frappons.*

Wie ich es sehe, schämt Armida sich ihres Zögerns, verwirft Hals über Kopf ihr eitles Mitleid und spricht lebhaft in einem Atemzug, indem sie den Dolch erhebt:

>   *Qu'est-ce qu'en sa faveur la pitié me veut dire?*
>   *Frappons.*

Vielleicht hat auch Lully diese Zeile so verstanden; dennoch hat er sie auf andere Weise komponiert. Seine Noten präzisie‍ren die Deklamation so wenig, daß man ihnen ohne Risiko durchaus jeweils die Deutung geben kann, die man vorzieht.

> *Ciel! qui peut m'arrêter?*
> *Achevons ... Je frémis. Vengeons-nous ... Je soupire.*
> *(Himmel! Wer kann mich hindern?*
> *Machen wir ein Ende ... Ich zittere. Rächen wir uns ... Ich seufze.)*

Hier handelt es sich gewiß um den erregtesten Augenblick der ganzen Szene, hier findet der größte Widerstreit in Armidas Herzen statt. Sollte man glauben, daß der Komponist all diese Erregung in ein und derselben Tonart stattfinden läßt, ohne die geringste innere Wendung, ohne die kleinste harmonische Ausweichung? Und das auf so geschmacklose Weise, mit einer so wenig charakteristischen Melodie und mit so unglaublicher Ungeschicklichkeit, daß anstelle der letzten Zeile des Textdichters

> *Achevons ... Je frémis. Vengeons-nous ... Je soupire*

der Komponist genau dies sagt:

> *Achevons, achevons. Vengeons-nous, vengeons-nous.*

Triller machen zu derlei Worten besonders gute Wirkung, und was für eine überaus gut getroffene Sache ist doch die vollständige Kadenz auf dem Wort *soupire*!

> *Est-ce ainsi que je dois me venger aujourd'hui?*
> *Ma colère s'éteint quand j'approche de lui.*
> *(Soll ich mich heute auf diese Weise rächen?*
> *Meine Wut erlischt, wenn ich mich ihm nähere.)*

Diese beiden Zeilen wären gut deklamiert, wenn zwischen ihnen mehr Abstand wäre und die zweite nicht mit einer vollständigen Kadenz schlösse. Diese vollständigen Kadenzen waren schon immer der Tod allen Ausdrucks, besonders im französischen Rezitativ, in dem sie so schwer ausfallen.

> *Plus je le vois, plus ma vengeance est vaine ...*
> *(Je länger ich ihn sehe, desto sinnloser wird meine Rache ...)*

Jeder, der die richtige Deklamation dieser Zeile empfindet, wird bemerken, daß die zweite Halbzeile widersinnig ist; die Stimme sollte sich mit *ma vengeance* heben und bei *vaine* sanft fallen.

> *Mon bras tremblant se refuse à ma haine.*
> *(Mein zitternder Arm weigert sich meinem Haß.)*

Schlechte vollständige Kadenz, umso mehr, als sie mit einem Triller versehen ist.

> *Ah, quelle cruauté de lui ravir le jour!*
> *(Oh, welche Grausamkeit, ihm das Licht des Tages zu rauben!)*

Lassen Sie Fräulein Dumesnil diese Zeile deklamieren, und Sie werden sehen, daß sich die Stimme bei dem Wort *cruauté* am stärksten heben und dann zum Zeilenende hin senken wird. Allein an der Art, wie er das Herausstechen des Wortes *jour* verhindert, könnte ich den wahren Musiker erkennen.
Um abzukürzen, übergehe ich den Rest dieser Szene, welche nichts Interessantes und Bemerkenswertes mehr enthält außer sattsam bekannten Unsinnigkeiten und unaufhörlichen Trillern, und ich werde mit der Schlußzeile enden:

> *Que, s'il se peut, je le haïsse.*
> *(Könnte ich ihn doch nur hassen.)*

Die Parenthese „*s'il se peut*" erscheint mir als ein hinreichender Prüfstein für das Talent des Komponisten; wenn man sie freilich in der gleichen Tonart und auf die gleichen Töne gesungen hört wie „*je le haïsse*", ist es recht schwierig zu übersehen, wie wenig Lully imstande war, die Worte jenes großen Mannes, den er bezahlte, in Musik zu setzen.
Was das kleine Wirtshausliedchen angeht, das am Schluß dieses Monologes steht,[32] so sage ich darüber lieber nichts. Wenn es irgendwelche Liebhaber der französischen Musik geben sollte, die die italienische Szene kennen, die man mit der vorliegenden in Parallele gesetzt hat,[33] Liebhaber, die besonders die schwungvolle, pathetische, tragische Arie kennen, die sie beschließt, so werden sie mir zweifellos ob meines Stillschweigens Dank wissen.

Um meine Einstellung zu diesem berühmten Monolog in kurzen Worten zusammenzufassen, möchte ich sagen, daß, wenn man ihn als Gesangsstück betrachtet, man darin weder Takt noch Charakter noch Melodie findet; entscheidet man sich dafür, ihn für ein Rezitativ zu halten, so vermißt man darin alles Natürliche und allen Ausdruck. Welchen Namen auch immer man ihm beilegen möchte, man findet ihn angefüllt mit aneinandergereihten Tönen, Trillern und anderen Gesangsverzierungen, welche in der erwähnten Situation noch lächerlicher anmuten, als sie in der französischen Musik sowieso schon sind. Die Modulation entspricht den Regeln, ist aber gerade deshalb kindisch, schulmeisterlich, kraftlos und ohne jede merkbare Einfühlung. Die Begleitung beschränkt sich auf den Continuo-Baß in einer Situation, in der alle Möglichkeiten der Musik sich entfalten müßten, und dieser Baß gleicht eher einem, den man einem Schüler im Unterricht zum Aussetzen hinlegen würde, als der Begleitung einer lebhaften Opernszene, deren Harmonieführung mit einem erlesenen Unterscheidungsvermögen ausgesucht und disponiert sein müßte, um die Deklamation sensibler und den Ausdruck lebendiger zu formen. Mit einem Wort: Wenn man sich darauf einließe, die Musik dieser Szene ohne Text zu spielen, ohne zu brüllen und zu gestikulieren, wäre es unmöglich, in ihr irgend etwas zu entdecken, was der Situation und den Gefühlen entspricht, die sie wiedergeben bzw. zum Ausdruck bringen soll; das Ganze würde nur wie eine langweilige Folge von Tönen erscheinen, in der zufällig und nur deshalb moduliert wird, um eine gewisse Länge zu rechtfertigen.

Dennoch hat dieser Monolog auf dem Theater stets große Wirkung getan, und ich zweifle nicht daran, daß er das weiterhin tun wird,[34] weil die Verse bewundernswert sind und die Situation lebensnah und interessant. Ohne die Gesten und das Spiel der Darstellerin allerdings, davon bin ich überzeugt, würde niemand das dazugehörige Rezitativ aushalten können, weil eine derartige Musik dringend der Hilfe der Augen bedarf, um für die Ohren erträglich zu sein.

Ich glaube dargelegt zu haben, daß es in der französischen Musik weder Takt noch Melodie gibt, weil die Sprache sich dazu nicht eignet; daß es sich beim französischen Gesang nur um ein unaufhörliches Gebelle handelt, das kein unvoreingenommenes Ohr ertragen kann; daß ihre Harmonie roh und ausdruckslos ist und einzig für eine schülerhafte Ausfüllung geschaffen; daß die französischen Arien keine Arien sind, so wie das französische Rezitativ mitnichten ein Rezitativ ist. Woraus ich die Schlußfolgerung zog, daß die Franzosen keine Musik haben und daß sie auch keine haben können;* sollten sie doch jemals eine haben, wäre das nur umso schlimmer für sie.

Ich bin etc.

1 Übersetzt nach *Œuvres complètes de J. J. Rousseau,* Aux Deux Ponts 1782, Bd. 15, S. 199 ff. Von Rousseau für die zweite Veröffentlichung hinzugefügt: Das hier benutzte französische Wort *avertissement* bedeutet nicht nur „Vorwort", sondern auch „Vorwarnung".
2 Diderot; vgl. ders., *Ästhetische Schriften,* Berlin 1967, Bd. I, S. 27—97.
3 Worte und Stimmen, und im übrigen nichts.
4 Es handelt sich um ein Zitat aus *Annales et Historia Francorum ab an. 708 ad an. 990, Scriptores coaetaneos,* Frankfurt (Main) 1594, das Rousseau auch im Artikel *Plain chant* seines *Wörterbuchs* zitiert

---

* „Keine Musik haben" nenne ich, wenn man sich diejenige einer anderen Sprache ausleiht, um zu versuchen, sie der eigenen anzupassen. Ich zöge es vor, daß wir unseren abgeschmackten und lächerlichen Gesang bewahrten, als daß — was noch lächerlicher wäre — wir die italienische Melodie mit der französischen Sprache kombinierten. Diese widerwärtige Verbindung, der vielleicht von nun an die Bemühung unserer Musiker gelten wird, ist allzu widernatürlich, um zulässig zu sein, und der Charakter unserer Sprache wird sich ihr niemals anbequemen. Im übrigen könnte man ein paar komische Stücke der Orchesterbegleitung wegen akzeptieren; dem tragischen Genre aber prophezeie ich dreist, daß es uns dieser Versuchung nie aussetzen wird. In diesem Sommer hat man in der Opéra Comique dem Werk eines talentvollen Mannes[35] Beifall gespendet, der gute Musik mit guten Ohren gehört zu haben scheint und der deren Genre so genau wie nur irgend möglich ins Französische übertragen hat; in seinen Begleitungen hat er gut nachgeahmt, ohne abzuschreiben; wenn er keine Melodie geschrieben hat, so deshalb, weil dies unmöglich ist. Junge Musiker, die Ihr Begabung in Euch spürt, fahrt ruhig fort, die italienische Musik öffentlich herabzusetzen — ich weiß sehr gut, daß es in Eurem Interesse gegenwärtig nötig ist. Beeilt Euch aber, wenn Ihr allein seid, die italienische Sprache und die italienische Musik zu studieren, sofern Ihr eines Tages imstande sein wollt, Euren Kameraden jene Geringschätzung zu bezeigen, mit der Ihr gegenwärtig Eure Meister beehrt.

und dort ins Französische übersetzt hat. Die vorliegende deutsche Übersetzung folgt seiner französischen. In dem wie üblich legendär ausgeschmückten Bericht (Papst Gregor I. z. B. lebte 200 Jahre vor Karl dem Großen und war mehr nur der Namensgeber für den „gregorianischen Gesang") steckt ein historisch richtiger Kern; vgl. hierzu u. a. B. Stäblein, Artikel *Gallikanische Liturgie*, in: *Die Musik in Geschichte und Gegenwart*, Kassel—Basel 1955, zusammenfassend auch P. Gülke, *Mönche — Bürger — Minnesänger*, Leipzig 1975, 2. Aufl. 1980, 2. Kapitel: *Der einstimmige Gesang der Kirche*.

5 Platon, *Nomoi* (= „*Der Staat*" bzw. „*Die Gesetze*"), Zweites Buch, 5. Abschnitt, Schleiermacher-Einteilung 659 a. Der von Rousseau zitierte Abschnitt hier in der Übersetzung von Schleiermacher; vgl. Platon, *Sämtliche Werke*, Bd. VI, Reinbek b. Hamburg 1959, S. 41 (Rowohlts Klassiker). Rousseau zitiert die — recht freie — lateinische Übersetzung von Marsilio Ficino.

6 Vgl. das Motto und Anm. 3, nun mit der Pointe, daß auch noch „verba" = die Worte fehlen.

7 Tasso, („*Teneri sdegni ...*" = 24. Stanze des XVI. Gesangs aus *Gerusalemme liberata*, „*Chiama gli abitator ...*") daselbst die 3. Stanze des IV. Gesangs; beide Strophen stehen interessanterweise mit der Figur der Armida in Beziehung, deren Monolog Rousseau später analysiert: der IV. Gesang beginnt mit dem Rat der Unterweltgeister, in dem beschlossen wird, Armida auf die Kreuzritter anzusetzen; der XVI. Gesang handelt von Armida und Rinaldo im Zaubergarten.

8 Sämtlich aus Opern, die die buffoni seit August 1752 in Paris spielten. Insgesamt handelte es sich, bis zu deren erzwungenem Abschied im März 1754, um folgende Werke: *La serva padrona* (Pergolesi); *Il Giocatore* (großenteils von Orlandini); *Il Maestro di musica* (verschiedene Komponisten); *La Finta Cameriera* (Atella); *La Donna superba* (verschiedene Komponisten); *La Scaltra Governatrice* (Cocchi); *Il Cinese rimpatriato* (Selletti); *La Zingara* (Rinaldo da Capua); *Gli Artigiani arrichiti* (Latilla); *Il Paratogio* (Jomelli); *Bertoldo in Corte* (Ciampi); *I Viaggiatori* (Leo).

9 Pergolesis *Magd als Herrin*.

10 Hierzu vgl. den Artikel *Unité de Mélodie* aus dem *Wörterbuch*, S. 319 ff. dieser Ausgabe.

11 *Il Maestro di musica* s. Anm. 8; *Das stolze Weib* vgl. Anm. 15; *Livietta und Tracollo*, Intermezzo von Pergolesi; *La Bohèmienne*, Favarts Parodie von *La Zingara* von Rinaldo da Capua, vgl. auch Anm. 8.

12 Siehe Anm. 2.

13 Vgl. hierzu, was Rousseau in dem einschlägigen Artikel seines *Wörterbuchs* ausführt.

14 Rousseau bezieht sich hier auf die außerordentlich einflußreichen,

im Jahre 1719 in Paris erschienenen *Réflexions critiques sur la poésie, la peinture et la musique*, eines der kanonischen Bücher der Ästhetik des 18. Jahrhunderts.

15 Sicherlich meint Rousseau die unter Anm. 8 genannte Oper *La Donna superba*, die am 19. XII. 1752 erstmals in Paris aufgeführt wurde; den von ihm benutzten französisch übersetzten Titel trug „offiziell" erst eine nach Erscheinen des *Briefes* ... im Jahre 1759 aufgeführte Parodie der Oper von Rinaldo da Capua.

16 *L'Impromptu de campagne*, von diversen Autoren, später von Isouard überarbeitet, wurde seit 1733 im Pariser Theâtre de la Foire gespielt, vermutlich gleichfalls die — nicht nachweisbare — Oper *Le Baron de Crasse*.

17 Grimm, vgl. S. 19 ff. dieser Ausgabe.

18 Vermutlich bezugnehmend auf die Oper *Mandane* von I. Fiorillo, die erstmals 1736 in Venedig aufgeführt wurde.

19 Nicht nachweisbar.

20 Von Pergolesi.

21 Im *Traité de l'harmonie*, 1722, und danach öfter bei Rameau.

22 „*(Die) Kunst, die alles vermag, entdeckt sich nicht*" (bzw.) „*entdeckt nichts.*"

23 Rousseau spielt hier offenbar auf die Möglichkeit eines elastischen, auch das Tempo modifizierenden Vortrags an.

24 Vgl. die von Rousseau später in seinem *Wörterbuch* gegebenen Definitionen, S. 308 ff. dieser Ausgabe.

25 Diese Regel ist nicht neu; z. B. wurden schon zu Beginn des 18. Jahrhunderts in den großen Opernhäusern von Hamburg, London usw. die Rezitative übersetzter Werke umgeschrieben oder gar neukomponiert — wie es ja auch Rousseau mit seinem *Dorfwahrsager* erging, u. a. in der von Charles Burney eingerichteten englischen Fassung.

26 Es ist unklar, ob Rousseau hier lediglich auf Racines *Iphigénie* anspielt; falls er doch eine Vertonung des Stoffes meint, käme am ehesten die erstmals im Jahre 1704 in Paris gespielte *Iphigénie en Tauride* von Campra und Desmarets in Betracht.

27 Zu Grimms Streitschrift vgl. die Ausführungen des Herausgebers am Schluß des Buches, insbesondere S. 390 ff., 405 ff.

28 Vgl. das beigegebene Notenbeispiel aus Lullys berühmter Oper. Die Taktwechsel sind original und mögen hier auch als Illustration zu Rousseaus obigem Vorwurf genommen werden, daß in französischer Musik ein „Taktfluß" selten zustandekomme. Lullys *Armide* wurde 1686 uraufgeführt und in den Jahren 1703, 1713, 1724, 1724, 1746 und 1747 in Paris wiederaufgenommen; im Uraufführungsjahr erschien bereits die gedruckte Partitur, die — ein fast einzigartiger Beweis von Wertschätzung — in den Jahren 1710 und 1718 neu aufgelegt wurde.

29 Zu dem gesamten Komplex vgl. S. 374ff. dieser Ausgabe und E. Cynthia Verba, *The Developement of Rameau's Thoughts an Modulation and Chromatics*, in: *Journal of the American Musicological Society* 1973, S. 69—91; überaus differenziert F. Reckow, *„Cacher l'Art par l'Art même". Jean-Baptiste Lullys „Amide"-Monolog und die „Kunst des Verbergens"*, in: *Analysen. Beiträge zu einer Problemgeschichte des Komponierens. Hans Heinrich Eggebrecht zum 65. Geburtstag*, Beihefte zum Archiv für Musikwissenschaft 23, Wiesbaden 1984.
30 Philippe Quinault.
31 Rousseau meint den Fortgang im Baß zum c, der die zeitweilige „Tonika" D zur Dominant des nachfolgenden G-Dur macht.
32 Nicht mehr im Notenbeispiel vertreten.
33 Es hat mehrere derartige Vergleiche gegeben; von den vielen italienischen *Armiden* könnte Rousseau am ehesten die 1747 in Venedig erstmals gespielte von Ferdinando Bertoni kennengelernt haben, wenn auch nicht mehr in Venedig; zum Stoff vgl. F. Stieger, *Opernlexikon*, Tutzing 1975.
34 Rousseau hat recht behalten; außer in den unter Anm. 28 genannten Jahren ist Lullys *Armide* z. B. auch im Jahre 1761 wieder in Paris über die Bühne gegangen.
35 Es ist unklar, auf wen Rousseau hier anspielt; das Schaffen der Duni, Philidor und Monsigny setzt erst in der zweiten Hälfte der fünfziger Jahre ein.

Essay über den Ursprung der Sprachen, worin auch über Melodie und musikalische Nachahmung gesprochen wird[1]

Kapitel I: Über die verschiedenen Möglichkeiten, unsere Gedanken mitzuteilen

Das Wort unterscheidet den Menschen von den Tieren; die Sprache scheidet die Nationen voneinander. Erst wenn ein Mensch gesprochen hat, weiß man, woher er stammt. Gewohnheit und Notwendigkeit veranlassen einen jeden, die Sprache seines Landes zu lernen. Was aber ist der Grund, daß gerade diese Sprache die seines Landes und nicht die eines anderen ist? Um das beantworten zu können, müßte man auf eine Ursache zurückgreifen, die mit den geographischen Gegebenheiten zu tun hat und also zeitlich selbst vor die Entstehung von Sitten und Gebräuchen zurückgreift. Das Wort, die früheste soziale Einrichtung, verdankt seine Formung ausschließlich natürlichen Voraussetzungen.

Sobald ein Mensch von einem anderen als fühlendes, denkendes, als ein ihm ähnliches Wesen erkannt wird, veranlassen ihn der Wunsch oder das Bedürfnis nach Mitteilung seiner Gefühle und Gedanken, nach Mitteln hierfür zu suchen. Diese Mittel können nur dem Bereich der Sinne entstammen, als den einzigen Instrumenten, mithilfe derer ein Mensch auf einen anderen einwirken kann. Daher rührt die Einführung sichtbarer Zeichen, die Gedanken auszudrücken vermögen. Die Erfinder der Sprache stellten diese Überlegung zwar nicht an, aber der Instinkt gab ihnen die Lösung ein.[2] Generell beschränken sich die Mittel, mit denen wir auf die Sinne anderer einwirken können, auf zwei, nämlich Bewegung und Stimme. Die Bewegung wirkt unmittelbar in der Berührung oder mittelbar in der Geste. Die erstere, durch die Länge des Armes begrenzt, ist bei größerer Entfernung nicht möglich; die andere hingegen reicht so weit wie das Auge. So bleiben als passive Organe der Verständigung zwischen voneinander entfernten Menschen nur Blick und Gehör.

Obwohl die Sprache der Geste und die der Stimme gleichermaßen natürlich sind, ist erstere auf jeden Fall einfacher und hängt weniger von Übereinkünften ab: denn unser Auge wird von mehr Eindrücken getroffen als unser Ohr,[3] und Mienen haben mehr Veränderungsmöglichkeiten als Töne; auch sind sie im Ausdruck stärker und vermögen in weniger Zeit mehr mitzuteilen. Die Liebe, so sagt man, war die Erfinderin der Zeichnung. Sie hätte auch die Sprache erfinden können, freilich mit geringerem Glück. Wenig zufrieden mit dem Wort, verachtet sie es; sie hat lebendigere Möglichkeiten des Ausdrucks. Wozu sollte diejenige, die mit so viel Vergnügen den Schatten ihres Geliebten nachzeichnet, ihm irgend etwas sagen? Welche Töne hätte sie benutzen sollen, um die Bewegung ihres Stockes wiederzugeben?[4]

Heutzutage drücken unsere Gesten nur noch unsere natürliche Unruhe aus; doch über diese will ich gar nicht sprechen. Nur die Europäer gestikulieren beim Reden. Fast könnte man sagen, daß die ganze Kraft ihrer Rede in den Armen läge. Dem fügen sie noch diejenige der Lungen hinzu, und all das nützt ihnen doch kaum etwas. Wenn ein Franzose sich wie ein Verrückter abgemüht, den Körper hin und her bewegt und dabei viele Worte gemacht hat, nimmt ein Türke für einen Augenblick die Pfeife aus dem Mund, sagt mit halber Stimme zwei Worte und hat ihn mit dieser einen Äußerung erledigt.

Seit wir zu gestikulieren gelernt haben, haben wir die Kunst der Pantomime vergessen[5] — aus demselben Grund, dessentwegen noch so viele bedeutende Grammatiker uns nicht mehr lehren können, die Symbole der Ägypter zu verstehen. Was die Alten am lebhaftesten mitteilten, drückten sie gar nicht mit Worten aus, sondern durch Zeichen; sie sagten es nicht, sie zeigten es.

Schlagen Sie die alte Geschichte auf[6]: Sie werden sie voll von Belegen dafür finden, wie man für die Augen argumentiert — womit man stets eine sicherere Wirkung erzielte als mit all dem Gerede, das man stattdessen hätte veranstalten können. Ein Gegenstand, den man vorzeigt, bevor man spricht, bringt die Phantasie in Bewegung, er erregt Neugier und spannt den Geist in der Erwartung dessen, was man sagen wird. Ich habe bemerkt, daß die Italiener und die Provenzalen, bei denen gewöhnlich die Geste den Worten vorangeht, auf diese Weise ein Mittel haben, sich besser verständlich zu machen — und dies obendrein mit mehr Vergnügen. Die kräftigste Sprache jedoch ist die, in der die Geste bereits alles gesagt hat, bevor man überhaupt spricht. Tarquinius[7] und Thrasybulos[8], die den Mohnblumen die Köpfe abschlugen, Alexander, der sein Siegel auf dem Mund seines Günstlings befestigte,[9] Diogenes, der vor Zeno auf und ab ging[10] — sprachen sie nicht alle deutlicher als mit Worten? Welche weitschweifigen Reden hätten dieselben Gedanken so gut ausdrücken können? Der mit seiner Armee in Skythien kämpfende Darius erhielt vom König der Skyther einen Frosch, einen Vogel, eine Maus und fünf Pfeile: Der Herold übergibt sein Geschenk schweigend und geht. Diese eindringliche Botschaft wurde verstanden, und Darius hatte nichts Eiligeres zu tun, als in sein Land zurückzukehren, so schnell er konnte.[11] Setzen wir an die Stelle dieser Symbole einen Brief: Je drohender er ist, desto weniger wird er erschrecken; er wird nicht mehr sein als eine Prahlerei, über die Darius nur gelacht hätte.

Als der Levit von Ephraim den Tod seiner Frau rächen wollte, hat er keineswegs an die Stammesfürsten von Israel geschrieben; er zerteilte den Körper seiner Frau in zwölf Stücke und schickte sie ihnen. Bei diesem entsetzlichen Anblick liefen sie zu ihren Waffen und schrien einstimmig: „Niemals bisher ist in Israel so etwas geschehen seit dem Tag, da unsere Väter Ägypten verließen." Und der Stamm Benjamins wurde ausgerottet.*
In unseren Tagen hätte sich die Angelegenheit hin und her gewendet, in Verteidigungen, Diskussionen und vielleicht sogar mit Plänkeleien in die Länge gezogen, und das schrecklichste aller Verbrechen wäre schließlich ungesühnt geblieben.[12] König Saul, vom Pflügen zurückgekehrt, zerlegte auf gleiche Weise seine Ochsen und benutzte sie ganz ähnlich als Zeichen, um Israel zu veranlassen, der Stadt Jabes zu Hilfe zu kommen.[13] Die Propheten der Juden oder die Gesetzgeber der Griechen sagten oft, indem sie dem Volk bedeutsame Gegenstände vorzeigten, mehr über diese aus, als sie in langen Reden hätten tun können; und die Art und Weise, wie — nach Athenes Bericht — der Redner Hyperidos, ohne ein einziges Wort der Verteidigung zu sagen, den Freispruch der Kurtisane Phryne erreichte,[14] bezeugt ebenfalls eine stumme Beredtheit, die zu keiner Zeit ihre Wirkung verfehlen dürfte.

Also spricht man zu den Augen sehr viel besser als zu den Ohren. Es gibt wohl niemanden, der, dessen eingedenk, nicht die

---

* Es blieben nur sechshundert Männer ohne Frauen und Kinder übrig.

Wahrheit der Horazschen Regel[15] empfinden würde. Man sieht sogar, daß die wirksamsten Reden die sind, in denen man die meisten Bilder gebraucht, und daß Töne niemals mehr Kraft haben, als wenn sie wie Farben wirken.

Freilich ist es eine ganz andere Sache, wenn es darum geht, das Herz zu bewegen und Leidenschaften zu entzünden. Der allmählich sich steigernde Eindruck einer Rede, die mit gewaltiger Wucht zuschlägt, verursacht in Ihnen sicherlich eine sehr andere Gefühlsbewegung als die Gegenwart des Gegenstandes selbst, den Sie mit einem Blick erfaßt haben. Stellen Sie sich eine häufig vorkommende Situation des Schmerzes vor: Wenn Sie einen von Kummer gebeugten Menschen sehen, werden Sie schwerlich zu Tränen gerührt; lassen Sie ihm aber Zeit, all das zu sagen, was er empfindet, so werden Sie bald in Tränen aufgelöst sein. Auf eben diese Weise erreichen die Szenen der Tragödie ihre Wirkungen. Eine bloße, wortlose Pantomime wird Sie fast unbewegt lassen; eine Rede ohne Geste wird Ihnen Tränen entlocken. Die Leidenschaften haben sehr wohl ihre Gesten, aber sie haben auch ihre sprachlichen Akzente, und diese Akzente, die uns auffahren lassen, denen wir unser Ohr nicht verschließen können, dringen bis in die Tiefe des Herzens, vermitteln ihm auch gegen unseren Willen Gemütsbewegungen, die ihm ebensolche entlocken und uns empfinden lassen, was wir hören. Fügen wir hinzu, daß sichtbare Zeichen zwar genauer mitteilen, daß Anteilnahme aber mehr durch Töne erregt wird.*

Dies ließ mich darüber nachdenken, daß, wenn wir nur physische Bedürfnisse kennten, wir eigentlich niemals hätten zu sprechen brauchen und uns ausschließlich mithilfe der Sprache unserer Gesten vollkommen hätten verständigen können. Wir hätten Gesellschaften gründen können, die sich wenig von denen unterschieden, die wir heute haben und die ihren Zweck sogar besser erfüllt hätten. Wir hätten Gesetze aufstellen können, Oberste wählen, Künste erfinden, den Handel aufbauen — wir könnten also, kurz gesagt, fast ebensoviel tun, wie es nun

---

* An anderer Stelle habe ich gesagt, warum uns erfundene Unglücke sehr viel mehr berühren als wirkliche.[16] So kann in der Tragödie einer schluchzen, der nie in seinem Leben mit irgendeinem Unglücklichen Mitleid hat. Die Erfindung des Theaters ist wunderbar geeignet, unser Selbstgefühl zu stärken inbezug auf alle die Tugenden, die wir nicht haben.

mithilfe des Wortes geschieht. Die Briefsprache der Salams*
bringt, ohne die Eifersüchtigen fürchten zu müssen, die galanten orientalischen Heimlichkeiten noch in die am strengsten bewachten Harems. Die Stummen des Großwesirs verständigen sich untereinander und verstehen alles, was man ihnen durch Zeichen sagt, genausogut, als würde man es mit Worten tun.[17] Herr Pereyre[18] und diejenigen, die gleich ihm die Stummen nicht nur zu sprechen lehren, sondern auch zu verstehen, was sie sagen, sind sehr wohl gezwungen, ihnen zuvor eine andere, nicht minder komplizierte Sprache beizubringen, mit deren Hilfe sie dann verstehen können, was sie artikulieren.
Chardin[19] sagt, daß die Handelsleute in Indien einander die Hand geben und, indem sie ihren Handschlag auf eine Weise modifizieren, die niemand sonst erkennen kann, öffentlich und doch geheim alle ihre Geschäftsangelegenheiten führen, ohne daß ein Wort gesprochen wird. Nehmen Sie an, diese Unternehmer seien blind, taub oder stumm: sie würden sich nicht anders verständigen. Das zeigt deutlich, daß von den zwei Sinnen, in denen wir aktiv sind, ein einziger zur Bildung der Sprache ausreichen würde.
Gleiche Beobachtungen schienen zu bestätigen, daß die Erfindung der Kunst, unsere Ideen mitzuteilen, weniger von den Organen abhängt, die uns bei dieser Mitteilung dienen, als von einer dem Menschen eigenen Fähigkeit, die ihn diese Organe zu diesem Zweck benutzen lehrt und, falls diese sich ihm versagen, es ihm ermöglicht, andere zum gleichen Zweck einzusetzen. Stellen Sie sich einen Menschen von denkbar grober Beschaffenheit vor: zweifellos wird er weniger Ideen haben als ein anderer. Doch setzen Sie nur voraus, es gäbe zwischen ihm und seinesgleichen irgendein Mittel der Verständigung, das der eine zu benutzen und der andere wahrzunehmen verstünde: sie werden sich am Ende gegenseitig alle ihnen erreichbaren Ideen mitgeteilt haben.
Die Tiere verfügen über eine mehr als ausreichende Einrichtung für diese Art Verständigung, aber nie hat irgendeines davon Gebrauch gemacht. Das scheint mir ein sehr charakteristischer Unterschied zu sein. Diejenigen unter ihnen, die in

---

* Salams sind unzählige alltägliche Dinge, wie eine Orange, ein Band, Kohle etc., deren Versendung in den Ländern, wo diese Sprache üblich ist, eine ganz bestimmte Bedeutung hat.

Gemeinschaft arbeiten und leben — Biber, Ameisen, Bienen —, besitzen eine naturgegebene Sprache, um sich untereinander zu verständigen, daran zweifle ich nicht. Es besteht sogar Anlaß zu glauben, daß die Sprache der Biber und die der Ameisen eine gestische Sprache sei und nur zu den Augen spreche. Wie dem auch sei — selbst wenn die eine oder andere dieser Sprachen natürlich ist, sie sind nicht erlernt. Die Tiere, die sie sprechen, besitzen sie von Geburt an, und zwar alle, und überall die gleiche.[20] Sie verändern sie nicht und machen auch nicht die geringsten Fortschritte. Die auf Übereinkünfte gegründete Sprache ist nur dem Menschen eigen. Hier liegt der Grund, weshalb der Mensch Fortschritte macht, sei es im Guten oder im Bösen, und weshalb die Tiere keine machen. Dieser eine Unterschied scheint uns weit zu führen; man erklärt ihn gewöhnlich mit der Unterschiedlichkeit der Sprechorgane.[21] Ich bin neugierig, diese Erklärung zu hören.

Kapitel II: Warum die erste Erfindung des Wortes nicht von Bedürfnissen, sondern von Leidenschaften herrührt

Man muß annehmen, daß Bedürfnisse die ersten Gesten diktierten und daß Leidenschaften die ersten Laute hervorriefen. Wenn wir mit der Maßgabe dieser Unterscheidung die Spur der Tatsachen zurückverfolgen, werden wir über den Ursprung der Sprachen vermutlich ganz anders urteilen müssen als bisher. Die Wesensart der orientalischen Sprachen, der ältesten uns bekannten, widerlegt die Hypothese eines didaktischen Weges bei ihrem Zustandekommen. Diese Sprachen haben nichts von Methode und Überlegung; sie sind lebendig und bildhaft. Man möchte uns die Sprache der ersten Menschen als eine Sprache von Mathematikern hinstellen;[22] wir aber sehen, daß es eine Sprache von Dichtern war.

Es mußte so sein. Man beginnt nicht mit dem Nachdenken, sondern bei der Empfindung. Nun wurde aber behauptet, daß die Menschen das Wort erfunden hätten, um ihre Bedürfnisse zu artikulieren.[23] Mir erscheint dieser Standpunkt unhaltbar. Die natürliche Folgewirkung der ersten Bedürfnisse war, daß die Menschen auseinandergingen, und nicht, daß sie zusammenkamen.[24] Das war auch nötig, damit ihr Aktionsraum sich ausdehne und die Erde sich rasch bevölkere; ohne dies hätte

die menschliche Rasse sich in einer Ecke der Welt zusammengedrängt, und der Rest wäre Wüste geblieben.
Allein daraus schon folgt mit aller Gewißheit, daß der Ursprung der Sprachen keinesfalls mit den ersten Bedürfnissen der Menschen zu tun hat. Es wäre absurd, wenn aus dem Grund, der sie auseinandertreibt, ein Mittel erwüchse, sie zusammenzuführen. Wo also kann man diesen Ursprung suchen? In moralischen Bedürfnissen, in Leidenschaften. Die Leidenschaften bringen die Menschen einander näher, wie die Notwendigkeit zu leben sie auseinanderzulaufen zwingt. Nicht Hunger oder Durst, sondern Liebe, Haß, Mitleid, Zorn haben ihnen die ersten Worte entrissen. Die Früchte entziehen sich unseren Händen nicht, man kann sie essen, ohne zu reden; schweigend verfolgen wir die Beute, die uns als Nahrung dienen soll. Um hingegen ein junges Herz zu rühren, um einen bösen Gegner zurückzuweisen, diktiert uns die Natur Worte, Schreie und Klagen: da finden sich die ältesten Worte,[25] und das ist der Grund, weshalb die ersten Sprachen melodiös und leidenschaftlich waren, bevor sie klar und methodisch geregelt wurden. Dies alles trifft nicht unterschiedslos in allen Fällen zu, aber darauf werde ich später zurückkommen.

Kapitel III: Wie die erste Sprache gebildet sein mußte

Wie die ersten Motive, die den Menschen zum Sprechen brachten, Leidenschaften waren, so waren seine ersten Ausdrücke bildlicher Art.[26] Die bildliche Sprache mußte zuerst entstehen, der eigentliche Sinn später gefunden werden. Man nannte die Dinge nicht bei ihrem wirklichen Namen, so, als ob man sie in ihrer wirklichen Form sähe. Zuerst sprach man nur in poetischen Bildern; erst sehr viel später begann man, darüber nachzudenken.
Ich spüre, daß der Leser mich hier anhalten möchte, um mich zu fragen, wie denn ein Ausdruck gefunden werden könne, ohne daß zuvor eine Bedeutung gegeben sei, da doch das Bild nichts anderes darstelle als eine Übertragung der Bedeutung? Das gebe ich zu; um mich aber zu verstehen, muß man die Vorstellung, die die Leidenschaft in uns erweckt, durch das Wort ersetzen, das wir dafür benutzen. Denn man übersetzt Worte nur, weil man auch die Bedeutungen übersetzt, andernfalls

eine bildhafte Sprache nichts besagen könnte. Ich antworte deshalb mit einem Beispiel. Ein Wilder wird, wenn er andere trifft, zuerst erschrocken sein. Sein Erschrecken wird ihn diese Menschen als viel größer und stärker ansehen lassen als sich selbst. Er wird sie Riesen nennen. Erst nach vielen Erfahrungen wird er erkannt haben, daß diese vermeintlichen Riesen weder größer noch stärker sind als er und daß ihre Gestalt keineswegs der Vorstellung entspricht, die er zuvor mit dem Wort Riese verband. Deshalb wird er für sie und sich selbst gemeinsam einen anderen Namen erfinden, z. B. den Namen „Mensch", und er wird die Bezeichnung „Riese" dem unwirklichen Gegenstand vorbehalten, der ihn in seiner Einbildung bestürzt hatte. Auf solche Weise entsteht das bildhafte Wort vor dem eigentlichen Wort, wenn uns Leidenschaft die Augen vernebelt und die erste Vorstellung, die sie uns anbietet, nicht der Wirklichkeit entspricht. Was ich über Wort und Namen gesagt habe, läßt sich nun ohne Schwierigkeit auf die Satzbildungen übertragen. Da das durch die Brille der Leidenschaft erblickte trügerische Bild sich als erstes zeigte, wurde auch diejenige Sprache, die dieses Bild wiedergab, zuerst erfunden. Später, wenn ein erwachter Geist, seinen ersten Irrtum erkennend, derlei Ausdrücke nur noch bei den Leidenschaften anwendet, denen sie ihre Entstehung danken, wird sie metaphorisch.

Kapitel IV: Über unterscheidende Merkmale der ersten Sprache und die Veränderungen, die sie durchmachten

Die einfachen Töne kommen natürlicherweise aus der Kehle. Der Mund ist natürlicherweise mehr oder weniger geöffnet; die verschiedenen Stellungen der Zunge und des Gaumens freilich, die die Artikulation bewirken, verlangen aufmerksame Übung; man bringt sie nicht zuwege, ohne es zu wollen. Alle Kinder müssen sie lernen, und viele lernen sie nicht leicht. In allen Sprachen sind die lebhaftesten Ausrufe unartikuliert. Schreie und Seufzer sind einfache Laute. Die Stummen bzw. die Tauben stoßen nur unartikulierte Schreie aus; Pater Lamy glaubte nicht einmal, daß die Menschen je andere hätten erfinden können, wenn Gott sie das Sprechen nicht ausdrücklich gelehrt hätte.[27] Artikulationen gibt es wenige, Töne hingegen unendlich viele; die markierenden Akzente können sich in gleicher Weise vervielfachen. Bei musikalischen Noten handelt es sich ebenfalls um Akzente. Wir allerdings haben innerhalb eines Wortes nur drei oder vier, die Chinesen aber z. B. haben deren sehr viel mehr, dafür freilich weniger Konsonanten. Wenn man diesen Kombinationsmöglichkeiten diejenigen des Zeitmaßes oder der Menge hinzufügt, wird man nicht nur mehr Worte bekommen, sondern auch mehr verschiedene Silben, als die reichste Sprache nötig hat.

Ich zweifle keineswegs daran, daß, abgesehen vom Vokabular und der Syntax, die erste Sprache, wenn sie noch vorhanden wäre, nicht die originalen Charakterzüge bewahrt hätte, die sie von allen übrigen unterscheiden würde.[28] Nicht nur müßten alle Wendungen dieser Sprache bildlich sein, gefühlvoll und gegenständlich; sie müßten in ihrer Fügung auch ihre ersten Inhalte widerspiegeln und den Sinnen wie dem Verständnis die kaum vermeidbaren Eindrücke der Leidenschaft vermitteln, die sich hier mitzuteilen versuchte.

Wie die natürlichen Laute unartikuliert sind, würden auch die Worte wenig Artikulation besitzen. Einige eingeschobene Konsonanten, die das Aufeinandertreffen zweier Vokale verhindern, würden ausreichen, um sie fließend zu gestalten und leicht aussprechbar. Dafür würden die Töne sehr wandelbar sein, und so könnte die Verschiedenheit der Akzente die Vokale vervielfachen. Silbenlängen und Rhythmus schüfen neue Kombinationsmöglichkeiten, so daß man — da die Vokale, Töne, Akzente und deren Anzahl, welche sämtlich naturgegeben sind, der von Übereinkünften abhängigen Artikulation wenig zu tun übrigließen — singen würde, anstatt zu sprechen. Die meisten Stammwörter würden von lautmalerischen Nachahmungen geprägt sein, vom Tonfall der Leidenschaften oder der Nachformung sinnlich wahrnehmbarer Gegenstände; Wortbildung durch Lautnachahmung wäre hier allenthalben spürbar.

In dieser Sprache gäbe es viele Synonyme, um den gleichen Gegenstand in seinen verschiedenen Bezügen darstellen zu können;* sie würde für diese Bezüge nur weniger Adverben und abstrakter Wörter bedürfen, hingegen vieler verstärkender Begriffe und vieler Verkleinerungen, zusammengesetzter Wör-

---

* Es heißt, daß die Araber mehr als tausend verschiedene Wörter für „Kamel" und über hundert für „Schwert" haben etc.

ter, Füllwörter, um den Perioden Gliederung zu verschaffen und den Sätzen Abrundung. Es gäbe da viele Ungenauigkeiten und Ungereimtheiten, und grammatische Analogien wären dem Wohllaut, der Aufeinanderfolge, der Harmonie und der Schönheit der Klänge zuliebe vernachlässigt. Anstelle von Argumenten hätte diese Sprache Sentenzen, sie würde überreden, ohne zu überzeugen, und beschreiben, ohne zu begründen. In manchen Hinsichten würde sie der chinesischen Sprache ähneln, in anderen der griechischen und wieder anderen der arabischen. Wenn wir diese Überlegungen auf alle Komponenten der Sprache ausdehnen, werden wir Platons Kratylos nicht so lächerlich finden, wie er zu sein scheint.[29]

Kapitel V: Über die Schrift

Wer immer die Geschichte und die Fortentwicklung der Sprache studiert, wird feststellen, daß, je farbärmer die Vokale werden, desto stärker die Konsonanten sich vermehren, und man die allmählich verschwindenden Akzente, die allmählich normierten Silbenlängen durch grammatische Kombinationen und neue Artikulationen ersetzt. Diese Veränderungen vollziehen sich jedoch erst im Verlaufe langer Zeit. In dem Maße, in dem die Bedürfnisse wachsen, die gesellschaftlichen Angelegenheiten komplizierter werden und Kenntnisse sich ausbreiten, verändert die Sprache ihren Charakter; sie wird exakter und verliert an Emotionalität. Sie ersetzt Gefühle durch Gedanken und spricht nicht mehr zum Herzen, sondern zum Verstand. Dadurch verwischen sich die Akzente, während die Artikulationen wichtiger und allgemein die Sprache genauer und klarer wird, aber auch schleppender, stumpfer, kälter. Diese Entwicklung scheint mir völlig natürlich.
Eine andere Möglichkeit, die Sprachen zu vergleichen und ihr Alter zu beurteilen, läßt sich aus der Schrift gewinnen, und zwar im umgekehrten Verhältnis zur Vervollkommnung dieser Kunst. Je ungelenker die Schrift, desto älter die Sprache. In der frühesten Form der Niederschrift werden nicht die Sprachlaute, sondern die Gegenstände selbst aufgezeichnet,[30] direkt — wie die Mexikaner es taten — oder in Allegorien, wie die alten Ägypter. Dieses Stadium entspricht der durch Leidenschaften geprägten Sprache, es läßt schon auf eine gewisse Gemein-

schaft schließen und auf Bedürfnisse, die Leidenschaften erweckten.

In einer späteren Form werden Worte und Sätze durch vereinbarte Symbole wiedergegeben, was sich nur machen läßt, wenn die Sprache schon völlig durchgebildet und das entsprechende Volk durch allgemeinverbindliche Sätze geeint ist; denn hier handelt es sich bereits um eine zweifache Konvention. Von dieser Art ist die Schrift der Chinesen: Man malt im wahrsten Sinne des Wortes die Sprachlaute und spricht zu den Augen.

In der dritten Form der Niederschrift zerlegt man das Sprechmaterial in eine bestimmte Zahl von Elementarbestandteilen, in Vokale und Konsonanten, aus denen man sodann alle nur denkbaren Worte und Silben zusammensetzen kann. Diese Art zu schreiben – die unsere – mußte von handeltreibenden Völkern erdacht werden, die, in viele Länder reisend und mehrere Sprachen sprechend, Schriftzeichen zu erfinden gezwungen waren, die allen Sprachen gemeinsam sein könnten. Dabei wird also nicht das Wort als Ganzes genau abgebildet, sondern in seinen Bestandteilen analysiert.

Diese drei Arten der Niederschrift spiegeln genau genug die drei verschiedenen Entwicklungsstadien wider, die man bei der Nationenbildung der Menschen annehmen kann. Das Aufmalen der Gegenstände gehört zu den wilden Völkern, die Zeichen für Wörter und Sätze den Barbaren und das Alphabet den gebildeten Völkern.

Nun soll man aber nicht denken, diese letzte Methode beweise das hohe Alter des Volkes, das sie erfunden hat. Im Gegenteil: es ist wahrscheinlich, daß das betreffende Volk eine leichtere Verständigung mit anderen, anders sprechenden Völkern im Auge hatte, welche zumindest seine Zeitgenossen waren oder älter sein könnten als es selbst. Entsprechendes freilich kann man nicht von den anderen beiden Methoden sagen. Ich gebe zu, daß nach dem Ausweis der Geschichte und der uns bekannten Tatsachen die Alphabetschrift genauso weit zurückzureichen scheint wie die anderen. Andererseits kann es nicht wundernehmen, daß uns Zeugnisse aus Zeiten fehlen, in denen man noch nicht schrieb.

Es ist wenig wahrscheinlich, daß die ersten, die sich einfallen ließen, die Worte in elementare Zeichen zu zerlegen, zuvor eine ganz genaue Gliederung versucht haben. Als sie die Unzulänglichkeit der Zerlegung gewahrten, vermehrten die einen –

wie die Griechen – die Buchstaben des Alphabets, während die anderen sich damit beschieden, den Sinn oder den Klang durch unterschiedliche Stellungen oder Kombinationen zu modifizieren. In dieser Weise scheinen die Inschriften auf den Ruinen von Tchelminar[31] gemeint zu sein, die Chardin[32] in Ägypten aufgezeichnet hat. Bei ihm kann man nur zwei*, freilich verschieden große und verschieden angeordnete Figuren bzw. Buchstaben unterscheiden. Diese unbekannte und nahezu schrecklich alte Sprache muß immerhin schon sehr gut durchgeformt gewesen sein, schließt man auf sie nach dem Entwicklungsstand der Künste, den die Schönheit der Buchstaben** und die bewundernswerten Monumente widerspiegeln, auf denen sich die Inschriften befinden. Ich verstehe nicht, warum man von diesen erstaunlichen Ruinen so wenig spricht; wenn

---

* *„Die Leute wundern sich darüber",* sagt Chardin, *„daß zwei Figuren so viele Buchstaben ergeben können. Ich jedoch sehe nichts, worüber man sich so sehr verwundern könnte, da ja die Buchstaben unseres Alphabets, dreiundzwanzig an der Zahl, auch nur aus zwei Grundformen zusammengesetzt sind, aus Strich und Kreis, d. h., daß man mit einem C und einem I alle Buchstaben herstellen kann, aus denen unsere Worte bestehen."*[33]

** *„Diese Art Buchstaben erscheint sehr schön und hat nichts Verwirrendes und nichts Barbarisches ... Es scheint, als seien die Buchstaben vergoldet gewesen, denn es sind mehrere erhalten, besonders Großbuchstaben, an denen das Gold noch schimmert; man kann es nicht genug bestaunen und kaum fassen, daß die Luft diese Vergoldung während so vieler Jahrtausende nicht hat zerfressen können ... Im übrigen ist es nicht verwunderlich, daß bisher kein einziger Wissenschaftler irgend etwas von dieser Inschrift verstanden hat; sie ähnelt nämlich in keiner Weise irgendeiner Schrift, von der wir Kenntnis haben, während alle heute bekannten Schriften, mit Ausnahme der chinesischen, große Ähnlichkeiten aufweisen und vielleicht aus dem gleichen Ursprung herkommen. Am erstaunlichsten daran ist, daß diese Buchstaben den Gebern, den Nachkommen der alten Perser, die deren Religion erhielten und weitergaben, nicht nur noch weniger bekannt waren als uns, sondern daß ihre Buchstaben ihnen nicht stärker ähneln als unsere ... Daraus folgt, daß es sich entweder um eine Fälschung handelt (was nicht wahrscheinlich ist, weil der Charakter dieser Buchstaben dem allgemeinen und natürlichen des gesamten Gebäudes und aller seiner Teile gleicht und weil es keinen anderen von dem gleichen Meißel gibt) oder daß es ein Alter hat, das wir uns kaum vorzustellen wagen."* Tatsächlich vermutet Chardin in dieser Passage, daß diese Symbole schon in den Zeiten von Kyros und den Magiern vergessen, also ebensowenig bekannt waren wie heutzutage.[34]

ich Chardins Beschreibungen lese, fühle ich mich wie in eine andere Welt versetzt. Mir scheint, dies alles gibt uns ungeheuer viel zu überlegen auf.

Die Kunst des Schreibens hängt von der des Redens keineswegs ab.[35] Sie hat mit Bedürfnissen ganz anderer Art zu tun, wie sie früher oder später unter Umständen entstehen, welche unabhängig sind vom Überdauern der Völker und bei sehr alten Völkern nie eintreten könnten. Man weiß nicht, für wie viele Jahrhunderte die Hieroglyphe die vielleicht einzige Schrift der Ägypter war; es ist erwiesen, daß eine solche Schrift einem gebildeten Volk genügen kann, wie das Beispiel der Mexikaner zeigt, die eine solche, sogar noch weniger praktikable, besitzen.

Vergleicht man das koptische Alphabet mit dem der Syrer oder Phönizier, so stellt man leicht fest, daß das eine von dem anderen herkommt; und es wäre nicht verwunderlich, wenn das letztere das Original wäre, so wie durchaus das modernste Volk inbezug auf die Bildung das älteste sein könnte. Überdies stammt ja das griechische Alphabet bewiesenermaßen von dem phönizischen her, man sieht ihm an, daß es von daher kommen muß. Ob nun Kadmos[36] oder ein anderer es aus Phönizien mitgebracht hat oder nicht — sicher ist jedenfalls, daß die Griechen nicht die Absicht hatten, es zu suchen, und daß die Phönizier selbst es mitbrachten, denn unter den asiatischen und afrikanischen Völkern waren sie die ersten und fast die einzigen,* die in Europa Handel trieben, und sie kamen sehr viel früher zu den Griechen als die Griechen zu ihnen; was wiederum keineswegs heißt, daß das griechische Volk nicht genauso alt sein könnte wie das der Phönizier.

Anfangs übernahmen die Griechen nicht nur die Buchstaben der Phönizier, sondern sogar ihre Schreibrichtung von rechts nach links. Darauf schickten sie sich an, in klaren Zeilen zu schreiben, d. h., sie kehrten zur Schreibweise wahlweise von links nach rechts oder von rechts nach links zurück. Am Ende schrieben sie so wie wir, also alle Zeilen links beginnend. Diese Entwicklung ist nur natürlich, denn in der uns geläufigen Zeilenordnung läßt sich die Schrift zweifellos am einfachsten lesen. Ich wundere mich sogar, daß sie sich beim Buchdruck

---

* Ich zähle die Karthager zu den Phöniziern, da sie ja eine Kolonie von Tyrus waren.

nicht behauptet hat; da sie mit der Hand schwer zu schreiben ist, mußte sie außer Gebrauch kommen, als die Schriften sich vermehrten.

Aus der Tatsache, daß das griechische Alphabet von dem der Phönizier herkommt, folgt keineswegs, daß die griechische Sprache von der Phönizischen herstammt. Was von dem einen behauptet werden kann, muß nicht auch auf das andere zutreffen; anscheinend war die Sprache der Griechen sogar älter, ihre Schreibkunst hingegen jünger und unvollkommen. Bis zur Belagerung von Troja hatten sie, wenn überhaupt, nur dreizehn Buchstaben. Es heißt, daß Palamedes vier weitere hinzugefügt habe und Simonides abermals vier.[37] Das alles erscheint ein bißchen weit hergeholt. Im Gegensatz dazu besaß das Lateinische, als eine moderne Sprache, fast schon seit seiner Entstehung ein vollständiges Alphabet, dessen die ersten Römer sich jedoch kaum bedienten, da sie so spät begannen, ihre Geschichte aufzuschreiben, und die Sühneopfer nur mit Nägeln angezeigt wurden.[38]

Im übrigen gibt es keine größere Menge von Buchstaben oder Wortteilen, die völlig festgelegt wäre; die einen sind es mehr, die anderen weniger, je nach der Sprache und den verschiedenen Modifikationen der Stimme und der Konsonanten. Diejenigen, die nicht mehr als fünf Vokale zählen, täuschen sich sehr; die Griechen benutzen sieben, die ersten Römer sechs,* die Herren von Port-Royal[40] zählten zehn, Herr Duclos[41] siebzehn, und ich meinerseits zweifle nicht daran, daß man noch viel mehr finden könnte, wenn Gewohnheit das Ohr sensibler und den Mund geschickter gemacht hätte im Hinblick auf die verschiedenen Abwandlungen, deren sie wohl fähig wären. Je nach der Sensibilität der Organe wird man mehr oder weniger derlei Modifikationen finden, z. B. zwischen dem hellen A und dem dunklen O, zwischen dem I und dem offenen E etc. Jeder kann das ausprobieren, indem er einen Vokal in den anderen mit gleitender und nuancierender Stimme übergehen läßt, denn man wird mehr oder weniger von diesen Nuancen fixieren und sie mit besonderen Buchstaben notieren, je nachdem,

---

* *„Bei den Griechen zählte man sieben Vokale, Romulus zählte sechs; später sprach man, nachdem das Y als griechisch weggelassen worden war, nur fünf."* (Martianus Capella, *De Nuptiis Philologiae et Mercuri*, Bd. I, Buch III.)[39]

wieweit man sich eine entsprechende Sensibilität hat erwerben und zur Gewohnheit machen können; und diese Gewohnheit wiederum hängt von den in den Sprachen benutzten Vokalen ab, an denen das Organ sich unwissentlich formt. Ungefähr dasselbe läßt sich von den artikulierenden Buchstaben bzw. Konsonanten sagen. Die meisten Nationen sind jedoch nicht so verfahren. Die eine hat das Alphabet von der anderen übernommen und mit denselben Symbolen ganz unterschiedliche Vokale und Konsonanten dargestellt. Das hat zur Folge — wie genau die Orthographie auch sei —, daß man absurderweise immer eine andere Sprache liest als die eigene, es sei denn, man wäre ganz speziell geschult.

Die Schrift, die eigentlich die Sprache festhalten müßte, ist genau diejenige, die sie verändert. Zwar verändert sie nicht die Worte, aber den Sinn; sie ersetzt Ausdruck durch Genauigkeit. Wenn man spricht, äußert man seine Gefühle; wenn man schreibt, äußert man seine Ideen. Beim Schreiben ist man gezwungen, alle Worte in der allgemeinen Bedeutung zu benutzen; der Sprechende hingegen variiert die Bedeutung durch Betonungen, er legt sie so fest, wie es ihm gefällt; weniger um Eindeutigkeit sich kümmernd, legt er mehr in die Kraft des Ausdrucks; es ist nicht möglich, daß eine geschriebene Sprache auf lange Zeit die Lebendigkeit derjenigen Sprache bewahrt, die nur gesprochen wird. Man schreibt Vokale und nicht die Wortklänge. Nun sind es in einer akzentuierten Sprache eben die Wortklänge, die Akzente und Modulationen verschiedenster Art, die die ganze Kraft der Sprache ausmachen; sie formen auch einen ganz gewöhnlichen Satz je nach Maßgabe des Platzes, an dem er steht. Die Mittel, die man benutzt, um das zu kompensieren, machen geschriebene Sprache weitschweifig und ausführlich, und wo man direkte Rede schriftlich wiedergibt, verliert das Wort alle Kraft.* Wenn man alles so sagen

---

* Das beste Mittel, das diesen Mangel überdies nicht aufweisen würde, wäre eine Interpunktion, die man weniger unvollkommen gelassen hätte, als sie ist. Warum z. B. haben wir kein Ausrufezeichen? Das Fragezeichen, das wir haben, war viel weniger nötig, denn schon die Satzkonstruktion zeigt, ob man fragt oder nicht — zumindest in unserer Sprache. „Venez-vous" (kommt ihr) und „vous venez" (ihr kommt) sind nicht das gleiche. Wie aber soll man schriftlich einen Menschen, den man anredet, von einem unterscheiden, den man anruft? Dies ist nur eine Zweideutigkeit, die das Ausrufezeichen gefor-

würde, wie man es schreibt, täte man nichts anderes als abzulesen, anstatt zu sprechen.

Kapitel VI: Ob es möglich ist, daß Homer hat schreiben können

Was man uns immer erzählen möge über die Erfindung des griechischen Alphabets — ich halte es für sehr viel moderner, als man es gemeinhin tut, und ich gründe diese Meinung ganz grundsätzlich auf den Charakter der Sprache. Mir sind oft Zweifel gekommen nicht nur daran, ob Homer schreiben konnte, sondern sogar daran, ob man zu seiner Zeit überhaupt schreiben konnte. Ich bedaure sehr, daß dieser Zweifel gewissermaßen offiziell durch die Geschichte von Bellerophon in der *Ilias* widerlegt worden ist.[42] Da ich, wie Pater Hardouin[43], das Unglück habe, im Festhalten an meinen Paradoxen ein bißchen starrköpfig zu sein, und wenn ich weniger ungebildet wäre, könnte ich mich versucht fühlen, meine Zweifel auch auf diese Erzählung auszudehnen und sie zu verdächtigen, ohne große Gewissensbisse von den Kompilatoren Homers eingeschoben worden zu sein. In den restlichen Teilen der *Ilias* findet man kaum Spuren dieser Kunst, ich wage aber zu behaupten, daß die ganze *Odyssee* nichts weiter darstellen würde als ein Kette von Ungereimtheiten und Albernheiten, die durch die kleinste Niederschrift in Nichts aufgelöst wäre — sofern man das Werk nicht als vernünftig und sogar als gut gebaut ansieht unter dem Aspekt, daß seine Helden die Schrift nicht gekannt haben. Hätte man die *Ilias* aufgeschrieben, wäre sie viel weniger gesungen worden, die Sänger wären weniger gefragt gewesen und hätten sich weniger verbreiten können. Kein anderer Dichter ist gesungen worden wie Tasso in Venedig, und nur die Gondolieri tun das noch, die keine großen Leser sind.[44] Die Verschiedenheit der Dialekte, die Homer benutzte, stellen auch ein sehr starkes Indiz dar. Die beim Sprechen unterschiedlichen Dialekte nähern beim Schreiben einander an und vermischen sich, alles wird unmerklich auf ein gemeinsames Vorbild bezogen. Je mehr ein Volk liest und sich bildet, desto

---

dert hätte. Dieselbe Ungenauigkeit ergibt sich in ironischen Passagen, da der Tonfall sie nicht verdeutlichen kann.

mehr verblassen die Dialekte; und bei dem Volk, das wenig liest und überhaupt nicht schreibt, bleibt am Ende nur noch eine Art Jargon übrig.

Da nun beide Gedichte nach der Belagerung von Troja entstanden, ist es wenig wahrscheinlich, daß die Griechen, die diese Belagerung betrieben, die Schreibkunst kannten, und daß der Dichter, der sie besang, sie nicht kannte. Diese Gedichte waren lange Zeit nur im Gedächtnis der Menschen aufgeschrieben. Ziemlich spät erst und mit großer Mühe wurden sie in Handschriften gesammelt. Das geschah, als Griechenland geschriebene Bücher und Poesie im Überfluß zu produzieren begann, so daß sich der Reiz derjenigen Homers im Vergleich deutlich empfinden ließ. Die anderen Dichter schrieben, Homer allein aber hatte gesungen; diese göttlichen Gesänge hörte man entzückt an, bis Europa von Barbaren erobert wurde, die über etwas zu urteilen sich anmaßten, was sie nicht begreifen konnten.

Kapitel VII: Über die moderne Prosodie

Wir haben keinerlei Vorstellung von einer wohlklingenden und harmonisch gefügten Sprache, die ebensosehr durch Töne spricht wie durch Vokale. Wenn man glaubt, die Akzentuierung durch Silbenschwere ersetzen zu können, so täuscht man sich. Man erfindet Silbenschweren erst, wenn der Akzent verloren ist.* Mehr noch: Wir glauben, Akzente in unserer Spra-

---

* Einige Gelehrte[45] behaupten, der allgemeinen Meinung entgegen und gegen den Augenschein aller alten Manuskripte, daß die Griechen die „Akzent" genannten Zeichen gekannt und in ihrer Schrift benutzt hätten, und sie begründen diese Meinung mit zwei Passagen, welche ich hier anführe, damit der Leser nach eigenem Ermessen urteilen möge. Hier die erste, aus Cicero entnommen, und zwar der Abhandlung über den Redner, Buch III, Nr. 44: *„Nach dieser diffizilen Ausarbeitung kommen noch der Rhythmus und der harmonische Verlauf der Phrase, von denen ich sehr wohl fürchte, Catulus, daß sie Dir kindisch vorkommen. Eine Art Anologon zu Strophen, d. h. eine Art numerischer Ordnung sollten sich – nach den alten Meistern – durchaus in der Sorte von Prosa finden, mit der wir uns hier beschäftigen. Im Sinne der Alten waren in unseren Reden Haltepunkte vonnöten, die nicht durch Atempausen, durch Atemlosigkeit oder durch Interpunktionszeichen festgelegt werden, sondern durch Beachtung der Aufeinanderfolge von Zahlen und Begriffen. Nach allgemeiner Mei-*

che zu haben, und wir haben doch gar keine: Unsere vorgeblichen Akzente sind nichts anderes als Vokale oder Zeichen für Silbenlängen, sie zeigen keinerlei Veränderungen des Tonfalls an. Dies wird dadurch bewiesen, daß diese Akzente entweder alle oder ungleichmäßig wiedergegeben werden, entweder durch unterschiedliche Stellungen der Lippen, der Zunge oder des Gaumens, welche die Vokale verschiedenartig formen und jeder durch verschiedene Einstellungen der Stimmritze, die die unterschiedlichen Tonhöhen bewirken. Wenn also unser Circonflex nicht ein einfacher Vokal ist, zeigt er entweder eine Längung an oder ist gar nichts. Sehen wir, wie es damit bei den Griechen bestellt war.
Dionysios von Halikarnassos sagt, daß die Hebung der

nung war Isokrates der erste, der wie sein Schüler Naukrates es ausdrückte: um dem Ohre zu schmeicheln, die Regel aufstellte, man solle die bis dahin ungeregelte Prosa einem Rhythmus unterwerfen. Tatsächlich erfanden die Musiker, die seinerzeit zugleich auch Dichter waren, um den Hörern zu gefallen, zwei Methoden, den Vers und die Melodie, damit der Rhythmus der Worte und die Harmonie der Töne aller Übersättigung des Ohres vorbeugen möge. Diese beiden Neuerungen, ich möchte sagen: die Kunst, die Singstimme Regeln zu unterwerfen und die Worte in vorgegebenen Dimensionen zu gruppieren, glaubt man nun von der Poesie in die Redekunst übernehmen zu sollen, soweit die Rede — als eine ernste Angelegenheit — dies nur zuließ." Und hier die zweite, aus den *Origines des* Isidor, Buch I, Kap. 20: „*Im übrigen gibt es Zeichen, die sich bei den berühmtesten Schriftstellern finden; die Alten führten sie in Versen und Prosaerzählungen ein, um ihre Sprache zu gliedern. Dies Zeichen ist eine besondere Markierung in der Art eines Buchstabens, die jedesmal innerhalb der Worte die logische Anordnung der Phrasen und der Verszeilen angibt. Die in die Verse eingeführten Zeichen sind sechsundzwanzig an der Zahl und werden unter die Worte geschrieben.*" Ich für mein Teil ersehe daraus, daß zur Zeit Ciceros die guten Kopisten die Trennung von Wörtern schon kannten und daß gewisse Zeichen unserer Interpunktion gleichen. Ich finde dort darüberhinaus die Einführung der Zahl und der prosodischen Deklamation, welche Isokrates zugeschrieben wird. Ich erblicke darin hingegen keineswegs geschriebene Zeichen und Akzente, und wenn ich dies dennoch täte, könnte man daraus doch nur eines schließen, was ich gar nicht bestreite und was durchaus in den Rahmen meiner Überlegungen paßt, nämlich daß, als die Römer begannen, Griechisch zu studieren, die Kopisten, um ihnen die Aussprache zu verdeutlichen, Zeichen für Akzente, Atem und Prosodie anbrachten. Das bedeutet aber keineswegs, daß diese Zeichen schon bei den Griechen in Gebrauch waren, die ihrer doch gar nicht bedurften.

Stimme im hohen Akzent und die Senkung im tiefen jeweils eine Quinte ausmachten; also war der prosodische Akzent zugleich ein musikalischer, besonders das Circonflex, bei dem die Stimme, nachdem sie sich zunächst um eine Quint gehoben hat, auf der gleichen Silbe um eine weitere Quint hinabgeht.*

Aus dieser Passage und aus dem, worauf sie sich bezieht, ersieht man mit hinreichender Deutlichkeit, daß Herr Duclos keinerlei musikalischen Akzent in unserer Sprache findet, sondern nur den prosodischen und den die Vokale betreffenden Akzent. Mag man noch den orthographischen Akzent hinzufügen, der nichts am Vokal, am Klang oder an der Silbenlänge ändert, der bald — wie das Circonflex — einen weggefallenen Buchstaben anzeigt, bald den Sinn eines zweideutigen einsilbigen Wortes festlegt, wie z. B. der *accent grave* das Ortsadverb *où* von dem Bindewort *ou* unterscheidet und den Artikel *à* vom Verb *a* (= hat). Der Akzent unterscheidet diese Einsilber nur für das Auge, in der Aussprache unterscheidet sie nichts.** So paßt also die Definition des Akzents, wie sie die Franzosen allgemein übernommen haben, zu keinem der Akzente ihrer Sprache.

Ich erwarte nun durchaus, daß mehrere Ihrer Philologen, in der Überzeugung, daß die Akzente die Hebung bzw. Senkung der Stimme anzeigen, laut aufschreien wegen dieses Paradoxons; da sie nicht sorgfältig genug auf Erfahrung bauten, werden sie glauben, durch Modifikationen der Stimmritze eben jene gleichen Akzente hervorzubringen, die sie indessen nur wiedergeben, indem sie die Mundöffnung oder die Position der Zunge verändern. Um der Erfahrung die Ehre zu geben und um meinen Beweis unanfechtbar zu machen, sage ich Ihnen das Folgende.

Lassen Sie irgendein Musikinstrument genau im unisono mit der menschlichen Stimme mitgehen und sprechen Sie zu diesem Einklang alle die recht vielfältig akzentuierten französischen Wörter hinzu, die Sie finden können. Da es nicht um die

* M. Duclos, *Rem: Sur la gram: génér: et raisonée*, S. 30.[46]
** Man könnte glauben, daß die Italiener mit diesem selben Akzent z. B. das Verb *è* von der Konjunktion *e* unterscheiden; aber das erstere unterscheidet sich für das Ohr durch einen stärkeren und gesättigteren Ton, womit sein Akzent also vokale Qualität erhält — ein Tatbestand übrigens, den Buonmattei[47] ungerechterweise nicht erwähnt.

rhetorische Akzentuierung, sondern nur den grammatischen Akzent geht, brauchen diese verschiedenen Wörter nicht einmal einen zusammenhängenden Sinn zu ergeben. Achten Sie nun beim Sprechen darauf, ob Sie nicht auch auf dieser gleichen Tonhöhe alle Akzente genauso sensibel, genauso sauber markieren, wie wenn Sie Ihren Sprechton ganz zwanglos variieren würden. Ist dieser Sachverhalt festgestellt, und er läßt sich tatsächlich nicht bestreiten, so folgere ich, daß also alle Ihre Akzente sich auf der gleichen Tonhöhe ausdrücken lassen, sie daher also keine unterschiedlichen Tonhöhen bezeichnen. Ich wüßte nicht, was man darauf erwidern könnte.
Jeder Sprache, in der man verschiedene Melodien zu denselben Worten setzen kann, fehlt der festgelegte musikalische Akzent. Wäre er festgelegt, wäre die Melodie es auch. Sobald die Wahl der Melodie freisteht, gilt der Akzent nichts.
Die modernen europäischen Sprachen sind alle mehr oder weniger in der gleichen Lage. Nicht einmal die italienische nehme ich davon aus. Sie ist keineswegs von sich aus, wie nicht anders die französische, eine musikalische Sprache. Der Unterschied besteht lediglich darin, daß die eine sich für Musik eignet, die andere hingegen nicht.[48]
All dies trägt zur Bestätigung der grundsätzlichen Feststellung bei, daß alle aufgeschriebenen Sprachen natürlicherweise ihren Charakter verändern, an Kraft verlieren und an Deutlichkeit gewinnen. Je mehr man die Grammatik und die logische Fügung vervollkommnet, desto mehr beschleunigt man diesen Prozeß; um eine Sprache rasch kalt und langweilig zu machen, braucht man bei dem Volk, das sie spricht, nur Akademien einzurichten.[49]
Die von anderen abgeleiteten Sprachen erkennt man an dem Unterschied von Schreibung und Aussprache. Je älter und ursprünglicher die Sprachen sind, desto weniger willkürlich werden sie ausgesprochen und desto weniger Schwierigkeiten gibt es demzufolge mit den Buchstaben bei der Festlegung der Aussprache. *„Alle prosodischen Zeichen der Alten"*, sagt Herr Duclos, *„angenommen, selbst ihre Anwendung sei sehr genau fixiert gewesen, wiegen den praktischen Gebrauch nicht mehr auf."*[50] Ich gehe noch weiter und sage: Sie würden durch ihn überflüssig gemacht. Die alten Hebräer hatten weder Interpunktionen noch Akzente, sie hatten nicht einmal Vokale. Als andere Völker Hebräisch und die Juden andere Sprachen zu sprechen be-

gannen, verlor die ihrige ihren besonderen Akzent. Nun waren Punkte und Zeichen vonnöten, um sie zu regeln; aber dadurch wurde weit stärker die Bedeutung der Worte wiederhergestellt als ihre Aussprache. Die Juden unserer Tage würden, wenn sie hebräisch sprächen, von ihren Vorfahren nicht mehr verstanden.

Um die englische Sprache zu beherrschen, muß man sie zweimal lernen — beim Lesen und beim Sprechen. Wenn ein Engländer mit lauter Stimme liest und ein Fremder dabei ein Auge auf den geschriebenen Text wirft, so entdeckt dieser keinerlei Zusammenhang zwischen dem, was er sieht, und dem, was er hört. Und warum? Da England nacheinander von verschiedenen Völkern erobert worden ist, sind die Worte zwar immer auf gleiche Weise aufgeschrieben worden, während die Aussprache oft gewechselt hat. Es gibt einen sehr großen Unterschied zwischen den Zeichen, die den Sinn des Geschriebenen festlegen, und denen, die die Aussprache regeln. Es wäre leicht, allein aus Konsonanten eine Sprache zu formen, die in der Schrift überaus deutlich wäre, die man aber nicht sprechen könnte. Die Algebra hat etwas von dieser Sprache. Wenn eine Sprache in der Schreibung klarer ist als in der Aussprache, so zeigt das, daß sie häufiger zum Schreiben als zum Sprechen benutzt wurde; das könnte z. B. auf die Gelehrtensprache der Ägypter zutreffen; von dieser Art sind für uns die sogenannten toten Sprachen. In denjenigen, die mit unnötigen Konsonanten befrachtet sind, scheint die Schrift dem gesprochenen Wort sogar vorangegangen zu sein. Wer hielte nicht die polnische Sprache für eine solche? Wenn es wirklich so wäre, müßte die polnische Sprache von allen die gefühlsärmste sein.

Kapitel VIII: Allgemeiner und besonderer Unterschied beim Ursprung der Sprachen

Alles bisher Gesagte bezieht sich auf die primitiven Sprachen allgemein und auf die Fortschritte, die ihre Lebensdauer mit sich brachte; es erklärt aber weder ihren Ursprung noch ihre Unterschiede. Das wichtigste Unterscheidungsmerkmal ist ortsgebunden, es hängt mit der Klimazone zusammen, in der die Sprachen entstehen, und mit der Art und Weise, in der sie sich formen. Aus diesem Grund muß man möglichst weit zurückgreifen, um den allgemeinen und charakteristischen Unterschied zu verstehen, den man zwischen den Sprachen des Südens und denen des Nordens bemerkt. Der große Fehler der Europäer ist es, über den Ursprung der Dinge immer nur auf Grund dessen zu philosophieren, was sich in ihrer unmittelbaren Nähe abspielt.[51] Sie versäumen zwar nicht, uns die ersten Menschen als Wesen darzustellen, die eine gnadenlose und rauhe Erde bewohnen, vor Kälte und Hunger sterben und also gezwungen sind, sich Unterschlupf und Kleidung zu verschaffen. Überall sehen sie nur den Schnee und das Eis Europas, ohne sich zu überlegen, daß die menschliche Gattung, wie alle anderen Lebewesen, aus den warmen Ländern herstammt und daß auf zwei Dritteln des Erdballs der Winter kaum bekannt ist. Will man die Menschen studieren, muß man sich in seiner Nähe umschauen; will man aber den Menschen studieren, so muß man lernen, seinen Blick in die Weite zu richten. Man muß erst Unterschiede herausgefunden haben, um Gemeinsamkeiten zu entdecken.

Das Menschengeschlecht stammt aus den warmen Ländern und verbreitete sich von dort aus in den kalten Ländern. In diesen vermehrte es sich, um dann in die warmen Länder zurückzuströmen. Mit dieser Bewegung und Gegenbewegung hängen die Umwälzungen der Erde und die ständigen Unruhen ihrer Bewohner zusammen. Wir wollen versuchen, in unseren Überlegungen der naturgegebenen Ordnung zu folgen. Ich trete deshalb in eine lange Abschweifung über einen Gegenstand ein, der schon bis zum Überdruß abgehandelt worden ist,[52] auf den ich aber dennoch zurückkommen muß, um den Ursprung menschlicher Einrichtungen zu finden.

Kapitel IX: Bildung der Sprachen des Südens

In frühesten Zeiten* kannten die über die Erde verstreuten Menschen keine andere Gemeinschaft als die der Familie, keine anderen Gesetze als die der Natur und keine andere Sprache als die der Gesten und einiger unartikulierter

---

* Früheste Zeiten nenne ich diejenigen der Zerstreuung der Menschen, wie immer man das Alter des Menschengeschlechts ansetzen möge.

Laute.**[53] Sie waren nicht durch irgendeine Idee der allgemeinen Brüderlichkeit verbunden, und da sie keinen anderen Gebieter kannten als ihre Kraft, hielten sie einander für Feinde. Ihre Schwäche und ihre Unwissenheit gaben ihnen diese Vorstellung ein. Da sie nichts wußten, fürchteten sie alles und griffen an, um sich zu verteidigen. Ein Mensch, der auf der Erdoberfläche allein gelassen und der Gnade der menschlichen Rasse ausgeliefert ist, mußte zum wilden Tier werden. Er war bereit, den anderen all das Schlechte zuzufügen, das er von ihnen befürchtete. Furcht und Schwäche sind die Quellen der Grausamkeit.

Unsere sozialen Gesinnungen entwickeln sich nur mit unseren Einsichten. Das Mitleid, obwohl dem menschlichen Herzen so natürlich, würde auf immer untätig bleiben ohne die Einbildungskraft, die es in Tätigkeit setzt. Wie lassen wir uns zum Mitleid bewegen? Indem wir aus uns selbst herausgehen und uns mit dem leidenden Wesen identifizieren. Wir haben nur gerade so viel Mitleid, wie wir glauben, daß der andere leidet; nicht in uns, sondern in ihm leiden wir.[54] Man bedenke, wie viele zuvor erworbene Kenntnisse diese Übertragung voraussetzt! Wie sollte ich mir Übel vorstellen, von denen ich keinen Begriff habe? Wie würde ich, wenn ich einen anderen leiden sehe, leiden können, wenn ich nicht einmal begriffe, was er leidet, wenn ich nicht verstünde, daß es zwischen ihm und mir etwas Gemeinsames gibt? Wer niemals nachgedacht hat, kann weder gütig noch gerecht noch mitleidig sein. Noch weniger kann er böse und rachsüchtig sein. Wer sich nichts vorstellen kann, fühlt nur sich selbst. Inmitten der Menschen ist er allein.

Überlegung entsteht aus dem Vergleich, und erst eine Vielzahl von Vorstellungen regt zum Vergleich an. Wer nur einen einzigen Gegenstand sieht, hat nichts zu vergleichen. Wer nur wenige Gegenstände und von Kindheit an immer wieder diesel-

---

* Die wirklichen Sprachen haben keinen häuslichen Ursprung. Es gibt eine allgemeinere und dauerhaftere Übereinkunft, die sie begründen konnte. Die Ureinwohner Amerikas sprechen fast nur außerhalb ihres häuslichen Kreises. Jeder hütet die Ruhe innerhalb seiner Hütte. Er spricht in Zeichen zu seiner Familie, und diese Zeichen sind obendrein selten, weil ein Wilder weniger unruhig und ungeduldig ist als ein Europäer, weil er nicht so viele Bedürfnisse hat und nur danach trachtet, sich selbst zu versorgen.

ben sieht, vergleicht sie ebenfalls nicht, weil die Gewohnheit, sie zu sehen, ihm die zur Prüfung nötige Neugier nimmt. In dem Maße jedoch, in dem uns ein neuer Gegenstand in Erstaunen setzt, wollen wir ihn kennenlernen, und wir suchen in den uns schon bekannten Zusammenhängen nach Beziehungen zu ihm. Auf diese Weise lernen wir, das zu befragen, was vor unseren Augen liegt, und uns von dem uns Fremden zur Prüfung dessen einladen zu lassen, was uns unmittelbar vertraut ist.
Übertragen Sie diese Vorstellungen auf die ersten Menschen, und Sie werden den Grund ihrer Barbarei erkennen. Da sie niemals etwas anderes gesehen haben als das, was sie unmittelbar umgibt, und da sie nicht einmal das richtig kennen, kennen sie auch sich selbst nicht. Sie haben einen Begriff von einem Vater, einem Sohn, einem Bruder, aber nicht von einem Menschen. Ihre Hütte enthält nur ihresgleichen; ein Fremder, ein wildes Tier und ein Ungeheuer waren für sie dasselbe. Außerhalb ihrer selbst und ihrer Familie bedeutete ihnen ein ganzes Universum nichts.
Hierher rühren die offenkundigen Widersprüche, die man bei den Stammesvätern der Völker feststellen kann: auf der einen Seite viel Natürlichkeit, auf der anderen viel Unmenschlichkeit, grausame Sitten und milde Herzen, viel Liebe für die Familie und viel Abneigung gegenüber ihrer eigenen Gattung. Da alle ihre Gefühle auf ihre Nächsten konzentriert sind, haben sie mehr Kraft. Alles, was sie kennen, ist ihnen lieb. Feind gegenüber dem Teil der Welt, den sie nie sehen und von dem sie nichts wissen, hassen sie nur das, was sie nicht kennen können.
Die Zeiten der Barbarei[55] waren das goldene Zeitalter nicht, weil die Menschen vereint, sondern weil sie voneinander getrennt lebten. Jeder, so sagt man, hielt sich für den Herrn aller Dinge; das mag sein. Aber niemand kannte und niemand wünschte etwas anderes als das, was für ihn erreichbar war. Seine Bedürfnisse führten ihn nicht in die Nähe, sondern entfernten ihn von seinesgleichen. Wenn man so will, griffen die Menschen einander an, wenn sie sich begegneten; aber sie begegneten sich selten. Allgemein herrschte Kriegszustand, aber die ganze Welt lag in Frieden.
Die ersten Menschen waren Jäger oder Schäfer und nicht Bauern. Die ersten Besitztümer waren Herden, nicht Felder. Bevor der Besitz an Grund und Boden aufgeteilt wurde, dachte nie-

mand daran, ihn zu kultivieren. Ackerbau ist eine Arbeit, die Geräte verlangt, Säen, um zu ernten, setzt eine Vorsorge voraus, die ihrerseits Vorausschau erfordert. Der in Gemeinschaft lebende Mensch trachtet danach, sich auszubreiten, der isolierte Mensch beschränkt sich. Außerhalb des Bereichs, den sein Auge übersehen oder sein Arm erreichen kann, gibt es nichts für ihn, weder Recht noch Besitz. Wenn der Zyklop den Stein vor den Eingang seiner Hütte gewälzt hat, sind er und seine Herden sicher. Wer aber würde die Ernte desjenigen schützen, über den keine Gesetze wachen?

Man wird mir entgegnen, daß Kain Landarbeiter war und daß Noah Wein anpflanzte.[56] Warum nicht? Sie waren allein, was also hatten sie zu fürchten? Im übrigen spricht das nicht gegen meine Theorie; oben habe ich gesagt, was ich unter den frühesten Zeiten verstehe. Nachdem Kain flüchtig geworden war, mußte er den Ackerbau aufgeben. Genauso zwang das schweifende Leben die Nachkommen Noahs, den ihren zu vernachlässigen. Ehe man die Erde kultivierte, war es nötig, sie zu bevölkern. Beides geht schlecht zusammen. Während der ersten Ausbreitung der Menschheit, bis eine Familie gegründet war und der Mensch eine feste Behausung hatte, kannte er noch keinen Ackerbau. Völker, die nicht seßhaft werden, sind nicht imstande, die Erde zu kultivieren. Das betraf früher die Nomaden, die in Zelten wohnenden Araber oder die Skythen in ihren Wagen. So leben noch heute die umherziehenden Tataren und die Eingeborenen Amerikas.

Im allgemeinen waren die ersten Barbaren bei allen in ihrem Ursprung uns bekannten Völkern Vielfraße, und zwar Fleischfresser, viel weniger Ackerbauern und Getreideesser. Die Griechen nennen ausdrücklich den ersten, der sie gelehrt hat, die Erde zu bearbeiten, und anscheinend haben sie diese Kunst erst sehr spät kennengelernt. Wenn sie aber anfügen, sie hätten vor Triptolemos von nichts anderem als Eicheln gelebt, so sind sie unglaubwürdig und werden durch ihre eigene Geschichte widerlegt: denn sie aßen Fleisch vor Triptolemos, da er ihnen ja verbot, dieses zu essen. Man weiß übrigens nicht, ob sie diesem Verbot viel Bedeutung beigemessen haben.[57]

Bei Homer tötet man während der Gelage einen Ochsen, um die Gäste zu bewirten, wie man heutzutage ein Spanferkel töten würde. Wenn man liest, daß Abraham ein Kalb für drei

Personen servieren ließ,[58] daß Emeus[59] für ein Gastmahl zu Ehren des Odysseus zwei Rehböcke rösten ließ und daß Rebecca[60] es ebenso machte für das ihres Gemahls, so kann man ermessen, was für ungeheuer starke Fleischesser die Menschen damals gewesen sind. Um sich die Mahlzeiten der Alten vorzustellen, braucht man heute nur die der Wilden zu betrachten, fast hätte ich gesagt: die der Engländer[61].

Das erste Mehlgebackene, das gegessen worden ist, signalisierte das Zusammenrücken der menschlichen Gattung. Als die Menschen seßhaft zu werden begannen, machten sie etwas Erde im Umkreis ihrer Hütte urbar, was eher einem Garten glich als einem Feld. Das wenige Korn, das man erntete, wurde zwischen zwei Steinen zerrieben; man formte daraus einige Brote, die man in der Asche, in der Glut oder unter einem glühenden Stein buk und wovon man nur bei festlichen Gelegenheiten aß. Dieser alte Brauch, der bei den Juden durch das Osterfest seine Weihe erhielt, ist heute noch in Persien und Indien zu finden. Man ißt dort nur Brote ohne Sauerteig; diese Brote werden in dünnen Scheiben gebacken und zu jeder Mahlzeit gegessen. Man hat das Brot nur gären lassen, wenn man mehr brauchte; mit einer kleinen Menge läßt sich die Gärung schlecht bewerkstelligen.

Ich weiß, daß man Ackerkultur, grob gerechnet, schon seit den Zeiten der Patriarchen kennt. Durch die Nachbarschaft Ägyptens mußte sie zu gegebener Zeit nach Palästina kommen. Das Buch Hiob, vermutlich das älteste aller vorhandenen Bücher,[62] spricht von der Kultivierung der Felder und zählt unter den Reichtümern Hiobs fünfhundert Ochsenpaare auf;[63] die Bezeichnung „Paare" zeigt an, daß die Ochsen für die Arbeit zusammengebunden wurden. Eindeutig wird gesagt, daß diese Ochsen arbeiteten, als die Sabäer sie raubten; man kann sich ausrechnen, was für eine Fläche fünfhundert Ochsenpaare zu bearbeiten imstande sind.

All das ist erwiesen; wir aber sollten nicht die Zeiten durcheinanderbringen. Das patriarchalische Zeitalter, wie wir es kennen, ist von der frühesten Zeit der Menschen schon weit entfernt. Die Bibel zählt zehn Generationen vom einen zum anderen dieser Zeitalter, in denen die Menschen lange lebten. Was haben sie während dieser zehn Generationen gemacht? Wir wissen davon nichts. Getrennt und nahezu ungesellig lebend, sprachen sie kaum; wie sollten sie schreiben können?

Und welche Ereignisse hätten sie uns angesichts der Gleichförmigkeit ihres isolierten Lebens wohl überliefert?
Adam sprach, Noah sprach, nun gut. Adam war durch Gott selbst unterwiesen worden. Als Noahs Kinder sich zerstreuten, gaben sie den Ackerbau auf, und mit der ersten Gemeinschaft wäre auch die gemeinsame Sprache zugrundegegangen. Das wäre eingetreten, wenn es nicht den Turm zu Babel gegeben hätte. Man hat erlebt, daß Einsiedler auf verlassenen Inseln ihre eigene Sprache vergaßen, und selten bewahren Menschen ihre Muttersprache außerhalb ihres Landes über mehrere Generationen hinweg, selbst wenn sie miteinander arbeiten und in Gemeinschaft leben.
Verstreut in die unendliche Wüste der Welt, fielen die Menschen in barbarische Beschränktheit zurück, wo sie sich befanden, als wären sie aus Erde gemacht. Verfolgt man diesen so natürlichen Gedankengang, so fällt es nicht schwer, die Autorität der Bibel mit den antiken Monumenten in Übereinstimmung zu bringen, und man ist nicht darauf angewiesen, Traditionen als Fabeln anzusehen, die ebenso alt sind wie die Völker, die sie uns überliefert haben.
Auch im Zustand tierischer Stumpfheit war es nötig zu überleben. Die aktivsten und robustesten, diejenigen, die unbeirrt geradausgehen, konnten nur von Früchten und von der Jagd leben. So wurden sie also Jäger, wurden gewalttätig und blutrünstig und später dann Krieger, Eroberer, Usurpatoren. Die Geschichte hat ihre Dokumente nach den Verbrechen der ersten Könige durchforscht. Krieg und Eroberung sind nichts anderes als Jagd auf Menschen. Nachdem man sie unterworfen hatte, wußte man nichts Besseres, als sie zu fressen. Das wurde bei den Nachfolgern der ersten Könige zur Gepflogenheit.
Der größere, weniger aktive, dafür aber friedlichere Teil der Menschen hielt sich soweit wie möglich zurück, sammelte Vieh an, zähmte es, brachte es dazu, der Stimme des Menschen zu folgen; um sich nähren zu können, lernten die Menschen, das Vieh richtig zu pflegen und zu vermehren. So begann das Hirtenleben.
Die Betriebsamkeit der Menschen entwickelt sich kraft der Bedürfnisse, die sie anregen. Von den drei dem Menschen möglichen Lebensformen — Jagd, Pflege der Herden und Ackerbau — verhilft die erste dem Körper zu Kraft, Gewandtheit,

Schnelligkeit und Beweglichkeit und der Seele zu Mut und List; sie härtet den Menschen ab und macht ihn grausam. Das Land der Jäger bleibt nicht lange das Land der Jagd.* Das Wild muß weithin verfolgt werden, daher die Reitkunst. Man muß das fliehende Wild erreichen, daher die leichten Waffen, die Schleuder, der Pfeil, der Wurfspieß. Die Lebensweise des Hirten, Inbegriff der Ruhe und der müßiggängerischen Neigungen, ist diejenige, die am stärksten sich selbst genügt. Sie liefert dem Menschen nahezu mühelos Lebensunterhalt und Kleidung, sie liefert ihm sogar seine Wohnung. Die Zelte der ersten Hirten waren aus Tierhäuten gemacht, z. B. auch das Dach der Arche und das von Moses' Kästchen. Was den Ackerbau angeht, der sich sehr viel langsamer entwickelte, hängt er mit allen Errungenschaften zusammen. Er bringt Eigentum mit sich, Regierungsformen, Gesetze und allmählich Unglück und Verbrechen, was alles für unsere Gattung untrennbar ist vom Wissen um Gut und Böse. Betrachten nicht auch die Griechen ausschließlich den Triptolemos[64] als den Erfinder einer nützlichen Kunst? – freilich als Gesetzgeber und Weisen, der ihnen ihre erste Ordnung und ihre ersten Gesetze gab. Im Gegensatz dazu scheint Moses vom Ackerbau eine schlechte Meinung gehabt zu haben, weil er einen Bösewicht als seinen Erfinder angab und dessen Opfer von Gott zurückweisen ließ.[65] Man könnte sagen, daß schon der erste auf dem Felde Arbeitende in seinem Charakter die bösen Wirkungen seiner Beschäftigung zeigte.[66] Der Verfasser der Genesis hatte mehr Weitblick als Herodot.

Der oben stehenden Aufteilung ordnen sich die drei Formen der Beziehung des Menschen zur Gesellschaft zu. Der Wilde ist Jäger, der Barbar Hirte, der zivilisierte Mensch Bauer.

Sei es nun, daß man nach dem Ursprung der Kunstfertigkeiten des Menschen forscht, sei es, daß man die ersten Gebräuche betrachtet: immer sieht man, daß im Grunde alles auf die Mit-

---

* Das Geschäft des Jägers ist der Vermehrung der Bevölkerung gar nicht günstig. Diese Beobachtung machte man, als die Inseln von St. Domingo und der Schildkröte von Seeräubern bewohnt waren, und sie bestätigte sich anhand der Zustände in Nordamerika. Nirgends, soweit man sieht, sind die Stammväter irgendeines großen Volkes berufsmäßig Jäger gewesen. Sie alle waren Ackerbauern oder Hirten. Die Jagd muß daher weniger als Quelle der Lebenserhaltung angesehen worden sein denn als Ergänzung zum Hirtendasein.

tel bezogen ist, mit denen er seine Existenz sichert. Was die Motive anbelangt, die die Menschen zusammenführen, so sind diese durch das Klima und die Beschaffenheit des Bodens bestimmt. Aus diesen selben Gründen läßt sich deshalb auch die Unterschiedlichkeit der Sprachen und die Gegensätzlichkeit ihrer Charaktere erklären. Im milden Klima, in fetten und fruchtbaren Ländern haben die Menschen zuerst gewohnt; aber eben dort haben sie erst zuletzt sich zu Völkern zusammengefunden, weil sie sich hier leichter selbst erhalten konnten und weil Bedürfnisse, die eine Gemeinschaft entstehen lassen, sich erst später bemerkbar machten.

Stellen Sie sich einen immerwährenden Frühling im Lande vor, überall Wasser, Vieh und Weiden. Stellen Sie sich dazwischen Menschen vor, wie die Natur sie geformt hat; ich wüßte nicht, weshalb sie je auf ihre primitive Freiheit hätten verzichten und das isolierte Hirtenleben hätten verlassen sollen, das ihrer natürlichen Schwerfälligkeit so angemessen war,* um sich ohne Not Sklaverei aufzuerlegen, Arbeit und Schwierigkeiten, die von einem Leben in Gesellschaft nicht zu trennen sind.

Derjenige, welcher wünschte, daß der Mensch gesellig werde, berührte mit dem Finger die Achse des Globus und neigte ihn zur Achse des Universums. Durch diese kleine Bewegung sehe ich das Antlitz der Erde verändert und das Geschick der menschlichen Rasse entschieden. Von fern höre ich die Freudenschreie der unwissenden Menge, sehe Paläste und Städte entstehen und die Künste erblühen, die Gesetze und den Handel; ich sehe die Völker sich bilden, ausbreiten, auflösen und einander folgen wie das Fluten des Meeres, ich sehe Menschen, die sich in verschiedenen Gegenden in ihren Ansiedlun-

---

* Es ist unvorstellbar, in welchem Grade der Mensch von Natur aus faul ist. Es scheint, daß er nur lebt, um zu schlafen, zu vegetieren, um in Trägheit zu verharren; kaum daß er sich dazu entschließen kann, sich in Bewegung zu setzen, um zu verhüten, daß er Hungers stirbt. Nichts läßt die Wilden in der Liebe zu ihrem Zustand so beharrlich sein wie diese köstliche Trägheit. Die Leidenschaften, die den Menschen unruhig machen, vorausschauend und tätig, entstehen erst in der Gemeinschaft. Nichts zu tun ist nach dem Selbsterhaltungstrieb die erste und stärkste Leidenschaft des Menschen. Bei genauer Betrachtung würde man selbst bei uns feststellen, daß jeder nur arbeitet, um dadurch zur Muße zu gelangen; selbst noch dafür, daß wir fleißig sind, ist Faulheit der Grund.

gen zusammenballen, um sich gegenseitig zu zerfleischen und aus der übrigen Welt eine entsetzliche Wüste zu machen, ein würdiges Denkmal der sozialen Verbindung und der Nützlichkeit von Künsten und Wissenschaften.

Die Erde ernährt die Menschen; während aber die frühesten Bedürfnisse sie vereinzelt haben, führen spätere Bedürfnisse sie zusammen, und diese erst sind es, über die sie sprechen, die sie veranlassen zu sprechen. Damit ich mich nicht in Widersprüche mit mir selbst verstricke, möge man mir Zeit geben, mich zu erklären.

Wenn man danach fragt, aus welchen Gegenden die Vorväter des Menschengeschlechts herstammen, wo die ersten Ansiedlungen entstanden, woher die ersten Auswanderungen gekommen sind, wird man gewiß nicht an die günstigen klimatischen Bedingungen Kleinasiens, Siziliens, Afrikas und nicht einmal Ägyptens denken, sondern an die Wüsten von Chaldäa und die Felsenlandschaften Phöniziens. Entsprechendes wird man in allen Epochen finden. China wird wohl von Chinesen bevölkert, aber auch von Tataren. Die Skythen haben Europa und Asien überflutet, und aus den Schweizer Bergen kommt heutzutage in unsere fruchtbaren Niederungen ein immerwährender Zustrom, der niemals zu versiegen verspricht.

Es scheint, daß die Bewohner eines unwirtlichen Landes dieses verlassen, um dafür ein besseres in Besitz zu nehmen. Das ist klar; warum jedoch bietet dieses bessere Land den Fremden Platz, anstatt von eigenen Bewohnern zu wimmeln? Um ein unwirtliches Land zu verlassen, muß man zuvor dort gelebt haben. Weshalb nun werden so viele Menschen vorzugsweise dort geboren? Man sollte doch denken, daß die unwirtlichen Länder nur vom Überschuß der fruchtbaren bevölkert werden, und nun sehen wir, daß es genau umgekehrt ist. Die meisten lateinischen Völker nannten sich „aborigines"*, während das große, viel fruchtbarere Griechenland nur von Fremden besiedelt war. Alle griechischen Völker schreiben ihren Ursprung zugegebenermaßen von sehr verschiedenen Ansiedlungen her — ausgenommen gerade dasjenige, das auf dem allerschlechtesten Boden wohnte, nämlich das attische Volk, das sich au-

---

* Die Bezeichnungen *aborigines* und *autochthon* bedeuten nur, daß die ersten Bewohner des Landes Wilde ohne Gesellschaft, Gesetze und Tradition waren, und daß sie sich vermehrten, schon ehe sie sprachen.

tochthon, d. h. dem eigenen Lande entstammend, nannte. Diese entscheidenden Feststellungen erlauben uns wenigstens die jüngeren Epochen, ohne daß wir das Dunkel der Zeiten zu durchdringen vermögen. Welches Klima der Erde schließlich wäre erbärmlicher als dasjenige des Landes, das man die „Werkstatt" des Menschengeschlechts nennt?[67]
Die Zusammenschlüsse der Menschen sind zu großen Teilen das Ergebnis von Naturkatastrophen. Sintfluten, insbesondere über die Ufer getretene Meere, Vulkanausbrüche, große Erdbeben, durch Blitze entfachte Feuersbrünste, die die Wälder verwüsteten — all das, was die wilden Bewohner eines Landes erschrecken und auseinandertreiben muß, mußte sie schließlich wieder zusammenführen, um gemeinsam die Schäden zu beheben, von denen alle betroffen waren. Die Aufeinanderfolge der in frühen Zeiten so häufigen Erdkatastrophen zeigt, welcher Mittel sich die Vorsehung bediente, um die Menschen zu zwingen, einander näherzukommen.[68] Seit der Gründung der frühesten Gemeinschaften sind solche großen Katastrophen seltener geworden bzw. ausgeblieben. Es scheint, daß dies noch immer zutrifft: Dieselben Unglücke, die verstreut lebende Menschen zusammenführen, zerstreuen die vereint Lebenden.
Veränderungen der Jahreszeiten sind eine andere noch allgemeinere und fortdauernd wirkende Ursache, die in den ihr ausgesetzten Klimazonen die gleiche Wirkung hat. Da die Menschen gezwungen waren, sich für den Winter zu versorgen, fanden sie sich in der Situation, sich gegenseitig helfen und vereinen zu müssen, um miteinander gewisse Abmachungen zu treffen. Da die Strenge des Frostes sie zurückhielt und das Herumlaufen unmöglich wurde, verband der Zeitvertreib sie ebenso wie gemeinsame Bedürfnisse. Die in ihren Eishütten vergrabenen Lappen, die Eskimos, das primitivste aller Völker, versammeln sich im Winter in ihren Hütten und kennen sich nicht mehr im Sommer. Denken Sie sich ihre Entwicklung und ihre Intelligenz um einen Grad fortgeschrittener, und sie leben für immer vereint.
Weder Magen noch Eingeweide des Menschen sind dazu gemacht, rohes Fleisch zu verdauen; im allgemeinen widert es ihn auch im Geschmack an. Mit der wohl einzigen Ausnahme der Eskimos, von denen ich gerade gesprochen habe, rösten sogar die Wilden ihr Fleisch. Zum Nutzen des zum Kochen nötigen

Feuers gesellen sich das Vergnügen, das sein Anblick gewährt, und seine dem Körper angenehme Wärme. Der Anblick der Flamme, der Tiere in die Flucht schlägt, zieht den Menschen an.* Man versammelt sich um ein gemeinsames Feuer, man veranstaltet dort seine Feste und tanzt dort; die sanften Bande der Gewohnheit nähern den Menschen dort unmerklich seinesgleichen an; und so brennt in diesem ländlichen Feuer zugleich das heilige Feuer, das in die Herzen die ersten Gefühle für die Zusammengehörigkeit der Menschheit trägt.

In warmen Ländern stellen überdies auch die ungleich verteilten Quellen und Flüsse Punkte der Vereinigung dar, umso notwendiger für die Menschen, als sie das Wasser noch weniger entbehren können als das Feuer. Ganz und gar sind die Barbaren, die von ihren Herden leben, von gemeinsamen Tränken abhängig, und die Geschichte der ältesten Zeiten lehrt, daß dort ihre Verhandlungen und Streitereien begannen.** In gut bewässerten Gegenden kann die Bequemlichkeit der Wassergewinnung die Gesellschaftsbildung der Bewohner verzögern. In trockenen Gebieten dagegen muß man zusammenarbeiten, um Brunnen zu graben, Kanäle zu ziehen und um das Vieh zu tränken. Dort findet man die Menschen nahezu seit urdenklichen Zeiten vereint; das Land würde eine Wüste bleiben, wenn menschliche Arbeit es nicht wohnlich machte. Unsere Neigung, alles auf unsere Gewohnheiten zu beziehen, erheischt freilich einige weitere notwendige Überlegungen.

Der ursprüngliche Zustand der Erde unterschied sich sehr von

---

* Das Feuer macht den Tieren ebenso großes Vergnügen wie dem Menschen, wenn sie sich an seinen Anblick gewöhnt und erst einmal seine sanfte Wärme verspürt haben. Oft sogar wäre es ihnen kaum weniger nützlich als uns, zumindest, um ihre Jungen zu wärmen. Dennoch hat man niemals gehört, daß irgendein wildes oder gezähmtes Tier genug Fertigkeiten erworben hätte, um Feuer zu machen, nicht einmal nach unserem Vorbild. Das also sind jene vernunftbegabten Wesen, die, wie man sagt, schon vor den Menschen zeitweise eine Gemeinschaft bildeten, deren Intelligenz jedoch nicht hingereicht hat, um aus einem Stein Funken zu schlagen und sie aufzufangen, oder wenigstens, um einiges verlöschende Feuer am Brennen zu halten. Ich glaube, die Philosophen[69] machen sich ganz offenkundig über uns lustig. Man ersieht aus ihren Schriften, daß sie uns tatsächlich für Tiere halten.

** Siehe als Beispiel des einen und des anderen in Kap. 21 der Genesis den Schwur von Abraham und Abimelech auf den Brunnenschacht.

dem heutigen, den man von der Hand des Menschen zugerichtet und entstellt sieht. Das Chaos, das die Poeten den Elementen angedichtet haben, beherrschte mehr deren Hervorbringungen. In jenen verflossenen Zeiten, da Veränderungen der Erde häufig waren und tausend Katastrophen die Natur des Bodens und das Bild des Landes verwandelten, wuchs alles wild durcheinander – Bäume, Gemüse, Sträucher, Gräser; keine Pflanzenart hatte Zeit, sich des günstigsten Terrains zu bemächtigen und die anderen zu verdrängen. Sie sonderten sich langsam und allmählich, und endlich kam irgendeine Umwälzung, die alles durcheinanderbrachte.
Zwischen den Bedürfnissen des Menschen und den Hervorbringungen der Erde bestand ein Gleichgewicht, so daß die Erde bevölkert werden konnte und alles sein Auskommen hatte. Bevor aber die vereinten Menschen durch gemeinsame Arbeit eine bestimmte Ausgewogenheit zwischen ihren Produktionen herstellen konnten, war es, damit diese alle vorhanden wären, nötig, daß die Natur ihrerseits für jenes Gleichgewicht sorgte, welches heute durch Menschenhand gewahrt wird. Die Natur erhielt oder erneuerte dies Gleichgewicht durch Umwälzungen, wie die Menschen es durch ihre Unbeständigkeit erhielten oder erneuerten. Der Krieg, den man zwischen Menschen noch nicht kannte, schien unter den Elementen zu herrschen; die Menschen zündeten noch keine Städte an, gruben noch keine Minen, schlugen noch keine Wälder ab. Die Natur hingegen zündete Vulkane an, verursachte Erdbeben, Blitze verwüsteten die Wälder. Ein Blitzschlag, eine Sintflut, eine Eruption bewirkten in wenigen Stunden, was heute zehntausend Menschenarme in hundert Jahren schaffen. Ohne diese Voraussetzung sehe ich keine Möglichkeit, wie das System hätte bestehen und das Gleichgewicht sich hätte erhalten können. In der Pflanzenwelt wie in der Tierwelt hätten die großen Gattungen auf die Länge der Zeit die kleinen vernichtet.* Auf der ganzen Erde hätte es bald nur noch

* Man[70] behauptet, daß in einer natürlichen Art von Aktion und Reaktion die verschiedenen Gattungen im Tierreich sich von sich aus in einer fortdauernden Balance halten, die bei ihnen jenes Gleichgewicht ersetzen. Wenn eine unersättliche Gattung sich auf Kosten einer von ihr zerfleischten vermehrt, so sagt man, wird sie schließlich keine Existenzmöglichkeit mehr finden, und es wird dahin kommen, daß die erstere abnimmt und der zweiten Zeit läßt, sich wieder zu vermehren, bis

Bäume und wilde Tiere gegeben, und am Ende wäre alles zugrunde gegangen.
Nach und nach wäre der Kreislauf des Wassers versiegt, der die Erde belebt. Die Berge würden verfallen und abflachen, die Flüsse auslaufen, das Meer sich anfüllen und ausbreiten; alles würde unmerklich auf eine Einebnung hinauslaufen. Die Hand des Menschen hält diese Entwicklung auf und verzögert ihr Vorankommen; ohne ihn vollzöge sie sich sehr viel rascher, vielleicht stünde die Erde jetzt schon unter Wasser. Vor dem Eingriff des Menschen ergossen sich die schlecht verteilten Quellen ungleichmäßig, trugen wenig zur Fruchtbarkeit des Bodens bei und erschwerten die Versorgung der Bewohner. Die Ufer waren oft unzugänglich, ihre Ränder steil oder sumpfig; da die Kunstfertigkeit der Menschen die Flüsse noch nicht in ihren Betten hielt, brachen sie häufig aus und ergossen sich nach rechts und links, änderten ihre Richtungen und ihren Lauf oder zerteilten sich in verschiedene Verzweigungen; bald fand man sie trocken, bald kam man des Treibsandes wegen nicht an sie heran, so daß sie wie nicht vorhanden waren und man inmitten von Wasser verdursten konnte.
Wie viele trockene Länder sind bewohnbar geworden nur durch Umleitungen und Kanäle, die die Menschen, von den Flüssen ausgehend, gezogen haben! Fast das ganze Persien lebt von diesem Kunststück; China wimmelt von Menschen dank seiner zahlreichen Kanäle; ohne Kanäle wären die Niederlande von Flüssen überschwemmt worden, wie durch das Meer ohne ihre Deiche. Ägypten, das fruchtbarste Land der Erde, wurde überhaupt nur durch menschliche Arbeit bewohnbar. In den großen wasserlosen Ebenen, deren Boden nicht genug Gefälle hat, muß man sich als einziger Hilfsmöglichkeiten der Brunnen bedienen. Wenn also die ersten Völker, deren in der Geschichte Erwähnung getan wird, nicht in den fetten Ländern oder an leicht zugänglichen Ufern lebten, so bedeutet das nicht, daß diese günstigen Klimazonen menschenleer geblieben wären; vielmehr haben ihre zahlreichen Bewohner,

nun sie, der ersten einen Überfluß an Nahrung bietend, ihrerseits wieder dezimiert wird, während die freßlustige Gattung sich vermehrt. Eine solche Wechselbewegung aber erscheint mir ganz unwahrscheinlich, weil dieses System einen Zeitraum voraussetzt, innerhalb dessen die Gattung, die als Beute dient, sich vermehrt, und die, die von dieser lebt, abnimmt; was mir gegen jede Vernunft zu gehen scheint.

weil sie einander entbehren konnten, für viel längere Zeit isoliert mit ihren Familien und ohne Verbindung untereinander gelebt. In trockenen Gebieten aber, wo man das Wasser nur aus Brunnen haben konnte, war es wohl nötig, sich zusammenzutun, um diese zu graben oder zumindest sich über deren Nutzung zu einigen. So muß der Ursprung der Gemeinschaften und der Sprachen in den warmen Ländern ausgesehen haben.

Dort auch bildeten sich die ersten Familienbande, dort kam es zu den ersten Rendez-vous der beiden Geschlechter. Die jungen Mädchen kamen, um Wasser für den Haushalt zu holen, die jungen Männer, um ihre Herden zu tränken. Dort begannen die Augen, die von Kindheit an immer die gleichen Gegenstände zu sehen gewohnt waren, reizendere Dinge zu erblicken. Das Herz neigte sich ihnen zu, ein bislang unbekannter Zauber sänftigte seine Wildheit, und es empfand Freude daran, nicht allein zu sein. Das Wasser wurde allmählich immer wichtiger, das Vieh hatte öfter Durst; man kam eilig zum Brunnen und verließ ihn mit Bedauern. In dieser glücklichen Zeit, da die Stunden nicht eingeteilt waren, gab es keinen Zwang, sie zu zählen. Die Zeit hatte kein anderes Maß als das der Belustigung und der Langeweile. Unter alten Eichen, die die Jahre hatten kommen und gehen sehen, vergaß eine feurige Jugend allmählich ihre frühere Wildheit. Nach und nach zähmte man sich gegenseitig. Kraft des Bemühens, sich verständlich zu machen, lernte man sich auszudrücken. Nun fanden auch die ersten Feste statt, die Füße sprangen vor Freude, die ausdrucksvolle Geste reichte nicht mehr aus, die Stimme begleitete sie mit leidenschaftlichen Ausbrüchen. Freude und Begehren, miteinander vermischt, wurden nun zugleich empfunden. Dort also stand die wirkliche Wiege der Völker, aus dem reinen Kristall der Brunnen stiegen die ersten Feuer der Liebe.[71]

Wie denn! — wird man einwenden: wurden vor dieser Zeit die Menschen etwa aus der Erde geboren? Wurden ganze Generationen gezeugt, ohne daß die Geschlechter sich vereint hatten und sich liebend verständigt hätten? Sicherlich nicht. Natürlich gab es Familien, jedoch gehörten sie nicht zu einem bestimmten Volk; es gab familieneigene, aber keine einen Volksstamm verbindende Sprachen; es gab Ehen, aber keine Liebe. Jede Familie war sich selbst genug und pflanzte sich in ihrem eigenen Blute fort. Die von den gleichen Eltern stammenden

Kinder wuchsen gemeinsam auf und fanden nach und nach Mittel, sich untereinander verständlich zu machen; die Unterschiedlichkeit der Geschlechter entwickelte sich mit zunehmendem Alter, und der natürliche Trieb reichte aus zur Vereinigung, der Instinkt ersetzte die Leidenschaft, Gewohnheit die Wahl. Man wurde Mann und Frau, ohne aufgehört zu haben, Bruder und Schwester zu sein.* Es gab damals nicht genug vitalen Anreiz, um die Zunge zu lösen, nichts, was den Ausdruck feuriger Leidenschaft häufig genug hätte auslösen können, um ihn zur festen Gewohnheit zu machen. Entsprechendes läßt sich von den weniger häufigen und dringlichen Bedürfnissen sagen, welche die Menschen dazu bringen, bei gemeinsamen Aufgaben zusammenzuarbeiten: Der eine begann mit dem Brunnenbecken, der nächste vollendete es, oft ohne daß der eine oder andere das Bedürfnis nach irgendeiner Übereinkunft verspürt oder den jeweils anderen auch nur gesehen hätte. In einem Wort: In den milden Klimazonen und fruchtbaren Gebieten bedurfte es schon der ganzen Lebhaftigkeit sehr angenehmer Leidenschaften, um die Bewohner zum Sprechen zu bringen. Die ersten Sprachen, Töchter des Vergnügens und nicht des Bedürfnisses, trugen lange Zeit die Zeichen ihrer Herkunft. Ihr verführerischer Tonfall verschwand erst gemeinsam mit den Gefühlen, die ihn inspiriert hatten, nämlich, als neue Bedürfnisse sich bei den Menschen zu Worte meldeten und jedermann zwangen, nur an sich selbst zu denken und seine Empfindungen für sich zu behalten.

* Es war durchaus nötig, daß die ersten Menschen ihre Schwestern heirateten.[72] In der Einfachheit der frühesten Sitten wurde dieser Brauch ungehindert fortgeführt, solange die Familien isoliert blieben, sogar nach Bildung der ältesten Völker; das Gesetz freilich, das ihn abschaffte, ist als Einrichtung der Menschheit nicht weniger heilig. Diejenigen, die es nur im Hinblick auf die Verbindung zwischen Familien betrachten, sehen nur die am wenigsten wichtige Seite. In der Vertraulichkeit, die das häusliche Zusammensein notwendigerweise zwischen den Geschlechtern stiftet, gäbe es von dem Moment an, da ein so heiliges Gesetz nicht mehr zum Herzen der Menschen spräche und auf die Sinne wirkte, keinerlei Ehrbarkeit mehr unter den Menschen, und die schrecklichsten Sitten würden bald den Niedergang der menschlichen Gattung zur Folge haben.

Kapitel X: Bildung der nördlichen Sprachen

Mit der Zeit werden alle Menschen einander ähnlich; die Art ihrer Entwicklung aber ist verschieden. In den südlichen Klimazonen, wo die Natur verschwenderisch ist, entstehen die Bedürfnisse aus den Leidenschaften; in den kalten Ländern, wo die Natur geizt, entstehen die Leidenschaften aus den Bedürfnissen, und die Sprachen, traurige Töchter der Notwendigkeit, lassen die Folgen ihres harten Ursprungs verspüren.
Obwohl der Mensch sich an die Unbilden der Witterung gewöhnt, an Frost, Unbehagen und selbst an den Hunger, gibt es doch einen Punkt, wo seine Natur unterliegt. Solchen grausamen Prüfungen ausgeliefert, gehen alle zugrunde, die schwach sind; die übrigen sind umso stärker, und es gibt keine freundliche Mitte zwischen Lebenskraft und Tod. Deshalb sind die nördlichen Völker so robust; nicht unmittelbar das Klima hat sie so gemacht, vielmehr haben eben nur die, die robust waren, das Klima ausgehalten, und so ist es nicht erstaunlich, daß die Kinder die gute Konstitution der Eltern erbten.
Daraus kann man bereits schließen, daß die robusteren Menschen die weniger empfindsamen Organe haben, daß ihre Stimmen rauher und lauter sein müssen. Welcher Unterschied muß im übrigen ohnehin zwischen den anrührenden Nuancierungen bestehen, die aus den Regungen der Seele herkommen, und jenen Schreien, die durch die vitalen Bedürfnisse ausgelöst werden! In solchen schrecklichen Klimazonen, wo neun Monate im Jahr alles tot ist und die Sonne nur einige Wochen lang die Luft erwärmt, wie um den Menschen begreiflich zu machen, welcher Güter sie beraubt sind, und um ihr Elend zu vergrößern – in diesen Gegenden, wo der Boden nur nach harter Arbeit etwas hergibt und wo die Quelle des Lebens mehr in den Armen als in den Herzen zu liegen scheint, können die Menschen, da sie ständig mit der Sicherung ihres Überlebens beschäftigt sind, kaum an zartere Bindungen denken; alles beschränkte sich auf die natürlichen Triebe, Gelegenheit trat an die Stelle der Wahl, bei der die nächstliegende den Vorzug hatte. Der Müßiggang, der die Leidenschaften nährt, machte der Arbeit Platz, die diese unterdrückt. Bevor man daran dachte, glücklich zu leben, mußte man ans Überleben denken. Das wechselseitige Bedürfnis führte die Menschen stärker zusammen, als es das Gefühl vermocht hätte, Gemeinschaft

wurde ausschließlich durch Produktionsformen erzwungen. In der ständigen Gefahr, zugrunde zu gehen, konnte man sich nicht auf eine Sprache der Gesten beschränken; der erste Satz hieß dort nicht „liebt mich", sondern „helft mir".
Die beiden Wörter, obwohl ziemlich ähnlich [frz. *aimez-moi*, bzw. *aidez-moi* – d. Hrsg.], werden mit sehr unterschiedlichem Tonfall ausgesprochen. Man wollte nichts fühlen lassen, man wollte auf jeden Fall verstanden werden. Es ging deshalb nicht um Kraft des Ausdrucks, sondern um Deutlichkeit. An die Stelle eines vom Herzen diktierten Tonfalls traten hier starke, anschauliche Artikulationen; soweit in der Form der Sprache eine gewisse natürliche Prägung begegnet, trägt auch sie noch zur Härte bei.
Selbstverständlich kennen auch die nördlichen Menschen Leidenschaften, aber diese sind von anderer Art. Die der warmen Länder sind sinnliche Leidenschaften mit der Neigung zu Liebe und Verweichlichung. Die Natur tut hier so viel für die Bewohner, daß ihnen fast nichts zu tun übrigbleibt. Wenn ein Asiate Frauen und seine Ruhe hat, so ist er zufrieden.[73] Im Norden aber, wo die Menschen sich auf einem unfruchtbaren Boden verbrauchen, sind die Menschen, als Sklaven so vieler Bedürfnisse, leichter zu erregen. Alles, was um sie herum geschieht, beunruhigt sie. So, wie sie nur mit Mühe überleben, so hängen sie, je ärmer sie sind, umso mehr an dem wenigen, das sie haben. Sich ihnen zu nähern heißt, sich an ihrem Leben zu vergreifen. Daher rühren das reizbare Temperament und das plötzliche Umschlagen in Zorn gegen alles, was sie berührt. So sind ihre natürlichen Verlautbarungen die des Zorns und der Drohung, und diese werden immer begleitet von sehr lauten Artikulationen, die sie hart und gellend machen.

Kapitel XI: Gedanken über diese Unterschiede

So sind meiner Meinung nach die physischen Gegebenheiten inbezug auf die charakteristischen Unterschiede der primitiven Sprachen die zur Begründung stichhaltigsten. Die Sprachen des Südens mußten lebhaft, klangvoll, stark akzentuiert, weitschweifig und oft unverständlich sein wegen zu großer Ausdruckskraft; die des Nordens mußten stumpf, rauh, stärker artikuliert, schreiend, monoton sein und deutlich mehr durch

Worte als durch gute Konstruktion. Die modernen, tausendfach vermischten und veränderten Sprachen bewahren noch einiges von diesen Unterschieden. Französisch, Englisch, Deutsch sind im besonderen Sprachen von Menschen, die einander beistehen, die kalten Sinnes miteinander überlegen, oder auch von jähzornigen, leicht erregbaren Menschen. Diener der Götter aber, die heilige Geheimnisse verkünden, Weise, die den Völkern Gesetze geben, oder Anführer, die die Menge mitreißen, müssen arabisch oder persisch* sprechen. Unsere Sprachen taugen mehr zum Schreiben als zum Sprechen, man liest uns mit mehr Vergnügen, als man uns zuhört. Dagegen verlieren die orientalischen Sprachen, wenn sie geschrieben werden, ihre Lebendigkeit und ihr Feuer. Der Sinn liegt nur zur Hälfte in den Worten, alle Kraft liegt in der Betonung. Über das Wesen der Orientalen aus der Kenntnis ihrer Bücher urteilen zu wollen, bedeutet, einen Menschen nach seiner Leiche zu malen.

Um die Handlungen der Menschen richtig zu beurteilen, muß man sie in all ihren Bezügen betrachten, und das ist etwas, was man zu tun uns überhaupt nicht beibringt. Wenn wir uns an die Stelle anderer versetzen, tun wir es als die, die wir selbst in dieser Versetzung wären, und nicht so, wie jene gewesen sind; und wenn wir sie vernünftig zu beurteilen glauben, vergleichen wir nur deren Vorurteile mit den unseren. Derselbe, der, um etwas arabisch lesen zu lernen, beim Durchblättern des Korans lächelt, hätte sich, wenn er erlebt hätte, wie Mohammed ihn persönlich in dieser anschaulichen, wohlgegliederten Sprache anredet, mit jener klangvollen und überredenden Stimme, die das Ohr noch schneller als das Herz verführt und ihre Aussagen mit dem Ausdruck der Begeisterung steigert — dieser selbe hätte sich auf die Erde geworfen und laut gerufen: „Großer Prophet, Sendbote Gottes, führe uns zum Ruhm, ins Martyrium, wir wollen siegen oder sterben für Dich." Fanatismus erscheint uns immer lächerlich, weil er bei uns keine Stimme findet, die ihm Ausdruck verleihen könnte. Unsere Fanatiker sogar sind eigentlich keine echten Fanatiker, sondern nur Spitzbuben oder Narren. Anstelle der Ausdruckslagen der Inspirierten haben unsere Sprachen nur die Schreie der vom Teufel Besessenen.

* Türkisch ist eine nordische Sprache.

Kapitel XII: Der Ursprung der Musik

Mit den ersten Lauten formten sich die ersten Artikulationen oder die ersten Töne je nach Art der Leidenschaft, die sie beherrschte. Der Zorn löst drohende Schreie aus, die Zunge und Gaumen artikulieren. Die Stimme der Zärtlichkeit dagegen klingt viel sanfter, der Kehlkopf formt sie, und ihr Laut wird zum Ton. Lediglich ihre Akzente sind häufiger oder seltener, die Nuancierungen mehr oder weniger hoch, je entsprechend der damit verbundenen Gefühlslage. Auf diese Weise entstehen die Phrasierungen und Töne zugleich mit den Silben, die Leidenschaft bringt alle Organe zum Sprechen und veranlaßt die Stimme zur Entfaltung all ihrer Möglichkeiten. Also haben Verse, Melodien und Wort einen gemeinsamen Ursprung. Rings um die Brunnen, von denen ich gesprochen habe, stellten sich die ersten Unterhaltungen zugleich als die ersten Lieder dar; die periodisch wiederkehrenden und rhythmisch gegliederten Wiederholungen, der melodiöse Charakter der Betonungen ließen Dichtung und Musik zusammen mit der Sprache entstehen, oder noch genauer: das alles war — in diesen glücklichen Klimazonen, in diesen glücklichen Zeiten, da die einzigen dringenden Bedürfnisse, die die Menschen einander näherbrachten, die des Herzens waren — eine einzige Sprache.[74]

Die ersten historischen Berichte, die ersten Reden, die ersten Gesetze waren in Versen abgefaßt. Die Poesie wurde vor der Prosa entdeckt;[75] das hat so sein müssen, weil die Leidenschaften sprachen, bevor die Vernunft sprach. Ebenso war es mit der Musik. Zunächst gab es keine andere Musik als die Melodie, und zwar keine andere Melodie als den vom Wort geprägten Tonfall. Die Akzente formten die Melodie, aus den Silbenlängen formte sich der Takt, und so sprach man ebensosehr durch die Töne und den Rhythmus wie durch Artikulation und Stimme. *„Reden und Singen war früher dasselbe"*, sagt Strabo[76] und fügt hinzu, *„womit bewiesen ist, daß die Poesie die Quelle der Rede ist."** Man sollte lieber sagen, daß beide aus dem gleichen Ursprung herkamen und anfangs ein und dasselbe waren. Kann es in Anbetracht der Art und Weise, wie die ersten Gesellschaften sich bildeten, erstaunlich erscheinen, daß man die

---

* *Geographica*, Buch I.

ersten historischen Berichte in Verse setzte und die ersten Gesetze sang? War es erstaunlich, daß die ersten Meister der Sprache ihre Kunst der Musik unterlegten und gleichzeitig Lehrer der einen wie der anderen waren?*

Eine Sprache, die nur Artikulationen und Vokale besäße, besäße nur die Hälfte ihres Reichtums. Gewiß kann sie Ideen wiedergeben; um aber Gefühle und Bilder auszudrücken, fehlen ihr Rhythmus und Klang, d. h. eine Melodie: Genau das ist es, was die griechische Sprache besaß und was der unseren fehlt.

Wir geraten immer wieder in Erstaunen über die wunderbaren Wirkungen der Redekunst, der Poesie und der Musik unter den Griechen. Diese Wirkungen erscheinen unserem Verstand kaum glaubhaft, weil wir nichts Entsprechendes kennen; das Äußerste, was wir uns aus Gefälligkeit gegenüber unseren Gelehrten abgewinnen können, ist, da wir sie so gut belegt sehen, so zu tun, als hielten wir sie für möglich.** Herr Burette[79], der, soweit er es vermochte, ein paar Stücke griechischer Musik in Noten unserer Musik übertragen hat, besaß die Einfalt, diese Stücke in der Akademie der Schönen Künste aufführen zu lassen, und die Mitglieder der Akademie waren geduldig genug, dies anzuhören. Ich bewundere das Experiment – als in einem Land geschehen, dessen Musik für jedes andere Volk nicht zu enträtseln ist. Geben Sie irgendwelchen beliebigen ausländischen Musikern eine französische Opern-Arie zu spielen: Ich wette, daß sie nichts von ihr wiedererkennen. Dennoch ist es Musik derselben Franzosen, welche meinen, die Melodie einer vor zweitausend Jahren komponierten Ode von Pindar beurteilen zu können!

Ich habe gelesen, daß die Indianer in Amerika, als sie die überraschende Wirkung von Feuerwaffen sahen, die Gewehrku-

---

* Quintilian, *Institutio oratoria*, Buch XI: „*Archytas und Aristoxenos nahmen an, daß die Grammatik von der Musik abhinge und die gleichen Personen die eine wie die andere unterrichtet hätten ... Auch Eupolis, in dessen Darstellung Prodamus sowohl Musik als auch schöne Literatur unterrichtet. Und auch Maricas bzw. Hyperbolus gesteht, daß die Musiker ihn nur die schöne Literatur lehrten.*"[77]

** Zweifellos muß man in jedem Fall bei den griechischen Übertreibungen Abstriche machen; freilich täte man der heutigen Voreingenommenheit zuliebe zuviel, wenn man es mit den Abstrichen so weit triebe, daß alle Schwierigkeiten verschwinden.

geln von der Erde aufsammelten; als sie sie dann mit der Hand zurückwarfen und dabei mit dem Mund großen Lärm machten, waren sie sehr erstaunt, daß sie niemand töteten. Unsere Redner, Musiker und Weisen ähneln diesen Indianern. Es ist keineswegs erstaunlich, daß wir mit unserer Musik nicht mehr bewirken als das, was die Griechen mit der ihren bewirkten; es wäre im Gegenteil sogar sehr erstaunlich, wenn man mit so andersartigen Instrumenten solche Wirkungen hervorbringen könnte.

Kapitel XIII: Über die Melodie

Niemand zweifelt daran, daß der Mensch über seine Sinne Eindrücke empfängt; anstatt diese Beeinflussungen jedoch genau zu unterscheiden, werfen wir deren Ursachen durcheinander. Den Empfindungen gestehen wir immer weniger Macht zu und erkennen nicht, daß sie uns oft keineswegs nur in ihrer Qualität als Empfindungen erregen, sondern als Zeichen oder Bilder, und daß ihre psychischen Wirkungen auch psychische Gründe haben. Ebenso wie die Gefühle, die die Malerei in uns erregt, keineswegs von den Farben herrührt, so ist die Macht der Musik über unsere Gemüter keineswegs einfach die Wirkung von Tönen. Schöne, gut abgestufte Farben gefallen dem Auge, aber dieses Vergnügen ist ausschließlich sensueller Art. Die Zeichnung und die Nachahmung erst verleihen diesen Farben Leben und Seele; die ausgedrückten Leidenschaften sind

„Wenn die griechische Musik", so sagte der Abbé Terrasson[78], *„in den Zeiten des Amphion oder des Orpheus sich auf dem Stand befunden hätte, auf dem sie heute sich in den von der Hauptstadt am weitesten abliegenden Städten befindet, so hätte sie den Lauf der Ströme aufhalten, Eichen aus der Erde reißen und Felsen bewegen können. Heutzutage, da sie einen viel höheren Grad von Vollkommenheit erreicht hat, liebt man sie sehr und dringt sogar in die Geheimnisse ihrer Schönheiten ein, aber sie läßt alles an seinem Platz. So ist es auch den Versen Homers ergangen, einem in Zeiten geborenen Dichter, da man, verglichen mit den folgenden, die kindliche Stufe der Entwicklung des musikalischen Geistes noch verspürte. Man ist bei diesen Versen in Ekstase geraten; heute begnügt man sich damit, sich die Verse guter Dichter auf der Zunge zergehen zu lassen und sie zu beurteilen."* Man kann zwar nicht leugnen, daß der Abbé Terrasson nicht ab und zu Geist habe; in der zitierten Passage freilich läßt er hiervon gewiß nichts spüren.

es, die die unseren erregen, die wiedergegebenen Gegenstände sind es, die uns anrühren. Interesse und Empfindungen gehören keinesfalls den Farben; aber die Konturen eines Bildes, das uns bewegt, bewegen uns auch noch in einer Druckwiedergabe. Entfernen Sie die Konturen aus einem Bild, und dessen Farben werden bedeutungslos sein.

Genau das, was in der Malerei die Zeichnung bewirkt, bewirkt in der Musik die Melodie. Sie gibt den Zügen und Figuren Kontur, wohingegen die Akkorde und Töne nur die Farben darstellen. Nun, wird man sagen, eine Melodie ist doch nichts anderes als eine Folge von Tönen! Gewiß — aber auch eine Zeichnung ist nur eine Anordnung von Farben. Ein Redner bedient sich der Tinte, um seine Schriften aufzuzeichnen; bedeutet das etwa, daß Tinte eine redegewandte Flüssigkeit sei?

Stellen Sie sich ein Land vor, wo man keinerlei Ahnung vom Zeichnen hat und wo dennoch viele Leute in der Malerei zu glänzen meinen, die ihr Leben damit verbringen, Farben zu kombinieren, zu mischen und abzuschattieren. Diese Menschen würden über unsere Malerei so urteilen wie wir über die Musik der Griechen. Wenn man ihnen von den Gefühlen spräche, die schöne Bilder in uns erwecken, oder von dem Reiz, der für uns mit der Rührung durch einen pathetischen Gegenstand verbunden ist, würden ihre Gelehrten sich alsbald in Fragen des Materials vertiefen, würden ihre Farben mit den unseren vergleichen und prüfen, ob unser Grün zarter ist oder unser Rot strahlender. Sie würden herauszufinden versuchen, welche Farbakkorde Tränen und welche Zorn auszulösen vermögen. Die Burettes dieses Landes würden auf Lumpen einige entstellte Fetzen von unseren Bildern entdecken und sammeln, und man würde sich erstaunt fragen, was an deren Farbgebung denn so wunderbar sei.

Wenn man bei einem ihnen benachbarten Volk irgendeine Zeichnung, eine Skizze zu einer Zeichnung oder irgendeine noch unvollkommene Figur zu entwerfen begänne, so würde das alles als Schmiererei gelten, als launische, lächerliche Malerei, und man würde sich, um den guten Geschmack zu bewahren, an jene schöne Simplizität halten, die in Wahrheit gar nichts aussagt, aber mit feinen Nuancierungen glänzt, mit großen, wohlkolorierten Flächen und sehr allmählichen Farbabstufungen ohne klare Kontur.

Schließlich würde man doch wohl zur Kenntnis der Farbzerle-

gung im Prisma fortschreiten, und bald würde irgendein bekannter Künstler hierauf ein gutes System errichten. „Meine Herren", würde er zu Ihnen sagen, „um Philosophie richtig zu betreiben, muß man immer auf die natürlichen Ursachen zurückgehen. Und da stellen sich die Zerlegung des Lichtes, alle Grundfarben und ihre Zusammenhänge und Verhältnisse als die wahren Grundlagen des Vergnügens dar, das Ihnen die Malerei bereitet. Alle jene mysteriösen Worte über Zeichnung, Darstellung und Figuren sind reine Scharlatanerie französischer Maler, die in ihren Nachahmungen dem Gemüt irgendwelche Bewegungen zu vermitteln glaubten, während man doch weiß, daß es nichts anderes ist als Effekthascherei. Man erzählt euch Wunderdinge von ihren Bildern, aber seht meine Farbtöne!"
„Die französischen Maler", würde er fortfahren, „mögen vielleicht den Regenbogen beobachtet und von der Natur einigen Sinn für Nuancen und einen gewissen Instinkt für Farbgebung empfangen haben. Ich jedoch habe euch die großen, die wahren Prinzipien dieser Kunst gezeigt. Was sage ich: dieser Kunst? Aller Künste, meine Herren, aller Wissenschaften. Die Analyse der Farben, die Berechnung der Strahlenbrechung des Prismas liefern uns die Kenntnis der einzigen genauen und naturgegebenen Bezüge und das alle diese Bezüge regierende Gesetz. Alles im Universum ist Beziehung. Daher kennt man alles, wenn man zu malen versteht, und man weiß alles, wenn man die Farben richtig zu wählen weiß."
Was würden wir von einem Maler sagen, der wenig genug Gefühl und Geschmack hätte, um so zu reden und das Vergnügen, das uns Malerei bereitet, törichterweise auf die materiellen Komponenten seiner Kunst einzuschränken? Was würden wir von einem Musiker sagen, der aus ähnlichen Vorurteilen ausschließlich in der Harmonie die Ursache für die großen Wirkungen der Musik zu sehen glaubt? Den ersten würden wir anweisen, Getäfel zu kolorieren; den letzteren würden wir dazu verdammen, französische Opern zu fabrizieren.
Ebensowenig also, wie die Malerei die Kunst ist, Farben auf eine für das Auge angenehme Weise zu kombinieren, ist die Musik die Kunst, in der man Töne auf eine für das Ohr angenehme Weise kombiniert. Wenn es nur darum ginge, würden die eine wie die andere zu den normalen Wissenschaften zählen und nicht zu den schönen Künsten. Die Nachahmung al-

lein erhebt sie zu diesem Rang. Was nun macht die Malerei zur nachahmenden Kunst? – die Zeichnung. Und was macht die Musik zu einer solchen? – die Melodie.

Kapitel XIV: Über die Harmonie

Die Schönheit der Töne ist naturgegeben; ihre Wirkungsweise ist rein akustischer Art und rührt vom Zusammenstoß verschiedener Luftpartikel her, die durch einen klingenden Körper und durch alle seine – vielleicht unendlich weit verfolgbaren – Obertöne in Schwingung versetzt werden. Dieses Ganze vermittelt eine angenehme Empfindung. Alle Menschen der Welt haben Freude daran, schöne Töne zu hören. Wenn ihnen dieses Vergnügen aber nicht durch vertraute melodische Wendungen belebt wird, erscheint es keineswegs lieblich und wird durchaus kein Hochgenuß sein.[80] Freilich werden die nach unserer Meinung schönsten Melodien immer nur halbwegs ein Ohr erreichen, das an sie nicht gewöhnt wurde; es handelt sich um eine Sprache, deren Wörterbuch man besitzen muß.

Die Harmonie im engeren Sinne befindet sich in einer noch weniger günstigen Lage. Da sie nur über Schönheiten verfügt, die auf Konventionen beruhen, schmeichelt sie Ohren, die nicht daran gewöhnt sind, in keiner Weise. Es bedarf langer Übung, um sie zu empfinden und zu genießen. Grobe Ohren z. B. nehmen bei unseren Konsonanzen nur Geräusch wahr. Wenn die naturgegebenen Verhältnisse entstellt werden, kann man sich nicht darüber wundern, daß ein natürliches Vergnügen sich nicht mehr einstellt.

Jeder Ton führt alle harmonischen Obertöne in den zwangsläufig gegebenen Intervallbeziehungen bei sich, in die sie untereinander treten müssen, um eben diesem Ton die vollkommenste Harmonie zu geben. Fügen Sie eine Terz oder Quint hinzu oder irgendeine andere Konsonanz, so fügen Sie nicht eigentlich hinzu, sondern verdoppeln. Zwar belassen Sie die Beziehung der Intervalle, aber sie verderben sie zwangsläufig, denn: indem Sie eine Konsonanz verstärken, die anderen aber nicht, zerstören Sie deren Proportion. Weil Sie es besser machen wollen als die Natur, machen Sie es schlechter. Ihre Ohren und Ihr Geschmack sind verdorben durch falsch verstandene Kunst. In der Natur gibt es keine andere Harmonie als den Einklang.

Herr Rameau behauptet, daß Oberstimmen von einer bestimmten Einfachheit uns die Führung der zugehörigen Baßstimmen natürlicherweise suggerieren und also ein Mensch mit gutem, aber nicht geübtem Gehör diesen Baß wie von selbst intonieren wird.[81] Das ist ein Musikervorurteil, dem jede Erfahrung widerspricht. Derjenige, der nie etwas von Baß und Harmonie gehört hat, wird von sich aus diese Harmonie und diesen Baß nicht nur nicht erfinden können, sondern sie werden ihm sogar mißfallen, wenn man sie ihm zu Gehör bringt; er wird ein einfaches Unisono bei weitem vorziehen.

Auch wenn man tausend Jahre lang die Zusammenhänge der Töne und die Gesetze der Harmonie berechnen würde – wird man dadurch jemals aus dieser Kunst eine nachahmende Kunst machen? Wo liegt das Prinzip dieser vorgeblichen Nachahmung? Wofür steht die Harmonie, und was gibt es Gemeinsames zwischen den Akkorden und unseren Leidenschaften?

Stellt man mir die gleiche Frage im Hinblick auf die Melodie, so ergibt sich die Antwort von selbst; der Leser weiß sie bereits. Indem sie das Auf und Ab der Stimme nachbildet, drückt die Melodie Klagen aus, Schreie der Freude oder des Schmerzes, Drohungen, Seufzer; alle stimmlichen Äußerungen der Leidenschaft kommen von ihr her. Sie ahmt die Akzentuierung der Sprache nach und die übertriebenen Wendungen einer jeweiligen Sprechweise bei bestimmten Gemütsbewegungen. Sie ahmt nicht nur nach, sie spricht, und ihre unartikulierte, aber lebendige, glühende, leidenschaftliche Sprache ist hundertmal kraftvoller als selbst das Wort. Genau daher rührt die Kraft der musikalischen Nachahmung; daher stammt die Macht des Gesanges über empfindsame Herzen. Die Harmonie kann dies in einer bestimmten Zuordnung unterstützen, wenn sie die Aufeinanderfolge der Töne nach den Gesetzen der Modulation verbinden hilft und die Intonation zu präzisieren erlaubt, weil sie dem Ohr eine sichtbare Maßgabe für deren Richtigkeit liefert – in der Bestimmung und Fixierung der zugleich an schwer bestimmbare Wendungen gebundenen Tonstufen als konsonante Intervalle. Da sie der Melodie andererseits auch Fesseln anlegt, mindert sie deren Kraft und Ausdruck und schwächt die leidenschaftliche Akzentuierung, um sie durch das harmoniebestimmte Intervall zu ersetzen; nur zwei Tongeschlechtern unterwirft sie Melodien, zu denen eigentlich so viel Tongeschlechter gehören, wie es Redeweisen gibt; sie verwischt und zerstört eine Vielzahl von Tönen oder Intervallen, die in ihrem System keinen Platz finden. Mit einem Wort: Sie trennt die Melodie von dem Wort so sehr, daß diese beiden Sprachen miteinander in Widerstreit liegen, gegeneinander wirken, sich wechselseitig allen Wahrheitsgehalt rauben und bei einem pathetischen Gegenstand sich nur in absurder Weise verbinden können. Aus diesem Grund findet das einfache Volk es immer lächerlich, wenn man starke und ernsthafte Leidenschaften im Gesang auszudrücken versucht,[82] es weiß bzw. empfindet, daß solche Leidenschaften in unseren Sprachen keinerlei musikalische Prägung finden können und daß die Menschen des Nordens ebensowenig wie ihre Schwäne singend sterben.

Harmonie allein reicht nicht einmal hin für solche Ausdruckscharaktere, deren Darstellung einzig von ihr abzuhängen scheint. Der Donner, das Murmeln des Wassers, die Winde, die Stürme werden durch bloße Akkorde schlecht wiedergegeben. Wie man es auch anstellt, Klang allein sagt dem Geist nichts. Um verstanden zu werden, müssen die Gegenstände sprechen. Bei jeglicher Nachahmung muß eine gewisse Art von Rede zur Stimme der Natur hinzukommen. Der Musiker täuscht sich, der Geräusch durch Geräusch wiedergeben will; er kennt weder die Schwächen noch die Stärken seiner Kunst, er urteilt über sie ohne Feingefühl und Kenntnis. Lehren Sie ihn, daß er das Geräusch durch Melodie wiedergeben muß und daß er, wenn er Frösche quaken lassen wollte, sie singen lassen müßte; denn es reicht nicht aus, daß er nachahmt: er muß rühren und gefallen. Vermag er dies nicht, so ist seine langweilige Nachahmung nichts wert, und da sie nicht interessant ist, macht sie auch keinen Eindruck.

Kapitel XV: Warum unsere lebhaftesten Erregungen meistens durch moralische Eindrücke bewirkt werden

Solange man die Töne nur im Hinblick auf die Vibrationen betrachten wollte, die sie in unserem Nervensystem auslösen, wird man die wahren Grundlagen der Musik und ihrer Macht über unsere Herzen nicht finden. Die Töne einer Melodie wirken auf uns nicht nur als Töne, sondern als Zeichen unserer Bewegungen und Gefühle. Nur so ist es möglich, daß sie in uns die in ihnen ausgedrückten Gefühle erregen und wir deren Darstellung erkennen. Einiges von dieser psychischen Wirkung kann man sogar bei den Tieren beobachten. Das Bellen eines Hundes lockt einen anderen an. Wenn meine Katze hört, wie ich ein Miauen nachahme, sehe ich sie sofort aufmerksam, unruhig und erregt. Wenn sie bemerkt, daß ich es bin, der die Stimme nachahmt, setzt sie sich wieder und bleibt ruhig. Woher rührt dieser Unterschied des Eindrucks, da ein solcher im Hinblick auf die Erregung der Nerven ja nicht bestand und die Katze selbst zunächst getäuscht worden ist?

Wenn die größte Macht, die unsere Erregungen über uns haben, nicht den psychischen Verursachungen zu danken ist — warum sind wir dennoch so empfindlich gegenüber Eindrücken, die Barbaren nichts bedeuten? Warum sind Melodien, die uns tief ergreifen, im Ohr eines Kariben nichts als sinnloses Geräusch? Sind seine Nerven anders beschaffen als unsere? Denn warum sind sie nicht auf gleiche Weise erregbar, oder warum bewegen die gleichen Erregungen die einen so stark und die anderen so wenig?

Zum Beweis für die physische Macht der Töne pflegt man die Heilung von Tarantelstichen anzuführen. Dieses Beispiel beweist allerdings genau das Gegenteil. Weder bedarf es der einzelnen Töne noch jeweils gleicher Lieder, um all diejenigen zu heilen, die von diesem Insekt gestochen wurden. Vielmehr sind bei einem jeden Lieder mit einer ihm bekannten Melodie vonnöten und mit Phrasen, die er begreift. Der Italiener braucht italienische Lieder, der Türke türkische. Jeder wird nur von den Akzenten berührt, die ihm vertraut sind; seine Nerven ergeben sich ihnen nur soweit, wie sein Geist sie entsprechend vorbereitet hat. Damit er in Gemütsbewegung umsetzen kann, was man ihm sagt, muß er die Sprache verstehen, in der man zu ihm spricht. Die Kantaten von Bernier haben, wie man sagt, das Fieber eines französischen Musikers geheilt; ein Musiker jeder anderen Nation hätte es durch sie bekommen.

Bei allen anderen Sinnen, bis hin zu den gröbsten, kann man die gleichen Unterschiede beobachten. Wenn ein Mensch auf ein und denselben Gegenstand die Hand gelegt und das Auge gerichtet hat und ihn nacheinander belebt und unbelebt glaubt, obwohl die Sinne auf genau gleiche Weise berührt bleiben —

welche Veränderung im Eindruck hat sich da vollzogen? Die Rundheit, die Weiße, die Festigkeit, die sanfte Wärme, das weiche Nachgeben, das allmähliche Anschwellen können ihm nicht mehr als einen leichten, aber schalen Berührungsreiz vermitteln, wenn er nicht glaubt, darunter ein lebendiges Herz beben und schlagen zu fühlen.
Ich kenne nur einen Sinn, in dessen Erregung sich nichts Moralisches mischt: den Geschmackssinn. Entsprechend ist Feinschmeckerei zumeist das vorherrschende Laster bei fühllosen Menschen.
Wenn also derjenige, der über die Macht der Gefühlsregungen philosophieren will, damit beginnt, die rein sinnlichen Eindrücke von den intellektuellen und psychischen zu trennen, die wir auf dem Weg der Sinne empfangen, für welche sie jedoch nicht mehr sind als zufällige Ursachen: dann möge er den Fehler vermeiden, den Gegenständen der Empfindung eine Macht zu geben, die ihnen nicht zukommt, bzw. die von den Gemütsregungen herstammt, die sie für uns symbolisieren. Farben und Töne vermögen viel als Symbole und Zeichen, aber wenig als ausschließlich sinnliche Gegebenheiten. Ton- und Akkordfolgen mögen mich vielleicht für einen Augenblick erfreuen; um mich aber zu bezaubern und anzurühren, bedarf es solcher Aufeinanderfolgen, die mir etwas bieten, was weder Ton noch Akkord ist und das mich gegen meinen Willen zu bewegen vermag. Melodien, die nur angenehm sind, aber nichts aussagen, ermüden sogar; denn es ist nicht so sehr das Ohr, das den Genuß ins Herz trägt, als das Herz, das ihn zum Ohre bringt. Wenn man diese Überlegungen weiterverfolgt hätte, so meine ich, hätte man sich viele törichte Hypothesen über die Musik der Alten ersparen können. Aber in diesem Jahrhundert, in dem man bemüht ist, alle Seelenregungen auf Materielles zu reduzieren und den menschlichen Empfindungen alles Moralische auszutreiben, müßte, wenn ich mich nicht sehr irre, auch die neue Philosophie für den guten Geschmack wie für die Tugenden Unheil bringen.

Kapitel XVI: Falsche Analogie zwischen Farben und Tönen

Es gibt keine Art von Absurdität, zu der die materialbezogenen Beobachtungen bei der Betrachtung der schönen Künste nicht Anlaß gegeben hätten. Man hat bei der Analyse des Tons dieselben Bezüge gefunden wie bei der des Lichts, und man hat diese Analogie lebhaft aufgegriffen, ohne sich durch Erfahrung und Überlegung beirren zu lassen. Die Neigung zu Systemen hat alles durcheinandergebracht, und in Ermangelung der Möglichkeit, für die Ohren zu malen, hat man sich einfallen lassen, für die Augen zu singen. Ich habe jenes berühmte Klavier gesehen, auf welchem man angeblich Musik mit Farben machen kann.[83] Es hieße die Wirkungen der Natur freilich schlecht kennen, wenn man nicht sähe, daß die Wirkung der Farben in ihrem unveränderten Vorhandensein und die der Töne in ihrer bewegten Aufeinanderfolge besteht.

Alle Reichtümer der Farbe breiten sich auf einmal über das Antlitz der Erde aus. Schon der erste Blick vermag alles zu sehen; je genauer man freilich beobachtet, desto mehr ist man entzückt. Es ist nichts weiter nötig, als ohne Unterlaß zu bewundern und zu betrachten.

Mit dem Ton verhält es sich keineswegs so; die Natur zerlegt ihn nicht und trennt ihn nicht von seinen Obertönen; ganz im Gegenteil verbirgt sie diese unter dem Erscheinungsbilde des Einklangs. Wenn sie sie im harmoniebegleiteten Gesang des Menschen und im Gesang der Vögel mitunter trennt, so geschieht das nacheinander, einer nach dem anderen. Sie inspiriert Gesänge und nicht Akkorde, sie diktiert Melodie und nicht Harmonie. Farben sind der Schmuck unbelebter Dinge, alle Materie besitzt Farbe. Töne aber zeigen Bewegung an, die Stimme verrät das fühlende Wesen, nur belebte Körper singen. Nicht der Flötenautomat spielt Flöte, sondern sein Konstrukteur, der den Luftstrom bemißt und die Finger sich bewegen läßt.

So hat jeder Sinn seinen ihm eigenen Bereich. Der Bereich der Musik ist die Zeit, derjenige der Malerei der Raum. Zugleich erklingende Töne mit einem Schlag vermehren oder die Farben nacheinander allmählich entwickeln, hieße, ihre Ordnung zu vertauschen, und überdies hieße es, das Ohr an die Stelle des Auges setzen und das Auge an die des Ohrs.

Sie mögen sagen: Wie jede Farbe bestimmt ist durch den Winkel der Strahlenbrechung, so ist entsprechend jeder Ton bestimmt durch die Zahl der Schwingungen des klingenden Körpers innerhalb einer bestimmten Zeitspanne. Da sich die Beziehungen dieser Winkel und dieser Zahlen gleichen, ist die Entsprechung tatsächlich augenfällig. Wie dem auch sei: Sie gründet sich mehr auf Vernunft als auf Wahrnehmung, und überhaupt geht es nicht darum. Erstens kann man den Winkel der Brechung wahrnehmen und messen, die Zahl der Schwingungen aber nicht. Die der Luftschwingung ausgesetzten klingenden Gegenstände schwanken unaufhörlich im Volumen und im Ton. Die Farben sind dauerhaft, die Töne verflüchtigen sich, und nie ist man sicher, ob die wiederkehrenden genau die gleichen sind wie die zuvor verklungenen. Darüberhinaus steht jede Farbe für sich, ist unabhängig, während der Ton für uns stets relativ und auch nur durch Vergleich definierbar ist. Ein Ton für sich genommen hat keinen Eigencharakter, an dem man ihn erkennen kann; tief oder hoch, stark oder sanft ist er nur im Vergleich mit einem anderen. In ihm selbst ist nichts von alledem von vornherein gegeben. Im harmonischen System ist ein wie auch immer gearteter Ton nichts, schon gar nicht von Natur aus; er ist weder Tonika noch Dominante, weder Oberton noch Grundton. Alle seine Eigenschaften werden erst durch seine Verhältnisse bestimmt; weil das ganze System z. B. von einer tiefen in eine hohe Lage wechseln kann, verändern sich für jeden Ton Anordnung und Platz in dem System, je nachdem, wie dieses sich verändert. Die Eigenschaften der Farbe hingegen ergeben sich durchaus nicht erst aus den Verhältnissen. Gelb ist gelb, unabhängig von rot oder blau; überall ist es sichtbar und erkennbar, und sobald man den zugehörigen Winkel der Lichtbrechung festgelegt haben wird, wird man sicher sein können, ein und dasselbe Gelb für alle Zeiten zu besitzen.

Die Farben befinden sich nicht eigentlich an den verschiedenfarbigen Gegenständen, sondern im Lichte. Damit man einen Gegenstand sehen kann, muß er beleuchtet sein. Entsprechend sind Töne angewiesen auf etwas Bewegtes; ihr Vorhandensein ist davon abhängig, daß ein klingender Körper in Schwingung versetzt wird. Hieraus ergibt sich ein weiterer Vorteil zugunsten des optischen Sinnes: Das fortwährende Strahlen der Gestirne beeindruckt ihn als ein naturgegebenes Instrument, wohingegen die Natur von sich aus nur wenige Töne hervorbringt; sofern man nicht die Harmonie der Sphären[84] einrechnet, bedarf es lebender Wesen, um Harmonie hervorzubringen.

Daraus ersieht man, daß die Malerei der Natur näher steht, während die Musik mehr vom Vermögen der Menschen abhängt. Man empfindet ja auch deutlich, daß diese mehr interessiert als jene, eben gerade, weil sie die Menschen stärker verbindet und uns stets eine bestimmte Vorstellung von unseresgleichen vermittelt. Malerei wirkt oft tot und unbelebt; sie kann euch mitten in eine Wüste versetzen; sobald aber Menschenstimmen euer Ohr treffen, wißt ihr euresgleichen in der Nähe. Sie sind sozusagen Organe der Seele, und wenn sie euch auch die Einsamkeit vorstellig machen, so sagen sie doch zugleich, daß ihr darin nicht allein seid. Die Vögel zwitschern, aber allein der Mensch singt; man kann weder Gesang noch ein Orchester anhören, ohne sogleich zu wissen: Hier ist ein anderes empfindendes Wesen.[85]

Es gehört zu den großen Privilegien des Musikers, daß er Dinge darzustellen vermag, die man sonst nie zu hören bekäme; wohingegen der Maler nie etwas wiederzugeben vermag, was man sonst nicht zu sehen bekäme. Und das allergrößte Wunder jener Kunst, deren Wesen Bewegung ist, besteht darin, daß sie mit bewegten Mitteln selbst noch das Bild der Ruhe geben kann. Der Schlummer, die Stille der Nacht, die Einsamkeit und selbst das Schweigen gehören zu den Themen der musikalischen Darstellung. Man weiß, daß Geräusch die Wirkung von Stille hervorbringen kann und Stille die Wirkung von Geräusch, wie man z. B. bei einem gleichmäßigen und monotonen Vortrag einschläft und in dem Moment erwacht, da er endet. Die Musik wirkt jedoch noch viel tiefer auf uns ein, indem sie vermittels eines Sinnes, des Gehörssinnes, auch Gemütsbewegungen hervorruft, welche denen ähneln, die man vermittels eines anderen Sinnes hervorrufen kann. Da der nachahmende Bezug nicht deutlich genug empfunden werden kann, wenn der Eindruck nicht stark ist, kann die über solche Möglichkeiten nicht verfügende Malerei von der Musik nicht entsprechende Nachahmungen zurückfordern, wie diese sie aus ihr bezogen hat. Wenn auch die ganze Natur in Schlummer läge, so schläft doch derjenige nicht, der sie betrachtet. Die Kunst des Musikers besteht nun darin, das nicht wahrnehmbare Bild des Gegenstandes durch dasjenige der Bewegung zu ersetzen, die dessen Gegenwart im Gemüt des Betrachters hervorruft. Nicht nur wird er das Meer aufwühlen, die Flammen einer Feuersbrunst entzünden, Bäche fließen, Regen fallen und Ströme anschwellen lassen; er wird auch die Schrecknisse einer grausamen Wüste schildern, die Mauern eines unterirdischen Gefängnisses verdüstern, Stürme beruhigen, die Luft sänftigen und mildern und vom Orchester her neue Frische über das Gesträuch verbreiten. Diese Dinge wird er nicht direkt darstellen, sondern in den Gemütern die gleichen Gefühle erregen, die man empfände, wenn man sie wirklich sähe.

Kapitel XVII: Ein für ihre Kunst schädlicher Irrtum der Musiker

Sie sehen, wie uns alles unaufhörlich zu den psychischen Wirkungen zurückführt, von denen ich gesprochen habe, und wie weit diejenigen Musiker, die die Macht der Töne nur in der Bewegung der Luft und in der Erregung der Nervenstränge erblicken, von der Kenntnis dessen entfernt sind, was tatsächlich die Kraft ihrer Kunst ausmacht. Je näher sie den rein akustischen Eindrücken kommen, desto mehr entfernen sie sich von ihrem Ursprung, desto mehr auch berauben sie sie ihrer ursprünglichen Kraft. Wenn man die Betonungen der Stimme vernachlässigt und sich ausschließlich auf die Zuständigkeit der Harmonie verläßt, wird die Musik zwar fülliger für das Ohr, rührt aber das Herz viel weniger. Sie hat schon aufgehört zu sprechen; bald wird sie nicht mehr singen, und dann wird sie mit all ihren Akkorden und ihrer ganzen Harmonie keinerlei Wirkung mehr auf uns ausüben.

Kapitel XVIII: Darüber, daß das musikalische System der Griechen mit dem unseren keine Beziehung hat

Wie ist es zu diesen Veränderungen gekommen? — durch eine natürliche Veränderung im Charakter der Sprachen. Man weiß, daß unsere Harmonie eine Erfindung des gotischen Zeitalters ist.[86] Diejenigen, die das griechische System in dem unseren zu finden vorgeben, machen sich über uns lustig. Das griechische System kannte überhaupt keine Harmonik in dem uns geläufigen Sinne, daß man ihrer bedürfe, um den Zusammenklang von Instrumenten auf vollkommene Konsonanzen zu gründen. Alle Völker, welche Streichinstrumente spielen, müssen diese mithilfe von Konsonanzen stimmen; jene aber, die sie nicht kennen, haben in ihren Melodien Wendungen, die uns falsch vorkommen, weil sie nicht in unser System passen und weil wir sie nicht notieren können. Dergleichen hat man bei den Melodien der Wilden Amerikas[87] bemerkt, und das hätte man auch bei manchen Intervallen der griechischen Musik bemerken müssen, wenn man diese mit weniger Voreingenommenheit für die unsere studiert hätte.

Die Griechen teilten ihr System in Tetrachorde ein wie wir die Tastatur unseres Klaviers in Oktaven; bei ihnen wiederholten sich in jedem Tetrachord die gleichen Unterteilungen, wie die entsprechenden bei uns sich in den Oktaven wiederholen — eine Ähnlichkeit, die man nicht in der Einheit eines harmonischen Geschlechts hat bewahren können und die man sich nicht einmal vorstellen kann. Ebenso aber, wie man sich beim Sprechen in kleineren Intervallen bewegt als beim Singen, war es nur natürlich, daß die Griechen die Wiederholung der Tetrachorde in ihrer Gesangsmelodie so ansehen wie wir in unserer harmoniebezogenen Melodik die Wiederholung in Oktaven.

Als Konsonanzen haben sie nur diejenigen anerkannt, die wir vollkommene Konsonanzen nennen, haben also Terzen und Sexten nicht zu ihnen gezählt — und warum? Weil sie das Intervall des kleinen Ganztons[88] nicht kannten oder zumindest in der Praxis verboten und weil — da ihre Konsonanzen nicht temperiert waren — alle ihre großen Terzen um ein Komma zu groß waren und ihre kleinen Terzen entsprechend zu klein bzw. ihre großen und kleinen Sexten jeweils in umgekehrter Weise verändert. Nun stelle man sich vor, welche Begriffe von Harmonie man haben und welche Tongeschlechter man fixieren kann, wenn man Terzen und Sexten aus den Konsonanzen verbannt! Wenn sie die von ihnen zugelassenen Konsonanzen im Zusammenhang mit einem richtigen harmonischen Empfinden hätten wahrnehmen können, hätten sie wenigstens diese bei ihren Gesängen zumindest stillschweigend ergänzt; der — zwar nicht hörbare — Zusammenklang mit den harmonischen

Grundschritten hätte den harmonischen Fortschreitungen Gewicht gegeben, zu denen sie inspiriert worden wären. Weit davon entfernt, über weniger Konsonanzen zu verfügen als wir, hätten sie mehr gehabt und hätten z. B., von der Kombination mit dem Baßgang c-g aus gesehen, der Sekund c-d den Ehrentitel einer Konsonanz gegeben.

Weshalb aber, mag man einwenden, eigentlich diatonische Fortschreitungen? — aufgrund eines Instinktes, der uns in einer akzentuierenden und gesunden Sprache die bequemsten Wendungen wählen läßt; denn unser Stimmorgan kam zwischen den allzu starken Veränderungen der Stimmritze beim Intonieren der großen, konsonanten Intervalle und der Schwierigkeit des Intonierens bei den komplizierten Nuancen der kleinen Intervalle auf einen Mittelweg, es kam natürlicherweise auf Intervalle, die kleiner sind als die Konsonanzen und einfacher als die Kommata[89]; was nicht hindert, daß kleinere Intervalle nicht auch in den pathetischeren Genres angewendet würden.

Kapitel XIX: Wie die Musik entartete

In dem Maße, in dem die Sprache sich vervollkommnete, verlor die Melodie, indem sie sich neue Regeln auferlegte, unmerklich ihre ursprüngliche Kraft; das Erfassen der Intervalle wurde ersetzt durch die Feinheit von Modulationen. So ging z. B. der Gebrauch des enharmonischen Geschlechts allmählich verloren.[90] Nachdem das Theater seine definitive Form gefunden hatte, sang man dort nur noch in den üblichen Tonarten, und die Sprache der Nachahmung verarmte genau in dem Maße, in dem man die Regeln der Nachahmung vermehrte.

Das Studium der Philosophie und die Fortschritte des Denkens raubten der Sprache, indem sie deren Grammatik vervollkommneten, jenen lebendigen, leidenschaftlichen Tonfall, der sie zuvor so sanglich hatte erscheinen lassen. Während sich die Musiker vor den Zeiten von Menalippides und Philoxenos[91] in der Botmäßigkeit der Dichter befunden hatten und nur unter deren Leitung, gewissermaßen nach deren Diktat, arbeiteten, wurden sie nun unabhängig; eben jene Freiheit ist es, über die sich – in einer Komödie von Pherekrates, von der Plutarch uns eine Passage überliefert hat[92] – die Musik selbst bitter beklagt.

Da sie nicht mehr so unmittelbar auf die Rede bezogen war, gewann die Melodie unmerklich eine eigene Existenz; die Musik ganz allgemein löste sich aus der Abhängigkeit vom Wort.[93] Nun auch schwanden allmählich jene Wunderwirkungen dahin, deren sie fähig gewesen war, solange sie nichts weiter darstellte als den Tonfall und den harmonischen Hintergrund der Dichtung — jene Wunderwirkungen, die der Poesie eine Macht über die Leidenschaften ermöglichte, welche in der Folgezeit das Wort nur noch auf dem Umweg über die Vernunft ausüben konnte. Seit es in Griechenland von Sophisten und Philosophen wimmelte, hat man dort keine überragenden Dichter und Musiker mehr gesehen. Man pflegte die Kunst des Überzeugens und verlernte diejenige, die Herzen zu bewegen. Platon höchstpersönlich, eifersüchtig auf Homer und Euripides, versuchte den einen in üblen Ruf zu bringen und vermochte nicht, den anderen nachzuahmen.[94]
Bald kam zum Einfluß der Philosophie noch derjenige der Knechtschaft hinzu. In dem in Ketten gelegten Griechenland erlosch das Feuer, das nur in freien Seelen brennt; um seine Tyrannen zu lobpreisen, fand Griechenland nicht mehr den Ton, in dem es seine Helden besungen hatte. Die Vermischung mit den Römern schwächte noch jenen Überrest von Harmonie und Akzentuierung, der ihrer Sprache verblieben war. Das Lateinische, eine dumpfere, weniger musikalische Sprache, tat der Musik Schaden, indem sie sich diese unterwarf. Der in der Hauptstadt gepflegte Gesang veränderte allmählich denjenigen der Provinzen, die römischen Theater schadeten den athenischen: Als Nero seine Preise errang, hatte Griechenland längst schon keine mehr verdient; wenn man die gleiche Melodie zwei verschiedenen Sprachen anpassen will, so wird sie zur einen wie zur anderen nur noch wenig passen.
Endlich trat dann jene Katastrophe ein,[95] die den Fortschritt des menschlichen Geistes zunichte machte, ohne aber die Laster zu beseitigen, die dessen Werk waren. Ein von Barbaren überschwemmtes und von Unwissenden unterjochtes Europa verlor mit einem Schlage seine Wissenschaften und seine Künste und das beiden gemeinsame Instrument, nämlich die in ihren harmonischen Möglichkeiten entwickelte Sprache. Jene großmäuligen Menschen, die der Norden hervorgebracht hatte, gewöhnten unmerklich alle Ohren an die Roheit ihres Organs; ihre harten Stimmen, denen Akzentuierungen unbe-

kannt waren, lärmten, ohne klangvoll zu sein. Kaiser Julian verglich das Sprechen der Gallier mit dem Gequake von Fröschen. Da ihre gesamte Artikulation ebenso rauh war wie ihre Stimmen näselnd und dumpf, konnten sie beim Singen nur eine Art von stimmlichem Ausbruch produzieren, bei dem sie den Klang der Vokale verstärkten, um die Überfülle und Härte der Konsonanten zu verdecken.

Dieser lärmende Gesang wie auch die Unbiegsamkeit der Stimmen zwang die Neuankömmlinge und die sie nachahmenden unterjochten Völker, die Folge der Klänge im Interesse der Verständlichkeit zu verlangsamen. Mühsame Artikulation und gewaltsame Tongebung trugen gleicherweise dazu bei, aus dem Melodievortrag alles Gefühl für Takt und Rhythmus zu verbannen. Da schon immer kaum etwas schwieriger zu artikulieren war als der Übergang von einem Ton zum anderen, fand man nichts Besseres zu tun, als so lang wie möglich auf jedem einzelnen zu verweilen, ihn anschwellen und, sosehr man konnte, explodieren zu lassen. Bald war der Gesang nichts anderes mehr als eine langweilige, langsame Aufeinanderfolge von gedehnten, geschrienen Tönen, ohne Süße, Takt und Anmut.[96] Und wenn schon einige Gelehrte mahnten, daß man beim Singen des Lateinischen die Längen und Kürzen zu beachten habe, so ist doch zumindest sicher, daß man Verse wie Prosa sang und von Versfüßen, Rhythmen oder irgendeiner Art taktmäßigen Singens keine Rede sein konnte.

Ein auf diese Weise von aller Melodie entblößter Gesang, dessen Substanz lediglich in der Kraft und der Dauer der Töne bestand, mußte am Ende doch den Gedanken nahelegen, nach Mitteln zu suchen, ihm mehr Klang zu verschaffen — und zwar mithilfe von Konsonanzen. Mehrere Stimmen, welche unaufhörlich im Unisono Töne von unbegrenzter Dauer dahinspannen, mochten durch Zufall einige Akkorde ergeben, welche den Lärm zwar steigerten, ihn in diesem Fall jedoch angenehmer erscheinen ließen; so begann die Praxis des Diskantierens[97] und des Kontrapunktes.

Ich übergehe die Frage, für wie viele Jahrhunderte die Musiker um Scheinprobleme kreisten, welche die wohlbekannte Wirkung eines ihnen nicht bekannten Gesetzes ihnen aufgegeben hatte. Selbst der unermüdlichste Leser wird bei Johannes de Muris[98] den Wortschwall von acht oder zehn Kapiteln nicht ertragen, um dann mit der Frage befaßt zu werden, ob es bei dem in zwei Konsonanzen unterteilten Oktavintervall die Quinte oder die Quarte sei, welche unten zu liegen habe. Und vierhundert Jahre später noch findet man bei Bontempi[99] nicht weniger langweilige Aufzählungen z. B. aller Baßtöne, die anstatt der Quinte die Sexte über sich haben können. Unterdessen nimmt die Entwicklung der Harmonie unmerklich den Weg, den ihr die Theorie vorschreibt, bis endlich die Erfindung des Mollgeschlechts und der Dissonanzen all die Willkür in sie hineinbrachte, die sie nun erfüllt und die zu bemerken allein das Vorurteil* uns hindert.

Da nun die Melodie vergessen und alle Aufmerksamkeit des Musikers der Harmonie zugewendet war, richtete sich allmählich alles nach diesem neuen Gegenstand: die Genres, die Tongeschlechter bzw. Tonarten, die Tonleiter, alles erhielt ein neues Gesicht; nun waren es die Harmoniefolgen, die den Vorangang der Stimmen regulierten. Da dieser Vorangang sich aber des Namens Melodie bemächtigt hatte, konnte man in dieser neuen Melodie die Züge ihrer Mutter nicht verken-

---

* Indem er die gesamte Harmonie auf das sehr einfache Prinzip der Resonanz der Saiten in ihren Obertönen zurückführt, leitet Herr Rameau das Mollgeschlecht und die Dissonanz von seiner vorgeblichen Erfahrung her, daß eine schwingende Saite andere, längere Saiten im Abstande der Oktav der Unterquart bzw. der Doppeloktav der großen Unterterz zur Tiefe hin in Schwingung versetze. Diese Saiten, so sagt er, schwingen in ihrer ganzen Länge, klingen aber nicht. Dies scheint mir eine einzigartige Sorte von Physik zu sein, etwa so, wie wenn man sagte, die Sonne schiene, aber man sehe nichts. Diese längeren Saiten geben vielmehr den Ton der kürzeren wieder, weil sie unterteilt und im Einklang mit ihr schwingen, ihren Ton also mit deren Ton vermischen, weshalb sie keinen Ton hervorzubringen scheinen. Der Irrtum besteht darin, daß man sie nicht in ihrer ganzen Länge schwingen sah und die Schwingungsknoten nicht beobachtet hat. Zwei schwingende, in irgendeinem harmonischen Intervall zusammenklingende Saiten vermögen in der Tiefe den ihnen gemeinsamen Grundton vernehmen zu lassen, selbst ohne eine dritte Saite – das ist eine durch Tartini[100] bekanntgemachte und bestätigte Beobachtung. Eine einzelne Saite aber besitzt keinen anderen Grundton als ihren eigenen Ton, sie bringt keineswegs tiefere Töne zum Klingen, sondern lediglich den Einklang und die Obertöne. Da der Ton nur aus den Schwingungen eines Körpers entsteht (und wo eine Verursachung tätig ist, folgt die Wirkung auf dem Fuße), ist es eine Absurdität, die Schwingung vom Erklingen trennen zu wollen.

nen. Da nun unser musikalisches System allmählich ganz und gar harmonisch geprägt wurde, kann es nicht erstaunen, daß der rhetorische Tonfall darunter gelitten und die Musik für uns fast alle Kraft verloren hat.
Auf solche Weise also wurde die Melodie allmählich zu einer Kunst, die von ebendem Wort vollkommen abgelöst ist, dem sie ihren Ursprung dankt, wie entsprechend die den Tönen beigegebenen Harmonien die Nuancierungen der Stimmen vergessen ließen und wie endlich die Musik, eingeschränkt auf die rein physikalischen Wirkungen der wetteifernden Schwingungen, sich aller Wirkungen auf das Gemüt beraubt sah, welcher sie einst, in einem doppelten Sinne als Stimme der Natur, mächtig gewesen war.

Kapitel XX: Beziehungen zwischen Sprachen und Regierungsformen

Die geschilderten Veränderungen sind weder zufällig noch willkürlich; sie sind ein Teil des Wandels der Dinge. Sprachen werden natürlicherweise nach den Bedürfnissen der Menschen geformt, sie wandeln und verändern sich mit den Veränderungen eben dieser Bedürfnisse. In alten Zeiten, als Überzeugung noch die Stelle der öffentlichen Gewalt vertrat, war die Rednergabe unabdingbar vonnöten.[101] Wozu soll sie heutzutage dienen, da Überzeugung durch öffentliche Gewalt ersetzt worden ist? Man hat weder das Bedürfnis noch die Kunstfertigkeit noch die Statur, um einfach zu sagen: „tel est mon plaisir" (= „dies ist bzw. wäre mein Belieben"). Welche Reden also bleiben vor dem versammelten Volk zu halten? – Predigten. Und wie wichtig ist es ihren Verfassern, das Volk zu überreden, da doch nicht dieses die Pfründen verteilt? Die gängigen Sprachen sind für uns ebenso unbrauchbar geworden wie die Redekunst. Die Gesellschaft hat ihr letztes Stadium erreicht; an dieser wird man nichts mehr ändern außer mit Schild und Schwert. Und da man dem Volk nichts mehr zu sagen hat außer „gebt das Geld her", sagt man das mit Anschlagzetteln an Straßenecken oder mit Soldaten, die man in die Häuser schickt. Für solche Botschaften braucht man niemanden zu versammeln, im Gegenteil: man hält die Menschen zerstreut. Das ist die oberste Maxime der modernen Politik.

Es gibt Sprachen, die der Freiheit günstig sind: die klangvollen, prosodisch gegliederten, harmonisch klingenden Sprachen, bei denen man die Reden schon von sehr weit her versteht.[102] Die unseren sind für das Getuschel in Salons gemacht. Unsere Prediger quälen sich, in den Kirchen reden sie sich in Schweiß, ohne daß man irgend etwas von dem verstanden hätte, was sie gesagt haben. Nachdem sie sich, eine Stunde schreiend, ausgegeben haben, verlassen sie die Kanzel fast als Leichen — zweifellos wegen der Mühe, die soviel Anstrengungen bereitet haben.

Bei den Alten machte man sich dem Volk auf dem öffentlichen Platz mühelos verständlich; man sprach dort einen Tag lang, ohne sich anzustrengen. Die Generale hielten Ansprachen an ihre Truppen, man verstand sie, und sie waren keineswegs erschöpft. Die modernen Geschichtsschreiber, die solche Reden in ihren Büchern zitieren wollen, haben sich über sie lustig gemacht. Man stelle sich einen Menschen vor, der dem Volk von Paris auf dem Vendôme-Platz auf französisch eine Rede halten will. Er mag aus vollem Halse schreien — man wird wohl hören, daß er schreit, wird aber nicht ein einziges Wort verstehen. Herodot las seine Geschichtsdarstellung den unter freiem Himmel versammelten Völkern Griechenlands vor — und rundum hallte der Beifall wider.[103] Heutzutage, wenn ein Mitglied der Akademie in einer öffentlichen Sitzung ein Memorandum vorträgt, versteht man ihn kaum am hinteren Ende des Saales. Wenn man in Frankreich weniger Marktschreier findet als in Italien, so nicht deshalb, weil man ihnen in Frankreich weniger zuhören würde, sondern nur, weil man sie nicht so gut versteht. Herr d'Alembert meint, man könnte das französische Rezitativ auf italienische Art vortragen;[104] indes müßte man es direkt am Ohre herbeten, andernfalls man überhaupt nichts verstünde. Und ich muß nun feststellen, daß jede Sprache, in der man sich einem versammelten Volke nicht verständlich machen kann, eine knechtische Sprache ist; unmöglich könnte ein Volk, das seine Freiheit gewänne, eine solche Sprache beibehalten.

Ich werde diese Überlegungen, welche wohl oberflächlich sind, aber tiefergreifende veranlassen könnten, mit den Zeilen abschließen, durch die ich zu ihnen angeregt worden bin: *„Es wäre der lohnende Gegenstand einer recht philosophischen Untersuchung, in der Betrachtung von Fakten und anhand von Beispie-*

len nachzuweisen, in welchem Ausmaß Charakter, Sitten, Gebräuche und Neigungen eines Volkes seine Sprache mitformen."*

1 *Essai sur l'origine des langues où il est parlé de la mélodie et de l'imitation musicale*, übersetzt nach der kritischen Ausgabe von Charles Porset (im weiteren zitiert als *Ausg. Porset*), Bordeaux/Paris 1970, 2. Aufl. 1976. Diese Ausgabe basiert auf dem in der Bibliothèque Publique zu Neuchâtel befindlichen Autograph und berücksichtigt erstmals später von Rousseau hinzugefügte Annotationen etc. Zu den bisher vorliegenden Ausgaben ergeben sich Abweichungen, welche bis zu veränderten Kapitelüberschriften und Versetzungen einzelner Passagen in andere Abschnitte gehen.
2 Ziemlich sicher schließt Rousseau hier an Condillacs *Essai über den Ursprung der menschlichen Erkenntnisse* an, deutsche Ausgabe Leipzig (RUB) 1977, daselbst 2. Teil, 1. Sektion, Kap. I, § 2, S. 188.
3 Französisch *„plus d'objets frapent nos yeux ... "*; würde man *„objets"* modern als „Information" übersetzen, so wäre die Nähe zu neueren Forschungen zu den Rezeptionsmöglichkeiten von Auge und Ohr vollends deutlich.
4 Rousseau bezieht sich hier offenkundig auf einen erstmals bei Plinius dem Älteren erscheinenden Bericht über die Entstehung der ersten Skulptur: *„Das erste Werk dieser Kunstart wurde in Ton von Dibutadesius von Sikione geschaffen, einem korinthischen Töpfer, und zwar aufgrund eines Einfalls seiner Tochter, welche von einem jungen Manne eingenommen war, der im Begriff stand, die Stadt zu verlassen. Sie hielt die Konturen des Profils ihres Geliebten in Linien fest. Ihr Vater trug sodann auf die Zeichnung Ton auf, gab ihm Plastizität und brannte ihn zusammen mit Töpferwaren im Feuer."* Plinius d. Ä., XXXV, 43, 12, vgl. *Ausg. Porset*, S. 28.
5 Vgl. wiederum Condillac, a. a. O., S. 192.
6 Vgl. Condillac, a. a. O., S. 191.
7 Den in der Römischen Geschichte des Titus Livius zitierten Bericht kannte Rousseau mindestens in der Fassung Voltaires aus dessen *Essay über die Sitten*: *„Als Tarquinius Superbus von seinem Sohn nach der Art und Weise befragt wurde, wie er sich gegenüber den Gabiern verhalten solle, antwortete er, indem er die über die anderen Blumen hinausragenden Mohnblumen abschlug. So gab er deutlich genug zu verstehen, daß man die Großen vernichten, das Volk aber schonen solle."* Vgl. *Ausg. Porset*, S. 32.
8 Rousseau ist etwas ungenau: Thrasybulos hat – allerdings, um das gleiche zu sagen – Ähren geköpft; vgl. Herodot, *Das Geschichtswerk*, Berlin und Weimar 1967, Bd. II, S. 49 (= V., 92).

* *Remarques sur la grammaire ... von Herrn Duclos*, S. 11.[105]

9 Der Bericht stammt aus Plutarchs *Parallelbiographien*, Kap. 71.
10 Rousseau spielt hier auf die — paradoxen — Beweise gegen die Bewegung von Zenon von Elea an, vgl. u. a. K. Vorländer, *Philosophie des Altertums*, Reinbek 1963, S. 36/37.
11 *"Wenn ihr nicht wie Vögel gen Himmel fliegt, Perser, oder wie Mäuse in die Erde kriecht oder wie Frösche ins Wasser springt, so werdet ihr nicht wieder nachhause kommen, sondern von diesen Pfeilen erschossen werden."* Herodot, a. a. O., Bd. I, S. 330/31 (= 4. Buch, Kap. 131/32), auch bei Voltaire, a. a. O.
12 Die im *Alten Testament, Das Buch der Richter*, im 19. Kapitel ff. überlieferte Geschichte hatte Rousseau im Jahre 1762 zu einem *poème en prose* geformt.
13 *Altes Testament, Das erste Buch Samuelis*, Kap. 11.
14 *"Phryne hätte ihre Sache auch mit einem glänzenderen Anwalt verloren, wenn sie nicht, ihr Kleid öffnend, ihre Richter durch den Anblick ihrer Schönheit bestochen hätte."* Die so von Montaigne (*Essays*, III,12) erzählte Episode wird u. a. auch von Diderot mehrmals zitiert (ders., *Ästhetische Schriften*, Berlin und Weimar 1967, B. II, S. 195 und 595); Rousseau gibt sie ungenau wieder.
15 Anspielung auf die meistzitierte Passage aus der *Ars poetica*, „*Ut pictura poesis ...*" etc., vgl. Horaz, *Buch über die Dichtkunst*, Verse 361—365, in: ders., *Werke in einem Band*, Berlin und Weimar 1972, S. 288: *"Dichtung vergleich mit Gemälden: Das eine wird mehr dich ergreifen / trittst du heran, und das andere mehr, wenn du weiter entfernt bist; / dieses bevorzugt das Dunkel, doch jenes verlangt nach dem Lichte, / weil es das scharfe Urteil des Kritikers keineswegs fürchtet; / dieses gefällt dir nur einmal, doch jenes kannst zehnmal du sehen."*
16 Gemeint ist der *Brief an d'Alembert über die Schauspiele*; vgl. *Theater und Aufklärung. Dokumentation zur Ästhetik des französischen Theaters im 18. Jahrhundert*, Berlin 1979, S. 325—436, die folgende Passage S. 338: *"Ich habe gehört, daß die Tragödie über den Schrecken zum Mitleid führe; es mag so sein, aber was ist dieses Mitleid? Eine vorübergehende und unbedeutende Gefühlsbewegung, die nicht länger andauert als die Täuschung, die sie hervorgebracht hat, ein Rest natürlicher Empfindung, die bald darauf von den Leidenschaften erstickt wird, ein fruchtloses Erbarmen, das sich an einigen Tränen weidet und das niemals die geringste Tat der Menschlichkeit hervorgebracht hat. So weinte der blutgierige Sulla bei der Erzählung der Übeltaten, die er nicht selbst begangen hatte. Der Tyrann von Pherai verbarg sich beim Schauspiel aus Furcht, man könnte ihn mit Andromache und Priamus seufzen hören, während er ohne Gemütsbewegung das Geschrei so vieler Unglücklicher anhörte, die man täglich nach seinem Befehl tötete."* Am Beginn der zitierten Passage spielt Rousseau offenbar auf die *Poetik* des Aristoteles an, wo es im 6. Kapitel heißt: *"Eine Tragödie ist also die Nachahmung einer ern-*

sten und in sich abgeschlossenen Handlung, der eine gewisse Größe eigen ist ... Die Handlung wird nicht durch bloßen Bericht erzählt, sondern von Menschen vorgeführt. Sie bewirkt durch Mitleid und Furcht eine Katharsis (läuternde Reinigung) von derartigen Gefühlen."
Vgl. Aristoteles, *Poetik*, Leipzig (RUB) 1972, S. 23 ff.; zur umstrittenen Deutung der Stelle daselbst S. 136, Anm. 47.

17 In der *Ausg. Porset* werden drei Rousseau bekannt gewesene Werke genannt, in denen dies angesprochen wird: Chardin, *Voyage de Monsieur le Chevalier Chardin en Perse et autres lieux de l'orient*, Amsterdam 1711; P. Lamy, *Rhétorique ou art de parler*, Paris 1741; Charles de Brosses, *Traité de la formation mécanique des langues et des principes physiques de l'étymologie* — das letztere erst nach der Revolution erschienen, doch im Manuskript den Enzyklopädisten bekannt.

18 Pereyre war wegen seiner Versuche zur Bildung von Taubstummen berühmt. Buffon schrieb eine *Eloge de Pereyre*.

19 Vgl. Anm. 17.

20 Es erscheint nicht überflüssig, darauf hinzuweisen, daß Rousseau in seiner Wertung dieser seit Descartes *(Discours de la méthode*, 5. Teil) diskutierten Fragen von seiten der modernen Verhaltensforschung manche Bestätigung zuteil wurde.

21 Rousseau spielt auf La Mettrie an [*L'homme machine* (1748), Paris 1954, S. 155 ff.], der aber nicht so einseitig bei einer physiologischen Erklärung stehenbleibt, wie Rousseaus Formulierung es suggeriert; vgl. *Ausg. Porset*, S. 38.

22 Dies bezieht sich auf P. L. de Maupertuis, *Réflexions philosophiques sur l'origine des langues et la signification des mots*, Dresden 1752; Maupertuis wurde von Friedrich II. zum Präsidenten der Preußischen Akademie der Wissenschaften berufen.

23 Rousseau bezieht sich auf Condillac, a. a. O., S. 244 (= Teil II, Erste Sektion, Kap. X, § 103).

24 Vgl. hierzu S. 453 dieser Ausgabe.

25 Vgl. hierzu zahlreiche, hier nicht in extenso zitierbare Parallelformulierungen im *Emile* und in der *Abhandlung über den Ursprung und die Grundlagen der Ungleichheit unter den Menschen* (im weiteren zitiert als *Abhandlung über die ... Ungleichheit*). Inwieweit Rousseau hierin von Giambattista Vicos *Scienza nuova*, Neapel 1725, abhängt, ist umstritten. Diese Abhängigkeit wird als selbstverständlich angenommen von E. Cassirer, *Philosophie der symbolischen Formen*, Bd. I, Hamburg 1923, Nachdruck Darmstadt 1956, S. 93.

26 Französisch „... *ses premières expressions furent des Tropes*". Du Marsais hat einen *Traité des Tropes* geschrieben, der mit Rousseau und Vico (vgl. Anm. 25) aufschlußreiche Parallelitäten in den Formulierungen aufweist.

27 Rousseau bezieht sich auf das unter Anm. 17 genannte Werk, vgl. daselbst S. XVI.
28 Das Problem einer elementaren, vor allen „individuellen" Sprachen liegenden „Ursprache" ist seit Leibniz im 18. Jahrhundert immer wieder diskutiert worden. Hinweise in der *Ausg. Porset*, S. 50.
29 Kratylos gehört zu den großen Dialogen aus Platons später Zeit. In ihm wird – als in dem wohl ersten Beitrag zur Sprachphilosophie – das Verhältnis zwischen den Dingen und ihrer Bezeichnung, dem Wort, geprüft. In dem Dialog diskutiert Sokrates mit Hermogenes, einem Anhänger des Parmenides, der in den Bezeichnungen nur willkürlich getroffene Setzungen sieht, und Kratylos, der zu den Lehrern Platons gehörte und im übrigen die Lehre des Heraklit vertritt. Für ihn gehören Wort bzw. Name zur „Natur" der Sache, welche sich für ihn – eben als Jünger des Heraklit – in ständiger Bewegung und Wandlung befindet. „*Lächerlich*"(in Rousseaus Formulierung) erschienen die Herakliteer, weil sie das ihrem Meister zugeschriebene „Alles fließt" (welches so bei diesem nicht nachgewiesen werden kann) zu verabsolutieren und also nur noch Veränderung zu sehen schienen, worin keinerlei stabile Identität festzumachen ist. – Interessanterweise übrigens hatte Rousseau von den *philosophes* das bei weitem positivste Verhältnis zu Platon.
30 Vgl. Condillac, a. a. O., S. 259 (= Teil II, Erste Sektion, Kap. XIII, § 127).
31 Der ältere Name des nachmaligen Persepolis.
32 Chardin (vgl. Anm. 17) war der erste, der die Inschriften am Palast des Darius in Europa bekanntmachte.
33 A. a. O. (= Anm. 17), Bd. II, Kap. III, S. 106.
34 A. a. O., Bd. III, S. 118/19. Kennzeichnung der Auslassungen Rousseaus (...) nach der *Ausg. Porset*, S. 61.
35 Das steht ganz ähnlich schon bei Vico, a. a. O.: „*Die Philosophen haben ganz zu Unrecht geglaubt, daß zuerst die Sprachen und erst viel später die Schrift entstanden; ganz im Gegenteil entstanden sie als zwei komplementäre Dinge und entwickelten sich parallel*"; zitiert nach der *Ausg. Porset*, S. 60.
36 Vgl. Herodot, a. a. O. (= Anm. 8), Bd. II, S. 30 ff. (= 5. Buch, Kap. 58).
37 Die Auskunft geht auf die *Historia naturalis* von Plinius dem Älteren zurück (VII, LVI, 192); weitere Nachweise in der *Ausg. Porset*, S. 64.
38 ... offenbar als die in Rousseaus Augen einzige andere Notwendigkeit, von der Schrift Gebrauch zu machen.
39 Rousseau zitiert den lateinischen Originaltext.
40 Das Zisterzienserkloster Port-Royal des Champs, seit 1609 Zentrum des Jansenismus, 1709 aufgehoben und 1710 zerstört, war

für einige Zeit ein Zentrum wissenschaftlicher, insbesondere philologischer Forschungen.
41 *Grammaire générale et raisonnée*, a. a. O., S. 249; Einzelnachweise in der *Ausg. Porset*, S. 64.
42 Homer, *Werke in zwei Bänden*, Berlin und Weimar 1971, Bd. I, S. 115 (= 6. Gesang, Vers 167 ff.): *„... Er sandte / ihn nach Lykien, gab ihm ein Schreiben voll Unheil, / auf gefaltetem Täfelchen viele todbringende Zeichen..."*
43 Der Pater war für seine Paradoxe berühmt.
44 Vgl. den Artikel *barcarolles* in Rousseaus *Wörterbuch der Musik*, S. 226 dieser Ausgabe.
45 Die Anmerkung richtet sich gegen Du Marsais, der im Artikel *accent* der *Enzyklopädie* und in seinen *Principes de grammaire* (= *Œuvres*, Paris, Jahr VIII, Bd. V., S. 71 ff.) die Meinung vertreten hatte, der Akzent sei schon bei den Alten in Gebrauch gewesen; die einschlägige Passage findet sich zitiert in der *Ausg. Porset*.
46 Vgl. Anm. 41.
47 Benedictus Buonmattei (1581–1647), ein italienischer Philolog.
48 Hierzu Rousseau eingehender im *Brief über die französische Musik*, vgl. S. 57 der vorliegenden Ausgabe.
49 Diesen Gedanken hat Rousseau breiter ausgeführt in dem Fragment *Prononciation* (= *Aussprache*), *Ausg. Porset*, S. 216–221.
50 *Commentaire sur la Grammaire de Port Royal*, Kap. IV, S. 407, verfaßt 1754 als Anhang zu der 1660 erstmals gedruckten *Grammaire générale et raisonnée* von Arnaud-Lancelot, Neudruck Paris 1809.
51 Zu dieser erstaunlich modernen Empfehlung vgl. auch die *Abhandlung über die ... Ungleichheit*, in: J.-J. Rousseau, *Frühe Schriften*, Leipzig (RUB) 1970, S. 121 ff.: *„Die Philosophen, die die Grundlagen der Gesellschaft untersuchten, haben es alle für nötig gehalten, bis zum Naturzustand zurückzugehen. Keiner von ihnen ist jedoch dahin gelangt ... Sie wollten vom wilden Menschen sprechen und malten den gesitteten ab."*
52 In der *Vorrede* zur *Abhandlung über die ... Ungleichheit* (a. a. O., S. 112 ff.) hatte Rousseau sich, die Fragen der *institutions humaines* anschneidend, beinahe noch als Pionier darstellen können; nun, bei der Niederschrift des vorliegenden Textes, erscheinen sie ihm — in Anbetracht der in den fünfziger Jahren veröffentlichten einschlägigen Abhandlungen zu Recht — als ein *„sujet si rebattu"*. Man kann dies mit Porset (S. 88) als zusätzlichen Hinweis auf eine spätere Niederschrift dieses Kapitels betrachten.
53 Gegen Condillac, a. a. O., Zweiter Teil, Erste Sektion, Kap. I, § 7, S. 190.
54 Vgl. die *Abhandlung über die ... Ungleichheit*, a. a. O., S. 149 ff.
55 Hier ist Rousseaus Unterscheidung von *sauvage* und *barbare* zu

beachten. Die gesamte Passage in deutlicher Parallelität zur *Abhandlung über die ... Ungleichheit*, a.a.O.

56 *Das erste Buch Mose* (Genesis), Kap. IV/2: „*Kain aber ward ein Ackermann*"; Kap. IX/20: „*Noah aber fing an, und ward ein Ackermann und pflanzte Weinberge.*"

57 Triptolemos empfing von Demeter Ähren und wurde von ihr ausgesandt, die Menschen den Getreideanbau zu lehren und sie zu einem gesitteten Leben zu führen. Rousseau mag das Beispiel aus dem *Telemach* von Fénelon gekannt haben.

58 *Das erste Buch Mose* (Genesis), Kap. XVIII/7.

59 *Odyssee*, XIV. Gesang, Verse 72—80, in: Homer, a.a.O., Bd. II, S. 225.

60 *Das erste Buch Mose* (Genesis), Kap. XXVII/9.

61 Auch im *Emile* prangert Rousseau den vermeintlich besonders großen Fleischappetit der Engländer an.

62 Diese von den Heiligen Ephrem und Hieronymus stammende Auskunft wird u. a. von Voltaire in seinem *Essai über die Sitten* wiederholt.

63 *Das Buch Hiob*, Kap. I/3: „*Und seines Viehes waren sieben tausend Schafe, drei tausend Kamele, fünfhundert Joch Rinder und fünfhundert Eselinnen...*"

64 Vgl. Anm. 57.

65 *Das erste Buch Mose* (Genesis), Kap. III/17 und Kap. III/23.

66 Vgl. die *Abhandlung über die ... Ungleichheit*, a.a.O., S. 172. Rousseaus Verurteilung ist motiviert aus der Verknüpfung des Ackerbaus mit der Herausbildung des Eigentumsbegriffs.

67 Rousseau meint das Land der Skythen; er folgt damit einer verbreiteten Ansicht, die sich aus Herodots *Geschichtswerk* (a.a.O.) herleitet.

68 Mit dieser Hypothese steht Rousseau keineswegs allein; wenig später war die Katastrophentheorie ganz und gar „notwendig", um gegen allen Augenschein erster prähistorischer Funde an der vermeintlich gotteslästerlichen Konsequenz einer Evolution der Arten vorbeizukommen. Die frühesten, sehr anschaulichen Beschreibungen finden sich in den *Epoques de la nature* von Buffon (1707—1788).

69 Rousseau bezieht sich hier auf Helvétius und sein 1758 erschienenes Buch *De l'Esprit*, in dessen *Erster Abhandlung* die Tendenz unverkennbar ist, den Abstand zwischen Tier und Mensch möglichst gering zu halten und vornehmlich abzuleiten aus der Überlegenheit dessen, der die besseren Waffen zu benutzen wußte.

70 Der Bezugspunkt zu dieser „Behauptung" ließ sich, zumindest für die von Rousseau referierte Form, nicht finden. Am ehesten dürfte er im Umkreis von Buffon zu suchen sein.

71 Hier ist die Parallelität zur *Abhandlung über die ... Ungleichheit*

wieder ganz augenfällig, vgl. a.a.O. besonders S. 167 ff.
72 Die Frage des primitiven Inzests war seinerzeit von Morellet in seiner *Basiliade* aufgeworfen worden; zu den Einzelheiten vgl. *Ausg. Porset*, S. 124 ff.
73 Hier schließt Rousseau unverkennbar an frühere Darstellungen an, so Chardin, a.a.O., und Montesquieu (*Der Geist der Gesetze*, XVI,2).
74 Die Frage eines gemeinsamen Ursprungs von Sprache und Musik gehört in den Rahmen des im gesamten 18. Jahrhundert aktuellen und immer neu diskutierten Problems der Entstehung der Sprache. Als auf den letzten vor ihm erreichten Stand der Diskussion bezog Rousseau sich auch hierbei auf Condillac, a. a. O., vgl. S. 212 ff.
75 Der Gedanke stammt aus Plutarch, *De Pythiae Oraculis*, Kap. XXIII und XXIV, und taucht außer bei Rousseau im 18. Jahrhundert mehrmals auf; Nachweise in der *Ausg. Porset*, a.a.O., S. 140.
76 Gemeint ist der Geograph Strabo (58 v. u. Z. bis 22 n. u. Z.), der im 18. Jahrhundert oftmals zitiert wurde; Nachweise in der *Ausg. Porset*, S. 140 ff.
77 Rousseau zitiert lateinisch.
78 *Dissertation critique sur l'Iliade d'Homère ...*, Paris 1715; Nachweis in der *Ausg. Porset*, S. 144.
79 Pierre-Jean Burette (1665–1747), Arzt und Antiquar und aus Liebhaberei zugleich Historiker und Musiker, hatte 1720 eine *Dissertation sur la Mélopée de l'ancienne Musique* vorgelegt, worin einige Stücke griechischer Musik in moderne Notation übertragen sind.
80 Vgl. Rousseaus *Wörterbuch*-Artikel *harmonie* und *unité de mélodie*, letzterer S. 319 ff. dieser Ausgabe.
81 Dies fast gleichlautend im *Wörterbuch*-Artikel *harmonie*.
82 Vgl. Condillac, a.a.O., S. 215.
83 Der Jesuitenpater Louis-Bertrand Castel (1688–1757) eröffnete eine lange Reihe synästhetischer Experimente mit der Konstruktion eines „Farbenklaviers", auf dem beim Anschlagen einer Taste mit dem Erklingen ihres Tons zugleich die vermeintlich entsprechende Farbe erschien. Das Experiment erregte viel Aufsehen; vgl. A. Wellek, Artikel *Castel* in *Die Musik in Geschichte und Gegenwart*, Bd. II, Kassel–Basel 1952.
84 Rousseau kannte die Konzeption einer *musica mundana* aus einer offenbar gründlichen, wenn auch wenig begeisterten Lektüre mittelalterlicher Musiktraktate.
85 Bei der vorangehenden und der folgenden Passage vgl. Parallelitäten bzw. Übereinstimmungen mit den *Wörterbuch*-Artikeln *opéra* und *imitation*, S. 283 ff. bzw. 268 ff. dieser Ausgabe.
86 „*... une invention gothique.*" Die Formulierung enthält einen

Doppelsinn insofern, als sie einerseits — ziemlich richtig — die „Harmonie" (hier = Mehrstimmigkeit) als Schöpfung des gotischen Zeitalters bezeichnet, andererseits aber den pejorativen Beiklang von gotisch = barbarisch heraufbeschwört.

87 Einige von ihnen, die sich schon in der *Harmonie universelle* (1636/37) von Marin Mersenne finden, hat Rousseau in seinem *Wörterbuch der Musik* abgedruckt.

88 „*ton mineur*"; im Artikel *ton* des *Wörterbuchs* definiert Rousseau ihn so: „*... der kleine Ganzton, der aus der Proportion 9 zu 10 entsteht und sich als Differenz zwischen kleiner Terz und Quart ergibt.*"

89 „*Komma*" steht allgemein für einen sehr kleinen Intervallabstand, laut *Wörterbuch* „*... ein kleines Intervall, welches zuweilen zwischen zwei Tönen entsteht, welche wohl gleich benannt, aber durch verschiedene Fortschreitungen erreicht werden*".

90 Bei dem *genre enharmonique*, das Rousseau unter dem Stichwort *enharmonique* in seinem *Wörterbuch der Musik* sehr ausführlich erläutert, handelt es sich um eine weitgehend theoretische Konstruktion, in der sich Rameau und Rousseau ausnahmsweise fast einig waren. Die Ambivalenz einer Tonhöhe als z. B. *Dis* bzw. *Es* soll im harmonischen Satz, zumal im Interesse pathetischer Wirkungen, sichtbar bzw. hörbar gemacht werden. Rameau war enttäuscht, daß entsprechende Versuche in seinen Opern *Hyppolite et Aricie* und *Les Indes galantes* von den Ausführenden lediglich als orthographische Spitzfindigkeit angesehen und „korrigiert" wurden; vgl. auch die entsprechende Passage in Diderots Dialog *Der Neffe Rameaus*.

91 Menalippides d. J. war ein berühmter Dichter chorischer Dithyramben im späteren 5. Jahrhundert v. u. Z.; Philoxenos (435/34—380/79 v. u. Z.), ebenfalls Dithyrambendichter, galt neben Timotheos als Hauptvertreter einer „modernen" Musik.

92 Plutarch, *De Musica*, Kap. XXIV; französische Neuausgabe *De la musique*, ed. F. Lassere, Olten und Lausanne 1954; Plutarchs Verfasserschaft ist umstritten, vgl. W. Vetter in *Die Musik in Geschichte und Gegenwart*, Bd. 10, Kassel usw. 1962, Sp. 1362 ff. Pherekrates war um 430 v. u. Z. tätig.

93 Wieder parallel zu Condillac, a.a.O., S. 215 ff.

94 Platon, *Politeia*, Kap. 10, besonders 599c; vgl. ders., *Sämtliche Werke*, Reinbek 1958, Bd. 3, S. 288 ff.

95 Rousseau meint, wiederum parallel zu Condillac, a.a.O., S. 219, den Zusammenbruch des römischen Reiches — als in einer seinerzeit allenthalben üblichen Bewertung. Buffon schreibt z. B. zum gleichen Thema in den *Époques de la nature*, S. 127: „*Wie viele solcher Einbrüche von Tieren mit Menschengesichtern hat man nicht erlebt, welche immer vom Norden kamen, um die Länder des Südens zu verwüsten?*"

96 Die Parallelität zu der als hypothetische Annahme aufgebauten Darstellung der „unmusikalischen" französischen Sprache im *Brief über die französische Musik* ist ganz auffällig, vgl. S. 51 ff. dieser Ausgabe. Im vorliegenden Passus übrigens scheint auch gleich der einstimmige, sogenannte gregorianische Choral der Kirche mitgemeint zu sein.

97 Rousseau meint hier den sogenannten *Discantus*, eine Form zumeist improvisierter Mehrstimmigkeit, bei der nach den Konsonanzregeln jeweils zu einer Note einer gegebenen Melodie eine zweite Note hinzugesetzt wurde, wobei Stimmkreuzungen häufig waren; die im *Wörterbuch* von Rousseau gegebene Beschreibung ist nur teilweise richtig.

98 Einer der großen Musiktheoretiker des Mittelalters (etwa 1290 bis kurz nach 1351), vgl. H. Besseler in *Die Musik in Geschichte und Gegenwart*, Bd. 7, Kassel usw. 1958, Sp. 105 ff. Rousseaus Tadel gilt eigentlich aber einem anderen, nämlich Jacobus von Lüttich, den H. Besseler als Autor des *Speculum Musicae* nachwies; vordem galt fälschlicherweise Johannes de Muris als dessen Verfasser. Im Artikel *musique* des *Wörterbuchs* bestätigt Rousseau, daß er „*den Mut gehabt*" habe, diesen Traktat „*fast ganz durchzulesen*".

99 Giovanni Andrea Bontempi (um 1624–1705). Rousseaus Bemerkung bezieht sich ziemlich sicher auf das Buch *Nova quatuor vocibus componendi methodus* ..., Dresden 1660; vgl. E. Zanetti in *Die Musik in Geschichte und Gegenwart*, Bd. 2, Kassel und Basel 1952, Sp. 127.

100 Rousseau bezieht sich auf Tartinis (1692–1770) *Trattato di musica seconda la vera scienza dell'harmonia*, Padua 1754.

101 Fast gleichzeitig mit Rousseaus vermuteter vorläufiger Endredaktion der vorliegenden Schrift formulierte Diderot den gleichen Gedanken im Salon von 1763 (= *Lettre à Grimm*) so: „*Warum hatten die Alten so große Maler und so große Bildhauer? Weil damals Belohnungen und Ehrungen die Talente weckten und weil das Volk, das die Natur zu betrachten und die Werke der Kunst zu vergleichen pflegte, ein gefürchteter Beurteiler war. Warum hatten sie so große Musiker? Weil die Musik einen Teil der allgemeinen Erziehung bildete: man gab die Lyra jedem Kind von guter Herkunft. Warum hatten sie so große Dichter? Weil es Wettkämpfe in der Dichtung und Kränze für den Sieger gab. Man sollte unter uns die gleichen Wettkämpfe veranstalten, sollte auf die gleichen Ehren und Belohnungen erwecken: dann würden wir bald sehen, wie die schönen Künste schnell auf ihre Vollendung zustreben. Ich nehme davon die Beredtsamkeit aus: die wahre Beredtsamkeit zeigt sich nur inmitten der großen öffentlichen Interessen. Die Kunst des Wortes muß dem Redner die höchsten Würden des Staates versprechen; denn ohne die Erwartung wird der Geist — ob er sich nun mit imaginären*

oder realen Sujets beschäftigt — niemals von echtem Feuer, von tiefer Leidenschaft glühen; und man wird nur Rhetoren haben. Um es geradeheraus zu sagen: man muß Volkstribun sein oder Konsul werden können. Nach dem Untergang der Freiheit gab es in Athen und in Rom keine Redner mehr; die Deklamatoren erschienen zur gleichen Zeit wie die Tyrannen." Diderot, *Ästhetische Schriften*, 2 Bde., Berlin und Weimar 1967, Bd. 1, S. 432.

102 Hier wieder parallel zu Condillac, a.a.O., S. 204.
103 Der legendäre Bericht geht auf Plutarch zurück.
104 In *Reflexions sur la musique en général et sur la musique française en particulier*, Paris 1754; natürlich kann Rousseau sich hier auch auf eine mündliche Äußerung beziehen.
105 Interessant ist auch der Passus, der dem von Rousseau zitierten vorangeht (vgl. *Ausg. Porset*, S. 200): „*Unmerklich paßte unsere Sprache sich mehr den Bedürfnissen der Konversation an als denjenigen der Rednertribüne, und nun bestimmt die Konversation den Tonfall auch auf der Kanzel, auf dem Platz des Advokaten und auf dem Theater; wohingegen sich die Rednertribüne bei den Griechen und Römern keineswegs in dieser Weise unterworfen hatte. Prononcierte Aussprache, klare und deutliche Gliederung der Rede müssen besonders von den Völkern bewahrt werden, die die für alle Zuhörer interessanten Themen öffentlich zu behandeln gezwungen sind, weil (...) ein Redner mit klarer und differenzierter Aussprache auf größere Entfernung zu verstehen ist als ein anderer, der wohl gleich laut redet, aber ohne die genannten Vorzüge.*"

Pygmalion[1]
Musikalische Szene

Die Bühne stellt das Atelier eines Bildhauers dar. An den Seiten sieht man Marmorblöcke, mehrere Figuren und unvollendete Skulpturen. Im Hintergrund, unter einem weiten, glänzenden, mit Fransen und Girlanden geschmückten Stofftuch verborgen, eine weitere Statue.
Der Beginn der Ouvertüre liegt eine halbe Minute vor dem Aufgehen des Vorhangs.
Pygmalion sitzt mit aufgestützten Armen, sinnt in der Haltung eines unruhigen und bekümmerten Mannes. Plötzlich erhebt er sich, nimmt sein Werkzeug vom Tisch und beginnt mit Unterbrechungen an verschiedenen unfertigen Skulpturen zu meißeln, tritt zurück und betrachtet sie mit unzufriedenem, entmutigtem Gesichtsausdruck.
Das erste Musikstück, das unmittelbar an die Ouvertüre anschließt, stellt wie diese Verwirrung, Unruhe, Kummer und Entmutigung dar (2 Minuten).

PYGMALION: Da ist keine Seele, kein Leben, nichts als Stein. Daraus werde ich nie etwas machen können.
O Kraft meines Geistes, wo bist du? Meine Kunst, was ist aus dir geworden? (MUSIK) All mein Feuer ist erloschen, meine Phantasie erkaltet, tot verläßt der Marmor meine Hände. (MUSIK)
Pygmalion, bilde keine Götter mehr: Du bist nur ein mittelmäßiger Künstler ... (MUSIK) Unnützes Werkzeug, das mir nicht mehr zum Ruhme dient, weg mit dir, entweihe nicht meine Hände. (MUSIK)

Er wirft das Werkzeug verächtlich beiseite, gerät in Erregung, geht einige Zeit auf und ab, bleibt stehen, richtet gegen seinen Willen die Blicke auf den Hintergrund seiner Werkstatt, wo ein Vorhang ihm eine Statue verbirgt; dann wieder wendet er die Augen ab und verfällt in tiefes Träumen.
Die Musik bringt diese ersten Bewegungen in schneller Folge zum Ausdruck, beruhigt sich allmählich und endet in stumpfen, in Abständen hervorgebrachten Klängen (1 Minute).

Was ist aus mir geworden? Welch merkwürdige Veränderung hat sich in mir vollzogen? (MUSIK)
Tyrus, reiche und prächtige Stadt: die Kunstwerke, mit denen du dich schmückst, reizen mich nicht mehr; ich verlor die Freude an ihrer Bewunderung. (MUSIK) Der Umgang mit Künstlern und Weisen ist mir schal geworden (MUSIK); das Gespräch mit Malern und Dichtern ist ohne Interesse für mich, Beifall und Ruhm erheben meine Seele nicht mehr (MUSIK); die Lobreden derer, denen das Lob der Nachwelt sicher ist, berühren mich nicht. (MUSIK) Selbst die Freundschaft hat ihren Reiz für mich verloren.
Und ihr, meine jungen Modelle, Meisterstücke der Natur, die meine Kunst nachzuahmen wagte: als ich euch noch auf der Spur war, riß mich die Begeisterung unaufhörlich fort, und ihr erwecktet in mir das Feuer der Liebe und des Schöpferdranges; doch seit ich euch übertroffen habe, seid ihr mir ganz gleichgültig geworden. (MUSIK)

Er setzt sich und betrachtet alles um sich herum.
Einige Takte, die eine zarte Melancholie darstellen (eine halbe Minute).

Durch einen unbegreiflichen Zauber in diese Werkstatt gebannt, vermag ich nichts zu tun, kann aber auch nicht fliehen. (MUSIK) Ich irre von Gruppe zu Gruppe, von Figur zu Figur; der schwache, unsichere Meißel gehorcht seinem Meister nicht mehr. Die groben Klötze sind klägliche Versuche geblieben; sie fühlen die Hand nicht mehr, die ihnen sonst Leben eingehaucht hatte ... (MUSIK)

Er erhebt sich plötzlich.

Es ist um mich geschehen, es ist vorbei; ich habe mein Genie verloren. So jung noch überlebe ich mein eigenes Talent. (MUSIK)
Aber was ist das für ein inneres Feuer, das mich verzehrt? Was ist es, das mein Inneres zu versengen scheint? (MUSIK) Fühlt man in der Schlaffheit eines erloschenen Schöpferdranges solche Regungen (MUSIK), eine solche Gewalt stürmender Leidenschaften (MUSIK), solche nicht zu beschwichtigende Unruhe (MUSIK), solche verschwiegene, quälende Erregung (MUSIK), die ich mir nicht erklären kann? (MUSIK)

Ich fürchtete, die Bewunderung für dieses mein eigenes Werk würde mich von meinen anderen Arbeiten ablenken; ich habe es unter diesem Schleier verborgen ... Meine unheiligen Hände wagten es, das Denkmal ihres Ruhmes zu verhüllen. (MUSIK) Seit ich es nicht mehr sehe, bin ich traurig und untätig geworden. (MUSIK)
Wie teuer, wie kostbar wird es mir sein, dies unsterbliche Werk! (MUSIK) Wenn mein erloschenes Genie nichts Großes, Schönes, nichts meiner Würdiges mehr hervorbringen wird, dann werde ich meine Galathea vorzeigen und sagen: dies ist mein Werk! (MUSIK) O meine Galathea! Wenn ich alles verloren habe, wirst du mir bleiben, und ich werde getröstet sein. (MUSIK)

Er nähert sich dem Vorhang, weicht wieder zurück; geht erneut auf ihn zu, weicht abermals zurück und hält einige Male inne, um ihn seufzend zu betrachten.
Bedenklichkeit und Unsicherheit werden in einigen, durch Pausen unterbrochenen Takten zum Ausdruck gebracht (eine halbe Minute).

Doch wozu sie verbergen? Was gewinne ich dabei? Wenn ich schon zur Untätigkeit verdammt bin, warum soll ich mir das Vergnügen versagen, mein schönstes Werk zu betrachten? (MUSIK) Vielleicht ist an ihm ein Fehler geblieben, den ich bisher nicht bemerkt habe, vielleicht kann ich etwas hinzufügen, was ihrer Schönheit zu noch größerer Zierde gereicht. (MUSIK) Einem so zauberhaften Gegenstande sollte auch nicht der geringste Reiz fehlen. (MUSIK) Vielleicht wird es meine müde Phantasie neu beleben. (MUSIK) Ja, ich muß sie wieder anschauen, sie von neuem prüfen. (MUSIK) Aber was sage ich? Ich habe sie ja noch nie geprüft, habe sie bisher nur bewundert. (MUSIK)

Er hebt den Vorhang und läßt ihn wie erschreckt wieder fallen.
Diese Pantomime beginnt bei vollkommener Stille; ein einziger Akkord markiert den Augenblick, da der Vorhang Pygmalions Händen entgleitet (keine Zeitangabe).

Was überkommt mich, da ich den Vorhang berühre? (MUSIK) Ein Schauder erfaßt mich; ich glaube an das Heiligste irgendeiner Gottheit zu rühren. (MUSIK) Pygmalion, es ist

Stein, ist Dein Werk ... (MUSIK) Aber was tut das? Wir dienen in unseren Tempeln Göttern, die aus keinem anderen Stoff gemacht, von keiner anderen Hand gebildet sind. (MUSIK)

Er beginnt abermals mit zitternder Hand den Vorhang zu heben, schaut sichernd umher, erblickt die Statue der Galathea, scheint bereit, sich niederzuwerfen, behält aber Gewalt über sich. Man sieht diese Statue auf einem kleinen Sockel, zu dem marmorne Stufen hinaufführen, die halbrund gebildet sind.
Einige wenige Noten drücken Sehnsucht, Schrecken und endlich die rasche, wie unwillkürliche Bewegung aus, in der Pygmalion die Statue wahrnimmt (10 Sekunden).

O Galathea, nimm meine Huldigung entgegen. Ja, ich habe mich geirrt: ich wollte eine Nymphe bilden und habe eine Göttin geschaffen. Selbst Venus ist nicht so schön wie du. (MUSIK)
Eitelkeit, du menschliche Schwäche: ich kann mein Werk nicht genug bewundern, bin trunken vor Eigenliebe; ich bete mich an in dem, was ich geschaffen habe. Nein, niemals hat die Natur etwas so Schönes gestaltet; ich habe das Werk der Götter übertroffen ... (MUSIK)
Wie — so viel Schönheit bildeten meine Hände? Meine Hände also haben sie berührt? ... Mein Mund konnte ...! Hier ist ein Fehler. Dies Gewand deckt zu viel von ihrer Nacktheit, ich muß es wehender gestalten, es muß die verborgenen Reize besser erahnen lassen. (MUSIK)

Er nimmt Hammer und Meißel; dann geht er allmählich auf sie zu und steigt zögernd die Stufen zu der Statue hinauf, die er offensichtlich nicht zu berühren wagt. Endlich, bei schon erhobenem Meißel, hält er inne.
Eine in Seufzermotiven teilweise abgerissene, häufig unterbrochene Musik stellt die Unentschlossenheit, sein unsicheres Vorgehen, seine Erregung und seinen Schrecken dar (weniger als eine Minute).

Welch ein Zittern! Welch Zaudern! Ich halte den Meißel mit unsichrer Hand ... ich kann nicht ... wage nicht ... ich werde alles verderben. (MUSIK)

Er faßt Mut, setzt endlich den Meißel an und führt einen einzigen Schlag, läßt dann den Meißel erschreckt fallen und stößt einen lauten Schrei aus.
Fortsetzung des vorangegangenen Musikstückes, abgeschlossen durch einen starken Akkordschlag, der den Augenblick markiert, da Pygmalion den Hammerschlag auf den Meißel führt (15 Sekunden).

> Götter, ich spüre, wie das atmende Fleisch den Meißel zurückstößt. (MUSIK)

Zitternd und verwirrt steigt er die Stufen herab.

> Simple Furcht, törichte Blendung! Nein ... ich werde sie nicht mehr berühren; die Götter schrecken mich zurück. Vielleicht ist sie schon aufgestiegen zu ihren Höhen. (MUSIK)

Er unterbricht sich und betrachtet sie von neuem.

> Was willst du verändern? Schau sie an; welche neuen Reize könntest du ihr geben? Ja, ihre Vollkommenheit ist ihr Fehler ... Göttliche Galathea, wärest du weniger vollkommen, würde dir nichts fehlen — nichts! (MUSIK)

Zärtlich, nach einem Augenblick der Stille.
Eine süße Melodie malt das Gefühl einer zärtlich bewegten Seele (einige Sekunden).

> Aber dir fehlt eine Seele; deine Gestalt kann sie nicht entbehren.

Er schweigt einen Augenblick und setzt dann mit noch größerer Zärtlichkeit fort
Die Musik wird noch ausdrucksstärker (einige Sekunden).

> Wie schön muß eine Seele sein, die diesen Körper belebt! (MUSIK)

Er läßt einen sehnsüchtigen, ausdrucksvollen Blick auf der Statue ruhen. Dann, indem er sich umwendet, um sich zu setzen, sagt er mit langsamer, veränderter Stimme
Ohne den Charakter der vorangegangenen Stücke aufzugeben, bekommt die Musik einen Zug von Verwirrung und Erregung (eine halbe Minute).

Welche Wünsche wage ich auszusprechen? Welche unsinnigen Geständnisse! Was überkommt mich? ... O Himmel! Der Schleier der Illusion fällt, und ich wage nicht, in mein Herz zu sehen: zu sehr müßte ich mich schämen. (MUSIK)

Lange Pause, tiefe Verwirrung.
Endlich drückt die Musik, ohne die Entsprechung mit den drei vorangehenden Stücken aufzugeben, nacheinander die Hitze des Begehrens und die Niedergeschlagenheit eines aus einer schmeichlerischen Täuschung erwachenden Sinnes aus (weniger als eine Minute).
Diese letzten vier Orchesterstücke bilden ein Ganzes.

... Das also ist die edle Leidenschaft, die mich verwirrt! Wegen dieses leblosen Gegenstandes also wage ich nicht, mich von hier zu entfernen! Ein Stück Marmor, ein Stein, ein fühlloser, harter Stoff, den dies Eisen bearbeitet hat! (MUSIK) Du Tor, kehre zu dir selbst zurück; seufze über dich selbst. Erkenne deinen Irrtum, sieh deine Torheit ... (MUSIK) ... Aber nein ...

Leidenschaftlich

Nein, ich habe den Verstand nicht verloren, ich rede durchaus keinen Unsinn, nein, ich habe mir nichts vorzuwerfen. Nicht dieser tote Marmor ist es, der mich entzückt, sondern ein lebendiges Wesen, das ihm gleichsieht (MUSIK); es kommt von der Gestalt, die sich meinen Augen darbietet: Wo immer mir diese anbetungswürdige Form begegnen, welchen Körper sie immer beseelen, welche Hand sie gebildet haben möge, ihr werden alle Schwüre meines Herzens gelten. (MUSIK) Ja, meine einzige Torheit ist, die Schönheit zu erkennen, mein einziges Verbrechen, sie tief zu empfinden. (MUSIK) Es gibt nichts, dessentwegen ich erröten müßte. (MUSIK)

Er sucht sich zu beruhigen, vermag es aber nicht; er nähert sich der Statue; entfernt sich wieder von ihr und spricht weniger lebhaft, doch immer noch leidenschaftlich, die Augen auf sie gerichtet.
Die Musik bringt in wenigen Takten diese verschiedenen Gemütsbewegungen zum Ausdruck; sie beginnt sanft, steigert sich sodann und endet, wie sie angefangen hat (einige Sekunden).

Welches Feuer scheint aus diesem Stein herauszuschlagen, um meine Sinne zu entzünden und meine Seele zu ihrem Ursprung zurückzubringen? (MUSIK) Ach, sie bleibt unbewegt und kalt, während mein von ihren Reizen entbranntes Herz meinen Leib verlassen möchte, um den ihren zu erwärmen. (MUSIK) In diesem Fieber glaube ich, mich meiner selbst zu entäußern (MUSIK), ihr mein Leben und meine Seele einhauchen zu können. (MUSIK) O daß Pygmalion stürbe, um in Galathea zu leben! (MUSIK) Was sage ich, o Himmel! Wenn ich sie wäre, sähe ich sie ja nicht mehr, wäre ich nicht mehr der, der sie liebt! (MUSIK) Nein, meine Galathea möge leben, und ich will nicht sie sein. O daß ich nur immer ein anderer wäre, um immer sie sein zu wollen, um sie zu sehen, sie zu lieben, um von ihr geliebt zu werden. (MUSIK)

Er schweigt einen Moment, bewahrt aber in seinem Verhalten das Feuer der Empfindung, die er soeben zum Ausdruck gebracht hat; einen Augenblick stützt er sich auf den Tisch, um sich dann plötzlich wieder aufzurichten.
Die Musik spricht; sie verleiht den widerstreitenden Gefühlen mit viel Kraft, Intensität und Vehemenz Ausdruck (einige Sekunden).

Entzücken, Qualen, Wünsche, Sehnsüchte, Raserei, Ohnmacht, schreckliche, tödliche Liebe! ... O die ganze Hölle tut sich in meinem gequälten Herzen auf. (MUSIK) O mächtige, wohltätige Götter, Götter der Menschen, die ihr die Leidenschaften der Menschen kennt, ihr habt aus geringeren Ursachen so viele Wunder getan! Seht diese Gestalt, seht mein Herz, seid gerecht und erweist euch eurer Altäre würdig. (MUSIK)

Seine Erregung erreicht ihren Höhepunkt.
Fortsetzung des vorangegangenen Musikstücks (wenige Sekunden).

Und du, erhabenes, dem Verstand verborgenes, nur dem Herzen erfühlbares Wesen, Seele des Weltalls, Urquell allen Daseins, du, die du durch Liebe den Elementen die Harmonie, dem Stoffe Leben, dem Körper Empfindung und allen Wesen Gestalt gibst; heiliges Feuer, himmlische Venus, die du alles erhältst und unaufhörlich neu hervorbringst — o wo ist deine Gerechtigkeit, wo deine lebenspendende Kraft, wo in dem, was ich empfinde, ist der Wille der Natur? Wo in der Leere meiner eitlen Wünsche ist dein lebenspendendes Feuer? (MUSIK) Alle deine Glut drängt sich in meinem Herzen zusammen, und in diesem Marmor ist die Kälte des Todes; ich vergehe am Übermaß des Lebens, das ihr fehlt. (MUSIK) Ach, ich erwarte keine Wunder; es ist schon da, es muß enden; die Ordnung ist gestört, die Natur beleidigt. Gib ihren Gesetzen die Macht zurück, stelle ihr wohltätiges Wirken wieder her und verteile deine göttliche Wirkung gerecht. Jawohl, zwei Wesen sind von der Fülle der Schöpfung ausgeschlossen; teile unter sie das sengende Feuer, das den einen verzehrt, ohne den anderen zu beleben. Du warst es, die durch meine Hand diese Reize, diese Züge bildete, die nun der Empfindung und Belebung harren. Gib ihr die Hälfte meines Lebens, gib ihr, wenn es sein muß, das ganze. Es ist mir genug, in ihr fortzuleben. (MUSIK) O du, der es gefällt, die Huldigungen der Sterblichen zu belächeln — wer nicht fühlt, vermag dich nicht zu ehren; verbreite deinen Ruhm durch deine Werke! Göttin der Schönheit, erspare der Natur die Beleidigung, daß ein so vollkommenes Ideal das Bild eines nicht seienden Wesens ist! (MUSIK)

Allmählich kommt er in einer Regung von Festigkeit und Freude wieder zu sich.
Nach einer kurzen Stille vernimmt man eine sanfte, angenehme Musik, die sich allmählich steigert (eine halbe Minute).

Meine Sinne kehren mir zurück. Welch unerwartete Ruhe, welch kaum erhoffter Mut beleben mich. Ein tödliches Fieber entzündete mein Blut; wie Balsam fließen Zuversicht und Hoffnung durch meine Adern; ich fühle mich wie neu geboren. (MUSIK)
So gereicht das Gefühl unserer Abhängigkeit uns zuweilen zum Trost. Wie unglücklich die Sterblichen auch sein mögen — haben sie die Götter angerufen, so sind sie ruhiger...
Solches ungerechtfertigte Vertrauen aber täuscht diejenigen, die sich unsinnigen Wünschen hingeben... Ach, in meinem Zustande ruft man alles an, und niemand und nichts hört uns; die Hoffnung, die uns verführt, ist schlimmer als das Wünschen.

Beschämt über meine Verirrungen wage ich nicht einmal mehr, den Grund zu bedenken. Erhebe ich die Augen zu diesem unseligen Gegenstande, so fühle ich neue Verwirrung, das Herz schlägt mir bis zum Halse, und ein geheimes Erschrecken ergreift mich.

Er kämpft einen Augenblick mit sich selbst und sagt dann mit bitterer Ironie

Ah, sieh nur hin, Elender, erkühne dich und wage, eine Statue zu betrachten.

Er sieht, wie die Statue sich bewegt, und wendet sich erschreckt ab.
Ein Akkordschlag markiert die erste Bewegung der Statue.

Was sehe ich? Götter! *(a)* Was habe ich zu sehen geglaubt? *(b)* Die Farbe des Fleisches *(c)* — Feuer in den Augen — *(d)* — Bewegungen ... Es war nicht genug, das Wunder zu erhoffen; um mein Elend voll zu machen, habe ich es auch gesehen. (MUSIK)

Völlige Niedergeschlagenheit

Unglücklicher! auch dies noch ... *(e)* Dein Wahnwitz hat die höchste Stufe erreicht ... *(f)* Deine Vernunft verläßt dich wie dein Genie ... *(g)* Trauere ihr nicht nach, Pygmalion. Ihr Verlust wird deine Schande überdecken ...

(a–g) = Akkordschläge und verschiedene Prägungen in den Momenten, in denen die Statue ihre Bewegungen fortsetzt.
Von einer Anwandlung tiefer Verwirrung fällt er in lebhafte Entrüstung und sagt sich

Es ist zu schön für den Liebhaber eines Steins, ein Wahnsinniger zu werden. (MUSIK)

Hier beginnt die allersüßeste Musik, während derer Galathea sich anschickt, die Stufen hinabzusteigen (einige Sekunden).
Er wendet sich um und sieht, wie die Statue sich bewegt und von selbst die Stufen herabgeht, über die er zum Sockel hinaufgestiegen war. Er wirft sich auf die Knie und erhebt Augen und Arme zum Himmel.

Unsterbliche Götter! Venus, Galathea! O Blendwerk meiner heftigen Liebe!

GALATHEA *berührt sich und spricht*
 Ich.
PYGMALION *außer sich:*
 Ich.

Die Musik nimmt diese beiden Äußerungen auf.

GALATHEA *sich abermals berührend:*
 Ich bin es.
PYGMALION:
 Reizende Täuschung, die nun auch meine Ohren erreicht, o halte meine Sinne für immer gefangen. (MUSIK)
GALATHEA *tut einige Schritte und berührt ein Stück Marmor.*
Die Musik fährt in gleicher Weise wie vordem fort und begleitet die Schritte Galatheas (einige Sekunden).

 Das bin ich nicht mehr. (MUSIK)

Galathea entfernt sich von dem Marmor. Pygmalion verfolgt in einer Erregung und einem Entzücken, welche er kaum bemeistern kann, ihre Bewegungen, hört ihr zu und beobachtet sie mit gesteigerter Aufmerksamkeit, die ihn kaum atmen läßt. Sie erblickt ihn, tritt auf ihn zu und betrachtet ihn; plötzlich erhebt er sich, streckt die Arme nach ihr aus und betrachtet sie hingerissen. Sie nähert sich ihm, zögert, legt eine Hand auf ihn; er erbebt, ergreift diese Hand und preßt sie an seine Brust.
Die Musik erhält einen lebhafteren Charakter und bringt, durch einige Pausen unterbrochen, die scheue Sehnsucht, die Bewegung Galatheas sowie das Feuer und die Trunkenheit Pygmalions zum Ausdruck und hält erst in dem Augenblick inne, da Galatheas Hand auf seiner Brust liegt (weniger als eine halbe Minute).

GALATHEA *seufzend:*
 Oh, wieder ich.
PYGMALION:
 Ja, liebes, herrliches Wesen, ja würdiges Meisterstück meiner Hände, meines Herzens und der Götter; du bist es, du allein; dir habe ich mein ganzes Dasein gegeben und werde leben nur noch durch dich. (MUSIK)

1 Zwischen den frühesten Ausgaben des *Pygmalion* bestehen Differenzen, die im einzelnen aufzuarbeiten hier nicht der Platz ist, zumal dem Herausgeber die Wiener Kurzböck-Ausgabe von 1772 (welche schon im Nachdruck von 1878 als „*édition rarissime*" bezeichnet wird, vgl. *Pygmalion par M. J.-J. Rousseau, publié d'après l'édition rarissime de Kurzböck, Vienne 1772, avec quelque notes préliminaires par G. Becker,* Genf 1878) nicht zugänglich war. Möglicherweise liegt der Wiener Ausgabe eine Revision Rousseaus zugrunde, von der die Herausgeber der frühen Gesamtausgaben keine Kenntnis nahmen; zumindest stellt sie sich als Ergebnis einer Rechenschaft dar, die aus der ersten Realisierung des *Pygmalion* erwachsen sein mag. Dafür sprechen die nur hier überlieferten Beschreibungen der einzufügenden Musikstücke ebenso wie Kürzungen im Sprechtext, Unterbrechungen einiger längerer Passagen und die Detaillierung der szenischen Anweisungen. Es läßt sich gut vorstellen, daß Rousseau sich mithilfe dieser Mittel um eine innigere Verflechtung von Text, Handlung und Musik bemühte, als sie der ursprüngliche Text vorgegeben hatte. Nun hat Gustav Becker in der genannten Ausgabe (worauf er in einer kurzen Nachbemerkung hinweist) auch seinerseits eingegriffen, ohne hierüber genaue Rechenschaft zu geben; allem Anschein nach betrifft dies vor allem — oder gar ausschließlich — den gesprochenen Text. Dieser Umstand legte den Kompromiß der hier vorgelegten Fassung nahe: Der gesprochene Text erscheint in der Fassung der frühen Rousseau-Ausgaben (hier übersetzt nach der Ausgabe *Aux Deux Ponts,* 1782, Bd. XV, S. 177–185), die szenischen Anmerkungen in der Fassung der Kurzböck- bzw. der Becker-Ausgabe; die musikalischen Hinweise sind ohnehin nur in den letzteren zu finden; sie werden kursiv wiedergegeben. Noch weiter in der Richtung, die sich in den Revisionen der Wiener Ausgabe andeutet, ging die Vertonung des prominentesten Melodramen-Komponisten, Jiří Bendas. Er fügte weitere musikalische Teile ein — wofern man nicht überhaupt sagen muß, daß erst er den Schritt von einem bisweilen von Musik unterbrochenen Text zu einem textlich-musikalischen Ganzen getan habe. Damit der Leser diese Entwicklung erkennen kann, sind mit Ausnahme der Ouvertüre alle Stellen, wo Benda Musik einfügt, unabhängig von den Rousseauschen Erläuterungen durch „(MUSIK)" gekennzeichnet. Rousseaus „*scène lyrique*" ist — in Mannheim — erstmals ins Deutsche übersetzt worden von Otto Heinrich Freiherr von Gemmingen (1755–1836), der auch den Text zu Mozarts verlorengegangenem Melodram *Semiramis* schrieb. Diese Fassung stand den Übersetzern nicht zur Verfügung.

Auszug aus einer Antwort des „petit faiseur"[1] an seinen Namensgeber, eine Arie aus dem „Orpheus" des Ritters Gluck betreffend

Was die enharmonische Passage im *Orpheus* des Herrn Gluck angeht,[2] von der Sie sagen, daß sie zu intonieren, ja selbst nur sie anzuhören Ihnen große Mühe bereite, so kenne ich die Gründe hierfür sehr wohl: Weil Sie ohne mich nichts vermögen und ohne meine Hilfe, in welcher Angelegenheit auch immer, stets ein Ignorant sein werden. Immerhin empfinden Sie die Schönheit dieser Passage, das ist schon etwas; aber Sie wissen nicht, woraus diese Schönheit hervorgeht, also werde ich Sie darüber belehren.

Aus dem gleichen Melodiezug und, was noch mehr ist, aus dem gleichen Akkord hat dieser große Musiker zwei denkbar gegensätzliche und in ihrer Art äußerst prägnante Wirkungen zu gewinnen vermocht — die wunderbare Süße des Orpheus-Gesanges und das durchdringende Kreischen der Furien. Welches Mittel hat er benutzt? — ein sehr einfaches, wie es oft diejenigen Mittel sind, die die größten Wirkungen hervorrufen. Wenn Sie den Artikel „*Enharmonisch*"[3] besser durchdacht hätten, den ich Ihnen seinerzeit diktierte, so wüßten Sie, daß jenes bemerkenswerte Mittel nicht einfach in der Natur der Intervalle und in den Akkordfolgen zu suchen ist, sondern in den an ihnen haftenden Assoziationen, aus deren unterschiedlich starken, den Musikern wenig bekannten Beziehungen alle Ausdruckscharaktere herkommen, die sie, vielleicht ohne es zu ahnen, instinktiv finden.

Die Arie, um die es sich handelt, steht in Es-Dur, und bemerkenswerterweise verbleibt das gesamte wunderbare Stück, soweit ich mich erinnere, in derselben Tonart oder moduliert jedenfalls in so geringem Maße, daß die Orientierung auf die Grundtonart auch nicht für einen Augenblick verlorengeht. Da ich das Stück nicht vor mir liegen habe und mich nur ungenau erinnere, kann ich hier nur vorsichtig formulieren.

Zunächst: Dieses „*nò*" der Furien, das mehrmals als Antwort angeschlagen und wiederholt wird, gehört zu den erhabensten Einfällen, die ich auf der Opernbühne kennengelernt habe; wenn er vielleicht auch dem Librettisten zuzuschreiben ist, so muß man doch zugeben, daß der Komponist ihn in einer Weise realisiert hat, die ihn zu seinem Eigentum macht. Ich habe sagen hören, daß man während der Aufführung der Oper jedesmal zittert, wenn dieses schreckliche *„nò"* erklingt, obwohl es nur im Einklang oder in Oktaven gesungen wird und ohne daß — bis zu der Stelle, um die es mir geht — die Grundtonart und der Grundton verlassen werden.[4] Genau in dem Augenblick aber, da man es am wenigsten erwartet, formiert sich dieser nun mit einem Auflöser versehene Dominant-Ton[5] zu einem grauenhaften Gekreisch, dem Herz und Ohr nicht standzuhalten vermögen — während gleichzeitig der Gesang des Orpheus noch an Süße und Innigkeit gewinnt. Unser Erstaunen aber wird erst vollständig, wenn wir uns nach dieser kurzen Passage in der Grundtonart wiederfinden, ohne eigentlich begriffen zu haben, wie uns der Komponist mit solcher Kraft und Schnelligkeit so weit hat entführen und wieder zurück hat bringen können.

Sie werden kaum glauben, daß diese ganze Hexerei sich in einem fast stillschweigenden raschen Wechsel von Dur ins Moll und zurück ins Dur vollzieht. Davon können Sie sich am Klavier leicht überzeugen: In dem Augenblick, da im Baß, der den Akkord der Dominante trug, das ces erscheint,[6] stellen Sie sich nicht den Ton, wohl aber die Funktion verändert vor, nämlich bezogen auf es-Moll; denn nicht nur hat das ces, als sechste Stufe dieser Tonart, das Vorzeichen b, wie es hier zum Moll-Geschlecht gehört; sondern zugleich wird der über ihm nahezu vollständig beibehaltene Akkord zum verminderten Septakkord über d, und dieser ruft als Auflösung natürlicherweise nach dem es-Moll-Akkord in der Grundstellung. Weil die Töne von Orpheus' *„furie, larve"* ebenso zum Dur wie zum Moll gehören, bleiben sie gleich; mit *„ombre sdegnose"*[7] aber wird das Moll eindeutig bestimmt. Möglicherweise, weil Sie die Vorstellung dieses Moll nicht früh genug haben fassen können, hatten Sie Schwierigkeiten, diese Passage von Anfang an richtig zu intonieren. Abschließend kehrt sie jedoch in Dur wieder, und eben bei diesem neuen Übergang[8], am Ende des Wortes *„sdegnose"*, tritt der große Effekt dieser Passage ein. Prüfen Sie selbst nach, wie die Schwierigkeit, hier richtig zu singen, sofort verschwindet, wenn man beim Verlassen der As-Dur-Funktion[9] sofort sich Es-Dur vorstellt, um das g richtig zu intonieren, dessen Terz es ist.

Die übermäßige Sekund[10] bzw. verminderte Sept[11] wird aufrechterhalten, da sie rasch zwischen den besprochenen Dur- und Moll-Funktionen hin und her wechselt, wenn der Baß sich zwischen dem „dominantischen" Leitton h und der Sext ces bewegt. Dann endlich entschließt sich der Fortgang zur Tonika mit der Terz g im Baß[12], nachdem er die Subdominante As mit verminderter Terz und Tritonus durchlaufen hat,[13] was immer denselben verminderten Septakkord über dem Leitton d ergibt.

Kommen wir nun zu dem Furienschrei „nò" auf dem aufgelösten h. Warum dies h? Und nicht, wie im Baß, ces? Weil dieser neue Ton, obwohl er enharmonisch in den vorangegangenen Akkord eintritt, dennoch nicht zu dessen Tonart gehört, sondern eine ganz andere ankündigt. Und welches nun ist diese durch das h angekündigte Tonart? — es ist c-Moll, zu dessen Leitton das h wird. So rührt der rauhe Mißklang des Furienschreis von jener harmonischen Zwiespältigkeit her, die er uns spüren läßt — wobei dennoch in bewundernswerter Weise der enge Bezug beider Tonarten gewahrt bleibt: denn c-Moll ist — das wenigstens sollten Sie wissen — die Moll-Parallele zu Es-Dur, der Grundtonart des Stückes.

Hier nun könnten Sie einen Einwand erheben; Sie könnten sagen, all diese Schönheit sei theoretischer Natur und stehe nur auf dem Papier, weil dieses h in Wirklichkeit nichts anderes sei als die Oktav des im Baß liegenden ces; und da es sich nicht wie ein Leitton zum Grundton auflöse, sondern verschwände bzw. zurückgenommen werde zum Dominantton b, blieben die Stelle und ihre Wirkung für das Ohr absolut die gleiche, wenn man das h wie im Baß als ces notiert hätte. Also existiere diese ganze enharmonische Zauberei nur für die Augen.

Dieser Einwand, lieber Namensgeber, träfe zu, wenn die temperierte Stimmung der Orgel und des Klaviers die richtigen harmonischen Verhältnisse widerspiegeln und die Intervalle durch die menschliche Stimme nicht modifiziert würden, und zwar nach den Verknüpfungen, die der Modulationsgang vorgibt, und nicht gemäß den in der temperierten Stimmung möglichen Alterationen. So gewiß auf dem Klavier das aufgelöste h die Oktav des ces ist, so gewiß werden Sie beim Singen jeden dieser beiden Töne nach der Art seines Bezuges auf die Tonart intonieren, der er zugehört, und also weder zu einem Einklang noch zu einer Oktav gelangen. Als Leitton entfernt sich das h weit vom Dominant-Ton b und nähert sich weitestmöglich seiner Tonika c, zu der es hinstrebt, wohingegen das ces als Sext in es-Moll sich viel weniger von dem Dominant-Ton b entfernen wird, den es verläßt und zu dem es wieder hinstrebt, um sich in ihn aufzulösen. Also ist der Halbtonschritt der Baßstimme vom b zum ces viel kleiner als der Abstand des aufgelösten h der Furien vom b. Die übermäßige Sept, die diese beiden Töne darzustellen scheinen, überschreitet sogar die Oktav, und durch eben diese Überschreitung kommt der Mißklang des Furienschreis zustande, weil die mit der Auflösung des b zum h verbundene Vorstellung eines Leittones die Stimme natürlicherweise höher treibt als nur bis zur Oktav des ces der Bässe; es versteht sich, daß der Effekt dieses Schreis sich auf dem Klavier nicht so herstellen läßt wie wenn man singt, weil die Tonhöhe auf dem Instrument nicht in gleicher Weise modifiziert werden kann.

Ich weiß sehr wohl, daß dies der üblichen Art der Berechnung[14] und der allgemeinen Meinung widerspricht, da man den Übergang eines Tones zu seiner durch ein Kreuz oder ein b angezeigten Alteration als kleinen Halbton anzusehen pflegt und den Übergang eines Tons zum nächsthöheren, mit b bezeichneten, oder zum nächsttieferen, mit einem Kreuz versehenen, als großen Halbton. Bei dieser Bewertung aber hat man mehr auf die Unterschiedlichkeit der Tonstufen als auf die wirklichen Intervallbezüge gesehen, wovon sich jeder schnell überzeugen kann, der gute Ohren und keine Vorurteile hat. Und was jene Berechnung angeht, so werde ich Ihnen, aber nur Ihnen, eines Tages eine viel natürlichere Theorie[15] entwickeln, die Sie erkennen lassen wird, daß diejenige, mit deren Hilfe man die Intervalle berechnet hat, ein reiner Widersinn ist.

Ich möchte diese Beobachtung mit einer Bemerkung abschließen, die man nicht unterdrücken sollte: Die Wirkung der Passage, die ich soeben betrachtet habe, beruht auf der Voraussetzung, daß die Grundtonart des Stückes eine Dur-Tonart ist; würde es sich um ein Moll handeln, würde genau der gleiche Gesang des Orpheus ohne Kraft und Wirkung bleiben; die durch den Auflöser vorgegebene Intonation der Furien wäre unmöglich und absurd, und die Passage enthielte nichts Enharmonisches.[16] Ich verwette meinen Kopf, daß, wenn ein Franzose dieses Stück hätte komponieren müssen, er dies in Moll getan hätte. Zweifellos wären dabei andere Schönheiten aufgeschienen, aber keine, die so einfach und so viel wert wäre wie diese.

Dies war, was mir über diese Stelle und zu ihrer Erklärung eingefallen ist. Derlei große Wirkungen werden nur von Genies entdeckt, welche bekanntlich selten sind; und sie werden nur von sensiblen Ohren wahrgenommen, die so vielen Menschen fehlen. Und sie lassen sich nur mithilfe eines sehr gründlichen Studiums erklären. Sie werden meiner Analysen jetzt nicht bedürfen, weil Sie vielleicht über die Reflexionen ein bißchen nachgedacht haben, die wir seinerzeit anstellten, als ich Ihnen unser *Wörterbuch* diktierte. Aber Sie verbinden mit einem lebhaften Temperament eine unbegreifliche geistige Trägheit. Sie machen sich eine Idee zueigen erst lange, nachdem Sie Ihnen präsentiert worden ist, und begreifen erst heute, was Sie bereits gestern gesehen haben. Glauben Sie mir, lieber Namensgeber: Wir sollten uns nie zerstreiten. Denn ohne mich sind Sie ein Nichts. Ich bin, wie Sie wissen, gefällig, ich verweigere mich nie der Arbeit, die Sie von mir verlangen, wenn Sie sich nur der Mühe unterziehen, mich herbeizurufen und sich die Zeit zu nehmen, mich zu erwarten. Unternehmen Sie nur ja nichts, welcher Art auch immer, ohne mich; mischen Sie sich nicht unvorbereitet in irgendwelche Angelegenheiten, wenn Sie nicht durch Ihr Ungeschick im Handumdrehen alles verderben wollen, was ich bisher getan habe, um Ihnen das Ansehen eines denkenden Menschen zu verschaffen.

1 Übersetzt nach *Œuvres complètes de J.-J. Rousseau*, Aux Deux Ponts 1782, Bd. 16, S. 301 ff. Die Figur des „*petit faiseur*", am ehesten übersetzbar als „Heinzelmännchen", geht auf Auseinandersetzungen um Rousseaus *Dorfwahrsager* zurück, in deren Verlauf er verdächtigt wurde, sich unverdientermaßen der Komposition des Singspiels zu rühmen; woraufhin er ironisierend von einem „*petit faiseur*" sprach, den er zur Seite gehabt haben müsse. Im vorliegenden Aufsatz macht er ihn, wie besonders bei der Charakterisierung am Ende deutlich wird, zu einer Art alter ego, nicht zuletzt, um sich eine dialogische Abhandlung zu ermöglichen.

2 Es handelt sich um die der Furien-Szene folgende Arie des Orpheus Nr. 22 zu Beginn des zweiten Aktes, in der italienischen Fassung „*Deh! placatevi con me*", in der französischen „*Laissez-vous toucher par mes pleurs*", deutsch meist mit dem Text „*Ach erbarmet, erbarmet euch mein*".

3 Anspielung auf die Arbeit am *Wörterbuch*, vgl. das Ende des Aufsatzes.
4 In diesem Zusammenhang mag nicht uninteressant erscheinen, daß man bei der französischen Aufführung in Wien seinerzeit Mühe hatte, die Furienschreie, Glucks Intentionen gemäß, recht realistisch herauszubringen, vgl. Gluck, Neue Gesamtausgabe seiner Werke, Serie I, Bd. 6, S. IX.
5 Dominant: b; mit Auflöser: h. Gemeint ist Takt 134 der Nummer, in der französischen, anders aufgeteilten Fassung Takt 28.
6 Erstmals Takt 134.
7 Takt 136/137. Entweder erinnert sich Rousseau ungenau, da er den musikalischen Text nicht vor sich hatte, oder in einer vorangehenden, nicht mehr bekannten Fassung ist tatsächlich in Takt 137 statt g ges notiert gewesen. Merkwürdig erscheint übrigens, daß Rousseau die völlig regelwidrige Auflösung des ces-d-f-as-Akkordes in Takt 137 (Sekundstellung) in den Sextakkord von Es-Dur (also mit vermindertem Quartschritt ces-g im Baß) nicht erwähnt, welche eher noch mehr auffällt als die von ihm behandelte Stelle.
8 Takt 147.
9 Zweite Hälfte Takt 144.
10 Hier bezieht Rousseau sich zurück auf die Takte 136 ff. (= übermäßige Sekund: as zu h).
11 d zu ces; oder Takt 135: verminderte Sept h-as als Umkehrung von as-h.
12 Takt 138.
13 Rousseau meint wohl weiterhin Takt 136. Man muß hier einen, gemessen am zeitlich erst später funktionell voll ausdefinierten diatonischen System, laxen Gebrauch des Begriffes „Subdominant" unterstellen.
14 Hier dürfte Rousseau — in dem Bedürfnis, die eigene Ansicht als neu und ungewöhnlich darzustellen — irren.
15 Vermutlich spielt Rousseau hier auf eine — unentwickelt gebliebene — Hypothese an, die er spätestens seit dem Abfassen des *Wörterbuches* plante.
16 Dies trifft zu, wenn ces/h auf Es-Dur bezogen ist, weil diese Doppelfunktion auf es-Moll nicht bezogen werden kann. Allerdings läßt sich ein Septakkord wie d-f-as-ces nach Dur wie nach Moll auflösen, was auch damals schon möglich war.

Fragmentarische Beobachtungen zu der italienischen „Alceste" des Ritters Gluck[1]

Eine Prüfung der Oper *Alceste* von Herrn Gluck geht allzusehr über meine Kräfte — zumal mir seit mehreren Jahren Ideen, Gedächtnis und Fähigkeiten dahinschwinden —, als daß gerade ich den Anspruch erheben dürfte, sie mit der gebotenen Gründlichkeit vornehmen zu können; es wäre im übrigen zu nichts gut. Aber Herr Gluck hat mich so sehr gedrängt, daß ich ihm diese Gefälligkeit nicht abschlagen konnte, obwohl sie mich anstrengt und ihm nicht nützlich ist. Ich sehe mich nicht mehr in der Lage, einem auf diese Weise gearbeiteten Werk die nötige Aufmerksamkeit zu schenken. So mögen alle meine Beobachtungen falsch und schlecht begründet sein; weit davon entfernt, sie ihm als Vorschriften anzubieten, unterbreite ich sie seinem Urteil, ohne sie in irgendeiner Hinsicht verteidigen zu wollen: doch selbst wenn ich mich in jeder einzigen Beobachtung getäuscht haben sollte, bliebe immer noch wahr und richtig, daß sie Herrn Gluck Zeugnis geben von meiner Erkenntlichkeit gegenüber dem von ihm ausgesprochenen Wunsche und meiner Wertschätzung seiner Werke.

Wenn ich zuerst den Gesamtablauf des Stückes betrachte, so finde ich eine Art grundsätzlichen Widersinns darin, daß der erste Akt musikalisch der stärkste ist und der letzte der schwächste, was einer guten Abstufung im Drama genau zuwiderläuft, in dem das Interesse des Zuhörers sich doch ständig steigern muß. Ich gebe gern zu, daß das große Pathos des ersten Aktes in den folgenden unangebracht wäre; aber die Macht der Musik läßt sich nicht ausschließlich im Pathetischen beweisen, sondern in der kraftvollen Darstellung aller Gefühlslagen und in der Lebendigkeit aller Bilder. Überall, wo die Lebhaftigkeit der Anteilnahme sich steigert, könnte die Musik feuriger sein, und im Bereich des brillanten und lebhaften Ausdrucks sind ihre Möglichkeiten nicht geringer als in dem der Seufzer und Tränen.

Ich gebe zu, daß es sich hier mehr um einen Fehler des Librettisten[2] als des Musikers handelt, halte den letzteren damit jedoch nicht für ganz und gar entschuldigt. Und dies verlangt eine Erklärung.

Ich kenne keine Oper, in der die Leidenschaften weniger variiert wären als in der *Alceste;* fast alles bewegt sich hier auf den Bahnen zweier Gefühlslagen, von großem Kummer und von Entsetzen. Diese beiden sehr lange durchgehaltenen Gefühlslagen müssen dem Komponisten unendliche Mühen abverlangt haben, damit er nicht einer beklagenswerten Monotonie verfalle. Im allgemeinen gilt, daß, je mehr sich Situation und Ausdruck erhitzen, sie desto rascher und geraffter dargeboten werden müssen, andernfalls das emotionale Mitgehen des Zuhörers erschlafft. Wird das rechte Maß verfehlt, so kann der Darsteller sich abmühen, soviel er will — das Interesse des Zuschauers wird erkalten, er wird zu Eis erstarren und am Ende ungeduldig werden.

Aus diesem Fehler ergibt sich, daß die Anteilnahme, anstatt sich im Verlaufe des Stückes stufenweise zu steigern, genau umgekehrt zur Schlußlösung hin abnimmt, welche — Euripides[3] höchstselbst möge es mir nicht übelnehmen — kalt und platt ist und in ihrer Simplizität fast lächerlich.

Wenn der Autor des Textbuches[4] glaubte, diesen Mangel durch das kleine Fest wettmachen zu können, das er im zweiten Akt eingelegt hat, so hat er sich getäuscht. Dieses schlecht plazierte und in törichter Weise motivierte Fest muß die Aufführung schrecklich stören, weil es aller Wahrscheinlichkeit und Schicklichkeit widerstreitet — ebenso wegen der Schnelligkeit, mit der es vorbereitet und veranstaltet wird, wie wegen der Abwesenheit der Königin, um die man sich überhaupt nicht kümmert, bis dem König endlich einfällt, sich ihrer zu erinnern.*

Ich wage zu behaupten, daß der allzusehr von seinem Euripides erfüllte Librettist nicht riskiert hat, in seiner Vorlage zu streichen, wie es nötig gewesen wäre, um das Interesse des Zuhörers aufrechtzuerhalten, der Szene mehr Abwechslung und dem Komponisten bessere Handhabe für neuartige musikalische Charaktere zu verschaffen. Man hätte Alceste im zweiten

---

* Ich habe, um dieses Fest besser zu integrieren und ihm selbst in seiner Fröhlichkeit zu anrührenden und herzzerreißenden Wirkungen zu verhelfen, Herrn Gluck einen Vorschlag gemacht, den er in seiner französischen *Alceste* benutzt hat.[5]

Akt sterben lassen und den gesamten dritten darauf verwenden sollen, neues Interesse zu wecken und ihre Auferstehung vorzubereiten; das hätte eine Theaterwirkung herbeiführen können, die ebenso bewundernswert und frappierend gewesen wäre, wie nun die frostige Rückkehr abgeschmackt ist. Aber ich will, ohne mich weiter bei dem aufzuhalten, was der Librettist hätte tun müssen, auf die Musik zurückkommen.
Deren Schöpfer hatte also mit dem Ärgernis jener monotonen Gefühlslagen fertigzuwerden und der Ermattung vorzubeugen, die sie bewirken mußten. Welches nun war das erste und effektivste Mittel, das sich hier anbot? Es wäre, eben das nachzutragen, was der Librettist versäumt hat: den Ablauf des Stükkes so zu stufen, daß die Musik sich unaufhörlich im weiteren Vorangang emotional steigert und endlich eine Vehemenz gewinnt, die den Zuhörer mitreißt. Diese Entwicklung müßte so sorgfältig disponiert sein, daß jenes Vorantreiben aufhören oder seinen Gegenstand wechseln würde, bevor Ohr und Gemüt seiner müde werden.
Das, so scheint mir, hat Herr Gluck nicht getan. Sein erster und zweiter Akt, musikalisch gleichwertig, sind weitaus stärker als der dritte; so steigert sich das musikalische Feuer keineswegs durchgängig. Nach den beiden ersten Szenen des zweiten Aktes kann der Komponist, da er alle Möglichkeiten seiner Kunst erschöpft hat, nichts anderes mehr tun, als Emotionen der gleichen Art schwächlich zu unterstützen, die er zuvor allzufrüh zu einem Extrempunkt hinausgetrieben hatte.
So ergibt sich der Einwand ganz von selbst: Es wäre Sache des Textautors gewesen, die Leidenschaften und das Interesse wohlabgestuft zu steigern, konnte der Komponist doch die Affekte der handelnden Personen nur in der Anordnung und der Abstufung darstellen, die ihm das Libretto vorgibt. Es hätte einen Widersinn ergeben, wenn er seinen, den musikalischen Ausdruck anders nuanciert hätte als jenen, den wiederzugeben die Worte von ihm forderten. So mein Einwand, so meine Antwort. Herr Gluck wird bald verstehen, daß diese Antwort unter allen Komponisten Europas nur ihm gegeben wurde.
Drei Dinge bringen die großen Wirkungen dramatischer Musik hervor: Akzentuierung, Harmonie und Rhythmus. Die Akzentuierung wird vom Textdichter vorgegeben, und der Musiker kann kaum, ohne Widersinnigkeiten zu produzieren, von ihr abweichen, weder in der Wahl noch in der Kraft des Aus-

drucksgehaltes der Worte. Was hingegen die beiden anderen Komponenten anbelangt, die nicht in gleicher Weise mit der Sprache zusammenhängen, so kann er sie bis zu einem gewissen Grade nach eigenem Belieben kombinieren, um den Anteil der Musik je nach Maßgabe des Gesamtablaufs zu modifizieren und abzustufen (...).[6] Ich würde selbst zu behaupten wagen, daß das Vergnügen des Ohrs zuweilen den Sieg über die Wahrheit des Ausdrucks davontragen solle; denn Musik vermag zu Herzen zu gehen nur durch den Reiz der Melodie. Wenn es ausschließlich darum ginge, den Tonfall der Leidenschaft widerzugeben, würde die Kunst der Deklamation ausreichen, während die — dann überflüssige — Musik dabei eher lästig als angenehm ausfallen müßte: Das ist eine der Klippen, die der ganz von seinem Ausdrucksverlangen erfüllte Komponist sorgsam vermeiden sollte. In allen guten Opern, besonders in denen von Herrn Gluck, gibt es unendlich viele Nummern, bei denen die Musik die Tränen rinnen läßt, und die nur eine mittelmäßige oder gar keine Rührung hervorrufen würden, müßten sie auf diese Hilfe verzichten, mögen sie noch so gut deklamiert sein (...).

Aus alledem folgt, daß der Musiker, der sich lange Zeit innerhalb der gleichen Tonarten bewegt und diese selten wechselt, dennoch — und ohne die Wahrheit des Ausdrucks anzutasten — Meister in der Abwandlung von Nuancierungen sein kann, wenn er die Verbindung der beiden Komponenten Harmonik und Rhythmik einzusetzen versteht. Sprechen wir zunächst von der ersteren. Ich unterscheide bei ihr drei Arten: die diatonische Harmonik, die einfachste der drei und vielleicht die einzige natürliche; die chromatische Harmonik, bei der die Aufeinanderfolge von Quinten im Baß unaufhörlich Tonartwechsel herbeiführt; endlich die Harmonik, welche ich pathetisch nennen möchte, in der übermäßige und verminderte Akkorde eng verschlungen sind, zu deren Gunsten man Tonarten durchläuft, die miteinander wenig zu tun haben; dabei fesselt man das Ohr durch jammervolle Intervalle und das Gemüt durch schnell vorbeihuschende und aufdringliche Motive, die geeignet sind, es zu verstören.

Diatonische Harmonik ist nirgends fehl am Platze; sie eignet sich, verbunden mit Rhythmus und Melodie, für alle Charaktere und vermag allen Ausdruckslagen Genüge zu leisten; sie ist zur Ergänzung der beiden anderen Arten unabdingbar notwendig, so daß jegliche Musik, in der sie gar nicht auftauchte, nur abscheulich sein könnte.

In gleicher Weise hat die chromatische Harmonik an der pathetischen teil, kann aber auch recht gut auf diese verzichten und auch ohne sie die pathetischsten Ausdruckslagen wiedergeben, wenn vielleicht auch schwächer. So vermag der Musiker durch wohlabgewogenen Einsatz der drei Arten von Harmonik eben die Gefühlslagen abzustufen oder zu verstärken, die der Dichter zu lange in gleichbleibender Stärke aufrechterhalten hat.

Es gibt dafür ein weiteres Hilfsmittel in der Melodie, besonders in unterschiedlichen rhythmischen Skansionen. Extrem schnelle oder langsame Tempi, kontrastierende Taktarten, ungleiche Notenwerte, bei denen sich rasche und langsame Fortschreitungen mischen — all das kann ebenfalls abgestuft werden, um Interesse und Aufmerksamkeit aufrechtzuerhalten bzw. neu zu beleben. Schließlich hat man verschiedenste Lautstärken und Formen von Ausbrüchen zur Verfügung, mehr oder weniger vollstimmigen Satz oder auch Pausen im Orchester, dessen unaufhörliches Getöse das Ohr ermüdet, mögen die Wirkungen im einzelnen noch so schön sein.

Was den Rhythmus angeht, der die größte Kraft der Musik ausmacht, so bedarf es besonderer Kunst, um ihn in der Vokalkomposition mit Glück zu gebrauchen. Ich habe schon früher gesagt und glaube weiterhin, daß es sich bei den griechischen Tragödien um die wahren Opern handelte. Die griechische Sprache war schon von sich aus wohlklingend und musikalisch und besaß einen melodischen Tonfall; diesem brauchte man nur den Rhythmus hinzuzufügen, um musikalische Deklamation zu erreichen. Deshalb hat man notwendigerweise nicht nur Tragödien, sondern alle Arten von Poesie gesungen; zu Recht sagten die Dichter am Beginn ihrer Dichtungen „ich singe"[7] — eine Formel, die die unseren lächerlicherweise beibehalten haben. Da aber die modernen Sprachen, eine Schöpfung unzivilisierter Völker, nicht natürlicherweise musikalisch sind (selbst die italienische nicht), muß man bei ihrer Verknüpfung mit Musik größte Vorsicht walten lassen, um die Verbindung erträglich zu machen und sie für die nachahmende Musik, die zur Illusion auf dem Theater gehört, natürlich genug zu gestalten. Wie immer man dabei auch verfahren mag: niemals wird es gelingen, dem Zuhörer zu suggerieren, daß der

Gesang, den er vernimmt, ganz und gar vom Wort herkomme; und wenn man dies doch erreichen sollte, dann nur, wenn man sich eines der großen Mittel der Musik versichert, des musikalischen Rhythmus, der sich für uns vom Rhythmus der Poesie durchaus unterscheidet, so daß beide nur selten und nur unvollkommen übereingebracht werden können.
Uns ist da ein großes und schönes Problem aufgegeben: zu bestimmen, bis zu welchem Grade man die Sprache singen und die Musik sprechen machen kann. Von einer guten Lösung dieses Problems hängt die gesamte Theorie der dramatischen Musik ab. Die Italiener haben sich in diesem Punkte, so gut es nur irgend ging, vom Instinkt leiten lassen, und die gewaltigen Mängel ihrer Opern rühren nicht von der mangelhaften musikalischen Gattung her, sondern von mangelhaften Verfahrensweisen innerhalb einer guten Gattung.
Der Tonfall des gesprochenen Wortes hat, für sich genommen, zweifellos große Ausdruckskraft, aber nur in deklamatorischer Hinsicht. Diese Ausdruckskraft ist von jeglicher Musik unabhängig; mit dem Tonfall allein kann man sehr wohl eine gute Tragödie zu Gehör bringen, nicht aber eine gute Oper. Sobald die Musik ins Spiel kommt, muß sie sich mit all ihren Reizen wappnen, um das Herz auf dem Wege über das Ohr zu erobern; entfaltet sie dabei nicht all ihre Schönheiten, so wird sie nur lästig sein, wie wenn man z. B. einen Redner mit Musikinstrumenten begleiten würde. Wenn sie indessen all ihre Reichtümer einbringt, bedarf es großer Behutsamkeit bei deren Einsatz, um jener Ermattung vorzubeugen, der unsere Sinne bei einer ausgedehnten, ganz in Musik gesetzten Handlung bald anheimfallen.
Aus diesen grundsätzlichen Überlegungen ergibt sich, daß man bei der Vertonung eines Dramas ständig variieren, daß man bald den Tonfall der Sprache und den poetischen Rhythmus, bald die Musik auf ihre Weise vorherrschen lassen soll, indem man alle melodischen, harmonischen und rhythmischen Möglichkeiten aufbietet, um das Ohr zu fesseln und das Herz zu rühren mit Reizen, denen sie nicht widerstehen können. Das sind die Gründe für die Unterteilung einer Opernpartitur in Secco-Rezitative, begleitete Rezitative und Arien.
Geht der Dialog rasch voran und soll er recht einfach vorgetragen werden, so muß man ausschließlich dem Tonfall der textlichen Deklamation folgen; da in der Sprache ein Tonfall vorge-

geben ist, kommt es nur darauf an, diesen genau zu fixieren, indem man ihn in musikalischen Intervallen aufschreibt – wobei man getreu der Prosodie, dem poetischen Rhythmus und den gefühlshaften Nuancierungen folgen soll, die der Inhalt des Dialoges erfordert. Das ergäbe ein Secco-Rezitativ, welches dem einfachen, gesprochenen Worte so nah wie nur irgend möglich bleiben und der Musik nur die Zugeständnisse machen sollte, die sie als Sprache der Oper erheischt, weil abwechselnd sprechen und singen, wie man es in komischen Opern tut, nichts anderes heißt, als sich nacheinander in zwei verschiedenen Sprachen ausdrücken; der Übergang von der einen in die andere wird immer schockierend und lächerlich erscheinen – wie es höchst absurd ist, wenn jemand in dem Augenblick, da ihn die Leidenschaft packt, die Stimme wechselt, um ein Lied zu singen. Generalbaßbegleitung ist im Secco-Rezitativ nicht nur nötig, um den Sänger zu unterstützen und zu führen, sondern auch, um die Größe der Intervallschritte festzulegen und präzise die modulatorischen Verschlingungen anzugeben, die in einem guten Rezitativ so große Wirkung machen. Allerdings bin ich weit davon entfernt zu meinen, diese Begleitung müsse hervortreten; im Gegenteil wünsche ich mir, daß sie kaum bemerkbar sei und ihre Wirkung tue, ohne daß man darauf besonders aufmerksam gemacht wird. So meine ich, daß andere Instrumente sich keinesfalls beteiligen sollten, sowohl, weil man den Ohren der Zuhörer wie dem Orchester eine Erholungspause gönnen als auch, weil man das Orchester tatsächlich vergessen sollte, wonach ein gut disponierter Wiedereintritt umso größeren Effekt haben wird – anstatt daß das Orchester während der gesamten Aufführung dominiert, wobei es am Schluß ermüden wird, sosehr es anfangs auch gefallen hat. Im italienischen Theater ist das Rezitativ langweilig, nicht nur, weil es zu lang ist, sondern auch, weil es schlecht gesungen und noch schlechter plaziert wird. Lebhafte und interessante Szenen, wie diejenigen der Oper schließlich sein sollten, werden, so sie mit Wärme und Wahrhaftigkeit dargestellt und durch natürliches und munteres Spiel unterstützt sind, stets das Publikum bewegen und im Sinne der ästhetischen Illusion gefallen; hingegen von Kastraten gefühllos, fade und schülerhaft heruntergeleiert, werden sie die Leute unfehlbar anöden, ganz und gar, wenn sie zu lang sind. Aber dies ist kein Mangel des Rezitativs als Form.

In den Passagen, da das Rezitativ weniger rezitierend als leidenschaftlich bewegt ist und viel Anrührendes enthält, mag man mit Erfolg eine Begleitung in lang ausgehaltenen Noten benutzen, die, indem sie die Harmonie mehr zur Geltung bringen, dem Ausdruck mehr Innigkeit verleihen. Dies wäre das einfache begleitete Rezitativ, das, selten und in klug gewählten Abständen wiederkehrend, als Kontrast zum dürren Secco-Rezitativ sehr gute Wirkung hat.

Wenn der Redefluß endlich wegen der Vehemenz der Leidenschaften durch abgerissene, nicht zuendegebrachte Äußerungen unterbrochen wird — sei es, weil der Sturm der Gefühle kaum noch einen angemessenen Ausdruck finden kann, sei es, daß dessen Gewalt sie tumultartig, rasch und ohne jede Ordnung aufeinanderfolgen läßt —, so kann eine solche Situation nach meiner Meinung nur durch ein Hin- und Herwechseln zwischen Worten und orchestralen Abschnitten ausgedrückt werden. Der ganz und gar seiner Leidenschaft ausgelieferte Darsteller kann nur deren Tonfall noch finden. Da die Melodie sich dem Tonfall der Sprache nur wenig anzupassen vermag, der musikalische Rhythmus überhaupt nicht, würden sie, hier einbezogen, jeglichen Ausdruck nur abmildern und schwächen. Dennoch sind ihnen ein großer Reiz für das Ohr und viel Gewalt über das Herz eigen. Was soll man nun tun, um alle diese verschiedenen Möglichkeiten zugleich zu gebrauchen? Man soll genau das tun, was man normalerweise im obligaten Rezitativ tut: dem Wort alle nur mögliche, dem Ausgedrückten entsprechende Akzentuierung geben und in Orchesterzwischenspielen alle melodischen, harmonischen Möglichkeiten aufbieten, die dies zu unterstützen vermögen. Ein Schweigen des Darstellers sagt dann mehr als alle Worte; solche Unterbrechungen, wenn sie richtig gesetzt und dosiert und einerseits durch einen Beitrag des Orchesters, andererseits angefüllt sind durch das stumme Spiel eines fühlenden Darstellers und durch das, was er sagt bzw. was er nicht sagen kann — derlei Unterbrechungen, meine ich, können eine Wirkung tun, die selbst derjenigen einer guten Deklamation überlegen ist, so daß man solche Pausen wiederum nicht herausnehmen kann, ohne der zugehörigen Deklamation das meiste ihrer Kraft zu nehmen. Es gibt keinen guten Darsteller, welcher nicht in großen Momenten lange Pausen einlegen würde. Könnten diese zumeist durch passende melodische Zwischenspiele von ent-

sprechendem Ausdruck ausgefüllten Pausen nicht noch viel interessanter werden, wenn in ihnen absolutes Schweigen herrschte? Ich erinnere als Beweis nur an die erstaunliche Wirkung, die ein richtig plaziertes und gut komponiertes obligates Rezitativ unfehlbar erzielt.
Überzeugt davon, daß die aller Akzentuierung entbehrende französische Sprache sich in keiner Weise für Musik und schon gar nicht für ein Rezitativ eignet, habe ich seinerzeit die Vorstellung eines dramatischen Genres entwickelt,[8] bei dem Ton und Wort, anstatt zusammenzuwirken, nacheinander vernommen werden, wobei die gesprochene Phrase von der musikalischen in gewisser Weise angekündigt und vorbereitet wird. *Pygmalion* gibt ein Beispiel für diese Gattung, welche keine Nachahmer gefunden hat.[9] Würde man das Verfahren weiterentwickeln, so gewänne man den doppelten Vorteil, dem Darsteller durch häufige Pausen Erleichterung zu schaffen und dem französischen Publikum jene Art von musikalischem Bühnenstück zu bieten, die zu seiner Sprache am besten paßt. Gewiß wird diese Verbindung von Deklamation und Musik alle Wirkungen eines wahren Rezitativs nur unvollkommen hervorbringen können, und empfindsame Ohren mögen stets unangenehm berührt sein vom Kontrast zwischen der Sprache des Darstellers und derjenigen des begleitenden Orchesters. Aber ein feinfühliger und intelligenter Darsteller kann, wenn er den Tonfall seiner Stimme und die Akzentuierung seiner Deklamation dem annähert, was die Musik zum Ausdruck bringt, solche woandersher kommenden Nuancierungen so kunstvoll einmischen, daß der Zuhörer die einzelnen Elemente nicht zu unterscheiden in der Lage ist. Ein Werk dieser Art könnte einen Mittelweg zwischen einfacher Deklamation und einer richtigen Oper darstellen, deren Schönheit es natürlich nie erreichen wird. Im übrigen sind die Schwierigkeiten, die die Sprache bietet, nicht unüberwindlich. Der Verfasser des *Wörterbuchs der Musik* hat die französischen Komponisten dazu aufgerufen, neue Versuche zu unternehmen und in ihre Opern das obligate Rezitativ einzuführen, das, richtig angewendet, allergrößte Wirkungen tun wird.
Woher kommt der Reiz des obligaten Rezitativs, was macht seine Kraft aus? Zweifellos erzielt nicht die rednerische bzw. pathetische Akzentuierung des Darstellers allein solche Wirkungen. Vielmehr fügen die eingestreuten Beiträge des Orche-

sters, indem sie die durch das Rezitativ verdrängte Wahrnehmung des musikalischen Taktes wiederherstellen und bestätigen, dem rein deklamatorischen Ausdruck all denjenigen des musikalischen Rhythmus hinzu, welcher jenen verstärkt. Ich unterscheide hier Takt und Rhythmus, weil es sich in der Tat um sehr verschiedene Dinge handelt. Der Takt gibt nur die periodische Wiederkehr gleicher Zeiten an, Rhythmus aber entsteht durch die Kombination der Längenwerte, die jene gleichbleibenden Taktzeiten ausfüllen je nach Maßgabe des Ausdrucks, den man wiedergeben, bzw. der Leidenschaften, die man erregen will. Wohl kann man Takt ohne Rhythmus haben, nicht aber Rhythmus ohne Takt (...). Wenn der Komponist diesen Bereich seiner Kunst tiefer auslotet, wird sein Genie großen Auftrieb erfahren; wohingegen keine harmonische Wissenschaft seinen Bedürfnissen Genüge leisten kann.
Hier muß gegen das Vorurteil aller Musiker angemerkt werden, daß die Harmonie von sich aus, da sie nur das Ohr anspricht und nichts nachahmt, nur sehr schwache Wirkungen erzielen kann. Wenn sie an nachahmender Musik erfolgreich teilhat, dann nur, indem sie melodische Akzente widerspiegelt, genauer bestimmt und verstärkt, welche ohne Begleitung von sich aus nicht immer deutlich genug profiliert sind. Für sich genommen haben Intervalle keinen Charakter; eine übermäßige Sekund und eine kleine Terz, eine verminderte Sept und eine übermäßige Sext, eine falsche Quint und ein Tritonus sind jeweils gleiche Intervalle und verbinden sich mit den Affekten, von denen sie geprägt scheinen, nur vermöge ihrer Stellung innerhalb eines harmonischen Zusammenhangs; ihnen diese Stellung zu bestimmen, welche bei einstimmigem Gesang oft zweideutig bliebe, ist Aufgabe der Begleitung. So sehen Einsatz und Wirkung der Harmonie in der nachahmenden Musik und derjenigen des Theaters aus. Zum Herzen zu dringen, die Gemüter zu bewegen vermag die Musik, indem sie in bestimmten melodischen Akzentuierungen und Rhythmusfolgen die Modulationen der leidenschaftlich bewegten menschlichen Stimme nachahmt; wohingegen Harmonie allein, da sie nichts nachahmen kann, nur oberflächliche Sinnesfreuden bietet. Einfache Akkorde mögen wohl dem Ohr schmeicheln wie schöne Farben dem Auge; weder diese noch jene aber vermögen auch nur die geringste Bewegung ins menschliche Herz zu tragen, weil beide nichts nachahmen, solange nicht die Zeich-

nung die Farben und die Melodie die Akkorde beleben. Andererseits kann eine Zeichnung allein auch ohne Kolorierung anrührende Dinge vermitteln, wie entsprechend eine nachahmende Melodie uns von sich aus, ohne Beihilfe von Akkorden, zu bewegen vermag. (...)
Die französische Musik ist so langweilig und fad, weil die Komponisten bei uns in gefühlskalten Szenen, welche sie mit dummen Voreingenommenheiten und mit ihrer „Wissenschaft" vollstopfen (die im Grunde nichts anderes ist als bloße Ignoranz, denn sie wissen nicht, worin die größten Schönheiten ihrer Kunst bestehen), allein in den Akkorden jene großen Wirkungen suchen, deren Kraft nur im Rhythmus liegt. Herr Gluck weiß besser als ich, daß Rhythmus ohne Harmonie die Seele viel mächtiger bewegen kann als Harmonie ohne Rhythmus — er, der mit einer nach meiner Meinung etwas eintönigen Harmonie unaufhörlich so große Wirkungen hervorzubringen vermag, weil er mit tiefem Kunstverstand allen Zauber von Takt und Rhythmus empfindet und einsetzt. Jedoch warne ich ihn, nicht allzusehr der Deklamation den Vorrang zu geben, und empfehle, stets daran zu denken, daß ausschließlich deklamierende Musik in Gefahr ist, etliche Möglichkeiten preiszugeben, die am ehesten sich in Arien entfalten können. (...)
Hiermit habe ich den leichteren Teil der Aufgabe erfüllt, die ich mir vorgenommen habe. Allgemeine Beobachtungen zum Gesamtverlauf der Oper *Alceste* haben mich veranlaßt, die wahrlich interessante Frage zu beantworten, welche Freiheit man einem Musiker zugestehen müsse, wenn er ein Libretto vertont, das er nicht selbst verfaßt hat. Ich habe die drei Komponenten der nachahmenden Musik beschrieben; und indem ich sagte, daß der Akzent durch den Dichter vorgegeben wird, habe ich zugleich aufgezeigt, daß im harmonischen und rhythmischen Bereich für den Musiker die Möglichkeiten bereitliegen, die er nutzen sollte.
Nun ist es an der Zeit, auf Einzelheiten zu kommen. Es ist für mich sehr anstrengend, derlei komplizierte Partituren durchzulesen; diejenige der *Alceste* ist es in hohem Maße und überdies recht verwirrend, voll falscher Schlüssel, falscher Noten und konfus übereinandergeschichteter Stimmen. (...)
Prüft man das *Alceste*-Drama und die Art und Weise, in der Herr Gluck gemeint hat, es behandeln zu müssen, so kann man

kaum begreifen, wie es ihm gelungen ist, die Aufführung erträglich zu machen. Nicht, daß dieses nach dem Grundriß griechischer Tragödien entworfene Drama nicht mit echten Schönheiten glänzen würde oder daß die Musik nicht bewundernswert wäre! Aber durch die Schwierigkeiten, die zu meistern waren, um eine so starke Gleichförmigkeit der Charaktere und des Ausdrucks wettzumachen, der Ermüdung und Langeweile zuvorzukommen und bis zum Schluß Anteilnahme und Aufmerksamkeit aufrechtzuerhalten ...[10] (...)

Die Ouvertüre, in einem Stück mit einfacher und schöner Anordnung, ist gut und wohlabgewogen entworfen. Offenbar hat der Autor die Absicht verfolgt, seine Zuhörer auf das Meer von Traurigkeit vorzubereiten, in das sie vom Beginn des ersten Aktes an für den gesamten Verlauf des Stückes eintauchen werden. Zu diesem Zweck bewegt er sich in der Ouvertüre fast nur in Moll-Tonarten, und dies mit einiger Gezwungenheit, denn in dem ganzen, recht langen Stück stehen nur die erste Akkolade der Seite 4 und die ihr entsprechende auf Seite 9 in Dur.[11] Im übrigen hat er dissonierend übermäßige und verminderte Akkorde und in der Höhe forcierte Haltetöne bemüht, um Seufzer und Klagen auszudrücken; all das ist gut und in sich richtig, weil die Ouvertüre nur verwendet werden soll, um das Gemüt das Zuhörers auf die Art von Anteilnahme einzustimmen, die ihn im weiteren bewegen wird. Freilich ergeben sich dabei drei Unannehmlichkeiten: Die erste besteht im Gebrauch einer Satzart, welche zu wenig klangvoll erscheint bei einer Ouvertüre, die den Zuhörer aufmerken lassen, sein Ohr erfüllen und seine Neugier wecken soll; die zweite besteht in der Vorwegnahme eben jener Art von harmonischem Satz, die im folgenden zu gebrauchen man auf so lange Strecken gezwungen ist, daß man ihren Einsatz, um einer Übersättigung vorzubeugen, sehr zurückhaltend disponieren sollte; die dritte Unstimmigkeit stellt eine Vorwegnahme auch im Hinblick auf die Zeitmaße dar, wenn da im vorhinein einem Schmerz Ausdruck gegeben wird, der noch keine Entsprechung auf der Bühne hat und nur zur Botschaft des Herolds hinleitet: Ich halte es nicht für gut, die Reihenfolge umzukehren und als bereits geschehen darzustellen, was erst eintreten soll. Um all dies zu beheben, könnte ich mir die Ouvertüre in zwei unterschiedlichen Abschnitten komponiert vorstellen, welche freilich beide in vollstimmigem und wohlklingendem Satz behan-

delt sein müßten; der erste, der in die Herzen das Gefühl einer süßen und zarten Fröhlichkeit trüge, würde das Glück der Herrschaft des Admetos und den Zauber seiner ehelichen Verbindung mit Alceste darstellen, der zweite, in einer kleineren Taktart bei schnellerem Tempo und in oft unterbrochenen Phrasen, die Beunruhigung des Volkes angesichts der Krankheit des Admetos; dieser würde sich zugleich sehr selbstverständlich als Hinleitung zum Stückbeginn und als Ankündigung des Ausrufers eignen. (...)
Nach den zwei dem "*Udite*"[12] folgenden Worten würde ich bis zum Ende des Rezitativs die Orchesterbegleitung herausnehmen. Das brächte das Stillschweigen der dem Ausrufer lauschenden Volksmenge besser zum Ausdruck; der Zuhörer, der die Botschaft genau verstehen will, braucht die Begleitung nicht, so daß der Baß allein[13] hinreichen würde; danach würde der Eintritt des Chores besonders wirkungsvoll sein. Dieser durch kleine Soli von Evandros und Ismene unterbrochene Chor scheint mir in der gut getroffenen Charakteristik eine sehr schöne Eröffnung zu sein. Das mehrfach erklingende viertaktige Orchester-Ritornell ist traurig, ohne düster zu sein, und von erlesener Einfachheit. Der Chor insgesamt würde in seinem Ton mehr überzeugen, wenn sich nicht vom zweiten Takt an allzu pathetische Ausdruckslagen einmischen würden.[14] Noch weniger schätze ich den Donnerschlag auf Seite 14,[15] dessen musikalische Darstellung mir, als zu äußerlich den Vorgang widerspiegelnd, deplaziert erscheint. Umso mehr schätze ich die Art und Weise, wie derselbe, auf Seite 34 wiederaufgenommene Chor sich an der Vorstellung entzündet, das Unglück könnte das Volk zu Boden schmettern.[16] (...)
"*E vuoi morire o misera.*" Diese unheilverkündende Psalmodie[17] ist von erhabener Einfalt und muß große Wirkung tun. Wenn

aber die gleiche Art melodischer Führung auf gleiche Weise zu den anderen Worten „*Altro non puoi raccogliere*" wiederkehrt,[18] erscheint sie mir frostig und fast platt. Die Stimme hebt sich natürlicherweise ein wenig, wenn man mehrmals hintereinander die gleiche Person anspricht; wäre deshalb eben dieselbe Psalmodie beim zweiten Mal nur einen Halbton höher auf dis bzw. es gesungen worden, so hätte das zugereicht, sie natürlicher und auch kräftiger erscheinen zu lassen. Im übrigen glaube ich, daß sie in irgendeiner Weise ein wenig hätte abgewandelt werden müssen. Außerdem befindet sich im achten und zehnten Takt ein Tritonus, der sich auf keine Weise verbergen oder auflösen läßt, wenngleich das letztere im zweiten Fall durch die zweite Violine geschieht;[19] das ergibt eine Akkordfolge, die ohne Fundament und wider die Regeln ist. Ich weiß, daß man mit einer Haltenote alles machen kann, ganz und gar in derlei Fällen, und ich lehne die Passage nicht rundweg ab, wenn ich ihre Unregelmäßigkeit verwerfe. (...)[20]

Nach dem Chor *„fuggiano"*[21] hätte ich das ganze Orchester schweigen und das Rezitativ *„ove son"*[22] nur vom Baß begleiten lassen, hätte dagegen unmittelbar nach den Worten *„Vè chi t'ami à tal segno"* ...[23] ein obligates Rezitativ mit einem edlen, prachtvollen und erhabenen Orchestereinsatz beginnen lassen, welcher in würdiger Weise den Entschluß ankündigt, den Alceste sogleich fassen wird; auch würde dies den Zuhörer befähigen, das volle Gewicht der Worte *„ah, vi son io..."* mitzuempfinden, welche durch die zwei vorangehenden Takte allzu bescheiden vorbereitet sind. Diese Orchestertakte könnten eine Entsprechung bilden zu den zwei Versen *„... qui tolle alla mia mente luminare si mostra..."*; so wäre der große Gedanke während aller Zwischenspiele dieses Rezitativs mit gleichem Nachdruck unterstützt worden. Die folgende Arie *„ombre larve"*[24] hätte ich in zwei bewegungsmäßig kontrastierenden Abschnitten komponiert, nämlich bis zu den Worten *„non voglio pietà"* in einem düsteren, schreckenerregenden Allegro, hingegen zu der Wendung *„se vi tolgo l'amato consorte"*[25] ein Adagio oder Largo voller Trauer und Süße. Herr Gluck, der Rondos nicht schätzt, möge mir zu sagen erlauben, daß dies hier ein Fall ist, da man diese Form sehr glücklich verwenden könnte, indem man den Rest des Monologes im zweiten Teil der Arie zusammenfaßt und das Allegro nur am Schluß wiederaufnimmt. (...)

Die Arie *„Eterni Dei..."*[26] erscheint mir von großer Schönheit; nur hätte ich gewünscht, daß ihr Ausdruck nicht in verschiedenen Taktarten variiert worden wäre; zwei, wenn sie schon notwendig sind, mögen angenehme Kontrastierungen ergeben, aber drei sind zuviel und zerbrechen die Einheit des Ganzen. Musikalische Gegenüberstellungen sind wirklich viel schöner und wirken stärker, wenn sie innerhalb einer gleichbleibenden Taktart aus Neukombinationen von Notenwerten und Silbenlängen geformt werden. Innerhalb eines unverändert beibehaltenen Tempos zu kontrastieren ist besser, weil man, um Vorstellungsbilder und Interesse zu erzeugen, seine Kunst weitestgehend verbergen sollte, diese Kunst sich aber entschleiert und fühlbar macht, sobald man das Tempo verändert. Aus dem gleichen Grunde wünschte ich, daß man die Tonart einer Arie sowenig wie möglich verändere, daß man sich, solange es geht, mit Tonika und Dominant begnüge und Wirkungen viel stärker in schönen Phrasierungen und melodischen Verbindungen suche als in einer gezwungenen Harmonie und Tonartwechseln. (...)

Die Arie „*Io non chiedo eterni Dei*"[27] zeichnet sich besonders zu Beginn durch eine köstliche Melodie aus, wie fast alle Arien dieses Komponisten. Worin aber besteht bei dieser Arie die Einheit der Form, der thematischen Prägungen, des Charakters? Mir scheint, es handelt sich gar nicht um eine Arie, sondern um eine Reihung mehrerer Arien. Daß die Kinder mit ihrem Gesang in den der Mutter einfallen, tadle ich nicht. Aber die Taktart wird sehr oft gewechselt, nicht, um mit zwei motivisch identischen Abschnitten zu alternieren und sie in Gegensatz zueinander zu bringen, sondern, um nacheinander völlig unterschiedliche Gesangsabschnitte zu durchlaufen. In diesem Stück wüßte man kein den Abschnitten gemeinsames Moment anzugeben, das sie zu einem Ganzen verbindet. Dies indessen scheint mir notwendig zu sein, um eine richtige Arie zu gestalten. Nachdem der Komponist sich in mehreren Tonarten bewegt hat, meint er sich dennoch verpflichtet, in Es[28] zu schließen, wie er begonnen hat, scheint also selbst zu empfinden, daß das Ganze auf einer Prägung aufgebaut und als Einheit geformt werden müsse. Diese kann ich jedoch in den verschiedenen Abschnitten dieser Arie nicht entdecken, es sei denn, man wolle sie in der veränderten Wiederholung des Allegros *„non comprende i mali miei"*[29] sehen, mit der das Stück endet; mir erschiene das nicht ausreichend, um die Verknüpfung aller Glieder zu sichern, aus denen die Arie sich zusammensetzt. Ich gebe zu, daß der erste Taktwechsel in bewundernswerter Weise den Sinn und die Gliederung der Worte wiedergibt; aber nicht weniger wahr ist, daß man zu diesem Ergebnis auch ohne Taktwechsel hätte gelangen können, daß diese Taktwechsel generell in ein und derselben Arie eben nicht nur Kontraste schaffen, sondern zugleich immer die musikalische Bewegung verändern, und endlich, daß dadurch zweimal hintereinander auf der Dominant kadenziert wird — eine Gleichförmigkeit, die man, so gut es irgend geht, vermeiden sollte. Ich bin außerdem so frei zu sagen, daß der letzte Takt auf Seite 27[30] mir im Verhältnis zur Betonung des Textes ausdrucksmäßig schwach erscheint. Die Quint der Melodie über dem Grundton im Baß und die hinzugesetzte kleine Terz ergeben für meine Ohren einen matten Akkord. Ich hätte die Melodie hier gern etwas lebhafter gestaltet und die Quint durch die Sexte ersetzt, etwa in der im Beispiel angegebenen Weise, die ich nicht dreistermaßen als Verbesserung ausgeben, sondern nur zur Erläuterung meiner Vorstellungen anführen möchte.

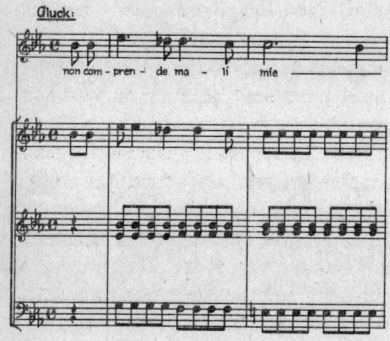

Der einzige Einwand, den ich gegen dies Rezitativ[31] erheben könnte, wäre, daß es zu schön ist; in Anbetracht des Platzes, den es einnimmt, stellt dies tatsächlich einen Tadel dar. Wenn der Komponist sich von Anfang an in enharmonischen Folgen ergeht, was will er dann in den darauffolgenden herzzerreißenden Situationen machen? Ich weiß sehr wohl, daß dies Rezitativ rühren und pathetisch sein muß, nicht aber, wie mir scheint, in so hohem Maße, weil, je weiter man voranschreitet, man mit den stärksten Mitteln haushalten soll, um den Zuhörer noch neu ansprechen zu können, wenn er selbst der schönen Dinge müde zu werden beginnt. In einer Oper scheint mir diese Abstufung unabdingbar notwendig zu sein.

Das Rezitativ des Oberpriesters[32] gibt ein schönes Beispiel für die Wirkung eines obligaten Rezitativs: Man kann das Orakel und die Würdigkeit dessen, der es verkündet, schlechterdings nicht besser darstellen. Das einzige, was ich mir hier wünschte, wäre eine mehr glänzende als drohende Ankündigung, weil mir scheint, daß Apoll weder so auftreten noch reden sollte wie Jupiter. Aus dem gleichen Grunde würde ich diesen Gott, den man uns als schönen jungen Blondkopf vorstellt, nicht Baß singen lassen. (...)

> *„Dilegua il nero turbine*
> *Me freme al trono intorno,*
> *O faretrato Apolline*
> *Col chiaro tuo splendor."*[33]

Dieser ganze Chor wäre in Rondoform besser, wobei die vier zitierten Verszeilen erst vom Oberpriester gesungen und dann vom Chor wiederholt werden sollten, ohne dabei die beiden letzten anzunehmen, die der Komponist nur dem Oberpriester gibt. Ihm sollten hingegen die folgenden Zeilen allein gehören:

> *„Sai che ramingo, esule,*
> *T'accolse Admetto un di,*
> *Che del Anfriso al margine*
> *Tu fosti il suo pastor."*

Der Chor, anstatt diese Zeilen zu singen, die nur der Oberpriester wiederholen dürfte, sollte die vier ersten wiederaufnehmen. Auch finde ich, daß die imitierende Beantwortung der zwei ersten Takte nicht genug Gewicht hat; ich zöge vor, daß der gesamte Chor syllabisch deklamiert wäre.
Übrigens habe ich mit großem Vergnügen die gleicherweise angenehme, einfache und kluge Art und Weise wahrgenommen, in der der Komponist auf den drei letzten Takten der Seite 39 von der dritten zur siebenten Stufe hin moduliert ... und wie er, nachdem er sich dort recht lang aufgehalten hat, auf einem entsprechenden Wege zu seinem Grundton zurückkehrt, wobei er im zweiten bis vierten Takt der Seite 43 abermals die Mediante durchschreitet. Was ich allerdings bei weitem nicht so ungezwungen finde, ist das Rezitativ *„Nume eterno"* auf Seite 52.[34] (...)
Nichts werde ich sagen zu dem Tanz auf Seite 17[35] und allen anderen Tänzen in diesem Werk. Was ich über Ballette denke, die die Stücke unterbrechen und der Anteilnahme des Publikums hinderlich sind, habe ich in meinem Artikel *„Oper"*[36] dargelegt. Ich habe seither meine Meinung in diesem Punkte nicht geändert, halte aber für sehr gut möglich, daß ich mich täusche. (...)
Im Rezitativ des Evander auf den Seiten 20 bis 22[37] wünschte ich mir ausschließlich den Baß zur Begleitung. (...)

Trotz des schmerzlichen Ausdrucks, der ihn prägt, halte ich den Chor auf Seite 22[38] für allzu pathetisch; allerdings scheinen mir die wechselnden Chöre zur Rechten und zur Linken und die Antworten der verschiedenen Instrumente diese Musik für die Bühne sehr interessant zu machen.

„*Popoli di Tessaglia*"[39] (Seite 24). Dieses Rezitativ der Alceste möchte ich als Beispiel einer rührenden und zarten Modulation anführen, die nicht bis zum Pathetischen geht, obwohl dieses nicht mehr weit entfernt ist. Die schönen Wirkungen dieser Stelle erzielt Herr Gluck durch Umkehrungen einer sehr einfachen Harmonie. Er wäre wohl der Meister der Kunst gewesen, sich lange auf ein und demselben Wege zu halten, ohne langweilig und frostig zu werden. Aber beim begleiteten Rezitativ „*Nume eterno*" auf Seite 52[40] kann man sehen, daß er nicht zögert, eine ganz andere Richtung einzuschlagen. (...)

1 Übersetzt nach der Ausgabe *Aux Deux Ponts*, 1782, Bd. 16, S. 266 ff. Dort sind die beiden Arbeiten über Gluck als Anhang zu *Lettre à M. Burney sur la Musique* veröffentlicht; Rousseau hatte geplant, die fragmentgebliebenen Arbeiten an Burney zu übersenden — wozu es dann nicht mehr kam. So blieb dem Herausgeber der ersten Gesamtausgabe, Prévost, die Aufgabe einer redaktionellen Aufarbeitung der teilweise unzusammenhängenden Notizen, welche durch den Zustand des hinterlassenen Manuskripts gezwungen war, passagenweise bei einer bloßen Aneinanderreihung der Bemerkungen Rousseaus stehenzubleiben. Gluck hat Rousseau ein Exemplar des auch heute noch in vielen Bibliotheken vorhandenen Drucks der ersten Fassung seiner *Alceste* mitgebracht, auf den sich die Seitenzahlen im Text beziehen: *Alceste, Tragedia. Messa in Musica dal Signor Cavagliere Cristoforo Gluck*, Wien (Trattnern) 1769. Darüberhinaus gibt es neben dieser ersten auch eine zweite italienische Fassung, unabhängig von der französischen von 1776, an der auch Du Roullet mitarbeitete.
2 Calzabigi.
3 *Alkestis* ist das früheste von Euripides erhaltene Drama, vgl. Euripides, *Werke in drei Bänden*, Bibliothek der Antike, Berlin und Weimar 1966, Bd. 1, S. 3–43, und zugleich das allen späteren Gestaltungen des Stoffes vorgegebene Modell, vgl. E. Frenzel, *Stoffe der Weltliteratur*, 4. Aufl. Stuttgart 1976, S. 34 ff.
4 Calzabigi.
5 Paris 1776.

6 Hier im Manuskript kein Zusammenhang. Dies wird im weiteren im Text durch (...) angegeben.
7 Vgl. den Anfang von Homers *Odyssee*. In dieser Passage hat Rousseau sich mehrmals selbst zitiert.
8 Nachmals Melodram genannt; der von hier bis zum Ende des Absatzes reichende Passus von Prévost hinzugefügt, desgleichen der letzte Satz des folgenden Abschnittes.
9 *Pygmalion* vgl. S. 169ff. dieser Ausgabe; hinsichtlich der Wirkung seines Experiments irrte Rousseau. Von Bendas Vertonung hätte er demnach keine Kenntnis gehabt.
10 Der Satz ist bei Rousseau unvollständig.
11 Seitenzahlen der unter Anm. 1 genannten Ausgabe.
12 Rousseau meint wohl die ganze dem *„udite"* folgende Wendung *„è giunto per lui l'ultimo dì"*. Es handelt sich in der Szene um die Mitteilung der Unglücksbotschaft: *„non ha soccorso, speme non hà d'inesorabil morte preda ugualmente sono nel tugurio i Pastrori i Re sul trono."*
13 *„... la Basse suffit seule";* es ist nicht ganz klar, ob Rousseau die Baßstimme allein oder den Continuo insgesamt meint – einiges spricht für das erstere. Gluck hat das Orchester jedoch auch in der Pariser Fassung beibehalten.
14 Rousseau meint eine chromatische Führung der Chortenöre und Bratschen im zweiten Takt, die in der französischen Fassung tatsächlich getilgt ist – wie übrigens die Rolle der Ismene insgesamt.
15 Bei *„peggior fulmine non hà"*, Takt 25/26, befindet sich eine – ebenfalls später beseitigte – rasche Violinfigur.
16 Dem entspricht S. 35 des Klavierauszuges der französischen Fassung, Neue Gluck-Gesamtausgabe, Kassel.
17 In der Wiener Partitur von 1769 auf S. 95, vgl. das Notenbeispiel.
18 Partitur S. 97. Die einer großen Arie der Ismene folgende Passage (*„Coro de Numi Infernali non veduto"*) steht in der ersten italienischen Fassung am Beginn des 2. Aktes.
19 Siehe Notenbeispiel 3. Wenn von einem Vorstoß wider die Regeln gesprochen werden kann, dann eher bei der zweiten als bei der ersten Stelle.
20 Hier wurden sechs Zeilen ausgelassen, Schluß einer Betrachtung über eine Nummer, dessen Beginn verloren ist.
21 *„Fuggiamo da questo soggiorno d'orrore"*, Partitur S. 60, in der Pariser Fassung 4. Szene des 1. Aktes, Auszug S. 68.
22 Partitur S. 62, Auszug S. 70.
23 Partitur S. 65, nicht in der Pariser Fassung: Offenbar trug Gluck dem Einwand Rechnung.
24 Partitur S. 67, nicht in der Pariser Fassung.

25 Partitur S. 68.
26 Da es in der von Rousseau besprochenen Fassung keine Arie „*Eterni Dei*"und keine zweite gibt, in der auf die von ihm getadelte Weise sehr unterschiedliche Teile aneinandergereiht sind, handelt es sich bei diesem Abschnitt ziemlich sicher um eine andere Fassung des — nachfolgenden — Kommentars zu der Arie „*Io non chiedo eterni Dei*", mithin bei „*Eterni Dei*" um eine flüchtig-ungenaue Zitierung.
27 Partitur S. 27, Auszug S. 23 (Prévost hat also auf eine chronologische Anordnung der Notate nicht genau achtgegeben). Gluck trug auch diesen Einwänden teilweise Rechnung, nahm aber gerade die Passage der Kinder heraus.
28 „*... de finir en E la fa.*"
29 Partitur S. 27 bzw. 30, Auszug entsprechend Allegro S. 24 unten bzw. S. 28 oben.
30 Dies betrifft den dritten Takt des zuvor angesprochenen Allegros „*non comprende i mali miei*", den Gluck tatsächlich verändert hat, vgl. Notenbeispiel 4, dort der Takt „*(ter-)ror che…*"
31 Es bleibt unklar, welches Rezitativ er meint.
32 Partitur S. 55, „*I tuoi prieghi, o Regina*", nicht in der Pariser Fassung. Der Oberpriester, in der italienischen Fassung ein Tenor, wurde in der Pariser Fassung zum Baß umgeschrieben, Apoll wurde gestrichen.
33 Auszug S. 41. In der Umarbeitung hat Gluck inbezug auf den Wechsel zwischen Oberpriester und dem Chor Rousseaus Ratschlag befolgt.
34 Mit gleichem musikalischen Material knapper gefaßt in der Pariser Fassung, Auszug S. 57.
35 Ein musikalisch bedeutendes *Andante espressivo* mit der Beischrift *Aria di Pantomimo che exprime desolazione e lutto*. Von den teilweise auch in der Kirche, zumal in Spanien, noch lebendig gewesenen Traditionen des kultischen Tanzes, welche hier beschworen werden, wußte Rousseau offenbar nichts.
36 S. 283 ff. dieser Ausgabe.
37 In umkomponierter Form im Auszug S. 14/15.
38 Umkomponiert im Auszug S. 16.
39 Auszug S. 20.
40 Vgl. Anm. 34.

Artikel aus dem „Wörterbuch der Musik"[1]

Vorwort

Unter den schönen Künsten ist die Musik diejenige, deren Terminologie den größten Umfang hat und für die ein Wörterbuch deshalb den meisten Nutzen bringt. So möge man das vorliegende nicht in die Reihe jener lächerlichen Kompilate stellen, welche die Mode, oder besser: die Manie der Wörterbücher von Tag zu Tag vermehrt. Wenn dieses Buch gut geschrieben ist, wird es den Künstlern nützen. Ist es schlecht, dann weder durch die Wahl des Gegenstandes noch durch die Form. Man hätte also unrecht, wenn man es des Titels wegen zurückwiese. Man muß es lesen, um es zu beurteilen.
Die Nützlichkeit seines Gegenstandes, das gestehe ich, bürgt nicht für diejenige des Buches; sie rechtfertigt lediglich, daß ich es zu schreiben unternommen habe — und das ist schon alles, was ich beanspruchen darf. Im übrigen empfinde ich sehr wohl, was seiner Ausarbeitung fehlt. Dies hier ist der Form nach weniger ein Wörterbuch als eine Materialsammlung für ein solches, welche nur auf eine geschicktere Hand wartet, die von ihr Gebrauch macht. Die Grundlagen dieses Buches wurden für die *Enzyklopädie* vor fünfzehn Jahren so hastig entworfen, daß ich, als ich es umzuarbeiten unternahm, ihm noch immer nicht die gebührende Solidität geben konnte — selbst wenn ich mehr Zeit gehabt hätte, den Plan zu bedenken und auszuführen.
Nicht von mir aus kam ich auf jenes Vorhaben; es wurde mir seinerzeit angetragen, und man fügte hinzu, daß das gesamte Manuskript zur *Enzyklopädie* vollständig vorliegen müßte, bevor eine einzige Zeile gedruckt würde. Man gab mir für meine Aufgabe nur drei Monate Zeit; drei Jahre hätten kaum ausgereicht, um die Autoren, die ich heranziehen mußte, zu lesen, zu exzerpieren, zu vergleichen und zusammenzustellen. Aber ein durch Freundschaft beflügelter Eifer machte mich blind gegenüber der Unmöglichkeit des Gelingens. Getreu meinem Wort und auf Kosten meines Rufes arbeitete ich schnell und

schlecht, weil ich außerstande war, es in so kurzer Zeit gut zu machen. Am Ende der drei Monate war das ganze Manuskript verfaßt, ins reine geschrieben und abgeliefert. Seither habe ich es nicht noch einmal durchgesehen. Wenn ich, wie die anderen Autoren, Band für Band vorangegangen wäre, hätte mein — dann besser überlegter — Versuch in der Form belassen werden können, die ich ihm damals gegeben hätte. Ich bereue nicht, daß ich den Termin eingehalten habe; aber ich bereue, daß ich mich durch ihn einschüchtern ließ und mehr versprochen habe, als ich halten konnte.

Immer unangenehmer berührt von den Mängeln meiner Arbeit, je mehr Bände der *Enzyklopädie* erschienen, beschloß ich, das Ganze aufgrund meiner Entwürfe umzuarbeiten und in Ruhe und mit größter Sorgfalt daraus ein eigenes Werk zu machen. Als ich an die Arbeit ging, hatte ich alle notwendigen Hilfsmittel zur Hand. Inmitten von Künstlern und Literaten lebend, konnte ich die einen wie die anderen um Rat fragen. Herr Abbé Sallier besorgte mir alle wichtigen Bücher und Manuskripte aus der Königlichen Bibliothek, und oftmals gewann ich aus Gesprächen mit ihm sicherere Erkenntnisse als aus meinen Forschungen. Ich glaube, dem Gedächtnis dieses ehrenhaften und klugen Mannes einen Tribut der Dankbarkeit zu schulden, an dem sicherlich alle die Autoren sich beteiligen werden, denen er hat helfen können.

Mein Rückzug aufs Land hat mich all dieser Hilfsmittel genau in dem Augenblick beraubt, da ich aus ihnen Nutzen zu ziehen begann. Es ist hier nicht der Ort, die Gründe dieses Rückzuges darzulegen; angesichts meiner Denkungsart wird man verstehen, daß die Hoffnung, ein gutes Buch über Musik zu schreiben, kein Argument war, das mich zurückhalten konnte. Von den Vergnügungen der Stadt entfernt, verlor ich rasch den Sinn für sie; der Kontakte beraubt, die mir bei der Erhellung meines alten Arbeitsgegenstandes hätten dienlich sein können, verlor ich ihn ganz aus dem Auge. Da die Kunst und ihre Theorie seither Fortschritte gemacht haben, von denen ich nichts erfahren konnte, sah ich mich außerstande, an ihnen teilzuhaben. Indes kam ich von Zeit zu Zeit, überzeugt von deren Nützlichkeit, auf meine Arbeit zurück, jedoch mit immer geringeren Ergebnissen und immer neu erkennend, daß die Probleme eines solchen Buches zu ihrer Bewältigung Informationen erfordern, die mir zu verschaffen ich nicht in der Lage war, und ein warmes Interesse, das ich nicht mehr aufbringen konnte. Endlich, da ich schon daran verzweifelte, es jemals besser machen zu können, und da ich schon im Begriff stand, endgültig von Ideen abzulassen, von denen mein Geist sich ohnehin mehr und mehr entfernte, habe ich mich hier im Gebirge[2] damit beschäftigt, alles zu sammeln, was ich in Paris und Montmorency geschrieben hatte. Und aus dieser schwer verdaulichen Anhäufung nun ist das vorliegende Wörterbuch hervorgegangen.

Dieser Bericht erschien mir notwendig, um zu erklären, auf welche Weise die Umstände mich gezwungen haben, ein Buch in so mangelhaftem Zustand herauszugeben, das ich mithilfe der Mittel, deren ich beraubt bin, viel besser hätte machen können. Ich sage das so offen, weil ich immer der Meinung war, daß der Respekt, den man dem Publikum schuldet, sich nicht darin äußern kann, daß man ihm Schmeicheleien anbietet, sondern darin, daß man ihm nur wahre und nützliche Dinge mitteilt bzw. solche, die man dafür hält; daß man nichts präsentiert, dem man nicht alle nur mögliche Sorgfalt angedeihen ließ, und sich bewußt bleibt, daß, auch wenn man sein Bestes gegeben hat, dieses für das Publikum doch immer noch nicht genug sei.

Andererseits freilich war ich nicht der Meinung, daß der unvollkommene Zustand, in dem ich dieses Werk gezwungenermaßen belassen muß, mich hindern sollte, es zu veröffentlichen. Denn weil ein Buch dieser Art der Kunst auf alle Fälle nützt, bleibt es unendlich viel leichter, ein gutes Buch auf der Grundlage dessen zu schreiben, was ich hier vorlege, als ganz von vorn zu beginnen. Die hierfür erforderlichen Sachkenntnisse sind vielleicht nicht übermäßig umfangreich, aber von sehr unterschiedlicher Art, und finden sich selten in ein und demselben Kopfe vereint. So mag meine Zusammenstellung denen viel Arbeit ersparen, die in der Lage sind, ihr die richtige Anordnung zu geben, und auf diese Weise könnte jemand, der meine Fehler aufdeckt, durchaus ein vorzügliches Buch zustandebringen, das er ohne das meinige niemals so gut hätte schreiben können.

Allerdings rate ich allen denjenigen, die nur gute Bücher dulden wollen, auf die Lektüre des vorliegenden zu verzichten; sie werden schnell befremdet sein. Diejenigen freilich, die das Schlechte nicht vom Guten abhält, die sich nicht allzusehr bei

Fehlern aufhalten bzw. sie durch andere Qualitäten annulliert sehen — endlich auch diejenigen, die von sich aus meine Fehler wettmachen, mögen vielleicht genug gute Artikel entdecken, um die schlechten zu dulden, und selbst in den schlechten genug neue und wahre Beobachtungen, die sie für die Mühe entschädigen, mit der sie sie aus den übrigen herausgefunden haben. Musiker lesen wenig; und doch kenne ich keine Kunstart, in der Lektüre und Reflexion dringlicher vonnöten wäre. Ich habe gemeint, daß ein Werk von der Art des vorliegenden genau das Richtige sein würde, und daß man, um es so nutzbringend wie möglich anzulegen, weniger das sagen sollte, was die Musiker wissen, als das, was sie lernen müßten.

Sollten Pfuscher und schlechte Musiker hier viele Irrtümer zu rügen haben, so setze ich darauf, daß wahre Musiker und Menschen von Geist darin nützliche Ansichten finden werden, aus denen sie Vorteil ziehen können. Die besten Bücher sind die, über die der Pöbel herzieht und von denen begabte Menschen profitieren, ohne viel darüber zu reden.

Nachdem ich die Gründe der Mittelmäßigkeit des Werkes und der von mir vermuteten Nützlichkeit dargelegt habe, müßte ich nun ins Detail gehen und einen Abriß des Planes geben, den ich mir vorgezeichnet habe, sowie der Art und Weise, in der ich ihm zu folgen versucht habe. Indem aber die Ideen, die sich in meinem Buch niederschlagen, meinem Geist entschwanden, verblaßte in meiner Erinnerung auch der Plan, nach dem ich sie anordnen wollte. Zunächst hatte ich vor, die Artikel so aufeinander bezogen zu behandeln und mit jeweils späteren durch Rückbezüge so zu verbinden, daß das Ganze die Annehmlichkeiten eines Wörterbuches mit den Vorzügen einer geschlossenen Abhandlung verbindet. Um diesen Plan auszuführen, hätte ich mir jedoch alle Teilbereiche der Kunst ständig gegenwärtig halten müssen und hätte keines behandeln können, ohne der anderen eingedenk zu bleiben. Der Mangel an Hilfsmitteln und mein nachlassendes Interesse vereitelten dies bald — was mich übrigens sogar im Anfang meiner Planungen und im Vollbesitz des ursprünglichen Eifers unendlich viel Mühe gekostet hätte. Mir selbst überlassen und, ohne kluge Ratgeber und Bücher zur Verfügung zu haben, die ich hätte befragen können, gezwungen also, jeden Artikel für sich zu behandeln und ohne Rücksicht auf die, die sich mit ihm berühren, sah ich mich, um Lücken zu vermeiden, zu Wiederholungen gezwungen. Jedoch habe ich geglaubt, daß in einem Buch von der Art des vorliegenden Fehler ein geringeres Übel wären als Auslassungen.

Deshalb lag mir besonders daran, das Vokabular zu vervollständigen und nicht nur alle technischen Termini aufzuführen, sondern lieber die Grenzen der Kunst manchmal zu überschreiten, als sie mehrfach gar nicht zu erreichen. Und das hat mich dazu gebracht, dieses Wörterbuch häufig mit italienischen und griechischen Wörtern zu durchsetzen. Die einen haben sich durch ständigen Gebrauch so sehr eingebürgert, daß sie längst auch in der Musikpraxis verstanden werden; den anderen, in entsprechender Weise von den Gelehrten akzeptiert, hat man wegen der Ungebräuchlichkeit dessen, was sie besagen, keine französischen Parallelbegriffe gegeben. Dennoch habe ich versucht, mich an mein Gesetz zu halten und den Übertreibungen Brossards[3] zu entgehen, der, ein französisches Wörterbuch herausgebend, darin das gesamte italienische Vokabular aufführt und Worte aufbläht, die der Kunst, die er behandelt, völlig fremd sind. Wer kommt schon auf den Gedanken, *la Vierge* (= die Jungfrau), *les Apôtres* (= die Apostel), *la messe* (= die Messe), *les morts* (= die Toten) für musikalische Termini zu halten, nur weil es Musikstücke gibt, die irgendwie auf diese Begriffe bezogen sind; wer hält schon Worte wie *page* (= Seite), *feuillet* (= Blatt), *quatre* (= vier), *cinq* (= fünf), *gosier* (= Kehle), *raison* (= Vernunft), *déjà* (= schon) für technische Begriffe der Kunst, nur weil man sich ihrer mitunter bedient, wenn man über Kunst redet?

Was jene Bereiche angeht, die mit der Kunst zu tun haben, ohne ihr substantiell zuzugehören, und die zum Verständnis der übrigen nicht unbedingt nötig sind, so habe ich weitestmöglich vermieden, sie zu benutzen. Das betrifft das unabsehbare Gebiet der Musikinstrumente, das allein schon ein Wörterbuch füllen würde, besonders, wenn man auch an die Instrumente der Alten denkt. Herr Diderot hatte sich dieses Gebiet in der *Enzyklopädie* aufgebürdet, und da es nicht in meinen ursprünglichen Plan hineinpaßte, habe ich auf seine Behandlung verzichtet, zumal ich ohnehin schon die Schwierigkeiten bemerkt hatte, meinen Plan auszuführen, wie er war.

Das Gebiet der Harmonie habe ich im Rahmen des Generalbaß-Systems abgehandelt, obwohl es, in vielerlei Hinsicht unvollkommen und mangelhaft, meiner Ansicht nach keineswegs mit der Natur und der Wahrheit in Einklang steht, woher eine dumpfe und konfuse Fülle resultiert statt guter Harmonie. Immerhin ist es ein System, und das erste seiner Art, und es blieb auch das einzige bis zu dem von Herrn Tartini, in dem nach bestimmten Grundsätzen diese Fülle isolierter Regeln zusammengefaßt ist, die allesamt willkürlich zu sein schienen und aus der Kunst des harmonischen Satzes mehr eine Probe auf das Erinnerungsvermögen als auf vernünftige Überlegung machten. Das System des Herrn Tartini, obwohl meiner Meinung nach besser, ist noch nicht so allgemein bekannt und genießt zumindest in Frankreich noch nicht die gleiche Wertschätzung wie das des Herrn Rameau; dieses konnte ich daher in einem Buch, das besonders für die französische Nation bestimmt ist, nicht ersetzen. Deshalb begnüge ich mich damit, seine Grundzüge in einem Artikel des *Wörterbuchs*[4] nach besten Kräften darzulegen. Ich meinte, diesen Akt der Ehrerbietung der Nation, für die ich schrieb, schuldig zu sein und ihrem Urteil über die Grundlagen der Harmonie vor dem meinigen den Vorzug geben zu müssen. Einiger notwendiger Einwände habe ich mich jedoch, im Interesse des Verständnisses der von mir behandelten Themen, nicht enthalten können, andernfalls ich die Brauchbarkeit des Buches dem Vorurteil der Leser geopfert, ihnen geschmeichelt hätte, ohne sie zu informieren, und meine Ehrerbietung zum Vorwande von Nachlässigkeiten gemacht hätte.

Ich ermahne Künstler und Liebhaber, dies Buch ohne Mißtrauen zu lesen und es mit der Unvoreingenommenheit zu beurteilen, deren ich mich beim Schreiben befleißigt habe. Ich bitte sie anzuerkennen, daß ich, der ich kein ausübender Künstler bin, kein anderes Interesse als das der Kunst im Auge habe. Hätte ich noch andere Interessen verfolgt, wäre ich natürlich verpflichtet gewesen, zugunsten der französischen Musik zu sprechen, in der ich immerhin einen bestimmten Platz habe, und gegen die italienische Musik, in der ich nichts gelte. Da ich aber ganz aufrichtig nur den Fortschritt einer Kunst verfolgt habe, die ich leidenschaftlich liebe, hat mein Vergnügen meine Eitelkeit zum Schweigen gebracht. Die ersten Erfahrungen fesselten mich lange Zeit an die französische Musik, für sie war ich unverhohlen begeistert. Aufmerksame und unparteiische Vergleiche jedoch zogen mich zur italienischen Musik hinüber, ihr habe ich mich mit derselben Offenheit verschrieben. Wenn ich hier mitunter meine Scherze getrieben habe, so nur, um anderen in deren Ton zu antworten; aber ich habe nie, wie diese es taten, schöne Worte als vollständigen Beweis hingestellt, und habe auch nur gescherzt, nachdem ich gründlich nachgedacht hatte. Nun, da Unglücke und Mißlichkeiten mich endgültig von Neigungen abgebracht haben, die mich nur allzusehr beherrschten, bestehe ich umso mehr, allein um der Liebe zur Wahrheit willen, auf den Urteilen, die ausschließlich die Liebe zur Kunst mir aufgetragen hat. In einem Werk wie diesem aber, das der Musik ganz allgemein gewidmet ist, kenne ich keine Musik, die — aus welchem Land sie auch stammen möge — nicht eine Musik für alle wäre. Auf Streitereien über die zwei Arten von Musik habe ich mich nur eingelassen, wenn es darum ging, irgendeinen wichtigen Punkt inbezug auf den allgemeinen Fortschritt zu erhellen. Zweifellos habe ich viele Fehler gemacht; aber nicht ein einziger, dessen bin ich sicher, ist mir aus Parteilichkeit unterlaufen. Sollte mir diese dennoch zu Unrecht von den Lesern angelastet werden — was schon könnte ich dagegen tun? Es könnte sich schließlich nur um Leser handeln, die nicht wollen, daß mein Buch ihnen von Nutzen sei.

Sollte man anderswo einige weniger wichtige Artikel entdekken, die sich auch in dem vorliegenden Buche finden, so mögen bitte diejenigen, die mir dies ankreiden, sich vor Augen halten, daß das Manuskript im Jahre 1750 aus meinen Händen ging, ohne daß ich wußte, was seither aus ihm geworden ist.[5] Ich beschuldige niemanden, meine Artikel übernommen zu haben; aber es wäre unredlich, wenn andere mich beschuldigten, ich hätte die ihrigen übernommen.

Môtiers-Travers, am 20. Dezember 1764

ACCENT — so nennt man in der allgemeinsten Bedeutung des Begriffs jede Modifikation der Sprechstimme in der Dauer oder im Ton der Silben bzw. Worte, aus denen sich die Rede zusammensetzt — worin sich eine sehr genaue Korrespondenz ergibt zwischen den beiden Anwendungen der ACCENTS und den beiden Bestandteilen der Melodie, Rhythmus und Tonhöhe. *Accentus*, sagt der Grammatiker Sergius im Donat,[6] *quasi est cantus*. Es gibt so viele verschiedene ACCENTS, wie es Arten gibt, die Stimme zu modifizieren; und es gibt so viele Arten von Akzenten, wie es Unterschiede solcher Modifikationen gibt.

In der einfachen Rede nimmt man drei dieser Arten wahr: den grammatikalischen ACCENT, der sowohl die Handhabung der ACCENTS im eigentlichen Sinne betrifft, durch welche der Ton der Silben hoch oder tief ist, als auch die Handhabung der Qualitäten, durch welche jede Silbe kurz oder lang ist; sodann den logischen oder rationalen ACCENT, den man leider meist mit dem ersten verwechselt; diese zweite Art von ACCENT, welche die Beziehung, die mehr oder weniger enge Verknüpfung der jeweiligen Aussagen und Ideen angibt, wird zum Teil durch die Interpunktion deutlich gemacht; und endlich den pathetischen oder oratorischen ACCENT, der durch verschiedenartige Modulationen der Stimme, durch Heben und Senken des Tons, durch lebhafteres oder langsameres Sprechen die Gefühle ausdrückt, die den Redenden bewegen und die dem Zuhörenden vermittelt werden sollen. Das Studium dieser verschiedenen ACCENTS und ihre Wirkungen in der Sprache sollte das wichtigste Anliegen eines Musikers sein.

Zu Recht betrachtet Dionysius von Halikarnassos den ACCENT ganz allgemein als den Keim jeglicher Musik. Auch sollten wir uns auf die unbestreitbare Prämisse einigen, daß ein Mehr oder Weniger von ACCENT als wahre Ursache dessen anzusehen ist, was die Sprache mehr oder weniger musikalisch macht; denn worin bestünde wohl die Beziehung zwischen Musik und Rede, wenn die Töne der singenden Stimme nicht die Akzente des Wortes nachahmten? — woraus eindeutig folgt, daß, je weniger derartige ACCENTS eine Sprache besitzt, desto eintöniger, matter und fader die Melodie sein muß — es sei denn, man suche in Lärmerei und in der Lautstärke der Töne jene Reize, die man in deren Vielfalt nicht finden kann.

Was den pathetischen und oratorischen ACCENT angeht, welcher der unmittelbare Gegenstand der nachahmenden Musik für die Bühne ist, so sollte man der soeben formulierten Prämisse nicht entgegenhalten, daß, weil alle Menschen gleichen Leidenschaften unterworfen seien, sie auch hierfür die gleiche Sprache besitzen müßten. Denn der allgemeine natürliche ACCENT, der jedem Menschen unartikulierte Schreie zu entreißen vermag, ist ein anderer als der ACCENT der Sprache, aus dem die besondere Melodik eines jeden Volkes hervorgeht. Allein schon ein Mehr oder Weniger von Phantasie und Feinfühligkeit, wie man es bei verschiedenen Völkern feststellen kann, muß — wenn ich so sagen darf — unendlich viele Unterschiede der akzentuierenden Rede zur Folge haben. Der Deutsche z. B. hebt die Stimme gleichmäßig und stark an, wenn er wütend ist, er schreit immer auf gleicher Tonhöhe; der Italiener, den bei einer gleichen Gelegenheit nacheinander und schnell tausend verschiedene Empfindungen bewegen, modifiziert seine Stimme in tausend Nuancen. Sein Gemüt mag von der gleichen Leidenschaft beherrscht sein: doch welche Vielfalt von Ausdrucksmöglichkeiten finden wir in seinen ACCENTS, in seiner Sprache! Eben genau in dieser Vielfalt soll der Musiker ihn nachahmen, wenn seine Melodie Kraft und Grazie haben soll.

Unglücklicherweise freilich lassen sich alle diese verschiedenen ACCENTS, die im Munde eines Redners so vollkommen zusammenstimmen, unter der Feder des Komponisten, der schon durch die besonderen Gesetze seiner Kunst eingeschränkt wird, keineswegs leicht versöhnen. Zweifellos wäre eine vollkommene oder zumindest die ausdrucksstärkste Musik diejenige, in der alle ACCENTS am genauesten wahrgenommen sind. Die diesbezügliche Bemühung jedoch wird dadurch erschwert, daß in dieser Kunst zu viele Regeln einander zuwiderlaufen; und je mehr sich widersprechen, desto weniger musikalisch ist die Sprache, denn keine Sprache ist vollkommen musikalisch; wäre dies der Fall, so würden die, die sich ihrer bedienen, singen anstatt zu sprechen.

Diese so überaus große Schwierigkeit, gleichzeitig den Erfordernissen aller ACCENTS nachzukommen, zwingt den Komponisten oft, dem einen oder dem anderen den Vorzug zu geben, je nach der Art des musikalischen Genres, mit dem er gerade befaßt ist. So bedürfen Tanzlieder vor allem eines rhythmischen und wohlgeordneten ACCENTS, dessen Charakter bei jeder Nation durch deren jeweilige Sprache geprägt ist. Im Rezitativ muß man vor allem den grammatikalischen ACCENT beachten, um eine recht feinfühlige Artikulation der Worte zu erreichen, eine Artikulation, die wegen der Schnelligkeit des Vortrags leicht in der durchklingenden Harmonie verlorengehen könnte. Der ACCENT der Leidenschaft hingegen steht obenan in dramatischen Arien. Diese beiden Arten von ACCENT wiederum sind, besonders in Orchesterstücken, einer dritten Art von ACCENT untergeordnet, welche man „musikalisch" nennen könnte und welche in gewisser Weise durch den Typus von Melodie bestimmt wird, welche der Musiker mit den Worten verbinden will.

Tatsächlich ist der erste und wichtigste Zweck aller Musik dem Ohre zu gefallen; deshalb soll jede Arie eine angenehme Melodie haben: dies das oberste Gesetz, das zu übertreten niemals erlaubt ist. Man soll deshalb beim Entwerfen einer jeglichen Arie zuallererst die Melodie und den musikalischen ACCENT im Auge haben. Sodann, wenn es um einen dramatischen, nachahmenden Gesang geht, soll man sich dem pathetischen ACCENT widmen, der dem Gefühl Ausdruck gibt, und dem rationalen ACCENT, mithilfe dessen der Musiker die Gedanken des Dichters richtig wiedergibt; denn, um anderen das Feuer zu vermitteln, das uns belebt, wenn wir mit ihnen reden, müssen wir ihnen verständlich machen, was wir sagen. Aus dem gleichen Grunde ist auch der grammatikalische ACCENT vonnöten, wie überhaupt diese zuletzt angeführte Regel nicht weniger unentbehrlich ist als die beiden zuvor gegebenen — weil der Sinn der Sätze und Phrasen ganz und gar vom Sinn der Worte abhängt. Freilich verspürt der Musiker, der seine Sprache beherrscht, selten das Bedürfnis, diesen ACCENT zu bedenken; er wird seine Melodie allerdings nicht formen können, ohne zu beachten, ob er gut oder schlecht deklamiert; oft scheint ihm das Bewußtsein zu genügen, daß er gut deklamieren sollte. Dennoch ist es ein Glücksfall, wenn eine biegsame und fließende Melodie sich all dem anbequemt, was die Sprache von ihr verlangt! Insbesondere die französischen Musiker besitzen Mittel, angesichts derer ihre Fehler in diesem Punkt ganz und gar unverzeihlich erscheinen, zumal in dem von Abbé d'Olivet verfaßten Traktat über die französische Prosodie,[7] den sie alle zu Rate ziehen sollten. Diejenigen, die höheren Ansprüchen zu genügen imstande sind, mögen die Grammatik von Port-Royal studieren und die klugen Bemerkungen jenes Gelehrten, der sie kommentiert hat.[8] Wenn sie sich auf die Regeln und wenn sich die Regeln auf die richtigen Grundsätze stützen, werden die Musiker beim Gebrauch von jeder Art grammatikalischem ACCENT stets sicher sein.

Was die beiden anderen Arten von ACCENT angeht, so kann

man ihre Anwendung viel weniger in Regeln fassen, so daß diese weniger Studium als Talent erfordert. Mit kaltem Blute wird man die Sprache der Leidenschaft nicht finden, und es ist eine vielfach beredete Wahrheit, daß man selbst bewegt sein muß, um andere bewegen zu können. Nichts also kann bei der Ergründung des pathetischen ACCENTS das Génie ersetzen, das nach Wunsch und Willen alle Gefühle zu erwecken vermag, und so gibt es in dieser Hinsicht keine andere Möglichkeit, als im eigenen Herzen jenes Feuer zu entzünden, das man in die Herzen anderer tragen will. Was den rationalen ACCENT angeht, so hat die Musik wenig Möglichkeiten, ihn wahrzunehmen – aus dem gleichen Grund, dessentwegen man taube Menschen das Hören nicht lehren kann; auch muß man ja eingestehen, daß dieser ACCENT der Musik weniger als die anderen zugehört, als einer Sprache mehr der Sinne als des Geistes. Gebt dem Musiker deshalb viele Bilder oder Gefühle zu gestalten auf und nur wenige einfache Ideen: denn nur die Leidenschaften singen; das begriffliche Denken hingegen spricht.

ACTEUR – ein Sänger, der eine Rolle in einer Opernvorstellung verkörpert. Abgesehen von all den Qualitäten, die er mit einem Schauspieler gemein haben muß, muß er noch viele weitere und besondere besitzen, um in seiner Kunst Erfolg zu haben. So reicht es nicht aus, eine schöne Sprechstimme zu haben, wenn er nicht über eine gleich schöne Gesangsstimme verfügt; die Sprech- und die Singstimme sind nicht so eng miteinander verbunden, daß die Schönheit der einen ständig die der anderen ersetzen könnte. Während man einem Schauspieler den Mangel mancher Qualitäten noch verzeihen würde, die erworben zu haben er sich dennoch schmeicheln kann, könnte man ihm doch niemals verzeihen, wenn er es gewagt hätte, sich für das Theater geeignet zu fühlen ohne natürliche, hierfür erforderliche Qualitäten, wie sie die Stimme eines Sängers darstellt. Bei dem Wort „Stimme" denke ich weniger an stimmliche Kraft als an Umfang, Sauberkeit und Flexibilität. Ich glaube, daß auf einem Theater, das die Herzen durch Gesänge rühren will, die harten und gellenden Stimmen verboten sein sollten, die die Ohren nur betäuben, und daß, wie klein die Stimme eines ACTEURS auch immer sein mag, dieser doch alles Nötige besitzt, wenn sie nur rein, anrührend und geschmeidig ist und wenn ihr Umfang zureicht. Kann er sich nur hörbar machen, wird er stets auch gut zu verstehen sein.

Hat der ACTEUR eine angenehme Stimme, so muß er sie für die Kunst ausbilden lassen; bedarf seine Stimme dessen nicht, so bedarf doch er selbst dessen, um den musikalischen Teil seiner Rollen mit Intelligenz zu erfassen und wiederzugeben. Nichts ist weniger erträglich und abstoßender, als einen Helden in den heftigsten Aufwallungen der Leidenschaften zu erleben, der sich gekünstelt und unfrei mit seiner Rolle quält und sich zum Stand eines Schülers erniedrigt, der seine Lektion schlecht wiederholt; der statt der Kämpfe der Liebe und der Tugend diejenigen eines dürftigen Sängers mit dem Takt und mit dem Orchester zum besten gibt und der in der Wahl der Töne unsicherer ist als in der Parteinahme auf der Bühne. Ohne Leichtigkeit gibt es weder Wärme noch Anmut; niemals wird der Sänger die Rolle, die ihm Mühe macht, gut wiedergeben können.

Für den ACTEUR der Oper reicht es nicht aus, ein ausgezeichneter Sänger zu sein, wenn er nicht zugleich ein guter Schauspieler ist; denn er muß nicht nur spürbar machen, was er selber sagt, sondern auch das, was er der Musik zu sagen übrigläßt. Das Orchester gibt keine Empfindung wieder, die nicht aus seinem Innern herkommt; seine Schritte, seine Blicke, seine Gestik, alles muß ständig mit der Musik übereinstimmen, ohne daß er merklich darüber reflektiert; er muß ständig Interesse erregen, auch wenn er schweigt; und auch wenn er mit einem schwierigen Gesangspart betraut ist, sollte er keinen Augenblick die Rolle außer acht lassen, um ausschließlich Sänger zu sein — sofern er nicht bloß als ein auf die Szene verschlagener Musiker erscheinen will: dann wäre er kein ACTEUR mehr. Als ein solcher Musiker wird auch einer, der schon ausgepfiffen worden ist, weil er kein ACTEUR war, in den anderen Partien glänzen können. Es gibt überhaupt keinen ACTEUR, dem man in dieser Hinsicht nicht den berühmten Chassé als Vorbild entgegenhalten könnte. Dieser ausgezeichnete Pantomime, der seine Kunst stets über sich selbst stellt und sich ständig bemüht, darin zu glänzen, steht dadurch weit über seinen Kollegen. Alle Liebhaber seiner Kunst werden die Talente dieses einzigartigen ACTEURS und verehrungswürdigen Menschen bewundern und ihnen später nachtrauern, und er wird mit seiner Persönlichkeit bei allen achtbaren Menschen ein ehrendes Gedenken hinterlassen.

ALLEMANDE — ein Gesangs- oder Instrumentalstück, dessen Musik vierzeitig ist und langsam taktiert wird. Von der Benennung her scheint es so, als sei diese Art Melodie aus Deutschland zu uns gekommen, obwohl sie dort überhaupt nicht bekannt ist. Die ALLEMANDE in der Sonate ist überall veraltet, so daß die Musiker heute sich ihrer kaum noch bedienen; diejenigen, die es noch tun, geben ihr lebhafte Bewegung.
ALLEMANDE ist auch ein in der Schweiz und in Deutschland wohlbekanntes Tanzlied. Das Lied wie der Tanz sind sehr fröhlich und werden in zwei taktiert.

BALLET — theatralische Aktion, die durch einen von Musik begleiteten Tanz dargestellt wird. Das Wort kommt vom altfranzösischen *baller* = tanzen, singen, sich erfreuen.
Ballettmusik muß noch mehr Ordnung und Akzentuierung haben als vokale, weil ihr mehrerlei zu bedeuten aufgegeben ist und sie allein dem Tänzer jene Wärme und jenen Ausdruck vermitteln muß, welche der Sänger aus dem Text beziehen kann, und weil sie darüberhinaus in der Sprache des Gefühls und der Leidenschaften all das ergänzen muß, was der Tanz den Augen des Zuschauers nicht mitteilen kann.
BALLET ist außerdem ein Name, den man in Frankreich einer bizarren Art von Oper gibt, in der der Tanz kaum besser am Platze ist als in den anderen Opern und auch keine bessere Wirkung hat. In den meisten dieser BALLETS werden in den Akten sehr verschiedene Themen behandelt, welche unter sich nur durch einige allgemeine, der Handlung fremde Bezüge verbunden sind und die der Zuschauer nie gewahr wird, es sei denn, der Verfasser habe im Prolog auf sie hingewiesen.
Die Ballettopern enthalten andere Ballette, welche man auch *Divertissements* oder *Fêtes* nennt. Dabei handelt es sich um eine Reihung von Tänzen, die ohne jede Handlung aufeinanderfolgen und worin die besten Tänzer nichts anderes mitzuteilen wissen, als daß sie eben gut tanzen. Dieser wenig theatergemäße Vorwurf mag hinreichen bei einem Ball, wo jeder Darsteller das Seinige getan hat, wenn er sich selbst amüsiert, und wo das Interesse des Zuschauers für die Personen ihn davon

dispensiert, sich für die Sache zu interessieren. Hingegen kann ein solcher Mangel an Handlung und Zusammenhang in einer dramatischen Szene nie geduldet werden, nicht einmal bei der Darstellung eines Balles, wo das Ganze immer noch durch irgendeine verborgene Handlung zusammengehalten werden muß, die die Aufmerksamkeit erhöht und den Zuschauer neugierig macht. Für dies Verfahren des Verfassers gibt es Beispiele, selbst in der französischen Oper; eines der schönsten findet man im Ball-Akt der *Venezianischen Feste*[9].

Ganz allgemein sollten ja der Tanz, der nichts darstellt außer sich selbst, und jedes Ballett, welches nur eine Ballszene ist, von der musikalischen Bühne verbannt sein. Tatsächlich ist eine Bühnenhandlung doch immer die Darstellung einer anderen Handlung, und was man sieht, ist nur ein Abbild der Bedeutung, die man ihr gegeben hat, so daß sich niemals einfach dieser oder jener Tänzer Ihnen präsentieren soll, sondern die Person, als die er verkleidet ist. Obwohl also der Gesellschaftstanz nichts darstellen kann außer sich selbst, sollte doch der Tanz auf der Bühne unbedingt die Nachahmung einer anderen Sache sein, wie entsprechend ein singender Schauspieler einen sprechenden Menschen darstellt und eine Dekoration andere Örtlichkeiten als die, wo sie sich befindet.

Die schlimmste Sorte von Ballettopern ist diejenige mit allegorischen Themen, wo es folglich nur Nachahmung von Nachahmung gibt. Die ganze Kunst dieser Art Bühnenstück besteht nur darin, dem Zuschauer in realen, wahrnehmbaren Bildern rein intellektuelle Bezüge zu vermitteln und ihn an alles andere denken zu lassen als an das, was er sieht — gerade als ob es, weitab von jeder engen Bindung an die Szene, ein Verdienst wäre, sich von ihr recht weit zu entfernen. Im übrigen erfordert dieses Genre so viel Subtilitäten im Dialog, daß der Musiker inmitten von Pointen, Anspielungen und Epigrammen auf verlorenem Posten steht, während der Zuschauer sich selbst nicht einen Augenblick vergessen kann. Wie man es auch anstellen mag: immer und ewig wird es nur das Gefühl sein, das ihn auf die Bühne entführen und ihn sozusagen mit den Darstellern identifizieren kann; alles ausschließlich Intellektuelle reißt ihn aus dem Stück heraus und bringt ihn zu sich selbst zurück. Man kann ja auch beobachten, daß die Nationen, die am meisten Geist auf dem Theater suchen bzw. ihn dorthin bringen, sich am wenigsten um die Illusion kümmern. Was also soll der

Musiker mit Stücken machen, die seiner Kunst keinen Angriffspunkt bieten? Da die Musik nur Gefühle und Bilder darzustellen vermag, wie soll sie abstrakte Ideen wie z. B. Allegorien wiedergeben können, bei denen der Verstand damit beschäftigt ist, einen Bezug zwischen den dargebotenen Dingen und denjenigen herzustellen, die man in ihm wachrufen will?

Wenn die Komponisten mehr über die wahren Grundsätze ihrer Kunst nachdächten, so würden sie bei der Auswahl der Stücke, mit denen sie sich befassen, wählerischer verfahren und nach mehr Wahrhaftigkeit im Ausdruck ihrer Gegenstände suchen; wenn die Worte einer Oper etwas sagen, wird auch die Musik bald zu sprechen lernen.

BARCAROLLES — Lieder in venezianischer Sprache, die die Gondolieri in Venedig singen. Obwohl die Lieder für das Volk und oft von den Gondolieri selbst komponiert sind, haben sie so viel Melodie und einen so angenehmen Akzent, daß es keinen Musiker in ganz Italien gibt, der sich zu gut wäre, sie zu kennen und zu singen. Der freie Eintritt, den die Gondolieri zu allen Theatern haben, ermöglicht ihnen, ohne Kosten Geschmack und Ohr zu bilden, so daß sie ihre Lieder als Leute komponieren und singen, die, obwohl sie die Feinheiten der Musik sehr wohl kennen, die einfache und natürliche Machart ihrer Barkarolen keineswegs verändern wollen. Die Texte dieser Lieder sind im allgemeinen mehr als natürlich — wie die Unterhaltungen derer, die sie singen. Und diejenigen, denen diese getreuen Darstellungen der Sitten des Volkes gefallen können und die darüberhinaus den venezianischen Dialekt lieben, begeistern sich, verführt durch die Schönheit der Melodien, sehr leicht für sie, so daß mehrere Liebhaber sehr große Sammlungen angelegt haben.

Vergessen wir nicht zum Ruhme Tassos anzumerken, daß die meisten Gondolieri einen großen Teil seines Epos *Das befreite Jerusalem* auswendig kennen, mehrere sogar ganz, und daß sie die Sommernächte auf ihren Gondeln damit zubringen, sie wechselweise von Gondel zu Gondel zu singen. Gewiß ist das als Barkarole ebensoschön wie das Gedicht von Tasso, vor welchem allein Homer die Ehre hatte, so gesungen zu werden; seither ist keinem epischen Gedicht ähnliches widerfahren.

BATTRE LA MESURE (= den Takt schlagen). Das bedeutet, die Taktzeiten durch Bewegungen der Hand oder des Fußes anzugeben, wodurch die Dauer der Zeiten geregelt und bei der Aufführung eine Übereinstimmung aller in der Zeitdauer bzw. im Tempo entsprechenden Takte gesichert wird.
Es gibt Takte, die in Ganzen, und andere, die in zwei, drei oder vier Zeiten geschlagen werden, wobei vier die höchste Zahl markierter Zeiten ist, die ein Takt enthalten kann; außerdem kann ein vierzeitiger Takt jederzeit in zwei zweizeitige aufgelöst werden. Bei allen Taktarten befindet sich der Niederschlag stets auf der unmittelbar nach dem Taktstrich stehenden Note und der Auftakt stets auf der ihr vorangehenden — es sei denn, der Takt werde in Ganzen geschlagen; selbst dann aber hat man stets eine schwache Taktzeit zu unterstellen, weil ein Niederschlag ohne vorangegangene Aufwärtsbewegung nicht denkbar ist.
Der Schnelligkeitsgrad eines Taktes hängt von mehreren Dingen ab: erstens vom Wert der Noten, aus dem der Takt sich zusammensetzt: Es ist leicht einzusehen, daß ein Takt, der eine ganze Note enthält, bedächtiger geschlagen werden muß und länger dauert als einer, der nur eine Viertelnote enthält; zweitens vom Tempo, wie es normalerweise am Beginn des Stückes durch ein französisches oder italienisches Wort wie *gai* (= fröhlich), *vite* (= schnell), *lent* (= langsam) etc. angezeigt wird. All diese Worte zeigen schon bei einer gleichen Taktart vielerlei Modifikationen des Tempos an; drittens endlich vom Charakter des Stückes selbst, welcher, wenn das Stück gut ist, das Tempo zwangsläufig richtig empfinden läßt.
Die französischen Musiker schlagen den Takt nicht in gleicher Weise wie die Italiener. Diese schlagen im vierzeitigen Takt nacheinander die ersten beiden Zeiten und haben die dritte und vierte Zeit in der Aufwärtsbewegung bzw. im dreizeitigen Takt die dritte, nachdem sie hier ebenfalls die ersten beiden geschlagen haben. Die Franzosen schlagen immer nur die erste Zeit und zeigen die anderen durch Handbewegungen nach links und rechts an. Dennoch bedarf die französische Musik viel stärker als die italienische eines gut markierten Taktes, denn sie trägt ihre rhythmische Ordnung nicht in sich selbst, ihren Tempi fehlt die natürliche Präzision; man beschleunigt oder verlangsamt den Takt je nach dem Belieben des Sängers. Wie sehr werden die Ohren in der Pariser Oper doch beleidigt

durch den ständigen, unerfreulichen Lärm, den der Taktschläger mit seinem Stock veranstaltet und den der „Kleine Prophet"[10] spaßigerweise mit einem Waldarbeiter vergleicht, der Holz schlägt! Allerdings läßt sich dies Übel nicht vermeiden: denn ohne diesen Krach würde man den Takt nicht wahrnehmen; von sich aus markiert die Musik ihn nicht, und so verspüren auch die Ausländer ihn in unseren Arien nicht. Einmal darauf aufmerksam geworden, wird man gerade hier einen der charakteristischen Unterschiede zwischen französischer und italienischer Musik finden. In Italien ist der Takt die Seele der Musik; besonders dieser intensiv nachvollzogene Takt gibt ihr jene Art Akzentuierung, die sie so anziehend macht, und der Takt auch ist es, der den Musiker bei der Aufführung ganz beherrscht. Im Gegensatz hierzu beherrscht in Frankreich der Musiker den Takt, er schwächt und entstellt ihn skrupellos. Was sage ich? Der gute Geschmack besteht ja gerade darin, ihn nicht fühlbar werden zu lassen — eine Vorsorge im übrigen, die keine besondere Anstrengung erfordert, ist doch die Pariser Oper das einzige Theater in Europa, wo man den Takt schlägt, ohne ihm zu folgen; überall sonst folgt man ihm, ohne ihn zu schlagen.

In dieser Frage gibt es einen gängigen Irrtum, der mit wenig Überlegung leicht widerlegt werden kann. Man meint, ein Zuhörer schlage den Takt eben deshalb mit, weil er ihn so lebhaft nachempfindet; dies aber geschieht im Gegenteil deshalb, weil er ihn nicht oder nicht deutlich genug empfindet und mit Hand- oder Fußbewegungen versucht, eben das zu ergänzen, was sein Ohr vermißt. Wenn eine Musik nur die geringsten Anhaltspunkte für ihre Taktordnung liefert, sieht man die meisten Franzosen, die ihr zuhören, tausend Verrenkungen und schreckliche Geräusche machen, um dem Takt auf den Weg zu helfen und das Ohr bei seiner Wahrnehmung zu unterstützen. Setzen Sie Italiener oder Deutsche an ihre Stelle, und Sie werden nicht das geringste Geräusch und nicht die geringste Geste wahrnehmen, die mit dem Takt übereingehen. Rührt das vielleicht daher, daß die Deutschen und Italiener inbezug auf den Takt weniger feinfühlig sind als die Franzosen? Es mag unter meinen Lesern manchen geben, dem es nicht schwerfällt, so zu urteilen. Wird er aber auch meinen, daß die besten Musiker diejenigen seien, die den Takt am wenigsten empfinden? Unbestreitbar schlagen diese ihn am wenigsten, und wenn sie sich durch Übung die Gewohnheit erworben haben, ihn ständig zu empfinden, schlagen sie ihn überhaupt nicht mehr; diese Erfahrungstatsache liegt jedermann offen vor Augen. Nun könnte man noch sagen, daß dieselben Leute, die ich darum tadele, daß sie nur den Takt schlagen, weil sie ihn nicht stark genug empfinden, ihn nicht mehr bei Musik schlagen, in der man ihn überhaupt nicht verspürt; ich antworte ihnen, daß dies der Fall sei, weil sie nun gar keinen Takt mehr empfinden. Das Ohr muß wenigstens durch eine schwache Ahnung von Takt berührt sein, damit der Instinkt versucht ist, ihn zu verstärken.

Die Alten, so meint Herr Burette, schlugen den Takt auf verschiedene Weise. Die häufigste bestand in Bewegungen des Fußes, der je nach dem Maß zweier gleicher oder ungleicher Zeiten vom Fußboden abgehoben wurde bzw. auf ihn klopfte. Dies war normalerweise die Aufgabe des Musikmeisters, den man Koryphäen nannte, weil er inmitten des Chores der Musizierenden auf einem erhöhten Platz stand, um von der Truppe besser gesehen und gehört werden zu können. Diese Taktschläger hießen im Griechischen Ποδοκτόποι oder Ποδοψόφοι wegen des Geräusches ihrer Füße bzw. Εωτοιαριοι wegen der Gleichförmigkeit der Gestik und, wenn man so sagen darf, wegen der Monotonie eines ständig in zwei Zeiten geschlagenen Rhythmus. Auf lateinisch nannte man sie *pedarii, podarii* oder *pedicularii*. Normalerweise zogen sie Schuhwerk oder Sandalen aus Holz oder Metall an, welche das rhythmische Klopfen verstärken sollten und auf griechisch κρουπέρια, κροίπαλα oder κροίπετα bzw. auf lateinisch *pedicula, scabella* oder *scabilla* hießen, weil sie kleinen Trittböden oder Schemeln ähnelten.

Sie schlugen den Takt nicht nur mit dem Fuß, sondern auch mit der rechten Hand, deren Finger sie zusammenlegten, um in die linke hohle Hand zu schlagen; wer auf diese Weise den Rhythmus angab, wurde *manuductor* genannt. Außer dem Klatschen der Hände und dem Klopfen der Sandalen haben die Alten den Takt auch noch mit Muscheln, Austernschalen und Tierknochen geschlagen, die man so gegeneinanderschlug wie heute bei Kastagnetten, Triangel und ähnlichen Instrumenten.

All dies unerfreuliche und bei uns wegen des rhythmischen Gleichmaßes unnötige Geräusch war bei ihnen keineswegs überflüssig, da die häufigen Wechsel der Rhythmen und Versfüße eine sehr diffizile Koordination erforderten und selbst noch dem Geräusch eine harmonische und interessante Variabilität gaben. Man muß noch hinzufügen, daß diese Art des rhythmischen Schlagens sich nur in dem Maße einbürgerte, in dem die Melodie an Bestimmtheit, Akzentuierung und Kraft verlor. Je weiter man zurückgeht, desto seltener findet man Beispiele solcher Taktschläger; in der Musik der hohen Antike sind sie überhaupt nicht zu finden.

BOURÉE — Melodie, die zu einem Tanz gleichen Namens gehört, der vermutlich aus der Auvergne stammt und in dieser Provinz noch gepflegt wird. Die BOURÉE ist ein zweizeitiger fröhlicher Tanz und beginnt mit einem Viertel vor dem ersten Niederschlag. Wie die meisten anderen Tänze besteht sie aus zwei Teilen in vier Takten, bzw. man multipliziert jeden mit vier. Man verbindet hier die zweite Hälfte der ersten Taktzeit mit der ersten der zweiten Taktzeit ziemlich häufig durch eine synkopierte halbe Note.

BRANLE — ein sehr fröhlicher Tanz, der im Kreise zu einer kurzen Melodie in Rondeauform getanzt wird, d. h. mit dem gleichen Refrain am Ende eines jeden Couplets.

BRODERIES, DOUBLES, FLEURTIS. Mit all diesen Bezeichnungen versieht man in der Musik verschiedene *ad-libitum*-Töne, die der Musiker in seiner Stimme während der Aufführung hinzufügt, um eine oft wiederholte Melodie zu variieren, allzu simple Passagen zu verzieren oder um mit der Geläufigkeit seiner Kehle bzw. seiner Finger zu glänzen. Nichts zeigt den guten oder schlechten Geschmack eines Musikers deutlicher als seine Auswahl und sein Gebrauch der Verzierungen. Die französische Vokalmusik ist mit BRODERIES sehr zurückhaltend und wird es von Tag zu Tag mehr. Mit Ausnahme des berühmten Jélyotte und von Mademoiselle Fel wagt kein französischer Darsteller mehr, auf der Bühne DOUBLES anzubringen, weil die französische Melodie, da sie seit etlichen Jahren mehr und mehr einen ziehenden und klagenden Ton angenommen hat, sie nicht mehr verträgt. Die Italiener hingegen lassen sich hier freien Lauf, bei ihnen wird es eher noch zunehmen — in einem Wettbewerb, der am Ende dazu

führt, des Guten zuviel zu tun. Da die Akzentuierung ihrer Melodie aber sehr gut wahrnehmbar ist, brauchen sie nicht zu fürchten, daß die wirkliche Melodie hinter den Verzierungen verschwindet, die der Komponist oft selbst angebracht hat.
Was die Instrumente angeht, so tut man in einem Solo was man will; hingegen wird ein verzierender Orchestermusiker in einem guten Orchester nicht geduldet.

CANARIE — eine Art Gigue, deren Melodie noch rascher bewegt ist als die der normalen Gigue, weshalb man manchmal $^{1}/_{16}$ vorzeichnet. Sie ist heute nicht mehr in Gebrauch.

CANTATE — eine bestimmte Art eines kleinen lyrischen Gedichts, das mit Begleitung gesungen wird und dem der Komponist, obwohl es für den intimen Raum gemacht ist, doch alle Wärme und alle Reize einer nachahmenden Theatermusik geben muß. Kantaten bestehen normalerweise aus drei Rezitativen und gleich vielen Arien. Rezitative, die nur berichten, und Arien, die sich in Lebensregeln ergehen, sind stets gefühlsarm und schlecht; der Komponist sollte sie verwerfen. Die besten Kantaten sind die, in denen die Hauptperson in einer lebendigen und anrührenden Situation selbst spricht — denn normalerweise sind unsere Kantaten für eine Solostimme komponiert. Es gibt allerdings auch solche für zwei Stimmen, in Dialog-Form, und diese sind auch recht angenehm, sofern man damit Anteilnahme erwecken kann. Da aber eine Exposition immer einige Umständlichkeiten erfordert, um den Zuhörer ins Bild zu setzen, sind die Kantaten nicht ohne Grund aus der Mode gekommen und, selbst in Konzerten, durch Opernszenen ersetzt worden.
Die Kantaten stammen aus Italien, wie schon ihre italienische Bezeichnung sagt, und in Italien sind sie auch zuerst verworfen worden. Die Kantaten, die man heute verfaßt, sind richtige dramatische Stücke mit mehreren Darstellern, welche sich nur darin von Opern unterscheiden, daß sie nicht auf der Bühne, sondern stets im Konzert aufgeführt werden. Wie in der Kantate weltliche, so werden im Oratorium geistliche Themen behandelt.

CARTELLES — große Blätter aus präparierter Eselshaut, auf denen man Notensysteme einkerbt, um beim Komponieren alles notieren zu können, was man will, und um es mit einem Schwamm wieder löschen zu können. Auf der anderen Seite, auf der sich keine Notenlinien befinden, kann man ins unreine schreiben; auch sie kann wieder abgewischt werden, vorausgesetzt, man läßt die Tinte nicht allzusehr eintrocknen. Ein sorgsamer Komponist kann eine CARTELLE sein Leben lang benutzen und sehr viele Stöße liniierten Papiers sparen. Freilich gibt es dabei auch Unbequemlichkeiten, weil die Feder ständig über die eingekerbten Linien hinstreicht und dabei leicht abstumpft und sich abnutzt. Die CARTELLES kommen aus Rom oder Neapel.

CASTRATO — ein Musiker, den man in seiner Kindheit seiner Zeugungsfähigkeit beraubt hat, um ihm die hohe, d. h. die Sopran-Stimme zu erhalten. Wie wenig Ähnlichkeit man auch zwischen zwei so verschiedenen Stimmen wahrnehmen mag — es ist sicher, daß die Verstümmelung der einen jene Mutation bei der anderen verhindert, welche sich bei Knaben in der Pubertät vollzieht und ihre Stimme plötzlich um eine Oktav senkt. In Italien gibt es barbarische Väter, die die Natur dem Profit zum Opfer bringen und ihre Kinder dieser Operation ausliefern — nur zum Vergnügen wollüstiger und grausamer Leute, die sich nicht entblöden, immer wieder nach dem Gesang jener Unglückseligen zu verlangen. Überlassen wir den ehrenwerten Frauen der großen Städte die unterdrückten Lacher, die entwürdigenden Mienen und die charmanten Aufforderungen, deren ewiger Gegenstand sie sind; aber laßt, wo immer es geht, die Stimme der Entrüstung und der Menschlichkeit erschallen, die sich laut erheben möge gegen diesen schändlichen Brauch. Mögen die Vornehmen, die ihn durch ihr Interesse unterstützen, eines Tages darob erröten, daß sie auf solche Weise der Erhaltung der menschlichen Gattung großen Schaden zufügen.

Im übrigen wird der Vorteil einer schönen Stimme bei den Kastraten durch viele andere Verluste aufgehoben. Diese Menschen, die so schön, aber ohne Wärme und Leidenschaft singen, sind auf der Bühne die langweiligsten Darsteller der Welt; sie verlieren ihre Stimme sehr früh und bekommen einen abstoßenden Spitzbauch. Sie sprechen und artikulieren schlechter als normale Menschen, und es gibt sogar Buchstaben — wie das R — die sie überhaupt nicht aussprechen können.

Obwohl das Wort CASTRATO auch empfindsame Ohren nicht beleidigen kann, tut dies sein französisches Synonym durchaus — als ein offenkundiger Beweis dafür, daß dasjenige, was bestimmte Worte unanständig und ehrenrührig macht, weniger von der Bedeutung abhängt, die ihnen beigelegt worden ist, als vom Gebrauch in der Gesellschaft, die sie je nach Belieben toleriert oder verdammt.

Man könnte jedoch sagen, daß das italienische Wort den Beruf bezeichnet, während das französische nur die Verstümmelung benennt, die damit verbunden ist.

CHACONNE — ein zum Tanzen komponiertes Musikstück, dessen Takt sehr stark markiert und dessen Tempo gemäßigt ist. Früher gab es CHACONNEN im Zweier- und Dreiertakt, jetzt nur noch im dreizeitigen. Gewöhnlich handelt es sich um Melodien, die man Couplets nennt und die auf verschiedene Weise über einem gleichbleibenden Baß komponiert und variiert werden — jeweils in viertaktigen Gruppen und fast immer auf der zweiten Taktzeit beginnend, um Zäsuren zu vermeiden. Man hat sich allmählich von der strengen Baßregel befreit und nimmt auf sie fast keine Rücksicht mehr.

Die besondere Schönheit der CHACONNE besteht in der Erfindung von Melodien, die die Bewegung gut markieren und, da sie oft sehr lang ist, im Abwandeln der Couplets, und zwar in einer Weise, in der sie gut kontrastieren und ständig die Aufmerksamkeit des Zuhörers erregen. Deswegen wechselt man gern vom Dur zum Moll bzw. umgekehrt, ohne sich dennoch weit von der Grundtonart zu entfernen; man wechselt auch vom Gravitätischen zum Fröhlichen oder vom Zarten zum Lebhaften, ohne jedoch das Tempo zu beschleunigen oder zu verlangsamen.

Die CHACONNE ist in Italien entstanden, sie war dort einstmals sehr in Mode, wie auch in Spanien. Heute kennt man sie nur noch in Frankreich, und zwar aus unseren Opern.

CHANT (= Gesang, Melodie) — eine bestimmte Modifikation der menschlichen Stimme, kraft derer man unterschiedliche, genau bestimmbare Töne hervorbringen kann. Dabei ist zu beachten, daß man, damit diese Definition umfassend genug sei, unter „bestimmbaren Tönen" nicht nur die verstehen soll, die wir mit den Notennamen unserer Musik bezeichnen und auf den Tasten unserer Klaviatur anschlagen können, sondern auch alle diejenigen, deren Einklang man finden oder wahrnehmen und deren Intervallschritte man in irgendeiner Weise berechnen kann.

Es ist sehr schwierig zu bestimmen, worin sich die sprechende Stimme von der singenden unterscheidet. Man spürt den Unterschied wohl, sieht aber nicht klar, worin er besteht, und will man ihn gar aufsuchen, so findet man ihn nicht. Herr Dodart hat anatomische Beobachtungen angestellt, aufgrund derer er tatsächlich glaubt, in den verschiedenen Positionen des Kehlkopfes die Ursachen der Unterschiede beider Stimmen gefunden zu haben; ich freilich bezweifle die Triftigkeit seiner Beobachtungen und der von ihm daraus gezogenen Schlüsse. Den Tönen, aus denen ein Wortklang geformt ist, scheint, um einen richtigen Gesang zu ergeben, nur die Beständigkeit der jeweiligen Tonhöhe zu fehlen; auch scheint es so, daß die verschiedenen Flexionen der Sprechstimme keine harmonischen Intervalle ergeben, wie sie zu unseren Tonsystemen gehören, und daß sie also, weil nicht in Noten darstellbar, für uns nicht im eigentlichen Sinne Gesang sein können.

Gesang scheint dem Menschen nicht von Natur gegeben zu sein. Obwohl die Wilden in Amerika schon singen, wenn sie sprechen, so sang der wahre Wilde doch niemals. Die Stummen singen nicht; sie vermögen keine Laute mit durchgehaltener Tonhöhe, sondern nur ein dumpfes Gebrüll zu formen, das das Bedürfnis ihnen entlockt. Ich möchte bezweifeln, daß Herr Pereyre bei all seiner Begabung jemals einem von ihnen irgendeinen musikalischen Gesang entlocken könnte. Kleine Kinder schreien und weinen, singen aber nicht. Die elementaren, natürlichen Äußerungen haben nichts Melodisches und Klangvolles an sich; singen wie sprechen lernen die Kinder nach unserem Beispiel. Der melodische und genau bestimmbare Gesang ist nichts als eine einfältige, künstliche Nachahmung der Akzentuierung einer sprechenden oder leidenschaftlich bewegten Stimme; man schreit und klagt, ohne zu singen, aber singend ahmt man Schreie und Klagen nach. Wie von allen Nachahmungen die der menschlichen Leidenschaften die interessanteste, so ist die angenehmste von allen Arten der Nachahmung der Gesang.

Speziell im Rahmen unserer Musik stellt CHANT die melodische Komponente dar, wie sie sich aus der Dauer und Aufeinanderfolge der Töne ergibt, jener Teil der Musik, von dem aller Ausdruck abhängt und dem alles übrige untergeordnet ist. Schöne Melodien überraschen uns zunächst, sie graben sich leicht in unser Gedächtnis ein, stellen aber auch oft für die Komponisten eine Klippe dar, denn während es nur des Wissens bedarf, um Akkorde anzuhäufen, bedarf es des Talents, um sich reizvolle Melodien einfallen zu lassen. Bei jedem Volk gibt es triviale und abgebrauchte melodische Wendungen, in die schlechte Musiker unaufhörlich zurückfallen; es gibt auch überladene *(baroque)*, die man allerdings nie benutzt, da das Publikum sie ablehnt. Neue Melodien zu erfinden ist dem Genie vorbehalten, schöne Melodien zu erfinden vermag auch ein Mann mit Geschmack.

Endlich nennt man CHANT im engeren Sinne nur die Vokalmusik; und bei mit Orchester begleiteten nennt man Gesangspartien *(parties de chant)* diejenigen, die für Singstimmen geschrieben sind.

COMPOSITEUR − derjenige, der Musik komponiert oder zumindest die Gesetze der Komposition kennt. Vgl. im Artikel COMPOSITION die Darstellung der Kenntnisse, die zum Komponieren notwendig sind.[11] Diese allein jedoch machen einen wahren Komponisten nicht aus. Alle nur irgend denkbare Kompositionswissenschaft reicht nicht aus, wenn nicht das Genie hinzukommt, das ein Werk zu formen vermag. Welche Anstrengungen man immer machen, welche Kenntnisse man immer haben möge − man muß für diese Kunst geboren sein; andernfalls wird man nur Mittelmäßiges hervorbringen. Es ist mit dem Komponisten wie mit dem Dichter: wenn die Natur ihn nicht von Geburt her als solchen geformt hat,

> *„...wenn er nicht vom Himmel jene geheime Eingebung erhalten hat,*
> *werden Phöbus ihm stumm und Pegasus widerspenstig bleiben."*[12]
> *(„S'il n'a recu du Ciel l'influence secrette,*
> *Pour lui Phébus est sourd et Pégase est rétif.")*

Was ich unter Genie verstehe, hat nicht das geringste zu tun mit jener Neigung zum Bizarren und Kapriziösen, die überall Gewundenes und Diffiziles anzubringen und die Harmonie nur mit Dissonanzen, Kontrastierungen und mit Lärm zu verzieren versteht. Es handelt sich vielmehr um jenes innerliche Feuer, das den Komponisten gegen seinen Willen verzehrt und quält und ihm unaufhörlich neue, immer angenehme Melodien eingibt, lebhafte, natürliche Ausdruckscharaktere, die zu Herzen gehen, und eine reine, rührende, prachtvolle Harmonie, die die Melodie stärkt und ziert, ohne je sie zu ersticken. Ein solcher göttlicher Funke hat Corelli, Vinci, Perez, Rinaldo, Jomelli, Durante im Heiligtum der Harmonie auf eine weisere Art geleitet, als ihnen selbst bewußt war, und Leo, Pergolesi, Hasse, Terradellas und Galuppi im Tempel des guten Geschmacks und des Ausdrucks.

CONCERT SPIRITUEL — Konzert, das in Paris öffentlich zu Zeiten veranstaltet wird, da die Bühnen geschlossen sind. Es findet in den Tuilerien statt; der Mitwirkenden sind sehr viele, und der Saal ist sehr schön geschmückt. Man führt dort Motetten und Orchesterstücke auf und gibt sich von Zeit zu Zeit auch das Vergnügen, ein paar italienische Arien zu verschandeln.

CONTRE-DANSE — Melodie zu einem Tanz gleichen Namens, welcher zu viert, zu sechst oder zu acht getanzt wird, auf Bällen normalerweise nach den Menuetten, weil er fröhlicher ist und mehr Menschen einbezieht. Die Melodien der CONTRE-DANSES stehen meist im zweizeitigen Takt und müssen klar gruppiert, brillant und fröhlich, dabei auch recht einfach sein; da man sie nämlich oft wiederholt, würden sie unerträglich, wenn sie kompliziert wären. Überall sind es ja gerade die einfachsten Dinge, deren man am wenigsten überdrüssig wird.

COPISTE — derjenige, der berufsmäßig Musik abschreibt. Mag die Typographie auch viele Fortschritte gemacht haben — man hat sie für Noten doch nie so erfolgreich verwenden können wie für die Schrift, sei es, weil die Freuden des Geistes beständiger sind als die des Ohrs (man langweilt sich viel weniger schnell bei denselben Büchern als bei denselben Liedern), sei es, weil zum musikalischen Eindruck immer die besonderen Schwierigkeiten hinzukommen, die sich aus der Kombination von Noten und Linien ergeben: denn würde man zuerst die

Notensysteme und dann die Noten drucken, so wäre es unmöglich, mit der erforderlichen Genauigkeit die Positionen einzuhalten. Wenn aber in der Drucktype jede Note mit einem Stück Notensystem verbunden ist, wie bei unserem Musikdruck, so passen die Linien schlecht zueinander, und man braucht eine verschwenderische Vielzahl von Typen; so macht das Ganze für das Auge einen so erbärmlichen Eindruck, daß man dies Verfahren zu Recht aufgegeben hat und zum Notenstich zurückgekehrt ist. Abgesehen davon, daß der Stich seinerseits auch nicht vor etlichen Mängeln gefeit ist, hat er auf alle Fälle den Nachteil, daß Partituren oder Stimmen viel zu langsam vervielfältigt werden, daß viel zu langsam in Partitur gebracht wird, was manche lieber in Einzelstimmen besitzen wollen, bzw. in Einzelstimmen gestochen wird, was andere wieder als Partitur haben wollen – daß man also den an Neuem Interessierten immer nur ältere, jedermann schon bekannte Musik anbieten kann. Immerhin hat man in Italien – dem Lande, in dem am meisten Musik gemacht wird – seit langem den Notendruck verworfen, ohne daß der Stich sich hätte einbürgern können; woraus ich schließe, daß die handschriftliche Kopie nach dem Urteil von Experten immer noch das beste ist.

Musik muß noch sauberer und genauer kopiert werden als normale Schrift; denn wer die letztere für sich in seinem Zimmer liest und über das Gelesene nachdenkt, bemerkt und korrigiert die Fehler in dem vor ihm liegenden Buch leicht, und nichts hindert ihn daran, die Lektüre zu unterbrechen und neu zu beginnen. In einem Konzert jedoch, da jeder nur seine eigene Stimme vor sich sieht und der schnelle Fortgang der Aufführung keine Zeit läßt, sich mit einem Schreibfehler zu beschäftigen, sind diese nicht korrigierbar. Oft wird ein wunderbares Stück verhunzt, die Aufführung gestört und selbst unterbrochen, alles geht verquer, Zusammenspiel und Wirkung sind verdorben, der Zuhörer ist vor den Kopf gestoßen und der Komponist entehrt – und dies alles nur durch den Fehler des Abschreibers.

Darüberhinaus hängt das Verständnis schwieriger Musik in hohem Maße von der Art und Weise ab, in der sie abgeschrieben ist; denn abgesehen von der Sauberkeit der Noten gibt es verschiedene Mittel, dem Leser die musikalischen Ideen vorstellig zu machen, die man verdeutlichen will und die er seinerseits wiedergeben soll. Oft findet man die Abschrift des einen lesbarer als die eines anderen, welcher dennoch angenehmer schreibt, weil der eine nur dem Auge gefallen will, während der andere mehr auf die wirklich nützlichen Dinge achtgibt. Der geschickteste Kopist wäre derjenige, dessen Noten sich mit allergrößter Leichtigkeit abspielen lassen, ohne daß der Musiker ahnt, aus welchen Gründen. Dies hat mich zu der Überzeugung gebracht, daß es kein unnützer Artikel ist, der die Pflichten und Sorgen eines guten Kopisten etwas detailliert darlegt; all dies könnte die Aufführung erleichtern und kann also nicht gleichgültig sein im Hinblick auf die Vervollkommnung einer Kunst, für die immer die Aufführung die größte Klippe darstellt. Ich weiß wohl, wie sehr ich mir selbst zu schaden im Begriffe bin, wenn man meine eigene Arbeit an meinen Vorschriften mißt, kann aber nicht ignorieren, daß derjenige, der den allgemeinen Nutzen im Auge hat, den eigenen hintanstellen muß. Ich bin Literat und habe über meinen Stand alles Schlechte gesagt, das ich von ihm denke; ich habe nur französische Musik gemacht und liebe doch nur die italienische; ich habe alle Mißstände der Gesellschaft aufgezeigt und bin doch auch glücklich durch sie. Selbst ein schlechter Kopist, lege ich nun also dar, was einen guten ausmacht. O Wahrheit! — nie haben vor dir eigene Interessen mir etwas gegolten; mögen sie nie den Kult beflecken, den ich dir geweiht habe.

Zunächst setze ich voraus, daß ein Kopist mit allen für seinen Beruf nötigen Kenntnissen versehen ist und über alle Begabungen verfügt, die für dessen überlegene Ausübung vonnöten sind. Welches nun sind diese Begabungen, welches diese Kenntnisse? Ohne daß ich ausdrücklich darüber sprechen muß, wird dieser Artikel von ihnen eine richtige Vorstellung geben. Alles, was ich sagen möchte, ist, daß ein Komponist, der sich für einen sehr fähigen Mann hält, immer noch weit davon entfernt sein kann, genau zu wissen, wie man die Komposition eines anderen korrekt abschreibt.

Da geschriebene Noten, besonders in Partituren, von den Ausführenden aus einiger Entfernung gelesen werden, ist ein Kopist vorab dazu verpflichtet, solche Materialien zu benutzen, mithilfe derer die Noten am besten sauber und lesbar geschrieben werden können. So sollte er gutes, starkes, weißes und mittelfeines Papier wählen, das nicht durchschlägt; derjenige wird am meisten geschätzt, der nicht zu löschen braucht, weil das Löschen mit Alaun dem Papier seine Weiße nimmt. Die Tinte

sollte sehr schwarz sein, ohne zu glänzen oder mit Gummi versetzt zu sein; die Liniierung fein, gleichmäßig und gut markiert, aber nicht so schwarz wie die Noten; vielmehr sollen die Linien etwas blaß sein, damit sich Kreuze, Doppelkreuze, Viertelpausen, Achtelpausen und andere kleine Zeichen nicht mit ihnen verbinden und die Note besser hervortreten kann. Keineswegs verhindert die Blässe der Linien, die Musik aus einiger Entfernung zu lesen; vielmehr erleichtert sie es dadurch, daß sie sich absetzt; selbst wenn man die Linie momentweise nicht erkennen kann, so ist sie doch durch die Position der Noten zumeist hinreichend kenntlich gemacht. Professionelle Linienzieher liefern nur schlechte Arbeit; will der Kopist Ehre einlegen, sollte er sein Papier selbst liniieren.
Es gibt zwei Formate von liniiertem Papier, eines in Hochformat für französische Musik, das andere in Breitformat für italienische. Man kann für beide das gleiche Papier benutzen, wenn man es jeweils im entsprechenden Sinne zuschneidet und liniiert. Wenn man es aber liniiert kauft, muß man bei den Papierherstellern in Paris die Bezeichnungen austauschen und italienisches Papier verlangen, wenn man französisches, und französisches, wenn man italienisches haben will. Dies qui-pro-quo bedeutet nicht viel, wenn man schon Bescheid weiß.
Um eine Partitur abzuschreiben, muß man die Linien zählen, die eine Akkolade umfaßt, und ein Papier wählen, das auf einer Seite genausoviel Linien enthält oder ein Vielfaches dieser Zahl, um keine Linie oder möglichst wenige zu verlieren, wenn ein Vielfaches nicht genau aufgeht.
Italienisches Papier hat normalerweise zehn Systeme, auf der Seite aufgeteilt in zwei Akkoladen mit je fünf Systemen für gewöhnliche Arien, zwei Linien für die beiden Geigenstimmen, eine für die Bratschen, eine für die Singstimme und eine für den Baß. Handelt es sich um ein Duett, oder kommen Flöten-, Oboen-, Horn- oder Trompetenstimmen hinzu, so hat man insgesamt nur eine Akkolade pro Seite, es sei denn, man läßt ein unnötiges System zeitweise weg, z. B. wenn die Bratsche ständig mit dem Baß mitläuft.
Folgendes muß man bei einer guten Aufteilung der Stimmen beachten: 1. Wie viele Orchesterstimmen man immer haben möge, immer gehört der Violinstimme als der wichtigsten die oberste Linie der Akkolade, wo sich die Augen am leichtesten

orientieren; diejenigen täuschen sich, die die Geigen unter die anderen Stimmen direkt über die Bratschen schreiben, nur, um es dem Continuo-Spieler zu erleichtern — abgesehen davon, daß es lächerlich ist, die Violinstimmen z. B. unter den Hörnern notiert zu finden, die viel tiefer spielen. 2. Innerhalb eines Stückes sollte man die Zahl der Linien niemals verändern, damit jede Stimme sich stets an der gleichen Stelle befindet. Es ist besser, Linien frei zu lassen, oder umgekehrt, wenn unbedingt notwendig, auf eine Linie zwei Stimmen zu schreiben, als die Akkolade jeweils zu erweitern oder zu verkleinern. Diese Regel gilt nur für italienische Musik; in Frankreich hat der Notenstich die Komponisten ohnehin mehr auf Raumersparnis als auf Erleichterungen für die Ausführenden achten lassen. 3. Nur im äußersten Notfalle sollte man zwei Stimmen auf ein System schreiben, und bei den Violinstimmen sollte man es ganz vermeiden, denn außer der zu befürchtenden Verwirrung sähe es aus wie eine Anweisung zum zweistimmigen Spiel auf einer Violine; auch müßte man darauf achten, daß keine Stimmkreuzungen vorkommen, weil sich diese auf einem System kaum sauber und lesbar notieren lassen. 4. Sind die Schlüssel einmal geschrieben und die Tonarten korrekt angezeigt, so sollte man sie nicht immer wieder neu schreiben, ebensowenig wie die Taktvorzeichnungen; es sei denn, daß in der ungleichen Anordnung der Akkoladen in französischer Musik der einzelne seine Stimme nicht gleich findet. In Einzelstimmen hingegen soll man den Schlüssel am Beginn jeder Notenzeile neu schreiben, und sei es nur, um diesen Beginn — da eine Akkolade fehlt — deutlich zu markieren.

Ist die Zahl der Notenlinien festgelegt, so muß man die Takteinteilung vornehmen; die Takte müssen zeitlich wie auch räumlich gleich groß sein, um der Zeit gewissermaßen einen Kompaß zu geben und die Stimme mithilfe des optischen Eindrucks zu führen. Der Raum eines Taktes muß auf alle Fälle so groß gewählt sein, daß er alle Noten aufnehmen kann, welche bei der größtmöglichen Unterteilung der Werte entstehen. Man hält kaum für möglich, wieviel Klarheit eine solche Rücksichtnahme in die Partitur bringt bzw. wieviel Schwierigkeiten man sich einhandelt, wenn man sie vernachlässigt. Wenn man einen Takt um eine ganze Note herum sehr eng schreibt — wie soll man da die sechzehn Sechzehntelnoten unterbringen, die vielleicht eine andere Stimme in demselben Takt zu spielen hat? Wenn man sich allein nach der Singstimme richtet, woher nimmt man dann den Raum für die Ritornelle? Mit einem Wort: Wenn man sich nur an den Unterteilungen einer Stimme orientiert, wie soll man diesen dann die oft andersartigen Unterteilungen der übrigen zuordnen können?

Nun ist es noch nicht genug, eine Arie nur in gleich große Takte einzuteilen, denn die Takte ihrerseits müssen auch in gleiche Taktzeiten eingeteilt werden. Wenn man auf diese Weise in allen Stimmen ein richtiges Verhältnis von Zeitdauer und Abstand herstellt, werden alle gleichzeitig erklingenden Töne aller Stimmen mit einer Genauigkeit untereinanderstehen, die ein Vergnügen fürs Auge ist und die Lektüre der Partitur sehr erleichtert. Wenn man z. B. einen Vierertakt in allen Stimmen in vier unter sich gleiche Abstände einteilt, so daß die Viertel Platz haben, die Achtel näher aneinander geschrieben sind und die Sechzehntel sehr eng stehen, alle jedenfalls im Verhältnis zu ihrem Wert, so braucht man nicht auf die eine Stimme zu schauen, wenn man die andere abschreibt, und alle korrespondierenden Noten werden so genau untereinanderstehen, als hätte man beim Schreiben nur auf die Vertikale achtgegeben. In solchen Partituren wird man allergenaueste Verhältnisse vorfinden zwischen verschiedenen Takten der gleichen Stimme ebenso wie zwischen verschiedenen Stimmen in einem gleichen Takt.

Zu solcher Genauigkeit der Verhältnisse kommt die saubere Ausführung der Notenzeichen. Zum Beispiel soll man nie überflüssige Noten schreiben; sobald man aber bemerkt, daß zwei Stimmen zusammengeführt werden und *unisono* weiterlaufen, soll man, wenn sie direkt untereinanderstehen und gleich geschlüsselt sind, in der einen auf die andere verweisen. Was die Bratsche angeht, so soll man, sobald sie mit dem Baß in Oktavparallelen läuft, auf diesen verweisen. Eine gleiche Vermeidung unnötiger Verdoppelungen sollte auch die *piano*-Anweisungen für das Orchester beim Beginn des Gesanges und die *forte*-Anweisungen, wenn dieser endet, betreffen; sonst sollte man sie genau unter die Stimme der ersten Violine und die des Basses setzen, was für eine Partitur ausreichen wird, in der sich die anderen Stimmen nach diesen beiden zu richten haben.

Schließlich gehört es zu den Aufgaben eines partiturschreibenden Kopisten, alle falschen Noten zu korrigieren, die sich in

der Vorlage finden. Ich verstehe unter falschen Noten nicht die Fehler der Kopie, die ihm als Vorlage dient. Die Vollkommenheit der seinigen besteht darin, getreu die Vorstellungen des Komponisten wiederzugeben, die guten wie die schlechten. Darüber hinauszugehen ist nicht seines Amtes, denn er ist weder Autor noch Korrektor, sondern Kopist. Gewiß soll er eine Note verbessern, die der Autor versehentlich falsch geschrieben hat; hat aber der Autor aus Unkenntnis einen kompositorischen Fehler begangen, so soll er ihn stehenlassen. Sollte er selbst besser komponieren können, so mag er das, wenn er sich dazu imstande fühlt, zu gegebener Zeit tun; sobald er aber abschreibt, hat er das Original zu respektieren. Man ersieht hieraus, daß es für einen Kopisten nicht genügt, in Fragen der Harmonie und der Komposition gut Bescheid zu wissen; er muß darüberhinaus in den verschiedenen Stilen zuhause sein, einen Komponisten an seiner Eigenart erkennen und gut unterscheiden, was er gemacht und was er nicht gemacht haben kann. Auch ist eine Art eigener Kritik vonnöten, um eine Passage mithilfe des Vergleichs mit einer anderen zu ergänzen, ein *forte* oder *dolce* zu schreiben, wo es vergessen worden ist, ungeschickt verbundene Phrasen zu trennen oder gar vergessene Takte zu ergänzen – wofür es selbst in Partituren Beispiele gibt. Zweifellos bedarf es etlicher Kenntnis und guten Geschmacks, um einen Text in aller Reinheit darzustellen. Man wird mir entgegnen, daß nur wenige Kopisten dies tun; darauf kann ich nur antworten, daß alle es tun sollten.
Bevor ich mit dem abschließe, was die Partituren betrifft, muß ich noch sagen, wie man hier die einzelnen Stimmen zusammenstellt – eine für sehr viele Kopisten beschwerliche Arbeit, eine leichte und einfache hingegen, wenn man dabei methodisch vorgeht.
Zunächst zählt man in allen Stimmen sorgfältig die Takte, um sicherzugehen, daß sie korrekt geschrieben sind. Dann legt man alle Stimmen übereinander, beginnend mit dem Baß, auf den man die anderen Stimmen genau in der Anordnung legt, die sie in der Partitur haben sollen. Man schreibt die Akkolade mit genauso vielen Systemen, wie man Stimmen hat, teilt sie in gleiche Takte ein, legt die geordneten Stimmen vor sich zur Linken hin und schreibt zuerst die erste Zeile der ersten Stimme, normalerweise der ersten Violine; mit Bleistift markiert man die Stelle, wo man stehengeblieben ist; sodann legt

man diese Stimme umgekehrt rechts neben sich. In gleicher Weise schreibt man sodann die erste Zeile der zweiten Violine ab, immer auf die erste verweisend, wo beide Stimmen *unisono* laufen; nachdem man wieder die entsprechende Stimme markiert hat, legt man auch diese Stimme umgekehrt nach rechts auf die der ersten Violine und verfährt so nacheinander mit allen Stimmen. Wenn man beim Baß angekommen ist, sieht man die gesamte Akkolade durch, um sich zu überzeugen, daß die Harmonie stimmt, ob alles zusammenpaßt und ob man sich nicht irgendwo getäuscht hat. Ist man so mit der ersten Partiturzeile fertiggeworden, nimmt man die rechts umgekehrt niedergelegten Einzelstimmen auf und legt sie, nun wiederum sie umkehrend, nach links zurück, so daß sie wieder in gleicher Weise und Anordnung liegen wie zu Anfang. Nun beginnt man die zweite Akkolade bei den Bleistiftmarkierungen, markiert entsprechend das Ende der zweiten Zeile und fährt so fort, bis das Ganze abgeschrieben ist.

Viel weniger habe ich zu sagen über die Art und Weise, in der man aus einer Partitur Einzelstimmen herausschreibt, weil das die einfachste Sache von der Welt ist; es reicht hin, auf folgendes zu achten: 1. Man muß die Länge der Stücke mit dem vergleichen, was auf eine Seite passen kann, um nicht gezwungen zu sein, bei den Instrumentalstimmen während einer Nummer umzublättern — es sei denn, man habe genug leere Takte auszuzählen, die dafür Zeit lassen. Diese Regel verpflichtet dazu, alle Nummern, die mehr als eine Seite füllen, auf einer linken Seite zu beginnen; es gibt kaum Nummern, die mehr als zwei Seiten füllen. 2. Alle *piano-* und *forte-*Anweisungen müssen mit allergrößter Genauigkeit in allen Stimmen geschrieben werden, und auch die Stelle, wo der Gesang einsetzt oder aufhört, muß markiert werden — was in der Partitur normalerweise fehlt. 3. Man soll nicht innerhalb eines Taktes von einer Notenzeile auf die andere übergehen, sondern versuchen, jeweils am Ende einer Zeile bei einem Taktstrich anzukommen. 4. Hilfslinien ober- oder unterhalb der fünf Notenlinien des Systems sollen nicht durchgezogen, sondern bei jeder Note für sich geschrieben werden, damit der Musiker sie nicht mit denen des Notensystems verwechseln kann, sich also verliest und nicht mehr weiß, wo er sich befindet. Dieses Gesetz gilt nicht minder für Partituren und wird von keinem einzigen Kopisten in Frankreich befolgt. 5. Die Oboen-Stimme, die man für ein großes Orchester aus denjenigen der ersten Violinen herauszieht,[13] sollten nicht genauso abgeschrieben werden, wie sie im Original stehen; da der Umfang dieses Instrumentes geringer ist als der der Geige, da es Piano-Stellen nicht ausführen kann wie diese und ihm die Beweglichkeit abgeht, ganz und gar in raschen Tempi, sollte die Kraft der Oboe dafür reserviert sein, die wichtigsten Noten der Melodie besser herauszuheben und der Musik mehr Akzentuierung zu geben. Hätte ich den Geschmack eines Musikers zu beurteilen, ohne ihn hören zu können, würde ich ihn aus einer Violin-Stimme einen Oboen-Part ausziehen lassen; jeder Kopist sollte das können. 6. Manchmal sind die Stimmen von Hörnern und Trompeten nicht in der Tonart der betreffenden Arie notiert; man soll sie transponieren oder sollte, falls man sie abschreibt, wie sie dastehen, darüber die wirkliche Tonart angeben, also *Corni in D sol re, Corni in E la fa* etc. 7. In der Bratschen-Stimme sollte man nicht zwischen Alt- und Baßschlüssel hin und her wechseln, sondern alle Passagen, in denen die Stimme mit dem Baß gleichläuft, in den Altschlüssel umschreiben; wobei noch etwas anderes zu beachten ist: Niemals soll diese Stimme die der Violinen übersteigen, weshalb man, wenn der Baß sehr hoch liegt, nicht die Oktav, sondern den Einklang schreiben soll; schließlich soll diese Stimme die ihr angemessene Mittellage nie verlassen. 8. Die Singstimme sollte stets kombiniert mit dem Baß abgeschrieben werden, so daß der Sänger sich selbst begleiten kann und nicht Mühe hat, den Zusammenhang seiner Partie zu erkennen und die Pausen zu zählen; in Duetten oder Terzetten sollte jede Gesangstimme außer dem Baß auch die anderen Gesangstimmen enthalten; schreibt man ein obligates Rezitativ ab, sollte man in jeder Instrumentalstimme den Gesangspart hinzufügen, so daß der Spieler auch ohne den Takt Bescheid weiß. 9. Was endlich die Gesangstimme anbetrifft, so soll man sorgsam die Achtel mit Balken verbinden bzw. mit Fähnchen für sich schreiben, damit der Sänger klar erkennt, welche zur jeweiligen Silbe gehören. Die von der Hand der Komponisten geschriebenen Partituren sind in diesem Punkte sehr widersprüchlich, so daß der Sänger zumeist nicht weiß, wie er Töne und Silben einander zuordnen soll. Ein mit den Regeln der Prosodie vertrauter Komponist, der sich in den Betonungen der Rede wie des Singens gleichermaßen auskennt, mag die Verteilung der Noten bestimmen und also einer Unsicherheit des Sängers zuvorkommen. Die Worte sollten sehr genau unter die Noten geschrieben sein und korrekt inbezug auf Betonungen und Orthographie; allerdings soll man keine Punkte oder Kommata anbringen oder häufige und unregelmäßige Wiederholungen, die der grammatikalischen Gliederung entgegenstehen: Es ist Sache der Musik, den Text zu interpunktieren. Der Kopist sollte sich da nicht einmischen, denn nicht zuletzt hieße dies Zeichen hinzufügen, die der Komponist überflüssig zu machen verpflichtet ist.

Ich komme zum Schluß, um diesen Artikel nicht übermäßig auszudehnen; habe ich doch schon zuviel gesagt für einen kundigen Kopisten, der eine gute Hand hat und Fähigkeiten in seinem Handwerk; für die anderen würde ich ohnehin niemals genug sagen können. Nur ein Wort will ich zum Schluß noch anfügen: Es gibt viele, die zwischen dem vermitteln, was der Komponist sich vorstellt und was der Zuhörer vernimmt. Aufgabe des Kopisten ist es, diese beiden Seiten so gut wie möglich einander anzunähern und recht klar alles anzuzeigen, was man tun kann, damit die klingende Musik dem Ohre des Komponisten genau das zurückbringt, was sich in seinem Kopfe darstellte, als er sie komponierte.

COURANTE — eine zu einem Tanz gehörige Melodie, welcher so genannt wird wegen des Hin- und Herlaufens, das zu ihm mehr gehört als zu jedem anderen. Die Melodie steht gewöhnlich in einem Takt in drei schweren Zeiten und wird in $^3/_2$ mit zwei Wiederholungen notiert. Sie ist nicht mehr in Gebrauch — wie der Tanz, dessen Namen sie trägt.

DESSEIN. Dies ist die Erfindung und Führung des Themas, die Disposition aller Abschnitte und die allgemeine Anordnung des Ganzen.

Es reicht nicht hin, schöne Melodien und einen guten Satz zu schreiben; man muß das Ganze durch einen Hauptgedanken verbinden, auf den sich alle Teile des Werkes beziehen und durch den sich das Werk als Einheit darstellt. Diese Einheit soll die Melodie, die Bewegung, den Charakter und die Harmonie ebenso bestimmen wie die Modulationen. All das muß auf eine Grundidee bezogen sein, die es zusammenfaßt. Die Schwierigkeit besteht nun darin, diese Regeln mit einer ungezwungenen Vielfalt zu vereinbaren, ohne die alles langweilig werden

würde. Zweifellos kann der Musiker, genau wie der Dichter und der Maler, zugunsten dieser reizenden Vielfalt alles wagen, vorausgesetzt, man präsentiere uns nicht unter dem Vorwand der Kontrastierung als wohlüberlegt entworfene Werke ganz und gar zerhackte Musiken, die sich aus kleinen, gewaltsam verkürzten Stücken und so gegensätzlichen Prägungen zusammensetzen, daß deren Verbindung sich als ein mißgestaltetes Ganzes darstellen muß.
Non ut placides coeant immitia, non ut Serpentes avibus geminentur, tigribus agni.[14]
In einer wohlüberlegten Disposition, in dem glücklichen Verhältnis aller Teile zueinander also besteht die Vollkommenheit des DESSEIN; ganz besonders in diesem Punkte hat der unsterbliche Pergolesi Urteilsvermögen und Geschmack bewiesen und alle Rivalen weit hinter sich gelassen. Sein *Stabat Mater,* sein *Orfeo* und seine *Serva Padrona* sind in drei verschiedenen Genres drei Meisterwerke von gleichermaßen vollendetem DESSEIN.
Diese Vorstellung eines ein ganzes Werk betreffendes DESSEIN wird nun auch auf jedes der einzelnen Stücke angewendet, aus denen es sich zusammensetzt. So entwirft man *(on dessine)* auch eine Arie, ein Duett, einen Chor etc. Dabei wird man, nachdem man sich von seinem Gegenstande eine Vorstellung gemacht hat, es nach Maßgabe einer guten Harmonieführung innerhalb der Stückabfolge, in der es erklingen soll, so plazieren, daß es dem Zuhörer nicht entgeht und seinem Ohre sich stets mit allen Reizen der Neuheit präsentiert. Es wäre ein Mangel an DESSEIN, das Sujet zu vernachlässigen; es wäre ein noch größerer Fehler, es bis zum Überdruß zu betonen.

DIVERTISSEMENT — eine Bezeichnung, die man bestimmten Reihungen von Tänzen und Liedern gibt, welche man in Paris in jedem Akt einer Oper einzufügen pflegt, sei es nun eine Ballettoper oder eine tragische Oper. Das lästige DIVERTISSEMENT zwingt den Verfasser, die Handlung in irgendeinem interessanten Augenblick zu unterbrechen, und es zwingt die stehenden Darsteller und die sitzenden Zuschauer, geduldig zuzusehen und zuzuhören.

DOUBLE — so nennt man Lieder mit einer in sich sehr einfachen Melodie, die man ausfiguriert und durch Hinzunahme mehrerer Noten „doubliert", die die Melodie abwandeln und ausschmücken, ohne sie zu entstellen. Die Italiener nennen das *variazioni*.

DUO (Duett) — so wird allgemein jede zweistimmige Musik bezeichnet; heutzutage aber schränkt man die Bedeutung ein auf zwei vortragende — vokale oder instrumentale — Stimmen und zählt die einfache Begleitung nicht mit. Also nennt man DUO (bzw. Duett) eine Musik mit zwei Stimmen, obwohl im Continuo-Baß eine dritte vorhanden ist und weitere im Orchestersatz. In einem Wort: Für ein Duett bedarf es also zweier Hauptstimmen, unter die die Melodie gleichberechtigt aufgeteilt wird.

Die für ein Duett und allgemein für zweistimmige Musik geltenden Regeln sind im Hinblick auf den harmonischen Satz die allerstrengsten; etliche Passagen und Übergänge, die bei größerer Stimmenzahl erlaubt wären, sind hier verboten: denn mancher Übergang und Akkord, welcher mit einem dritten oder vierten Ton im Satz annehmlich wäre, wird ohne diese das Ohr erschrecken. Bei nur zwei Tönen in jedem Zusammenklang muß eine schlechte Wahl unverzeihlich erscheinen. Früher waren diese Regeln noch viel strenger; sie haben sich jedoch in letzter Zeit gelockert, da jedermann zu komponieren begonnen hat.

Man kann das Duett unter zwei Gesichtspunkten betrachten, nämlich einfach als zweistimmigen Gesang, wie z. B. das erste Verspaar im *Stabat Mater* von Pergolesi — das vollkommenste und rührendste Duett, das je der Feder irgendeines Musikers entflossen ist.[15] Oder man kann es betrachten als Bestandteil der nachahmenden Theatermusik, wie es Opernduette sind. Im einen wie im anderen Falle erweist sich das Duett als die musikalische Form, die am meisten Geschmack und Treffsicherheit erfordert und am schwierigsten zu meistern ist, wenn man die melodische Einheit nicht preisgeben will. Man gestatte mir hier einige Beobachtungen über das dramatische Duett, bei dem zu den allgemeinen Schwierigkeiten, die jedes DUO bietet, noch ganz besondere hinzukommen.

Der Verfasser des Briefes über die Oper *Omphale*[16] hat treffend bemerkt, daß Duette im Sinne einer nachahmenden Musik unnatürlich seien: denn nichts sei weniger natürlich, als zwei Menschen für eine gewisse Zeit gleichzeitig aufeinander einreden zu sehen, sei es nun, daß sie das gleiche sagen oder sich widersprechen, ohne daß sie einander je zuhören oder antworten. Wenn diese Überlegung überhaupt in irgendwelchen Fällen angebracht ist, dann zumindest in der Tragödie, wo eine solche Ungehörigkeit sich weder mit der Würde der Personen, die man dort sprechen läßt, noch mit der Erziehung verträgt, die man bei ihnen erwartet. Bleiben also nur die Ausbrüche großer Leidenschaften, die zwei miteinander redende Helden dahin bringen können, sich gegenseitig ins Wort zu fallen und gleichzeitig zu reden; doch selbst in diesem Falle ist es höchst lächerlich, wenn diese gleichzeitigen Reden so verlängert werden, daß jede von ihnen sich zu einer eigenen Ansprache auswächst.

Das wichtigste Mittel zur Vermeidung dieser Absurdität wäre, Duette nur in lebhaften und rührenden Situationen zu plazieren, wo die Erregung die Gesprächspartner diese in ein Fieber stürzt, das wohl geeignet ist, sie selbst wie auch die Zuschauer jene Schicklichkeit auf dem Theater vergessen zu machen, die in gefühlskalten Szenen die Illusion befördert, in der Hitze der Leidenschaften hingegen sie zerstören würde. Das zweite Mittel wäre, das Duett, soweit dies irgend möglich ist, als Dialog zu behandeln. Ein solcher Dialog braucht ja nicht phrasiert und in große Abschnitte eingeteilt zu sein wie beim Rezitativ, sondern mag sich aus Fragen, Antworten, lebhaften und kurzen Ausrufen etc. zusammensetzen, die Gelegenheit schaffen, die Melodie abwechselnd und rasch von einer Stimme in die andere überwechseln zu lassen, ohne dabei auf die Formung einer melodischen Folge zu verzichten, die das Ohr zu erfassen vermag. Drittens sollte man darauf achtgeben, daß man nicht unterschiedslos alle starken Leidenschaften zum Gegenstand wählt, sondern nur diejenigen, mit denen sich jene sanfte, ein wenig in sich kontrastierende Melodik vereinbaren läßt, die im Duett angebracht ist, um den Gesang zu akzentuieren und den harmonischen Satz gefällig gestalten zu können. Wut und Aufwallung z. B. drängen zu sehr voran, man unterscheidet nichts, man vernimmt nur ein konfuses Gebell – und das Duett hat überhaupt keine Wirkung. Im übrigen passen solche ständig wiederkehrenden Beleidigungen und Beschimpfungen eher zu Ochsentreibern als zu Helden, und das Ganze ähnelt dann tatsächlich der Prahlerei von Leuten, die sich eher gegenseitig Angst machen als Böses tun wollen. Noch viel weniger sollte man die übertriebene Redeweise mit Begriffen wie „Reize" *(appas)*, „Ketten" *(chaînes)* oder „Flammen" *(flammes)*[17] benutzen — einen platten und kalten Jargon, den die wahre Leidenschaft niemals gekannt hat und dessen gute Musik ebensowenig bedarf wie gute Dichtung. Der Augenblick der Trennung, da einer der Liebenden in den Tod oder in die Arme eines anderen geht, die reumütige Rückkehr eines Treulosen, der rührende Wettstreit einer Mutter und eines Sohnes, die einer für den anderen sterben wollen — alle jene kummervollen Situationen, in denen man nicht umhinkann, kostbare Tränen zu vergießen: das wären die richtigen Anlässe, die man in einem Duett mit jener Einfachheit der Worte behandeln sollte, die zur Sprache des Herzens gehört. Alle Besucher der musikalischen Bühne wissen, wieviel Rührung und Mitgefühl das eine Wort *„addio"* in einem großen Zuschauerraum auslösen kann. Sobald sich aber etwas gewollt Geistreiches oder eine geschraubte Wendung vernehmen läßt, ist der ganze Reiz augenblicklich zerstört, und man langweilt sich oder lacht.

Dies einige Bemerkungen, die den Dichter angehen. Was den Komponisten betrifft, so ist es an ihm, eine dem Gegenstande angemessene Melodie zu finden und sie so aufzuteilen, daß, obwohl jeder Gesprächspartner auf seine Weise redet, der Ablauf des Dialogs insgesamt nur eine Melodie ergibt, die in ihrem Vorangang von einer Stimme zur anderen überwechselt, ohne das Thema oder zumindest ohne das Tempo zu ändern, ohne Sprünge zu machen, also immer eine und dieselbe bleibt. Duette mit zwei gleichen Stimmen machen die größte Wirkung, weil der Zusammenklang am dichtesten ist; und unter den gleichen Stimmen wiederum haben die Soprane die stärkste Wirkung, weil in ihrer hohen Lage die Deutlichkeit am größten und die Tongebung am rührendsten ist. Tatsächlich sind Duette dieser Art die einzigen, die die Italiener in ihren tragischen Opern benutzen, und ich zweifle nicht daran, daß der Einsatz von Kastraten in Männerrollen teilweise auf diese Erfahrung zurückzuführen ist. Doch obwohl eine Gleichartigkeit der Stimmen und Einheitlichkeit der Melodie vonnöten ist, bedeutet das nicht, daß die Parte sich in ihrem melodischen Zuschnitt genau gleichen müssen; denn es ist — abgesehen von einer angemessenen Unterschiedlichkeit der Redeweise — doch sehr selten, daß sich die Situationen der beiden Darsteller so vollkommen gleichen, daß sie ihren Gefühlen in genau gleicher Weise Ausdruck verleihen müssen. Der Musiker muß ihre Akzentuierungen also variieren und jedem der beiden eine Redeweise geben, die — ganz besonders bei wechselndem Vortrag — seinen Gemütszustand am besten darstellt.

Läßt man beide Stimmen zusammengehen (was selten geschehen und nicht lang dauern sollte), sollte man eine Melodie wählen, die in parallelen Terzen oder Sexten vorangehen kann, so daß die zweite Stimme ihre Wirkung tun kann, ohne die Aufmerksamkeit von der ersten abzuziehen. Harte Dissonanzen, durchdringende und verstärkte Töne und das Fortissimo des Orchesters sollte man den Situationen der Verwirrung und des Überschwangs vorbehalten, in denen die Darsteller sich zu vergessen scheinen, ihre Ekstasen dem Gemüt aller sensiblen Zuschauer mitteilen und sie die Gewalt der — sonst sparsam eingesetzten — Harmonie verspüren lassen. Solche Augenblicke aber sollten selten bleiben, kurz dauern und geschickt herbeigeführt sein. Man möge Ohr und Gemüt schon mit einer sanften, zärtlichen Musik auf eine Gefühlsäußerung vorbereiten, damit beide sich den mächtigen Erschütterungen öffnen. Diese müssen sodann mit einer Schnelligkeit vorbeigehen, die unserer Schwäche entspricht; denn wenn die Erregung sehr groß ist, darf sie nicht lange währen; alles, was sich von der Natur entfernt, rührt uns nicht mehr.

Da ich mir nicht schmeicheln darf, mich in diesem Artikel durchweg in der nötigen Eindeutigkeit verständlich gemacht zu haben, glaube ich ein Beispiel geben zu sollen, anhand dessen der Leser meine Ideen im Vergleich besser begreifen kann. Es ist der *Olympiade* von Metastasio entnommen; die Neugierigen werden anhand von Pergolesis Musik zu eben dieser Oper untersuchen können,[18] wie dieser erste Musiker seiner und unserer Zeit dies Duett behandelt hat, dessen Sujet ich hier gebe.

Megacles, der sich verpflichtet hat, für seinen Freund in einem Wettspiel zu kämpfen, bei dem der Sieger als Preis die schöne Aristea bekommen soll, erkennt in eben dieser Aristea die von ihm angebetete Geliebte. Gefesselt von dem Kampf, den er durchzustehen hat und den sie mit seiner Liebe zu ihr verknüpft sieht, sagt Aristea ihm dabei die zärtlichsten Dinge, die er nicht weniger zärtlich beantwortet — freilich mit der heimlichen Verzweiflung dessen, der weder sein Wort zurücknehmen noch vom Kampf zurücktreten kann, ohne all sein Glück zu opfern — und das Glück eines Freundes, dem er sein Leben dankt. Aristea, erschreckt von dem Schmerz, den sie in seinen Augen liest und den sein zweideutiges stoßweises Reden bestätigt, bezeugt ihm ihre Unruhe; und Megacles, der seine Verzweiflung und den Kummer seiner Geliebten nicht ertragen kann, entfernt sich, ohne sich zu erklären, und läßt sie in den größten Ängsten zurück. In dieser Situation singen sie das folgende Duett:

MEGACLES:
Mia vita ... addio
Ne' giorni tuoi felici
Ricordati di me
ARISTEA:
Perchè cosi mi dici
Anima mea, perchè?
MEGACLES:
Taci, bell' Idol mio.

ARISTEA:
Parla, mio dolce amor.
MEGACLES:
Ah! che parlando, oh Dio!
ARISTEA:
Ah! che tacendo, oh Dio!
Tu mi traffigi il cor!

ARISTEA (beiseite):
Veggio languir chi adoro,
Ne intendo il suo languir!
MEGACLES (beiseite):
Di gelosia mi moro,
E non lo posso dir!
BEIDE:
Chi mai provò di questo
affano più funesto,
più barbaro dolor?

Mein Leben ... Addio
In deinen glücklichen Tagen
Erinnere dich meiner

Warum sprichst du so zu mir,
meine Seele, warum?

Schweig, o meine schöne Göttin.

Sprich, meine süße Liebe.

Ach, welche Rede, o Götter!

Ach, welch Schweigen, o Götter!
Du durchbohrst mir das Herz!

Ich sehe ihn leiden, den ich anbete,
Ich verstehe sein Leiden nicht!

Ich sterbe vor Eifersucht,
und darf es nicht sagen!

Wer aber erfuhr
je schwereres Leid,
je wilderen Schmerz?

Obwohl dieser gesamte Dialog nur eine Handlungsfolge darzustellen scheint, kommt er einem Duett doch sehr nahe — kraft der Einheit des Gegenstandes, welche nun den Musiker, ganz im Sinne des Dichters, zur Vereinheitlichung der Stimmen veranlaßt.

Die Buffo-Duette, wie man sie in Intermezzi und komischen Opern findet, werden normalerweise nicht für zwei gleiche Stimmen geschrieben, sondern für Baß und Sopran. Zwar haben sie nicht das Pathos tragischer Duette, dafür aber lassen sich in ihnen eine pikante Vielfalt, sehr unterschiedliche Akzentuierungen und prägnantere musikalische Charaktere unterbringen. Alle Anmut der Koketterie, alle Übertreibungen der Mantelrollen, alle Konflikte zwischen den Torheiten unseres Geschlechtes und den Listen des anderen sowie alle mit dem Sujet verbundenen Ideen — diese Dinge können dazu beitragen, die Duette anmutig und interessant zu machen, für die im übrigen inbezug auf den Dialog und die Einheit der Melodie dieselben Regeln gelten wie für die früher besprochenen. Um ein für meinen Geschmack in jeder Hinsicht vollkommenes komisches Duett zu finden, brauche ich den unsterblichen Meister nicht erst zu verlassen, der mir die beiden anderen Beispiele geliefert hat, und zitiere das erste Duett aus der *„Serva padrona": „Lo conosco a quegl' occhietti..."* Ich nenne es dreist einen Modellfall für gefälligen Gesang, einheitliche Melodie, einfache, prächtige und reine Harmonie, für gute Dialogführung und guten Geschmack, ein Stück, dem es an nichts fehlt, wenn es gut wiedergegeben wird, und das die Zuhörer, die zuzuhören verstehen, in seinem Wert zu schätzen wissen.

EFFET — der angenehme und starke Eindruck, den eine vorzügliche Musik auf Ohr und Geist des Zuhörers macht: In diesem Sinne bezeichnet schon dieses eine Wort EFFET für die Musik eine große und schöne Wirkung. Nicht nur von einem Werk sagt man, daß es EFFET mache; man bezeichnet außerdem als *choses d'EFFET* alle diejenigen Stücke, bei denen die hervorgerufenen Empfindungen weit über die Mittel hinauszugehen scheinen, die zu ihrer Auslösung eingesetzt wurden.

Lange Erfahrung mag dahin führen, daß man die *choses d'EFFET* auf dem Papier kennt; nur aber das Genie findet sie. Es ist ein Irrtum schlechter Komponisten und aller Anfänger, daß sie Stimme auf Stimme, Instrument auf Instrument häufen, um den EFFET zu finden, der sich ihnen entzieht, und, wie einer der Alten sagte, einen riesengroßen Mund zu öffnen, um auf einer kleinen Flöte zu blasen. Sie werden angesichts jener so überladenen, vollgestopften Partitur entgegnen, daß man Sie mit Wunderwirkungen überraschen wollte; und wenn Sie tatsächlich beim Anhören all dessen überrascht sind, so deshalb, weil Sie eine kleine, magere, dürftige, konfuse Musik hören, eine Musik ohne EFFET, die eher dazu geeignet ist, die Ohren zu verstopfen statt sie zu erfüllen. In den Partituren der großen Meister hingegen muß das Auge jene sublimen und bezaubernden EFFETS suchen, die ihre Musik ausübt, sobald man sie spielt. Deshalb werden überflüssige Details von dem wahren Genie ignoriert oder verachtet; ein Genie will Sie keineswegs mit einer Fülle kleiner und kindischer Einzelheiten erfreuen, sondern durch große EFFETS bewegen, denn immer besteht sein Wesen in der Vereinigung von Kraft und Einfachheit.

ENSEMBLE — adverbial, oft substantivisch gebraucht. Ich werde mich nicht bei der Erklärung dieses Wortes aufhalten, insofern sie die wohlabgewogene Beziehung aller Bestandteile eines Werkes unter sich und auf das Ganze betrifft, weil dies eine Bedeutung ist, die man ihm in der Musik nur selten beilegt. Der Begriff wird fast nur auf die Ausführung angewendet, wenn die Mitwirkenden in der Intonation oder im Rhythmus so vollkommen übereinstimmen, daß sie nur von einem einzigen Geist beseelt scheinen und die Aufführung all das getreu zu Gehör bringt, was das Auge in der Partitur wahrnimmt.
Ein solches ENSEMBLE hängt nicht nur von der Geschicklichkeit ab, mit der jeder seinen Part liest, sondern von der Intelligenz, mit der er deren besonderen Charakter nachempfindet, und von der Einfügung ins Ganze — betreffe dies nun eine genaue Phrasierung, genaue Befolgung der Tempi, die rechtzeitige und wohldosierte Ausführung der *forte*- und *piano*-Vorschriften oder die Hinzufügung der angezeigten Verzierungen, welche vom Komponisten als notwendig angegeben sind und keinesfalls weggelassen werden dürfen. Die Musiker mögen so geschickt sein, wie sie wollen: Ein ENSEMBLE wird nur zustandekommen, sofern sie selbst den Geist besitzen, welcher der von ihnen gespielten Musik eigen ist, und sofern sie aufeinander hören; denn es wäre unsinnig, ein vollkommenes ENSEMBLE in einem Konzert von Stummen zu suchen oder bei einer Musik, deren Stil den Ausführenden ganz fremd ist. Insbesondere die Musikmeister, Dirigenten und Kapellmeister

müssen die Musiker führen, zurückhalten oder anfeuern, um überall ein echtes ENSEMBLE-Spiel zu erreichen. Genau dies tut ein guter Konzertmeister stets durch gewisse Übertreibungen in der Ausführung, durch welche er deren Charakter allen Ohren einprägt. Die vortragende Singstimme ist dem Baß und dem Takt unterworfen; die erste Violine sollte ihr zuhören und folgen, und das Orchester wiederum sollte der ersten Violine zuhören und ihr folgen; und das Cembalo endlich, welches wir als vom Komponisten gespielt annehmen, sollte der echte und oberste Führer aller sein.

Allgemein läßt sich sagen, daß, je mehr Charakter der Stil, die Perioden und Phrasen, die Melodie und die Harmonie besitzen, desto leichter ein ENSEMBLE zu erreichen ist, weil eine gleiche Vorstellung, die sich allen Köpfen gleichermaßen deutlich einprägt, die Ausführung beherrschen wird. Wenn die Musik hingegen nichts aussagt und man nur eine unverbundene Tonfolge wahrnimmt, gibt es nichts, worauf jeder Spielende seinen Part beziehen kann, und so muß die Ausführung immer schlecht ausfallen. Aus diesem Grunde kann französische Musik nie ein echtes ENSEMBLE zustandebringen.

ENTR'ACTE – der Zeitraum zwischen dem Ende eines Aktes einer Oper und dem Beginn des folgenden, in welchem die Vorstellung unterbrochen wird, während die Handlung sich angenommenerweise anderswo fortsetzt. In Frankreich füllt das Orchester diesen Zeitraum durch die Aufführung eines Musikstückes, das ebenfalls den Namen ENTR'ACTE trägt.

Es hat nicht den Anschein, daß die Griechen ihre Dramen je in Akte aufteilten; demzufolge kannten sie keine ENTR'ACTES. In ihren Theatern wurde die Aufführung vom Beginn des Stückes bis zum Ende überhaupt nicht unterbrochen. Das taten erst die Römer, die, weil weniger begeistert vom Theater, damit begannen, sie in mehrere Teile zu zerlegen, deren Pausen der Aufmerksamkeit der Zuhörer Entspannung boten; und dieser Brauch hat sich bei uns fortgesetzt.

Da der ENTR'ACTE dazu geschaffen wurde, die Aufmerksamkeit zu mindern und den Geist des Zuhörers zu entspannen, muß die Bühne leer bleiben; die Zwischenspiele, mit denen man sie ehemals füllte, stellten eine höchst geschmacklose Unterbrechung dar, die dem Stück unfehlbar Schaden zufügte, weil sie bewirkten, daß man den Faden der Handlung verlor. Doch selbst Molière erkannte diese so einfache Wahrheit nicht; die ENTR'ACTES seines letzten Stückes[19] waren voll von Zwischenspielen. Die Franzosen, deren Theaterstücke mehr Verstand als Feuer haben, und die es nicht mögen, wenn man sie auf allzulange Zeit zur Ruhe zwingt, haben die ENTR'ACTES seither auf die Einfachheit reduziert, derer sie bedürfen. Im Interesse der Vervollkommnung der Theater bleibt nur zu wünschen, daß ihr Beispiel überall befolgt werde.

Die Italiener, die sich oft mehr durch ein überfeines Empfinden leiten lassen als von Überlegung, haben den Tanz aus der dramatischen Handlung verbannt. Da sie dem Theaterabend aber eine lange Dauer geben wollen, füllen sie ihre ENTR'ACTES inkonsequenterweise mit Balletten aus, die sie aus dem Stück selbst verbannen. Damit vermeiden sie zwar die Absurdität einer verdoppelten Nachahmung, ergeben sich aber in der Verlegung der Szene einer neuen Absurdität. Indem sie so den Zuhörer von Gegenstand zu Gegenstand führen, lassen sie ihn die Haupthandlung vergessen, das Interesse verlieren; um ihm Genüsse für die Augen zu verschaffen, nehmen sie ihm die des Herzens. Indessen beginnen sie, den Fehler solcher unmäßigen Überhäufung zu empfinden, und nachdem sie die Zwischenspiele schon fast ganz aus den ENTR'ACTES herausgeworfen haben, werden sie gewiß nicht zögern, mit dem Tanz ein Gleiches zu tun und ihn, wie es sich gehört, für ein brillantes, für sich stehendes Spektakel am Ende des großen Stückes zu benutzen.

Wenn die Bühne während der ENTR'ACTES leer bleibt, so heißt das nicht, daß die Musik unterbrochen werden soll; denn da sie in der Oper ein wesentlicher Bestandteil des Geschehens ist, muß der Gehörsinn eine so starke Verbindung mit dem Gesichtssinn eingehen, daß, sobald man den Ort der Handlung sieht, man sogleich den Orchesterklang hört, der als von ihr untrennbar angenommen wird, so daß seine Beteiligung nicht fremd oder neu erscheint, wenn die Darsteller zu singen beginnen.

Die Schwierigkeit dabei ist, genau zu wissen, was der Komponist dem Orchester zu spielen geben soll, wenn auf der Szene nichts mehr geschieht; wenn nämlich die Zwischenmusik wie alle dramatische Musik nur nachahmt — was soll sie nachahmen, wenn niemand spricht? was soll sie tun, wenn keine Handlung stattfindet? Ich erwidere darauf, daß wohl die Bühne, nicht aber das Herz des Zuhörers leer ist. Im Zuschauer muß ein starker Eindruck von dem zurückgeblieben sein, was er gerade gesehen und gehört hat. Am Orchester ist es, während des ENTR'ACTE diesen Eindruck zu vertiefen und zu festigen, damit der Zuschauer sich am Beginn des folgenden Aktes nicht so kühl befinde wie am Beginn des Stückes und daß die Anteilnahme gewissermaßen genauso an seine Seele gebunden sei wie die Ereignisse an die aufgeführte Handlung. Aus diesem Grunde besitzt der Komponist stets einen Gegenstand der Nachahmung, sei es in der Situation der Darsteller, sei es in der der Zuhörer. Diejenigen, die im Orchester immerzu den Ausdruck der von ihnen empfundenen Gefühle vernehmen, identifizieren sich sozusagen mit dem, was sie hören; ihr Zustand ist umso köstlicher in der vollkommenen Übereinstimmung zwischen dem, was ihre Sinne anrührt, und dem, was ihr Herz bewegt.

Ein geschickter Musiker wird mit seinem Orchester einen weiteren Vorteil benutzen, um der Vorstellung alle nur mögliche Wirkung zu geben, indem er den müßigen Zuhörer stufenweise in die seelische Verfassung versetzt, die der Wirkung derjenigen Szenen am günstigsten ist, welche er im nächsten Akt zu sehen bekommt.

Ein ENTR'ACTE hat keine festgelegte Dauer; diese wird länger oder geringer bemessen entsprechend der Zeit, die der Teil der Handlung beansprucht, der sich hinter der Szene abspielt. Freilich müssen dieser angenommenen Dauer Grenzen gesetzt sein — im Verhältnis zur hypothetischen Dauer der gesamten Handlung — und sehr reale Grenzen im Verhältnis zur Dauer der Vorstellung.

Es ist hier nicht der Ort zu prüfen, ob die 24-Stunden-Regel[20] eine zureichende Begründung darstelle und ob man sie niemals durchbrechen dürfe. Wenn man aber der unterstellten Dauer eines ENTR'ACTE Grenzen setzen will, die in der Natur der Sache liegen, sehe ich nicht ein, warum man nicht andere Maßstäbe finden sollte als die einer Zeitspanne, innerhalb derer sich keine merkliche und sichtbare Veränderung in der Natur vollzieht, da sich während des ENTR'ACTE keinerlei sichtbare Veränderung auf der Szene zeigt. Diese Zeit kann äußerstenfalls ungefähr zwölf Stunden lang sein, also etwa die Dauer eines Tages oder einer Nacht ausmachen. Überschritte man diese Zeitspanne, so verlöre die unterstellte Dauer des ENTR'ACTE alle Glaubwürdigkeit und Illusion.

Was die reale Dauer angeht, so muß sie, wie ich schon sagte, in einem Verhältnis zur Gesamtdauer der Vorstellung stehen und teilweise zu der relativen Dauer dessen, was sich hinter der Bühne vollzieht. Aber es gibt noch andere Grenzen, die sich aus dem allgemeinen Zweck ergeben, den man sich gesetzt hat — das Maß der Aufmerksamkeit nämlich; man muß sich sehr wohl hüten, den ENTR'ACTE so lange dauern zu lassen, bis der Zuhörer in Müdigkeit und Langeweile versinkt. Dieses Zeitmaß ist aber letztendlich nicht so genau festgelegt, als daß ein Musiker mit Feuer, Talent und Seele es nicht mithilfe seines Orchesters stärker ausdehnen könnte als ein anderer.

Ich halte sogar für möglich, daß es Mittel gibt, den Zuhörer über die wahre Dauer des ENTR'ACTE zu täuschen, nämlich, wenn man ihn mehr oder weniger einnimmt durch die Art und Weise, in der man die verschiedenen Typen von Orchestermusik miteinander verbindet. Doch es ist Zeit, diesen Artikel zu beenden, der schon allzulang geworden ist.

EXECUTION — die Ausführung eines Musikstückes. Da Musik normalerweise aus mehreren Stimmen besteht, deren genaues Zusammengehen — sei es nun inbezug auf die Intonation oder inbezug auf den Takt — äußerst schwierig zu bewerkstelligen ist, und da über ihre Aussage mehr der gute Geschmack als die Zeichengebung entscheidet, ist nichts so selten wie eine gute Ausführung. Musik Note für Note exakt zu lesen ist noch nicht schwierig; indessen muß man sich in die Ideen des Komponisten hineinfinden, das Feuer des Ausdrucks erspüren und wiedergeben und vor allem stets ein gutes und wachsames Ohr haben, um das Ensemble zu hören und in ihm mitzugehen. Besonders in der französischen Musik muß die Hauptstimme das Tempo treiben oder bremsen, wie es der Charakter der Melodie, das Volumen der Stimme und die Gestik des Darstellers erfordern; folglich müssen alle anderen Stimmen ihr ohne Verzögerung zu folgen bestrebt sein. Selbst im Ensemble der Pariser Oper, wo die Musik keinen anderen Takt als den durch die Gestik vorgegebenen hat, würde dies in der Ausführung nach meiner Meinung tatsächlich am meisten zu bewundern sein.

„*Wenn die Franzosen*", sagt Saint-Evremont, „*durch ihren Austausch mit den Italienern dahin gelangt sind, kühner zu komponieren, so haben doch auch die Italiener bei dem Handel von den Franzosen insofern gelernt, als sie die musikalische Ausführung angenehmer, rührender und vollkommener gestalteten.*"[21] Der Leser wird wohl auf meinen Kommentar zu dieser Passage verzichten können; ich will lediglich sagen, daß die Franzosen offenbar glauben, die ganze Welt sei von ihrer Musik erobert, während doch ganz im Gegenteil drei Viertel der italienischen Musiker gar nicht wissen, daß überhaupt eine französische Musik existiert, die sich von der ihren unterscheidet.

Mit EXECUTION bezeichnet man auch das geläufige Lesen und Spielen einer Instrumentalpartie, und man sagt z. B. von einem Orchestermusiker, daß er viel EXECUTION habe, wenn er die schwierigsten Sachen auf Anhieb korrekt und ohne zu zögern spielt. EXECUTION in diesem Sinne hängt vor allem von zwei Dingen ab: erstens von einer perfekten Handhabung des Griffbrettes und des Fingersatzes bei seinem Instrument und zweitens von großer Erfahrung im Lesen der Musik und im richtigen Phrasieren. Je mehr man nur einzelne Noten sieht, desto mehr wird man in der Artikulation zögern. Große Fertigkeit in der EXECUTION erreicht man nur, wenn man die Noten zu dem Sinnzusammenhang zusammenzufassen versteht, den sie bilden sollen, wenn man also die Sache an die Stelle des Zeichens setzt. Hier hilft dem Lesenden das Gedächtnis nicht weniger als das Auge, wie er eine ihm unbekannte Sprache ja auch nur mühsam lesen wird, auch wenn sie in Buchstaben niedergeschrieben ist, die ihm wohlbekannt sind, und wenn sie dieselben Worte benutzt wie eine ihm geläufige Sprache.

EXPRESSION — die Art und Weise, in der der Musiker alle Ideen, die er darstellen will, lebhaft empfindet und kraftvoll wiedergibt. Es gibt Ausdruck (= EXPRESSION) in der Komposition und Ausdruck in der Ausführung; in deren Zusammenwirken entsteht die mächtigste und angenehmste Wirkung der Musik.

Um seinen Werken Ausdruck zu verleihen, muß der Komponist alle Bezüge aufnehmen und abwägen, die sich zwischen den Eigenheiten seines Gegenstandes und den Möglichkeiten seiner Kunst herstellen lassen: Er muß die Wirkungen aller

Charaktere kennen oder empfinden, um genau diejenige hervorzubringen, die er nach eigener Maßgabe wählt – denn ebenso wie ein guter Maler nicht allen seinen Gegenständen das gleiche Licht geben kann, wird ein erfahrener Musiker nicht allen seinen Gefühlen die gleiche Kraft verleihen, nicht allen seinen Prägungen die gleiche Energie geben und jedes Detail an den ihm zukommenden Platz stellen – weniger, um es für sich zur Geltung zu bringen, als vielmehr, um dem Ganzen größere Wirkung zu verschaffen.

Nachdem er sich darüber klargeworden ist, was er sagen will, überlegt er, wie er es sagen soll, und damit beginnt die Anwendung der Kunstregeln, die sich hier als die besondere Sprache darstellen, in der der Musiker sich verständlich machen will.

Melodie, Harmonie, Bewegung, Wahl der Instrumente und Stimmen sind Elemente der musikalischen Sprache, wobei die Melodie kraft ihrer unmittelbaren Bezogenheit auf grammatikalische und rhetorische Betonungen allen anderen den besonderen Charakter gibt. Aus diesem Grunde wird man stets in der Melodie den wichtigsten Ausdruck finden, in der instrumentalen Musik wie in der vokalen.

Was man also durch die Melodie wiedergeben will, ist der Tonfall, in dem sich die dargestellten Gefühle ausdrücken, wobei man sich wohl hüten muß, hier einfach die Deklamation eines Schauspielers nachzuahmen, die ihrerseits ja nichts anderes ist als eine Nachahmung; vielmehr sollte man die Stimme der Natur nachahmen, wie sie ohne Ziererei und Künstlichkeit spricht. So wird der Musiker zunächst nach einer Art von Melodie suchen, die ihm jene musikalischen Nuancierungen liefert, welche zum Sinn der Worte am besten passen; er möge dabei stets den Ausdruck der Worte demjenigen des Gedankens und diesen wiederum der seelischen Situation des Sprechenden unterordnen; denn wenn wir z. B. stark bewegt sind, so nimmt alles, was wir reden, gewissermaßen die Färbung jenes Gefühles an, das uns beherrscht, und wir schelten das, was wir lieben, keineswegs in dem Ton, in dem wir gleichgültige Dinge schelten.

Das Wort wird verschiedenartig betont, je nach den verschiedenen Gefühlen, die es begleiten, bald spitz und durchschlagend, bald nachgiebig und zurückhaltend in seinen Modulationen, bald jäh wechselnd und impulsiv, bald ausgeglichen und ruhig. Von daher bezieht der Musiker die Unterschiede der Melodik, deren er sich bedient, und der verschiedenen Tonlagen, in denen er die Stimme führt; er wird sie in tieferen Lagen und kleinen Intervallschritten führen, um die Spannungslosigkeit trauriger und niedergeschlagener Stimmungen darzustellen, wird ihnen in der Höhe die spitzen Töne des Zornes und des Schmerzes abfordern und sie, wenn es um Verzweiflung oder Verwirrung in rasch wechselnden Leidenschaften geht, schnell zwischen allen Lagen ihres Umfanges hin und her reißen. Vor allen Dingen muß man darauf achten, daß nicht Nachahmung schlechthin den Zauber der Musik ausmacht, sondern eine angenehme Art von Nachahmung, und daß selbst die Deklamation, um große Wirkungen zu erreichen, der Melodie untergeordnet bleiben muß, kann man doch kein Gefühl darstellen, ohne ihm jenen geheimnisvollen Zauber zu lassen, der nun einmal zu ihm gehört, und kein Herz rühren, wenn man das Ohr nicht erfreut. Eben dies ist auch im Sinne der Natur, welche dem Sprechen feinfühliger Menschen unendlich viele anrührende und feine Nuancierungen zu geben vermag, wie sie bei gefühllosen Menschen nie begegnen. Halten Sie Überladenheit deshalb nicht für ausdrucksstark, Härte nicht für kraftvoll, geben Sie also keine häßliche Darstellung der von Ihnen gemeinten Leidenschaften; mit einem Wort: Verfahren Sie nicht wie die französische Oper, wo der Ton der Leidenschaft viel mehr den Schreien eines von einer Kolik Befallenen ähnelt als den Verzückungen der Liebe.

Das körperliche Wohlgefühl, das uns die Harmonie verschafft, steigert auf seine Weise die Freuden des Geistes an der Nachahmung, indem es die durch die Akkordfolge erweckten angenehmen Empfindungen dem Ausdruck der Melodie hinzugesellt – nach eben dem Grundsatz, von dem ich soeben gesprochen habe. Aber die Harmonie tut noch mehr; sie verstärkt den Ausdruck, indem sie den melodischen Intervallen mehr Bestimmtheit und Genauigkeit gibt; sie stärkt deren Eigenart – und indem sie deren Ort im Verlauf einer Modulation genau bestimmt, erinnert sie das Vorausgegangene, weist auf das Nachfolgende hin und verbindet dergestalt die einzelnen Melodiephrasen ähnlich, wie sich die Gedankenzüge einer Rede verbinden. Eine in dieser Weise aufgefaßte Harmonie liefert dem Komponisten sehr große Ausdrucksmöglichkeiten, welche ihm freilich verlorengehen, sollte er ausschließlich in der Harmonie den Ausdruck suchen – weil er in diesem Fall, anstatt die Akzentuierung zu unterstreichen, sie durch seine Akkorde ersticken würde; die Intervalle würden sich hier, in einer gleichmäßigen Überfülle untergehend, dem Ohr nur als eine Folge eigenständiger Klänge darbieten, welche nichts Angenehmes und Anrührendes hätte und deren Wirkungen nur verstandesmäßiger Art wären.

Was also wird der den harmonischen Satz ausarbeitende Musiker tun, um mit der Ausdruckskraft der Melodie zu wetteifern und deren Wirkung zu steigern? Er wird dafür Sorge tragen, daß in den Akkordverbindungen der jeweilige Grundton nicht überdeckt wird; er wird alle Begleitung der Singstimme unterordnen; er wird die Kraft des Ausdrucks in einem Wettbewerb mit den anderen Stimmen steigern; er wird die Wirkung bestimmter Passagen durch die Unterlegung besonders reizvoller Akkorde unterstreichen; eben diese wird er in anderen Passagen durch harmonische Vertretungen oder Vorhalte verbergen, die inbezug auf die Baßfunktion keine Rolle spielen; er wird die starken Ausdruckswerte mithilfe der wichtigsten Dissonanzen geben und die geringeren Dissonanzen den sanfteren Ausdruckslagen vorbehalten. Bald wird er alle seine Stimmen in kontinuierlichen, gebundenen Klängen zusammenführen, bald sie mithilfe abgesetzter Noten innerhalb der Melodie kontrastieren. Bald wird er das Ohr durch volle Akkorde überraschen, bald die Akzentuierung durch die Wahl eines einzigen Intervalls unterstreichen. Stets wird er den Modulationsgang hörbar und deutlich machen und mithilfe des Basses und der von ihm getragenen Harmonie den Ort jeder melodischen Passage innerhalb der jeweiligen Tonart bestimmen, so daß man nie ein Intervall oder eine melodische Floskel zu hören bekommt, ohne gleichzeitig deren Beziehung mit dem Satzganzen zu empfinden.

Was den Rhythmus anbelangt, der einst so mächtig war in seinen Möglichkeiten, dem Zusammenklang mit der Dichtung Kraft, Vielgestaltigkeit und Annehmlichkeit zu geben[22]: wenn unsere weniger akzentuierenden, weniger prosodisch definierten Sprachen die von hierher stammenden rhetorischen Reize verloren haben, so ersetzt unsere Musik dies durch andere, von der Deklamation unabhängigere Reize, durch Gleichmäßigkeit im Taktablauf und die verschiedenen Kombinationen der Taktzeiten, sei dies nun gleichzeitig im Ganzen des Satzes oder jeweils in jeder Stimme für sich. Die Längen der Silben gehen fast vollständig in denen der Noten verloren, und die Musik entleiht in gewisser Weise vom Takt eine eigene Sprechweise, anstatt in Übereinstimmung mit dem Wort zu reden. Die Kraft des Ausdrucks bestünde in dieser Hinsicht darin, beide Sprachen so weitgehend wie möglich zu vereinigen und dafür zu sorgen, daß dort, wo musikalischer Takt und sprachlicher Rhythmus nicht auf gleiche Weise reden, sie zumindest die gleichen Dinge sagen.

Fröhlichkeit, die allen unseren Gemütsbewegungen Lebhaftigkeit verleiht, sollte diese in gleicher Weise auch dem Takt verleihen; Traurigkeit bedrückt die Herzen, verlangsamt die Gemütsbewegungen — und eine entsprechende Mattigkeit verspürt man in den Melodien, die von ihr inspiriert sind; wenn aber der Schmerz lebhaft ist oder wenn sich in der Seele große Kämpfe abspielen, sind die Worte ungleich und folgen wechselweise mit der Langsamkeit des Spondäus oder der Raschheit des Pyrrhichius[23] aufeinander und halten oft, wie im obligaten Rezitativ, für einen Moment inne: Aus diesem Grunde sind die im Ausdruck stärksten, zumindest die leidenschaftlichsten musikalischen Passagen im allgemeinen diejenigen, in denen die Tempi, obwohl jeweils in sich gleichmäßig, am wenigsten gleichmäßig aufgeteilt sind; wohingegen eine Darstellung des Schlummers, der Ruhe oder des Seelenfriedens gern in gleich langen Notenwerten wiedergegeben wird, die weder besonders langsam noch besonders schnell vorangehen.

Nie sollte ein Komponist zu beachten vergessen, daß, je verwickelter die Harmonie ist, desto weniger schnell das Tempo sein darf, damit dem Hörer Zeit gelassen werde, die Aufeinanderfolge der Dissonanzen und die dichte Verkettung der Modulationen wahrzunehmen; lediglich ein allerletzter Überschwang der Leidenschaften gestattet, rasches Tempo und harte Akkorde miteinander zu verbinden. Wenn jemand den Kopf verloren hat und der Darsteller in seiner Erregung nicht mehr zu wissen scheint, was er sagt, mag diese kraftvolle und schreckliche Verwirrung bis ins Gemüt des Zuschauers getragen werden und ihn gleicherweise außer sich bringen. Wenn sie hingegen nicht aufbrausend und erhaben sind, werden sie nur gekünstelt und kalt erscheinen. Entweder werfen Sie ihre Zuhörer in den Wahnsinn, oder aber Sie hüten sich, ihm zu verfallen. Denn wer den Verstand verliert, ist stets nur ein

Schwachsinniger in den Augen derer, die ihn bewahren — und Toren sind nicht mehr interessant.

Obwohl die größte Kraft des Ausdrucks aus der Kombination der Töne herrührt, ist die Art ihrer Färbung im Hinblick auf die gleiche Wirkung doch keineswegs unwichtig. Es gibt starke und klangvolle Stimmen, die durch das Material imponieren, und andere, die leicht und biegsam und also gut sind für bestimmte Besonderheiten der Ausführung; andere wiederum sind feinfühlig und delikat und gehen mit süßen und pathetischen Melodien zu Herzen. Im allgemeinen sind Soprane und alle hellen Stimmen besser geeignet, Zartheit und Sanftheit auszudrücken, Baßstimmen und entsprechende hingegen für Aufwallung und Zorn. Nun haben aber die Italiener die Bässe — als eine Stimmgattung, deren Gesang für das heroische Genre zu roh ist — aus ihren tragischen Opern verbannt und sie durch Altisten und Tenöre ersetzt, deren Gesang bei viel angenehmerer Wirkung den gleichen Charakter hat. Sie setzen die Baßstimmen viel angemessener für alle Mantelrollen im komischen Genre und allgemein für alle Chargen ein.

Auch die Instrumente verfügen über sehr verschiedene Ausdruckslagen, je nachdem, ob der Klang stark oder schwach, ob die Klangfarbe grell oder sanft, die Tongebung dunkel oder hell ist und ob man Töne in größerer oder kleinerer Menge hervorbringen kann. Die Flöte ist zart, die Oboe fröhlich, die Trompete kriegerisch, das Horn klangvoll und majestätisch und also für gehobene Ausdruckslagen geeignet. Es gibt aber kein Instrument mit so vielfältigen und umfassenden Ausdrucksmöglichkeiten wie die Violine. Dieses bewundernswerte Instrument bildet den Grundstock aller Orchester und genügt dem wahrhaft großen Komponisten, um alle Wirkungen hervorzubringen, welche schlechte Musiker unsinnigerweise mithilfe der Vereinigung einer Vielzahl unterschiedlicher Instrumente zu erzielen versuchen. Der Komponist muß das Griffbrett der Violine kennen, um die Fingersätze seiner Arien festzulegen, um Arpeggien richtig zu disponieren, um die Wirkung leerer Saiten einzusetzen und die Töne zu wählen und zu gebrauchen entsprechend dem unterschiedlichen Charakter, den sie auf diesem Instrument haben.

Freilich wird der Komponist seinem Werk vergeblich Leben eingehaucht haben, wenn die Wärme, die es erfüllen soll, sich nicht denen mitteilt, die es spielen. Der Sänger, der in seiner Stimme nur die Noten sieht, wird weder imstande sein, den vom Komponisten gewünschten Ausdruck zu erfassen, noch seinem Gesang Ausdruck zu geben, sofern er dessen Sinn nicht begriffen hat. Um sich anderen verständlich zu machen, muß man selbst erst verstehen, was man liest, und es reicht nicht hin, ganz allgemein empfindsam zu sein, wenn man es nicht besonders ist im Hinblick auf die Möglichkeiten der Sprache, die man spricht. Beginnen Sie deshalb damit, den Charakter der Melodie, die Sie wiederzugeben haben, sehr genau zu erfassen, die Beziehungen zum Sinn der Worte, die Untergliederung der Satzabschnitte, die Akzentuierung, die die Melodie von sich aus hat, und die Akzentuierung, die ihr die Stimme des Ausführenden gibt, die Bekräftigung, die der Komponist dem Dichter zuteil werden ließ und die Sie Ihrerseits dem Komponisten geben können. Sodann stellen Sie Ihr Organ ganz in den Dienst des Engagements, zu dem all diese Betrachtungen Sie inspiriert haben. Tun Sie, was Sie wollen, sofern Sie nur gleichzeitig der Dichter, der Komponist, der Darsteller und der Sänger sind: so werden Sie dem Werk, das Sie wiederzugeben haben, alle nur mögliche Ausdruckskraft zu geben imstande sein. Auf diesem Wege werden Sie in sehr natürlicher Weise den Melodien, die nur elegant und graziös sind, Verfeinerungen und Verzierungen hinzufügen, werden die lebhaften und fröhlichen durch prickelnde und befeuernde Zugaben steigern und durch Seufzer und Klagen die zärtlichen und pathetischen; Sie werden dem Überschwang der starken Leidenschaften alle dynamische Bewegtheit mitteilen. Überall, wo man die musikalische Akzentuierung mit der rhetorischen wirksam verbindet, überall, wo der Taktschlag sich deutlich verspüren läßt und die Akzente des Gesanges verstärkt, wo Begleitung und Stimme so zusammenstimmen und ihre Wirkungen vereinigen, daß nur eine Melodie das Ergebnis ist und der getäuschte Zuhörer auch die Passagen der Singstimme zuschreibt, mit denen das Orchester sie verschönt, überall endlich, wo vorsichtig angewendete Verzierungen die selbstverständliche Meisterschaft des Sängers unter Beweis stellen, ohne den Gesang zu entstellen und zu überdecken — dort wird das Ohr entzückt und das Herz gerührt sein, sinnliche und geistige Momente werden gleichzeitig das Vergnügen der Zuhörenden befördern, und zwischen Wort und Melodie wird ein solcher Einklang herrschen, daß das Ganze nur eine einzige köstliche Sprache zu sein scheint, die alles zu sagen vermag und immer gefällt.

FÊTE – eine Gesangs- oder Tanzeinlage, die man in einen Akt einer Oper einfügt und die die Handlung stets unterbricht oder aufhält.
Die FÊTES sind nur in eben dem Maße erfreulich, in dem die Oper selbst langweilig ist. In einem interessanten, gut gebauten Stück sind sie unerträglich.
Der Unterschied, den man in der Oper zwischen den Begriffen FÊTE und DIVERTISSEMENT macht, betrifft den Umstand, daß der erste mehr mit Tragödien und der zweite mehr mit Ballettopern in Verbindung gebracht wird.

FORLANE – Melodie zu einem Tanz gleichen Namens, der in Venedig in Gebrauch ist, besonders bei den Gondolieri. Sein $^6/_8$-Takt wird schnell und fröhlich geschlagen; der Tanz ist auch sehr fröhlich. Man nennt ihn FORLANE, weil er aus Friaul stammt, dessen Bewohner sich *forlani* nennen.

GAILLARDE – dreizeitige Melodie zu einem Tanz gleichen Namens. Früher nannte man ihn *Romanesque*, weil er angeblich aus Rom, zumindest aber aus Italien zu uns gekommen ist.

GAVOTTE – ein Tanz, dessen Melodie in zweizeitigem Rhythmus steht und in zwei Wiederholungsabschnitte zerfällt, deren jeder auf der zweiten Zeit beginnt und auf der ersten endet. Die Bewegung der GAVOTTE ist normalerweise graziös, oft fröhlich, manchmal auch zart und langsam. Phrasen und Einschnitte sind zweitaktig gegliedert.

GÉNIE. Junger Künstler, suche keinesfalls zu erfahren, was GÉNIE sei. Besitzt du es, so fühlst du es in dir selbst. Besitzt du es nicht, wirst du es nie kennenlernen. Das GÉNIE des Musikers unterwirft das gesamte Universum seiner Kunst; es vermag alle Dinge in Tönen darzustellen und läßt selbst die Stille reden; es gibt Gedanken durch Gefühle wieder, Gefühle durch Betonungen, und erweckt die Leidenschaften, denen es Ausdruck verleiht, in der Tiefe der Herzen. Es gibt der Wollust neue Reize; der Schmerz, den es seufzen läßt, vermag Schreie auszulösen; es brennt unaufhörlich und verzehrt sich doch nie. Voller Glut vermag es Reif und Eiseskälte zu schildern, und selbst wenn es die Schrecken des Todes darstellt, trägt es jenes lebendige Gefühl ins Gemüt, von dem es selbst nie verlassen wird und das es den Herzen vermittelt, die dies zu empfinden geschaffen sind. Aber ach! – es vermag denen nichts zu sagen, in denen keine Liebe zur Musik keimt, und seine Wunder werden von demjenigen kaum wahrgenommen, der sie nicht nachvollziehen kann. Willst du also wissen, ob irgendein Funke dieses verzehrenden Feuers in dir brennt, so fliege, eile nach Neapel und höre die Meisterwerke der Leo, Durante, Jomelli und Pergolesi. Wenn deine Augen sich mit Tränen füllen, wenn du dein Herz klopfen fühlst, wenn Schauer dich durchbeben, wenn du an deiner Begeisterung zu ersticken drohst – so nimm den Metastasio zur Hand und arbeite; sein GÉNIE wird deines inspirieren, nach seinem Vorbilde wirst du schaffen: das ist es, was das GÉNIE ausmacht; und die Tränen, die diese Meister dir entlocken, werden dir bald aus anderen Augen wiedergeschenkt. Wenn freilich die Wunder dieser großen Kunst deine Ruhe nicht stören, wenn du weder Verzückung noch Verzauberung erlebst, wenn du nicht empfindest, was andere begeistert – wagst du dann noch zu fragen, was GÉNIE sei? Profaner Mensch, beflecke nie diesen erhabenen Begriff. Warum liegt dir daran, ihn kennenzulernen? Du wirst ihn nie erfühlen: Wirf dich auf französische Musik.

GIGUE – Melodie zu einem Tanz gleichen Namens, die in einem ziemlich lebhaften $^6/_8$-Rhythmus steht. Französische Opern enthalten viele GIGUES. Die von Corelli waren lange Zeit berühmt; die zugehörigen Melodien aber sind ganz aus der Mode gekommen, man spielt sie kaum noch in Italien, und in Frankreich gar nicht mehr.

GOÛT (= Geschmack). Unter allen natürlichen Gaben läßt sich GOÛT am besten empfinden und am wenigsten erklären. Er wäre nicht das, was er ist, könnte man ihn definieren: denn er beurteilt Dinge, über die das Urteil keine Gewalt mehr hat, und dient damit, wenn ich so sagen darf, der Vernunft als Brille.
Es gibt im Bereich der Melodie Linien, die schöner sind als andere, obwohl sie nicht anders modulieren als diese, und es gibt

genauso im Bereich der Harmonie stark und weniger stark wirkende Dinge, welche dennoch beide den Regeln entsprechen; und es gibt in der Verflechtung der Abschnitte eine erlesene Kunst, dem einen mithilfe des anderen Wert zu verleihen, eine Kunst, die mit subtileren Dingen zu tun hat als denjenigen, die das Gesetz der Kontrastierung erfaßt. Für die Ausführung eben solcher Stücke gibt es verschiedene Arten der Wiedergabe, deren keine ihren Charakter verfehlt; dabei gefällt die eine Art mehr als die andere, und — weit davon entfernt, sie in Regeln fassen zu können — kann man sie nicht einmal näher bestimmen. Geehrter Leser, leiste mir Rechenschaft über derlei Unterscheidungen, und dann werde ich dir sagen, was GOÛT ist.

Jeder Mensch hat einen eigenen GOÛT, mithilfe dessen er die Dinge, die er schön und gut nennt, auf eine nur ihm eigene Weise einordnet. Der eine wird mehr von pathetischen Stücken gerührt, der andere zieht fröhliche Lieder vor. Eine süße und biegsame Stimme wird ihre Gesänge mit angenehmen Verzierungen versehen, eine empfindsame und starke Stimme wird die ihrigen durch Akzente der Leidenschaft beleben. Der eine sucht in der Melodie Einfachheit, der andere legt Wert auf sorgfältig durchdachte Ausgestaltung: beide werden gefällig nennen, was sie gemäß ihrem GOÛT vorziehen. Diese Unterschiedlichkeit rührt ebensosehr von der verschiedenartigen Disposition unserer Organe her, aus der Vorteil zu ziehen der GOÛT uns lehrt, wie auch aus dem besonderen Charakter eines jeden Menschen, welcher ihn ein Vergnügen bzw. einen Mangel mehr empfinden läßt als einen anderen; sie rührt außerdem aus Unterschieden des Alters und des Geschlechts her, welche das Begehren auf je verschiedene Gegenstände lenkt. Da in allen diesen Fällen jeder nur seinen eigenen Geschmack demjenigen des anderen gegenüberstellen kann, ist offenbar, daß sich darüber nicht disputieren läßt.

Es gibt aber auch einen allgemeinen Geschmack, über den sich alle normal veranlagten Leute einig sind, und allein diesem kann man eindeutig den Namen GOÛT geben. Lassen Sie geschulte Ohren und gebildete Menschen ein Konzert anhören: Fast alle werden in den meisten Fällen im Urteil über die Stücke und deren Rang einig sein. Und wenn Sie jeden nach den Gründen seines Urteils fragen, so werden Sie auf Dinge stoßen, in denen fast alle einer Meinung sind. Bei diesen Din-

gen handelt es sich um solche, die bestimmten Regeln unterworfen werden können. Dieses allgemeine Urteil wäre dann ebenso das des Künstlers wie dasjenige des Kenners. Hingegen gibt es Dinge, bei denen man sich wohl auf gut oder schlecht einigen kann, ohne jedoch das Urteil auf solide und allgemein anerkannte Vernunftgründe stützen zu können — und eben diese Art Urteil ist das Eigentum des *homme de GOÛT* (des Menschen von Geschmack, des gebildeten Menschen). Eine vollständige Einmütigkeit läßt sich hier deshalb nicht herstellen, weil nicht alle Menschen gleich veranlagt sind, weil nicht alle gebildet sind und die Vorurteile der Gewohnheit und der Erziehung gemäß willkürlichen Konventionen die Bewertung der natürlichen Schönheiten variieren. Was diese Art GOÛT angeht, so läßt sich sehr wohl darüber disputieren, weil hier nur ein GOÛT der wahre sein kann. Dennoch sehe ich kaum ein anderes Mittel, den Streit zu beenden, als die Stimmen der Beurteiler zu zählen, wenn man die Stimme der Natur nicht mehr vernimmt. Nur so kann man entscheiden, ob der französischen oder der italienischen Musik der Vorzug gebühre.
Im übrigen: Das Genie erschafft, aber der Geschmack wählt aus. Oft bedarf ein überreich produzierendes Genie eines strengen Zensors, der es daran hindert, seine Reichtümer zu mißbrauchen. Ohne GOÛT kann man wohl große Dinge schaffen; nur er aber macht sie interessant. Der GOÛT läßt den Komponisten die Ideen des Dichters und den Ausführenden die Vorstellungen des Komponisten erfassen. Der GOÛT verschafft beiden all das, was ihrem Gegenstand zur Zierde gereichen und Wert geben kann; der GOÛT verschafft dem Zuhörer ein Gespür für diese Feinheiten. Indessen ist GOÛT keineswegs identisch mit Empfindsamkeit. Man kann viel GOÛT und doch zugleich ein fühlloses Herz haben, und ein Mensch, der sich von wirklich leidenschaftlichen Dingen hinreißen lassen kann, pflegt wenig berührt zu sein von den spielerischen. Es scheint, als hefte sich der GOÛT lieber an die fein differenzierten Ausdruckslagen, die Empfindsamkeit hingegen an die pathetischen.

IMITATION. Die dramatische bzw. Opernmusik bemüht sich genau wie Dichtung und Malerei um Nachahmung *(imitation)*. Auf dieses Grundprinzip sind alle schönen Künste bezogen, wie Herr Batteux gezeigt hat.[24] Freilich hat diese Nachahmung nicht für alle den gleichen Geltungsbereich. Alles, was Phantasie ersinnen kann, gehört in den Bereich der Dichtung. Die Malerei, deren Themen keineswegs mit Phantasie zu tun haben, sondern mit den Sinnen, und zwar einem ganz bestimmten Sinn, stellt nur Gegenstände dar, die mit den Augen wahrgenommen werden können. Für die Musik als eine an das Gehör sich wendende Kunst scheinen entsprechende Einschränkungen zu gelten; dennoch stellt sie alles dar, selbst Gegenstände, die nur sichtbar sind. Kraft einer fast unbegreiflichen Gaukelei scheint sie das Auge ins Ohr verlegen zu können, und das größte Wunder jener Kunst, deren Wesen Bewegung ist, besteht darin, daß sie mit bewegten Mitteln selbst noch das Bild der Ruhe geben kann. Die Nacht, der Schlummer, die Einsamkeit und Stille gehören zu den großen Themen der musikalischen Darstellung. Man weiß, daß Geräusch die Wirkung von Stille hervorbringen kann und Stille die Wirkung von Geräusch, wie wenn man bei einem gleichmäßigen und monotonen Vortrag einschläft und in dem Moment erwacht, da er endet. Die Musik wirkt jedoch noch viel tiefer auf uns ein, indem sie vermittels eines Sinnes, des Gehörsinnes, auch Gemütsbewegungen hervorruft, welche denen sehr ähneln, die man vermittels eines anderen Sinnes hervorrufen kann. Da der nachahmende Bezug nicht deutlich genug empfunden werden kann, wenn der Eindruck nicht stark ist, kann die über solche Möglichkeiten nicht verfügende Malerei von der Musik nicht entsprechende Nachahmungen zurückfordern, wie diese sie aus ihr bezogen hat. Wenn auch die ganze Natur in Schlummer läge, so schläft doch derjenige nicht, der sie betrachtet. Die Kunst des Musikers besteht nun darin, das nicht wahrnehmbare Bild des Gegenstandes durch dasjenige der Bewegung zu ersetzen, die dessen Gegenwart im Gemüt des Betrachters hervorruft. Nicht nur wird er das Meer aufwühlen, die Flammen einer Feuersbrunst entzünden, Bäche fließen, Regen fallen und Ströme anschwellen lassen; er wird auch die Schrecknisse einer grausamen Wüste schildern, die Mauern eines unterirdischen Gefängnisses verdüstern, Stürme beruhigen, die Luft sänftigen und mildern und vom Orchester her neue Frische über das Gesträuch verbreiten. Diese Dinge wird er nicht direkt darstellen, sondern in den Gemütern die gleichen Gefühle erregen, die man empfände, wenn man sie wirklich sähe.

Ich habe unter dem Stichwort HARMONIE gesagt, daß man bei dieser nichts finden könne, was mit musikalischer Nachahmung zu tun hat, weil zwischen den Akkorden und den Gegenständen, die man darstellen, den Leidenschaften, die man zum Ausdruck bringen will, keine Beziehung besteht. Ich werde beim Stichwort MELODIE zeigen, welches das Prinzip ist, das die Harmonie nicht zu liefern vermag, und welche naturgegebenen Mittel von der Musik benutzt werden, um Gegenstände und Leidenschaften darzustellen.

LOURE — ein Tanz, dessen Melodie ziemlich langsam und gewöhnlich durch einen $^6/_4$-Rhythmus gekennzeichnet ist. Wenn auf jede Zeit drei Noten fallen, markiert man die erste und verkürzt die zweite. LOURE ist der Name eines altertümlichen Instrumentes, das einem Dudelsack ähnelt, auf dem man heute die betreffenden Tanzmelodien spielt.

MÉLODIE — eine Folge von Tönen, die nach den Gesetzen des Rhythmus und der Modulation so angeordnet sind, daß sie ein dem Ohr gefälliges, sinnvolles Ganzes ergeben. Vokale MÉLODIE heißt *chant* (= Gesang), instrumentale *symphonie*.
Notwendigerweise hat der Rhythmus an der Melodie Anteil: Eine Tonfolge wird nur in dem Maße zu einer Melodie, in dem sie rhythmisch geordnet ist. Aus der gleichen Folge von Tönen können genauso viele verschiedene Charaktere, genauso viele verschiedene Melodien gemacht werden, wie man sie unterschiedlich rhythmisieren kann, und nur eine Veränderung der Notenwerte kann eben diese Tonfolge so sehr entstellen, daß sie nicht mehr erkennbar ist. Also stellt Melodie für sich selbst nichts dar; der Takt bestimmt sie, und es gibt keine Melodie ohne Tempo. Inbezug auf die Möglichkeit, vom Takt zu abstrahieren, kann man Melodie und Harmonie nicht vergleichen; denn nur für eine von beiden ist er wichtig.
Je nach der Art und Weise der Betrachtung ist die Melodie auf zwei verschiedene Prinzipien bezogen. Was das Verhältnis der Töne und die Regeln der Tonart angeht, so ist hierfür das Prinzip der Harmonie zuständig, weil die Melodie insofern eine harmonische Analyse darstellt, als sie die Tonstufen der Tonleiter zuordnet, die Akkorde der Tonart bzw. den Gesetzen der Modulation — alles Bestandteile ausschließlich der Melo-

die. Im Sinne dieses Prinzips beschränkt sich alles Vermögen der Melodie darauf, dem Ohre mit angenehmen Klängen zu schmeicheln, wie man dem Auge durch angenehme Farbenzusammenstellungen schmeichelt. Nimmt man die Melodie hingegen als nachahmende Kunst, die dem Geist verschiedene Bilder zu vermitteln, im Gemüt verschiedene Gefühle zu erregen, Leidenschaften auszulösen und zu besänftigen vermag, mit einem Wort: moralische Wirkungen ausüben kann, welche über die Unmittelbarkeit der Sinne hinausgelangen, muß man ein anderes Prinzip aufsuchen: denn es ist nichts zu erkennen, kraft dessen die Harmonie allein bzw. alles, was von ihr herrührt, uns so bewegen könnte.

Welches ist dieses zweite Prinzip? Es gründet in der Natur wie das erste; freilich bedarf es zu seiner Entdeckung einer feineren, obgleich doch sehr einfachen Beobachtung und beim Betrachter einer besonderen Sensibilität. Dies Prinzip ist das gleiche, das uns den Ton der Stimme beim Sprechen verändern läßt, je nachdem, was man sagt und welche Gefühlsbewegungen man mit dem Gesagten verbindet. Die Akzentuierung der Sprache prägt die Melodie jeder Nation; die Akzentuierung bewirkt, daß man singend spricht und daß man mit mehr oder weniger Kraft spricht, je nachdem, ob die Sprache über mehr oder weniger Akzentuierung verfügt. Diejenige mit einem stärker markierten Akzent mag eine lebendigere und leidenschaftlichere Melodie hervorbringen; diejenige, die über schwache oder kaum irgendeine Akzentuierung verfügt, wird nur eine langweilige und gefühlsarme, charakter- und ausdruckslose Melodie hervorbringen. Dies also sind die beiden wirklich wichtigen Prinzipien. Wollte man sich von ihnen entfernen und dennoch von der Macht der Musik über das menschliche Herz sprechen, so spräche man, ohne sich verständlich machen zu können bzw. ohne zu wissen, was man sagt.

Wenn Musik nur mithilfe der Melodie etwas darzustellen vermag und nur aus ihr alle ihre Kraft bezieht, so folgt daraus, daß alle Musik ohne Melodie, mag sie harmonisch noch so reich sein, keine nachahmende Musik ist und, da sie mit ihren schönen Akkorden weder uns anzurühren noch etwas darzustellen in der Lage ist, unser Ohr bald langweilt und unser Herz stets kaltläßt. Außerdem folgt daraus — entgegen der Vielzahl der Stimmen, die im Tonsatz üblich geworden ist, womit heutzutage soviel Mißbrauch getrieben wird —, daß, sobald zwei Melodien gleichzeitig erklingen, sie sich gegenseitig auslöschen und völlig wirkungslos bleiben, wie schön jede für sich immer sein möge. Von hier aus mag man beurteilen, mit welchem Geschmack die französischen Komponisten in ihren Opern die Gepflogenheit eingeführt haben, mithilfe einer Arie einen Chor zu begleiten oder auch eine andere Arie — was gerade so ist, als wenn man sich darauf einlassen wollte, zwei Reden gleichzeitig vortragen zu lassen, um ihrer Beredsamkeit mehr Nachdruck zu verleihen.

MENUET — Melodie zu einem Tanz gleichen Namens, der, wie Abbé Brossard[25] lehrt, aus dem Poitu zu uns gekommen ist. Nach Brossard ist der Tanz im Charakter sehr fröhlich und im Tempo sehr rasch. Im Gegensatz hierzu aber ist das MENUET durch eine elegante und noble Einfachheit gekennzeichnet, sein Tempo ist eher gemäßigt als schnell, und überdies kann man sagen, daß das MENUET der am wenigsten fröhliche aller auf unseren Bällen gespielten Tänze ist. Auf dem Theater ist das eine andere Sache.
Taktmäßig verläuft das MENUET in drei leichten Zeiten, was man durch eine einfache 3 oder durch $^3/_4$ oder $^3/_8$ anzeigt. Die Zahl der Takte der Melodie in jedem ihrer Wiederholungsabschnitte kann vier oder ein Vielfaches von vier sein, weil man so viel Takte für die Schritte des MENUETS braucht. Der Musiker muß dafür sorgen, diese Unterteilung in der melodischen Gestaltung spürbar zu machen, um dem Ohre des Tanzenden zu helfen und ihn in der Ordnung des Ganzen zu halten.

MUSETTE — eine Melodie, die zu dem Instrument gehört, deren Namen sie trägt und die, von naivem und zärtlichem Charakter, in zwei- oder dreizeitigem Takt läuft, im Tempo etwas langsam und normalerweise mit einem Orgelpunkt als Baß, wie ihn ein Dudelsack (= MUSETTE) ausführen kann — den man eben deshalb MUSETTE-Baß nennt. Zu solchen Melodien tanzt man passende Tänze, die ebenfalls den Namen MUSETTE tragen.

NATUREL. Dieses Wort hat in der Musik mehrere Bedeutungen. 1. Natürliche Musik ist diejenige, die im Gegensatz zu der von Instrumenten gespielten künstlichen von der menschlichen Stimme hervorgebracht wird. 2. Man sagt von einer Melodie, daß sie natürlich sei, wenn sie leicht faßlich, sanft, graziös und ungezwungen ist. Der harmonische Satz ist natürlich, wenn wenig Akkordumkehrungen und Dissonanzen vorkommen und er auf den wichtigsten, den natürlichen Dreiklängen der Tonart aufgebaut ist. 3. Natürlich nennt man auch jene nicht gezwungene und nicht überladene Melodie, die weder zu hoch hinauf noch zu tief hinab und weder zu schnell noch zu langsam geht. 4. Endlich bezieht sich die allgemeinste Bedeutung des Wortes (die einzige, von der der Abbé Brossard[26] nicht gesprochen hat) auf die Tonarten bzw. Tongeschlechter, deren Töne ohne jede Alteration der Tonleiter entnommen sind – so daß ein natürliches Tongeschlecht dasjenige wäre, bei dessen Niederschrift man keine Kreuz- oder B-Vorzeichen benötigt. Im genauen Sinne gibt es nur eine natürliche Tonart, nämlich C-Dur; man dehnt die Bezeichnung natürlich aber auf alle Tonarten aus, in deren wichtigsten Dreiklängen weder Kreuze noch Been vorkommen, so daß man diese auch nicht vorzuzeichnen braucht; es handelt sich dabei um G- und F-Dur, sowie um a- und d-Moll.

Die Italiener notieren ihr Rezitativ stets natürlich, da die Tonartwechsel so häufig und Modulationen so dicht gedrängt sind, daß man mit der Vorzeichnung einer bestimmten Tonart keine Kreuze und Been für die anderen Tonarten einsparen und bei den Modulationen ein beschwerliches Gewirr von Zeichen heraufbeschwören würde, weil nun die durch eine Tonartvorzeichnung alterierten Töne jeweils durch weitere Zeichen oft im gegenteiligen Sinne alteriert werden müßten.

Natürlich solfeggieren heißt mithilfe der natürlichen Bezeichnung der Töne der normalen Skala solfeggieren, ohne Berücksichtigung der Tonart, in der man sich befindet.

NOTES (...) Die Musik gehört zu denjenigen Künsten, die sich nur langsam vervollkommnen. Die Erfinder der Notenzeichen haben nur an den Zustand gedacht, in dem sie sich zu ihrer eigenen Zeit befand, und nicht an jenen, den sie einmal erreichen würde; infolgedessen stellten ihre Zeichen sich umso mangelhafter dar, desto mehr ihre Kunst sich vervollkommnete. Während man voranschritt, erfand man immer neue Regeln, um den jeweiligen Übeln abzuhelfen; indem man die Zeichen vermehrte, vermehrte man die Schwierigkeiten, und so hat sich vermöge der Ergänzungen und Ersatzlösungen aus einem recht einfachen Prinzip ein ziemlich verworrenes, zusammengestückeltes System entwickelt.

Dessen Mängel kann man auf drei grundsätzliche zurückführen. Der erste besteht in einer Vielzahl der Zeichen und ihrer Kombinationen, welche den Verstand und das Gedächtnis von Anfängern so sehr überfordern, daß schon lange, bevor man vom Blatt singen kann, das Gehör bereits geschult ist und die Stimme die notwendige Geschicklichkeit und Leichtigkeit erworben hat – woraus sich die Schwierigkeit ergibt, daß alle Aufmerksamkeit den Regeln und keine der gesanglichen Ausführung geschenkt wird. Die zweite Schwierigkeit besteht in der geringen Verdeutlichung der verschiedenen Intervallgrößen, der großen und der kleinen, verminderten, übermäßigen, welche alle in gleichen Lagen unklar vermischt werden; dieser Übelstand ist nicht nur die wichtigste Ursache für das langsame Vorankommen der Schüler, sondern auch dafür, daß kein Musiker ausgebildet worden ist, der nicht beim Spiel durch ihn belästigt worden wäre. Die dritte Schwierigkeit besteht in der weiten Streuung der Zeichen und dem allzugroßen Raum, den sie beanspruchen – was, von den so unbequem zu ziehenden Linien und Systemen abgesehen, zur Ursache von mehr als nur einer Art von Schwierigkeiten wird. Die erste Forderung, die man an ein Zeichensystem zu stellen hätte, wäre, klar zu sein, die zweite, eindeutig definiert zu sein; wie nun soll man ein Zeichensystem beurteilen, dem das eine wie das andere fehlt?

Die Musiker freilich sehen das alles nicht; regelmäßiger Gebrauch gewöhnt an alles. Musik ist für sie nicht die Wissenschaft der Töne, sondern der Viertel, Halben, Achtel etc. Würden diese Zeichen ihre Augen nicht mehr mit Beschlag belegen, so würden sie glauben, keine Musik mehr zu sehen. Warum im übrigen sollten sie nur um neuer Dinge willen aufgeben, was sie mit Schwierigkeit gelernt haben? Freilich sollte man hierzu nicht den Musiker zu Rate ziehen, sondern solche Menschen, die die Musik kennen und über diese Kunst nachgedacht haben.

Unter diesen letzteren gibt es hinsichtlich der Mängel unserer Notenzeichen keine geteilten Meinungen; allerdings sind diese Mängel viel schneller festgestellt als behoben. Schon

mehrere Leute haben sich erfolglos in Verbesserungen versucht. Die Allgemeinheit hält sich, ohne lange über die Vorzüge neu vorgeschlagener Zeichen zu streiten, an diejenigen, die sie als gebräuchlich vorfindet; immer wird sie eine schlechte Methode, die sie kennt, einer besseren vorziehen, die sie erlernen müßte.
Aus diesem Grunde ist, wenn man ein neues System verworfen hat, lediglich bewiesen, daß sein Erfinder zu spät kam; man sollte, ohne auf das diesbezügliche Urteil der Allgemeinheit Rücksicht zu nehmen, immer beide Systeme diskutieren und vergleichen.
Alle die Methoden der musikalischen Aufzeichnung, deren oberstes Gesetz nicht die Deutlichkeit der Intervalle war, scheinen mir die Mühe ihrer Erfindung nicht wert. Ich halte mich darum weder bei derjenigen von Herrn Sauveur auf, die man in den Sitzungsberichten der Akademie der Wissenschaften finden kann, noch bei der, die Herr Demaux vor einigen Jahren vorgeschlagen hat. Die Intervalle in diesen beiden Systemen entgehen selbst dem aufmerksamsten Auge und können überhaupt nur gedächtnismäßig erinnert werden, weil sie durch völlig willkürliche, mit dem Gemeinten auf keine Weise korrespondierenden Zeichen dargestellt sind; denn was sagen schon verschiedenartig ausgeführte Notenköpfe und verschiedenartig angesetzte Schwänze inbezug auf die dadurch symbolisierten Intervalle? Solche Zeichen haben nichts, weshalb man sie anderen vorziehen müßte; Klarheit des Zeichens und Sparsamkeit hinsichtlich des benötigten Raums sind Vorzüge, die man auch bei sehr anderen Systemen finden kann. Wie der Zufall die ersten Notenzeichen so gewählt hat, wie wir sie kennen, so müßte man nun eine dem Gegenstande angemessenere Wahl derer treffen, durch die jene ersetzt werden sollen. Diejenigen, welche im Jahre 1743 in einem Werkchen mit dem Titel *Dissertation sur la musique moderne*[27] vorgeschlagen worden sind, besitzen alle nötigen Vorzüge, was mich veranlaßt, ihr System in abgekürzter Form in diesem Artikel darzulegen.
Musikalische Zeichen haben eine doppelte Aufgabe: erstens die Töne darzustellen in ihren verschiedenen Lagen von der Tiefe bis zur Höhe, woran sich Melodie und Harmonie ablesen lassen, und zweitens sie darzustellen in ihren unterschiedlichen Längen, bezogen auf schnelles oder langsames Tempo, wodurch also Tempo und Taktart festgelegt werden.

Was den ersten Punkt angeht, so wird man, wie man die aufgeschriebene, in Regeln gefaßte Musik immer wenden und kombinieren mag, stets bei Kombinationen der sieben Stufen der Tonleiter ankommen, welche, in verschiedene Oktavlagen versetzt und je nach der Wahl von Tonart und Tongeschlecht, auf verschiedene Stufen transponiert werden können. Der Verfasser des genannten Werkes benennt diese sieben Stufen mit den sieben ersten Zahlen, so daß die Zahl 1 den Ton c, die 2 den Ton d, die 3 den Ton e etc. anzeigt, und zwar in horizontaler Anordnung, wie aus Beispiel 1 zu ersehen ist:

$$\underline{1\ 2\ 3\ 4\ 5\ 6\ 7\ 1}$$
$$c\ d\ e\ f\ g\ a\ h\ c$$

Über die Linie schreibt er die Töne, welche, wenn sich der Anstieg fortsetzt, in der darüberliegenden Oktav erklingen; so wird also das dem h im Halbtonabstand folgende c in dieser Weise über der Linie geschrieben stehen: $7\frac{1}{-}$, entsprechend alle zu der höheren Oktav gehörigen Töne, die mit dem c beginnt. Gelangt man nun nach oben in eine dritte Oktav, so braucht man die Notenzeichen nur mit einer oberhalb der ersten befindlichen Linie zu versehen (vgl. u. a. auch Beispiel 3). Wollen Sie hingegen in Oktaven hinabgehen, die unter der durch die erste Linie bezeichneten liegen, so schreiben Sie die Töne der nächstunteren unmittelbar unter diese Linie; gehen Sie in eine weitere hinab, so fügen Sie unter der Zahl eine Linie hinzu, wie Sie es entsprechend bei der übernächsten Oktav in der Höhe getan haben etc. Mit nur drei Linien erfassen Sie also den Raum von 5 Oktaven — wozu man in der gebräuchlichen Notation 18 Linien braucht.

Man kann sogar darauf verzichten, irgendeine Linie zu ziehen: Man plaziert alle Notenzeichen horizontal in gleicher Höhe. Gelangt man zu einem Ton, der das h der Oktav, in der man sich befindet, nach oben überschreitet, also zur nächsthöheren Oktav gehört, setzt man einen Punkt über das Zeichen. Dieser Punkt reicht aus für alle Töne, die sich innerhalb der neuerreichten Oktav befinden. Geht man andererseits von einer Oktav in die nächsttiefere hinab, wäre dies jeweils durch einen Punkt unter dem Zeichen der Note anzugeben (= Beispiel 2[28]), bei der man in die nächste Oktav gelangt. Im folgenden Beispiel sieht man einen durch zwei Oktaven gehenden, in dieser Weise notierten Auf- und Abstieg.

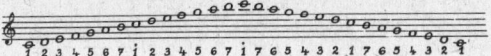

Die erste Methode mit Linien paßt besser für sehr stark ausgearbeitete und schwierige Musikstücke, für große Partituren etc. Die zweite mit Punkten ist für einfachere Musikstücke und für kleine Lieder geeignet. Nicht aber steht dem entgegen, daß man sie anstelle der anderen verwendet; so hat der Verfasser sie z. B. benutzt, um die berühmte Arie „*L'objet qui règne dans mon âme*" aufzuschreiben, die man in Ziffern partiturmäßig notiert am Ende seines Werkes findet.[29]

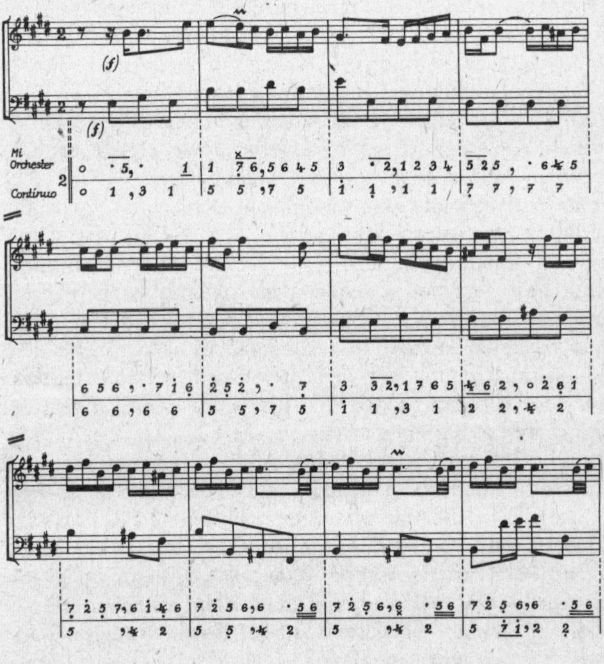

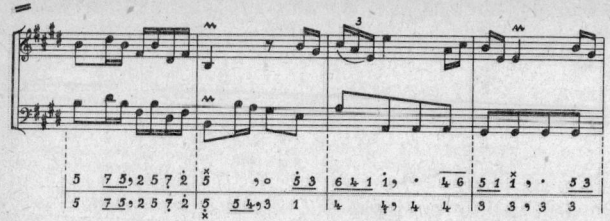

Bei dieser Methode wird für die Tonlagen ein Grad von Deutlichkeit erreicht, in der keine andere mithält; die gleichen Töne haben in allen Oktavlagen die jeweils gleiche Ziffer; die einfachen Intervalle erkennt man immer an den Entsprechungen bzw. in den Zusammensetzungen: bei der Dezime $1\overset{3}{-}$ bzw. $1\overset{3}{3}$

erkennt man auf Anhieb, daß es sich um die Oktav der großen Terz handelt. Außerdem können nie große mit kleinen Intervallen verwechselt werden; 24 wird immer eine kleine Terz bedeuten, 46 immer eine große Terz; die Lage ändert daran nichts.
Nachdem man auf diese Weise den ganzen Umfang der Klaviatur auf sehr viel kleinerem Raum und mithilfe viel klarerer Zeichen als bisherige Notationsformen wiedergegeben hat, kann man zu den Transpositionen übergehen.
In unserer Musik gibt es nur zwei Tongeschlechter. Was heißt nun, in D-Dur singen oder spielen? — es heißt, die C-Dur-Tonleiter hinaufsetzen mit d als Tonika bzw. Grundton. Durch diese Transposition gehen alle zuvor zum c gehörigen Bezüge auf das d über. Um dies System der nach oben bzw. unten verlegten Bezüge zu verdeutlichen, bedarf es bei der Schlüsselung bis jetzt so vieler Alterationen, so vieler Kreuze bzw. Been. Diesen ganzen Wust beseitigt der Erfinder des neuen Systems mit einem Schlage: die eine, an den Anfang bzw. an den Rand gesetzte Silbe „re" (= d) zeigt an, daß das betreffende Stück in D-Dur steht, und da das d alle zuvor dem c zugeordneten Bezüge übernimmt, übernimmt es von ihm auch das Zeichen und die Benennung; es wird mit 1 bezeichnet und entsprechend seine ganze Oktav mit 2, 3, 4 etc., wie zuvor die c-Oktav. Das „re"(= d) am Rande dient als Schlüsselung. Es handelt sich um die Taste d auf der Klaviatur, deren Ton, mit der Bezeichnung c zur Tonika geworden, zugleich Grundton der Tonart ist.

Dieser Grundton aber, in allen Dur-Tonarten die Tonika, ist in den Moll-Tonarten nur die Mediante; deren Tonika, mit der Bezeichnung a, liegt nun eine kleine Terz unter diesem Grundton. Diese Unterscheidung zeigt man durch eine kurze horizontale Linie unter der Angabe des Schlüssels an. D ohne Linie bezeichnet das auf d stehende Dur, ein unterstrichenes D̲ jedoch h-Moll, worin d die Mediante ist. Im übrigen ist diese Bezeichnung, welche nur die Tonart durch den Schlüssel eindeutig zu bestimmen hilft, in dem neuen System nicht notwendiger als bei den einzelnen Notenzeichen, wo man sie nicht erst anwendet; man würde ohne diesen Hinweis nicht weniger genau solfeggieren. (...)

Die Musiker gefallen sich in der Verachtung dieser Transpositionsmethode — zweifellos, weil sie ihre Kunst zu sehr vereinfacht. Der Verfasser wird zeigen, daß diese Verachtung wenig begründet ist. Man sollte vielmehr ihre Methode verachten, weil sie ohne jeden Nutzen mühsam ist. Der Verfasser wird auch zeigen, daß die Transpositionen, deren Vorzüge er darlegen wird, ohne daß die Musiker dies ahnen, eben jene wichtige Regel darstellen, die alle großen Musiker und alle guten Komponisten befolgen.

Sind Ton, Tonart und alle ihre Bezüge geklärt, so reicht es dennoch nicht aus, wenn man alle Stufen jeder Oktave und die Übergänge von einer Oktav in die andere mit genauen und eindeutigen Symbolen bezeichnet; man muß außerdem den jeweiligen Ausschnitt der Klaviatur benennen, den die Oktaven besetzen. Wenn ich mit einem g beginnen soll, muß ich wissen, mit welchem; denn es gibt deren fünf auf der Klaviatur, je nach unterschiedlicher Oktavlage hohe, mittlere und tiefe. Jede dieser Oktaven hat ihren Buchstaben, und der eine auf die Linie gesetzte Buchstabe, der als Notensystem dient, zeigt an, welche Oktavlage mit dieser Linie gemeint ist und entsprechend auch die darüber- und darunterliegenden (...).

Bei der Darstellung aller nur möglichen Töne in unserem System fehlt noch die Bezeichnung der durch Modulation bewirkten zeitweiligen Alterationen; sie läßt sich sehr leicht machen. Ein Kreuz wird durch einen von links unten nach rechts oben schräg durch das Notenzeichen in dieser Weise gezogenen Strich angezeigt: fis = ⋆, cis = ⋆; ein b zeigt man entsprechend durch einen absteigenden Strich an: b = ⋆, es = ⋆; was das Auflösungszeichen betrifft, so kann der Verfasser darauf als auf ein in seinem System überflüssiges Symbol verzichten.

Nachdem dieser Teil der Aufgabe gelöst ist, kommen wir zum Tempo bzw. zum Takt. Zunächst einmal macht der Verfasser reinen Tisch mit jener Masse unnützer Taktarten, mit denen man die Musik unangebrachterweise überladen hat. Er kennt deren — genau wie die Alten — nur zwei, nämlich den zweizeitigen und den dreizeitigen Takt. Die Taktzeiten dieser beiden Taktarten ihrerseits können in zwei oder drei gleiche Werte geteilt werden. Aus der Kombination dieser beiden Vorschriften gewinnt er die genauen Bezeichnungen aller nur möglichen Bewegungsformen.

In der üblichen Musik bezieht man die verschiedenen Notenwerte auf einen einzigen Wert, die ganze Note; da der Wert dieser Note veränderlich ist, ergibt sich bei diesem Verfahren, daß die anderen, von ihm abgeleiteten Noten keinen festgelegten Wert haben. Der Verfasser geht anders heran: Er definiert die Notenwerte nur nach der Art des Taktes, in dem sie erscheinen, und nach dem zeitlichen Anteil, den sie dort haben. Das entbindet ihn von der Notwendigkeit, diese Notenwerte mithilfe anderer Symbole zu verdeutlichen als nur mithilfe des Raumes, den sie im Takt beanspruchen. Ein einziges zwischen zwei Taktstrichen stehendes Notenzeichen bedeutet einen den ganzen Takt ausfüllenden Ton. Zwei einen zweizeitigen Takt ausfüllende Notenzeichen besetzen jeweils eine Taktzeit, drei in einem dreizeitigen tun entsprechend dasselbe. Befinden sich vier Notenzeichen in einem zweizeitigen Takt oder sechs in einem dreizeitigen, so wird jeweils eine Taktzeit in zwei gleiche Teile zerlegt; man gibt also zwei Notenzeichen auf eine Taktzeit bzw. drei, wenn man sechs im einen und neun im anderen Fall hat. Kurzum: Sofern keine Ungleichheit der Werte angezeigt ist, sind die Noten gleich; ihre Zahl verteilt sich im Takt je nach der Zahl der Taktzeiten bzw. entsprechend der Taktart; um die Verteilung zu erleichtern, markiert man, sofern man will, die Taktzeiten durch Kommata (vgl. Beispiel 4), so daß man beim Lesen der Musik die Notenwerte klar erkennt, ohne daß es hierfür eines eigenen Symbols bedürfte.

2‖1 ͵ 2 1│3 2 3 1│5 4 5 6│7 6 7 5│1 4 5 ͵ 1‖

dasselbe mit durch Kommata gekennzeichneten Taktzeiten

2‖1 ͵ 2 1│3 2,3 1│5 4   usw.

Ungleiche Unterteilungen lassen sich mit derselben Leichtigkeit anzeigen. Derlei Ungleichheiten stellen ja nur Unterteilungen dar, deren Verhältnis zur gleichmäßigen Folge der Taktzeiten man durch einen Strich über zwei oder mehrere Notenzeichen anzeigt. Wenn z. B. eine Taktzeit in ein Achtel und zwei Sechzehntel unterteilt werden soll, zeigt ein über oder unter den zwei Sechzehnteln in gerader Linie gezogener Strich an, daß sie gemeinsam den gleichen Zeitwert haben wie die vorangehende Note, also den eines Achtels. Auf diese Weise wird die betreffende Taktzeit ihrerseits wiederum in zwei gleiche Teile geteilt sein, nämlich in die durch das einzelne Notenzeichen und die durch den Strich angezeigten. Nun gibt es auch ungleiche Unterteilungen, welche zwei Striche erfordern können, wie z. B. ein punktiertes Achtel von zwei Zweiunddreißigsteln gefolgt sein kann; in diesem Fall bedarf es zunächst eines Striches über den zwei Notenzeichen, der die Zweiunddreißigstel anzeigt und sie gemeinsam dem Punkt gleichsetzt; sodann bedarf es eines zweiten Strichs, der über den ersten und außerdem den Punkt hinweggeführt ist und alles, was er überdeckt, der Achtelnote gleichsetzt. In welcher Geschwindigkeit die Noten nun immer folgen werden, so sind diese Striche doch nur erforderlich, wenn die Werte ungleich sind; und welche Ungleichheit immer gefordert sein möge — nie sind mehr als zwei Striche erforderlich, besonders, wenn man die Taktzeiten durch Kommata markiert, wie man aus Beispiel 5 ersehen kann.

Der Erfinder des neuen Systems macht auch vom Punkt Gebrauch, jedoch in anderer als der üblichen Weise; in dieser bedeutet er die Hälfte des Wertes der vorangehenden Note; in seinem System hat der Punkt, der ebenfalls eine Verlängerung der vorangehenden Note anzeigt, genau den Wert des Platzes, den er besetzt. Füllt er eine Taktzeit, so hat er den Wert dieser einen Taktzeit; füllt er einen Takt, so hat er den Wert dieses Taktes; befindet er sich zusammen mit einem anderen Notenzeichen in einer Taktzeit, so hat er den Wert einer halben

Taktzeit. Der Punkt, mit einem Wort, wird wie ein Notenzeichen gezählt und bewertet. Um Überhaltungen und Synkopen anzuzeigen, kann man mehrere Punkte hintereinandersetzen mit gleichen oder ungleichen Werten je entsprechend denjenigen der Taktzeiten bzw. der Takte, die diese Punkte auszufüllen haben.

Für alle Arten von Pausen bedarf es nur eines einzigen Zeichens: der Null. Diese Null wird wie die Notenzeichen und wie der Punkt angewendet; ein nach einer Null gesetzter Punkt verlängert die Pause wie ein nach einem Notenzeichen gesetzter Punkt den Ton; vgl. Beispiel 5.

Dies wäre der Abriß des neuen Systems. Wir verfolgen den Verfasser nicht weiter ins Detail seiner Regeln und nicht in den Vergleich, den er zwischen den üblichen und seinen eigenen Symbolen anstellt; man kann wohl erwarten, daß er alle Vorteile auf seiner Seite sieht. Diese Erwartung sollte freilich den unparteiischen Leser nicht davon abhalten, die Begründungen des Verfassers in dem erwähnten Buch selbst zu überprüfen. Da dieser Verfasser und derjenige des vorliegenden Wörterbuches identisch sind, läßt sich in diesem Artikel kaum mehr sagen, ohne über die Grenzen hinauszugehen, die ihm hier gesetzt sind. (...)

NOTES DE GOÛT. Von diesen gibt es zwei Arten. Die Noten der einen gehören zur Melodie, nicht aber zur Harmonie, so daß sie wohl am Taktrhythmus teilhaben, nicht aber am Akkord: diese werden voll ausgeschrieben. Die andere Art NOTES DE GOÛT wird, da sie weder zum Taktrhythmus noch zur Harmonie gehört, nur in kleinen Noten geschrieben, die nicht am Taktrhythmus teilhaben und deren sehr kurze Dauer von der vorangehenden oder der nachfolgenden Note abgeht.

OPÉRA – ein dramatisches, mit Musik versehenes Bühnenwerk, worin man alle Reize der schönen Künste in der Darstellung einer leidenschaftlichen Handlung zu vereinen sucht, um mithilfe angenehmer Empfindungen Anteilnahme und Illusionen zu erwecken.
Die wesentlichen Bestandteile einer OPÉRA sind das Libretto, die Musik und die Dekoration. Mithilfe der Dichtung spricht man zum Geist, mithilfe der Musik zum Ohr, mithilfe der Malerei zum Auge; dies soll zusammenwirken, um das Herz zu bewegen und ihm zu gleicher Zeit über verschiedene Sinne übereinstimmende Eindrücke zu vermitteln. Meine Aufgabe erlaubt mir lediglich, von diesen drei Bestandteilen den ersten und den letzten im Hinblick auf ihre Beziehungen zum zweiten zu behandeln. Also wende ich mich sogleich diesem zweiten zu.
Die Kunst, Töne in angenehmer Weise miteinander zu verbinden, kann unter zwei sehr verschiedenen Gesichtspunkten betrachtet werden. In ihren naturgegebenen Komponenten beschränkt die Musik ihre Wirkung auf die Empfindungen und auf die Freuden der sinnlichen Wahrnehmung, welche durch Melodie, Harmonie und Rhythmus ausgelöst werden; von solcher Art ist normalerweise die Kirchenmusik, von solcher Art sind Melodien, die man singt oder zu denen getanzt werden

soll. Als wichtiger Teil der musikalischen Szene jedoch, deren Hauptgegenstand die Nachahmung ist, wird die Musik zu einer der schönen Künste, als welche sie alle Themen darzustellen, alle Gefühle zu erregen, mit der Dichtung zu wetteifern und ihr eine andersartige Kraft zu geben imstande ist, die sie mit neuen Reizen versieht und über die sie, indem sie sie krönt, zugleich triumphiert.

Da die Laute der Sprechstimme weder in der Tonhöhe noch harmonisch fixiert sind, kann man sie nicht festlegen und entsprechend bequem mit denen der Singstimme und der Instrumente verbinden, zumindest nicht in unseren Sprachen, welche von einer musikalischen Prägung allzu weit entfernt sind. Man kann die Darstellungen der Griechen über ihre Art des Vortrags nicht verstehen ohne die Annahme, ihre Sprache sei so akzentuiert gewesen, daß Hebungen und Senkungen bei einer die Tonhöhen fixierenden Deklamation beim Sprechen unter sich musikalische, ganz bestimmte Intervalle ergaben: In diesem Sinne läßt sich sagen, daß ihre Dramen eine Art OPÉRA waren; aus dem gleichen Grunde aber kann man auch sagen, daß sie keine OPÉRA in unserem Sinne besessen haben.

Die Schwierigkeit, in unseren Sprachen die Melodie mit dem Wort zu verbinden, läßt uns deutlich empfinden, daß die Hinzunahme der Musik als wichtiger Bestandteil dem Libretto einen von Tragödie und Komödie unterschiedenen Charakter geben und aus ihm eine dritte Art von Bühnenstück mit eigenen Regeln machen muß. Diese Unterschiede aber können nicht definiert werden ohne vollkommene Kenntnis des hinzugefügten Bestandteils, seiner natürlichen Beziehungen zu menschlichen Gefühlen und der Mittel, ihn mit dem Wort zu verbinden – Einzelheiten, die den Künstler weniger interessieren als den Theoretiker und deren Darstellung man einer Feder überlassen sollte, die diese Künste zu erklären geschaffen ist, um allen Ausübenden die Grundlagen ihrer Regeln und den gebildeten Liebhabern die Ursachen ihres Vergnügens darzulegen.

Indem ich mich bei diesem Gegenstande auf einige mehr historische als systematische Beobachtungen beschränke, möchte ich zuallererst feststellen, daß die Griechen auf ihrer Bühne ein musikalisches Genre in unserem Sinne nicht besaßen und daß das, was sie mit diesem Namen versahen, dem entsprechenden unsrigen in nichts geglichen hat. Da ihre Sprache stark akzentuiert war und da es in ihrer Instrumentalmusik wenig Überladenheit gab, war ihre Poesie insgesamt musikalisch und ihre Musik insgesamt deklamatorisch, so daß ihr Gesang sich nahezu als eine in den Tonhöhen fixierte Rede darstellte und sie ihre Verse tatsächlich sangen, wie sie es am Beginn ihrer Dichtungen ankündigen.[30] Von daher ist erst auf die Römer und dann auf uns lächerlicherweise die nachäffende Gewohnheit gekommen, zu sagen „ich singe", auch wenn man gar nicht singt. Was nun das Genre anbelangt, das sie im besonderen das musikalische Genre nannten, so handelte es sich dabei um eine heroische Dichtung in einem gehobenen und bilderreichen Stil, die sie vorzugsweise mit der Lyra oder der Kithara begleiteten. Es ist sicher, daß die griechischen Tragödien in einer dem Gesang sehr ähnlichen Weise mit Begleitung von Instrumenten und mit Beteiligung von Chören vorgetragen wurden.

Will man nun auf der Vorstellung beharren, daß es sich hierbei um OPÉRA gehandelt habe, die den unseren ähnelten, so muß man sich zumindest Opern ohne Arien vorstellen; mir scheint nämlich erwiesen zu sein, daß die griechische Musik, die instrumentale nicht ausgenommen, eigentlich nichts anderes war als ein richtiges Rezitativ, das den Reiz musikalischer Klänge mit all dem Wohllaut der Dichtung und aller Kraft der Deklamation vereinte, ein Rezitativ, das viel mehr Kraft besitzen mußte als das moderne, welches kaum einen dieser Vorzüge nutzen kann, ohne einen anderen dafür aufs Spiel zu setzen. Bei unseren, den lebenden Sprachen, die sich größtenteils durch ihren Ursprung in einem rauhen Klima ähneln, ergibt sich die Verbindung von Musik und Wort viel weniger selbstverständlich. Ungenaue Prosodie verträgt sich schlecht mit dem Regelmaß des Taktes, stumme und stumpfe Silben, harte Artikulationen, klangarme und wenig variierte Vokale lassen sich nur schwierig mit Melodie vereinbaren; eine lediglich in der Zahl der Silben geordnete Poesie findet einen nur wenig fühlbaren Zusammenklang mit dem musikalischen Rhythmus und widerstrebt fortwährend der Vielfalt der Notenwerte und der Tempi.

Diese Schwierigkeiten hat man beim Verfassen eines Opernlibrettos zu meistern oder zu umgehen. Deshalb versuchte man, sich in der Auswahl der Worte, Wendungen und Zeilen eine eigene Sprache zu schaffen, und diese Sprache, die man *lyrique*

(= musikgemäß) nannte, war reich oder arm je nach der Sanftheit oder Rauhigkeit des Klimas, in der sie entstand.
Nachdem so in gewisser Weise das Wort auf die Musik vorbereitet worden war, kam es nun darauf an, die Musik mit dem Wort zu verbinden und sie ihm im Sinne der musikalischen Szene so anzupassen, daß das Ganze für ein und dieselbe Sprechweise genommen werden konnte; woraus sich, um den Anschein zu erwecken, ständig zu sprechen, die Notwendigkeit ergab, ständig zu singen — eine Notwendigkeit, die umso dringlicher erscheint, je weniger musikalisch eine Sprache ist: Je weniger Sanftheit und Akzentuierung eine Sprache nämlich besitzt, desto härter und schockierender stellt sich das Überwechseln vom Sprechen zum Singen bzw. vom Singen zum Sprechen für das Ohr dar. Von daher rührt das Bedürfnis, den gesprochenen Dialog durch den gesungenen zu ersetzen, der jenen weitestmöglich nachahmen und sich von ihm nur durch die Beigabe der Akkorde unterscheiden sollte.
Die Art und Weise, in der die Griechen Musik und Wort auf der Bühne vereinigten, konnte bei ihnen hinreichen, um Anteilnahme und Illusion zu erwecken, weil sie natürlich war; weil es sich bei uns nicht so verhält, konnte sie bei uns, um zum gleichen Ziel zu gelangen, nicht hinreichen. Wenn wir eine abstrakte und gezwungene Sprache vernehmen, können wir nur mühsam begreifen, was man uns sagen will; mit viel Aufwand vermittelt man nur wenig Gefühlswerte: Daher rührt der Zwang, mit der sinnlichen Freude der geistigen zuhilfe zu kommen und mit dem Zauber der Harmonie den Mangel an Ausdruckskraft zu kompensieren. Je weniger man also das Herz zu rühren vermag, desto mehr weiß man dem Ohre zu schmeicheln, und wir sind gezwungen, in der sinnlichen Wahrnehmung das zu suchen, was das Herz uns verweigert. Dies ist die Ursache der Entstehung all der Arien, Chöre, Orchesterstücke und jener bezaubernden Melodik, mit denen die zeitgenössische Musik sich oft auf Kosten der Dichtung schmückt, die aber der Mensch mit Geschmack für das Theater ablehnt, weil man ihn mehr umschmeichelt als bewegt.
Da die Erfinder der OPÉRA bei deren Entstehung das Unnatürliche umgehen wollten, das der Verbindung von Musik und Wort bei der Darstellung des menschlichen Lebens eigen ist, ließen sie es sich einfallen, ihre Szene in den Himmel bzw. in die Hölle zu verlegen; da sie es nicht verstanden, die Menschen

reden zu lassen, zogen sie es vor, Götter, Teufel, Helden und Hirten singen zu lassen. Bald gehörten Zaubereien und Wunderwirkungen unabdingbar zum musikalischen Theater; und mit der Bereicherung durch das neue Genre zufrieden, fiel es einem nicht einmal im Traume ein zu untersuchen, ob dasjenige, das zu wählen man gezwungen war, tatsächlich ein gutes Genre war. Um eine so starke Illusion zu unterstützen, mußte man alles aufbieten, was menschliche Kunstfertigkeit an Verführerischem sich vorzustellen erlaubte bei einem Volk, bei dem der Sinn für das Vergnügen und für die schönen Künste miteinander wetteifern. Diese berühmte Nation, der von ihrer einstigen Größe nur deren Widerspiegelung in den schönen Künsten verblieben ist, wandte allen Geschmack und Geist auf, um dem neuen Bühnenspektakel jeden erdenklichen Glanz zu verschaffen. Überall in Italien sah man Theater von der Größe von Königspalästen entstehen und von der Schönheit antiker Denkmäler, wie man sie überall dort findet. Um sie zu schmükken, erfand man die Kunst der Tiefenperspektive und der Kulisse. Künstler aller Richtungen ließen ihre Talente um die Wette glänzen. Einfallsreich konstruierte Maschinen, die kühnsten Flugwerke, Stürme, Blitze und Donner und alle Möglichkeiten des Zauberstabes wurden aufgeboten, um die Augen zu fesseln, während zugleich eine Menge von Instrumenten und Stimmen die Ohren verblüfften.

Bei alledem freilich blieb die Handlung kalt, und keine Szene erregte Anteilnahme. Da es keine Intrigen gab, die nicht mithilfe irgendeines Gottes rasch entwirrt wurden, überließ der Zuschauer, der Vorsorge des Dichters gewiß, diesem in aller Ruhe die Verantwortung dafür, daß die Helden auch aus den ärgsten Gefahren gerettet wurden. So war der Aufwand also riesengroß, erzielte aber wenig Wirkung, weil die Nachahmung immer unvollkommen und grob blieb, weil uns die unnatürliche Handlung nicht interessierte und unsere Sinne sich der Illusionierung kaum öffnen, wenn das Herz nicht beteiligt ist — so daß, alles in allem, man kaum je eine Ansammlung von Menschen mit größeren Kosten gelangweilt haben dürfte.

Dieses Spektakel indessen, so unvollkommen es immer war, erregte lange Zeit das Staunen der Zeitgenossen, die in dieser Hinsicht nichts Besseres kannten. Sie beglückwünschten sich sogar zur Entdeckung eines so schönen Genres: Da haben wir, so sagten sie, ein neues Prinzip, das denen des Aristoteles hinzugefügt werden muß — wir haben nämlich dem Schrecken und dem Mitleid die Bewunderung hinzugefügt. Sie sahen nicht, daß dieser scheinbare Reichtum im Grunde nur ein Zeichen von Sterilität war, so wie Blumen die Wiesen vor der Ernte bedecken. Da sie nicht zu rühren vermochten, wollten sie überraschen, und jene scheinbare Bewunderung war in Wirklichkeit nur ein kindisches Staunen, dessen sie sich hätten schämen müssen. Eine falsche Gloriole von Prachtentfaltung, Feenspuk und Zauberei nahm sie so sehr gefangen, daß sie nur begeistert und respektvoll von einem Theater sprachen, das eigentlich Hohngelächter verdient hätte; die größte Gutgläubigkeit der Welt wie ihre Verehrung brachten sie sowohl der Szene als auch den wunderlichen Dingen entgegen, die man auf ihr darzubieten versuchte. Wie, als ob es ein größeres Verdienst wäre, den Götterfürsten so fade reden zu lassen wie den letzten der Sterblichen und Molières Diener den Helden des Pradon vorzuziehen.[31]

Obwohl die Urheber der ersten Opern kaum etwas anderes beabsichtigten, als die Augen zu blenden und die Ohren zu betäuben, ließ es sich doch kaum vermeiden, daß der Musiker sich versucht fühlte, in seinem Bereich nach einem Ausdruck der in der Dichtung enthaltenen Empfindungen zu suchen. Die Gesänge von Nymphen, die Hymnen der Priester, die Schreie von Kriegern und höllisches Gebrüll füllten diese grobschlächtigen Bühnenstücke nicht so vollkommen aus, als daß sich in ihnen nicht auch einer jener Augenblicke bzw. Situationen gefunden hätte, in denen der Zuschauer nur gerührt zu sein wünscht. Man begann bald zu empfinden, daß — unabhängig von einer musikalischen Deklamation, die sich oft mit der Sprache schlecht vertrug — die Wahl des Tempos, der Harmonie und der Melodik nicht gleichgültig war im Hinblick auf die Dinge, die man zu sagen hatte, und daß infolgedessen die Wirkung der Musik, welche bisher auf die Sinne beschränkt war, sehr wohl bis zum Herzen zu dringen vermag. Die Melodie, die sich früher nur gezwungenermaßen von der Dichtung getrennt hatte, zog aus dieser Unabhängigkeit Nutzen, um sich mit eigenen, rein musikalischen Schönheiten zu schmücken; die allmählich erschlossene und vervollkommnete Harmonie eröffnete ihr neue Möglichkeiten zu gefallen und zu rühren, und der vom Joch des poetischen Rhythmus befreite

Takt erlangte gleichfalls eine Ordnung für sich, die nun ihm ganz eigen war.

Da die Musik auf diese Weise zur dritten der nachahmenden Künste geworden war, hatte sie bald — unabhängig von der Dichtung — ihre eigene Sprache, ihren Ausdruck, ihre eigenen Themen. Sogar das Orchester lernte ohne Zuhilfenahme von Worten zu reden, und oftmals wurden Empfindungen im Orchester nicht weniger lebendig ausgesprochen als von den Darstellern. Allmählich, während man den Geschmack an dem falschen Glanz der Feerien, am kindischen Spektakel der Maschinen und an den wunderlichen Darstellungen von nie gesehenen Dingen zu verlieren begann, suchte man in der Nachahmung der Natur interessantere und echtere Themen. Bis dahin war die Oper so weit geformt worden, wie es eben möglich war, denn: Wie hätte man schon im Theater eine Musik, die nichts darzustellen vermochte, besser einsetzen können als bei der Darbietung von nicht existierenden Dingen, bei denen niemand das Abbild mit dem wirklichen Gegenstand vergleichen konnte? Es ist ganz unmöglich, sicher zu sagen, ob man durch die Gegenwart des Wunderbaren so angerührt würde wie durch seine Darstellung; wohingegen jedermann selbst beurteilen kann, ob der Künstler es verstanden hat, den Leidenschaften Sprache zu verleihen oder die Gegenstände der Natur gut nachzuahmen! Seitdem die Musik darzustellen und zu sprechen gelernt hat, haben die Reize der Gefühle bald jene des Zauberstabes verdrängt, die Bühne wurde vom Kauderwelsch der Mythologie gereinigt, das Wunderbare durch Anteilnahme ersetzt, die Maschinen der Textdichter und der Zimmerleute wurden zerstört, und so erhielt die Oper eine edlere, weniger monströse Form. Alles, was die Herzen zu rühren vermag, wurde mit Erfolg eingesetzt, man brauchte nicht mehr mit ausgedachten, törichten Fabelwesen aufzutrumpfen; die Götter wurden von der Bühne verjagt, als man Menschen auf ihr darzustellen lernte. Diese viel klügere und normalere Form war zugleich auch die glaubwürdigste; man empfand, daß es die Hauptaufgabe der Musik war, sich selbst vergessen zu machen, und daß, wenn sie im Gemüt des Zuschauers Verwirrung und Unsicherheit bewirkt, sie ihn daran hindert, die zärtlichen und pathetischen Gesänge einer seufzenden Heldin von den wahren Akzenten der Leidenschaft zu unterscheiden, und daß ein zorniger Achill uns vor Schreck erstarren lassen kann mit der gleichen Sprache, die uns zu jeder anderen Zeit, von ihm benutzt, schockiert hätte.

Solche Beobachtungen gaben zu einer zweiten Reform Anlaß, die nicht weniger wichtig war als die erste. Man empfand, daß in der Oper kühl Überlegtes nicht am Platze sei und allgemein nichts, was der Zuschauer so gelassen würde anhören können, daß er über die Absurdität dessen nachdenken kann, was er da erlebt — und eben hierin besteht der Hauptunterschied zwischen der Oper und der Tragödie. Alle politischen Beratungen, alle Verschwörungspläne, alle Darlegungen, Vorträge, alle sentenziösen Kernsprüche, in einem Wort: alles, was ausschließlich die Vernunft anspricht, wurde aus dieser Sprache des Herzens verbannt, samt allen Gedankenspielereien, galanten Reden und allem, was nur mit dem Verstand zu tun hat. Selbst der Tonfall der unschuldigen Galanterie, der zu den großen Leidenschaften schlecht paßt, wurde in der Fülle tragischer Situationen kaum noch geduldet, deren Wirkung er fast immer verdirbt; denn niemals empfindet man stärker, daß der Darsteller singt, als wenn er ein Liedchen trällert.

Die Kraft der Gefühle, die Gewalt der Leidenschaften sind deshalb der Hauptgegenstand der Oper, und die Illusion, die deren Reiz ausmacht, wird stets zerstört, sobald der Autor und Darsteller den Zuschauer nur einen Moment sich selbst überlassen. Dies sind die Prinzipien, auf denen die moderne Oper aufbaut. Apostolo Zeno, der Corneille Italiens, sein zarter Schüler, Italiens Racine[32], haben diese neue Richtung eingeschlagen und zur Vollkommenheit entwickelt. Sie haben historische Helden auf eine Bühne zu bringen gewagt, die nur Fabelwesen vorbehalten schien. Kyros, Cäsar und selbst Cato sind erfolgreich auf der Bühne erschienen, und die Zuschauer haben — aufs äußerste erregt, solche Menschen singen zu hören — bald vergessen, daß diese sangen, da sie gebannt und entzückt waren durch das Erklingen einer so edlen, würdigen, begeisternden und feurigen Musik. Es läßt sich leicht begreifen, daß Gefühle, die sich von den unseren so sehr unterscheiden, auch in einer anderen Sprache zum Ausdruck gebracht werden müssen.

Diese neuen, von Genies geschriebenen und nur von Genies komponierbaren Libretti haben ohne viel Aufhebens die schlechten Musiker erledigt, die sich nur auf das Handwerk ihrer Kunst verstanden und ohne einen Funken von Inspiration und Begabung zur Nachahmung etwa auf die Art und Weise Opern schrieben, in der man Holzschuhe verfertigt. Kaum waren die Schreie der Bacchantinnen, die Hexenbeschwörungen und alle nur in eitler Lärmerei bestehenden Gesänge aus dem Theater verbannt, kaum hatte man versucht, dieses barbarische Getöse durch den Ausdruck von Zorn, Schmerz, Drohungen, Zärtlichkeit, Tränen, Seufzen und allen Regungen eines bewegten Gemüts zu ersetzen, als die Vinci, Leo und Pergolesi bereits einen neuen Weg einschlugen, da sie ihren Helden Gefühle und dem Menschenherzen eine Sprache zu geben gezwungen waren und eine knechtische Nachahmung ihrer Vorgänger verschmähten; und sie durcheilten diesen Weg auf den Flügeln des Genies so rasch, daß sie sich fast schon nach den ersten Schritten am Ziel befanden. Allerdings kann man auf der Bahn des guten Geschmacks nicht lange vorankommen, ohne auf- oder absteigen zu müssen, und Vollkommenheit ist ein Punkt, auf dem man nur schwer verweilen kann. Nachdem die Musik die ihr eigenen Kräfte verspürt und erprobt hatte und imstande war, allein voranzukommen, begann sie die Dichtung zu verachten, die sie hätte begleiten sollen, und glaubte, aus sich selbst die Schönheiten entwickeln zu können, die sie zuvor mit ihrer Gefährtin geteilt hatte. Wohl will sie noch die Gedanken und Gefühle des Dichters wiedergeben, aber sie spricht nun in gewisser Weise eine andere Sprache, und wenn auch der Gegenstand der gleiche ist, so formen Dichter und Musiker, in ihrer Arbeit allzusehr getrennt, nun doch zwei zwar ähnliche, doch deutlich unterschiedliche Bilder von ihm, die sich wechselseitig schaden. Die Auffassung des Hörers, nun zu einer Entscheidung gezwungen, wählt und richtet sich auf ein Bild mehr als auf das andere aus. Nun sticht der Musiker, wenn er fähiger ist als der Dichter, diesen aus und macht ihn vergessen; wenn der Darsteller erkennt, wie der Zuschauer die Worte zugunsten der Musik aufgibt, opfert er seinerseits die Gestik und die theatralische Aktion dem Gesang und dem Brillieren mit der Stimme; dies wiederum läßt ihn ganz das Stück vergessen, und so verwandelt sich die Aufführung in ein Konzert. Wenn hingegen alle Vorzüge beim Dichter liegen, wird die Musik ihrerseits dem Zuschauer fast gleichgültig werden, und, durch den Lärm getäuscht, kann er dahin gelangen, einem schlechten Musiker die Verdienste zuzuschreiben, die einem vorzüglichen Dichter gebühren, und zu

glauben, daß er Meisterwerke der Tonkunst bewundere, während er in Wirklichkeit nur gut gebaute Libretti bewundert.
Von dieser Art sind die Mängel, die eine absolute Vollkommenheit der Musik und ihre falsche Verbindung mit dem Text der Oper verursachen kann — je nach dem Anteil dieser Ursachen. Wobei man noch hinzufügen muß, daß bei denjenigen Sprachen, die sich den Gesetzen des Taktes und der Melodie am ehesten beugen, die doppelte Qualität, von der ich soeben sprach, am wenigsten in Erscheinung tritt; denn wenn sich die Musik ganz den Vorgaben der Dichtung unterwirft, unterwirft diese ihrerseits sich den Biegungen der Melodie; und wenn die Musik aufhört, den Rhythmus, die Akzentuierung und die Harmonie des Verses zu beachten, paßt der Vers sich an und unterwirft sich der Taktordnung und der musikalischen Akzentuierung. Wenn aber der Sprache keine Sanftheit und Biegsamkeit eignet, so hindert die Holprigkeit der Dichtung sie daran, sich der Melodie anzupassen, und selbst die Sanftheit der Melodie würde nicht ausreichen, um einen guten Textvortrag zu ermöglichen; deshalb verspürt man in solch einer gewaltsamen Verbindung der beiden Künste ständig eine gewisse Gezwungenheit, die das Ohr erschreckt und den Reizen der Melodie ebenso wie der deklamatorischen Wirkung im Wege steht. Für diesen Mangel gibt es kein Heilmittel; die Musik um jeden Preis einer unmusikalischen Sprache anpassen zu wollen, bedeutet, ihr mehr Rauhigkeit zu geben, als sie von sich aus besitzt.
Aus dem, was ich bis hierher ausgeführt habe, hat man ersehen können, daß es mehr Beziehungen gibt zwischen dem, was den Augen geboten wird — der Dekoration —, und dem, was den Ohren geboten wird — der Musik —, als man es inbezug auf zwei Sinne vermutet, die nichts Gemeinsames zu verbinden scheint; daß also die Oper, wie sie sich heute darstellt, in gewisser Hinsicht kein so monströses Ganzes ist, wie es zunächst erscheinen mag. Wir haben gesehen, daß man, um der Schaulust jenes Interesse, jene Anteilnahme zu ermöglichen, die der Musik fehlten, das prunkende Blendwerk der Maschinerien und Flugwerke ersonnen hatte, und daß man, ehe man lernte, uns zu rühren, sich damit zufriedengab, uns zu überraschen. Es ist darum nur natürlich, daß eine Musik, die fähig geworden ist, Leidenschaften und Pathos auszudrücken, diese schnöden Ersatzmittel, da sie ihrer auf der Opernbühne nicht mehr be-

durfte, in die Vorstadttheater verwies. Nun, gereinigt von all dem entwürdigenden Zauberkram, wurde die Oper zu einer gleichermaßen anrührenden wie prachtvollen Darbietung, wurde sie der Freude gebildeter Menschen und der Anteilnahme empfindsamer Herzen würdig.

Gewiß hätte man den Pomp der Szenerie in dem Maße reduzieren können, in dem sich die Anteilnahme an der Handlung steigerte; denn je mehr man sich mit den Personen beschäftigt, desto weniger ist man interessiert an den Dingen, die sie umgeben. Freilich muß der Ort der Handlung zu den Darstellern passen, die man dort sprechen läßt; und die Nachahmung der Natur, welche oft zwar viel schwieriger, aber doch stets angenehmer ist als die irgendwelcher Fabelwesen, wird interessanter nur in dem Maße, in dem sie sich wahrhaftiger darstellt. Ein schöner Palast, köstliche Gärten, geschickt aufgebaute Ruinen gefallen dem Auge viel mehr als eine phantastische Darstellung des Tartarus, des Olymp oder des Sonnenwagens — Darstellungen, die umso mehr hinter dem zurückbleiben, was jeder sich selbst ausmalt, als es bei derlei Phantasiegebilden den Geist nichts kostet, bis zum Äußerstmöglichen zu gehen und sich Dinge auszudenken, die sich jeder Darstellung entziehen. Aus diesen Gründen ist das Wunderbare, obwohl in der Tragödie fehl am Platze, im epischen Gedicht durchaus angebracht, weil hier eine unaufhörlich produktive und verschwenderische Vorstellungsgabe am Werke sein und von ihr einen ganz anderen Gebrauch machen kann, als es auf unseren Bühnen das Talent des besten Maschinisten und die Prachtentfaltung des mächtigsten Königs je vermöchte.

Obwohl die Musik, als nachahmende Kunst, zur Dichtung mehr Beziehung hat als zur Malerei, ist diese — wie man sie auf der Bühne einsetzt — nicht wie die Dichtung auf eine doppelte Darstellung des gleichen Themas gemeinsam mit der Musik angewiesen, weil die eine nur die Gefühle der Menschen wiedergibt und die andere nur das Bild des Ortes, wo sie agieren — ein Bild, das die Illusion stärkt und den Zuschauer überall dorthin versetzt, wo der Darsteller sich zu befinden scheint. Freilich bedarf diese Versetzung von einem Ort zum anderen der Gesetze und Grenzen: Man darf sich in dieser Hinsicht nicht zuviel auf die Beweglichkeit der Phantasie zugute tun und sollte das Gesetz der Wahrscheinlichkeit beachten. Wenn der Zuschauer sich auch nur zu gern irgendwelchen Erfindungen überläßt, an denen er viel Vergnügen hat, sollte man seine Gutgläubigkeit doch nicht bis zu einem Grade mißbrauchen, dessen er sich schämen müßte. In einem Wort: Man möge daran denken, daß man zu fühlenden Herzen spricht, ohne zu vergessen, daß man mit vernünftigen Leuten redet. Das heißt nun nicht, daß ich auf die Oper jene strenge Regel der Einheit des Ortes übertragen möchte, die man für die Tragödie fordert und der man sich kaum unterwerfen kann, ohne daß dies zu Lasten der Handlung ginge;[33] zwar würde man damit in einer Hinsicht präzise, in tausend anderen Hinsichten aber absurd verfahren. Es hieße im übrigen, sich der Vorteile eines Wechsels der Szenen zu berauben, die sich gegenseitig Wert verleihen, und es hieße, sich in einer falschen Einförmigkeit der Szenerien der Gefahr unüberlegter Widersprüche zwischen einem gleichbleibenden Bühnenbild und wechselnden Situationen auszusetzen; es hieße endlich auch die Wirkungen der Musik und der Dekoration gegenseitig zu verderben, wie wenn man z. B. üppige Orchesterstücke beim Anblick einer Gebirgslandschaft zu Gehör brächte oder fröhliche Liedchen in Königspalästen.

Es war also vernünftig, daß man jeweils von Akt zu Akt einen Wechsel der Bühnenbilder zuließ; damit er normal und plausibel erscheine, genügt es, daß man sich ganz natürlich von einem Ort, den man verläßt, zu einem anderen, wo man ankommt, in der Zwischenzeit hat begeben können bzw. daß die Handlung dies zwischen zwei Akten tue, so daß, wie die Einheit der Zeit etwa die Dauer von vierundzwanzig Stunden einschließt, die Einheit des Ortes die Strecke einer Tagesreise betragen soll. Was die zuweilen innerhalb eines Aktes vollzogenen Szenenwechsel angeht, so scheinen sie mir gleicherweise der Illusion wie der Vernunft zu widerstreiten und sollten auf dem Theater grundsätzlich verboten sein.

Auf diese Weise kann das Zusammenwirken von akustischen und optischen Momenten die Illusion befördern, den Sinnen durch verschiedene, aber analoge Eindrücke schmeicheln und im Gemüt und bei gleicher Anteilnahme doppelten Genuß erregen. Es wäre also ein großer Fehler anzunehmen, daß die Regeln des Theaters nichts gemein hätten mit denen der Musik, da sie doch die gemeinsame Maßgabe aus dem Libretto beziehen. Es bleibt der Vorstellungsgabe des Komponisten und des Bühnenbildners überlassen, gemeinsam zu erkennen, was die Phantasie des Dichters ihnen zu tun übriggelassen hat, und sich so gut abzustimmen, daß der Zuschauer ständig den vollkommenen Einklang empfindet zwischen dem, was er sieht, und dem, was er hört. Allerdings muß man zugestehen, daß die Aufgabe des Musikers die weitaus größere ist. Die Nachahmung in der Malerei ist immer gefühlskalt, weil ihr jene Aufeinanderfolge der Ideen und Eindrücke abgeht, die das Gemüt allmählich erwärmt, weil bei ihr alles mit einem Schlag gesagt ist. Das nachahmende Vermögen dieser Kunst beschränkt sich, bei vielen klar bestimmten Gegenständen, in Wirklichkeit auf sehr schwache Darstellungen. Es gehört zu den großen Privilegien des Musikers, daß er Dinge darzustellen vermag, die man sonst nie zu hören bekäme; wohingegen der Maler nie etwas wiederzugeben vermag, was man sonst nicht zu sehen bekommt. Und das allergrößte Wunder jener Kunst, die nur durch Bewegung zu wirken vermag, besteht darin, daß sie mit bewegten Mitteln selbst noch das Bild der Ruhe geben kann. Der Schlummer, die Stille der Nacht, Einsamkeit und selbst das Schweigen gehören zu den Themen der musikalischen Darstellung. Wohl kann Geräusch zuweilen die Wirkung von Stille und Stille die Wirkung von Geräusch haben, wie wenn z. B. ein Mensch bei einem gleichmäßigen und monotonen Vortrage einschläft und in dem Augenblick erwacht, da er endet; entsprechend verhält es sich mit anderen Wirkungen. Die Kunst freilich verfügt über sehr viel wirksamere und feinere Entsprechungen, sie vermag mithilfe des einen Sinnes Emotionen zu erregen, die jenen ähneln, welche man mithilfe eines anderen Sinnes erregen kann. Da der nachahmende Bezug nicht deutlich genug empfunden werden kann, wenn der Eindruck nicht stark ist, kann die über solche Möglichkeiten nicht verfügende Malerei nur unter Schwierigkeiten der Musik jene Nachahmungen zurückerstatten, die diese von ihr entliehen hat. Wenn auch die ganze Natur in Schlummer läge, so schläft doch der nicht, der sie betrachtet. Die Kunst des Musikers besteht nun darin, das nicht wahrnehmbare Bild des Gegenstandes durch dasjenige der Bewegung zu ersetzen, die dessen Gegenwart im Gemüt des Betrachters hervorruft: Er stellt den Gegenstand nicht unmittelbar dar, sondern erweckt in uns die gleichen Gefühle, die uns bewegen, wenn wir ihn erblicken. Während also der Maler aus der Partitur des Musikers für sich nichts gewinnen kann, wird ein geschickter Musiker das Atelier eines Malers kaum verlassen, ohne für sich Nutzen gezogen zu haben. Nicht nur wird er nach eigenem Belieben das Meer aufwühlen, die Flammen einer Feuersbrunst entzünden, Bäche fließen, Regen fallen und Ströme anschwellen lassen, er wird auch die Schrecknisse einer grausamen Wüste steigern, die Mauern eines unterirdischen Gefängnisses verdüstern, Gewitter beruhigen, die Lüfte sänftigen und den Himmel erheitern und vom Orchester her neue Frische über das Gesträuch verbreiten.

Auf diese Weise kann die Vereinigung der drei Künste, die die musikalische Szene ausmachen, ein untereinander wohlverbundenes Ganzes ergeben. Nun hat man versucht, eine vierte hineinzubringen; und von dieser bleibt mir noch zu reden.

Alle Körperbewegungen, welche nach bestimmten Regeln geordnet sind, um die Blicke durch einen Handlungsvorgang zu fesseln, werden Gesten genannt. Bei den Gesten lassen sich zwei Arten unterscheiden, deren eine das Wort begleitet, während die andere das Wort ersetzt. Die erste, die bei jedem sprechenden Menschen selbstverständlich ist, verändert sich gemäß der Verschiedenartigkeit der Menschen, Sprachen und Charaktere. Die zweite stellt sich als Kunst dar, ohne Zuhilfenahme des Wortes[34] durch Körperbewegungen, die zu verabredeten Symbolen geworden sind, zu den Augen zu sprechen. Da diese Gestik mühevoller ausführbar und uns viel weniger natürlich erscheint als das Wort, welches sie überflüssig macht, verbannt sie es und suggeriert sogar sein Nichtvorhandensein. Dies nennt man die Kunst der Pantomime. Fügen Sie dieser Kunst eine bestimmte Auswahl gefälliger Haltungen und geordneter Bewegungen hinzu, und Sie erhalten das, was wir Tanz nennen — welcher kaum den Ehrentitel einer Kunst verdient, da er dem Geist nichts sagt.

Dies festgestellt, muß man freilich erkennen, daß der Tanz, da er eine Sprache ist und also zu einer nachahmenden Kunst werden kann, sehr wohl gemeinsam mit den drei anderen Künsten am Vorangang der musikalischen Handlung teilhaben kann, zumal, wenn er diese Handlung unterbricht oder aufhält, ohne die Wirkung und Einheit des Stückes zu gefährden.

Nun sehe ich freilich nicht, daß dieser letzte Fall ernstlich zur Diskussion stehen kann. Schließlich empfindet jedermann, daß alle Anteilnahme an einer von uns verfolgten Handlung von den kontinuierlich erneuerten, durch die Darstellung vertieften Eindrücken abhängt, die wir von ihr empfangen; und jedermann weiß, daß alles, was die Aufmerksamkeit behindert oder aufsplittert, eine Gegenwirkung auslöst, die jene Aufmerksamkeit stört, und daß, wenn man eine Darstellung durch andere, ihr fremde Darstellungen unterbricht, man die Abhandlung des Hauptgegenstandes in mehrere unabhängige Abschnitte aufteilt, die nichts miteinander gemein haben außer einen allgemeinen Bezug auf das Thema, mit dem sie befaßt sind. Endlich weiß jedermann, daß, je gefälliger die Einlagen sich darstellen, desto schlimmer die Verstümmelung des Ganzen ist. Es läßt sich unschwer vorstellen, daß der Zuschauer, wenn eine Oper durch einige Einlagen unterbrochen wird, die ihn den Hauptgegenstand vergessen lassen, am Ende einer jeden Festszene ebensowenig bewegt sein wird wie zu Beginn des Stückes, daß man also, um ihn neu zu bewegen und sein Interesse wieder zu erregen, sozusagen immer von neuem beginnen muß. Eben deshalb haben die Italiener schließlich jene komischen Intermezzi zwischen den Akten verbannt, wo sie ursprünglich eingefügt waren — als ein an sich gefälliges, anregendes und sehr natürliches Genre, welches nur eben im Rahmen einer tragischen Handlung ganz fehl am Platze ist, da beide Stücke einander gegenseitig schädigen und das eine jeweils nur auf Kosten des anderen interessieren kann.

Da der Tanz als fremdartiges Ornament also nicht in die Oper passen will, bleibt zu prüfen, ob man ihn nicht als tragenden Bestandteil einführen und an der Handlung beteiligen könne als eine Kunst, die den Fortgang des Geschehens nicht aufhält. Wie aber könnte man zugleich zwei Sprachen zulassen, die einander ausschließen, und die Kunst der Pantomime dem Wort zugesellen, das sie doch überflüssig macht! Die Gebärdensprache als ein Mittel der Stummen und derer, die sich nicht hören können, wird lächerlich bei denen, die sprechen können. Man pflegt auf Worte nicht mit Luftsprüngen zu antworten bzw. auf Gebärden nicht mit Worten; auch sehe ich keinen Grund, weshalb einer, der die Sprache des anderen versteht, diesem nicht in gleicher Weise antworten sollte. Tilgt also das Wort, wenn ihr den Tanz einführen wollt; sobald ihr die Pantomime in die Oper hineinbringt, müßt ihr die Dichtung aus ihr verbannen, weil von allen Einheiten diejenige der Sprache die allerwichtigste und weil es absurd und lächerlich ist, den gleichen Tatbestand der gleichen Person zugleich mündlich und schriftlich mitzuteilen.

Die beiden soeben angeführten Gründe sprechen mit all ihrem Gewicht dafür, die Festszenen und Einlagen aus der Oper zu verbannen, da diese nicht nur den Gang der Handlung aufhalten, sondern außerdem entweder nichts sagen oder eine einmal gewählte Sprache brüsk durch eine neue, andersartige ersetzen, deren schroffe Gegensätzlichkeit alle Wahrscheinlichkeit zerstört, die Anteilnahme mindert und die Vernunft beleidigt, sei es in der Fortführung der gleichen Handlung oder in der Einfügung einer eigenen Episode. Das ist umso schlimmer, als diese Festszenen den Zuschauern nur Hüpfereien ohne Sinn und Verstand und Tänze ohne ein bestimmtes Thema bieten, eine verworrene und barbarische Aneinanderreihung in einer Werkgattung, in der alles in Darstellung und Nachahmung bestehen sollte.

Allerdings nimmt der Tanz sich zugegebenermaßen auf der Bühne so vorteilhaft aus, daß man sich einer der größten Annehmlichkeiten berauben würde, wollte man ihn von ihr vollständig verbannen. Auch könnte man eine Aufführung sehr gefällig beenden – ohne daß man deshalb eine tragische Handlung durch Hüpfereien und Luftsprünge herabwürdigen müßte –, wenn man ein Ballett an die Oper anschlösse wie ein kleines Stück an eine Tragödie. In einem solchen zweiten Stück, welches mit dem ersten nichts zu tun hat, kann man sich auch einer anderen Sprache bedienen; es ist sozusagen eine andere Welt, die auf der Bühne erscheint. Wenn nun die Pantomime bzw. der Tanz zu der hier verabredeten Sprache werden, möge das Wort seinerseits verbannt bleiben; die Musik als Bindemittel wird mit dem Tanz in dem kleinen Stück verbunden sein wie mit der Dichtung in dem großen. Freilich: Bevor man diese neue Sprache benutzt, muß man sie erst noch schaffen. Ballette auf die Bühne bringen zu wollen, ohne zuvor eine Übereinkunft über den Sinn der Gesten getroffen zu haben, heißt zu den Leuten in einer Sprache reden, deren Wortschatz sie nicht kennen und von der sie also nichts verstehen werden.

ORCHESTRE. Man spricht *orquestre*. Bei den Griechen war dies der untere Teil des Theaters, als Halbkreis geformt und rundherum mit Sitzen versehen. Man nannte ihn *orchestra*, weil dort die Tänze ausgeführt wurden;[35] also war die *orchestra* ein Teil der Bühne. In Rom war sie von ihr getrennt. Auf ihr befanden sich Sitzplätze, die für Senatoren, Mitglieder des Magistrats, Vestalinnen und andere Personen von Rang bestimmt waren. In Paris ist das ORCHESTRE der *Comédie française* und der *Comédie italienne*, — da übrigens Parkett genannt — teilweise für ähnliche Zwecke bestimmt.

Heutzutage wird das Wort in der Musik spezieller angewendet und bezeichnet sowohl den Ort, wo die Instrumentalisten spielen — z. B. den Orchestergraben der Oper —, als auch das Podium, auf dem sich allgemein alle Musizierenden befinden — wie das ORCHESTRE des *Concert spirituel* in den Tuilerien, als endlich auch das Ensemble der Musiker: diese letzte Bedeutung benutzt man, wenn man über die Ausführung der Musik redet; um nämlich zu sagen, daß die Instrumente gut oder schlecht gespielt haben, sagt man, daß das ORCHESTRE gut oder schlecht gewesen sei.

Bei Partituren, die eine große Besetzung mit Musikern verlangen, wie diejenigen von Opern, darf als wichtiger Gesichtspunkt die ökonomische Verteilung des ORCHESTRE nicht vergessen werden. Der diesbezüglichen Sorgfalt verdanken wir großenteils die erstaunlichen Wirkungen des ORCHESTRE in den Opern Italiens. Gleiche Aufmerksamkeit widmet man dem Orchestergraben, d. h. dem Raum, in dem das Ensemble sitzt. Man gibt ihm passende Maße, damit die Musiker so gut zusammensitzen und so günstig angeordnet sind wie nur irgend möglich. Man hat acht darauf, die Wände mit leichtem, resonanzfähigem Holz wie z. B. Tanne zu verkleiden, es über einem Hohlraum auf Tragbalken zu befestigen und mithilfe eines Gitters ein oder zwei Fuß Abstand zu den Zuschauern zu schaffen, so daß der „Körper" des ORCHESTRE, weil er sozusagen in der Luft schwebt und fast nichts berührt, ungehindert vibriert und Resonanz auslöst und ein großes Instrument darstellt, das allen anderen antwortet und deren Wirkung vergrößert.

Was die Verteilung innerhalb des Raumes angeht, so sorgt man dafür, erstens daß die Zahl der Instrumente jeder einzelnen Gattung in einem Verhältnis zu der Wirkung stehe, die alle zusammen hervorbringen sollen, daß also z. B. die Bässe die höheren Instrumente nicht erdrücken und umgekehrt, daß die Oboen nicht die Violinen übertönen und die zweiten Violinen nicht die ersten; daß zweitens alle Instrumente der gleichen Gattung mit Ausnahme der Bässe zusammensitzen sollen, damit sie sich besser abstimmen und exakter zusammenspielen können; daß drittens die Bässe in der Nachbarschaft der beiden Cembali plaziert und im übrigen auf das gesamte ORCHESTRE verteilt sein sollen, weil der Baß alle anderen Stimmen regulieren und unterstützen und jeder Musiker ihn gleich gut hören soll; daß viertens alle Musiker ein Auge auf den Kapellmeister am Cembalo haben können und dieser ein Auge auf jeden der Musiker, daß entsprechend der erste Violonist vom Konzertmeister gesehen werden kann und umgekehrt; weil dieses Instrument am häufigsten vertreten ist und sein soll, müssen die Spieler in zwei Reihen angeordnet werden, die sich sehen können, die einen der Bühne zugewendet, mit dem Rücken zum Publikum, die anderen entsprechend umgekehrt.

Das nach Zahl und Vermögen der Musiker erste ORCHESTRE Europas ist dasjenige von Neapel; dasjenige indessen, welches am günstigsten proportioniert ist und das beste Ensemble bildet, ist das von dem berühmten Hasse dirigierte ORCHESTRE des Königs von Polen in Dresden (dies wurde im Jahre 1754 geschrieben). Man vergleiche auf der beigegebenen Skizze[36] (Dict. Pl. G. fig. 1) die Darstellung dieses ORCHESTRE, auf der man — ohne freilich eine maßstabgetreue Wiedergabe zu haben — mit einem Blick die Sitzordnung besser erfaßt, als dies eine lange Beschreibung könnte.

Man hat festgestellt, daß unter allen ORCHESTRES Europas dasjenige der Pariser Oper, obwohl eines der größten, doch die geringste Wirkung erzielt. Die Gründe hierfür sind leicht zu erkennen: zunächst die schlechte Konstruktion des Orchesterraumes, welcher in die Erde eingelassen und mit schwerem, massivem, mit Eisenbeschlägen beschwertem Holz eingefaßt ist, wodurch alle Resonanz erstickt wird; zweitens die schlechte Auswahl von Orchestermusikern, von denen die meisten, da nur durch Begünstigung engagiert, von Musik fast nichts und von Ensemblespiel gar nichts verstehen; drittens deren unerträgliche Gepflogenheit, ständig sehr laut zu kratzen und zu präludieren, ohne je genau einzustimmen; viertens die französische Begabung, generell alles zu vernachlässigen und herabzuwürdigen, was zur alltäglichen Pflicht wird; fünftens die schlechten Instrumente der Spieler, welche immer im Thea-

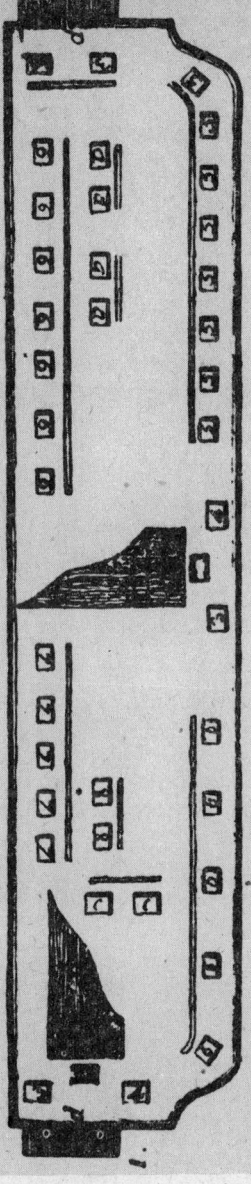

Distribution de l'Orchestre de l'Opéra de Dresde, dirigé par le Sr. Hasse.

Die Sitzordnung des Hasseschen Orchesters. Nach Rousseaus Dictionnaire 1767

ter bleiben und eigentlich zum Ausschuß gehören, dazu bestimmt, während der Aufführungen zu dröhnen und in den Zwischenzeiten zu verfaulen; sechstens die schlechte Plazierung des Kapellmeisters, der, unmittelbar vor der Rampe und ganz mit den Darstellern beschäftigt, sein ORCHESTRE nicht in befriedigender Weise überwachen kann und dieses, anstatt vor seinen Augen, hinter sich sitzen hat; siebentens der unerträgliche Lärm seines Stockes, der jede Wirkung des ORCHESTRE überdeckt und tötet; achtens der schlechte harmonische Satz der Kompositionen, der niemals sauber und delikat ist und, statt echte Wirkungen hervorzubringen, nur eine dumpfe, konfuse Ausfüllung gibt; neuntens nicht genug Kontrabässe und zu viel Celli, deren eigenmächtig langgezogene Töne die Melodie ersticken und den Zuhörer erschlagen; und zehntens schließlich der Mangel an durchlaufenden Takten und der unbestimmte Charakter der französischen Musik, in der das ORCHESTRE sich nach dem Darsteller richten muß und die hohen Instrumente den Baß bestimmen, obwohl beides umgekehrt richtiger wäre.

OUVERTURE — ein Orchesterstück, das man prachtvoll, imposant und klangvoll zu komponieren bestrebt ist und das Opern und anderen musikalischen Bühnenstücken als Eröffnung dient.
Die OUVERTURES französischer Opern sind fast alle ein Abklatsch derjenigen von Lully. Sie setzen sich zusammen aus einem langsamen, *Grave* genannten Abschnitt, den man normalerweise zweimal spielt, und einer springenden sogenannten Reprise, die man *Gaie* (= fröhlich) nennt und die normalerweise fugiert ist: Einige dieser Reprisen treten noch einmal als Abschluß nach dem *Grave* ein.
Es hat eine Zeit gegeben, in der die französischen OUVERTURES in ganz Europa als Vorbild galten. Es ist keine sechzig Jahre her, daß man in Italien OUVERTURES aus Frankreich kommen ließ, um sie an den Beginn der Opern zu setzen. Ich selbst habe mehrere alte italienische Opern mit einer OUVERTURE von Lully am Beginn kennengelernt. Heute, da sich alles so sehr verändert hat, wollen die Italiener das nicht mehr zugeben; doch das ändert nichts an der Tatsache.
Da die Instrumentalmusik seit etwa vierzig Jahren erstaunliche Fortschritte gemacht hat, sind die alten OUVERTURES — die

für Musiker geschrieben waren, welche ihren Instrumenten nicht viel entlocken konnten – bald den Franzosen allein überlassen worden, und man hat sich damit zufriedengegeben, ungefähr ihren Grundriß beizubehalten. Die Italiener haben sich aber auch von dieser Marter befreit und gliedern heute ihre OUVERTURES in ganz anderer Weise. Sie beginnen mit einem springenden, lebhaften Abschnitt in zwei- oder vierzeitigem Takt und lassen *mezza voce* ein Andante folgen, in dem sie alle Reize schöner Melodien zu entfalten suchen, und sie enden mit einem brillanten Allegro, normalerweise in dreizeitigem Takt.

Diese Aufgliederung rechtfertigen sie damit, daß die Zuhörer vor einer großen Oper viel Geräusch machen und man sie zunächst zur Ruhe bringen und ihre Aufmerksamkeit durch einen frappierenden, glänzenden Beginn fesseln muß. Sie sagen, daß niemand dem *Grave* unserer OUVERTURES zuhöre und daß der erste Einsatz unserer Streicher, dessen wir uns so emphatisch rühmen und der leiser ist als das vorangehende Einstimmen der Instrumente, in das er hineinfährt, mehr dazu geeignet sei, den Zuhörer auf Langweiliges als auf Spannendes vorzubereiten. Sie sagen weiter, daß, nachdem die Aufmerksamkeit des Zuhörers geweckt ist, man ihn – bei geringerer Lautstärke – mit einer schönen, schmeichelnden Melodie fesseln und für jene Rührung disponieren soll, die ihm einzuflößen man im Begriff steht; und endlich solle man die OUVERTURE mit einem Stück von ganz anderer Art beenden, das, mit dem Beginn der Handlung schroff und laut abgebrochen, jene Stille fühlbar macht, die der auf der Szene erscheinende Darsteller vom Zuschauer erwartet.

Die Konvention der OUVERTURES in Frankreich hat hier eine merkwürdige Idee entstehen lassen: Etliche Leute haben sich vorgestellt, zwischen der Form der Lullyschen OUVERTURES und der Form einer jeglichen Oper gebe es eine solche Entsprechung, daß man jene Form nicht ändern könne, ohne die Übereinstimmung des Ganzen zu zerstören, so daß sie über den Beginn eines in einem anderen Stil geschriebenen Orchesterstückes, wie z. B. einer italienischen OUVERTURE, verächtlich sagen, es handele sich nicht um eine OUVERTURE, sondern um eine Sonate, gerade, als ob nicht die ganze OUVERTURE eine Sonate wäre!

Ich weiß sehr wohl, wie wünschenswert es wäre, wenn es einen jeweils eigenen und besonderen Bezug zwischen dem Charakter einer OUVERTURE und demjenigen des Werkes gäbe, das sie eröffnet. Damit ist nicht gesagt, daß alle OUVERTURES über einen Leisten geschlagen sein sollten, sondern das genaue Gegenteil. Im übrigen: Wie sollten unsere Musiker, da sie schon so oft den richtigen Bezug der Musik zum Wort verfehlen, die weiter auseinanderliegenden und feineren Bezüge zwischen der Struktur einer OUVERTURE und derjenigen des Werkganzen treffen können? Einige Komponisten haben diese Bezüge richtig zu erfassen gemeint, indem sie alle in dem Stück vorkommenden Charaktere im vorhinein in der OUVERTURE versammelten, gerade, als wollten sie den gleichen Vorgang zweimal darstellen und als wäre bereits Vergangenheit, was erst geschehen soll. Darum kann es nicht gehen. Am richtigsten begriffen ist jene OUVERTURE, die die Gemüter der Zuschauer so vorbereitet, daß sie sich zwanglos der Art von Anteilnahme öffnen, deren man vom Beginn des jeweiligen Stückes an bedarf. Dies ist die eigentliche Wirkung, welche eine gute OUVERTURE hervorbringen soll, dies ist die Maßgabe, nach der man sie behandeln soll.

PASSACAILLE — eine Art Chaconne, deren Melodie zarter und deren Tempo langsamer ist als bei den normalen Chaconnen (s. CHACONNE). Die PASSACAILLEN aus *Armida* und *Issé*[37] sind in der französischen Oper berühmt geworden.

PASSEPIED — Melodie zu einem Tanz gleichen Namens, dessen Takt normalerweise dreizeitig ist und in Ganzen angezeigt und geschlagen wird. Die Bewegung ist lebhafter als beim Menuett, der Charakter der Melodie ziemlich ähnlich, mit der einzigen Ausnahme, daß im PASSEPIED Synkopen möglich sind, im Menuett aber nicht. Die Takte jeder Wiederholung sollen jeweils in gleichen, geradzahligen Gruppen eintreten; die Melodie des PASSEPIED aber soll bei Wiederholungen nicht auf dem Niederschlag des Taktes, sondern auf dem vorangehenden Achtel beginnen.

PATHÉTIQUE — eine bestimmte Prägung dramatischer, theatralischer Musik, die die großen Leidenschaften — besonders Schmerz und Traurigkeit — darzustellen und zu erregen sucht. Bei der französischen Musik erschöpfen sich alle Ausdrucksmöglichkeiten des pathetischen Genres in gezogenen, gewaltsamen, kreischenden Tönen und in einer solchen Langsamkeit des Tempos, daß alles Gefühl für den Takt abhandenkommt. Aus diesem Grunde glauben die Franzosen, daß alles Langsame pathetisch sei und alles Pathetische langsam sein müsse. Sie besitzen sogar Melodien, welche entweder fröhlich und tändelnd oder gefühlvoll und pathetisch sind je nachdem, ob man sie schnell oder langsam singt. Von dieser Art ist ein in ganz Paris bekanntes Lied, dem man den einen Charakter zu den Worten „*il y a trente ans que mon cotillon traîne*" („*seit dreißig Jahren schleppt mein Unterrock*") gibt und den anderen auf die Worte „*quoi! vous partez sans que rien vous arrête*" („*Wie! Ihr reist ab, ohne daß irgend etwas Euch zurückhielte*"). Das ist der Vorzug der französischen Musik: Sie dient allem, so, wie man es von ihr verlangt. *Fiet avis, et, cum volet, arbor.*

Die italienische Musik freilich kennt diesen Vorzug nicht; jeder Gesang, jede Melodie besitzt so viel eigenen Charakter, daß es unmöglich ist, ihnen diesen zu nehmen. Das Pathetische der Akzentuierung und der Melodie kann hier in jeder Art Takt und selbst in lebhaftesten Tempi verspürt werden. Französische Melodien verändern ihren Charakter je nachdem, wie man die Bewegung beschleunigt oder verlangsamt; wohingegen jede italienische Melodie ein so klar bestimmtes Tempo hat, daß man dieses nicht verändern kann, ohne sie zu zerstören. Eine solcherart entstellte Melodie verändert ihren Charakter nicht, sondern verliert ihn; sie ist kein Gesang mehr, sondern ein Nichts.

Wie der Charakter des Pathetischen nicht am Tempo haftet, kann man auch nicht sagen, daß er am Genre, am Tongeschlecht oder an der Harmonik hafte; pathetische Stücke gibt es gleichermaßen in allen drei Genres, in beiden Tongeschlechtern und in jeder nur vorstellbaren Art von Harmonie. Das wahre Pathetische haftet am leidenschaftlichen Akzent, welcher keineswegs bestimmten Regeln unterliegt, den vielmehr das Genie findet und das Herz fühlt, ohne daß die Kunst hierfür in irgendeiner Weise ein Gesetz geben könnte.

PAVANE — Melodie zu einem alten Tanz gleichen Namens, der schon seit langem nicht mehr gepflegt wird. Der Name PAVANE wurde ihm gegeben, weil die Tanzenden, wenn sie sich gegenüberstanden, so etwas wie ein Rad in der Art von Pfauen schlugen. Der Mann bediente sich bei diesem Rad seines Umhangs und seines Degens, die er bei diesem Tanz bei sich führte. In Anspielung auf die Eitelkeit dieser Haltung hat man daraus das Wort *se pavaner* (= sich spreizen, sich brüsten) gebildet.

PHRASE — eine melodische oder harmonische Folge, die ohne Unterbrechung einen mehr oder minder in sich vollständigen Sinn ergibt und bei einem Ruhepunkt mit einer mehr oder minder vollständigen Kadenz schließt.
Es gibt zwei Arten von musikalischen Phrasen. Im melodischen Bereich wird die Phrase durch die Gesangslinie geschaffen, durch eine Aufeinanderfolge von Tönen, die inbezug auf Tonart oder Tempo so gefügt ist, daß die Töne ein untereinander wohlverbundenes Ganzes ergeben, welches auf einem der wichtigen Akkorde der jeweiligen Tonart sich aufzulösen strebt.
Im harmonischen Bereich ergibt sich eine Phrase als wohlgeordnete Folge von Akkorden, welche unter sich als Auflösung vorhandener oder angenommener Dissonanzen verbunden sind, eine Folge, die mit einer Vollkadenz schließt. Je nach Art dieser Kadenz, je nachdem, ob sie einen stärkeren oder schwächeren Schlußpunkt setzt, wird auch der entsprechende Ruhepunkt mehr oder weniger vollkommen ausfallen.
In der Erfindung der musikalischen Phrasen, in ihrem Verhältnis zueinander und in ihren Verschlingungen bestehen die wahren Schönheiten der Musik. Ein gut gruppierender und phrasierender Musiker erweist sich als Mann von Geist; ein Sänger, der die Phrasen und ihre Betonungen richtig empfindet und markiert, erweist sich als Mann von Geschmack. Derjenige aber, der Noten, Töne, Tempi und Intervalle lediglich zu lesen und zu reproduzieren vermag, ohne den Sinn der Phrasen zu erfassen — wie sicher und genau er im übrigen immer verfahren mag —, ist nur ein Stümper.

PRIMA INTENZIONE — ein italienischer Terminus, zu dem sich im Französischen keine Entsprechung findet und der dort auch nicht erforderlich ist, weil der Begriffsinhalt dieses Wortes in der französischen Musik unbekannt ist. Eine Melodie bzw. ein Stück *di prima intenzione* ist in der Vorstellung des

Komponisten mit einem Schlage als Ganzes und mit allen Stimmen entstanden, wie Pallas Athene vollgerüstet dem Haupte Jupiters entsprang. Bei den Stücken *di prima intenzione* handelt es sich um jene seltenen Geniestreiche, bei denen alle Ideen so eng verbunden sind, daß sie sozusagen zu einer einzigen verschmelzen und sich dem Geist nicht unabhängig voneinander darstellen können. Sie ähneln jenen langen, aber beredten Satzperioden Ciceros, bei denen die endgültige Offenlegung des Gemeinten über ihre gesamte Darlegung hinweg bis zum letzten Wort verzögert wird, und welche sich folglich im Kopf des Autors nur als ein einziger Gedankenkomplex dargestellt haben. Es gibt in den Künsten Erfindungen, die aus derartigen Anstrengungen des Geistes hervorgegangen sind und in denen alle zugehörigen Komponenten, innig miteinander verwoben, sich der Phantasie des Urhebers nicht nacheinander, sondern notwendigerweise mit einem Schlag gezeigt haben müssen, weil die erste ohne die letzte keinerlei Sinn ergeben hätte. Von solcher Art z. B. ist die Erfindung jenes wunderbaren Strumpfwirkerstuhls, den man — so sagt der Philosoph, der ihn in der Enzyklopädie beschrieben hat[38] — als eine einzige Überlegung betrachten könnte, deren Ergebnis die Fabrikation der Ware ist. Diese Art Operationen des Geistes, welche selbst in der Analyse sich kaum erklären lassen, sind für die überlegende Vernunft Wunder, welche nur von den Genies begriffen werden können, die imstande sind, sie selbst hervorzubringen: Ihre Wirkung steht stets in einem Verhältnis zu der geistigen Anstrengung, die sie gekostet haben. In der Musik sind die Stücke *di prima intenzione* die einzigen, die jene Ekstasen, Entzückungen, jene Aufschwünge der Seele verursachen können, die den Zuhörer außer sich bringen. Man erspürt, man errät sie sofort, die Kenner täuschen sich hierin niemals. Hören Sie sich nach solch einem erhabenen Stück eine jener zusammengestückelten Melodien an, bei der alle Phrasen nacheinander komponiert worden sind oder nur eine einzige Phrase durch verschiedene Tonarten spazierengeführt wird und deren Begleitung nur eine je nach der Konstellation verfertigte Ausfüllung darstellt; mag dieses letztere Stück selbst mit einigem Geschmack komponiert sein: Wenn die Erinnerung an das erste Ihnen noch irgendwelches Interesse für das zweite gestattet, dann bestenfalls in dem Sinne, daß Sie sich von ihm angeödet, erstarrt oder beunruhigt fühlen. Nach einer Melodie *di prima intenzione* ist jede andere Musik ohne alle Wirkung.

RÉCITATIF — eine in einem musikalischen, wohlklingenden Tonfall vorgetragene Rede. Es handelt sich hier um eine Art von Gesang, die sich dem Wort sehr stark annähert, eine Deklamation in Musik, bei der der Musiker, soweit es nur irgend möglich ist, die Modulationen der Stimme eines Deklamierenden nachahmen soll. Dieser Gesang heißt RÉCITATIF, weil er mit Erzählung und Vortrag verbunden ist und weil man sich seiner im dramatischen Dialog bedient. Im Wörterbuch der Akademie steht zu lesen, daß man das RÉCITATIF rasch herunterleiern solle; tatsächlich gibt es RÉCITATIVES, bei denen dies am Platze ist, hingegen gibt es andere, die man deutlich ausformen sollte.

Die Vollkommenheit eines RÉCITATIF hängt sehr stark vom Charakter der Sprache ab; je mehr eine Sprache akzentuiert und melodiös ist, desto natürlicher wird das RÉCITATIF sein, desto mehr wird es sich der gesprochenen Rede annähern: Es stellt dann nur eine in wirkliche Musik übertragene Akzentuierung dar. In einer schwerfälligen, dumpfen und akzentlosen Sprache hingegen besteht das RÉCITATIF nur aus Gesang, aus Schreien und Psalmodiererei; Worte wird man in ihm nicht erkennen. Also ist das beste RÉCITATIF dasjenige, in dem man am wenigsten singt. Dies, scheint mir, ist der einzig wahre, der Natur der Sache angemessene Grundsatz, auf den man Urteile über das RÉCITATIF und Vergleiche von RÉCITATIVES verschiedener Sprachen gründen sollte.

Bei den Griechen stellte sich alle Poesie als RÉCITATIF dar; weil die Sprache von sich aus melodiös war, brauchte man ihr nur die metrische Ordnung und eine Profilierung des Vortrags hinzuzufügen, um ihrem Vortrag wirklich musikalische Qualität zu geben; daher rührt auch, daß diejenigen, die dichteten, dies „singen" nannten.[39] Da diese Redensart lächerlicherweise in andere Sprachen übergegangen ist, sagen die Dichter noch immer *„ich singe"*, obwohl sie dies in keiner Weise tun. Die Griechen konnten singend sprechen, bei uns hingegen kann man entweder singen oder sprechen — beides zugleich kann man nicht. Eben dieser Unterschied hat bei uns das RÉCITATIF notwendig gemacht. In unseren Arien dominiert die Musik zu sehr, die Dichtung wird in ihnen fast vergessen. Unsere Opern werden zu sehr gesungen, was auf die Dauer unmöglich ist. Eine Oper, die nur aus einer Folge von Arien bestünde, würde beinahe genauso langweilig sein wie eine einzige Arie von gleicher Länge. Man muß die Gesänge durch Worte unterbrechen und voneinander trennen; aber dies Wort muß musikalisch gestaltet sein. Die Verfahrensweisen sollten sich ändern, jedoch die Sprache die gleiche bleiben. Hat man sich einmal für diese Sprache entschieden, so wäre es, wenn man sie im Verlauf eines Stückes wechselte, als ob man zur Hälfte Französisch und zur Hälfte Deutsch spräche. Der Wechsel vom Sprechen zum Singen und umgekehrt ist zu schroff, er erschreckt ebensosehr das Ohr, wie er die Wahrscheinlichkeit zerstört: Zwei Gesprächspartner sollten entweder miteinander sprechen oder singen; abwechselnd das eine und das andere sollten sie nicht tun. Hier eben stellt sich das RÉCITATIF als Mittel dar, Gesang und Wort zu verbinden; es trennt die Arien und setzt sie voneinander ab, wodurch sich das noch mit dem Vorausgegangenen beschäftigte Ohr erholt, und gleicherweise bereitet das RÉCITATIF das Ohr auf das Kommende vor; Dialog, Bericht und Erzählung können im Verlauf des Dramas überhaupt nur mithilfe des RÉCITATIF stattfinden, wenn man den Rahmen der einmal gewählten Sprache nicht verlassen will und die Sprache der Arien nicht deplaziert wirken soll.

Wenn man RÉCITATIF singt, empfindet man den Takt nicht. Jener Takt, der die Arien prägt, würde die rezitativische Deklamation verderben. Die Akzentuierung, die grammatikalische oder auch die rhetorische, soll über Langsamkeit oder Schnelligkeit der Tonfolge entscheiden wie auch über Hebung und Senkung der Stimme. Wenn der Komponist das RÉCITATIF in einer bestimmten Taktart niederschreibt, dann nur, um die Korrespondenz zwischen Continuo und Gesang zu sichern, und um ungefähr anzudeuten, wie man die Silbenlängen geben, die Zeilen anordnen und skandieren soll. Die Italiener bedienen sich in ihren RÉCITATIVES ausschließlich des vierzeitigen Taktes; die Franzosen hingegen vermischen hier alle Taktarten.

Die letzteren beschweren die Schlüsselung überdies mit allen Transpositionen, verfahren also beim RÉCITATIF wie bei den Arien — was die Italiener nicht tun. Diese notieren das RÉCITATIF stets natürlich, weil die Vielzahl der Modulationen, mit der sie es ausstatten, und die Schnelligkeit der Übergänge zur Folge haben, daß die für eine Tonart passende Schlüsselvorzeichnung für die nachfolgende nicht mehr paßt. Eine Vorzeichnung würde die Alterationen zu sehr vermehren und bewirken, daß das RÉCITATIF zu verfolgen fast unmöglich und schwierig zu notieren ist.

Gewiß soll man gerade im RÉCITATIF die gesuchtesten harmonischen Übergänge und Modulationen verwenden. Arien gestatten dem Komponisten kaum, sich von der Grundtonart zu entfernen, weil sie nur eine Gefühlslage, nur ein Bild wiedergeben, welche zudem in einer gewissen Einheit des Ausdrucks zusammengeschlossen werden; wollte er innerhalb eines so engen Rahmens viel modulieren, so würde er nur allzu gedrängte und übereinandergehäufte Phrasen schreiben können, die weder Verbindung noch Geschmack noch Melodie enthielten — dies ein sehr üblicher Fehler in der französischen Musik und selbst in der deutschen.

Im RÉCITATIF hingegen, wo Ausdruckslagen, Gefühle und Gedanken sich rasch verändern, soll man entsprechend bewegliche Modulationen einsetzen, die in ihrer Anordnung die schnelle Aufeinanderfolge darzustellen vermögen, wie sie der Text vorgibt. Die Nuancierungen der Sprechstimme sind nicht auf musikalische Intervalle beschränkt, sie sind unendlich differenziert und nicht genau bestimmbar. Da der Musiker sie also nicht in der angemessenen Genauigkeit fixieren kann, muß er, um dem Tonfall der Worte zu folgen, sich ihnen wenigstens weitestgehend nähern. Um dem Zuhörer auch jene Ausdruckswerte der Intervalle und Akzentuierungen mitzuteilen, die er nicht in Noten ausdrücken kann, kann er Zuflucht nehmen zu harmonischen Übergängen, die sie wenigstens suggerieren. Wenn er z. B. den Schritt vom großen zum kleinen Halbton[40] braucht, wird er ihn nicht notieren, weil er ihn nicht notieren kann; dennoch kann er uns die entsprechende Vorstellung mithilfe einer enharmonischen Passage sehr wohl vermitteln. Oft reicht eine Fortschreitung im Baß hin, um alle Ausdruckswerte zu verändern und dem RÉCITATIF die Akzentuierung und die Nuancierung zu verschaffen, die der Darsteller nicht ausführen kann.

Im übrigen, da es wichtig ist, daß der Zuhörer dem Rezitierenden alle Aufmerksamkeit schenkt und nicht dem Baß — der seine Wirkung tun soll, ohne wahrgenommen zu werden —, sollte dieser jeweils möglichst lange auf einer Note verweilen; denn in dem Augenblick, da er den Ton wechselt und zu einem neuen Akkord hinführt, hört man ihn sehr wohl. Treten diese Momente selten ein und sind sie gut gewählt, so stehen sie den großen Wirkungen nicht im Wege; sie lenken den Zuhörer seltener ab und halten ihn leichter in der Überzeugung, er höre nur sprechen, obwohl er doch ständig Harmonie hört.

Nichts zeigt ein sehr schlechtes RÉCITATIF deutlicher an als jene unablässig springenden Bässe, die Achtel für Achtel der Harmoniefolge nachlaufen und unter der Melodie der Gesangstimmen eine andere Art von höchst banaler und langweiliger Melodie ergeben. Der Komponist sollte seine Akkorde über der gleichen Baßnote zu verlängern und zu verändern wissen und die Baßnote nur dann verändern, wenn die Wendung eines schneller werdenden RÉCITATIF durch diese Veränderung im Baß mehr Wirkung erhält und gleichzeitig die Zuhörer daran hindert, dies zu bemerken.

Das RÉCITATIF soll nur dazu dienen, innerhalb der dramatischen Handlung zu verbinden, die Arien voneinander zu trennen, in ihrer Eigenart herauszustellen und der Betäubung zuvorzukommen, die eine ohne Unterbrechung fortgesetzte Klangentfaltung bewirken müßte. Wie beredt der Dialog indessen immer sein möge, wie kraftvoll und gedankenreich das RÉCITATIF — es sollte doch nur so lange dauern, wie sein Gegenstand es erfordert, weil das RÉCITATIF wenig musikalischen Reiz hat und die Oper schließlich nur etabliert wurde, um diesen Reiz zu entfalten. In diesem Punkte setzen sich die Italiener ins Unrecht, die in der extremen Länge ihrer Szenen das RÉCITATIF mißbrauchen. Wie schön es in sich immer sein möge, es langweilt, wenn es zu lange dauert, und weil man nicht in die Oper geht, um RÉCITATIVES zu hören. Würde Demosthenes einen Tag lang reden, würde auch er am Ende langweilen — woraus keineswegs folgt, daß Demosthenes ein langweiliger Redner gewesen ist. Diejenigen, welche behaupten, daß die Italiener ihr RÉCITATIF selbst langweilig fänden, sagen das ziemlich grundlos, weil es ganz im Gegenteil keinen Bereich der Musik gibt, auf den die Kenner so viel halten und mit dem sie so heikel sind. Bei ihnen genügt es sogar, auf diesem einen Gebiet zu glänzen — möge man in allen anderen auch mittelmäßig sein —, um zum Rang der erlauchtesten Meister erhoben zu werden; der berühmte Porpora ist nur auf diese Weise unsterblich geworden.

Ich will noch hinzufügen, daß man im RÉCITATIF, obgleich man gewöhnlich in ihm nicht eine gleiche Ausdruckskraft sucht wie in den Arien, sie dennoch mitunter findet; und wenn sie sich dort findet, tut sie sogar stärkere Wirkung als in Arien. Es gibt wenige gute Opern, in denen nicht irgendein großartiges RÉCITATIF die Bewunderung der Kenner erregt und in der Aufführung alle Aufmerksamkeit auf sich zieht. Die Wirkung solcher Stücke zeigt deutlich genug, daß der Fehler, den man gern dem Genre anlastet, nur in der Art seiner Behandlung zu suchen ist.

Herr Tartini berichtet, daß er im Jahre 1714 in der Oper von Ancona ein Stück RÉCITATIF mit einer einzigen Stimme, ohne andere Begleitung als die durch den Baß, gehört und eine wunderbare Wirkung nicht nur auf die Meister der Kunst, sondern auf alle Zuschauer beobachtet habe. *„Es war"*, so erzählt er, *„am Beginn des dritten Aktes. In jeder Aufführung kündete eine tiefe Stille im Zuschauerraum das Herannahen dieses erschütternden Stückes an. Man sah die Gesichter erbleichen, man fühlte sich erbeben und man sah einander mit einer Art Schrecken an: es handelte sich hier nicht um Tränen, nicht um Klagen, sondern um ein gewisses Gefühl von herber, drückender Gewalt, die die Seele verdüsterte, das Herz preßte und das Blut erstarren ließ."* Ich muß die Passage auch im Original zitieren; derlei Wirkungen sind in unseren Theatern so wenig bekannt, daß unsere Sprache kaum geübt ist, sie richtig zum Ausdruck zu bringen.[41]

RÉCITATIF ACCOMPAGNÉ (= begleitetes Rezitativ) — ist dasjenige, dem man — bzw. dem Continuo — eine Violin-Begleitung hinzufügt. Diese Begleitung, die in Anbetracht der Schnelligkeit des Wortvortrags nicht syllabisch koordiniert sein kann, besteht normalerweise aus langen, während ganzer Takte ausgehaltener Noten. Man schreibt hierbei über alle Orchesterstimmen das Wort *sostenuto*, besonders im Baß, der ohne diesen Hinweis seine Töne nur trocken und jeweils beim Wechsel der Noten anschlagen würde wie im normalen Rezitativ; statt dessen muß man hier die Töne genau nach Angabe des Notenwertes aneinanderreihen und aushalten. Wenn die Begleitung rhythmisch fixiert ist, muß man auch das Rezitativ taktieren, welches damit seinerseits gewissermaßen zur Begleitung der Begleitung wird.

RÉCITATIF MESURÉ. Die Zusammenstellung dieser Worte ist widersprüchlich. Ein Rezitativ, in dem man irgendeinen anderen Takt wahrnimmt als den der Verse, ist kein Rezitativ mehr. Oft aber wandelt sich ein normales Rezitativ plötzlich in Gesang, hat Takt und Melodie — was man anzeigt, indem man über die Stimmen *a tempo* oder *a battutta* schreibt. Geschickt gehandhabt, tut diese Veränderung als Kontrastierung überraschende Wirkungen. Im Verlauf eines Rezitativ-Vortrages hat eine zarte und elegische Passage plötzlich Takt und entfaltet sich in den süßesten gesanglichen Nuancierungen; dann wieder wird sie auf entsprechende Art von irgendeiner lebhaften und spontanen Regung abgeschnitten und brüsk unterbrochen, um sofort den Wortvortrag wiederaufzunehmen. Derlei kurze, taktierte Partien, die normalerweise von Flöten und Waldhörnern begleitet werden, sind in den großen italienischen Rezitativen keineswegs selten.

Man taktiert das Rezitativ auch, wenn die Begleitung, mit der man es versieht — weil sie selbst taktmäßig eingeteilt und sanglich gestaltet ist —, den Sänger dazu zwingt, seinen Vortrag entsprechend anzupassen. Das ist dann weniger ein RÉCITATIF MESURÉ als, wie ich oben formuliert habe, ein Rezitativ, das die Begleitung begleitet.

RÉCITATIF OBLIGÉ. Hier handelt es sich um dasjenige Rezitativ, in das Ritornelle und Orchesterpassagen eingestreut sind und das den Vortragenden und das Orchester sozusagen zueinander zwingt, so daß sie aufeinander achten und hören müssen. Diese Passagen, in denen Rezitativ und ein mit dem vollen Aufgebot des Orchesters ausgestatteter Melodievortrag abwechseln, sind in der heutigen Musik das Rührendste, Entzückendste und Stärkste. Ein erregter Darsteller, fortgerissen von einer Leidenschaft, die ihm nicht erlaubt, alles auszudrücken, hält inne und macht Pausen, während derer das Orchester für ihn spricht. Die auf solche Weise gefüllten Pausen berühren die Zuschauer unendlich mehr, als wenn der Darsteller selbst alles sagen würde, was nun das Orchester sagt. Bisher hat die französische Musik vom RÉCITATIF OBLIGÉ nicht Gebrauch zu machen verstanden. Es ist versucht worden, in einer Szene des *Dorfwahrsagers* hiervon eine Vorstellung zu geben, und es scheint, als habe das Publikum eine lebhafte, auf diese Weise behandelte Situation durch eben diese Behandlung interessanter gefunden. Was könnte das RÉCITATIF OBLIGÉ erst in großartigen, pathetischen Szenen leisten, wenn man schon in einem ländlichen, tändelnden Genre so viel Nutzen ziehen kann!

RIGAUDON — ein fröhlich bewegter Tanz, dessen Melodie auf zwei geschlagen wird und normalerweise sich in zwei Wiederholungen gliedert, die ihrerseits viertaktig gruppiert sind und jeweils auf der letzten Note der zweiten Taktzeit beginnen.

ROMANCE — eine Melodie, auf die man ein kleines Gedicht gleichen Namens singt, das in Couplets unterteilt ist und im allgemeinen irgendeine, oft tragische, Liebesgeschichte zum Gegenstand hat. Da die ROMANCE in einem einfachen, anrührenden, etwas altertümlichen Stil geschrieben wird, entspricht die Melodie zwangsläufig dem Charakter des Textes: keinerlei Verzierungen, nichts Manieriertes, eine sanfte, natürliche, ländliche Melodie, die durch sich selbst und nicht durch die Art ihres Vortrags wirkt. Die Melodie braucht nicht geistreich zu sein; es reicht hin, wenn sie naiv ist, das Wort nicht verdeckt, sondern es gut verstehen läßt, und wenn sie keinen großen Stimmumfang verlangt. Eine gute ROMANCE hat nichts Anspringendes und fesselt nicht von vornherein; hingegen vertieft bei ihr jedes Couplet die Wirkung der vorangegangenen, die Anteilnahme steigert sich unmerklich, und zuweilen findet man sich zu Tränen gerührt, ohne sagen zu können, welche Art Reiz diese Wirkung hervorgerufen hat. Erfahrungsgemäß wird eine solche Wirkung durch Instrumentalbegleitung gemindert. Für den Vortrag der ROMANCE bedarf es nur einer einfachen, sauberen Stimme, die gut artikuliert und ungekünstelt singt.

ROULADE — eine Passage in einer Melodie mit mehreren Noten auf einer Silbe.
Die ROULADE ist nur die Nachahmung einer für ein Instrument bestimmten Melodie, wenn man es für angebracht hält, den Textvortrag um der Reize der Melodie, der Wahrheit des

Bildes oder der Kraft des Ausdrucks willen aufzuhalten und die Linie zu verlängern. Allerdings muß die Silbe lang und die Stimme klangvoll und geübt genug sein, damit die Kehle sauber und leicht die Noten der ROULADE aneinanderreihen kann, ohne daß das Organ des Sängers ermüdet und infolgedessen auch das Ohr des Zuhörers.

Die für die Entfaltung der Stimme günstigsten Vokale sind die a-Laute, danach die o's, die offenen e's; i und u sind wenig klangvoll, noch weniger die Doppellaute. Auf nasalierte Vokale sollte man niemals Rouladen singen. Die italienische Sprache mit ihren vielen o's und a's ist viel besser geeignet für Flexionen der Stimme als die französische — weshalb die italienischen Musiker nicht mit ihnen sparen. Im Gegensatz hierzu sind die Franzosen wegen der ungünstigen Vokalklänge gezwungen, fast ihre ganze Musik syllabisch zu komponieren, den Tönen eine langsame und gesetzte Gangart zu geben oder aber die Konsonanten aneinanderstoßen zu lassen, wenn sie die Silben fließen lassen wollen — was den Gesang notwendigerweise matt oder hart macht. Ich sehe nicht, auf welche Weise die französische Musik je mit diesen Schwierigkeiten fertig werden könnte.

Es ist ein allgemein verbreitetes Vorurteil zu meinen, daß in einem traurigen und pathetischen Gesang eine ROULADE stets fehl am Platze sei. Ganz im Gegenteil: Wenn das Gemüt aufs lebhafteste bewegt ist, findet die Stimme viel leichter Akzentuierungen, die der Verstand in Worten nicht mehr zu finden vermag — daher der Gebrauch von Interjektionen in allen Sprachen. Es wäre nicht weniger irrig anzunehmen, eine ROULADE sei immer gut plaziert mit einer Silbe oder einem Wort, das sich gut mit ihr verträgt, ohne in Betracht zu ziehen, ob die Situation des Sängers und die Gefühle, die er durchlebt, ebenfalls zu ihr passen.

Die ROULADE ist eine Erfindung der neueren Musik. Anscheinend haben die Alten nie von ihr Gebrauch gemacht und nie mehr als zwei Töne auf eine Silbe gesungen. Dies ist eine Folge des Unterschiedes zweier Arten von Musik, deren eine sich der Sprache unterwirft, während die andere ihr die Regeln gibt.

SARABANDE — Melodie eines gravitätischen Tanzes gleichen Namens, der aus Spanien gekommen zu sein scheint und seinerzeit mit Kastagnetten getanzt wurde. Dieser Tanz ist nicht mehr in Gebrauch, bestenfalls in einigen alten französischen Opern. Die Melodie der SARABANDE ist dreizeitig in langsamem Tempo.

SCÈNE. — In der fürs Theater komponierten Musik unterscheidet man SCÈNE vom Monolog, weil den letzteren nur ein Darsteller bestreitet, während in jener sich mindestens zwei Gesprächspartner auf der Bühne befinden. Infolgedessen muß der Charakter des Gesanges im Monolog einheitlich sein, zumindest im Hinblick auf die eine Person, wohingegen in der SCÈNE so viel verschiedene musikalische Charaktere wie Gesprächspartner vorhanden sein sollten. Tatsächlich sollte jeder Darsteller — wie ja jeder, wenn er spricht, bei allem, was er sagt, stets die gleiche Stimme, den gleichen Akzent, das gleiche Timbre und allgemein den gleichen Stil beibehält — bei allen verschiedenen Leidenschaften, denen er Ausdruck gibt, doch stets den individuellen Charakter wahren, der ihn von jedem anderen Darsteller unterscheidet. Der Schmerz eines alten Mannes hat nicht den gleichen Tonfall wie der eines jungen Menschen; der Zorn einer Frau hat andere Akzente als der eines Kriegers; ein Wilder sagt „*ich liebe dich*" keineswegs so wie ein routinierter Galan. Also muß man in einer SCÈNE nicht nur den Charakter der darzustellenden Leidenschaft treffen, sondern auch den der Figur, die man sprechen läßt. Teilweise ergibt dieser Charakter sich aus dem der Rolle zuerteilten Stimmfach: denn die Singart eines Contra-Alts unterscheidet sich selbstverständlich von der eines Baritons. Den Melodien eines zweiten Soprans wird man mehr Schwere geben und den hohen Stimmen mehr Leichtigkeit. Neben diesen allgemeinen Unterschieden wird ein geschickter Komponist jedoch individuelle Unterschiede definieren, die der Charakterisierung seiner Personen dienen, so daß man schon an der besonderen Akzentuierung des Rezitativs oder der Arie erkennt, ob man Mandane oder Emir, Olinte oder Alceste[42] zuhört. Zugegebenermaßen werden nur geniale Menschen diese Unterschiede empfinden und anzugeben wissen; dennoch muß ich sagen, daß man eine ästhetische Illusion überhaupt nur wird erreichen können, wenn man diese und ähnliche Unterschiede beobachtet.

SONATE — instrumentales Musikstück, das sich aus drei oder vier aufeinanderfolgenden Sätzen unterschiedlichen Charakters zusammensetzt. Was die Kantate für Stimmen, ist ungefähr die Sonate für die Instrumente.

Normalerweise wird die Sonate für ein einzelnes Instrument komponiert, von dem sie mit Continuo-Begleitung vorgetragen wird; man bringt in eine solche Komposition alles ein, was für das jeweilige Instrument am günstigsten ist und es brillieren lassen kann, sei es im Charakter der Melodie, durch die Wahl der Klänge, für die das Instrument sich am besten eignet, oder sei es durch kühne Anforderungen an den Spieler. Darüberhinaus gibt es Trio-Sonaten, von den Italienern allgemein *sinfonia* genannt; wenn sie aber mehr als drei Stimmen umfassen oder eine im Vortrag heraustritt, nennt man sie *concerto*.

Es gibt mehrere Arten von Sonaten. Die Italiener führen sie auf zwei Grundtypen zurück. Der eine, *sonata da camera* genannt und aus mehreren einfachen Sätzen bzw. Tänzen zusammengesetzt, entspricht nahezu jenen Zusammenstellungen, die man in Frankreich Suiten nennt. Der andere heißt *sonata da chiesa* (Kirchensonate); seine Komposition verlangt mehr Gelehrsamkeit, Arbeit, Satzkunst und darüberhinaus Melodie, die der Würde des Ortes entsprechen. Zu welchem Typ auch immer sie gehören mögen — Sonaten beginnen normalerweise mit einem Adagio und enden nach zwei oder drei dazwischenliegenden Sätzen mit einem Allegro oder Presto.

Heutzutage, da die Instrumente das Wichtigste in der Musik sind, sind Sonaten sehr in Mode, wie gleicherweise jede Art von Orchesterstück. Das Vokale gilt nur noch als Beigabe, und also begleitet der Gesang die Begleitung. Wir danken diese Geschmacklosigkeit denen, die — da sie die Art der italienischen Musik mit einer Sprache verbinden wollten, der sie nicht angemessen ist — uns gezwungen haben, mit Instrumenten zu tun, was mit unseren Singstimmen zu tun unmöglich war. Ich wage vorauszusagen, daß eine so wenig natürliche Geschmacksrichtung nicht von langer Dauer sein wird. Eine ausschließlich auf den harmonischen Satz gegründete Musik wiegt gering; um ständig zu fesseln und der Langeweile vorzubeugen, muß die Musik sich auf das Niveau der nachahmenden Künste erheben, wobei ihre Art der Nachahmung nicht immer unmittelbar ist wie diejenige der Dichtung und der Malerei; das Wort stellt das Mittel dar, mithilfe dessen die Musik zuallermeist den Gegenstand bestimmt, dessen Bild sie uns geben will; und vermittels des anrührenden Klanges der menschlichen Stimme vermag jener Gegenstand in unserem Herzen die Gefühle zu erwecken, den sein Bild in uns auslösen soll. Wer empfände nicht, wie weit ein reines Orchesterstück, worin man nur die Instrumente glänzen läßt, von solchen Möglichkeiten entfernt ist! Können mich alle geigerischen Torheiten von Herrn Mondonville so rühren wie zwei Töne aus der Kehle von Fräulein le Maure? Die Orchesterbegleitung belebt den Gesang und vermehrt seine Ausdruckskraft, aber sie ersetzt ihn nicht. Um zu erfahren, was uns jener ganze Sonatenplunder sagen soll, mit dem wir überhäuft werden, müßte man verfahren wie jener plumpe Maler, der unter seine verschiedenen Figuren zu schreiben gezwungen war: das ist ein Baum, das ist ein Mensch, das ist ein Pferd etc. Niemals werde ich den Ausbruch des berühmten Fontenelle vergessen, der, der ewigen Instrumentalstücke überdrüssig, in einer Aufwallung von Ungeduld laut ausrief: *„Sonate — was soll mir das!"*

SUJET — ein Begriff der Kompositionslehre: es handelt sich um den wichtigsten Bestandteil des *dessein*, um die Grundidee, der alle anderen Ideen zugeordnet sind (s. Artikel DESSEIN). Alle anderen Komponenten bedürfen nur der Kunstfertigkeit und der Ausarbeitung; diese aber allein hängt ausschließlich vom Genie ab, bei ihr zeigt sich die Kraft der Erfindung. Aus den musikalischen SUJETS — als der Grundlage — gehen Rondos, Imitationen, Fugen etc. hervor. Ein einfallsloser und gefühlskalter Komponist kann, nachdem er mit Mühe irgendein unbedeutendes SUJET gefunden hat, nichts anderes tun, als es drehen und wenden und von einer Modulation in die andere treiben; ein Künstler mit Wärme und Phantasie hingegen wird dem SUJET, ohne daß man es je aus dem Auge verlöre, bei jedem neuen Erscheinen ein neues Ansehen zu geben wissen.

SYMPHONIE. Dieses Wort, bestehend aus dem griechischen συν (*syn* = zusammen) und πηονε (*fone* = Klang), bezeichnet in der antiken Musik die Verbindung der Töne beim musikalischen Vortrag. Eine überkommene und, wie ich meine, bewiesene Meinung besagt, daß die Griechen Harmonie in unserem Sinne nicht kannten. Demgemäß bestand ihre SYMPHONIE nicht aus Akkorden, sondern ergab sich aus dem Wettbewerb mehrerer Stimmen oder Instrumente bzw. Stimmen und Instrumente, welche alle den gleichen Part sangen und spielten. Das geschah in zweierlei Weise: entweder musizierte man *unisono* — in diesem Falle wurde die SYMPHONIE genauer als Homophonie bezeichnet; oder die Hälfte der Mitwirkenden bewegte sich eine oder auch zwei Oktaven über der originalen, was man Antiphonie nannte. Den Nachweis dieser Unterscheidung findet man bei Aristoteles in der Sektion 19 der *Probleme*[43].

Heutzutage wird das Wort SYMPHONIE jeglicher Instrumentalmusik gegeben, ebenso ausschließlich mit Instrumenten besetzten Stücken wie Sonate und Concerto, und außerdem solchen, bei denen — wie in unseren Opern oder auch bei anderen Gattungen — Instrumente und Singstimmen zusammenwirken. Bei Vokalmusik unterscheidet man Musik ohne SYMPHONIE, bei der nur der Continuo begleitet, und Musik mit SYMPHONIE, bei der es mindestens eine instrumentale, von Violinen, Flöten oder Oboen gespielte Oberstimme gibt. Man sagt von einem Stück, es sei *en grande symphonie* geschrieben, wenn außer Baß und Oberstimme auch die anderen Parte instrumental ausgeführt werden, also die Oktav und Quint unter den Violinen. Die Musik in der Kapelle des Königs, diejenige mehrerer Kirchen und die der Opern ist fast durchgängig *en grande symphonie* geschrieben.

TAMBOURIN — ein Tanz, der heute auf den französischen Bühnen sehr in Mode ist. Die Melodie ist sehr fröhlich und wird sehr rasch in zwei geschlagen. Sie muß — wie von den Querpfeifen der Provenzalen geblasen — springend und klar gruppiert sein; der Baß muß immer wieder dieselbe Note anschlagen, das TAMBOURIN nachahmend, mit dem derjenige sich gewöhnlich begleitet, der die Querpfeife bzw. die Dreilöcherflöte spielt.

UNITÉ DE MÉLODIE. In allen schönen Künsten gibt es eine gewisse Einheit des Gegenstandes; sie ist für den Geist eine Quelle des Vergnügens, denn eine gespaltene Aufmerksamkeit vermag nirgends auszuruhen. Wenn uns zwei Gegenstände zugleich beschäftigen, beweist das, daß keiner von beiden uns befriedigt. In der Musik gibt es eine das Nacheinander betreffende Einheit, die auf den Gegenstand bezogen ist und kraft deren alle untereinander wohlverbundenen Abschnitte ein einziges Ganzes bilden, bei dem man sowohl die Ganzheit als auch alle Bezüge wahrnimmt.

Freilich gibt es noch eine andere Einheit des Gegenstandes, eine feinere, die Gleichzeitigkeit der Ereignisse betreffende, aus welcher, ohne daß es einem bewußt wird, die Energie der Musik und die Kraft ihres Ausdrucks herrührt.

Wenn ich unsere vierstimmigen Psalmen singen höre, so bin ich zunächst gefangen und entzückt von diesem vollen, fein durchgebildeten Zusammenklang;[44] die ersten Akkorde können mich, wenn sie gut intoniert sind, so sehr bewegen, daß ich bebe. Kaum aber habe ich deren Aufeinanderfolge für mehrere Minuten gelauscht, so läßt meine Aufmerksamkeit nach, und das Geräusch betäubt mich allmählich; bald langweile ich mich, und am Ende bin ich es satt, nur Akkorde zu hören.

Diese Wirkung stellt sich bei mir nicht ein, wenn ich gute Musik von heute höre, obwohl deren Harmonie weniger kraftvoll ist. Eine gut ausgeführte Arie hat mich nie gelangweilt, und ich erinnere mich, ihr in der Oper von Venedig immer neue Aufmerksamkeit zugewendet zu haben, wie lang sie auch sein mochte, und lauschte ihr gegen Ende sogar mit mehr Interesse als zu Beginn.

Dieser Unterschied rührt von dem der zwei Arten von Musik her, deren eine nur eine Aufeinanderfolge von Akkorden ist und die andere eine Aufeinanderfolge von Melodien. Nun ist das Vergnügen an der Harmonie ein ausschließlich die Sinne betreffendes Vergnügen, und sinnliche Genüsse halten nie lange vor bzw. ihnen folgen Übersättigung und Langeweile auf dem Fuße; das von einer Melodie und vom Gesang gewährte Vergnügen ist ein Vergnügen für Geist und Gefühl, es spricht zum Herzen, und der Künstler kann es kraft seines Genies verstärken und erneuern.

Also muß die Musik, um anzurühren, zu gefallen und Interesse und Aufmerksamkeit aufrechtzuerhalten, notwendigerweise singen. Wie aber gelangt sie angesichts unserer die Akkorde und die Harmonie betreffenden Regeln dahin, zu singen? Wenn jede Stimme ihre eigene Melodie hat, werden alle Stimmen, wenn man sie gleichzeitig hört, sich wechselseitig zugrunderichten und keine Melodie mehr haben; wenn andererseits alle Stimmen die gleiche Melodie singen, wird man überhaupt keine Harmonie, sondern lediglich ein Unisono haben.

Die Art und Weise, in der musikalischer Instinkt und eine geheimnisvolle Feinfühligkeit des Genies diese Schwierigkeit gemeistert und selbst noch Vorteile aus ihr gezogen hat, ohne sie eigentlich erkannt zu haben, erscheint sehr bemerkenswert. Die Harmonie, die die Melodie ersticken müßte, belebt, stärkt und präzisiert sie; die verschiedenen Stimmen wetteifern, ohne je sich zu vermischen, im Sinne der gleichen Wirkung; obwohl jede von ihnen ihre eigene Melodie zu besitzen scheint, hört man aus dieser Vereinigung der Stimmen nur eine einzige Melodie hervorgehen. Das ist, was ich UNITÉ DE MÉLODIE nenne.

Folgendermaßen nun trägt die Harmonie ihrerseits zu dieser Einheit bei, ohne ihr zu schaden. Unsere Tonarten geben unseren Melodien Charakter, und die Tonarten gründen in unserer Harmonie. Immer also, wenn die Harmonie das Gefühl für Tonart und Modulation stärkt, hilft sie dem Ausdruck der Melodie — sofern sie diese nicht überdeckt.

Inbezug auf die UNITÉ DE MÉLODIE besteht die Kunst des Komponisten mithin darin, 1. die Tonart, sofern sie nicht durch die Melodie klar genug bestimmt erscheint, mithilfe der Harmonie deutlicher zu definieren; 2. die Akkorde so zu wählen und zu wenden, daß der am stärksten herausstechende Ton zugleich Melodieton sei, und der, welcher dies Hervortreten am besten unterstütze, der Baßton; 3. die Charakteristik einer Passage, wenn sie im Ausdruck hart ist, durch harte Akkorde zu unterstreichen, und, wenn sie weich ist, durch weiche; 4. im Zuschnitt der Begleitung auf die Dynamik der Melodie Rücksicht zu nehmen; 5. endlich dafür Sorge zu tragen, daß die Melodie der anderen Stimmen, anstatt derjenigen der Hauptstimme entgegenzuwirken, sie unterstütze, unterstreiche und ihr eine lebendigere Akzentuierung gebe.

Herr Rameau hat, um zu beweisen, daß alle Kraft der Musik aus der Harmonie herstamme, das Beispiel eines gleichbleibenden Intervallschrittes angeführt, den er als *"gleiche Melodie"* beschreibt und welcher ganz unterschiedlichen Charakter hat je entsprechend den verschiedenen Arten der Begleitung. Herr Rameau hat nicht bemerkt, daß er genau das Gegenteil dessen bewies, was er beweisen wollte, denn in allen von ihm gegebenen Beispielen dient die Baßbegleitung nur dazu, die Melodie klarer zu bestimmen. Ein einfacher Intervallschritt ist nicht schon eine Melodie, er wird zu Melodie erst, wenn er innerhalb einer Tonart seinen festen Platz gefunden hat; und der Baß entscheidet, indem er die Tonart und die Stellung des Intervallschrittes innerhalb der Tonart bestimmt, ob dieser Intervallschritt zu dieser oder jener Art Melodie wird; so daß man z. B., wenn man mithilfe des dem Intervallschritt in der gleichen Stimme Vorausgehenden dessen Stellung im Harmoniegang genau definiert, erreichen kann, daß er seine Wirkung schon ohne Baßbegleitung tut. In einem solchen Falle wirkt die Harmonie nur insofern mit, als sie die Melodie in dieser oder jener Weise näher bestimmt. Nur als Melodie vermag der Intervallschritt verschiedene Ausdruckscharaktere zu haben, je nachdem, in welcher Tonart und wie er dort angewendet wird.

Die UNITÉ DE MÉLODIE erfordert sehr wohl, daß man nie zwei Melodien gleichzeitig höre, verbietet aber keineswegs, daß die Melodie von einer Stimme zur anderen wandert; im Gegenteil können sich Geschmeidigkeit und Geschmack in der Art und Weise einer solchen Wanderung beweisen, einer Wanderung möglicherweise sogar von der Oberstimme in die Begleitung, vorausgesetzt, daß der Text immer verstanden werden kann. Es gibt sogar sehr gelehrte und zugleich gut disponierte Satzweisen, bei denen sich die Melodie, ohne sich in irgendeiner Stimme zu befinden, ausschließlich aus der Gesamtwirkung resultiert. Man findet nachfolgend ein Beispiel, das, wenn auch oberflächlich, einen Begriff von dem zu geben vermag, was ich meine.

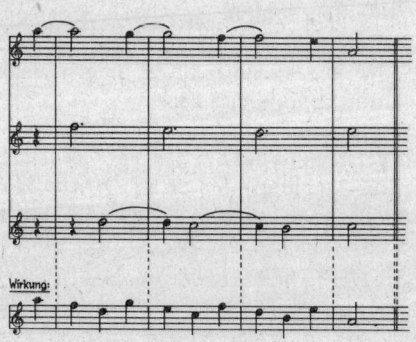

Es wäre nun freilich ein ganzer Traktat nötig, um ins einzelne gehend darzulegen, wie dies Prinzip auf Duette, Terzette, Quartette, Chöre und orchestrale Abschnitte anzuwenden wäre. Schöpferisch begabte Menschen werden seinen Geltungsbereich und seinen Gebrauch hinlänglich erschließen, und ihre Werke werden die anderen belehren.

Ich folgere also und stelle fest, daß sich aus dem hier dargelegten Grundsatz dieses ergibt: 1. daß jegliche Musik, die nicht melodisch ist, langweilig sein muß, wie immer ihre Harmonie aussehen möge; 2. daß alle Musik, in der man mehrere gleichzeitig erklingende Melodien unterscheiden kann, schlecht ist und bei ihr die gleiche Wirkung entstehen muß wie bei zwei gleichzeitig auf gleicher Tonhöhe vorgetragenen Reden. Mithilfe dieses Urteils, das keine Ausnahme duldet, kann man erkennen, was man von jenen wundersamen Musikstücken zu halten hat, in denen die eine Melodie der anderen zur Begleitung dient.

Dieses Prinzip, das die Italiener, ohne von ihm Kenntnis zu haben, richtig empfunden und angewendet und das die Franzosen weder gekannt noch angewendet haben, erklärt den Hauptunterschied zwischen den beiden Musikarten. Das, meine ich, wird jeder unparteiisch Urteilende feststellen, der der einen wie der anderen — soweit das möglich ist — gleiche Aufmerksamkeit zu schenken willens ist.

Nachdem ich dieses Prinzip entdeckt hatte, wollte ich, bevor ich es darlege, selbst seine Anwendung ausprobieren; das Ergebnis des Versuchs ist der *Dorfwahrsager*. Nach dessen Erfolg habe ich in dem *Brief über die französische Musik* darüber gesprochen. Nun ist es an den Meistern der Kunst zu beurteilen, ob das Prinzip richtig ist und ob ich die Regeln befolgt habe, die man von ihm ableiten muß.

VAUDEVILLE — ein Lied in Coupletform, zumeist mit einem scherzhaften oder satirischen Sujet. Man wollte den Ursprung dieser kleinen Gedichte bis zur Herrschaft Karls des Großen zurückführen; indessen wurde es nach allgemeiner Meinung von einem gewissen Basselin, Walkmüller in Vire in der Normandie erfunden, und da man sich, um zu diesen Liedern zu tanzen, im Tal von Vire *(val de Vire)* versammelte, wurden sie, wie man sagt, *Vaux-de-Vire* genannt, später verderbt VAUDEVILLE.

Die Melodie der VAUDEVILLES hat normalerweise wenig musikalischen Wert. Weil man dem Wort alle Aufmerksamkeit schenkt, dient die Melodie nur dazu, deren Vortrag musikalisch ein wenig abzustützen. Im übrigen kann man hier normalerweise weder Geschmack noch viel Melodie und Takt feststellen. Das VAUDEVILLE gehört ausschließlich den Franzosen; viele VAUDEVILLES sind sehr pikant und sehr vergnüglich.

VILLANELLE — ein bäurischer Tanz, dessen Melodie fröhlich, sehr markiert sein und die Taktzeiten spürbar betonen soll. Kern dieser Melodie ist normalerweise ein ziemlich einfaches Couplet, auf das man dann *doubles* oder Variationen schreibt.

1 Jede Auswahl von der Art der hier vorgelegten läßt sich gegen den Vorwurf irgendeiner Einseitigkeit kaum verteidigen; sie kann folglich nur erklärt, nicht aber gerechtfertigt werden. Daß von dieser Ausgabe keine Übersetzung des gesamten Wörterbuchs erwartet werden kann, versteht sich von selbst. Diese erübrigt sich, von Raumgründen abgesehen, auch deshalb, weil große Teile des Wörterbuchs nur den Spezialisten interessieren, welcher durch Art und Anspruch seiner Beschäftigung ohnehin auf das Original verwiesen ist. Diese Erwägung hat der Herausgeber auch auf jene Teile bezogen, in denen die theoretische Auseinandersetzung mit Jean Philippe Rameau überwiegt. Damit fallen zentrale Stichworte wie *harmonie, basse fondamentale, son* oder auch der Artikel *système* aus, in dem Rousseau u.a. die ihm sympathischere Theorie Tartinis darstellt. Von vornherein bleiben alle Stichworte beiseite, unter denen Rousseau vornehmlich nur Angelesenes zu reproduzieren oder einen endgültig historisch gewordenen Wissensstand wiederzugeben imstande ist. Ausgeschlossen bleiben weiterhin Artikel, in denen nur anderwärts in der vorliegenden Ausgabe Gesagtes wiederholt worden wäre — was nun freilich nicht heißt, daß dem Leser Wiederholungen, und zuweilen sehr signifikante, nicht begegnen werden: Bei einem Autor, der mit obsessiver Hartnäckigkeit bestimmte Standpunkte immer neu befestigt, geriete der Versuch einer konsequenten Vermeidung leicht an die Grenze der Fälschung, besonders da, wo es nicht Wiederholungen betrifft, die aufgrund der Schwierigkeiten des Zustandekommens des Wörterbuches versehentlich passiert sind, sondern solche, bei denen sich Rousseau offenkundig durch Sachzwänge zu Selbstzitaten veranlaßt sah.

Es sei nicht unterschlagen, daß Rousseau einer möglichen Kritik an der vorliegenden Auswahl selbst in mehreren Auskünften, welche Artikel er für besonders wichtig bzw. gelungen halte, etliche Handhabe verschafft hat: So erwähnt er in einem Brief an De Lalande, den Verfasser der ersten, im *Journal des Sçavans* erschienenen Kritik (Jahrgang 18, 1768, S. 165) im März 1768 (*Correspondance générale*, Bd. 18, ed. T. Dufour, Paris 1932, S. 156) als solche die Artikel *accent, consonance, dissonance, expression, goût, harmonie, intervalle, licence, opéra, son, tempérament, unité de mélodie, voix* und, im ersten der späten Dialoge *Rousseau juge de Jean-Jacques*, die Artikel *enharmonique, expression, fuge, harmonie, licence, mode, modulation, préparation, récitatif, trio* (*Œuvres complètes*, Bd. 1, Bibliothèque de la Pléiade, ed. R. Osmond, Paris 1959, S. 680).

Generell schien dem Herausgeber eine Übersetzung derjenigen Artikel wichtig, deren Kenntnis dem Verständnis der anderen hier vorgelegten Schriften dienlich ist oder sie sinnvoll ergänzt; das betrifft in erster Linie die Stichworte, unter denen Rousseau seine ästhetischen Standpunkte in der durch das Unternehmen gebotenen bündigen Weise zusammengefaßt sind. Hinzu kamen jene, unter denen er als Zeuge einer musikalischen Kultur zu vernehmen ist, bei der, wie eine aufmerksame Lektüre lehrt, viel mehr verlorengegangene Selbstverständlichkeiten eine Rolle spielten, als man heute gemeinhin vermutet. Nicht also eine *déformation professionelle* des Herausgebers hat den aufführungspraktischen Gesichtspunkten viel Platz eingeräumt. Als Zeitgenossen vernehmen wir Rousseau darüberhinaus in dem, was er z. B. über bald nach ihm außer Kurs geratene Tänze zu sagen hat. Endlich durfte auch der Schriftsteller, die Person Rousseau nicht vergessen werden, der nicht nur im Vorwort in eigener Sache von sich selbst spricht und gar nicht gesonnen ist, sich selbst zu verleugnen, der mit den Verpflichtungen eines Lexikonschreibers oft hadert, sich darob zuweilen Luft macht oder auch (Artikel *scène*), an ein Lieblingsthema geratend, das Hauptthema aus den Augen verliert.

Endlich ein Wort der Übersetzer in eigener Sache. Rousseau hat öfter darauf hingewiesen, wie er gelesen zu werden wünscht, man könnte auch sagen: inwiefern er als Verfasser eines Wörterbuches ungeeignet ist. Sein stets an die konkrete Situation des Gedankenganges gebundener Gebrauch der Begriffe vergrößert die normalen Verlegenheiten des Übersetzenden angesichts des Umstandes, daß die Bedeutungsinhalte der in verschiedenen Sprachen — ungefähr — entsprechenden Begriffe sich nie voll decken: *chant* mußte in der vorliegenden Ausgabe bald mit „Gesang", bald mit „Gesangslinie" oder auch als „Melodie" übersetzt werden, *accent* wechselnd als „Akzent", „Akzentuierung", „Betonung", „Tonfall", „Schwere" etc., *peindre* überwiegend in der allgemeineren, übertragbaren Bedeutung „darstellen", viel seltener als „malen". Hier aber, wie ähnlich bei *imitation*, steht der Übersetzende schon vor der grundsätzlichen Frage, ob er nicht im Interesse einer größeren Nähe zum Original bei peindre stets „malen" und für *imitation* stets „Nachahmung" stehenlassen und dem Leser die sinngemäße — oft dann metaphorische — Übertragung eines Begriffes überlassen sollte, den man in einem deutschen Text so nicht schreiben würde. Aus einem deutschen Wort würde auf diese Weise fast ein Lehnwort — und dies meinten die Übersetzer im Interesse der besonderen Unmittelbarkeit von Rousseaus Diktion möglichst vermeiden zu sollen; das gleiche gilt für die in Klammern gesetzte Ergänzung des französischen Wortes, wo auch zu dem nächstliegenden deutschen Begriff eine Differenz der Bedeutungen stehenbleibt. Beide Verfahrensweisen haben ihr Recht und sind in Übersetzungen hohen Ranges (u.a. Diderot, *Ästhetische Schriften*, 2 Bde., Berlin 1967, übers. Friedrich Bassenge und Theodor Lücke, oder: Rousseau, *Brief an d'Alembert über die Schauspiele*, übers. Renate Petermann, in: *Theater und Aufklärung*, Berlin 1979) auch angewendet worden. Am ehesten noch ließ sich mit den angesprochenen Bedeutungsdifferenzen, für die die *Wörterbuch*-Artikel manchen wichtigen Kommentar bieten, dort fertigwerden, wo die historische Entwicklung eine Konkretisierung gebracht hat; man vergleiche hierzu z.B. die Artikel *sonate* oder *symphonie*; dies letzte Wort ist nicht ein einziges Mal mit „Sinfonie" übersetzt worden. In der viel allgemeineren Bedeutung, in der es bei Rousseau begegnet, ist es bekanntlich auch in Deutschland und noch zu einer Zeit benutzt worden, da die speziellere Bedeutung längst genau definiert war, vgl. u.a. Goethes *Proserpina*-Aufsatz vom Jahre 1815 (= Berliner Ausgabe, Bd. 17, S. 139—148). Für Rousseaus *illusion* ließ sich nichts Näheres finden als das deutsche Fremdwort „Illusion"; dieses freilich enthält den Nebensinn von Selbstbetrug, Wahnvorstellung, Schimäre etc., der es aus dem ästhetischen Vokabular fast schon verbannt hat — nicht zu reden davon, daß wir Rousseaus hartgesottenen Aristotelismus, der ihn die *illusion* voll bejahen läßt, distanziert gegenüberstehen. Daß sich im französischen *goût* die Bedeutungsfelder der deutschen Begriffe „Geschmack" und „Bildung" überlagern, kann ein Übersetzer ebenfalls schwer nachbilden, es sei denn in umständlichen Umschreibungen; *lyrique* ist nie mit „lyrisch" übersetzt worden, weil sich der deutsche Begriff weiter vom ursprünglichen Sinn des Wortes entfernt hat, dem das französische Wort nähergeblieben ist mit der — in der Übersetzung benutzten — Bedeutung „musikalisch", „auf Musik bezogen", „mit Musik verbunden" etc.

Bei der Übersetzung der *Wörterbuch*-Artikel freilich mußte das Bestreben, im Interesse einer fließenden Gedankenführung und Prosa die Begriffe je entsprechend dem konkreten Zusammenhang zu fassen, mit dem definitorischen Anliegen und der Konzentration auf den jeweils erläuterten Begriff in Konflikt geraten. Aus diesem Grunde haben sich die Übersetzer zu dem anderen Extrem entschlossen und in Fällen, wo die Bedeutungsfelder des französischen und des deutschen Begriffs allzustark differieren, den französischen als Fremdwort stehengelassen. Bei Begriffen wie *accent* z.B. wäre die Übersetzung andernfalls zu Absurditäten verdammt gewesen.

Rousseaus Hinweise auf andere Artikel seines *Wörterbuchs* wurden fortgelassen. Die Übersetzung benutzte als Vorlage die das Wörterbuch enthaltenden Bände 17 und 18 der *Collection complète des Œuvres de J.-J. Rousseau, Aux Deux Ponts*, 1782.

2 Rousseau schloß die Arbeiten am *Wörterbuch* in dem Bergdorf Môtiers im Tal von Travers ab, wo ihm Madame Boy de la Tour, eine reiche Verehrerin, ein Bauernhaus zur Verfügung gestellt hatte.

3 Sébastien de Brossard hatte im Jahre 1703 das erste französische Wörterbuch veröffentlicht, s. S. 463 f. dieser Ausgabe.

4 Im Artikel *harmonie*, der in der vorliegenden Auswahl nicht vertreten ist.

5 Rousseau verdächtigte d'Alembert, von seinen Artikeln in unehrenhafter Weise Gebrauch gemacht zu haben, ein wohl nicht unbegründeter, jedoch nicht schwerwiegender Verdacht, solange die Freunde nicht zerfallen waren.

6 „Der Akzent ist gewissermaßen schon Gesang." Rousseau formuliert „*Sergius dans Donat*". Entweder meint er den Grammatiker Aelius Donatus, der im 4. Jahrhundert v. u. Z. lebte, oder einen Sergius, der in irgendeiner lateinischen Elementargrammatik vertreten ist. Zwei von Aelius Donatus geschriebene Grammatiken waren im Mittelalter so populär, daß man noch auf lange Zeit hin bei Grammatiken einfach als von „dem Donat" sprach.

7 *Remarques sur la langue française*, Paris 1767. Rousseau muß das Werk schon vor dem Erscheinen gekannt haben, es sei denn, es liege eine – zu jener Zeit allerdings übliche – Vordatierung des Erscheinungstermins vor.

8 Duclos; vgl. Anm. 50 zum *Essay über den Ursprung der Sprachen.*

9 Oper von André Campra.

10 Anspielung auf Melchior Grimms berühmte Streitschrift, vgl. S. 405 ff. dieser Ausgabe.

11 Nicht in der vorliegenden Ausgabe.

12 Nicolas Boileau-Despréaux, *L'art poétique*, Paris 1674.

13 Dies und ähnliche hier von Rousseau angesprochene Regulierun-

gen gehören also in den Bereich der musikalischen Ausführung, nicht in den im engeren Sinne kompositorischen!

14 Horaz, De Arte Poetica, Verse 12 und 13. Im weiteren Zusammenhang in wörtlicher Übersetzung (H. Färber/W. Schöne, in: Horaz, *Werke*, 9. Aufl. München 1982, Sammlung Tusculum, S. 231): „Doch war ja Malern wie Dichtern immer schon das denkbar Kühnste verstattet." Ganz recht; *„doch nicht die Freiheit, Zahmes mit Wildem zu gesellen, Schlangen mit Vögeln zu paaren und Lämmer mit Tigern"*. Kursiv hier nur die von Rousseau zitierten Verse.

15 Die erste Nummer der Komposition, auf die Worte „*Stabat Mater dolorosa juxta crucem lacrimosa, dum pendebat filius*".

16 Melchior Grimm, vgl. S. 19 ff. dieser Ausgabe. Da Rousseau ausschließlich von vokalen *duos* handelt, wurde hier, abweichend von der sonstigen Verfahrensweise, *duo* mit „Duett" übersetzt.

17 Abgegriffene Vokabeln herkömmlicher Libretti, die, wie auch aus etlichen Streitschriften hervorgeht, für die *philosophes* zu Reizworten geworden waren.

18 Vgl. die Beschreibung dieser Oper bei R. Strohm, *Die italienische Oper im 18. Jahrhundert*, Wilhelmshaven 1979, S. 212 ff.

19 *Der eingebildete Kranke.*

20 Eine der drei Einheiten der klassischen französischen Dramaturgie.

21 *Dissertation sur l'opéra*, Paris 1678.

22 Rousseau meint die quantitierende Metrik der alten Sprachen.

23 Antike Versmaße.

24 *Les Beaux Arts Réduits à un seul Principe (Die schönen Künste, auf ein einziges Prinzip zurückgeführt)*, Paris 1746.

25 Vgl. Anm. 3.

26 Vgl. Anm. 3.

27 Von Rousseau, vgl. S. 365 ff.

28 Bei Rousseau nur die Zahlenreihe.

29 Aus Rameaus Ballettoper *Les Fêtes d'Hébé (Die Feste der Hebe)*, die erstmals 1739 aufgeführt wurde. Im Gegensatz zur *Dissertation*, wo das Stück nur in Rousseaus Notation erscheint, sind im vorliegenden Fall, um eine leichte Verifizierung zu ermöglichen, die herkömmliche und die rousseausche Notation untereinandergestellt.

30 Hinweis auf Homers „*Singe, o Muse...*".

31 Diese Anspielung nicht identifizierbar.

32 Metastasio.

33 Rousseau bezieht sich hier auf die drei Einheiten der klassischen französischen Dramaturgie.

34 Bei Rousseau steht *écriture*.

35 „Orchestra" heißt im Griechischen „Tanzplatz".

36 Da auf dem Faksimile aus dem *Wörterbuch* Einzelheiten schwer zu erkennen sind, hier eine kurze Erläuterung: In der Mitte des Orchesterraums sitzt an dem bei Rezitativen benutzten Cembalo, der Bühne zugekehrt, der Kapellmeister, links hinter sich das Continuo-Violoncello, rechts hinter sich den Continuo-Kontrabaß. Diese Sitzkonstellation wiederholt sich bei dem links stehenden, vornehmlich dem Tutti vorbehaltenen zweiten Cembalo. Abermals — entsprechend Rousseaus Hinweis zur gleichmäßigen Verteilung der Baßinstrumente — ein Cellist und ein Kontrabassist befinden sich auf der rechten Seite des Orchesterraums; in den schraffierten Nischen links und rechts Pauken bzw. Trompeten, vor dem linken Cembalo, rechtwinklig zueinander sitzend, zwei Hornisten und zwei Flöten; zur Linken des Kapellmeisters, an der dem Publikum zugekehrten Balustrade sitzend, fünf Fagotte, ihnen gegenüber, mit dem Rücken zur Bühne unmittelbar vor dieser sitzend fünf Oboen; zur Rechten des Kapellmeisters an der Balustrade acht erste Violinen, ihnen gegenüber sieben zweite Violinen, dazwischen vier Bratschen. Zu Rousseaus Schema vergleiche man die Zeichnung der Dresdner Bühne bei H. C. Wolff, *Oper, Musikgeschichte in Bildern*, Bd. IV, Lieferung 1, Leipzig 1968, S. 107: Die Übereinstimmung ist auffällig, bis zur Zahl der 41 im Orchesterraum versammelten Musiker, bei der die in den Nischen sitzenden Trompeter und Paukisten nicht mitgerechnet sind.

37 *Armide* von Lully, vgl. den *Brief über die französische Musik*; Issé von Destouches.

38 Diderot.

39 Vgl. Anm. 30.

40 Gerade im Zusammenhang mit einem „enharmonischen" Tongeschlecht spielte die Unterscheidung eines großen und eines kleinen Halbtons für Rousseau in einer mit der Praxis schwerlich zu vereinbarenden Weise eine große Rolle.

41 Aus Tartinis 1754 erschienenem *Trattato di musica secondo la vera scienza*; aus den von ihm genannten Gründen läßt Rousseau den italienischen Originaltext folgen.

42 Seinerzeit wohlvertraute Opernfiguren.

43 Vgl. Aristoteles, *Opera*, ed. Acad.Reg.Boruss., 5 Bde., Berlin 1831—1870.

44 Rousseau bezieht sich hier ziemlich sicher auf die fast rein akkordische Vertonung des calvinistischen Psalters von Claude Goudimel.

PETER GÜLKE

Rousseau und die Musik
oder
Von der Zuständigkeit des Dilettanten

> „Jean-Jacques etoit né pour la Musique; non pour y payer de sa personne dans l'exécution, mais pour en hâter les progrès et y faire des découvertes. Ses idées dans l'art et sur l'art sont fécondes, intarrissables..."[1]
>
> „Jean-Jacques war für die Musik geboren, nicht, um sie persönlich auszuüben, sondern, um ihre Fortschritte zu beschleunigen und um Entdeckungen zu machen. Seine Ideen innerhalb der Kunst und über die Kunst sind fruchtbar, unerschöpflich..."

I Einleitung

„Ein Bühnenautor, der über das Theater herzog; ein Moralist, der seine Kinder weggab; ein über Religion schreibender Philosoph, der zweimal aus zweifelhaften Gründen die Konfession wechselte; ein aufgeklärter Denker, der manche Zwangsvorstellungen nie loswerden konnte; ein Deist, der andere Deisten des Unglaubens zieh; ein unermüdlicher Panegyriker der Freundschaft, der mit jedermann brach."[2] Diese Reihe herausfordernder Widersprüche läßt sich unschwer verlängern: ein dezidierter Linker der Gesellschaftstheorie, der wie konservative Seelenhirten die Religion als Tröstung für hienieden erlittenes Unrecht preist und die Frau auf kleinbürgerlichste Subordination verpflichten will; der Prophet revolutionärer Volksfeste, der zuerst immer die einsame Zwiesprache mit der Natur sucht; ein musikalischer Dilettant, der sich mit Frankreichs größtem Musiker anlegt, eines der meistaufgeführten Singspiele komponiert und das meistbenutzte musikalische Wörterbuch seiner Zeit verfaßt.
Jean-Jacques Rousseau, der diese Ungereimtheiten seiner Existenz verschuldete, wenn nicht gar veranstaltete, sie aber auch auf sich nahm und zu verantworten versuchte, hat damit seiner Mitwelt wie der Nachwelt gleich viel zu verstehen aufgegeben, und die Betrachtung auch nur eines Teilbereichs

seiner Wirksamkeit kann sich nicht von der Verpflichtung dispensieren, stets den ganzen Mann ins Auge zu fassen. Diese Widersprüche setzen sich präzise in seinen Wirkungen fort: Beifall und Tadel kommen wie bei keinem anderen seines Ranges aus allen Lagern; nicht nur Maximilien Robespierre pilgerte als Student nach Ermenonville, dem letzten Wohnsitz Rousseaus, sondern auch, wenig später — nun schon zum Grab auf der Pappelinsel —, eine Dame, deren Kopf unter der Herrschaft Robespierres in den Sand rollen wird, Marie-Antoinette, die französische Königin.

Wer war Rousseau? — wer darf glauben, ihn zu kennen, der selbst mit dem leidenschaftlichen Versuch, das philosophische Gebot des „Erkenne dich selbst" ernstzunehmen, nie zuendekam? — und was überhaupt macht die Frage danach so dringlich? Fast jeder — auch dies wäre den Widersprüchen anzureihen — verbindet mit dem Namen einige allgemeine Vorstellungen, ist aber um konkretere Auskünfte rasch verlegen. Zuallererst denkt man an die Jahrhundertlosung des „Revenons à la nature" (bzw. „retour à la nature"), aber: „Wo steht das berühmte ‚revenons à la nature'? Ich habe es in keiner der Schriften Rousseaus gefunden", so Karl Barth bei der Untersuchung der Frage, inwieweit das exemplarische Opfer simplifizierender Mißverständnisse diese mitverschuldet habe.[3]

Außer mit jener Losung, mit Staatstheorie, Gesellschafts- und Kulturkritik, Pädagogik und dem Kult der Empfindsamkeit in Verbindung gebracht, ist Rousseau in seinen musikalischen Aktivitäten kaum noch bekannt. Dennoch — auch dies ließe sich den eingangs zitierten Paradoxa anreihen — fühlte er sich „für die Musik geboren"[4]; daß er sich zum Schreiben geboren fühle, hat er nie gesagt — mehrmals hingegen, daß er nur „durch fremde Anstöße in die Laufbahn eines Literaten gedrängt" worden sei.[5]

Ehe man freilich darüber nachzudenken beginnt, weshalb Rousseau als Musiker und Musiktheoretiker so weitgehend vergessen ist, muß man nach der Kenntnis seiner anderweitigen Wirksamkeiten fragen — um festzustellen, daß es sich großenteils um katalytische, einem Ferment vergleichbare Wirksamkeiten handelt, denen — weiteres Paradox — bei aller starken Bezogenheit auf die Person zugleich eine gewisse Anonymität eignet, und die nicht erst post mortem: Auch hier hat die Nachwelt einiges mit jenen Menschen gemein, die

Melchior Grimm, Redakteur und Hauptautor der allenthalben im gebildeten Europa gelesenen *Correspondance littéraire philosophique et critique*⁶, kurz nach der Rückkehr des alternden Rousseau nach Paris beobachtete: „.... *Er hat sich mehrere Male im Café de la Régence auf der Place du Palais-Royal sehen lassen; seine Gegenwart hat eine ungeheure Menschenmenge dorthin gelockt, und der Pöbel hat sich auf dem Platz zusammengerottet, um ihn vorübergehen zu sehen. Man fragte einzelne aus dem Pöbel, was sie da wollten; sie antworteten, sie wollten Jean-Jacques sehen. Man fragte sie, wer denn Jean-Jacques sei; sie antworteten, das wüßten sie nicht, er käme aber da vorbei.*"⁷ In die historische Dimension versetzt, stellt der gleiche Tatbestand sich etwa so dar: *„Die Tiefe und der Umfang der Wirksamkeit Rousseaus sind unermeßlich. Er gehört zu den Geistern, die, wie etwa Marx und Freud, innerhalb einer Generation das Denken von Millionen verändern, und zwar auch von vielen, die ihren Namen nicht kennen. Am Ende des 18. Jahrhunderts gab es jedenfalls wenige denkende Menschen, die von den Ideen Rousseaus unberührt geblieben wären. Eine solche Wirkung ist nur möglich, wenn ein Schriftsteller im tiefsten Sinn der Repräsentant und der Ausdruck seiner Zeit ist.*"⁸

Nicht anders als einst im persönlichen Umgang macht es der Schriftsteller Rousseau dem Leser heute schwer, Zugang zu finden, erst recht, wenn es darum geht, einen kaum bekannten Bereich seines Wirkens von den Querverbindungen zu den anderen her zu beleuchten. Bei der Verfolgung von Grundlinien und ganz und gar auf der Suche nach Formeln wie der des unauffindbaren „*revenons à la nature*" gerät man rasch ins Dickicht, stößt auf Widersprüche, Einschränkungen und Zurücknahmen. Ein System, in das seine Theorien und Tätigkeiten sich verträglich und schubladenhaft einordnen, sucht man vergebens bei einem, dem jederlei Systematik als Legitimierung von Voreingenommenheiten verdächtig war; hierin steht er wie nur wenige andere für eine geistige Bewegung, die den „*esprit de système*" der in Spezialfächer oder in Denkgewohnheiten Eingesperrten ihrem eigenen „*esprit d'observation et d'analyse*", ihrer „*forschenden Skepsis*" polemisch gegenübersetzte — Diderot spricht im Artikel *Philosophie* der *Enzyklopädie* vom „*esprit d'observation et de justesse.*"⁹ Entscheidende Einsichten verdanken die *philosophes*¹⁰ gerade dem unprofessionellen Herangehen an ihre Gegenstände, der schöpferischen

Neukombination scheinbar weit auseinanderliegender Befunde und Aussagen, der Empfindlichkeit für die Interdependenz der Fächer und Disziplinen. *„Diejenigen, welche Politik und Ethik getrennt voneinander behandeln wollten, würden weder von der einen noch von der anderen je etwas verstehen"*, heißt es im *Emile*.[11]

Da man bei dem Versuch, Rousseaus vielfältige Wirksamkeit zu überschauen, immer wieder auf Widersprüche stößt und auf der Suche nach dem Regelkreis, in dem diese aufgehoben wären, immer wieder eben gewonnene Fixierungen aufzugeben gezwungen ist, läuft man wohl Gefahr, in die Gesellschaft derer zu geraten, die in ihm vornehmlich den Apostaten eines romantischen Irrationalismus, übersteigerter Subjektivität und eines verstandesfeindlichen Agnostizismus sahen, wennicht gar, die Elemente kleinbürgerlicher Beschränkung eingerechnet, einen Opponenten zum *„Ausgang des Menschen aus seiner selbstverschuldeten Unmündigkeit"*, als welchen Kant Aufklärung definierte. *„L'unité dans la pensée de Jean-Jacques Rousseau"*, die *„Einheit im Denken Rousseaus"* aufzuspüren und zu bestimmen, wie es Gustave Lanson im Jahre 1912 unternommen hat,[12] ist eine ebenso schwierige wie unabdingbare Aufgabe, möglicherweise eine nie endgültig erledigte — nicht zuletzt, weil Rousseau selbst alles getan hat, um die zumindest partiell notwendige Unterscheidung persönlicher und sachlicher, subjektiver und objektiver Momente zu erschweren oder gar zu verhindern, so daß — hierin etwa Richard Wagner vergleichbar — unguten Vermischungen beider viel Handhabe geboten wird. *„Was seinen moralischen Charakter betrifft, so war er so abscheulich, daß es schon aus diesem Grunde ganz unmöglich ist, ihn unter die Genies zu rechnen"*, befindet ein vielgelesener Kulturhistoriker unseres Jahrhunderts.[13] Nun gehört freilich viel dazu, sich in derart windige Ausreden zu flüchten und die konstruktive Kraft des rousseauschen Denkens zu ignorieren, selbst dort noch, wo es gegen eigene Zuständigkeiten wütet; es gehört viel dazu, die emanzipatorische Rücksichtslosigkeit des Plebejers zu ignorieren, der nichts zu verlieren hat, und die *„List der Vernunft"* (Hegel) zu verkennen, welche in einer Zeit überbordender intellektueller Produktivität der Gefahr einer geistigen Inflation auch dadurch vorbeugt, daß sie den Ideen und Theorien alle Stoßkraft bewahrt, indem sie sie in ihrer Widersprüchlichkeit auf die Person ihres Urhebers angewiesen hält. Überdenkt man, wieviel von Rousseau Gesagtes fast gleichzeitig mit ihm oder vor ihm von anderen gesagt wurde (mutet er doch geradezu wie ein Sammelbecken der wichtigen Denkmotive seines Jahrhunderts an), und betrachtet man, wie immer Rousseau es war, der aneckte, in Konflikte verstrickt, am Ende proskribiert und gejagt wurde, so erscheint jene Widersprüchlichkeit samt den sie begleitenden Verabsolutierungen wie ein methodischer Trick, aufgrund dessen der gleiche Gedanke in Rousseaus Munde allemal aggressiver und gefährlicher klingt als im Munde anderer. Und so läßt sich mit guten Gründen bezweifeln, daß eine gleiche Formulierung, von ihm benutzt, tatsächlich das gleiche sage; weshalb er zu bestimmten Grundfiguren seiner Rhetorik, die vom Anspruch auf Einzigartigkeit und Ausschließlichkeit getragen sind, mehr Recht hat, als es einer bloß „formaljuristischen" Betrachtung zunächst erscheinen mag. Mit dem *„revenons à la nature"* lassen sich auch die Schäferspiele der Marie-Antoinette in Verbindung bringen — makabre Spiele freilich nach dem Maßstabe dessen, was in der Losung unvermeidlicherweise außerdem mitklingt: daß man zurück zum Ursprung, d. h. der Natur, müsse, weil die Geschichte falsch gelaufen ist, daß man noch einmal von vorn beginnen müsse. *„... die Natur blickt genau so drein, wie das revolutionäre Bürgertum sich und das Seine wünscht. Sie blickt mit der Stimmung des Schäfers drein, des Hirten, des einfach-rechtlichen Mannes; selbst im Dunklen kann mit ihm gewürfelt werden. Der Bürger hält sich für unverdorben, für ein Volkslied, und je arkadischer die Verhältnisse (ohne Puder, ohne Weihrauch), desto mehr sind sie seine."*[14] Immer im Hintergrund von Rousseaus Natur läuten die Sturmglocken, mag noch so sehr auch der einsam Wandernde hinzugedacht werden dürfen, der die träumerisch-verschwiegene Zwiesprache mit der unverbildeten Kreatur sucht, oder derjenige, dem der Graf von Girardin im Park von Ermenonville nächtliche Musik veranstalten läßt. *„Eine einzige neue Pflanze zu entdecken ist mir hundertmal lieber, als fünfzig Jahre lang dem Menschengeschlechte zu predigen"*[15] — eine solche Formulierung hat ihre (zugegebenermaßen subjektive) Wahrheit, welche freilich nicht zur Einschränkung jener anderen taugt, daß Jean-Jacques tatsächlich „*gepredigt*" und noch viel mehr: im *Gesellschaftsvertrag* die Magna Charta für 1789 geschrieben und zweimal sich als Gesetzgeber versucht hat. In der Prosa des im persönlichen Umgang Schüchternen ist das rhetorische Pathos der nachmaligen Volkstribunen vorgeformt, und so hatte sein Sarg im Pantheon ebenso seinen Platz wie auf der stillen Pappelinsel im Park von Ermenonville. Der gleiche Rousseau will hundertmal lieber eine Pflanze entdeckt als fünfzig Jahre dem Menschengeschlecht gepredigt haben und taugt als Berufungsinstanz für Robespierre; der gleiche Rousseau erwirbt sich unter schlechten Voraussetzungen, aber mit einem unglaublichen Auffassungsvermögen begabt, als autodidaktischer Leser eine umfassende literarische Bildung und insistiert mit bildungsfeindlichen Akzentuierungen immer wieder darauf, daß er alle Bücher beiseite gelegt, der Literatur abgeschworen habe etc. *„Ich frage nicht wie La Fontaine, ob man Habakuk gelesen habe, sondern ich frage: Haben Sie schon die Hörnchen der Brunelle gesehen?"*[16] Derlei will auf die in ihrer eigenen Weise sehr logische und konsequente Existenz, auf die subjektiven Wahrheiten dieses Lebens bezogen sein. Mehr als bei anderen Autoren muß man bei Rousseau — am ehesten wäre der *Gesellschaftsvertrag* auszunehmen — immer neu von der Individualität des Verfassers ausgehen und von ihr aus Verabsolutierungen, Widersprüche und Mystifikationen erklären bzw., wo es nötig erscheint, entschuldigen. Ihm selbst schon sind vielerlei Mißverständnisse und Mißhelligkeiten daraus erwachsen, daß, was er äußerte und schrieb, für ihn in erster Linie bezogen war auf die Wahrheit seiner persönlichen, subjektiven Existenz, daß es ihm insofern immer nur ein *„Bruchstück einer großen Konfession"* war und nie diese insgesamt. Indessen hat der Leser einiges Recht, eine Veröffentlichung als ein jeweils in sich stimmiges Ganzes, als einen in sich vollständigen Argumentationszusammenhang zu nehmen, und so mag man es schon eine Schuld Rousseaus nennen, daß er seinen Schriften selten jene Unabhängigkeit von den Konstellationen ihrer Hervorbringung gegeben hat, welche ausschließt, daß der Leser als Voraussetzungen Umstände kennen müßte, die er gar nicht kennen kann. Da ist eine gewisse Selbstherrlichkeit gar nicht zu übersehen, mit der das Subjekt Rousseau sich als apriorisch gegeben empfindet und zunächst das Risiko von Mißverständnissen verachtet, unter denen er später jeweils umso mehr leiden wird.

Nicht nur als Paradefall eines derartigen Mißverständnisses, sondern auch, weil hier Grundpositionen abgesteckt werden, mag als Beispiel der Beginn der Entzweiung von Rousseau und Voltaire dienen. Rousseau hatte Voltaire im Sommer 1755 die *Abhandlungen über den Ursprung und die Grundlagen der Ungleichheit unter den Menschen*[17] übersandt, das Schwesterwerk des *Essays über den Ursprung der Sprachen*...[18], und natürlich kannte Voltaire längst die spektakuläre Antwort, die Rousseau fünf Jahre zuvor der Akademie von Dijon auf ihre Preisfrage gegeben hatte,[19] die emphatische Verneinung des Nutzens der Wissenschaften und Künste. Nun schreibt Voltaire unter dem 30. August 1755 u. a. dieses: „*In sehr wirklichkeitsgetreuen Farben malen Sie die abscheulichen Untaten der menschlichen Gesellschaft, von denen sich Unverstand und Schwachheit so viele Annehmlichkeiten versprechen. Niemals ist so viel Geist aufgewandt worden, um uns zu Tieren zu machen. Man bekommt Lust, auf allen Vieren zu laufen, wenn man Ihr Buch liest. Da es jedoch mehr als sechzig Jahre her ist, daß ich mir das abgewöhnt habe, merke ich unglücklicherweise, daß es mir unmöglich ist, es mir wieder anzugewöhnen. Und ich lasse diese naturgemäße Fortbewegungsart denjenigen, die ihrer würdiger sind als Sie und ich.*"[20] Nun würde man in falscher Weise von Voltaires späterer, teilweise unfair geführter Polemik zurückprojizieren, wollte man in der Formulierung des Briefes allein eine jener präzise verpaßten Bosheiten erblicken, auf die sich der „Patriarch von Ferney" so gut verstand und deren Kolportierung er nicht ungern sah. Derlei Wendungen waren dazu geschaffen, mit hämischer Schadenfreude weitergesagt zu werden und über der Brillanz der Formulierung die Unredlichkeit der Unterstellung vergessen zu machen. Zugleich aber spricht und argumentiert hier einer, der sich von Rousseaus Verurteilung betroffen fühlt — fast, daß man meinen könnte, er ahne etwas von den Gefahren, die von ihr ausgehen könnten. Zumindest mußte er fürchten, daß in einer Situation der ideologischen Auseinandersetzung, in der es vorderhand klare Fronten gab, Rousseau nicht mehr auf der Seite der *philosophes* stehen und kämpfen könnte. Rousseaus Antwort bewegt sich durchaus auf der Höhe dieser Besorgnisse. „*... Sie sehen, daß es mir nicht darum geht, uns in unsere tierhafte Ungebildetheit zurückzuversetzen, obwohl ich für mein Teil sehr dem wenigen nachtrauere, das ich davon verloren habe. Was Sie betrifft, mein Herr, wäre die Rückkehr ein so großes Wunder, daß es nur Gott zukommt, es zu vollführen, und ein so verderbliches, daß nur der*

Teufel es wünschen kann. Versuchen Sie daher nicht, wieder auf vier Füßen zu gehen, niemandem auf der Welt würde das schlechter gelingen als Ihnen: Sie richten uns zu gut auf unseren zwei Füßen auf, um aufhören zu können, sich auf den Ihren zu halten... Was mich betrifft, wenn ich meiner ersten Berufung gefolgt wäre und weder gelesen noch geschrieben hätte, so wäre ich dabei ohne Zweifel glücklicher gewesen. Doch wenn jetzt die Literatur abgeschafft würde, wäre ich des einzigen Vergnügens beraubt, das mir bleibt: in ihrem Schoß tröste ich mich über all mein Leid, unter ihren erlauchten Kindern genieße ich die Annehmlichkeiten der Freundschaft, lerne ich mich des Lebens zu freuen und den Tod zu verachten. Ich verdanke ihr das wenige, was ich bin..."[21] Hieraus — wie aus zahlreichen ähnlichen Formulierungen — geht unzweideutig hervor, wie genau Rousseau weiß, daß man nicht buchstäblich „zur Natur zurückkehren", daß man historische Entwicklungen nicht rückgängig machen kann,[22] fast, daß er Kants spätere Kritik an einschlägigen Verabsolutierungen hätte unterschreiben können: danach *„würden bei einem arkadischen Schäferleben, bei vollkommener Eintracht, Genügsamkeit und Wechselliebe, alle Talente ewig in ihren Keimen verborgen bleiben. Die Menschen, gutartig wie die Schafe, die sie weiden, würden ihrem Dasein kaum größeren Wert verschaffen, als dieses ihr Hausvieh hat; sie würden das Leere der Schöpfung in Ansehung ihres Zweckes, als vernünftige Natur, nicht ausfüllen. Dank sei also der Natur für die Unvertragsamkeit, für die mißgünstig wetteifernde Eitelkeit, für die nicht zu befriedigende Begierde zum Haben oder auch zum Herrschen."*[23]

Was den hier von Kant kritisierten Begriff des „*bon sauvage*", des „guten Wilden" angeht, der gerade in Frankreich eine große Geschichte hat,[24] so trug die ihm zugewachsene gesellschaftskritische Brisanz auch Gefahren einer Hypostasierung ein, für welche — trotz seines „melodramatischen" Vortrags — viel weniger Rousseau die Verantwortung trägt als eine Situation, in der bei einem solchen Begriff die polemische Stoßrichtung wichtiger war als eine genaue Definition. Rousseaus „*homme naturel*" ist kein Idealbild, bei dessen Konstruktion übersehen wäre, daß jede Art gesellschaftlicher Organisation dem einzelnen Einschränkungen und Anpassungen auferlegt, welche durchaus mit dem zusammenhängen, was im 18. Jahrhundert „Verderbnis" und später „Entfremdung" heißt und teilweise sich sogar damit deckt. Rousseau sieht sehr wohl die Risiken einer platonisch-realitätsfernen Ideelichkeit des „*homme naturel*"; nicht irgendeine paradiesische Urfrühe ist es, in die er sich zurückträumt. Er unterscheidet genau zwischen den „*sauvages*", den Jägern und Hirten, als einer sehr frühen Stufe, und den „*barbares*", als den Vertretern einer späteren, auf der sich die Menschen bereits in kleinen Horden organisiert haben. Er weiß, daß es, um bestimmte Qualitäten und Tätigkeiten zu motivieren, der Nöte und Beunruhigungen bedarf, zumal wenn man die frühesten Formen des Zusammenlebens als friedfertig und konfliktarm annimmt. Für diese Beunruhigung besorgt sich Rousseau Naturkatastrophen[25], welche eintreten, wenn die Menschheitsgeschichte ihrer bedarf, und ausbleiben, wenn die Zeit ihrer gesellschaftsbildenden Wirkungen vorbei ist: Diese Annahme ist ebenso phantastisch wie für seine Theorie notwendig, so daß er sich kurzerhand in die Arme von „*la providence*", der Vorsehung, flüchtet. Erst nach derlei förderlichen Fügungen kann ein „*goldenes Zeitalter*" möglich gewesen sein, und in dessen Schilderungen nun wird Rousseau zum Lyriker, er beschwört traditionelle Bilder einer arkadischen Glückseligkeit und gesteht in diesem Wandel der Diktion, des Stils und der Temperatur seiner Prosa mit anrührender Offenheit ein, daß er in dem hypothetischen Bilde einer fernen Vergangenheit zugleich eine Utopie, eine Wunschvorstellung beschreibt — eine „*außerhistorische Situation*", die „*notwendig*" ist, „*um den historischen Menschen zu interpretieren*".[26] Insofern stellt die Unterscheidung von *sauvage* und *barbare* nicht irgendeine anthropologische Spitzfindigkeit dar, sondern eine wohlüberlegte Antwort auf einen exemplarischen Zusammenprall von vorgefaßter Theorie und gegebenen Fakten, wie er sich auch bei der Behandlung musikalischer Gegenstände ereignet. Überlegt scheint diese Antwort insbesondere insofern, als die *barbares* bei aller Idylle schon genug Geschichte hinter sich und in sich haben, um alle Möglichkeiten und Gefährdungen der Menschwerdung und der gesellschaftlichen Assoziierung repräsentieren zu können. „*Der von Rousseau idealisierte Naturzustand ist also nicht die uranfängliche Wildheit, sondern ein ‚juste milieu' zwischen dieser und dem Zustand des Kampfes aller gegen alle, der für die zeitgenössische Gesellschaft nach seiner Meinung charakteristisch war. Rousseau ist kein absoluter Gegner jeder Kultur, sondern lediglich ein Kritiker der depravierenden Hochkultur, in der die ursprüngliche*

,Güte' des Menschen und die natürliche und freie Gemeinschaft der Hirtenvölker verlorengegangen ist."[27] Immerhin möchte er sich die *barbares* noch als von den für ihn zweifelhaften Segnungen der Verstandestätigkeit weitgehend verschont vorstellen. *„Wenn die Natur uns dazu bestimmt hat, gesund zu sein, möchte ich beinahe behaupten, daß der Zustand der Reflexion widernatürlich und der nachdenkende Mensch ein verkommenes Tier ist."*[28] Rousseau mag selbst bange gewesen sein angesichts der Größe des Fragezeichens, das er damit hinter die Chancen der Humanität setzte — daher wohl die Formulierung als Möglichkeit, als Denkangebot, mit dem er nicht schlankweg identifiziert sein will. Wiewohl sie in eine solche Richtung deutet, gibt die Formulierung wenig her für eine Deutung von Rousseau als einer Art Vor-Nietzsche, als eines Apologeten des freien, wilden, unbedenklichen Lebens, dem der Geist als Widersacher im Wege wäre. Viel eher hat sie Gewicht als frühes Zeugnis der sehr schlüssigen anthropologischen Konzeption des Mangelwesens. Im übrigen steht Rousseau in seiner Reserve gegenüber der *ratio* keineswegs so allein, wie es eine simplifizierende Unterscheidung von ihm als dem Statthalter von Herz und Gefühl zu den übrigen *philosophes* als den Anwälten des Verstandes wahrhaben möchte. Bei einem der letzteren, in *D'Alemberts Traum* von Diderot kann man u. a. dies lesen: *„Nichts widerspricht der Natur mehr als die gewohnheitsmäßige Meditation oder der Zustand des Gelehrten. Der natürliche Mensch ist gemacht, wenig zu denken und viel zu handeln. Die Wissenschaft dagegen denkt viel und bewegt sich wenig."*[29]

Reicht die Koinzidenz möglicherweise tiefer und weiter? Immerhin war Diderot es, mit dem Rousseau intensiven Kontakt pflegte eben in den Sommerwochen des Jahres 1749, da er als Inspiration, wennicht gar als Erleuchtung, den Gedanken erlebte und den Entschluß faßte, die Frage der Akademie von Dijon mit jenem emphatischen „Nein" zu beantworten, das jahrzehntelang nachhallte und in fast allem später von ihm Geschriebenen exemplifiziert erscheint.[30] Der Herausgeber der Enzyklopädie hatte damals wegen des *Briefes über die Blinden und die Taubstummen* in dem unweit von Paris gelegenen Vincennes eine Haft zu verbüßen; unter den Freunden, die ihm mit Besuchen die Zeit kürzten, war, alle zwei Tage nach Vincennes hinauswandernd, Rousseau der eifrigste. Nun berichten sowohl der konservativ-opportunistische Marmontel[31] als auch der etwas undurchsichtige, linksstehende Abbé Morellet übereinstimmend, die Idee der negativen Beantwortung der Frage aus Dijon stamme gar nicht von Rousseau, sondern von Diderot — womit Rousseaus Beschreibung des Ereignisses beinahe als wortreiche Verhehlung des Umstandes dastünde, daß er sich in der spektakulären Antwort mit fremden Federn geschmückt hat. Beide Autoren, so unterschiedlich ihre Positionen auch sein mochten (immerhin waren sie verschwägert), waren sich in einem sehr einig: in der Abneigung gegenüber Rousseau. Daß auch die Skepsis gegenüber den Segnungen der Kultur in Frankreich eine literarische Tradition hat,[32] haben sie entweder übersehen oder unterschlagen. Im übrigen setzt ihr Vorwurf eine Art von Eigentumsrecht an Ideen voraus, welche der intellektuellen Kameradschaft der *philosophes* in jenen Jahren ebensowenig angemessen ist wie dem Umstande, daß Rousseau — selbst wenn die Idee ihm von Diderot sollte nahegelegt worden sein[33] — sie in einer Weise zu seiner eigenen gemacht hat, die der Frage nach der Provenienz alles Gewicht nimmt. Es gehört etliche Borniertheit dazu, das Durchspielen verschiedener gedanklicher Modelle nicht sehr verschiedenartigen Köpfen zuzutrauen. Fraglos war Rousseau, fasziniert von der Kameradschaft mit Diderot, inspiriert vom Klima dieser innigen, anspruchsvollen Kommunikation, für seine „Erleuchtung" disponiert. Wann einer eine Idee zum erstenmal denkt, wiegt weniger schwer als wie er sie realisiert.

Hier nun ein Stück aus dem Bericht über diesen — nicht nur im Leben des Betroffenen — großen Augenblick: *„Dieses Jahr 1749 brachte eine ungewöhnliche Hitze. Für den Weg von Paris nach Vincennes brauchte man zwei Stunden. Da ich nicht in der Lage war, einen Wagen zu nehmen, brach ich, wenn ich ihn allein besuchte, um zwei Uhr des Nachmittags zu Fuß auf und ging äußerst rasch, um früher anzukommen. Die Bäume des Weges waren der Landessitte gemäß beschnitten, so daß sie fast gar keinen Schatten gaben; oft mußte ich mich, von Hitze und Müdigkeit ermattet, auf den Boden strecken, weil ich nicht mehr weiterkonnte. Um meine Schritte zur Langsamkeit zu zwingen, kam ich auf den Gedanken, im Gehen zu lesen. Eines Tages hatte ich den ‚Mercure de France' bei mir, und während ich ihn nun so im Gehen durchblätterte, fielen meine Augen auf die von der Akademie zu Dijon für das nächste Jahr aufgestellte Preisfrage: ‚Hat der Fortschritt der*

Wissenschaften und Künste zum Verderb oder zur Veredelung der Sitten beigetragen?'
Sobald ich diese Zeile gelesen, sah ich rings um mich eine andere Welt und ward ein anderer Mensch. Obgleich ich mich aufs lebhafteste der Wirkung dieser Zeilen auf mich erinnere, sind mir die Einzelheiten jedoch entfallen ... Ganz deutlich erinnere ich mich, daß ich in Vincennes in einer Erregung anlangte, die an Wahnsinn grenzte. Diderot bemerkte es, ich nannte ihm daraufhin den Grund und las ihm die Prosopopöie des Fabricius vor, die ich mit Bleistift unter einer Eiche entworfen hatte. Er spornte mich an, meinen Gedanken freien Lauf zu lassen und mich um den Preis zu bewerben. Ich tat es, und von diesem Augenblick an war ich verloren. Der ganze Rest meines Lebens und all mein Leiden war die unvermeidliche Wirkung dieses Augenblicks der Verirrung.
Meine Gefühle stimmten sich mit einer schier unbegreiflichen Schnelligkeit nach dem Ton, den meine Gedanken ihnen angaben. All meine kleinen Leidenschaften wurden durch die Begeisterung für die Wahrheit, die Freiheit und die Tugend erstickt, und das erstaunlichste daran war, daß dieses innere Gären und Leuchten länger denn vier oder fünf Jahre in einem so hohen Grade vorhielt, wie es vielleicht noch niemals in dem Herzen eines anderen Menschen der Fall gewesen ist.
Ich arbeitete an meiner Abhandlung in einer recht eigentümlichen Weise, die ich jedoch bei der Abfassung all meiner anderen Werke fast immer beibehalten habe. Ich widmete ihr nämlich die schlaflosen Stunden meiner Nächte. Ich sann mit geschlossenen Augen in meinem Bette nach, drehte und wandte die Sätze in meinem Kopfe unter unglaublichen Qualen um und um, und wenn sie dann endlich eine Gestalt angenommen hatten, die mich befriedigte, legte ich sie gewissermaßen, bis ich sie zu Papier bringen konnte, in meinem Gedächtnis nieder."[34]

Mit „Illumination" erscheint dies Schlüsselerlebnis Rousseaus kaum zu anspruchsvoll bezeichnet; „*sicher erinnert diese Überwältigung durch eine plötzliche Inspiration an die Ekstasen der Mystiker, die sich mit einemmal von Gott ‚erleuchtet' glauben*".[35] Hier nun erlebt einer seine Initiation mit einer kulturkritischen Konzeption, erlebt diese aber nicht als abstrakte Idee, sondern als existentielle Wahrheit. Grundsätzlich darf man sich die Art und Weise dessen, was in derlei Erlebnissen erschaut wird, und die Form, in der es geschieht, nicht einfach als unter der Dunstglocke einer unio mystica nah beieinanderliegend vorstellen. Auch dezidiert aufklärerische Geister wußten sich erleuchtet: Sokrates pocht vor seinen Richtern nachdrücklich auf sein *daimonion*[36], und Descartes z. B. hatte auf einer Reise im November des Jahres 1619 jene drei Träume, auf die er als auf Schlüsselerlebnisse mehrmals hinwies, ohne je genauer von ihnen zu berichten. Ehe man nach Motivationen Ausschau hält, derentwegen solche Erlebnisse von den Betroffenen könnten hochstilisiert worden sein (auch dann bliebe immer noch zu bedenken, warum sie es taten), mag man nach der biographischen Funktion fragen. Und die läßt sich im vorliegenden Fall besonders konkret beschreiben als Zusammenfall von Erleuchtung und Berufung.

Zunächst ist da, ganz und gar bei einem so zeitfühligen Manne wie Rousseau, an die literarischen Ereignisse und allgemein an das geistige Klima um die Jahrhundertmitte zu erinnern, eine Scheidelinie in Frankreich viel mehr als in Deutschland, wo z. B. der Tod Sebastian Bachs eher für die Nachwelt denn für die Mitlebenden einen Einschnitt markierte. In jenen Jahren rückt, soweit man Generationen der *philosophes* unterscheiden kann, die dritte ins Treffen, nach der ersten (mit Fontenelle, Lamotte u. a.) und einer zweiten (vor allem mit Montesquieu und Voltaire) mit Buffon (geb. 1707), Hume (geb. 1711), Rousseau, Diderot (geb. 1713), Condillac (geb. 1714), Helvétius (geb. 1715) und d'Alembert (geb. 1717); die vierte mit Holbach, Turgot und anderwärts mit Lessing, Beccaria, Wieland, Kant etc. folgt sehr rasch. Die neue Generation führt eine andere Sprache, bringt eine neue Schärfe in die Auseinandersetzung und kündigt etliche frühaufklärerische Kompromisse mit den herrschenden Gewalten auf — als Bestandteil und Ausdruck einer zugespitzten Situation mit wachsendem Elend hier und immer raffinierterem Luxus dort: 1744 der Aufstand der Lyoner Seidenweber, wenig später schwere Hungersnöte und Unruhen, die sich bis 1750 hinzogen. *"In welchem Hause man auch weilt, überall hört man Schmähreden auf den König und seine Regierung ... Alle Stände sind gleichzeitig unzufrieden. Das alles ist Zündstoff: Die Empörung kann in Aufruhr übergehen und der Aufruhr in eine richtige Revolution, bei der echte Volkstribunen, Bürgerschaftsvertretungen und Kommunen gewählt werden."*[37] Noch war es nicht soweit; aber die Präzision der Voraussage beweist, wie nahe es daran war; tatsächlich erscheint ja erstaunlich, daß das *Ancien régime* sich noch vierzig Jahre lang halten und auf das Funktionieren der Machtapparate verlassen konnte. Eben die, die sich nun zu Worte meldeten, können hiervon ein Lied singen. In den Jahren um 1750 nun standen sie unter kreativen Zwängen, von denen das Moment der wechselseitigen Betätigung, das Erlebnis einer vielfältig bewährten Kameraderie nicht wegzudenken ist. Zug um Zug folgt eine wichtige Veröffentlichung der anderen — im Jahre 1749 Montesquieus *Geist der Gesetze,* Diderots *Brief über die Blinden* und der erste Band der *Naturgeschichte* von Buffon, im folgenden Jahr der *Prospekt* der *Enzyklopädie* mit d'Alemberts berühmtem *Vorwort* und Voltaires *Zeitalter Ludwigs XIV;* noch ein Jahr weiter der erste Band der *Enzyklopädie* — dies nur einige Daten. Auch Lamettries Werke gehören, angefangen mit *Der Mensch eine Maschine* von 1748, in diese Zeit; schon 1746 war Condillacs für Rousseau so wichtiger *Essay über den Ursprung der menschlichen Erkenntnisse* erschienen, und im Jahre 1751 wird in England, nicht ohne Zusammenhang mit dieser Konjunktur wegweisender Werke, Humes *Untersuchung über die Prinzipien der Moral* folgen. Damit waren Kulturkritik und Gesellschaftstheorie endgültig als die wichtigsten Themen etabliert — kaum, daß es noch möglich war, literarisch tätig zu werden, ohne zu diesen Themen beizutragen. Diese Konstellation, samt der Notwendigkeit, jederlei einschlägige Aktivität mit den prononciert formulierten gesellschaftspolitischen Anliegen in Zusammenhang zu sehen, förderte den Sinn für Funktion und Verflechtung der Tätigkeits- und Wissensbereiche bzw. förderte den Abscheu vor jeder Art Ressortdenken, dem *esprit de système,* der nun als geistiger Provinzialismus erscheint, da jene Verflechtung und Funktionalisierung im Sinne des „großen Anliegens" zugleich neue Motivationen und Legitimationen mit sich brachte. Wie man in bezug auf die platonischen Dialoge vom *„Jauchzen über die neue Erfindung des vernünftigen Denkens"*[38] gesprochen hat, ließe sich hier vom „Jauchzen einer neuen kritischen Unvoreingenommenheit" sprechen, des lange erhofften, lange vorbereiteten, nun mächtig hereinbrechenden Frühlings der neugewonnenen Mündigkeit. Und dies erlebt Rousseau als ein nicht mehr ganz junger, umso mehr aber mit sehr jugendlicher Empfänglichkeit begabter, irritierbarer, immer in irgendeiner Richtung hochambitionierter Mann, der, als Musiker erfolglos, immer noch nicht genau wußte, was er eigentlich wollte, und in seinen Tagträumen umso höher hinaufschoß, desto jämmerlicher seine äußere Lage war. Man liest in den *Bekenntnissen* als den Erinnerungen von jemandem, aus dem etwas geworden ist, hierüber allzuleicht hinweg: wie interessant immer in Ereignissen, Zufällen und Begegnungen, gab es für Rousseau doch eine überlange Zeit des Wartens, der Unsicherheit und Ungewißheit. Von vornherein meldet er in der Art und Weise, wie er erlebt und wertet, hohe Ansprüche an, ohne zu wissen, welches Vermögen und welche Leistung dies legitimieren würden. Immer wieder prätendiert er, paradox gesprochen, bereits jener große Jean-Jacques zu sein, der er noch längst nicht war — in einer anmaßenden Vorwegnahme, die sich in der Musik etwa dem Auftreten des jungen Beethoven vergleichen ließe. Diesen nannte Haydn bekanntlich, auf jenen ungedeckten Anspruch anspielend, den „*Großmogul*" — der Haydn, dessen Bescheidenheit nicht nur diejenige des aristokratisch Bediensteten, sondern auch diejenige des Bescheidwissenden war, worin er wiederum Rameau ähnelt, als dem Professionellen, mit dem der junge Rousseau schon zu tun bekommen hatte. Einem möglichen „*Großmogul*" Rousseau freilich stand seine Schüchternheit im Wege, auch hatte er nicht, wie der junge Beethoven als Klavierspieler, wenigstens in irgendeiner Qualität sich ausweisen können. Immerhin forderte er die Fachwelt durch Reformvorschläge zur Notation heraus und wenig später[39] durch die Auskunft, daß das Erlernen des Komponierhandwerks eine Sache nur weniger Monate zu sein brauche — eine Behauptung, deren Dreistigkeit nun wirklich sich als die Tugend des Ahnungslosen erweist. Eines freilich hatte Rousseau vorzuweisen: Freunde — und unter ihnen einige der klügsten und interessantesten Männer des damaligen Frankreich, teilweise schon durch spektakuläre Veröffentlichungen ausgewiesen, Männer, deren Sympathie ihm als ein vorderhand ziemlich rätselhafter, ungedeckter Wechsel auf die Zukunft erscheinen mußte. Daß diese Freundschaften mit Ausnahme derjenigen mit Condillac später durchweg unter unguten, zumeist durch Rousseau verschuldeten Umständen zerbrachen, mindert ihre Bedeutung als klassische, kulturgeschichtlich folgenreiche Bündnisse kaum. Ohne den Hintergrund derer, auf deren Urteil er allein Wert legte, lassen sich die vorwegnehmenden Prätentionen des jungen Rousseau jedenfalls nicht vorstellen.

Es war also nicht das Gewicht des Gedankens per se, der — natürlich auch sensationellen — Verneinung der in Dijon gestellten Frage, der jenen Blitzschlag auf der Straße nach Vincennes verursachte (wie ähnelt er doch demjenigen, der fast zweieinhalb Jahrhunderte zuvor auf der Straße zwischen Gotha und Erfurt Martin Luther bestimmte, ins Kloster zu gehen!), es war zugleich die biographische Funktion: Nun endlich wußte Rousseau, was er zu tun hätte, nun wußte er sich gerufen. Auch darin gleicht der Blitzschlag mystischen Erlebnissen, daß er in eine Leere traf als in einen Zustand höchst gespannter Bereitschaft und Empfänglichkeit. Das Erlebnis der nunmehr hinter ihm liegenden, orientierungslosen Jahre war gerade quälend genug gewesen, um Rousseau jetzt, da die Führung gefunden war, in grellem Kontrast das Gefühl zu geben, er schreibe unter Diktat. Der produktive Zwang hielt genaugenommen ein rundes Dutzend Jahre an, während derer er den wichtigsten Teil seines Werkes in die Scheuer brachte — eine nicht zuletzt in Anbetracht der äußeren Behinderungen ungeheure Leistung, die ohne jenes Diktat und dessen in ihrem Kern nicht bezweifelbare Autorisation nicht denkbar wäre.

Freilich würde man den Radius des Erlebnisses auf der Straße nach Vincennes verengen, bezöge man es ausschließlich auf jene Verneinung; denn diese implizierte eine umfassende Konzeption von Gesellschaft, Geschichte und Kultur und definierte für den Betroffenen zugleich ein bestimmtes Weltverhältnis — zu welchem er sodann konsequent gestanden hat in jenem von Marx gerühmten *„einfachen sittlichen Takt, der"* ihn *„selbst jedem Scheinkompromiß mit den bestehenden Gewalten fernhielt"*.[40] So war die Erleuchtung nicht weniger als mit jenem Nein mit der Ahnung von den weitreichenden Konsequenzen verbunden, die sie erheischte: Sie stellte Rousseau ein komplettes Lebensprogramm vor Augen. Dem genau entsprechend sind praktisch alle Werke Rousseaus der Konzeption nach in den frühen fünfziger Jahren angelegt worden, mag er sie oft auch erst viel später ausgearbeitet haben, und überhaupt empfing sein Leben von den Erlebnissen und Geschehnissen dieser Jahre her Richtung und Prägung. Die existentielle Grundsituation war definiert — und ein Zentralpunkt, auf den er hinfort unablässig rekurrieren sollte (*„Ich kehre immer zum grundlegenden Prinzip zurück, und dies erlaubt mir die Lösung* *aller meiner Schwierigkeiten")*[41], ein universaler Schlüssel zugleich, der sich ihm zur Lösung oder wenigstens Erklärung von vielerlei Fragen anbot, weil diese nunmehr sich als Varianten eines einzigen, zentralen Problems darstellten — mochte es nun um Kindererziehung, um eine Verfassung für Polen oder Korsika, um den Gesellschaftsvertrag, um die Priorität von Melodie oder Harmonie oder um den Ursprung der Sprache gehen. All dies ließ sich nun einer einzigen Hauptachse des Denkens und Empfindens zuordnen, und jederlei Fragestellung enthielt dergestalt neben der sachbezogenen immer auch eine personenbezogene, existentielle Komponente — mit dem Ergebnis einer großartigen Monomanie, die Rousseau für nicht integrierbare Denkinhalte taub und für Diderot zu einer anachronistischen Erscheinung machte — als jemandem, den man sich viel besser zweihundert Jahre früher als Gründer einer Sekte vorstellen kann. *"Was ihm kein Feld für seine Gedanken bot, da empfand er auch nichts."*[42]

Ebenso, wie jene Monomanie den eingangs konstatierten Widersprüchen weniger entgegensteht als vielmehr sie ermöglicht, ebenso wird die „mystische", existentielle Qualität jenes Schlüsselerlebnisses durch die außerordentlich rationale und logische Form seiner Aufarbeitung weniger widerlegt denn bestätigt. Weitab von irgendeiner bloß empfangenden Passivität ist Rousseau von bebender Aktivität erfüllt, und wie die stupende Arbeitsleistung spricht auch die konstruktive Logik in der Aufeinanderfolge der Arbeitsphasen für sich: Auf das Stadium der kritischen Analyse und Diagnose, das Rousseau zur Skandalfigur der literarischen Szene machte, folgt in der Trias der *Neuen Héloise*, des *Gesellschaftsvertrages* und des *Emile* die „Therapie", und darauf endlich, schon außerhalb der zwölf Jahre liegend, jedoch vielfältig auf sie bezogen, abermals mit drei Werken die Phase der autobiographischen Rückschau.

Wie Rousseau waren fast alle großen Mystiker zumindest der Haltung nach Plebejer und Aufsässige wenn nicht Ketzer, welche zwischen sich und der Welt bzw. sich und Gott keine Zwischeninstanz dulden können: *"Wie viel Leute zwischen Gott und mir!"* — ruft der savoyardische Vikar aus — in einer grundmystischen Anwandlung. Und ebenso gleicht die Art und Weise, in der Rousseau denkerisch produktiv wird, der mystischen auffällig. Einschlägige Formulierungen drängen sich

bei ihm auch dann noch auf, wenn man ihrem argumentativen Wert aus der Erfahrung heraus Skepsis entgegenbringt, daß sich in seinem Werk Stichworte und Anhaltspunkte für fast jeden Standpunkt finden lassen; sie drängen sich umso mehr auf, als der Anspruch auf Verallgemeinerung in ihren Begründungen unüberhörbar angemeldet ist. „Innenschau" z. B. findet nicht in egotistischer Selbstverliebtheit statt, sondern, weil die Wahrheit draußen verdorben ist: *„Woher kann der Maler und Apologet der Natur, die heute so verzerrt und geschmäht wird, sein Modell schöpfen, wenn nicht aus dem eigenen Herzen?... Er beschreibt sie so, wie er sie fühlte"*, heißt es im dritten Dialog der späten autobiographischen Rechenschaft *Rousseau richtet Jean-Jacques*[43], in der er sich selbst in die Distanz der dritten Person rückt. Rousseau muß *„aus dem eigenen Herzen ... schöpfen"*, denn die Welt, in der er lebt, ist verdorben, sie ist — mit einem späteren, dennoch voll zutreffenden Begriff — entfremdet.[44] Gerade als jenes *„allgemeine, unklare und neblige Klima der Fremdheit und der Anzweiflung erhärteter, anerkannter Normen und Werte"*[45] ließ diese Grunderfahrung sich in vielerlei Weise konkretisieren, und sie impliziert genug emotionale Momente, um ein Temperament wie Rousseau immer neu zu rationaler Rechenschaft zu verlocken. Unmittelbare Erfahrung ist ihm allemal wirklicher und wichtiger als die schlüssigste Gedankenführung; daß diese mit jener die Tuchfühlung verlöre, kann er darum nicht dulden und bekennt sich demgemäß zur Abhängigkeit von der Inspiration. Ehe er die *Abhandlung über die Ungleichheit* ... entwarf, streunte er im Wald von Saint-Germain herum. *„Den ganzen übrigen Tag verbrachte ich tief innen im Walde und suchte und fand dort das Bild der Urzeit, deren Geschichte ich kühn entwarf."*[46]
Dies immer mit dem bitter-stolzen Bewußtsein eines Außenseiters und Vogelfreien, der sich zugleich als exemplarisch begreift und als eigentlicher Anwalt derer, die ihn in die Einsamkeit drängen. Die Mitlebenden bekommen das bei dem schüchternen, schwer sich äußernden Manne als eine Intransigenz zu spüren, der schon harmlose Formen von Verbindlichkeit als schnöder Kompromiß verdächtig sind. *„Dieser Mensch erfüllt mich mit Unruhe"*, schreibt Diderot über den einstmaligen Freund,[47] *„in seiner Gegenwart ist es mir, als stünde eine verdammte Seele neben mir. Ich will ihn nie wiedersehen; er könnte mich an Hölle und Teufel glauben machen."* Oder Mar-

montel⁴⁸, als ein kleinerer, doch trotz entschiedener Antipathien um Verständnis bemühter Geist: „... *man erkannte in seiner ängstlichen Zurückhaltung den Argwohn; sein Blick beobachtete im Geheimen alles mit mißtrauischer Aufmerksamkeit. Rousseau teilte sich kaum mit und vertraute sich niemals an. Doch wurde er deshalb nicht minder freundschaftlich aufgenommen. Da man seine unruhige, empfindliche, leicht verwundbare Eigenliebe kannte, wurde er mit Schonung, derselben Aufmerksamkeit und dem gleichen Zartgefühl behandelt, das man einer hübschen, sehr launenhaften und eitlen Frau entgegengebracht hätte, der man gefallen wollte."* Grillparzer, der zwischen sich und Rousseau mehr Ähnlichkeiten entdeckte, als ihm lieb war, kennzeichnet ihn als einen, „*der ewig sich als den Mittelpunkt der ganzen Schöpfung, alles, was um ihn geschieht, als seinetwegen geschehen betrachtet, und wenn ein Erdbeben oder ein jäh ausbrechender Vulkan ihn im Schreiben gestört hätte, darin ein Komplott gegen seine Person gesehen haben würde*"⁴⁹. Woran sich nahezu bruchlos anschließen ließe mit dieser viel späteren, von vornherein wenig verständniswilligen Charakterisierung: „*Verbissene Humorlosigkeit, die allen Geisteskranken eigentümlich ist, verbindet sich in ihm mit dem dumpfen und schwerfälligen Ernst des Plebejers, der alles eindeutig, alles buchstäblich, alles kompakt nimmt, weil er immer nur unter fordernden und bockbeinigen Realitäten gelebt hat.*"⁵⁰ Fast scheint er unter dem Zwang zu stehen, die Herausforderung, die er für seine Mitwelt darstellt, sich immer neu bestätigen zu lassen — in unmöglichen Konstellationen, Grenzsituationen, Brüchen und fast jederlei Katastrophen. Die Hochspannung einer derart provokatorischen Existenz geht über menschliches Vermögen, daher andererseits die „Erholung", die Entspannung im Selbstmitleid, welches nicht nur den — mit Goethe — „*lamentablen*"⁵¹ Ton seiner Bekenntnisse auf weite Strecken bestimmt, sondern darüberhinaus zu deren Motivationen gehört. „*Bekannt ist zwar seine chronische Selbstbemitleidung, seine Identifizierung mit ... fast allen leidenden Heroen der Weltgeschichte, darunter dem zum besonderen Wahlverwandten erkorenen Dulder Odysseus, dem ‚Unglücklichsten der Sterblichen'. Alles persönlich zugestoßene oder heraufbeschworene Unglück, alles widerfahrene oder provozierte Leid aber läßt die Frage offen, ob es in summa nicht als kreativer Stachel verstanden werden muß.*"⁵² Dies zu Beethoven Gesagte und Gefragte gilt, das Moment des Heroischen abgezogen, gleicherweise für Rousseau; nicht zufällig ist im Bekanntenkreise Beethovens mehrmals auf charakteristische Ähnlichkeiten beider hingewiesen worden.[53] Rousseau erscheint zur Premiere des *Dorfwahrsagers* bei Hofe in herausfordernd nachlässiger Kleidung; schlägt gegen den Rat gutmeinender Freunde eine Audienz beim König aus und ebenso später u. a. die Einladung des russischen Grafen Orlow auf dessen Landgut. *„Niemals habe ich die Antwort gebilligt, womit der große Rousseau den Brief des Grafen Orlow abfertigte, der aus freiwilligem Enthusiasmus dem flüchtigen Dichter eine Freistätte anbot"*, kommentierte Schiller dies späterhin;[54] Jahre danach, als Flüchtling in der rettenden preußischen Enklave Neuchâtel angekommen, schreibt er einen unnötig stolzen Brief an den Preußenkönig; und insgesamt hält er sich zwar nicht für einen besonders guten, jedenfalls aber *„für den besten aller Menschen"*[55] — anmaßende Bescheidenheit und zugleich unvermeidliche Arbeitshypothese dessen, dem es schwer genug fällt, mit sich und der Mitwelt zurechtzukommen!

Selbst noch die Unterschiedlichkeit der in den zwölf Jahren verfaßten Schriften — Brief, Essay, Abhandlung, Roman etc. — läßt den gedanklichen Ansatz, zu dessen Anwalt ihn der Blitzschlag von Vincennes gemacht hat, wie einen Universalschlüssel erscheinen, der ihm viele literarische Türen öffnet und unter dem Zwang zu den verschiedensten Exemplifikationen ihm allenthalben Zutritt verschafft. Immer steht die substantielle Frage obenan; diejenige nach Genre und Form macht sich verdächtig, vom *„esprit de système"* eingegeben zu sein. Brief, Essay und Abhandlung sind ohnehin offene Formen; doch selbst die Grenzen zwischen theoretisierender und schöngeistiger Prosa verfließen, endlich sogar die zwischen dichterischer und autobiographischer; als er die Briefe hinzuwühlen beginnt, die später den Kernbestand der *Neuen Héloise* ausmachen werden, weiß er noch gar nicht, was daraus werden soll; *Emile* gibt sich als Roman, erscheint insgesamt aber doch eher wie ein pädagogischer Traktat allenfalls mit einigen, in Anbetracht eines theoretischen Grundanliegens reichlich weitgehenden, Personalisierungen — wie Rousseau selbst ihn auch aufgefaßt wissen wollte.[56] Gleiche Formulierungen wandern zwischen diskursiven und belletristischen Texten hin und her.[57] Mit Improvisation und „genialer" Unordnung hat das am allerwenigsten zu tun und muß also umso ernster genommen werden: denn Rousseau schrieb langsam und sorgfältig, feilte und besserte viel, so daß die Offenheit seiner Formen nichts zu tun hat mit Unfertigkeit. Die Marquise du Deffand mochte wohl mit einigem Recht sagen, in der *Neuen Héloise* gingen einzelne literarische Perlen *„in einem Ozean von Geschwätzigkeit"* unter,[58] bemüht damit aber eine Unterscheidung von Wichtig und Unwichtig, welche Rousseau Unrecht tut: denn für ihn hat alles, was er sagt und schreibt (selbst wenn er sich an ein Thema erst „heranredet"), gleichen Ernst und gleiches Gewicht und steht also nicht einer äußeren Form zuliebe zur Disposition — wie er ja auch an der Tafel wohlgesonnener Aristokraten dem guten Ton zuliebe nichts sagte oder zu sagen unterließ und die Frau des Hauses stets Fragen zu gewärtigen hatte wie die, ob sie ihre Kinder selbst genährt oder dies den Ammen überlassen habe.

Derselbe hat zeitlebens für sich das Recht in Anspruch genommen, schnell und gründlich verstimmt zu sein — vor dem Hintergrund eines freudlosen, bestenfalls durch das Glück der Produktivität aufgehellten Daseins, über das zu perorieren er nicht müde wird. *„Hartnäckige Übellaunigkeit"* aber ist *„ein allzuklares Symptom dafür, daß ein Mensch gegen seine Bestimmung lebt"*[59] — welche Auskunft für Rousseau auch nicht durch die Überlegung aufgehoben wird, daß es seine Bestimmung wurde, sich für keine im Verlaufe eines normalen Menschenlebens erfüllbare Bestimmung entscheiden, sich keinerlei Beschränkung auferlegen zu dürfen, innerhalb deren allein man sich als Meister zeigen kann.

Genau darin brachte Vincennes die Entscheidung — wobei gerade die musikalischen Aktivitäten verbieten, jene oben angesprochene Unentschiedenheit, aus der Rousseau endlich aufbrach, pauschal zu verstehen. Zumindest zeitweise hat er durchaus mit Positionen und Karrieren geliebäugelt. Nur umso deutlicher gebot die „Erleuchtung" nun, Beruf und Berufung voneinander zu trennen; erst jetzt beginnt Rousseau, jene Barriere zwischen sich und der Gesellschaft zu errichten, angesichts deren fast jede bürgerliche Berufsausübung als kompromißlerisch verdächtig wird. Zuvor sah das anders aus: Passagenweise ähneln die Beschreibungen der Pariser Jahre vor und nach dem venezianischen Aufenthalt Studien zu einer typisch balzacschen Grundsituation — der junge, unerfahrene Provinzler kommt in die Hauptstadt, will sie sich erobern, er putzt die Klinken der Reichen, bemüht sich um Einladungen und ist bestrebt, in den Salons aufzufallen und sich unentbehrlich zu machen. Vieles spricht dafür, daß die grobe Abfuhr durch Rameau, die Rousseau beim Vorspiel seiner *Galanten Musen* im Hause La Poupelinière erlebte,[60] auch mit Konkurrenzgefühlen zu tun gehabt hat, mit der Besorgnis Rameaus, der junge Mann könnte ihm die Stellung als Hauskapellmeister streitig machen.[61] Auf derlei Absichten spielt ein späterer Brief Rousseaus an La Poupelinière ziemlich eindeutig an. *„Ich denke immer mit Rührung und oft mit Bedauern daran"*, schreibt er ihm im Februar 1761,[62] *„daß es Ihnen und mir nicht beschieden war, daß ich meine Tage bei Ihnen verbrachte; mir scheint, ich hätte ein sehr angenehmes Leben geführt, und Sie hätten mich sehr geliebt."*

Rousseau hat ein solches *„sehr angenehmes Leben"* nicht führen dürfen; außer mit seiner mangelhaften Ausbildung hing das auch mit Zwistigkeiten im Hause La Poupelinière zusammen, welche späterhin zur Trennung des reichen Großpächters von seiner Gattin führten, einer Schülerin und dogmatischen Anhängerin Rameaus. Offenbar aber hat eine Anstellung als Musiker zeitweise in Reichweite gelegen — und damit die Möglichkeit, daß der Auseinanderfall von Beruf und Berufung nicht eingetreten und Rousseau (schwer vorstellbar) kein Ohr gehabt hätte für den „Anruf" von Vincennes, daß er sein bürgerliches Genügen gefunden hätte bzw., mit dem späteren Rousseau zu reden, daß er sich in einer Profession hätte einsperren und sich also von ihr hätte korrumpieren lassen. Das Gefüge von Erwartungen und Ehrgeizen, innerhalb dessen eine Position wie die im Hause La Poupelinière einen Fluchtpunkt dargestellt haben mag, wurde aber im Sommer 1749 durch ein anderes ersetzt, innerhalb dessen die Musik zu einem Teilbereich zusammenschrumpfte: Da stand sie nun in einem sehr umfangreichen Kontext. Nun hätten Rousseau selbst profunde musikalische Kenntnisse nicht mehr geholfen, weil er außerstande gebracht war, ausschließlich als Musiker sein Genüge zu finden. Also nützt ihm auch ein Erfolg wie der des *Dorfwahrsagers* im Jahre 1753 nichts mehr, von dem er fünf Jahre zuvor nur hatte träumen können, und er verzichtet auf die Wahrnehmung der damit gebotenen Chancen mit einer seinen Freunden unverständlichen Indolenz. Das skandalös-sensationelle Nein war inzwischen gesagt, die Standpunkte der die Musik betreffenden *Enzyklopädie*-Artikel waren formuliert und darüberhinaus bereits auch die in den zeitlich anschließenden Schriften dargelegten Positionen konzipiert. Da gab es kein Zurück mehr von den Ansprüchen des großen anthropologischen, kultur- und gesellschaftskritischen Horizontes, auf den Rousseau sich nunmehr verpflichtet wußte, und also hätte eine feste Bestallung, mochte er ihr mitunter auch nachtrauern, wie eine feige Flucht in eine neuerdings unerlaubte sancta simplicitas, um nicht zu sagen: in eine *„selbstverschuldete Unmündigkeit"*, erscheinen müssen. Den Restbetrag von professioneller Notenschreiberei nicht gerechnet, könnte man paradox formulieren: Soweit Rousseau von nun an überhaupt einen Beruf haben konnte, war er von Beruf Dilettant.

II *Werdegang*

Einen *„geborenen Landstreicher"* hat Rousseau sich selbst genannt;[63] tatsächlich war sein Leben eine *vagabondage* nicht erst, seitdem man ihn verfolgte, sondern von Anfang an — und auch inbezug auf seinen musikalischen Werdegang. Selbst nach dem Minimum irgendeiner geradlinigen Ausbildung im handwerklichen Bereich, das seine kleinbürgerliche Herkunft ermöglicht hätte, sucht man vergebens. In keinem Fache kann er das vorweisen, was man heutzutage „Qualifikation" nennt. Allerdings erscheint dieser Gesichtspunkt insoweit fragwürdig, als er für die damalige Zeit und Gesellschaft geordnete Verhältnisse inbezug auf fixierte Bildungsgänge, Laufbahnen etc. voraussetzt, wo nicht gar die Möglichkeit, ein begabter Kleinbürgersohn könne sich auf ein Studium vorbereiten und eine Universität beziehen.

Davon abgesehen gibt es da einen viel allgemeineren Zwang zur *vagabondage*. Mit seiner unordentlichen, vielen Zufälligkeiten ausgelieferten Biographie, dem Umgetriebensein und der Ausnutzung der zahlreichen Schlupfwinkel und „ökologischen Nischen", die die spätfeudalistische Welt bot, befindet sich Rousseau in großer Gesellschaft, zu der seinerzeit so unterschiedliche Figuren wie der Abbé Galiani, Casanova, in gewisser Weise auch Lessing, etliche — besonders italienische und tschechische — Musiker und später ein Mann wie Da Ponte

gehören, nicht zu reden von jenem Heer von Intriganten, Schmeichlern und „überflüssigen Menschen", das die europäischen Höfe bevölkerte und aus der kritischen Literatur bestens bekannt ist. Eine solche Existenzform allein also machte noch niemanden zum Außenseiter.
Ebenso bedarf die Bestimmung des Dilettanten einer Einschränkung: Die Spezifikation der Wissensbereiche war noch nicht zu einem Grade vorgetrieben, der überragenden Köpfen die Überschau über den derzeitigen Wissensstand verwehrt und übergreifende Synthesen verboten hätte — wofür hier der Name Goethes stehen mag, näher zu Rousseau derjenige Diderots. Überdies konnte man Fächer wie Staats- und Gesellschaftstheorie (schon die Begriffe muten hier anachronistisch an) oder Pädagogik gar nicht studieren, Naturwissenschaften längst nicht in der Breite, in der sie eben damals vorangebracht wurden. Nicht zufällig haben hier, bis hin eben zu Goethe, die Liebhaber unendlich viel geleistet; ohne „dilettantische", antiprofessionelle Impulse, ohne jene Mutationssprünge, die die Erkenntnis allein der Unvoreingenommenheit verdankt, ist ihr Aufblühen nicht zu denken.
Dennoch gelten für Rousseau auch die kritischen Einschränkungen, die sich mit dem Begriff des Dilettanten verbinden: Er hat die Diskrepanz zwischen den in seinen Konzeptionen angemeldeten Ansprüchen und dem ihm zu Gebote stehenden Wissen und Können sehr wohl empfunden und reflektiert. Diese Diskrepanz gibt sich noch dort zu erkennen, wo er sich von ihr erholen will — im immer wieder durchschlagenden Traum vom einfachen Leben eines von seiner Hände Arbeit lebenden Handwerkers, eines Daseins, in dem Wissen, Können und Lebensanspruch harmonisch zusammenstimmen, und dessen Beschreibungen nur zu oft hinauslaufen auf restaurativ anmutende Ausmalungen einer idyllenhaften, in jederlei Horizont beengten, von jederlei Beunruhigung abgeschirmten Lebensform, eine recht verquere Utopie eines *„Sozialismus der Kleinbesitzer"*[64].
Rousseau, wie oben angedeutet, mit den berühmten Vagabunden, Abenteurern und self-made-men seiner Zeit in eine Reihe zu stellen hat etwas herausfordernd Unstimmiges: denn deren Gesellschaft und Ideologie war die seine eben nicht, und zu der Welt, die derlei Existenzformen und deren Lebenshaltungen („... *aus dem Nicht-mehr-froh-werden eine fröhliche*

Untugend machen"[65]) favorisierte, stand er quer wie kein anderer — auch dies ein Motiv jener Träume. In ihnen wirkt außerdem deutlich nach, daß gerade die Kleinbürgerwelt, in die er hineingeboren war, einige — wie sehr auch beengte — Möglichkeiten einer geradlinigen Entwicklung, eines geregelten Ausbildungsganges geboten hätte, wenn auch kaum zu irgendeiner höheren Qualifikation hinführend. Auf eine Universität hätte Rousseau nur gelangen können, wenn er sich als katholischer Konvertit dankbarer und also einer theologischen Laufbahn würdig erwiesen hätte. Bleibt also die Möglichkeit eines Handwerks, das für Rousseau zu erwägen nicht so absurd erscheint — sowohl, weil es ihm offengestanden hätte, als auch, weil er, wie jene Träume zeigen, in gewisser Weise immer auf eine solche Existenzform fixiert war. Wenn er irgend etwas professionell betrieben hat, so war es eine Arbeit von handwerklichem Zuschnitt — und übrigens eine mit Musik verbundene: das Notenschreiben.

Endlich nähren jene Träume sich aus dem Erlebnis einer glücklichen, allzu früh beendeten Kindheit, einem verlorenen Paradies, dem mit jeder der Katastrophen seiner Jugend mehr Glanz zuwuchs[66]: Als Zehnjähriger wurde er, dessen Mutter bei seiner Geburt gestorben war, vom Vater getrennt, drei Jahre später aus der Lehre bei einem Gerichtsschreiber entlassen; abermals drei Jahre später entlief er dem Graviermeister Ducommun. Da mag eine bestimmte Rolle bereits definiert gewesen sein, die des Ruhe- und Heimatlosen, der sich als *„geborener Landstreicher"* empfindet und seine Existenz an Erlebnissen wie demjenigen zu rechtfertigen sucht, daß ihm in handwerklichen Dingen Menschen überlegen sind, deren Borniertheit er andererseits so überdeutlich erkennt.

Ereignisse, die dies illustrieren könnten, reihen sich in der Biographie in enger Folge. So jämmerlich oft die Lage, so kühn die Träume, und immer wieder spielt die Musik in ihnen eine wichtige Rolle. Nachdem der Sechzehnjährige dem Lehrmeister den Rücken gekehrt hat, gerät er in die Fänge katholischer Proselytenmacher und wird nach Annecy zu Madame de Warens gewiesen, auch sie übrigens eine *vagabonde* und Frömmlerin, deren menschlich-warmherzige Züge in Rousseaus Schilderung rührend hervortreten: Sie hat ihm zunächst die Mutter ersetzt.

Ein paar Monate nach seiner Wanderung nach Annecy hat

man ihn in Turin in dem katholischen Seminar an die Luft gesetzt, und er irrt, ohne zu wissen, was aus ihm werden soll, durch die Stadt. *„Vor allem ließ ich es mir auf das peinlichste angelegen sein, an den Hof zu gehen und morgens regelmäßig der Messe des Königs beizuwohnen. Es kam mir schön vor, mich mit diesem Fürsten und seinem Gefolge zusammen in derselben Kapelle zu sehen, dennoch aber hatte meine Leidenschaft für Musik, die nun deutlich hervorzutreten begann, mehr Teil an meiner Versessenheit als das Gepränge des Hofes, das, leicht übersehen und stets gleich, nicht allzulange zu reizen vermochte. Der König von Sardinien besaß damals die beste Kapelle Europas. Somis, Desjardins und die Bezuttis glänzten darin abwechselnd, aber solcher Namen bedurfte es gar nicht, um einen jungen Mann zu fesseln, den das Spiel des geringsten Instrumentes, vorausgesetzt, daß es nur richtig war, in die höchste Wonne versetzte."*[67]

Bald zu Madame de Warens zurückgekehrt und — unter Tränen — vom schüchternen Knappen zum Liebhaber avanciert, treibt er viel Musik und begegnet in dem Franziskanerpater Caton einem umgetanen, belesenen Manne. Dieser *„... hörte von unseren Konzerten sprechen, ..., nahm daran teil und erhob sie zum höchsten Glanz. Durch unsere Musikliebe, die bei mir wie bei ihm als eine heftige Leidenschaft herrschte, nur mit dem Unterschied, daß er wirklich ein Musiker, ich dagegen nur ein Pfuscher war, wurden wir bald Freunde. Wir fingen an, mit Canavas und dem Abbé Palais auf seinem Zimmer und an Festtagen zuweilen auch an seiner Orgel Musik zu treiben."*[68]

„... ich dagegen ein Pfuscher ...": Das hindert ihn aber nicht, sich als Musiklehrer zu betätigen. Er hat inzwischen in einem Katasteramt Unterschlupf gefunden, doch langweilt ihn die Büroarbeit so sehr, daß er am Ende die Vorteile eines geregelten, wenn auch bescheidenen Einkommens verschmäht. *„Der Gedanke, eine gute Stellung und ein festes Einkommen fahrenzulassen, um hinter ungewissen Schülern herzulaufen, war gar zu wenig vernünftig, um Mama zu gefallen. Selbst wenn man meine künftigen Fortschritte für ebensogroß annahm, wie ich sie mir vorstellte, so hieß es doch gar viel meines Ehrgeizes abtun, wenn ich es mir für mein ganzes Leben in dem Stande eines Musikers genügen lassen wollte. Sie, die sich immer nur mit großartigen Entwürfen trug ... sah mich ungern so ernsthaft mit der Pflege eines Talentes beschäftigt, das sie gar nichtig fand, und wiederholte mir oft dieses für Paris allerdings weniger zutreffende Provinzsprichwort:*

‚*Tanzen und Singen tut wenig bringen.*' *Andererseits sah sie, daß ich von einem unwiderstehlichen Triebe fortgerissen wurde, denn meine Musikleidenschaft war wirklich zur Musikwut geartet, und es war zu befürchten, daß sich diese Ablenkung doch in meiner Arbeit fühlbar machen und mir deshalb meine Entlassung erteilt werden würde. Da war es denn doch schon besser, sie selber zu nehmen.*"69 Nun ist der von „*Musikwut*" Besessene glücklich, das Unterrichten läßt sich zunächst gut an: „*So töricht dieser Schritt auch war, er verschaffte mir in der Gegend ein gewisses Ansehen, das mir nützlich wurde ... Im Reiche der Blinden ist der Einäugige König: ich galt für einen guten Lehrer, weil es sonst nur wirklich schlechte gab. Und da es mir schließlich an einem gewissen Sinn für den Gesang nicht fehlte und mir andererseits auch mein Alter und meine Gestalt zustatten kamen, hatte ich bald mehr Schülerinnen, als es zur Ersetzung meines Sekretärgehaltes bedurfte.*"70

Seine fachlichen Voraussetzungen, das vergißt er nie, sind dürftig genug, hat er doch nie geradlinig und hartnäckig zu studieren gelernt. Wo ein konzentriertes Studium von ihm fordert, anderweitige Anregungen auch einmal zu ignorieren, hat Rousseau es immer schwer. Sein späteres, anthropologisch gebundenes Konzept der Fächer und Wissensgebiete, das zeigt sich schon hier unverkennbar, ist auch eine Sache des Temperaments. Nie gelingt es ihm, von sehr unmittelbaren Kontexten, vom Wozu und Wofür abzusehen, und hier heißt der Kontext unverkennbar „*maman*". Diese will ihn wenig später zum Priester machen, ihn aber, da er nicht genug Latein beherrscht, zunächst in ein Seminar geben. „*Ich mußte mich drein schicken. Ich ging ins Seminar, wie ich auf den Richtplatz gegangen wäre. Was für ein trauriges Haus ist nicht so ein Seminar, vor allem für den, der aus dem Heim einer liebreizenden Frau kommt. Ein einziges Buch nahm ich mit mir, ein Buch, das Mama mir auf meine Bitten leihen mußte und das mir großen Trost gewährte. Man wird nicht raten, was für ein Buch das war: es war ein Notenbuch. Unter den Talenten, die Mama an mir gepflegt, war die Musik nicht vergessen worden. Sie selber besaß Stimme, sang leidlich, spielte ein wenig Klavier und hatte die Gefälligkeit gehabt, mir etwas Gesangsunterricht zu erteilen; sie mußte dabei von vorn anfangen, denn kaum kannte ich die Musik unserer Psalmen. Acht oder zehn Stunden dieses weiblichen und oft für lange unterbrochenen Unterrichts hatten mich nicht nur nicht in den Stand gesetzt, die Tonleiter richtig zu singen, sondern mir kaum den vierten Teil aller musikalischen Zeichen beigebracht. Es hatte mich indessen eine solche Leidenschaft für diese Kunst ergriffen, daß ich versuchen wollte, mich allein darin zu üben. Das Buch, das ich mit mir genommen, war nicht einmal eines der leichtesten, nämlich die Kantaten von Clérambault. Man wird begreifen, wie groß mein Fleiß und mein Eifer gewesen, wenn ich sage, daß ich ohne jede Kenntnis des Transponierens und der Taktarten dahin gelangte, das erste Rezitativ und die erste Arie der Kantate ‚Alpheus und Arethusa' fehlerfrei vom Blatt zu lesen und zu singen."*[71] Freilich reichen „mamans" motivierende Kompetenzen nicht aus, ihm z. B. auch das Studium eines vertrackten Kontrapunktes oder harmonischer Finessen sinnvoll zu machen, und also erlahmt er schnell. *„Es ist wahr, daß diese einzige Empfindung, die gewissermaßen alle meine Fähigkeiten aufhob"* [d. h. die Liebe zu *maman* — d. Hrsg.], *„mich außerstand setzte, irgendetwas und nicht einmal die Musik zu erlernen, obgleich ich all meine Anstrengungen daraufhinwandte. Aber das war nicht mein Fehler; guter Wille und Fleiß waren im höchsten Maße vorhanden. Ich war jedoch zerstreut, verträumt und seufzte oft, was sollte ich dagegen tun? Meinen Fortschritten gebrach es an nichts, was von mir abhing; um mich aber neue Tollheiten begehen zu lassen, bedurfte es schließlich doch nur eines Wesens, das sie mir eingeben konnte. Dieses Wesen erschien, der Zufall besorgte das Weitere, und wie man im folgenden sehen wird, ließ mein Brausekopf die Sache nicht ungenützt vorübergehen."*[72]

Das „Wesen", dem Rousseau nun auf den Leim geht, heißt Venture, ist ebenfalls ein Vagabund und ein Hochstapler dazu. Die Begegnung hat zwar keine bedrohlichen Folgen, zeigt aber doch, wie wenig der junge Rousseau zu seinen Zielsetzungen und Ansprüchen zu stehen vermag; nicht lange nach dieser Begegnung erweist er sich auf einer seiner vielen Reisen als würdiger Adept des neugewonnenen Freundes: *„Als ich mich Lausanne näherte, grübelte ich über die Bedrängnis, in der ich mich befand, und über die Mittel nach, mich aus ihr zu retten, ohne meine Stiefmutter von meinem Elend etwas merken lassen zu müssen. Ich verglich mich auf dieser Pilgerfahrt mit meinem Freunde Venture bei seiner Ankunft in Annecy. Dieser Vergleich stieg mir so zu Kopf, daß ich mir, ohne es mir beifallen zu lassen, wie ich doch weder seinen anmutigen Witz noch seine Gaben besäße, vornahm,* *in Lausanne den kleinen Venture zu spielen, die Musik, die ich nicht verstand, andere zu lehren und mich als von Paris kommend auszugeben, wo ich niemals gewesen war."*[73] Und nun erlebt er, wie eine Hochstapelei die nächste, größere nach sich zieht. *„Um zu begreifen, bis zu welchem Grade mir der Kopf schwindelte und wie sehr ich mich sozusagen venturisiert hatte, braucht man nur zu beachten, wie viele Ungeheuerlichkeiten ich auf einmal beging. Zunächst war ich Gesangslehrer, ohne eine Melodie vom Blatte lesen zu können ... Venture verstand sich aufs Komponieren, obgleich er davon nichts gesagt hatte, ich dagegen, der ich es nicht verstand, brüstete mich damit gegen alle Welt, und obgleich ich nicht imstande war, den dümmsten Gassenhauer in Noten zu setzen, gab ich mich für einen Komponisten aus. Das ist noch nicht alles: ich war einem Herrn von Treytorens, Professor der Rechte, vorgestellt worden; er liebte Musik und veranstaltete kleine Konzerte bei sich; um ihm nun eine Probe meines Talentes zu geben, schickte ich mich an, ein Stück für eines seiner Konzerte ebenso unverfroren, als ob ich es wirklich verstanden hätte, niederzuschreiben. Ich besaß die Ausdauer, an diesem herrlichen Werk vierzehn Tage lang zu arbeiten, es ins reine zu schreiben, die Stimmen auszuziehen und sie mit solcher Zuversicht zu verteilen, als ob es sich um ein Meisterwerk der Harmonie gehandelt hätte. Und schließlich, niemand wird es glauben, und es ist dennoch wahr, setzte ich, um dieses erhabene Zeugnis würdig zu krönen, ein hübsches Menuett ans Ende, das damals auf allen Gassen erklang... Man versammelte sich, um mein Stück aufzuführen. Ich erklärte jedem das Maß des Taktes, die Art des Vortrages, die Berücksichtigung der Zeichen und war höchst geschäftig. Man stimmte fünf oder sechs Minuten lang — sie kamen mir wie fünf oder sechs Ewigkeiten vor. Als dann endlich alles bereit war, klopfte ich mit einer stolzen Papierrolle ein paarmal auf mein Dirigentenpult, um Achtung zu gebieten. Es ward still, ich fing aufs ernsthafteste an, den Takt zu schlagen, und man begann... Nein, seit es französische Opern gibt, hat man sein Lebtag eine derartige Katzenmusik nicht gehört. Was man aber auch von meinem sogenannten Talent gedacht haben mochte, die Wirkung überstieg alles, worauf man sich gefaßt gemacht zu haben schien. Die Musikanten erstickten vor Lachen, die Zuhörer rissen ihre Augen auf und hätten ihre Ohren gern geschlossen, aber das war unmöglich. Meine Henker von Mitgliedern der Kapelle, die ihren Spaß haben wollten, kratzten darauflos, um einem Tauben das Trommelfell zu sprengen. Ich besaß die*

Standhaftigkeit, ruhig weiterzutaktieren, allerdings standen mir die Schweißtropfen in großen Perlen auf der Stirn, und nur die Scham hinderte mich, fortzustürzen und alles im Stiche zu lassen. Zu meinem Trost hörte ich auch noch ringsherum die Zuhörer sich oder vielmehr mir in die Ohren zu raunen: völlig unerträglich, welcher Wahnsinn, welcher Hexensabbat ... Was aber alle Welt in die köstlichste Laune versetzte, war das Menuett. Kaum hatte man einige Takte davon gespielt, so hörte ich auf allen Seiten das größte Gelächter ausbrechen. Jedermann beglückwünschte mich zu meinem vortrefflichen musikalischen Geschmack, man versicherte mich, dieses Menuett würde mich noch berühmt machen und verdiene auch wirklich, überall gesungen zu werden. Ich brauche meine Todesqualen nicht zu schildern und auch nicht zu bekennen, daß ich sie wohl verdient hatte."[74]

Die *„wohlverdienten Todesqualen"* — waren sie wirklich verschmerzt, als Rousseau sie so anschaulich beschrieb? Man darf es bezweifeln. Zuviel behält sein Verhältnis zur Musik bis zuletzt von den Zügen einer unglücklichen Liebe. Paradigmatisch für etliche entsprechende Stellen folgt der Liebeserklärung wenig später die Beschreibung des Kummers mit der schwierigen Geliebten: *„Ich muß zweifellos für diese Kunst geboren sein, da ich sie seit meiner Kindheit liebte und einzig sie zu allen Zeiten meines Lebens beständig geliebt habe. Erstaunlich ist nur, daß eine Kunst, für die ich geboren, mir dennoch beim Erlernen soviel Mühe gekostet und nur so langsame Erfolge beschert hat, daß ich trotz eines langen Lebens der Übung niemals dahin habe gelangen können, sicher vom Blatt zu singen."*[75] Und kurz danach sieht er abermals Veranlassung, auf diesen Punkt zurückzukommen: Während er sich mit dem Studium der Theorien Rameaus müht, beschert ihm das Musikinteresse einiger durchreisender Aristokraten ähnliche Verlegenheiten wie die eben geschilderten,[76] nach deren Darstellung es wie eine viel Unglauben vorauskalkulierende Beteuerung klingt, wenn Rousseau fortfährt: *„Im Grunde beherrschte ich die Musik wirklich, es gebrach mir nur an jener Schnelligkeit des ersten Blicks, die ich in keiner Sache jemals besessen habe und die sich in der Musik nur durch unausgesetzte Übung erwerben läßt."*[77] Rousseau hat sie tatsächlich nie erworben; schreibend kam er, dessen Treue zur Musik allmählich ins Wanken geriet,[78] mit seiner Langsamkeit besser zurecht, und bald konnte er, sofern nötig, sich vor sich selbst rechtfertigen: Von einem Unfall, den er bei

chemischen Experimenten erlitt, behielt er eine nie mehr behobene Schwerhörigkeit zurück.[79]
Insgesamt war es eine ausgesprochen provinzielle Butzenscheiben-Perspektive, in der der junge Rousseau das Musikleben seiner Zeit erblickte und erlebte. Allzulange blieb er abseits von den großen Musikzentren, und um die theoretische Kenntnisnahme der Werke war es ebenfalls schlecht bestellt: Rameaus Opern z. B. konnte man nur in „Klavierauszügen" studieren, in denen sogar bei Chören nur die Außenstimmen und schon gar nicht der vollständige Satz mit Hinweisen auf die Instrumente wiedergegeben war. Sie boten nur allzuviel Handhabe für simplifizierende Vorstellungen, welche nicht zuletzt Rousseaus spätere Verurteilung fast aller Formen einer differenzierten Ausarbeitung des Satzes beeinflußt haben mögen. Auch die Ansprüche der Kathedralschulen, die er kennenlernte, muß man sich bescheiden vorstellen. Merkwürdigerweise hat er über Theatererlebnisse während des Pariser Aufenthaltes der Jahre 1731/32 wenig berichtet; sie müssen für ihn schließlich neuartig genug gewesen sein, um ihn sehr zu bewegen. Dies bezeugt sein erstes, unmittelbar nach der Rückkehr aus Paris geschriebenes Schauspiel *Narziß oder: Der Liebhaber seiner selbst*, das früheste Produkt, das er, wenn auch mit einem einschränkenden Vorwort versehen, in seine gesammelten Werke aufnahm. Der erste große Theatereindruck war nicht eine Oper, sondern ein Schauspiel, Voltaires *Zaire*, worüber er, auf einer Kurreise nach Montpellier befindlich, an „*maman*" ausführlich und begeistert Bericht schreibt. In Montpellier selbst und mehr noch während verschiedener Aufenthalte in Lyon hat er — in einem nicht genau bestimmbaren Umfange — Opern kennengelernt; einen Widerhall dieser frühesten Erlebnisse freilich sucht man vergeblich, was beinahe zu Zweifeln an seiner Empfänglichkeit Anlaß geben könnte, wollte man ihm nicht konzedieren, daß ihn die Ballett-Rituale und das fast unerläßliche Zauber- und Spektakelwesen der Opernbühne ratlos machten. Gewiß hat der Wagemut, mit dem er sich in den Jahren 1739/40 in die Komposition der Oper *Iphis und Anachoretes* und wenig später in die des Singspiels *Die Entdeckung der neuen Welt* stürzte, auch mit Unkenntnis zu tun; beide Stücke hat er später verbrannt.
Nicht Paris, wofür der Dreißigjährige sich „endgültig" entschied, sondern Venedig bescherte ihm die großen musika-

lischen Erlebnisse, die er nun ausführlich beschreibt. Wie empfänglich Rousseau für musikalische Eindrücke, wie wenig er ein Augenmensch war, läßt ein Vergleich seiner mit anderen berühmten Schilderungen der Lagunenstadt rasch erkennen. Die „schimmernden Paläste" stehen durchaus hintan, die Musik stark im Vordergrund. *„Ich hatte aus Paris das Vorurteil mitgebracht, das man dort gegen die italienische Musik hegt, aber die Natur hatte mir auch jenes empfindliche Feingefühl verliehen, gegen das Vorurteile nicht lange standhalten können. Und so liebte ich denn diese Musik bald so leidenschaftlich wie alle, die sie zu verstehen vermögen. Als ich Barkarolen hörte, begriff ich, daß ich bis dahin noch niemals singen gehört hatte, und bald gab ich mich der Oper so leidenschaftlich hin, daß mich, der ich nur hören wollte, das Plaudern, Essen und Spielen in den Logen so verdroß, daß ich mich oft von meiner Gesellschaft abtrennte, um mich irgendwoanders hinzusetzen. Dort kostete ich, ganz allein in meine Loge eingeschlossen, die Freude aus, sie trotz der Länge der Vorstellung von Anfang bis zu Ende ungestört zu genießen."*[80]
Im Vergleich zu der Stellung, die sie im musikalischen Weltbild Rousseaus einnimmt,[81] erscheint die italienische Volksmusik merkwürdig kursorisch abgehandelt. In diesem Punkte ist der „Augenmensch" Goethe ausführlicher: Er hat sich reichlich vierzig Jahre später den Gesang der Gondolieri ausdrücklich bestellt und ihn gleich dreimal fast gleichlautend beschrieben,[82] wobei er auf eine Melodie Bezug nimmt, die wir *„ohngefähr durch Rousseau"* kennen — offenbar aus Rousseaus postum erschienener Sammlung *Consolations des misères de ma vie*. Wahrscheinlich hatte Rousseau sich etliche Stücke aus einer 1768 in England erschienenen Sammlung abgeschrieben[83] — aber offensichtlich, weil sich mit ihnen sehr konkrete Erinnerungen verbanden.[84] Dies zu ergänzen erscheint notwendig, weil alle Bezugnahmen auf die italienische Musik eindeutig bezeugen, daß Rousseau sie als ein Ganzes erlebte und begriff: In seiner Bestimmung der nationalen Musikstile als unmittelbar mit sprachlichen Strukturen und mit der Redeweise verbunden kommt die Zwischeninstanz genremäßiger und sozialer Differenzierungen kaum vor, was angesichts seiner überscharfen sozialen Empfindlichkeit auffallen muß. Darin zeigt sich eine Komplexität des Phänomens, deren Erörterung Rousseau uns trotz aller insistierenden Bezugnahme schuldig geblieben ist. Für ihn hatte es sich in den polemischen Schriften

in Einzelfragen aufgelöst, ehe er, an den *Bekenntnissen* arbeitend, zu dieser Erörterung Gelegenheit hatte — um sie nun kaum genutzt verstreichen zu lassen, weil er vieles anderswo schon Gesagte hätte repetieren müssen.

Die größere Abstraktheit einer Problemstellung wie der des Verhältnisses italienisch-französischer Musik um die Mitte des 18. Jahrhunderts, wie sie zeitlicher Abstand mit sich bringt, setzt uns zweifelsohne der Gefahr aus, bei einem Manne wie Rousseau die motivierende Kraft derlei unmittelbarer Erlebnisse zu unterschätzen und verpflichtet uns immer neu auf die Frage, inwieweit seine Argumente nur nachträgliche Rechtfertigungen eines Standpunktes darstellen, der schon vor der Argumentation bezogen war, also auf einem Hintergrunde stehen, der in die diskursive Rechenschaft nur partiell einbezogen ist. Wohl ohne es immer zu wollen, hat Rousseau darum oft den Esel gemeint, wenn er den Sack schlug. Wie z. B. sollte er bei der ästhetischen Wertung der etablierten französischen Musik gerecht verfahren können, da er sie ausschließlich erlebte bei Gelegenheiten, welche immer auch der Selbstdarstellung einer parasitären Oberschicht dienten? Mußte ihm da nicht jeder Takt Lullys, jeder Tanzschritt des königlichen Balletts zunächst als Moment einer brüchigen, verhaßten Legitimation erscheinen? Als virtuell für jeden komponiert ließ sich die Musik Lullys und Rameaus unter solchen Umständen ebenso schwer begreifen wie etwa Versailles als für jeden gebaut. Und nun kam der, der allzugenau empfand, daß dies nicht für ihn musiziert bzw. gebaut wurde (die Literatur hatte in der Demokratisierung einen Vorsprung), nach Italien, hörte hier die Gondolieri, Männer des einfachen Volkes, Tasso-Verse singen und fand das Idiom des Volkes auf der Bühne der *buffoni* wieder: Da mußten alle zugehörigen Komponenten — die Sprache, die Musik, das Theaterspiel — zwangsläufig durch die Integration in dieses umwerfende Erlebnis geprägt und selbstverständlich auch dann noch determiniert bleiben, wenn er sie isoliert betrachtete und wertete. Wie triftig und folgenreich seine Betrachtungen zur besonderen Musik-Gemäßheit des Italienischen auch immer sind, so bleiben sie subjektiv zugleich doch immer der rationale Vordergrund zu den Empfindungen des aus dem Frankreich Ludwigs XV. gekommenen, auf der nächtlichen Lagune lauschenden „Vagabunden", dem die Gondolieri die

— so kaum erwartete — Vision einer „Kunst für alle" bescheren. In deren Zeichen, mit den sonoren, tragfähigen Vokalklängen des Italienischen im Ohr, kann er nur mit Schaudern an die preziösen Nasalierungen in französischen Salons denken, und wie ihm in einem Rameauschen Kontrapunkt z. B. ein Stück *Ancien régime* entgegenklingt, so erscheint ihm ein klarer, über die Lagunen dahinhallender a-Laut wie ein Stück wiedererinnerter und zugleich antizipierter Demokratie.

Als Rousseau dies erlebte, hatte er einen ersten Versuch, den Eintritt in die musikalische Welt zu erzwingen, bereits hinter sich — bezeichnenderweise einen indirekten, theoretischen Versuch: Am 22. August des Jahres 1742 war ihm Gelegenheit gegeben worden, vor der Pariser *Académie des Sciences* sein Projekt einer neuen musikalischen Notierungsweise darzulegen.

III *Notation*

Das Projekt wurde auf besondere Weise ein Schmerzenskind. Hatte Rousseau sonst bei seinen Werken oft mehr Grund, über die Art ihrer Wirkung zu erschrecken als über deren Ausmaß, so war es diesmal anders: Das Projekt verfiel dem Verdikt und geriet rasch in Vergessenheit — nicht zuletzt als Folge eines in der Sache liegenden Zwanges zum Entweder-Oder: Ein solches System muß entweder ganz, oder es kann gar nicht akzeptiert werden. So fragwürdig, wie es sich als Alternative zur üblichen Notierung auszunehmen schien, sind zumindest die zugrundeliegenden Überlegungen keineswegs. Dennoch hatte Rousseau diesmal nicht nur die — hier gewiß besonders hartnäckigen — Rechte der Gewohnheit gegen sich: Allzu naiv hatte er bei seiner Konstruktion lediglich an jene Art Musik gedacht, welche allein für ihn zählte. Um dies zu verifizieren, braucht man keine hypothetischen Absurditäten zu bemühen und sich etwa den Eingangschor der Matthäus-Passion à la Rousseau notiert vorzustellen. Rousseaus Vorwurf an die „*Erfinder*" der herkömmlichen Notation,[85] sie hätten nur an die ihnen geläufige Musik und nicht an zukünftige Entwicklungen gedacht, trifft niemanden so schwer wie ihn selbst: Schon in den Beispielen, die er selbst in den einschlägigen Arbeiten anführt,[86] gerät er an eine Grenze. Nicht erst komplizierte Partituren, sondern schon seinerzeit geläufige Arten anspruchsvoller Musik würden sich, in der vorgeschlagenen Weise notiert, in gleichmäßige, indifferente Bleiwüsten verwandeln; auch wenn man diese Notation virtuos lesen gelernt hätte, würde sie alle durch ihre Anschaulichkeit entlastenden Momente vermissen lassen, die bei einem in den Umsetzungen so komplizierten Vorgang wie dem des Musizierens unabdingbar vonnöten sind.

So klar die Ablehnung ausfiel, so hartnäckig stand Rousseau zu seinem Plan. *„Wenn es wahr ist, daß das Schicksal eines Werkes oft durch Umstände und Vorurteile entschieden wird, so hat nie ein Autor mehr zu fürchten gehabt als ich. Das Publikum heutzutage ist so sehr eingestellt gegen alles, was sich Neuigkeit nennt, so abweisend — besonders in musikalischen Dingen — gegenüber Systemen und Projekten, daß es kaum möglich ist, ihm in dieser Hinsicht irgendetwas anzubieten, ohne sich den Auswirkungen seiner allerersten Reaktionen auszusetzen, was also heißt: sich verurteilt zu sehen, ohne überhaupt angehört worden zu sein."* So eröffnet Rousseau das später ergänzte Vorwort zu seiner *Dissertation* ...[87], aus der er noch fast zwanzig Jahre später etliches in den Artikel *Notes*[88] des *Wörterbuchs* übernahm, ohne Gründe für einen prinzipiellen Widerruf zu sehen. Er hat das Verdikt der Akademie nie akzeptiert und mit merkwürdigem Starrsinn auf der Richtigkeit und Wichtigkeit der Erfindung bestanden. Als das *Projet concernant de nouveaux signes pour la musique* gescheitert war, entwickelte er, wesentlich ausführlicher und alle Einwände beantwortend, seinen Plan ein zweites Mal in der *Dissertation sur la Musique moderne*, unter einem Titel also, den man, da er alles andere als eine notationskundliche Abhandlung verspricht, anmaßend finden müßte, wären nicht derlei unpräzis weit ausgreifende Betitelungen seinerzeit häufig gewesen; zwanzig Jahre später folgt das *Wörterbuch*, und noch ein viertes Mal, kurz vor seinem Tode, kam Rousseau auf seinen Plan zurück: Der englische Musikhistoriker Burney hielt sich in Paris auf und hatte ihn aufgesucht. *„Meine Bekanntschaft mit dem Herrn Rousseau in Paris"*, so schreibt er in seinem *Tagebuch einer musikalischen Reise*[89], *„betrachte ich als eine besonders glückliche Ergänzung meiner persönlichen Verbindungen mit gelehrten und witzigen Köpfen des festen Landes. Ich war so glücklich, eine ziemlich lange Zeit mit ihm über Musik zu reden; eine Kunst, die von seiner Feder* *so viele Verschönerungen erhalten hat, daß auch die trockensten Teile unter seiner Bearbeitung sowohl in der Encyclopädie als in seinem musikalischen Wörterbuche etwas Anziehendes erhalten haben.*" Auf diesen Besuch bezieht Rousseau sich in einem bald danach geschriebenen Brief, dem er übrigens die beiden Texte über Gluck beilegt[90] — als ein Geschenk, das wohl mit Vermächtnis zu tun hat: Er wußte, daß er die beiden Aufsätze nicht endgültig fertigstellen würde. Zweifellos — und zu Recht — hielt Rousseau Burney für den seinerzeit kompetentesten Verwalter des Pantheons der Musikgeschichte, und gewiß spielt bei jenem Brief der Wunsch mit, dort einen Platz zu erhalten. Und eben hier beklagt sich Rousseau abermals ausführlich darüber, daß ihm seinerzeit nicht Gehör geschenkt worden sei und man unnötigerweise an einer unpraktischen Notation festhalte.

Auch in der im *Wörterbuch* gegebenen Kurzfassung befindet Rousseau sich bei der Kritik eingeschliffener Gewohnheiten in seinem Element, und dies in einer Zeit, da die musikalische Erfindung mit den durch die schriftliche Fixierung gesetzten Grenzen nicht hadern mußte — einige vorangehende Revisionsversuche haben kaum prinzipielles Gewicht. Da bedurfte es schon eines zu grundsätzlichen Fragestellungen begabten Geistes, um Möglichkeiten der Nicht-Übereinstimmung zwischen Notation und Notiertem und dem Anteil der Gewohnheit an der musikalischen Niederschrift aufzuspüren. Wobei die Frage erlaubt ist, ob nicht auch sehr persönliche Nöte ihn inspirierten: Wo er die mit der herkömmlichen Notation verbundenen Leseschwierigkeiten beschreibt, ist er auffällig beredt — und hat in einem Punkte gar nicht so unrecht: Tatsächlich müssen da anfangs Dinge mitgelernt werden, die sich erst viel später anhand sehr viel komplizierterer Strukturen amortisieren, mithin bei der in den Anfangsstadien als Material dienenden Musik überflüssig erscheinen. Weil jene kompliziertere Musik für ihn nicht zählte, konnte Rousseau diese Vorleistung sogleich wieder als unnötigerweise oktroyiert empfinden — Grund genug für jemanden, der seine Unlustgefühle genau zu reflektieren pflegt, auf Möglichkeiten zu sinnen, die lästigen Barrieren beiseite zu räumen. Nur übersieht er, daß es sich da weitgehend zugleich um die von ihm eingeklagten Beträge handelt: Gerade jene scheinbaren Barrieren befähigen die Notation, auch zukünftigen kompositorischen Entwicklungen bzw. komplizierten Strukturen gerecht zu werden!

Rousseau hat in den *Bekenntnissen*[91] über die Diskussion in der Akademie berichtet. Die Gutachter erklärten ihm, seine Notierung eigne sich für Vokalmusik (wobei zu präzisieren wäre: für Vokalmusik einfachen Zuschnitts), nicht hingegen für die Instrumentalmusik; Rameau bemängelte speziell, daß sie *„die Melodie nicht für das Auge zeichne"*. Beides trifft zu. Die anschauliche Analogie klanglicher und räumlicher Positionen und Figuren reduziert Rousseau, nicht zuletzt aus Ersparnisgründen, auf die Darstellung der Oktavlagen, er mutet dem Musizierenden eine weitere „Übersetzung" zu. Ihm wog das nicht schwer, weil die Musik, an die er denkt, nie ein Quantum an Informationen zu verarbeiten aufgibt, angesichts dessen die Schwierigkeiten dieser weitgehenden Abstraktion ins Gewicht fallen würden. Womit implizite auch die Grenzen seines Systems angesprochen sind: ein möglichst fünf Oktaven nicht überschreitender Gesamtumfang, geringfügige Modulationen, keinesfalls mehr als drei Melodielinien; längeres Verweilen in einer anderen Tonart müßte zahlreiche Umschlüsselungen nach sich ziehen und also eine weitere Übersetzung der Symbole; der Wegfall des Auflösers (♮) (welcher seinerzeit allerdings noch nicht immer vom Kreuz unterschieden wurde) verhindert u. a. die Verdeutlichung harmonisch-funktionaler Vorgänge. Was die Zahl der Linien angeht, so würde Rousseau replizieren, daß man schon zwei zugleich erklingende Melodien nicht wahrnehmen könne[92] — was ein Vorurteil ist. Seine Notation vergrößert hier die Schwierigkeiten, weil jede Melodie ein eigenes System benötigt bzw. die Schreibung zweier Melodien inbezug auf eine einzige zentrale Oktavlinie sehr problematisch wäre: Genaugenommen verlangt er, daß das lesende Auge das System nie verläßt. Das Verständnis eines jeden Zeichens ist in so hohem Maße jeweils vom Zusammenhang mit den vorausgegangenen abhängig, daß der Leser im Vergleich zu den „autonomen" Notenzeichen der üblichen Notation, wenn seine Aufmerksamkeit einen Augenblick einem anderen Objekt gegolten hat, länger braucht, um sich in dem System, zu dem er zurückkehrt, zurechtzufinden. In extrem hohem Maße trifft für Rousseaus Notation zu, was cum grano salis für manches seiner Projekte gilt: Die Motivationen sind interessanter als das Produkt. Nicht zufällig haben seine Anregungen in pädagogischen Systemen fortgewirkt, in Frankreich vor allem in demjenigen von Pierre Galin[93].

Mit der Verwerfung des *Projet*... freilich sind die Akten über Rousseaus Auseinandersetzung mit der Problematik der musikalischen Niederschrift keineswegs geschlossen. So eng er hier erscheint, so weit greift er aus, wo er das Verhältnis von Niederschrift und Ausführung[94] bedenkt. So schreibt er im ersten Teil des Artikels *Notes* im *Wörterbuch* nach einem notationskundlichen, in etlichen Details überholten Exkurs u. a. dies: *„Wir können sie (die griechische Musik) genauso exakt entziffern, wie nur die Griechen selbst dazu imstande waren; sie zu phrasieren, sie richtig zu akzentuieren, sie zu verstehen, sie zu beurteilen indessen ist niemandem mehr möglich und wird auch niemals möglich sein. Bei jeglicher Musik, wie auch bei jeglicher Sprache, sind Entziffern und Lesen zwei ganz verschiedene Dinge."* In einer Zeit, da die Problematik der Gegenwärtigkeit älterer Musik nur allzu geläufig ist, könnten wir das Erstaunliche eines in solcher Schärfe seinerzeit nirgends sonst formulierten Gedankens wohl übersehen: Die Differenz vom *„Entziffern"* und angemessenen *„Lesen"* von Musik konnte damals kaum erfahren, also fast nur gedacht werden — wohl nur mit der einen von Rousseau mehrmals angesprochenen, offenbar aber den wenigsten bewußtgewordenen Ausnahme: In der Akademie der Schönen Künste hatte der Theoretiker Pierre-Jean Burette griechische Melodien „musiziert"; und die Einfalt, in der man dieser Musik habhaft zu sein glaubte, nur, weil man sie entziffert hatte,[95] hatte Rousseau geärgert, wie sich u. a. im *Essay über den Ursprung der Sprachen*[96] nachlesen läßt. Keiner der Teilnehmenden hatte bei dem Experiment irgend etwas von den legendären Ethoswirkungen der griechischen Musik verspürt. Rousseau konstatiert das leider, ohne weiter der Frage nachzugehen, weshalb dies nicht der Fall sei, daß diese folglich nicht per se an der musikalischen Gestalt haften könnten, sondern eher an dem die Melodien integrierenden Kontext von Brauchtum, Gewohnheiten, Konventionen etc. Derlei Rousseau mit dem Unterton des Vorwurfs nachzurechnen, müßte sehr unangebracht erscheinen, hätte er nicht eine analoge Gedankenoperation an anderer Stelle tatsächlich vollzogen, anhand der schweizerischen *Ranz-des-vaches*.[97]

Was die obige Auskunft zur seinerzeit kaum erfahrbaren Differenz von Entziffern und Verstehen angeht, so müßten wir sie von Rousseau selbst korrigieren lassen. Ohne daß man den Umstand in den Rang eines theoretischen Problems erhob, war doch aus dem Nebeneinander z. B. des französischen und des italienischen Geschmacks jedem Musiker geläufig, daß ein und dieselbe Notenfolge je nach Herkunft und Stilistik der Musik unterschiedlich gelesen und ausgeführt werden mußte. Da gab es also, wie ähnlich in den von Rousseau angesprochenen *„Absurditäten"* der französischen Orthographie, Diskrepanzen, deren Überbrückung eines Tages nicht mehr so selbstverständlich gelingen würde, daß man sie kaum gewahrte — umso mehr, als dies bei der laut Rousseau anderwärts *„unverständlichen"* französischen Musik nur in zweiter Linie die Orthographie betraf. Insofern hatte er nicht unrecht in der Überzeugung, in den Borniertheiten der Burette-Experimente einem seiner Hauptgegner wiederzubegegnen, dem musikalischen Chauvinismus der Franzosen.

Antwort auf die Frage nach den verlorenen Ethoswirkungen hat Rousseau in dem *Essay über den Ursprung der Sprachen* freilich noch in anderer Richtung gesucht als bei den *Ranz-des-vaches*, in einer speziell musikalischen, welche die Erweiterung zu jener soziologischen nicht ausschloß und sie bei gründlicher Behandlung geradezu erheischt hätte — in einem vertieften Verständnis dessen, was das Wesen der Melodie ausmacht. Oft genug hat er betont, daß Melodie (auch, wo ihm das Wort nicht insgesamt für „Musik" steht) mehr sei als nur eine Reihung einzelner Töne. Nun kann man kaum tadeln, daß Rousseau dieses über die „materielle" Positivität hinausgehende, sie zu einem Ganzen zusammenschließende Plus nicht näher definiert hat. Interessant ist vielmehr, wo er es sucht; wie sehr man den im *Essay ...* angestellten Vergleich von Musik und Malerei hier auch als ein Ausweichen vor einer konkret musikalischen Antwort ansehen mag: Aus ihm geht eindeutig hervor, daß Rousseau an jenem Plus offenkundig nicht nur musikalische Komponenten, bestimmte harmonische Regulierungen und rhythmisch-metrische Gruppierungen etc. beteiligt sieht, sondern eine Art von Verständnis, die an die „Umwelt" der jeweiligen Melodie gebunden ist. *„Wenn Burette einen Zusammenhang zwischen den Aussagen über die Wirkung der griechischen Musik und den erhaltenen Fragmenten herzustellen suchte, so ging er von der falschen Annahme aus, daß das, was er mit seiner ‚Entzifferung' identifizieren konnte, mithin die Folge der*

Töne, einen Rückschluß auf deren Wirkung erlaubte. Wie aber in der Malerei die Verbindung der Farben nicht an sich wirke, sondern nur aufgrund des dessein, so sei es auch in der Musik: nicht die Folge der Töne sei für Wirkung verantwortlich, sondern die "Melodie als eine über die Tonfolge hinausgehende Qualität"."[98]
Jene „Umweltbindung" versteht Rousseau zumindest in einem Punkte sehr konkret — als Sprachbindung. In dem Entzifferten die Melodie zu entdecken und mitzuvollziehen, *"bedurfte es der Vertrautheit mit dem accent der langue jener Zeit, mithin mit einem erlebnismäßigen Bereich, der sich der schriftlichen Fixierung von vornherein entzog".*[99]
Wie glücklos Rousseau mit seinen Reformvorschlägen zur musikalischen Notation auch gewesen sein mag — über deren Bedingungen und Begrenzungen hat, den Bereich aktueller Fragestellungen weit hinter sich lassend, vor ihm keiner so nachgedacht wie er.

IV Der Kopist

Der so hartnäckig an seinem Projekt neuer Notenzeichen festhielt, hatte fast ununterbrochen mit der Notationsweise zu tun, die er für überständig hielt — als Kopist. Wenn Rousseau irgend etwas professionell betrieben hat, dann das Abschreiben von Noten. Von den Sonderbarkeiten, die er seiner Mitwelt zu verstehen aufgab, war das nicht die geringste, und so stieß seine Begründung auf Unglauben: *"In der Unabhängigkeit, in der ich fortan zu leben wünschte, mußte ich jedoch auch zu leben haben. Ich verfiel dafür auf ein sehr einfaches Mittel, ich schrieb nämlich für soundsoviel die Seite Noten ab. Wenn sich eine für meinen Zweck noch sicherere Beschäftigung dargeboten hätte, würde ich sie ergriffen haben, aber jene erwähnte Verrichtung gefiel mir, und da sie die einzige war, die mir ohne persönliche Abhängigkeit mein tägliches Brot verschaffen konnte, so hielt ich mich auch an sie."*[100]
Daß selbst noch der alternde, nach Paris zurückgekehrte Rousseau eifrig kopierte, erklärte man sich fast allgemein mithilfe der Verdächtigung, seine Abschriften würden nur scheinbar ohne sein Wissen und gegen seinen Willen von Thérèse und ihrer Mutter als Autographen eines berühmten Mannes sehr teuer verkauft. Gewiß wurden die Abschriften

zu Liebhaberpreisen gehandelt, und gewiß waren die Frauen auf Anteile an den Honoraren aus, die der gewissenhaft buchführende Rousseau nicht kontrollieren konnte. Die Unterstellung aber, er habe es gewußt und geduldet, simplifiziert das Problem böswillig: Zu viele andere Motive sind da im Spiel. Jedenfalls war er auf derlei Verdienste angewiesen; keinesfalls bot ihm die Schriftstellerei effektivere Möglichkeiten, zu Geld zu kommen, weshalb auch ein Bedauern darüber fehl am Platze wäre, daß er zuviel Arbeitskraft in einer rein mechanischen Arbeit verschlissen hätte. Der Schriftsteller, immer von Verboten und Beschlagnahmungen bedroht, konnte nur mit einem sehr unsicheren Einkommen rechnen — von den dubiosen Rechtsverhältnissen ganz abgesehen. Ungleich schwerer aber wiegt, daß Rousseau die Schriftstellerei überhaupt nur üben konnte, wenn sie keine Brotarbeit für ihn war, daß er als Kopist ein Stück seines Traums vom einfachen Leben eines von seiner Hände Arbeit lebenden Mannes erfüllen konnte und daß er einer Beschäftigung bedurfte, die seinen Kopf frei hielt und ihm Zeit für das Umherschweifen seiner Gedanken ließ: Wie oft mögen die Inkubationszeiten neuer Entwürfe mit der Abschreibearbeit zusammengefallen sein! — nicht anders als bei dem schusternden Jakob Böhme oder bei dem linsenschleifenden Spinoza, deren Beschäftigungen man ebensowenig als unwürdige Abhaltungen ansehen sollte.

Rousseau hat eine Vorliebe für derlei Tätigkeiten; nicht nur das Botanisieren gehört hierher, sondern auch das Klöppeln, das er in Môtiers erlernte. *„Wenn ich Besuche machte, nahm ich mein Kissen mit mir, oder ich arbeitete auch wie die Weiber vor meiner Haustür sitzend und plauderte mit den Vorübergehenden."*[101] Wenige Zeilen zuvor bestätigt er die Hypothese der notwendigen „Leerzeiten": *„Sobald ich nur für mich allein sein durfte, habe ich niemals, auch beim größten Müßiggang nicht, das kennengelernt, was man Langeweile heißt: meine Phantasie erfüllte stets jede Leere und reichte vollkommen aus, mich zu beschäftigen."*[102] Rousseaus Notenschreiberei gehört also zu seiner Ökonomie geistigen Arbeitens. Er braucht Zeit; er ist kein schlagfertiger, schon gar kein virtuoser oder schneller Denker, der sich der Präsenz dessen, was er erlernt hat und weiß, sicher sein und auf dieser Klaviatur leichthändig spielen kann. Die emotionalen Kontexte all dessen, was er überlegt und schreibt, sind zu umfangreich und zu gewichtig, als daß ihm rasche Gedankenflüge möglich wären. Stets sind seine Ideen mit derlei assoziativem Ballast behangen und werden in ihrer Bewegung oft mehr von dessen Gravitation als von diskursiver Logik bestimmt. *„Zwei fast unvereinbare Dinge verbinden sich in mir in einer mir völlig unbegreiflichen Weise: ein feuriges Temperament, heftige, ja stürmische Leidenschaften und nur langsam entstehende unklare Gedanken, die sich niemals im richtigen Augenblick einstellen. Man könnte sagen, mein Herz und mein Verstand gehörten nicht zu ein und demselben Menschen. Schnell wie der Blitz dringt Empfindung in meine Seele und erfüllt sie, aber anstatt mich zu erleuchten, versengt und blendet sie mich. Ich fühle alles und sehe nichts ... Diese mit der äußersten Lebhaftigkeit des Empfindens verbundene Langsamkeit des Denkens ist mir nicht nur im Gespräch eigen, sondern auch, wenn ich allein bin und wenn ich arbeite. Die Gedanken ordnen sich in meinem Kopfe nur mit der unglaublichsten Schwierigkeit; sie schwanken dumpf darin auf und nieder und fangen an zu gären, wodurch sie mich aufregen, erhitzen und mir Herzklopfen verursachen, und inmitten dieser großen Erregung sehe ich doch nichts deutlich und würde nicht ein einziges Wort niederzuschreiben wissen. Ich muß warten. Unmerklich beschwichtigt sich dieses große Durcheinander, das Chaos klärt sich, und jedes Ding kommt, wenn auch langsam und nach einem langen und wirren Streben, an seinen Platz ... Daraus entspringt die ungeheure Schwierigkeit, der ich beim Schreiben begegne. Meine durchgestrichenen, hingesudelten, mit Einschaltungen versehenen und unleserlichen Manuskripte verraten die Mühe, die mich ihre Abfassung gekostet hat. Es gibt nicht eines, das ich nicht vier- oder fünfmal hätte abschreiben müssen, ehe ich es in den Druck geben konnte. Mit einer Feder in der Hand, meinem Tisch und einem Papierstoß gegenüber habe ich niemals etwas vollbringen können, sondern nur auf Spaziergängen, inmitten der Felsen und der Wälder, oder nur nachts in meinem Bett während meiner Schlaflosigkeit: dann schreibe ich in meinem Gehirn; mit welcher Langsamkeit, wird man begreifen, wenn man bedenkt, daß ich völlig ohne jedes Wortgedächtnis bin und mein Lebtag nicht sechs Verse habe auswendig behalten können. Manche meiner Sätze habe ich fünf, auch sechs Nächte lang in meinem Kopfe hin und her gewälzt, ehe sie eine Form erhielten, in der ich sie zu Papier bringen konnte."*[103]

Das Abschreiben entlastet ihn also, und es bringt überdies

jeweils einen Wechsel des Arbeitsgegenstandes mit sich.[104] Andererseits wäre Rousseau nicht Rousseau, wenn er sich nicht auch dieser Tätigkeit mit bekenntnishafter Inbrunst widmete — nicht zuletzt, weil sich da ein Stück jenes Traumes verwirklichte, den er dem „Verhängnis" seines Schicksals zuweilen so gegenüberstellt, als sei dies Schicksal nicht auch ein sehr eigenes gewesen: *„Nichts paßte besser zu meiner Sinnesart und wäre geeigneter gewesen, mich glücklich zu machen, als das ruhige und unbeachtete Dasein eines guten Handwerkers, besonders in gewissen Ständen, wie es zum Beispiel derjenige der Kunststecher in Genf ist."*[105] Und hier nun, als Professioneller, ist er auch bescheiden; während er das Erlernen des Komponierhandwerks für eine Sache von wenigen Monaten hält, meint er, es zu einem guten Kopisten nie gebracht zu haben.

In der Betulichkeit, mit der er sich schlechte Zensuren erteilt und die Verfahrensweise beim Abschreiben im *Wörterbuch* schildert,[106] ist das Bestreben unverkennbar, sich den strengen Maßstäben eines soliden Handwerks zu unterstellen. Er verordnet sich sieben Seiten pro Tag, da er etwa vierzig Sous für seinen Lebensunterhalt braucht und die Seite mit sechs Sous berechnen kann.[107]

Je mehr er das Notenschreiben als Berufsausübung ansehen kann, desto deutlicher hebt sich die Schriftstellerei als Berufung, als Beschäftigung aus freier Wahl und Entscheidung ab. Rousseau ist ängstlich bemüht, von ihr alle Schatten äußerer Zwänge und Notwendigkeiten abzuhalten, er hat allen Grund, Gefährdungen der Spontaneität seiner literarischen Produktion, alle Beeinträchtigungen ihrer Eigenart als einer freien Liebhaberei zu fürchten, als derjenigen Tätigkeit, in der er das „*Vitam impendere vero*", den Wahlspruch seines Lebens, rücksichtslos und unabgelenkt realisieren kann. Hier weiß er sich auf jene Freiheit angewiesen, welche nur die vollkommene Abwesenheit irgendwelcher Bedürfnisse gewährleistet, eine Freiheit, welche als unabdingbarer Imperativ hinter seiner Armut steht und der rigorosen, im Falle der ins Findelhaus verbrachten Kinder brutalen, Einschränkung auf das zur Sicherung seines Lebens gerade eben Notwendige — daher die alle äußeren Dinge betreffende Neigung zu einem fast mönchischen Zuschnitt seines Lebens. *„In der Tat, welches Joch soll man Menschen auferlegen, die nichts benötigen?"* — diese stolze Frage, die im Rahmen der sensationellen Verneinung von 1750 begegnet,[108] hat die ganze Authentizität einer persönlichen Erfahrung. Man wird nicht leicht einen durch seine Interessen auf bestimmte Ressourcen angewiesenen Habenichts finden, der in gleicher Weise neidlos und desinteressiert auf die Herrlichkeiten dieser Welt, auf alle Arten von Besitz zu blicken vermag wie Rousseau. Dem stolzen Plebejer wiegt noch jeder durchs Notenschreiben verdiente Sou schwerer als eine gern und großzügig geschenkte Geldbörse. Hier auch lag der Nervenpunkt des bis zuletzt ambivalenten Haß-Liebe-Verhältnisses zu Diderot: Dieser hat wohl — und das brachte den endgültigen Bruch — die Einsamkeit des bedürfnislosen Eremiten scharf verurteilt, ihm dennoch aber die Fähigkeit zu dieser Existenzform insgeheim geneidet.[109]

Im übrigen hätte eine zu einseitige Betonung des geistigen Leerlaufs bei der Arbeit des Notenschreibens Rousseaus Zustimmung nicht. Er denkt sehr hoch von der Verantwortung des Kopisten als eines Mittlers, er beschreibt genau, worin dieser — heutzutage wenig bekannt — kompositorische Entscheidungen nachvollzieht, welche ohne mitdenkendes Verständnis nicht möglich werden: die Silbenverteilung in den Singstimmen, das Zusammenschreiben des Bratschenparts aus der oktavierenden Verdoppelung der Baßstimme bzw., wo die Oktavierung über die Oberstimme geraten würde, im Einklang mit dieser; das Ausziehen von Oboe-Parten aus den Violinstimmen, dynamische Regulierungen je nachdem, ob gesungen wird oder das Orchester ein Ritornell spielt etc. In der Zuständigkeit für solche subalternen, klaren Regeln unterworfene Fragen mag der manche höheren musikalischen Anforderungen verschmähende Dilettant — als eine letzte Erklärung für sein Notenschreiben — sich sehr wohl gefühlt haben.

V *Streit mit Rameau*

Wie im Bereiche von Kultur- und Gesellschaftstheorie für Rousseau die Auseinandersetzung mit Voltaire im Mittelpunkt stand, so im Bereich der Musik die mit Rameau. Ein Zufall hat gefügt, daß er in frühen Jahren sogar mit einem gemeinsamen Werk beider zu tun bekam — im Rahmen einer Huldigung für Madame Pompadour als der eben frisch inthronisierten königlichen Mätresse. Es ging im Herbst 1745

darum, in knapp zwei Monaten die erst anderthalb Jahre alte
Oper *La Princesse de Navarre* den neuen Verhältnissen anzupassen. Die beiden hochberühmten Autoren hatten, auf ein
weiteres Festspiel mit dem Titel *Temple de la Gloire (Tempel
des Ruhms)* verpflichtet, weder Zeit noch Lust — auch deshalb,
weil sie ungern zusammenarbeiteten. So wurde Rousseau mit
der Neufassung beauftragt. Als offizieller Anlaß der Feiern
galten zwar noch immer die 1744 gegen Österreich und
England erzielten militärischen Erfolge; bei Hofe aber ging es
im Rahmen der Machtverschiebungen, die das Engagement der
tatkräftigen Dame mit sich brachte, in erster Linie um Positionen, Verbindungen und Einfluß, und so wird die jubelnde
Geschäftigkeit im Solde rivalisierender Arrangeure u. a. auch
vom ersten Musiker und dem berühmtesten Dichter des
Landes betrieben, welch letzterer auch schamlos exaltierte
Lobhudeleien nicht scheut. Dort nun findet man auch den
jungen Rousseau, der Namen und Terrain zu gewinnen versucht, dennoch aber zuerst gezögert hat, den Auftrag anzunehmen — da mag Achtung vor den großen Namen der
Verfasser wesentlich mitgespielt haben. Sodann aber schrieb
er *Die Prinzessin von Navarra* innerhalb kürzester Zeit in *Die
Feste Ramiros* um, wobei er sich — bei insgesamt vorsichtigen
Veränderungen — beim Dichter noch mehr zurückhielt als
beim Musiker; bezeichnenderweise legte er besonderen Wert
auf die Ergänzung mehrerer Rezitative. Die Konstellation war
ungünstig: Voltaire und Rameau nicht in Paris, während man
probte; anstelle des letzteren zensierte dessen Mäzenin, die
Frau des Generalpächters La Poupelinière, das Ergebnis un-
erbittlich streng. Dagegen kam auch der an der raschen
Fertigstellung interessierte Herzog von Richelieu nicht an;
Rousseau wurde angewiesen, zu verändern, und lehnte ab.
Eine Art Flucht in die Krankheit entzog ihn weiteren Un-
zuträglichkeiten; ohne ihn ging das Stück kurz vor Weihnach-
ten in Szene und bescherte ihm wenigstens die Genugtuung,
daß Kenner seine Anteile von denen der anderen Autoren
nicht unterscheiden konnten. Da die Verfasser verständlicherweise gar nicht öffentlich genannt worden waren, ist für
Rousseau dabei — auch finanziell — so gut wie nichts her-
ausgesprungen.[110] Immerhin beehrte Voltaire ihn, eine schüch-
terne Ergebenheitsadresse beantwortend, mit einem Brief,
dessen prononcierte Freundlichkeiten wohl auch mit der Er-

leichterung zu tun haben, daß er ihm die Umarbeitung abgenommen hatte. Rousseau war das Schreiben wichtig genug, um es in den *Bekenntnissen* in extenso zu zitieren.

Rameau kommt in der Darstellung des später sich erinnernden Rousseau schlechter weg — „*er suchte ... mir zu schaden*"[111]; und die Bitte, ihm die Ouvertüre von Rousseaus kurz zuvor komponierter Oper *Les Muses galantes* zu überlassen (welche nach Rameaus Empfehlungen in die Umarbeitung aufgenommen werden sollte), kann nur eine „*Hinterlist*"[112] sein. Der memoirenschreibende Rousseau ist außerstande, von den inzwischen eingetretenen Verhärtungen im Konflikt mit Rameau abzusehen; immerhin lag es ja nahe, mit dem Hinweis auf die unerfreulichen Umstände der Arbeit dies oder jenes zu entschuldigen. Im übrigen aber war Rousseau inbezug auf Rameau damals schon längst ein gebranntes Kind. Schon dem Zwanzigjährigen hatte sich dessen Name beim Studium des *Traité de l'harmonie* untrennbar mit unüberwindlichen Schwierigkeiten des Eindringens in die Arcana der Musik verbunden, welche er nur zu gern als erklügelt oder gar überflüssig hinstellt bzw. Rameaus methodischem Ungeschick aufs Konto setzt.[113] Desgleichen hatte Rameaus Urteil über das Projekt einer neuen Notation eine ausschlaggebende Rolle gespielt.

Nur zu leicht ließ sich für Rousseau auch der persönliche Kontakt, noch in den Formen des Umgangs, als Bestätigung des beim Studium gewonnenen Bildes ansehen. Unter den Schlüsselszenen seiner Biographie, die der Autor der Bekenntnisse oft selbst symbolisch kräftig überhöht hat[114] — die „Erziehung der Gefühle" bei Frau von Warens, die Erleuchtung auf dem Wege nach Vincennes, der Auftritt der Madame d'Houdetot in Reitkleidern, die Steinigung durch die aufgehetzten Bauern in Môtiers etc. —, ist die, in der er Rameaus Reaktionen beim Anhören der *Galanten Musen* beschreibt, obwohl als solche kaum je genannt, gewiß eine der wichtigsten. Das bestätigt noch die Heftigkeit, mit der Rousseau reagierte, als Rameau in einer späteren Streitschrift auf jene erste Begegnung anspielte.[115] Rameau wußte offenbar genau, daß er hier an offene Wunden rührte, und er bewies zugleich, wie wenig er jene Zuständigkeit verstehen konnte, die ein *littérateur* damals auch für die Musik beanspruchen durfte. „*Ihre philosophes, Literaten und Bühnenkünstler, die Sie als Gewährsleute für*

Ihre Meinungen[116] ... *in Anspruch nehmen"*, wirft er wenig später d'Alembert vor, *"haben vielleicht, selbst im reifen Alter, nichts anderes als Kinderliedchen gehört."*[117] Der Hartnäckigkeit dieser Anschuldigungen Rameaus entspricht bei Rousseau diejenige, mit der er auf die Frage der Priorität von Melodie und Harmonie zurückkommt, wohl wissend, daß der alte Herr allergisch reagiert, wenn man seine Deduktion musikalischer Prinzipien aus der Physik klingender Körper anzweifelt. Im Verlaufe ihres mehr als zwanzigjährigen Duells haben die beiden ihre jeweiligen Empfindlichkeiten zu genau kennengelernt, um nicht zu einem präzis-boshaften Gebrauch dieser Kenntnis versucht zu sein. Wobei merkwürdig zu beobachten ist, daß Rameau auf Attacken gegen seine Musik gelassener reagiert als da, wo es um seine Theorie geht,[118] während wiederum Rousseau den Einwänden gegen seine Notation, ohne sich widerlegt zu fühlen, ruhiger zuhören kann als solchen gegen seine Zuständigkeit in musikalischen Fragen.

Jene „Schlüsselszene" fand ebenfalls im Jahre 1745 statt. Rousseau hat gerade, in großer Zurückgezogenheit die Vorteile des Lebensbundes mit Thérèse genießend, sein erstes musikalisches Bühnenwerk vollendet, die Ballettoper *Les Muses galantes*, eine dem Genre gemäß lockere Szenenfolge, in deren Stationen bzw. Akten jeweils legendäre Künstlergestalten — Anakreon, Ovid, Tasso — auftreten. Das *"zurückgezogene Leben war meiner Arbeit so günstig, daß in weniger als drei Monaten meine ganze Oper, Worte und Musik, vollendet vor mir lag. Nur einige Begleitungen und Mittelstimmen waren noch zu machen. Diese rein handwerkliche Arbeit langweilte mich ungemein... Nachdem mein opus vollendet war, galt es nun, es auch an den Mann zu bringen... Wenn man in Paris abgesondert lebt, erreicht man nichts. Ich gedachte durch Herrn de la Poupelinière... für meine Sache Sturm laufen zu lassen. Herr de la Poupelinière war der Mäzen Rameaus, Frau de la Poupelinière seine ganz ergebene Schülerin. Rameau macht, wie man sagt, Regen und Sonnenschein im Hause. Da ich annahm, er würde mit Freuden das Werk eines seiner Schüler fördern, wollte ich ihm das meine zeigen; unter der Vorgabe, er könne Partituren nicht lesen und es ermüde ihn auch zu sehr, weigerte er sich jedoch, es durchzusehen. La Poupelinière meinte darauf, man könne es ihm ja vorspielen lassen, und erbot sich, Musiker zu beschaffen, die es wenigstens zum Teil vor ihm aus-*

führen könnten ... Rameau gab knurrend seine Einwilligung und wiederholte unaufhörlich, die Kompositionen eines Mannes, der kein Musikantenkind sei und die ganze Musik für sich allein erlernt habe, müßten gar etwas Schönes sein. Man verschaffte mir ungefähr zehn Orchestermusikanten und als Sänger Albert Bérard und Fräulein Bourbonnais. Gleich bei der Ouvertüre begann Rameau durch sein übertriebenes Lob zu verstehen zu geben, daß sie unmöglich von mir sein könne. Er ließ keinen Teil ohne heftige Zeichen der Ungeduld vorübergehen; bei einer Arie für Alt, deren Melodie männlich und wohlklingend und deren Begleitung ungemein reich war, konnte er nicht mehr an sich halten, er fuhr mich mit einer Grobheit an, die bei aller Welt Anstoß erregte, und sagte: der eine Teil von dem, was er gehört, stamme von einem in der Kunst höchst erfahrenen Manne und alles andere von einem Stümper, der von Musik auch nicht die geringste Ahnung habe. Meine ungleichmäßige und regellose Arbeit war in der Tat bald erhaben und bald äußerst flach, wie es jedem widerfahren muß, der sich nicht auf Wissen stützen, sondern nur durch plötzliche Aufschwünge seiner Schaffenskraft erheben kann. Rameau gab vor, in mir nur einen talent- und geschmacklosen Plünderer fremder Werke zu erblicken."[119] Nicht weniger als Rameau/Voltaires *Prinzessin von Navarra* bietet auch die weitere Geschichte der *Galanten Musen* ein Lehrstück zur Manipulierbarkeit derartiger Produktionen, welche in das Genre einprogrammiert sind und nicht sogleich als Knechtung des Ingeniums durch schnöde Zwänge überinterpretiert werden sollte: Da fällt — immerhin bei einem Autor, der mit Anklagen schnell bei der Hand ist — kein Wort des Protestes darüber, daß der Herzog von Richelieu, der den Tasso-Akt nicht schicklich findet, an dessen Stelle einen anderen erbittet. *„Einzig auf dieses Wort hin schloß ich mich fest zuhause ein, und in drei Wochen hatte ich für den Tasso einen anderen Akt vollendet, dessen Gegenstand der von einer Muse begeisterte Hesiod war."*[120] Zur geplanten Aufführung ist es der *Prinzessin von Navarra* wegen zunächst nicht gekommen. Bei der Arbeit an dem neuen Akt hatte Rousseau sich durch die Möglichkeit beflügeln lassen, einiges von der Problematik seines Zwistes mit Rameau unterzubringen. *„Kein sklavisches Studium machte ich aus der Kunst"*, läßt er seinen Helden beziehungsvoll sagen, *„und nie vereinte sich meine ungelehrige Stimme mit den Schalmeien. Bei dem Erfolge, den ich erhoffe, erwarte ich alles von dem Feuer, das mich durch-*

strahlt, und nichts von meiner schwachen Arbeit." Das Fragwürdige dieser schroffen Gegenübersetzung mag der Autor spätestens zwei Jahre später bei der Generalprobe empfunden haben; bei ihr *„... waren viele Zuhörer zugegen, und verschiedene Teile fanden großen Beifall. Dennoch merkte ich bei der von Rebel sehr schlecht geleiteten Vorstellung selber, daß das Stück so keinen Erfolg haben könne, ja, ohne erhebliche Verbesserungen nicht einmal aufführbar sei. So zog ich es denn wortlos und ohne mich erst einer Ablehnung auszusetzen, zurück."*[121]

Rousseau bleibt also unsicher, obwohl die Direktion und so namhafte Künstler wie Jelyotte, seinerzeit der erste Sänger Frankreichs, den Aufwand einer bis an die Premiere herangeführten Einstudierungsarbeit auf sich genommen hatten! Da wirkt denn doch die Ohrfeige nach, die ihm Rameau öffentlich versetzt hatte — denn um nichts weniger als Öffentlichkeit handelt es sich bei dem großen Hause eines der angesehensten Mitglieder der Pariser Gesellschaft. Die Vermutung, Rousseau habe andere Komponisten geplündert, ist seither immer wieder aufgetaucht und hat in der Polemik um die *buffoni* und um den *Dorfwahrsager*[122] eine böse Rolle gespielt. Rousseau ist die Verdächtigung zeitlebens nicht losgeworden. Heute fällt es noch schwerer, sie endgültig zu widerlegen oder zu beweisen. Gewiß ließe sich argumentieren, daß es einem, der sich nicht scheut, unschöne Betrügereien, einen unseriösen Glaubenswechsel oder das Versagen bei einer Dirne zu gestehen, nicht schwerfallen sollte, ein Gleiches mit einem musikalischen Diebstahl zu tun. Doch könnte Rousseau gerade dieses Geständnis viel schwerer gefallen und also unmöglich gewesen sein: Da gab es den immer belastenden Widerspruch zwischen dem Anspruch seiner Urteile und dem, was er als Musiker und Komponist vermochte, einen Bereich also, der von stärkeren Schamgefühlen mag bewacht gewesen sein als selbst der seiner männlichen Tüchtigkeit. Andererseits würden wir, wenn wir uns vorschnell auf die Frage eines Diebstahls einlassen, eben jener demagogischen Methode Rameaus auf den Leim gehen, die an die Frage der ungleichen Qualität sogleich diejenige des geistigen Eigentums heftet. Und in dieser ist zu jener Zeit grundsätzlich Vorsicht geboten, wofür — um sogleich den Ankläger anzuklagen — nur auf die Entlehnungen in Rameaus großem Traktat verwiesen sei,[123] ganz abgesehen davon, daß man der Arbeit eines jungen Mannes so nicht gerecht werden kann, welcher sehr naiv und direkt die Modelle reflektiert, die ihn beeindruckt haben. Das handwerkliche Rüstzeug, mit dessen Hilfe er die Frage der Entlehnungen hätte abweisen können, stand ihm nicht zu Gebote. Im übrigen müßte man sich wundern, daß sie im Zeitalter der Übernahmen, Pasticcios, Parodien etc. immer wieder auftauchte, wenn nicht der rücksichtslos wertende Rousseau seine Gegner zur peinlichen Prüfung seiner Zuständigkeit eingeladen hätte.

Wir stoßen hier zugleich auf eine Disparität in der Grundkonstellation des berühmten Duells, welche den Schlagabtausch ebenso erklärt, wie sie ihn zugleich fast unsinnig erscheinen läßt: Selbst wenn die beiden von der gleichen Sache reden, reden sie aneinander vorbei. Stellt man die Formulierungen gegenüber, in denen sie aufeinander Bezug genommen haben, so läßt sich die Disparität bis in die Konnotationen der Begriffe hinein verfolgen, ganz abgesehen von mutwilligen und böswilligen Mißverständnissen. Wenn Rameau von Harmonie redet, so ist ein anderer Kontext angesprochen, als wenn Rousseau dies tut — welcher diesen Umstand übrigens bewußt nutzt: Er weiß genau, wie weit man in einem Streit um Musik mit Musik bzw. ausschließlich musikalischen Argumenten streiten kann; er kennt die Grenzen zum „*de gustibus non est disputandum*" und versteht sich gut auf den Sprung in die literarische Argumentationsebene, ganz und gar im Vergleich zu dem trotz etlicher Verbalinjurien recht redlich auf den Bahnen seiner theoretischen Überlegungen dahinziehenden Rameau. Er weiß, daß da ein Stück Salto mortale zumindest in dem Anschein enthalten ist, eine im kompositionstechnischen Regelkreis fixierte Argumentation werde durch eine auf weitere Zusammenhänge bezogene aufgehoben — nicht zu reden von dem Umstande, daß innerhalb einer in boshaften Verspieltheiten sich verselbständigenden Polemik eine provozierende Frage wie: ob es französische Musik überhaupt geben könne, nicht so unsinnig erscheint, wie sie, für sich genommen, tatsächlich ist. Die Wirkung des *Briefes über die französische Musik* wäre ja undenkbar gewesen, wenn man sich nicht gezwungen gefühlt hätte, diese darin zentral gestellte Frage ernstzunehmen. Rameau schrieb schwerfällig, umwegig in der Argumentation und allzu direkt in der Stoßrichtung. Rousseau schrieb gut, wirkungsvoll, zuweilen raffiniert, wenn auch nie mit voltairescher Brillanz. Rameau verstand vom Komponieren mehr als seinerzeit irgendein anderer in Frankreich, Rousseau hingegen recht wenig; überdies stand er, nahezu ein Vogelfreier und Emporkömmling, in Rameau einem Manne gegenüber, der die französische Musik fast symbolisch verkörperte und zumal als Opernkomponist mit allem, was seinerzeit in der Musik institutionalisiert war, fest verbunden war — ein Mann überdies, der in einer für die Mitwelt staunenswerten Weise ausschließlich in der Welt der Musik lebte. *"Seine ganze Seele und sein ganzer Verstand befanden sich in seinem Cembalo; wenn er es zuklappte, war überhaupt keine Person mehr im Raum."*[124] Anhand etlicher Details läßt sich beobachten, wie Rousseau technologisch streng gebundene Begriffe bzw. Argumente auf geschickte, intellektuell nicht ganz redliche Weise (denn Rameau kann da nicht mithalten) ideologisiert und sie damit auf eine Jagdbahn treibt, wo er sie leicht zur Strecke bringt. Derlei scheinbar für den Konservativen und Etablierten parteinehmende Betrachtungsweise erscheint legitim gerade, weil am Ende, im Prinzipiellen mehr als im Detail, dennoch der Dilettant recht behielt. Wohingegen bei seinem Kontrahenten alle Pedanterie des Argumentierens nicht den Eindruck einer großen Hilflosigkeit mindert: Was er da beweist, einwendet und zuweilen auch zitiert, erscheint zuallermeist in sich stimmig, doch ändert das entgegen allen — übrigens bis in sein hohes Alter fortgehenden — Akzentverschiebungen seiner Beweisführung nichts daran, daß er ein sachlich und zeitlich abgeschlossenes Kapitel schreibt und die Zeit für den Jüngeren arbeitet. Beide empfinden das; dafür spricht auch, daß Rousseau jene fugenlose Schlüssigkeit[125] der Beweisführung, kraft deren Rameau seine Argumentation unanfechtbar zu machen sucht, gar nicht anstrebt und eine provozierende Selbstsicherheit ausstellt, die sich auch Nachlässigkeiten leisten kann — um dann freilich anderwärts, wie in der Analyse des *Armida*-Monologes, sehr sicher zuzuschlagen. Die unsinnige Frage, ob es französische Musik geben könne, wird dabei nicht nur als freche demagogische Herausforderung plausibel, sondern auch als die zum Paradox vorgetriebene Konsequenz einer Gedankenkette, deren einzelne Glieder seinerzeit als hochbrisante Fragestellungen die Gemüter bewegten. Im übrigen ließe sich über den Sinn von derlei herausfordernden Paradoxen weiter nachdenken auf der

Linie von Diderots geistreicher Unterscheidung von Rousseau und Helvétius: „*Rousseaus Prinzipien sind zwar falsch, aber seine Schlußfolgerungen richtig, während Ihre Prinzipien zwar richtig, die Schlußfolgerungen aber falsch sind. Rousseaus Jünger werden, seine Prinzipien übertreibend, nur noch Verrückte sein, die Ihrigen hingegen, wenn sie Ihre Schlußfolgerungen abmildern, weise Männer.*"[126]

So unwiderruflich mit jenem Abend im Hause La Poupelinière die Würfel inbezug auf das Verhältnis von Rameau und Rousseau fielen, so eindeutig war — genau bis zum Jahre 1752 — Rameau der Mann der Enzyklopädisten. In dieses Jahr gehören als wichtigster Beweis dieser Sympathie das Erscheinen der *Eléments de musique théorique et pratique suivant les principes de M. Rameau,* worin d'Alembert Rameaus Theorie faßlich darstellt,[127] und andererseits die Aufführung von Pergolesis *Serva Padrona* — der Zündfunke für den Buffonistenstreit, in dessen Verlauf die gegensätzlichen Auffassungen Rameaus und der Enzyklopädisten offenbar wurden. Zuvor hatten auch die *philosophes* den komponierenden Rameau als den „*Orpheus Frankreichs*" und den Theoretiker als den „*Newton der Musik*" gefeiert — so apostrophiert Grimm ihn in seinem *Brief über Omphale.*[128] Derselbe Grimm, dessen Einschätzungen wir ziemlich sicher mit denen seiner Freunde gleichsetzen dürfen, hatte kurz zuvor an seinen ehemaligen Lehrer Gottsched nach Leipzig berichtet: „*Monsieur Rameau wird von allen Kennern für einen der größten Tonkünstler, die jemals gewesen, gehalten, und mit Recht.*"[129] Der seinerzeit mit Rameau „*intim befreundete*" Diderot sprach nach dem Erscheinen von Rameaus *Génération harmonique* (1748) von dessen „*bewundernswertem System*"; so nimmt es nicht wunder, d'Alembert in der Vorrede zur *Enzyklopädie* den Komponisten und den Theoretiker Rameau als denjenigen preisen zu finden, durch dessen Verdienst die französische Musik in den letzten fünfzehn Jahren (also etwa zwischen 1735 und 1750) größere Fortschritte gemacht habe als je zuvor. Nahezu selbstverständlich wurde Rameau darum gebeten, die musikalischen Artikel zu übernehmen, und noch im Mai 1752 hat Rameau sich in einem Brief an den Herausgeber des *Mercure de France* für d'Alemberts und Diderots Mithilfe bei eigenen Publikationen öffentlich bedankt. Weshalb er die einschlägigen Artikel nicht geschrieben hat, wissen wir nicht genau. Einerseits leuchtet ein, daß dem damals schon bejahrten Manne andere Aufgaben näher lagen — tatsächlich ist in diesem Zusammenhang einmal von Zeitmangel die Rede —, andererseits mußte ihm der Auftrag als nahezu offizieller Ausweis seiner theoretischen Zuständigkeit willkommen sein. Sein Stil freilich paßte schlecht zu dem einer Enzyklopädie und zu dieser im besonderen, und insofern mögen die Herausgeber über seine Absage erleichtert gewesen sein. Die Übernahme durch Rousseau bedeutete keineswegs von vornherein einen Kurswechsel; Rousseaus Artikel lesen sich, wie auch einige von d'Alembert, passagenweise fast wie Huldigungen an Rameau. Zur detaillierten Ausarbeitung eigener Ideen war Rousseau auch kaum Zeit gelassen, wie er u. a. im Vorwort zum *Wörterbuch* berichtet[130]: Insgesamt hat er im Jahre 1750 dreihundertsechsundfünfzig größtenteils allein geschriebene Artikel abgeliefert.[131] Wenn es auch sachliche Differenzen gab, wurden die Freunde doch von Rameaus empfindlicher Reaktion auf die Musikartikel überrascht. Auf sein 1755 veröffentlichtes Pamphlet mag Diderots im Vorwort zum sechsten Bande (1756) bekanntgemachter Entschluß bezogen sein, Polemiken zu ignorieren, ein Entschluß, den Rousseau sich, obwohl er bereits eine Erwiderung verfaßt hatte, zueigen machte.[132] Immerhin war Rameau als Verfasser ersetzt worden durch denjenigen, der im Spätherbst 1753 mit der polemischen Frage nach der französischen Musik hinter seine gesamte Wirksamkeit ein dickes Fragezeichen gesetzt hatte: Da konnte man von dem alten Herrn schwerlich Wohlverhalten erwarten! Wirklich erzwungenes Wohlverhalten aber mochte vor allem Rousseau sich auferlegt empfinden: Er hatte wenig Zeit und konnte im wesentlichen nur resümieren, was andere — und unter ihnen vornehmlich Rameau! — vorgedacht hatten. Dies umso mehr, als er hier an prominenter Stelle etwas resümierte, dessen Verständnis ihm selbst Schwierigkeiten machte und zugleich doch unumgänglich erschien: Die nur als fragmentarisches Manuskript erhaltenen *Leçons de musique* zeigen ihn getreu auf Rameaus theoretischen Pfaden,[133] passagenweise glänzende, das Original weit übertreffende Erklärungen anbietend (so daß hieraus in ähnlicher Weise wie bei d'Alemberts *Elements* ... eine popularisierende Schrift hätte entstehen können), anderwärts wieder ratlos bei dem Versuch, sich in Rameaus labyrinthischen Beweisführungen zurechtzufinden.

Der *Enzyklopädie*-Auftrag war also recht dazu angetan, Rameaus Theorie als widerwillig akzeptiertes Über-Ich zu empfinden, wovon sich Rousseau u. a. in der Warnung an Grimm abreagiert, die Autoren der von ihm bewunderten Werke persönlich kennenlernen zu wollen.[134]
Rameau und seine nachmaligen Gegner stehen nicht nur in der gleichen Tradition; die Jüngeren akzeptieren diese sogar größtenteils in der durch ihn vermittelten Form. Wenn Rousseau von der Natur oder der Natürlichkeit der Musik spricht, so ist bei aller Unterschiedlichkeit der Akzentuierung zumindest mitenthalten, was Rameau über die Naturgegebenheit des harmonischen Systems geschrieben hatte; im Grundkonzept der Musik als einer nachahmenden Kunst sind sich beide — als den gleichen Denktraditionen verpflichtet — so einig, daß man nahezu auswechselbaren Formulierungen begegnet: *„ein guter Musiker"* soll *„sich ganz den verschiedenen Charakteren hingeben ..., die er darstellen will"* — das steht nicht bei Rousseau, sondern in Rameaus Traktat von 1722,[135] und noch in einem ausgemacht empirischen Zugriff — der den Leumund Rameaus als eines sturen Cartesianers widerlegt — gleichen die beiden sich mitunter: *„Soweit es nur möglich war, versetzte ich mich in die Lage eines Menschen, der noch nie gesungen und noch nie einen Gesang gehört hat ... der erste Ton, den ich vernahm, brachte Erkenntnis. Ich merkte plötzlich, daß dies nicht nur ein einziger Ton sei, oder auf jeden Fall ist dieser Ton für mich ein zusammengesetzter Ton."*[136] In dieser Verfahrensweise folgt Rameau exakt einer seit der Frühaufklärung geübten Methode, bei der Behandlung von Grundfragen sich möglichst von allen Voreingenommenheiten frei zu machen und als hypothetisches Modell auf ein — wie immer auch vermeintliches — „Urbild" zurückzugehen: daher u. a. der so wirkungsreiche Mythos vom *bon sauvage*; Kritik an einem apriorischen *esprit de système*, *„revenons à la nature"* also auch bei Rameau!
Andererseits war ihm daran gelegen, die Selbständigkeit seiner Untersuchungen zu betonen; als er nahezu dreißig Jahre nach der Niederschrift seines Traktates sein Vorgehen in der zitierten Weise beschrieb, kannte er die zeitliche Konstellation, kraft deren seine harmonischen Theorien möglicherweise wie die Exemplifikation einer vorausgegangenen physikalischen Entdeckung dastehen konnte: Reichlich zwanzig Jahre vor dem Traktat hatte Joseph Sauveur die Obertöne entdeckt.

Rameau hat davon erst viel später erfahren; so gehört dieser Zusammenfall zu jenen nicht seltenen Konstellationen, in denen verschiedene schöpferische Geister unabhängig voneinander auf Fragen antworten, die „in der Luft" liegen. Im vorliegenden Fall läßt sich auf mindestens einen Bezugspunkt verweisen: In Descartes' 1618 geschriebenem, doch erst 1650 veröffentlichtem *Compendium Musicae*[137] begegnet eine Vorahnung der späteren Entdeckung in Formulierungen wie: „*Wir hören niemals einen Ton, ohne daß nicht gleichzeitig seine höhere Oktave unser Ohr zu berühren scheint*"; diesen Satz zitiert Rameau im Traktat, im übrigen noch ganz auf die Schlüssigkeit der eigenen Berechnungen setzend. Vier Jahre später, im *Nouveau Système de musique théoretique*, weist er bereits auf die physikalischen Bestätigungen durch Sauveur hin; doch erst in der *Génération harmonique* von 1737 erörtert er die Bezüge zwischen den von ihm formulierten Gesetzen und den physikalischen Sachverhalten eingehend — und findet bei sich kaum etwas zu ändern; lediglich tritt nun an die Stelle der Saite und ihrer mathematischen Teilungen der „*klingende Körper*" mit den von ihm erzeugten Obertönen. Wenn die Prinzipien einer tonalen Musik auch nicht so weitgehend in der „Natur", d. h. in physikalischen Gegebenheiten gründen, wie Rameau es annahm und zu belegen versuchte, so bleibt der für die kompositorischen Entwicklungen des 18. Jahrhunderts grundlegende Charakter seiner Theorie dennoch ganz unbestritten.[138] Im übrigen machten seine nachmaligen Gegner die Gleichsetzung von Natürlichkeit mit Naturgegebenheit größtenteils auch auf jener Strecke mit, auf der sie fragwürdig war und auf der die physikalische Beweisführung, soweit sie nicht ohnehin mit einer spekulativ-musikalischen vermengt wird, weniger durch die ihr innewohnende Stringenz vorankommt als durch den Umstand, daß man sich dessen, was man beweisen will, im vorhinein allzu sicher ist — als einer Problematik, die auch heute nicht als voll erledigt gelten kann.[139] Nicht aber nur deshalb besteht wenig Anlaß, Rameau und den auf seinen Schultern stehenden Jüngeren nachzurechnen, daß ihre so sorgsam deduzierende Beweisführung am Ende doch dem Sog apriorischer Voreingenommenheiten verfällt; derlei Fortschritte kommen nie ohne ein vorausweisendes Wunschbild, ohne einen gedanklichen Vorgriff zustande, der sich später ernüchternde Prüfungen gefallen lassen muß. Und die Übereinstimmung von Sauveurs Entdeckung und Rameaus Theorie mußte seinerzeit als ein so glänzendes Zeugnis der Chancen eines unvoreingenommen zu Werke gehenden *esprit observateur* und zugleich als eine in ihrer Beweiskraft schlagende Emanzipation von den überkommenen theologischen Implikationen des musikalischen Harmoniebegriffs erscheinen, daß man Vorwegnahmen, welche präzis auf der damit vorgegebenen Linie lagen, kaum als solche empfinden konnte. Mindestens ebenso schwer wie solche methodischen Bestätigungen wog die substantielle — der neue, gewichtige Beleg für die Übereinstimmung von äußerer und innerer Natur (das als natürlich Empfundene identisch mit dem in der Natur Gegebenen), welche das Nachahmungskonzept unabdingbar voraussetzt, wie schon bei den seinerzeit gültigen Klassikern der französischen Poetik nachzulesen ist.[140] Da läßt sich die Emphase des — sonst eher pedantisch nüchternen — „Entdeckers" wohl verstehen: „*Wieviel Prinzipien hier vor unseren Augen aus einem einzigen Urquell entstehen! Sie alle stammen aus der Schwingung des klingenden Körpers — die Harmonie, der Grundton, die Tonreihe ... die Tonarten ... fast sämtliche Melodien...*"[141] Unter solchen Umständen hätte die Frage nach einer Historizität dieser Natürlichkeit fast widersinnig erscheinen müssen; was dies für die Schaffenden bedeutete, mag man noch aus Glucks Überzeugung ersehen, daß seine Alceste „*nach zweihundert Jahren gerade so gefallen wird ..., da ihre Grundlagen auf die Natur gebaut sind, die keiner Mode ausgesetzt ist*"[142].

Hier aber gelangen wir an einen Punkt, da Rousseaus anthropologische Konzeption der Musik diejenige des Altmeisters ebensowohl voraussetzt, wie sie sich von ihr abstößt. Bezeichnenderweise bestand Rameau darauf, daß, wie seine Theorie, auch sein Komponieren eine auf „*Geometrie*", d. h. methodisch fixierte Regeln gegründete „*Wissenschaft*" sei — eine Gleichsetzung, der die Enzyklopädisten scharf widersprachen, doch nicht erst sie: Schon im Jahre 1736 hatte Cartaud de la Villatte geschrieben: „*Man täte unseren großen Meistern der Musik doch etwas zu viel Ehre an, wenn man sie für große Mathematiker hielte; eine Kunst*" [der Verfasser schreibt *science* = Wissenschaft], „*deren Grundsätze sich je nach den Launen des Geschmacks verändern, kann nicht auf die unverrückbaren Gesetze der Proportionen gegründet sein.*"[143] Nicht nur das Mißtrauen gegen alles Apriorische gab den *philosophes* hierzu Anlaß: In einer der gewichtigeren Gegenschriften des Buffonistenstreites Claude de Ruhlières *Jugement de l'Orchestre de l'Opéra*, wird ihnen vorgeworfen, sie maßten sich nur deshalb kritische Urteile über Musik an, weil sie mit akustischen Theorien experimentiert hätten. *„Sie sind mit Musik ungefähr so vertraut, wie jemand mit Malerei vertraut ist, der weiß, daß grün aus blau und gelb zusammengesetzt ist."*[144] Rameau indessen ist so sehr in die Möglichkeit verliebt, die Ansprüche der Wissenschaftlichkeit für sein Komponieren zu reklamieren (wobei wir von dem aufschlußreichen Umstande absehen, daß bis hin zu Haydn und Mozart die Formulierung *„Kompositionswissenschaft"* selbstverständlich war), daß er die Gefährdungen durch Normative und schematisierende Kategorien ignoriert. Diese aber sahen die Enzyklopädisten, welche sich oft genug gegen Vorwürfe wie den oben zitierten zu verteidigen hatten, nur allzu deutlich; eben diese Differenz gehört zum Hintergrund des Disputs um die Priorität von Harmonie und Melodie, welcher ohne Kenntnis der mitgesetzten Kontexte verbohrt anmuten müßte.

Wenn wir unter dem Oberbegriff des „Natürlichen", wie oben angedeutet, schematisierend zwischen dem Naturgegebenen und dem als natürlich Empfundenen unterscheiden, ohne der Frage nach deren Kongruenz nachzugehen, so stünde Harmonie in erster Linie für das Naturgegebene, Melodie für das als natürlich Empfundene. Nicht aber nur als dem *„einzigen Urquell"* gehören der Harmonie alle Sympathien Rameaus; als guter Cartesianer muß er sie bevorzugen auch als diejenige Komponente, die sich messen und kategorisieren läßt. *„Notwendigerweise ist die Harmonie hochwertiger als die Melodie, weil sie in der melodischen Vergegenwärtigung der ohne Kontrolle der Vernunft uferlos dahinflutenden Leidenschaften für eine rationale Ordnung sorgt."*[145] Dieser *„rationalen Ordnung"* nun mißtraut Rousseau, er sieht in ihr und all ihrem *„gotischen"* Ballast die Konstruktion eines selbstgenügsamen *esprit de système;* obendrein ist der inventarisierende Zug im cartesianischen Denken dem Apostel der Unmittelbarkeit und des Gefühls tief unsympathisch, zumal in dem Anspruch, nicht kategorisierbare harmonische Wirkungen könnten in Entsprechung zu exakt kategorisierbaren menschlichen Affekten aufgewiesen und disponiert werden. Der anonym-physikalischen Naturgegebenheit der Harmonie setzt er die Natürlichkeit der unmittelbar aus der Emotionalität des Menschen hervorgebrachten Melodie, die Dignität der elementaren, unverbildeten Äußerung entgegen. Bei der Verteidigung der Rechte des fühlenden Menschenherzens als einer Art „erster Natur" geistert für ihn im Hintergrund von Rameaus physikalisch verbürgter Natur immer wieder der Schatten der verhaßten „scholastischen" Spekulationen, in welchen, als *musica mundana* o. ä., die Musik im vorhinein für ein Weltbild beschlagnahmt und von dem abstrahiert wird, der sie macht — dem Menschen. Bekenntnisse wie das späte, ins Jahr 1760 gehörige,[146] daß „*Ausdruck der einzige Gegenstand des Musikers*" sei — entsprechende lassen sich auch in Rameaus früheren Schriften finden[147] —, vermögen Rousseaus Verdachte nicht zu zerstreuen, und nicht zu Unrecht: Denn wenn sein Kontrahent von *expression* redet, so bleibt das noch immer, wenn auch selten explizite ausgesprochen, auf die inventarisierte Emotionalität der Affektenlehre bezogen. Deshalb wiegt auch Rameaus Kennzeichnung der Harmonie als „*zur Seele sprechend*" für Rousseau nicht schwer — innerhalb einer Formulierung, die man sich als wichtigsten Bezugspunkt der einschlägigen Repliken vorstellen darf: „*Die Melodie wird aus der Harmonie geboren und hat in der Musik eine untergeordnete Rolle: sie dient der allzuleichten, nichtssagenden Zerstreuung. Die Melodie gelängt nur bis in die Gehörgänge, die schöne Reihe der Harmonien spricht demgegenüber unmittelbar zur Seele.*"[148] Wohl verspürt man das Bedürfnis, sich gegen Mißverständnisse zu verteidigen, in späteren Formulierungen wie „*das Erstgeburtsrecht der Harmonie mindert in keiner Weise den Wert der Melodie*"[149]; zu einer Revision dieses 1722 formulierten Standpunktes indessen hat Rameau nie Anlaß gesehen: „*Melodie hat nicht weniger Ausdruckskraft als Harmonie; es ist aber fast unmöglich, für sie klare Regeln anzugeben, denn guter Geschmack hat bei ihr einen größeren Anteil als irgendetwas anderes; deshalb werden wir den mit Genie Gesegneten das Vergnügen überlassen, sich in diesem Bereich zurechtzufinden, mit dem sich nahezu alle Macht der Gefühle verbindet.*"[150]

Alle Berührungspunkte und partielle Überschneidungen indessen mindern die Wucht nicht, mit der hier zwei grundverschiedene Konzeptionen aufeinanderprallen; eher steigern sie sie, weil allenthalben, schon im Verständnis der Begriffe, die Differenzen offenbar wurden: Was half es im Interesse einer hypothetischen Versöhnung der Standpunkte schon, wenn beide Kontrahenten gleicherweise die Natur als oberste Berufungsinstanz anerkannten, da sie doch, die angesprochenen Überschneidungen nicht gerechnet, damit sehr verschiedene Akzentuierungen verbanden! Spricht Rameau von der Natur der Musik, so meint er in erster Linie die Schwingungsverhältnisse, die Physik der Vibration; spricht Rousseau von der Natur der Musik, so denkt er zunächst an die Regungen des menschlichen Herzens. Und wie der eine qua Physik den Zusammenklang, die Harmonie als den am unmittelbarsten naturverbundenen Teil der Musik ansehen muß, so der andere, weil in ihr die Äußerungen des fühlenden Menschenherzens sich ausdrücken, die Melodie: dies die Grundkonstellation der Begriffe, Zuordnungen und Wertungen, welche mithin nur in peripheren Zonen des Konfliktfeldes konvergieren und auch die Grundrichtung des Fragens und Argumentierens prägen: Rameau fragt zunächst nach der Struktur, Rousseau nach der Genese.[151] Das zeitweilige Bündnis mit den Enzyklopädisten stand, so gesehen, von vornherein auf unsicherem Boden.

Nicht aber nur als Theoretiker, sondern auch als Komponisten nahmen die *philosophes* Rameau zunächst für die eigene Sache in Anspruch — mit guten Gründen. In den vierziger Jahren, da sie sich als Truppe formierten, waren die Anfeindungen noch in bester Erinnerung, denen sich Rameau von seiten der Statthalter der Lullyschen Oper bis zur Uraufführung von *Castor und Pollux* ausgesetzt sah. Da war er derjenige, der mit dem italienischen Geschmack liebäugelt und nationale Traditionen mißachtet. In derlei Anwürfen äußert sich ein musikalischer Chauvinismus, den man provinziell nennen müßte, stünden nicht die nationalen Zuordnungen, wie später im Buffonistenstreit, für bestimmte ästhetische Haltungen und gesellschaftliche Positionen. Die Anschuldigung, Rameau bzw. später die *philosophes* kokettierten mit Italias lockeren Reizen, wird jeweils durch den Standpunkt bestimmt, der als Richtmaß dient, sei es nun bei den Lullisten der dreißiger oder bei den Ramisten der fünfziger Jahre; hier wie dort hat die Polemik ihn so vereinfacht, daß man allemal in Gefahr ist, an wirklich bedeutender Musik vorbeizuargumentieren. So mag es nützlich sein, sich zu vergegenwärtigen, daß d'Alembert mutmaßen konnte, der Erfolg der *buffoni* wäre ohne den

Vorangang ausgerechnet eines Rameauschen Werkes kaum möglich gewesen: „*Wer weiß schon, ob La serva padrona bei uns so sehr gefallen hätte, hätte uns nicht Platäa an diese Art von Musik gewöhnt?*"[152]

Die genannte *Comédie lyrique* war im Jahre 1745 in einer nahezu pikanten Konstellation in Szene gegangen: ein *ballet bouffon*, in dem die Schein-Ehe eines Gottes mit einer häßlichen Nymphe abgehandelt wird, diente als Festoper bei der Hochzeit des Dauphins mit der für ihre Unansehnlichkeit bekannten Maria-Teresa von Spanien. Das Sujet verlockte den Komponisten in die Bereiche eines Genres, das es seinerzeit in Frankreich eigentlich noch gar nicht gab und in die Richtung der späteren *opéra comique* weist. Die kecke Respektlosigkeit der Formung fand den Beifall der *philosophes* umso mehr, als sie deutlich genug in Gegensatz zu den oft steifleinernen Ritualen der *tragédie lyrique* stand: „*... sein Meisterwerk und das der französischen Musik insgesamt*", resümierte d'Alembert begeistert.[153]

Nicht aber nur dieser durchaus besonderen Oper applaudierten die *philosophes*: zu genau wußten sie, was sie Rameau dankten. Vielleicht dürfen Rousseaus an Grimm geschriebene Briefe auch als Zeugnisse eines — zumindest von Diderot „verordneten" — Bemühens verstanden werden, vordem geschlagene Wunden zu vergessen und eigene Standpunkte sine ira et studio zu formulieren. Rousseau hat sich nie als Verfasser des zweiten *Briefes an Grimm* zu erkennen gegeben und den *Brief über die französische Musik* möglicherweise, bevor er die offene Feldschlacht suchte, zunächst eine Weile zurückgehalten. Für ein genaues Abwägen seiner Gründe hätten wir die Folge aller einschlägigen Veröffentlichungen zu analysieren,[154] insbesondere diejenigen der Gegenseite, deren oft grobe Dummheiten nach entsprechenden Repliken geradezu riefen. Dennoch gab Rousseau die mühsam gewahrte Reserve erst spät auf. Wenn auch den meisten Gegnern überlegen und eine kritische Begabung obersten Ranges, ist er doch keine polemische in dem Sinne, daß er souverän genug bleibt, die seinem intellektuellen Anspruch gemäßen Waffen zu wählen und einen mit Keulen dreinschlagenden Gegner mit Florettstichen zu erledigen. Mit einer etwas großsprecherischen Befriedigung schreibt er über seine öffentlichen Dispute — hier die Abhandlung von 1750 — in den *Bekenntnissen* u. a. dies: „*Unwillig zu sehen, daß so viele kleine Herren Josse, die nicht einmal begriffen, worum es sich handelte, als Meister darüber entscheiden wollten, ergriff ich die Feder und behandelte einige derselben auf eine Weise, die die Lacher nicht länger mehr auf ihrer Seite ließ.*"[155]

Sosehr ihn die Themen der Auseinandersetzung weiterhin interessierten, so wenig doch interessierte ihn diese selbst. Für die Öffentlichkeit war er in einer Weise abgestempelt, angesichts derer jede Veränderung oder auch Differenzierung seiner Standpunkte wie ein Widerruf aussehen mußte. Und für sich selbst fand er an seinen polemischen Heftigkeiten wenn schon nichts zurückzunehmen, so doch viel aufzuarbeiten. Nach dem *Brief über die französische Musik* jedenfalls hat Rousseau sich bis zur Veröffentlichung des *Wörterbuches*, d. h. solange Rameau noch lebte, nicht mehr öffentlich zu ihm geäußert, wohingegen der alte Herr nach dem Zerwürfnis mit den Enzyklopädisten fast jährlich sich zu Wort meldete.

Das Bemühen um eine Sachlichkeit, die Rousseau in delikaten Punkten sich nicht leicht abgewann, spiegeln die beiden frühen Briefe an Melchior Grimm deutlich wider — in einer fast betulichen Sorgsamkeit des Argumentierens zumal dort, wo er einen im Vergleich zum Adressaten oder zu früheren eigenen Standpunkten kritischere Meinung darzulegen hat. Rousseau hatte den Deutschen[156] im Sommer 1749 kennengelernt; die Musik war es, bei der die beiden sich fanden.[157] Anscheinend hat Grimm den neugewonnenen Freund im folgenden Winter gebeten, seine Meinung zur italienischen und zur französischen Oper schriftlich darzulegen.[158] Möglicherweise blieb der Brief Fragment, weil der darin formulierte Standpunkt sich bald veränderte. Grimms Frage kam nicht von ungefähr: Schon 1702 hatte der Abbé Raguenet eine (soeben neu aufgelegte) *Parallèle des Italiens et des Français en ce qui regarde la musique et les Opéra* (*Vergleich der Italiener und der Franzosen inbezug auf die Musik und die Oper*) erscheinen lassen, worin die Italiener besser wegkamen, als dem Kultur-Chauvinismus der zuendegehenden Sonnen-König-Zeit zugemutet werden durfte. Prompt kam es nach einer ersten Gegenschrift[159] zu einer länger währenden Polemik. Weniger die journalistischen Tiefschläge als die Themen lassen Raguenets Schrift wie ein Vorgeplänkel zum nachmaligen Buffonistenstreit erscheinen[160]: In Frankreich sind die Libretti besser, weil sie mit den Regeln des klassischen Dramas übereinstimmen; den Orchestern und Chören gebührt vor den italienischen der Vorzug, freilich werden sie durch das Pochen des Taktstockes gestört; auch die Tänze, Kostüme und die Darstellung sind in Frankreich sehenswert; indessen ist die italienische Sprache musikalischer, weil vokalreicher, die italienischen Sänger und Musiker insgesamt besser und auch sozial in besserer Stellung, die musikalische Erziehung anspruchsvoller, die Theater und die Bühnenbilder prächtiger, die Arien gegenüber den eintönigen französischen abwechslungsreicher. Da sind, rechnet man des Abbé Faible für Kastraten ab, wichtige Motive beisammen, die sich in Rousseaus einschlägigen Äußerungen wiederfinden.

Eine unmittelbare Veranlassung, Grimm in der Diskussion um seinen *Brief über Omphale*[161] beizuspringen, war kaum vorhanden. Jener „*Kommentator*" jedenfalls, den Rousseau in der ersten Hälfte seines Briefes aufs Korn nimmt — eine Identifizierung ist bisher nicht gelungen[162] —, wendet teilweise, zumal gegen Grimms Verhimmelung Rameaus, Ähnliches ein wie Rousseau, weshalb dessen Polemik gegen ihn kaum sticht. Bestenfalls sind des „*Kommentators*" Bemerkungen wegen einiger offenkundiger, von Rousseau gebrandmarkter Torheiten den Freunden als ein unerwünschter Beifall von der falschen Seite erschienen. Im übrigen stimmten Grimm und Rousseau in so vielen Punkten überein, daß es nahelag, auch jene öffentlich zu präzisieren, in denen ihre Meinungen auseinandergingen. Der Streit hatte noch nicht jene Heftigkeit erreicht, welche späterhin derlei öffentliche Differenzierungen im eigenen Lager aus taktischen Gründen erschwerte bzw. verbot. Der schon in dem fragmentarischen ersten *Brief* angestellte Vergleich zwischen französischer und italienischer Musik begegnet auch hier, wobei Rousseau der französischen Musik boshafterweise nicht die italienische, sondern die europäische gegenüberstellt. Inbezug auf die Rezitative, auf das „Schreien" der französischen Sänger und die „Unnatürlichkeit" von Duetten hatte sich Grimm in dem *Omphale*-Brief schon genauso empfindlich gezeigt wie später Rousseau, und bei seinem Scherbengericht über Destouches spielen deklamatorische Gesichtspunkte eine gleich wichtige Rolle wie in Rousseaus Kritik des *Armida*-Monologs[163]: Bei der Feststellung solcher Übereinstimmungen haben wir uns immer neu den innigen, vor allem von Diderot initiierten Gedankenaustausch der Freunde vor Augen zu halten, welcher aus den einschlägigen *Enzyklopädie*-Artikeln (u. a. außer Rousseau Marmontel: *Déclamation;* Cahusac: *Expression;* d'Alembert: *Genre;* Grimm: *Poème lyrique* u. a.) ein sehr umfassendes Programm einer besseren Musik machte.[164] Es ist kaum ein Zufall, wenn in Grimms Brief, wo er die Arien der *Omphale* als aus einzelnen Phrasen zusammengestückelte „*Rhapsodien*" tadelt, als Maßstab deutlich anklingt, was Rousseau später das „*Gesetz der Einheit der Melodie*" nennen wird: „*Man hat das Recht, zu fordern, daß jede Arie ein Ganzes sei.*"[165] Im übrigen haben Grimms oft genug recht subjektive Wertungen nicht nur mit den neuen Positionen, sondern auch mit seiner glücklosen Liebe zu Madame Fel zu tun, damals der ersten Sängerin der *Académie Royale,* welche später auch in der Uraufführung des *Dorfwahrsagers* mitwirkte[166]: Jene Szenen, in denen die Fel nicht auftritt und also nichts retten kann, sind für Grimm von vornherein verloren.

Rousseaus wichtigstes Anliegen war offensichtlich eine kritisch ausgewogene, von Grimms Lobpreis ostentativ Abstand nehmende Einschätzung von Rameaus Leistung. Möglicherweise wollte er durch die Anonymität eine vorurteilsfreie Lektüre gewährleisten, kannten doch nicht nur die Eingeweihten seine Konflikte mit Rameau, ganz abgesehen davon, daß er der Öffentlichkeit mittlerweile als Autor der skandalösen Verneinung von 1750 bekannt war. Zu jenem Anliegen paßt auch, daß der zweite Brief schriftstellerisch erst bei der Diskussion Rameaus Fasson und Niveau gewinnt, wogegen das Vorangehende als eine Art Vorgeplänkel und als recht lax gespielte Etüde in polemischen Denkfiguren und feuilletonistischen Sticheleien abfällt; hier besorgt Rousseau sich lediglich den Anlaß, die nachfolgenden Erklärungen an die Öffentlichkeit zu bringen. Dies wäre nur noch plausibler, wenn er, wie nicht zu Unrecht gemutmaßt worden ist, dem Freunde zuvor beim Verfassen des *Omphale*-Briefes zur Hand gegangen ist.

VI „*Der Dorfwahrsager*"

Erfolge, zumal diejenigen auf dem Theater, brauchen ihre Stunde. Als Pergolesis *Serva padrona* im Jahre 1743 erstmals in Paris gespielt wurde, blieb sie nahezu unbeachtet; als eine neu eingetroffene Truppe italienischer *buffoni* sie neun Jahre später abermals aufführte, erntete sie tosenden Applaus, so daß nun die *buffoni* einer Kunstpolemik den Namen gaben, die — fast eine Art Glaubenskrieg — die Öffentlichkeit zeitweise mehr beschäftigte als politische Tagesereignisse: Jene zweite Premiere machte den 1. August des Jahres 1752 zu einem der wichtigen Daten der europäischen Musikgeschichte. Bis zu ihrer Abschiedsvorstellung am 7. März 1754 füllten die Italiener, insgesamt zwölf Stücke und je zwei- bis dreimal in der Woche spielend, die Kassen ihres Theaters und erregten die Gemüter, vorab dasjenige des eben vierzigjährigen Rousseau. Dieser sorgte nicht nur für Druckausgaben der *Serva padrona* und der *Zingara* von Rinaldo, sondern schrieb auch das wichtigste französische Gegenstück. Der Bericht über die Entstehung des *Dorfwahrsagers,* dessen Harmlosigkeiten man nicht belächeln sollte, ohne seine Wirkungen bedacht zu haben, ähnelt demjenigen von der „Erleuchtung" von Vincennes auffällig. Wieder fühlt Rousseau sich „gerufen" und bewahrt sich, abgeschlossen und konzentriert arbeitend, jene schöpferische Fixierung auf sein Anliegen, die ihn — nach anfänglichen Unsicherheiten — von allen Skrupeln befreit; wieder trägt ihn ein „Fieber" bis zu der Stunde, da er den Schlußpunkt setzen kann. Hatte man im Frühling desselben Jahres seine Auskunft, daß sich mit Rameaus Methode das Studium der Komposition von zwanzig Jahren auf einige Monate verkürzen ließe,[167] noch belächeln können als die Meinung von jemandem, der die Probe aufs Exempel nie gemacht hat, so lieferte nun derselbe einen erstaunlichen Beitrag zu dieser Frage, erstaunlich auch dann noch, wenn man einkalkuliert, daß er etliche Bereiche der Komposition nicht beanspruchte und möglicherweise das Stück nicht allein komponiert hat. Wenige Wochen nach der ersten Vorstellung der *buffoni* hatte Rousseau sich wegen einer Trinkkur in das Haus seines Landsmannes und Freundes Mussard nach Passy zurückgezogen. *„Eines Abends unterhielten wir uns lange darüber, ehe wir zu Bett gingen, vor allem über die komische Oper, die sowohl ich wie er in Italien gesehen und die uns beide in das höchste Entzücken versetzt hatte. Da ich die Nacht nicht schlafen konnte, sann ich darüber nach, wie man es wohl anstellen müßte, um in Frankreich einen Begriff von einem Drama dieser Art zu erwecken ... Als ich am nächsten Morgen auf und ab ging und meinen Brunnen trank, warf ich in aller Eile ein paar Proben von Versen hin und paßte sie den*

Melodien an, die mir so beim Niederschreiben im Ohre summten. Ich schmierte alles das in einem gewölbten Gartenhäuschen nieder, das im oberen Teile des Gartens stand, und um die Teestunde konnte ich es nicht unterlassen, Mussard und Fräulein Duvernois, seiner Haushälterin ... jene Lieder zu zeigen. Die drei Stücke, die ich flüchtig ausgeführt hatte, waren der erste Monolog ‚Meinen Diener find ich nirgends‘, die Arie des Wahrsagers ‚Liebe wächst, befällt sie Furcht‘ und das letzte Duett ‚Ach, auf ewig heiß ich mein dich‘. Ich bildete mir so wenig ein, es möchte sich der Mühe verlohnen, all dieses auszuführen, daß ich ohne den Beifall und das Drängen meiner beiden Zuhörer meine Blätter ins Feuer geworfen und niemals wieder an sie gedacht haben würde, wie ich es schon so oft mit mindestens ebenso guten Dingen getan hatte. Aber sie ermunterten mich so herzlich, daß, von ein paar Versen abgesehen, mein ganzes Drama in sechs Tagen niedergeschrieben und die Musik dazu skizziert wurde und ich dann in Paris nur noch einige Rezitative und die Nebenrollen zu machen hatte. Ich vollendete das Ganze in solcher Geschwindigkeit, daß in drei Wochen sämtliche Auftritte ins Reine geschrieben und zur Aufführung bereit waren."[168] Nicht einmal die theoretisch bereits angemeldeten Zweifel an der Musikfähigkeit der französischen Sprache sind ihm jetzt im Wege.

Nicht unerwähnt darf die mitunter geäußerte Vermutung bleiben, Rousseaus Schilderung seines schöpferischen Raptus sei vor allem deshalb so eindrucksvoll ausgefallen, weil er die Tatsachen ein wenig gebeugt habe und bestenfalls teilweise als Autor des *Dorfwahrsagers* gelten könne — etliche Nummern wurden ohnehin nachkomponiert. Durch die Abschrift eines Briefes des Komponisten Grenet an Rousseau[169] hat sie jüngst neue Nahrung erhalten; der Brief soll im Jahre 1750 geschrieben worden sein und sich auf die damals bereits zurückliegende Arbeit am *Dorfwahrsager* beziehen; er würde das Singspiel also, wenn ein positiver Nachweis gelänge, aus dem Zusammenhang mit dem Buffonistenstreit herauslösen und hätte damit eine beträchtliche Beweislast zu tragen: denn vorderhand wiegt die von Rousseau so anschaulich beschriebene innere Evidenz einer durch die opernästhetischen Debatten inspirierten Verfertigung so schwer, daß man sich viel eher noch einen im Jahre 1752 tätigen Mithelfer vorstellen kann (derlei war seinerzeit nicht ungewöhnlich) als eine weiter zurückliegende Konzeption. In beiden Fällen allerdings wäre

Rousseau bei seiner Schilderung dem Grundsatz des „*vitam impendere vero*" arg untreu geworden.

Die Handlung des Singspiels ist denkbar einfach und variiert ein Grundmuster, welches, in der arkadischen Dichtung der Antike angelegt, auch im Minnesang, in den *jeux partis* des 14. Jahrhunderts und bei Adam de la Halle begegnet: Das Mädchen aus dem Volke ist von den zumeist leichtfertigen Werbungen eines Ritters zwar beeindruckt, bleibt aber am Ende ihrem Geliebten und ihrem einfachen Leben treu. Rousseau verkehrt die Rollen und aktualisiert in dem alten Grundmuster, wie freundlich es in dem Stückchen auch hergehen mag, die kritischen Untertöne: Colette,[170] ein Landmädchen, ist untröstlich darüber, daß ihr Liebhaber Colin sie verlassen hat, und sucht einen Wahrsager auf, der ihr raten und helfen soll. Er erklärt ihr, daß die Herrin des Gutes Colin in ihre Netze verstrickt habe, im Herzen aber liebe er noch Colette und werde sie auch wieder aufsuchen; dann müsse sie ihn aber durch verstellten Kaltsinn strafen und seine Liebe neu anfeuern; sie verspricht es. Colin tritt auf und versichert, er sei von seinem Wahn geheilt und kehre zu seiner Colette zurück. Als der Wahrsager ihm erklärt, sie liebe nun einen anderen, fleht er ihn um Hilfe an; dieser verspricht, durch einen Zauber Colette herbeizurufen, dann möge er selbst sein Heil bei ihr versuchen. Colette erscheint und spielt mit Mühe die Spröde; als er sich darauf verzweiflungsvoll entfernt, ruft sie ihn zurück, es erfolgt die Versöhnung und erneute Versicherung der Liebe und Treue. Der Wahrsager holt sich seinen Dank und Lohn, und an dem Glück der Liebenden, das sich in verschiedenen Couplets ausspricht, nehmen die versammelten Landleute teil.

Wie bei der Arbeit steht auch weiterhin über dem Stück ein guter Stern: Die Freunde im Kreise um Holbach sind begeistert. Er „*sang uns die neuen Arien, die er gerade komponiert hatte, am Klavier vor. Wir waren von ihnen ebenso entzückt wie von der sicheren, lebendigen und tiefen Darstellungsweise seiner preisgekrönten Abhandlung*", berichtet Marmontel.[171] Man beschließt — offenbar noch im September! —, das Stück der *Académie Royale de Musique*, d. h. dem Königlichen Opernhaus, einzureichen, allerdings, ohne den skandalumwitterten Namen des Verfassers zu nennen. Das Stück wird sofort angenommen, eine Probe veranstaltet, bei der sich nicht mehr verheimlichen läßt, wer der Autor ist. Aber die Bombe platzt nicht in der befürchteten Weise; vielmehr geraten sich die Intendanten der *Académie* und der Privatoper des Königs in die Haare: Jeder will das Stück haben. Nur an den Rezitativen hat man etwas auszusetzen; Rousseau stimmt den Veränderungen zu, die seine Freunde Francueil und Jelyotte vorgenommen haben, und am Abend des 18. Oktober findet in Fontainebleau die Uraufführung des Stückes statt, von dem sechs Wochen zuvor kaum ein Wort und eine Note geschrieben waren. *„Der ganze Hof ist von Ihrer Oper bezaubert; der König, wie Sie wissen, sonst kein Liebhaber von Musik, singt Ihre Arien den ganzen Tag über mit der falschesten Stimme seines Landes und hat eine zweite Vorstellung innerhalb der nächsten acht Tage befohlen"*; berichtet ihm Jelyotte.[172] *„Ein neues Intermezzo"*, meldet der *Mercure de France* seinen Lesern,[173] *„dessen Text und Musik von Herrn Rousseau sind ... hatte einen ebenso glänzenden wie vollständigen Erfolg. Der Dichter läßt ein bäuerliches Liebespaar nicht nur nach ihrer Grammatik, sondern auch nach ihrer Sprache reden, und der Komponist gibt eine neue Gattung der Tonkunst, die schlicht, naiv und von einem dem Gegenstande angemessenen Ausdruck ist. Fachleute bewunderten vornehmlich den Geschmack und die Reize, die er in der Begleitung zu offenbaren das Geheimnis fand, und diese Begleitung ist in ihrer Art in hohen Graden neu für unser Land. Der Erfolg des Dorfwahrsagers in Fontainebleau gibt den Liebhabern der Kunst die Hoffnung, daß auch die Oper von Paris nicht säumen wird, das Stück auf ihren Brettern zu geben."* Die Pariser Oper säumte tatsächlich nicht: Am 1. März des folgenden Jahres erschien der *Dorfwahrsager* auch hier, nur drei Tage zuvor aber auch wiederum bei Hofe, nun von den Damen und Herren der Gesellschaft höchstselbst dargeboten: Die Pompadour gab den Colin.

Dem bis dahin vom Leben nicht verwöhnten Jean-Jacques müssen, so sollte man meinen, in jenen Monaten die Begriffe von Traum und Wirklichkeit durcheinandergeraten sein: Der dezidierte, zurückgezogen mit seiner Thérèse lebende Plebejer plötzlich Held des Tages und, ungeachtet des Fehderufs von 1750, akklamierter Gast in der Welt der Feste, Equipagen und Intrigen! Jean-Jacques, so scheint es, „hat es geschafft". Nach der Anerkennung durch seine Gesinnungsfreunde für die *Abhandlung ...* besitzt er nun auch die der Öffentlichkeit und des Hofes; Intendanten reißen sich um sein Stück, und eine der mächtigsten Frauen Europas läßt es sich nicht nehmen, eine von ihm erdachte Gestalt zu verkörpern und von ihm ersonnene Melodien zu singen. Ihn aber blendet der Erfolg nicht; weder läßt er sich neue Kleider schneidern oder engagiert einen Diener, noch wechselt er Wohnung oder Geliebte; er bleibt bei Thérèse und schreibt weiter Noten ab, obwohl der *Dorfwahrsager* mehr Geld ins Haus bringt, als er später mit einem so langwierigen Unternehmen wie dem *Emile* verdienen wird. Es fällt ihm nicht schwer, die naheliegende Rolle zu verschmähen: Sein Plebejerstolz geht so selbstverständlich mit seiner Neigung einher, sich in unmögliche, provozierende Situationen hineinzumanövrieren, daß er sich selbst, später die *Bekenntnisse* schreibend, darüber wundern muß. Die Einladung zu der Aufführung der Höflinge schlägt er aus, weil er sein Stück nicht verschandelt erleben will; zuvor schon hat er eine Audienz beim König ignoriert und sich damit eine Pension verscherzt, was seine Freunde, vorab Diderot, nicht verstehen. Aber schon am 18. Oktober selbst begannen die Kalamitäten: „*Ich war an jenem Tage in meinem Äußeren ebenso vernachlässigt wie gewöhnlich, mit langem Bart und einer ziemlich schlecht gekämmten Perücke erschienen. Da ich diesen Mangel an Anstand für eine mutige Tat hielt, betrat ich in diesem Aufzug denselben Saal, in dem sich um einiges später der König, die Königin, die königliche Familie und der ganze Hof einfinden sollten. Herr von Cury führte mich selber in seine Loge, und ich ließ mich dort nieder. Es war eine große Proszeniumsloge, die der kleinen, etwas höher gelegenen, in der der König mit Frau von Pompadour Platz zu nehmen pflegte, gerade gegenüberlag. Da ich von Damen umgeben und der einzige Mann im vorderen Teil der Loge war, konnte ich nicht daran zweifeln, daß man mich dorthin gewiesen hatte, damit ich von allen Seiten recht gut zu sehen sein würde...*"[174]

Zu einem *agent provocateur*, als den er sich sieht, paßt freilich gar nicht, wie er sich von der Empfindsamkeit der adligen Damen anstecken läßt. „*Von dem ersten Auftritt an, der auch wirklich von einer rührenden und unschuldigen Anmut ist, hörte ich in den Logen rings ein Murmeln der Überraschung und des Beifalls, das derartigen Stücken gegenüber etwas völlig Unerhörtes bedeutete. Die zunehmende Aufregung stieg bald dermaßen, daß alle Anwesenden von ihr ergriffen wurden... Vor dem König wird niemals geklatscht, daher konnte man alles hören, und das kam dem Stück und dem Verfasser zugute. Ich vernahm rings um mich ein Geflüster unter den Frauen, die mir alle schön wie Engel dünkten und die sich mit halblauter Stimme zuwisperten: ‚Das ist berückkend, das ist hinreißend, man hört keine Note, die nicht sofort zum Herzen dringt.' Die Freude, so viele liebenswürdige Frauenzimmer zu bewegen, rührte mich selber bis zu Tränen, und als ich beim ersten Duett gewahrte, daß meine Augen nicht allein naß wurden, konnte ich sie nicht mehr zurückhalten. Ich habe wohl Stücke einen größeren Überschwang von Bewunderung erregen, niemals aber eine so vollständige, so süße, so rührende Trunkenheit in einem ganzen Theater herrschen sehen, und noch dazu am Hofe und am Tage der ersten Vorstellung."*[175] Der „Linksaußen" der philosophischen Truppe, unrasiert in abgetragenem Wams zwischen den ersten Damen des Landes sitzend und mit ihnen Tränen vergießend ob Colettes außerordentlich heilbaren Kümmernissen — das ist eine Szene von rührender, hintergründiger, ehrwürdiger Komik, vor der alles klassenkämpferische Moralisieren guten Gewissens die Waffen strecken darf.

Übrigens kann man sich den Autoren suchen, der — nicht nur hier — so gern gesteht, von eigenen Produkten bis zu Tränen gerührt zu sein. Und an das Lächeln über die seltsame Szenerie, deren Hauptheld eher auf die Bühne als in die Loge gehört hätte, schließen sich recht zwangsläufig rezeptionspsychologische Fragen an: Welche Musik konnte da solche Wirkungen auslösen? — was für ein Erlebnispotential mußte bereitliegen, um sich in Rousseaus sehr einfachen Melodien artikuliert zu finden? — fiel die emotionelle Beantwortung so explosiv aus, weil jenes Potential von der anderen seinerzeit gespielten Musik nicht angesprochen wurde? — welche für uns sich wiederum nicht genug von der rousseauschen unterscheidet, um diese Vermutung zu rechtfertigen! Angesichts der Empfindsamkeit des 18. Jahrhunderts (wie auch der des 15.) erscheinen sowohl die Annahme, ein gleichbleibendes Grundpotential menschlicher Gefühle könne sich an sehr verschiedenartige Ausdrucksträger heften, als auch die cartesianische Vorstellung, bestimmte Gefühlsqualitäten seien auf bestimmte Ausdruckscharaktere fixiert, als allzu prinzipielle Theoreme. Unübersehbar ist die Lektion über die Historizität von Emotionen: Wie intensiv und hingebungsvoll damals gefühlt und geweint worden ist, läßt sich gerade bei Rousseau nachlesen, in dessen *Bekenntnissen* es ebensowenig an rührenden Szenen mangelt wie in fast allen aus seinem Umkreis stammenden Lebenserinnerungen, z. B. denjenigen Grétrys oder Marmontels.[176] Gewiß hat man seinerzeit mit Gefühlsregungen, die später eher schamhaft verborgen blieben, oft geprahlt, wobei in dem Luxus der Gefühle auch ein soziales Problem steckt: Nicht jeder kann ihn sich leisten. Die Ostensionen der Empfindsamkeit verdienen hinsichtlich ihrer Aufrichtigkeit durchaus einiges Mißtrauen; auch Gefühle können Mode werden — man denke an manche Folgewirkungen Rousseaus oder Werthers, an die Nachbarschaft der Empfindsamkeit zur ersten Blüte des Trivialromans oder an die Distanz, die die führenden Köpfe sehr rasch gewannen — Goethe etwa, der schon 1776 in der *„dramatischen Grille" Der Triumph der Empfindsamkeit* mit dem Kult der Tränen, Nachtigallen und Mondscheinnächte derbe Scherze trieb.

Uns, die wir in einem reizüberfluteten Zeitalter leben, bleibt dennoch das Recht, trotz aller Distanz etwas neidisch auf etliche elementare Wirkungen und spontane Reaktionen zu blicken als auf die Zeugen einer Erlebnisbereitschaft oder auch Unschuld, in der dies Zeitalter viel weiter entfernt von uns zu liegen scheint als in seiner künstlerischen Produktion. Inbezug auf die Musik hat jene „Unschuld" nicht zuletzt damit zu tun, daß sie, verglichen mit ihrer Allgegenwart heute, damals viel seltener erklang und nie losgelöst vom Prozeß ihrer Hervorbringung — dies eine Teilerklärung in einem Problemkreis, der noch viele Fragen aufgibt und ebenso mit der Emanzipation der Subjektivität, mit einem gewissen Selbstgenuß der sich vereinsamt fühlenden Individualität zu tun hat wie auch mit einem bürgerlich-plebejischen Protest gegen den gefühlskalten Zynismus der Welt der *„gefährlichen Liebschaften"*[177]. Insofern stellen sich die Elementarwirkungen des Mannheimer Crescendos oder die Tatsache, daß eine ganze Runde von Zuhörern, denen Rousseau vorliest, in Tränen schwimmen kann, oder Diderots Wertschätzung der gemalten Sentimentalitäten des Jean-Baptiste Greuze als Momente des gleichen Zusammenhanges dar. Und auch die Toleranz, mit der die Crème des *Ancien régime* den seltsamen Propheten der Natur akzeptierte, gehört, als in der überreglementierten Welt des französischen Hofes geübt, in diesen Zusammenhang, ist sie doch ebenso einer ausgesprochen neugierigen Emotionalität zu danken wie der Koketterie mit einer attraktiven und doch beruhigend fernliegenden Utopie: „*Comme berger, je goûterai près elle / Les plaisirs de l'amour et de l'égalité*" („*als Hirte werde ich in ihrer Nähe die Freuden der Liebe und der Gleichheit kosten*") hatte wenige Jahre vor dem *Dorfwahrsager* ein Höfling die Pompadour als Darstellerin der Titelrolle in der Ballettoper *Aeglé* angesungen.[178]

Im Rahmen des Kultes der Empfindsamkeit, als dessen wichtigste Repräsentanten eine reale Person — Rousseau — und eine literarische Figur — Werther — sich die Hand reichen (wie die reale literarisiert wurde, verstand man die literarische oft zu real!), fiel der Musik eine Sonderrolle zu. Musik als Sprache des Gefühls und des Herzens, Musik als letzte oder neu zu erschließende Möglichkeit einer unmittelbaren Verständigung und Kommunikation — derlei Konzeptionen (in Deutschland am klarsten von Herder formuliert) verbanden sich zu Recht mit dem Namen dessen, der mit den *convenus* der traditionellen Musik glaubte aufräumen zu können und selbst noch in seiner diskursiven Prosa eine „musikalische", lyrisch gehobene Sprache führte. Die Diskrepanzen zwischen einer heute oft einfältig anmutenden Musik und ihren Wirkungen rechtfertigen die Annahme, daß ein „unerlöstes" Erlebnispotential bereitlag, das sich gewissermaßen ungeduldig auf die erstbesten Objekte stürzte, an ihnen sich steigerte und auf diese zurückwirkte, d. h. durch neue Kompositionen beantwortet wurde. Unverkennbar gab es da in Wirkungen und Reaktionen einen Vorgriff, der sich auch intellektuell niederschlug, u. a. bei Rousseau und Herder in weit über den kompositorischen Stand hinausgreifenden Überlegungen, die das Verhältnis der Künste, die Möglichkeiten ihres Zusammenwirkens und die Spezifiken ihrer Wirkungen betreffen.

Jene „ungeduldige" Emotionalität ist auch außerhalb der Literatur vielfach bezeugt: Das römische Publikum schluchzt vor Rührung, da der große Giziello eine Arie von Vinci singt; Nardini weint beim Geigen; ein Kollege von ihm denkt beim öffentlichen Vortrag eines Adagios an einen verstorbenen Freund: der Bogen entfällt ihm, und das Konzert muß unterbrochen werden; Dittersdorf berichtet in seiner Autobiographie mehrmals, daß sein bischöflicher Herr in Tränen ausgebrochen sei, und ähnliches liest man in Grétrys Memoiren:

Bei ihm ist es einmal gar der allen Gefühlsüberschwanges unverdächtige Voltaire, der sich, Musik hörend, der Tränen nicht schämt.[179] Selbst wenn der Berichtende übertrieben haben sollte, bliebe noch immer die Richtung der Übertreibung aufschlußreich. Etliche Opern der Zeit führt die Musikgeschichte fast offiziell als *„musikalische Rührstücke"*[180]; eines der besten von ihnen, die von Marmontel gedichtete und von Grétry vertonte *Lucile*[181], gehört stofflich in den unmittelbaren Umkreis von Rousseaus *Neuer Héloise*.

Angesichts solcher Zeugnisse muten die Kategorien der barocken Affektenlehre samt ihrem Anspruch, ratio und sensus friedlich versöhnen und inventarisieren zu können, wie dürre Begriffshülsen an, und es erscheint nur zu verständlich, daß man sich unter den Vorzeichen einer Emanzipation gern von den Unwägbarkeiten des Gefühls hinwegschwemmen ließ. Andererseits freilich wird Rousseaus Name so selbstverständlich und pauschal für den anti-rationalistischen Ausschlag des Pendels beansprucht, daß dieser einseitig charakterisiert erschiene, käme nicht auch ein Jüngerer zu Worte, der — guter Kantianer noch in seinem mangelnden Sinn für das Musikalische — das empfindsame Gehabe mit böser Genauigkeit beobachtet und den Musikern darob harte Worte ins Stammbuch schreibt — Friedrich Schiller[182]: *„... die Musik der Neuern scheint es vorzüglich nur auf die Sinnlichkeit anzulegen und schmeichelt dadurch dem herrschenden Geschmack, der nur angenehm gekitzelt, nicht ergriffen, nicht kräftig gerührt, nicht erhoben sein will. Alles Schmelzende wird daher vorgezogen, und wenn noch so großer Lärm in einem Konzertsaal ist, so wird plötzlich alles Ohr, wenn eine schmelzende Passage vorgetragen wird. Ein bis ins Tierische gehender Ausdruck der Sinnlichkeit erscheint dann gewöhnlich auf allen Gesichtern, die trunkenen Augen schwimmen, der offene Mund ist ganz Begierde, ein wollüstiges Zittern ergreift den ganzen Körper, der Atem ist schnell und schwach, kurz, alle Symptome der Berauschung stellen sich ein; zum deutlichen Beweise, daß die Sinne schwelgen, der Geist aber oder das Prinzip der Freiheit im Menschen der Gewalt des sinnlichen Eindrucks zum Raube wird."*

Soweit zu dem in Fontainebleau tränenblinden Rousseau. Wenn er schon hier nicht in angemessener Toilette auftrat, so doch wenigstens auf La Tours berühmtem Porträt im *Salon*, der Ausstellung im August und September desselben Jahres.[183]

Diderot bemängelte denn auch, „*daß La Tour, der sonst so wahr und so erhaben ist, aus dem Porträt Rousseaus nur eine schöne Sache gemacht hat — obgleich er daraus ein Meisterstück hätte machen können. Ich suche darin den strengen Kritiker der Literatur, den Cato und Brutus unserer Tage; ich habe erwartet, einen Epiktet in lässiger Kleidung und mit zerzauster Perücke zu sehen, einen Epiktet, der mit seinem strengen Blick den Schriftstellern, den Großen und den Vornehmen Furcht einflößt; und ich sehe nur den Verfasser des ‚Dorfwahrsagers', schön gekleidet, schön frisiert, schön gepudert und lächerlicherweise auf einem Korbstuhl sitzend.*"[184]

Selbst noch, wenn man sie durch die Wirkungen eines zum richtigen Zeitpunkt ausgegebenen Losungswortes begünstigt sieht, bleibt die Karriere des *Dorfwahrsagers* erstaunlich. Kaum ein Jahr nach der Uraufführung wurde das Stück mit einer Parodierung beehrt,[185] mit der übrigens Madame Favart ihren Ruhm begründete und deren Libretto später Mozarts Singspiel *Bastien und Bastienne* zugrundegelegt wurde — nicht zu reden von schnell folgenden Aufführungen in anderen Städten.[186]

Geben wir hier abschließend der Charakterisierung eines Mannes Raum, der kaum der Voreingenommenheit für Rousseau verdächtig ist, Eduard Hanslick: „*Zu dem selbstverfaßten anspruchslosen Libretto hat Rousseau eine gleich anspruchslose Musik geschrieben. Ein großer Harmoniker war er nicht, seine Begleitung beschränkt sich auf die einfachsten Akkorde, die gleichmäßig, schrittweise mit der Musik gehen ... Das Accompagnement besteht fast nur aus einem Streichquartett; bei manchen Stellen gehen die Oboen (ohne daß ihnen eine eigene Linie spendiert wird) unisono mit den Violinen, oder die Fagotte mit den Bässen; auch die Violoncelli haben keine eigene Linie, sie verdoppeln lediglich den Kontrabaß. Auf dieser sehr primitiven Technik ruhte aber bei Rousseau ein nicht gewöhnliches melodiöses Talent. Aus musterhaft deklamierter Rede wuchsen ihm, wie auf schlankem Stengel, zierliche Melodieblüten empor, bescheiden wie die ersten Frühlingsblümchen, aber lieblich in ihrer Einfachheit. In der Klage der verlassenen Colette gewinnt Rousseaus Melodie einen rührenden Zug ... Natürlich findet sich hier noch kein größeres Ensemble oder Finale; die Stelle des letzteren vertritt, wie in allen älteren Singspielen Frankreichs und Deutschlands, die Rundstrophe; jede der drei Hauptpersonen singt ein Couplet, nach welchem alle in den Refrain einfallen ... Musikalisch erregt uns das Ganze heute nur ein schwaches Interesse; allein es haftet auch nichts irgendwie*

Abstoßendes daran; wir atmen durchweg die Luft des Wahren und Einfach-Natürlichen..."[187]

Von einer späteren Aufführung des *Dorfwahrsagers* ist ein Aperçu von Gluck überliefert, worin sich ein feiner Sinn für die besondere Zuständigkeit des Dilettanten verrät: *„Wir, mein Lieber"*, sagte Gluck zu seinem neben ihm sitzenden Schüler Antonio Salieri, *„hätten es anders gemacht — und wir hätten Unrecht gehabt."*[188]

VII *Im Buffonistenstreit und danach*

Der von Diderot auf La Tours Porträt vermißte *„Cato und Brutus unserer Tage"* brachte sich, falls er in der Rolle des Erfolgsautors je vergessen war, seiner Mitwelt rasch genug wieder ins Bewußtsein, als er — verspätet, aber mit umso größerer Wirkung — in den Buffonistenstreit eingriff. Die armen *buffoni*, unfreiwillige Namensgeber einer längst in Gang befindlichen Diskussion und gewissermaßen nur die Lunte an wohlaufbereiteten Pulverfässern, mögen sich oft nur widerwillig im Zentrum des polemischen Hexenkessels gesehen haben und, den Kassenerfolg abgerechnet, erschrocken gewesen sein über die fatale Publizität ihrer Aufführungen.

Die thematische „Exposition" des Streites reicht, genaugenommen, von Raguenets Streitschrift von 1702 (s. o.) bis zu Rousseaus Grimm-Briefen und den einschlägigen *Enzyklopädie*-Artikeln; danach leitete der Paukenschlag der *Serva padrona* die durch Verbalinjurien, Unterstellungen, Krawalle, Gewaltandrohungen und Polizeimaßnahmen ziemlich mißtönig akkompagnierte „Durchführung" ein. Die polemische Hitze der aktuellen Auseinandersetzung war weder der Konzipierung neuer ästhetischer Entwürfe noch deren besonnener Explikation besonders günstig — diese findet man mit wenigen Ausnahmen viel eher in einigem Abstande vor und nach den lärmigen Jahren um 1752/53,[189] welche andererseits, indem sie die Protagonisten unter Formulierungs- und Argumentationszwang setzten und eine rasche Klärung der Fronten brachten, ungeheuer inspirierend wirkten. Überdies verschafften sie den Meinungen der *philosophes* eine Publizität und Resonanz, angesichts derer die Salons ihre Bedeutung für die Verbreitung ihrer Ideen allmählich verloren.

Wie sehr das aufklärerische Denken auch von vornherein auf Anwendung, auf Praktikabilität und Breitenwirkung hin angelegt war[190]: diese Situation stellte hinsichtlich der faßlichen, anschaulichen Formulierung auch komplizierter Sachverhalte neuartige Anforderungen. Nicht zufällig ragen heute aus der Flut der Streitschriften eigentlich nur zwei heraus: Grimms *Kleiner Prophet von Böhmisch-Broda* und Rousseaus *Brief über die französische Musik*. Wenn die im Theatersaal unter der Loge der Königin versammelte und deshalb als „*Ecke der Königin*" („*coin de la reine*") apostrophierte Gruppe der *philosophes* den Kontrahenten der „*Ecke des Königs*" literarisch auch weit überlegen war und am Ende, soweit das überhaupt möglich war, das Feld behauptete, so hatte sie doch keineswegs leichtes Spiel. Angesichts so hochgeputschter Leidenschaften zählen beinahe mehr als die Qualitäten der Argumente und Standpunkte die emotionalen Beigaben ihrer Darstellung; die konservative Seite war sich eines grölenden Beifalls auch dann noch sicher, wenn sie die bissigen Pointen der *philosophes* mit groben Rempeleien beantwortete. Auch deshalb sieht man sich bei der Bestimmung der umstrittenen Themen immer wieder auf die dem 1. August 1752 vorangehende „Exposition" verwiesen — gerät damit aber wiederum in Schwierigkeiten mit der Abgrenzung des zum Buffonistenstreit Gehörigen. Neben der erwähnten Schrift des Abbé Raguenet gibt es schon seit dem Beginn des Jahrhunderts eine massive, kompositorisch z. B. in Gay/Pepuschs *Bettleroper* dokumentierte, Kritik am Kothurnenwesen der *opera seria*, die in den Formulierungen des über Händels *Rinaldo* herziehenden Addison (1711) oder des in seiner Autobiographie die *seria* verspottenden Goldoni mit der späteren Polemik der *philosophes* oft so sehr übereinstimmt, daß *opera seria* und *tragédie lyrique* als Angriffsziele beinahe austauschbar erscheinen. Insofern macht sich der Versuch, Namen, Gegenstand und präzise Abgrenzung übereinzubringen, der Spitzfindigkeit verdächtig, ganz und gar inbezug auf Frankreich, wo Kunstfehden eine lange Tradition haben — eine gute Tradition: denn seit dem *Streit der Altertumsfreunde mit den Anhängern der Moderne*[191] verschaffte dies den diskutierten Fragen eine erstaunliche Publizität und bewahrte die Streitenden vor allzu spezialistischen Verstiegenheiten. Insgesamt wäre eine solche Publizität aber nicht denkbar, wenn nicht allenthalben durchschiene, daß es zumeist um mehr geht als nur um die beim Namen genannten ästhetischen Fragen. Inbezug auf den Buffonistenstreit hat d'Alembert das klar formuliert: *„Manche halten diese Worte für synonym: Buffonist, Republikaner, Frondeur, Atheist, ja sogar Materialist."*[192] Gerade weil sie Wesentliches trifft, hat diese Zuordnung auch ihre Gefahren: Etliche Darstellungen des Buffonistenstreites als einer Auseinandersetzung zwischen den Anhängern guter Musik (= Rameau) und schlechter Musik (= der der *buffoni*)[193] oder als einer zwischen Reaktionären und Fortschrittlern verfallen, da sie voreilig danach werten, von welcher Seite die Argumente kommen, einer apriorischen Beurteilung. Geopfert wird dabei die Wahrnehmung der Umwege, auf denen die Entwicklung ihre Bahn suchen muß, und der Einblick in eine Dialektik, die der progressiven Seite zunächst oft schmerzliche Gestehungskosten auferlegt; die „Unmöglichkeit" französischer Musik gehört ebenso hierher wie das Postulat einer strikten Sprachabhängigkeit, Rousseaus Ablehnung eines Theaters für Genf[194] wie seine Plädoyers fast für eine kompositorische Verarmung. Wer hier widersprach, kann wiederum nicht einfach als Gegner eines plebejisch-demokratischen Konzepts gebrandmarkt werden, über dessen Wesen und Motivationen ja Rousseau selbst sich nur teilweise Rechenschaft leisten konnte. Neben Dummköpfen und borniertem Reaktionären gab es da auch seriöse Widersacher wie Marc Antoine Laugier oder Jacques Cazotte; es wäre töricht, den Kontrahenten von damals ein Problembewußtsein zu unterstellen, welches sich nur aus einer gewissen historischen Distanz gewinnen läßt; und es wäre noch törichter, sie nach dem Maßstab dieses Bewußtseins zu richten. Nicht jeder, der gegen die *philosophes* stritt, ist eo ipso ein Reaktionär, der schon seiner Position wegen kein volles Gehör verdient.

Im übrigen tun uns die Fakten nicht den Gefallen, sich der d'alembertschen Zuordnung umstandslos zu fügen. Noch — oder wieder — im Jahre 1760 geht Diderot, der sich zunächst über den Fronten zu halten versucht und mittlerweile mit Rousseau gebrochen hat, Rameau beim Niederschreiben von dessen *Démonstration du principe de l'harmonie* zur Hand,[195] und Rameau hat zuvor Musik zu einer Oper *Le Procureur dupé* geliefert, in der die Ausweisung der *buffoni* kritisch aufs Korn genommen wird. Auch erschien es dem Publikum des Streites durchaus nicht notwendig, eindeutig Partei zu ergreifen;

Madame de Genlis hat, wie sie in ihren Memoiren schreibt, nichts dabei gefunden, die sensible Deklamation des *Dorfwahrsagers* zu schätzen und auf Rameaus *Pygmalion* als den am ehesten vergleichbaren Fall zu verweisen.[196] Und Rameau selbst? Nach Grétrys Zeugnis[197] hat er, *„gezwungen, seinem Stil zu folgen, den er nicht für den besten ansah"*, zum Abbé Arnaud, einem Freund und Mitarbeiter seiner letzten Jahre, gesagt: *„Wenn ich dreißig Jahre jünger wäre, würde ich nach Italien gehen. Pergolesi wäre mein Vorbild, ich würde meine Harmonie jener Wahrheit der Deklamation, die das einzige Richtmaß des Musikers sein sollte, unterordnen. Aber mit sechzig Jahren fühlt man, daß man bleiben muß, was man ist. Die Erfahrung sagt deutlich genug, was man machen müßte, aber das Talent weigert sich, zu gehorchen."* Man meint Rousseau reden zu hören und mag dies in dem zunächst mündlich übermittelten Bericht Grétry aufs Konto setzen; indessen besteht kein Anlaß, das Zitat insgesamt in Zweifel zu ziehen: Rameau blieb zeitlebens um einen weiten musikalischen Horizont bemüht, wie er nicht zuletzt im Gegenzug zur Monomanie der *coin de la reine* betont: *„Talente werden nicht erworben, sondern entwickeln sich in dem Maße, in dem sich das Gehör entwickelt; zu diesem Behufe sollte man recht oft Musik der verschiedenen Stile anhören."*[198] Und auch Rousseau paßt nicht ins Entweder-Oder-Schema: Während die Kämpfe schon über zwei Monate toben, hat er, möglicherweise mit dem bereits geschriebenen Pamphlet in der Tasche, als Autor des *Dorfwahrsagers*, Präsenzpflichten bei Hofe... Im übrigen war er als Anhänger der Buffonen längst ausgewiesen, und notfalls brauchte man, um zu erfahren, wohin er gehört, im Theater nur zur Königinnenloge zu blikken.

Der erste schriftliche Beitrag aus dieser „Ecke" kam von Holbach, der in einem *Brief an eine Dame von gewissem Alter* die Rolle eines bornierten Konservativen spielt, der die in der Oper eingetretenen Umstände beklagt. Ziemlich schnell folgte Grimm mit der Satire *Der kleine Prophet von Böhmisch-Broda*, deren Held, ein Prager Menuett-Komponist und Lautenmacher, durch Zaubermacht nach Paris verbracht wird und dort eine Opernaufführung erlebt, die er für ein Marionettenspiel hält. Nicht weniger vergnügt wie die Albernheiten der *tragédie lyrique* beschreibt der kleine Prophet später die himmlischen Wonnen, die die Buffonen den Parisern unerwarteterweise bescheren, und er prophezeit diesen ein musikalisches Eldorado, sofern sie von ihrer eigenen Musik endgültig abließen. Die Schrift, in Ton und Machart eine Novität, hatte einen Riesenerfolg, sie wurde z. B. noch im selben Jahr von Gottscheds Frau ins Deutsche übersetzt. Nun spricht einiges dafür, daß mit dem *Kleinen Propheten* auch Jean-Jacques bereits auf dem Plan war, dessen Mithilfe Grimm sich schon bei dem *Brief über Omphale* versichert hatte. Für diese Assistenz spricht auch, daß wir von Grimm sonst kaum etwas kennen, das so gut und witzig geschrieben wäre — und Grimm hat viel geschrieben — ein gescheiter, wendiger, oft auch origineller Mann, der mit Freuden immer up to date und überall dabei ist, der ebenso seine großen Freunde anzuregen wie deren Standpunkte publizistisch in kurrente Münze zu wechseln versteht: Ebendies befähigte ihn, sich von 1754 bis 1773 als Herausgeber und später weiter als einer der wichtigsten Autoren der *Correspondance littéraire*... nahezu vier Jahrzehnte lang durch genaue Beschreibungen der Pariser Szenerie unschätzbare Verdienste zu erwerben. So begegnen wir hier abermals einer verschwiegenen Mitwisserschaft, die für den offiziellen Autor keineswegs ehrenrührig ist, und den Versuch, Eigentumsrechte an Ideen, Formulierungen oder Passagen zu bestimmen, als der geistigen Kameradschaft der Autoren unangemessen desavouiert.

Kurz nach dem *Kleinen Propheten* veröffentlichte die Gegenseite eine *Antwort der Königsecke auf die Königinnenecke*, vermutlich von einem Mathieu François Mairobert de Pidansat (Mérobert) verfaßt;[199] zunächst wurde der Abbé Voisenon für den Autor gehalten, derselbe Abbé, den Rousseau in seinem *Brief eines Orchestermusikers*... meinte. Mit diesem Beitrag nun stieg Rousseau im Herbst 1753 selbst in den Ring, hielt sich zwar offiziell in der Anonymität, einer lediglich formaljuristischen Anonymität, wie sie seinerzeit zwischen Autoren und Verlegern oft vereinbart wurde, um sich nicht schon dem ersten Zugriff der Obrigkeit preiszugeben. Jedermann wußte, wer den *Brief*... geschrieben hatte, und die Reaktionen ließen umso weniger auf sich warten, als Rousseaus Hauptschlag, der *Brief über die französische Musik*, fast unmittelbar darauf im November erfolgte. Der Zutritt zur Oper, auf den er als Autor des *Dorfwahrsagers* auf Lebenszeit ein Recht hat, wurde ihm verweigert, von den Orchestermusikern wurde er symbolisch verbrannt und vor Tätlichkeiten nur durch die Umsicht eines Polizeioffiziers bewahrt.[200] Binnen kurzem war aus dem Schoßkinde des Erfolges der bestgehaßte Mann von Paris geworden. Für den *Brief eines Orchestermusikers*... gab es einen aktuellen Anlaß: Am 23. September war Jomellis *Paratogio* nahezu durchgefallen, offenbar vornehmlich durch Nachlässigkeiten der Musiker wennicht gar durch einen von ihnen verabredeten Boykott. Rousseau legt das dem fingierten Brief eines Antibuffonisten zugrunde, benutzt also die gleiche Konstellation wie im Jahr zuvor Holbach — nur, daß ein lustiger, literarische Pointen genüßlich setzender Spott nun ersetzt ist durch bissig-böse Persiflage und durch Formulierungen, die den juristischen Tatbestand der üblen Nachrede allemal erfüllen. Aber nicht nur Eingeweihte wußten, daß die Beschuldigten die öffentliche Verhandlung hätten fürchten müssen. Rousseau hat den *Brief eines Orchestermusikers*... auch später nicht offiziell in seine Werke aufgenommen, er hielt also pro forma an dessen Anonymität fest; vor allem mag er ihm so sehr an den Anlaß gebunden erschienen sein, daß sich ohne Not auf ihn verzichten ließ — zu Recht. Dennoch hat er Wert als Zeugnis einer Situation, in der Mann gegen Mann gekämpft wurde und die Bälle so geschossen werden mußten, wie sie lagen. Hier gab es kaum eine Wahl, besonders für Rousseau, der sich gänzlich mit dem identifizierte, was er schrieb, und außerstande war, seine Pfeile mit kühler Berechnung abzuschießen: Gezwungenermaßen schlägt er mit gleichen Waffen zurück, und diese Waffen sind grob. Unter der Flut von Schmähungen, die über Rousseau nach dem *Brief über die französische Musik* herniedergingen, befinden sich bestenfalls drei, die sich auf sachliches Argumentieren einlassen.

Dies muß man sich vor Augen führen, um Rousseaus Keulenschläge zu verstehen und um sich vor falschen, von der Situation abstrahierten Urteilen zu hüten. Und allein die Kenntnis dieser Situation wiederum gibt uns einen Begriff von den äußeren Pressionen, unter denen in jenen heroischen Jahren die philosophische Truppe ihre historische Leistung vollbrachte: Da war jede Art von Risiko eingeschlossen; zeitweise mußte die Rettung der eigenen Haut als oberste Maxime gelten. „*Die philosophes müssen die Wahrheit publik machen und sich als Personen verstecken*", schrieb Voltaire im Jahre 1764,[201] und schon fast dreißig Jahre zuvor: „*Eine Lüge ist verwerflich nur, wenn sie Übles bewirkt, ist hingegen sehr tugendhaft, wenn sie Gutes bewirkt. Deshalb, seid tugendhafter als je zuvor. Ihr müßt lügen wie der Teufel, nicht schüchtern, nicht nur zeitweilig, sondern frech und unablässig ... Lügt, meine Freunde, lügt; ich will Euch bei Gelegenheit dafür auszahlen.*"[202] So wurde denn oft im Dienste der Wahrheit gelogen, geschmeichelt, geheuchelt, verleugnet, widerrufen — von allen, auch den Aufrechtesten, mit einer Ausnahme: Rousseau. Diesem half auch die Narrenkappe des unverträglichen Sonderlings nicht lange als Alibi. Die tapfere Truppe hatte etliche Erfahrungen gemacht mit Ausweisungen, erzwungenem Untertauchen, mit Gefängnis und — oft tätlichen — Beleidigungen; und wenn einer den Druck nicht ertrug, wie d'Alembert, der sich nach dem Skandal um seinen Artikel „*Genf*" von der Mitarbeit bei der *Enzyklopädie* zurückzog, so ist das ebenso verständlich wie die Tatsache, daß es von Diderot nicht verziehen werden konnte. Letztlich läßt sich auch der durch Rousseaus Rückzug in die Einsamkeit ausgelöste, von beiden nie verwundene Bruch mit Diderot nur aus der Situation einer hart kämpfenden Truppe verstehen. Weder die liberalen Salons, die freisinnigen Aristokraten, die als Zufluchten offenstehenden Schlösser noch die berühmten Flirts mit den gekrönten Häuptern Preußens und Rußlands oder der säkulare Widerhall der *philosophes* können darüber hinwegtäuschen, daß sie insgesamt auf einsamem Posten kämpften und fast ständig bedroht waren. Die Unberechenbarkeit der in einem morschen Staatsgebilde verunsicherten öffentlichen Gewalten tat das Ihrige. Daß *Emile* verboten wurde, weil ein einschüchterndes Exempel statuiert werden sollte, erscheint wie ein Zufall, zumal gefährlichere Bücher zuvor hatten passieren können; daß man nach einem neuen Exempel Ausschau halten mußte, war aber alles andere als Zufall. Noch im Jahre 1768 hatte Diderot Anlaß zu der Befürchtung, Voltaire — damals längst der „Patriarch von Ferney" und als oberste Instanz der europäischen Literatur anscheinend unantastbar — könne auf dem Scheiterhaufen enden,[203] und ein paar Monate zuvor hatte er an den Bildhauer Falconet geschrieben[204]: „*Die Intoleranz der Regierung nimmt Tag für Tag zu. Man könnte meinen, es sei das erklärte Vorhaben, die Literatur in diesem Lande auszurotten, den Buchhandel zu ruinieren und uns auf Bettler und Idioten zu reduzieren. Alle*

Manuskripte verschwinden nach Holland" [wo sich ein paar mutige Verleger der Schriften der *philosophes* annahmen — d. Hrsg.], *„und die Verfasser werden nicht lange zögern, ihnen zu folgen."*[205]

Auch aus diesen Umständen muß die Härte der Auseinandersetzung erklärt werden: Pardon wird nicht gegeben, umso weniger, als man ja nicht von gleich zu gleich streitet und die *philosophes* der Verleumdung, der primitiven Drohung und der nackten Gewalt nur immer die besseren Argumente und das Bewußtsein entgegensetzen konnten, daß ihre Sache die der Wahrheit sei und des Fortschritts — soweit es erlaubt ist, diesen Begriff in unserem Verständnis hier anzuwenden. Und allemal *„zeitigt ... das Bewußtsein, den Fortschritt für sich zu haben ... eine sittliche Sicherheit und Selbstbewußtheit, die der Verhärtung nahekommt."*[206]

Dementsprechend haben die *philosophes* wohl viel Witz (gerade in jener älteren Bedeutung, die sich teilweise mit der des französischen „esprit" deckt), nicht aber Humor. Fröhlich, ihre intellektuelle und schriftstellerische Überlegenheit genießend, haben sie kaum je gestritten, am ehesten vielleicht noch in den allerersten Plänkeleien um die *buffoni*. In der Fähigkeit, über sich selbst zu lachen, setzt Humor die Möglichkeit der heiter relativierenden Zurücknahme voraus, der Unterscheidung zwischen Wichtig und Unwichtig gerade in eigenen Angelegenheiten. Ebendies ist denen verboten, die an der Front stehen und etwas durchzusetzen haben; ihnen ist verboten, ihr Verhältnis zu ihrem Anliegen zeitweise zu entspannen und sich in den benachbarten, humanen Bezirken von Humor und Zweifel von der rigorosen Ausrichtung ihrer Existenz auf die ihnen gesetzten Zwecke zu erholen. Bei niemandem zeigt sich das so deutlich wie bei Rousseau, der selbst noch subalterne Tätigkeiten mit bekennerischem Ernst betreibt, so, als lägen sie genau gleich nah zum Mittelpunkt seines existentiellen Anliegens wie seine großen gedanklichen Entwürfe; eine Abstufung läßt er nicht zu. Wie wenig sich das Bewußtsein einer Mission und Berufung mitunter mit Humor verträgt, bezeugen für die Musik u. a. Beethoven, Wagner, Mahler oder Schönberg — sie alle mit Neigungen zu Überempfindlichkeit, aggressivem Mißtrauen oder einer zuweilen krankhaft anmutenden Überbewertung von Unwichtigkeiten behaftet, für die sich in Rousseaus autobiographischen Schriften, aber auch in Diderots Korrespondenz beklemmende Belege finden.

Es kann also nicht wundernehmen, daß Rousseau, wenn er in dem *Brief über die französische Musik* etliche demagogische Tricks benutzt, auch dort noch, wo er die gelegten Schlingen offenlegt, das augenblinzelnde Einverständnis verweigert, das momentweise dem Leser eine fröhliche Kameraderie anbietet. Eine böse, verbissen anmutende Konsequenz hindert ihn daran, die Zügel locker zu lassen. Wo er in seinen Polemiken das Lachen einkalkuliert, handelt es sich um ein sardonisches, schadenfrohes Gelächter, dem alles versöhnlich einbeziehende Mitgefühl mit den Ausgelachten fremd ist.

„*... Der beredte und erbitterte Gegner der Wissenschaften steckte Paris an allen vier Ecken mit seinem Brief ... in Brand*", berichtet Grimm,[207] und der Autor selbst[208] schreibt sich nicht ohne ironischen Unterton das Verdienst zu, eine innenpolitische Krise verhindert zu haben, weil der durch seinen Brief ausgelöste Skandal die Aufmerksamkeit der Öffentlichkeit von einem Konflikt zwischen Parlament und König abgezogen habe. Rousseau eröffnet sein Pamphlet mit hochfahrenden, frechen Absurditäten, ist er doch nicht zuletzt ein Genie auch der kontroversen Formulierung, die dem Leser eine gleichgültige Lektüre nicht gestattet und ihn zwingt, Stellung zu beziehen. Mit der albernen Geschichte des schlesischen Kindes zieht er die Lacher auf seine Seite, um dann ebenso überraschend wie kurzschlüssig mit den über den Goldzahn nachdenkenden Spintisierern diejenigen zu vergleichen, welche sich auf die Frage nach den Qualitäten einer französischen Musik einlassen wollen; womit er den Anschein einer nüchternen Überlegung für die unverschämt selbstverständlich gestellte Frage reserviert, „*ob wir überhaupt eine Musik haben*"[209], alle Rameaus, Couperins und Lullys zunächst gleich Null setzt und im vorhinein jeder späteren partiellen Anerkennung den Rang einer großmütigen Einräumung sichert. „*Aus guten Gründen*"[210] spart er mit der Munition seiner Argumente und läßt also die Quelle, in der „*ein alter Parteigänger der Königsecke*" zugunsten der Gegenpartei zu reden gezwungen ist, unübersetzt. Der gedrängten, provokativ geschärften Einleitung folgt als Explikation eine Passage, welche sich den Anschein eines umsichtigen, behutsam Schritt vor Schritt setzenden Vorangangs gibt und nach den dramatischen Eröffnungssalven in ihrer betulichen Umständlichkeit sich viel Zeit läßt. Rousseau beschreibt da, als handle es sich um eine nicht unbedingt zum Thema gehörige Abschweifung, das hypothetische Modell einer abscheulichen Sprache, *„die nur aus gemischten Klängen, aus stummen, dunklen oder nasalen Silben besteht, aus nur wenigen wohlklingenden Vokalen, vielen Konsonanten und harten Artikulationen"* etc. und läßt sich *„par curiosité"*, d. h. *„aus reiner Neugier"* dazu verführen, sich auszumalen, *„was herauskäme, wenn eine solche Sprache mit Musik verbunden würde".* Der Leser, ungeduldig auf die Rechtfertigung der frechen Fanfaren des Anfangs wartend, wird nun, als sei nichts geschehen und nichts verhießen, ausführlich mit einer immer im Konjunktiv gehaltenen Denkmöglichkeit befaßt; aber diese Ungeduld verwandelt sich je nach Position jählings in Ärger bzw. Amüsement: denn der scheinbar lässig auf Seitenwegen dahinschlendernde Autor befindet sich realiter keineswegs abseits, sondern durchaus auf der Hauptstraße: Ständig im Konjunktiv redend, beschreibt er sein Bild der französischen Musik!

Der Leser heute wird das noch später bemerken als der damalige: denn Reflexionen über Charakter und Qualität von Sprachen wurden nicht erst von Rousseau angestellt; sie waren den Gebildeten geläufig aus Diskussionen, welche noch heute in dem sensiblen Sprachbewußtsein der Franzosen nachwirken.[211] Schon der Abbé Dubos, einer der ästhetischen Gesetzgeber der Zeit, hatte die poetischen Möglichkeiten des Französischen in Zweifel gezogen, ihm folgte u. a. Diderot in seinem *Brief über die Taubstummen*[212], und in Grimms *Literarischer Korrespondenz* würde das Thema schwerlich so oft aufscheinen,[213] wäre es nicht immer wieder neu aktualisiert worden. Man tut also gut daran, angesichts von Rousseaus polemischem Schwarz-Weiß sich immer neu vor Augen zu halten, daß er nicht nur private Meinungen zum besten gab; auch die Empfindlichkeit der Gegenseite bezeugt, wie sehr man ihn für eine ganze Partei sprechen wußte und also ihn selbst noch in seinen paradoxen Zuspitzungen ernst nehmen mußte — jenen Verabsolutierungen, in denen oft ein ganzes Bündel von Detailstandpunkten zur polemischen Provokation organisiert erscheint, deren Wahrheitsgehalt sich viel weniger *à la lettre* bestimmt als aus der Richtigkeit der Tendenzlinie, die sie repräsentiert. Die Behauptung, französische Musik könne es eigentlich gar nicht geben, lohnt für sich genommen die Diskussion nicht; im Zusammenhang mit Rousseaus Argumentation und in der Funktion, den Leser zur Lektüre zu zwingen, hat sie dennoch ihre Wahrheit. Noch ein so überlegt urteilender Mann wie Charles Burney hat Rousseau in vielen Punkten bestätigt, auch und gerade in der harten Kritik an der französischen Dichtung und, als deren Konsequenz, an den *„ewigen Taktwechseln"* der französischen Musik.[214]

So trübe das Bild der französischen Musik ausfällt, so freundlich das aus der Gegenübersetzung entwickelte einer wahren Musik, von der der Verfasser nur beiläufig zu bemerken nötig findet, daß es die italienische sei. Wohl weiß er, daß rein spekulatives Argumentieren nicht hinreicht, und beschreibt einige Experimente, wobei bezeichnenderweise einem unverbildeten, nicht von „Vorurteilen" belasteten Menschen, einem in Venedig lebenden Armenier[215], die Rolle des Kronzeugen zufällt. Zweierlei setzt Rousseau dabei stillschweigend voraus: daß in der Meinung des Armeniers nahezu die unverdorbene Natur selbst sich vernehmen ließe, und daß dies auch für die Musik, welche doch mit Kultur, Erziehung, Konventionen etc. nicht wenig zu tun hat, als oberste Instanz zu gelten habe — welcher Hinweis als Gemeinplatz erscheinen müßte, zeigte sich hier nicht inbezug auf Rousseau die Kalamität vieler spontan vorausgreifender Entwürfe: daß sie im argumentativen Zirkel schnell verführt sind, partiell das vorauszusetzen, was sie insgesamt erst beweisen müssen. Die angesprochene Funktionalität der Rousseauschen Behauptungen und Beobachtungen darf freilich nicht dazu verleiten, sie durchweg als tendenziös zurechtgebogen anzusehen; damit würde auch ein Tatsachenmaterial verschenkt, das umso schwerer wiegt, als wir es sonst kaum verifizieren können. Dazu gehören aufführungspraktische Auskünfte wie die, daß vor Rousseaus Zeit Rezitative und Opern insgesamt, weil weniger von Verzierungen überwuchert, rascher gesungen wurden, oder z. B. die Beobachtung, daß in der italienischen Musik nicht, wie in der französischen, das Tempo durch den Charakter determiniert sei, die italienische damit also eine viel größere Variationsbreite besitze etc.

Freilich ist Rousseau nicht der Mann, der bei der Diagnose und beim Zank um Prioritäten stehenbliebe oder sich scheuen würde, aus seinen Überlegungen zum Wort-Ton-Verhältnis kompositionstechnisch konkrete Schlußfolgerungen zu ziehen.

Sein diesbezüglich interessantester Beitrag heißt *unité de mélodie* und ist von ihm offenbar lange bedacht worden, ehe er ihn im *Brief über die französische Musik* erstmals darlegte.[216] Im einschlägigen Artikel des *Wörterbuches*[217] spricht er vom *Dorfwahrsager* als einer Probe aufs Exempel und als einer Anwendung des von ihm „*entdeckten*" Prinzips, wobei „*découvert*" hier wohl besser als „*aufgewiesen*" übersetzt wäre: denn die großen Italiener praktizieren die Regel längst, freilich ohne sie als Regel definiert zu haben. *Einheit der Melodie bzw. der Musik, Einheitlichkeit der Melodie bzw. der Musik, Einheitlichkeit im Zeichen der Melodie* — alle diese Bedeutungsvarianten erscheinen unter *unité de mélodie* subsumiert. Obenhin betrachtet könnte der Begriff als Rechtstitel für Rousseaus Verachtung der Polyphonie erscheinen, dessen er wohl bedurft haben mag: denn für einen Mann seiner Sensibilität könnte die Polyphonie ein ernsteres Problem dargestellt haben, als er schreibend (und dann immer polemisierend) zuzugeben geneigt ist. Auch wenn sich Rousseaus Maxime gut gegen die simplifizierende Deutung verteidigen läßt, sie erheische die Reduktion des musikalischen Satzes auf den Zuschnitt singspielhafter Lieder und Arien, bleibt charakteristisch, daß sie zu derlei Simplifikationen einlud. Und inbezug auf die Polyphonie kann er halbwegs damit entschuldigt werden, daß er einen Großteil der Musik, die er als undiskutabel ausschied, nicht kannte; andererseits hat er genug getan, um sich für sie von vornherein die Ohren zu verstopfen. Folglich unterlaufen ihm in seiner Argumentation arge Schnitzer —auch im hörpsychologischen Bereich, den er anderwärts sehr gescheit in seine Argumentationen einbezieht. Wenn er meint, zwei gleichzeitig erklingende Linien könnten ebensowenig verfolgt werden wie ein gleichzeitiges Sprechen zweier Menschen, so spielt ihm da die mechanische Parallelisierung von Sprache und Musik einen bösen Streich. Sähe man kompositionstechnischen Fortschritt ausschließlich in einer fortschreitenden Differenzierung der musikalischen Strukturen, so erschiene *unité de mélodie* nahezu als konservative Losung, wie denn Rousseaus Konzeption tatsächlich zuweilen als „konservativ" beschrieben worden ist.[218] Der Irrtum liegt auf der Hand: „*Die Mitte des achtzehnten Jahrhunderts war eine der seltenen Situationen in der Musikgeschichte, wo modern und fortschrittlich gleichbedeutend war mit einfach und naiv, statt mit mehr kompliziert und verfremdet.*"[219] Hinter Rousseaus *unité de mélodie* steht motivierend die ehrwürdige, immer neu zur Einlösung auffordernde Utopie einer „Musik für alle", einer „*Kunst mit der Menschheit auf Du und Du*" (T. Mann), bezogen auf eine historische Situation, da die Interessen des dritten Standes mit denen aller Nicht-Privilegierten identisch und also Unterscheidungen von *citoyen*, Plebejer und Bauer unnötig waren.

Dennoch könnten die kompositorischen Verbindlichkeiten der *unité de mélodie* damit allzusehr als mit einem Ausweichen auf allgemeinere historische Aspekte entschuldigt erscheinen. Indessen handelt es sich auch im engeren musikalischen Sinne um mehr als nur die Apologie einer leichtverständlichen homophonen Setzweise, um das „*Feldgeschrei eines Dilettanten*". Da *unité de mélodie* nicht nur die vertikale, sondern auch die horizontale Aufeinanderfolge der musikalischen Ereignisse betrifft, erscheint in ihr einer der bestimmenden Wesenszüge der klassischen Musik vorweggenommen, die „Einheitsgestaltung"[220], auch hinsichtlich der Dialektik von Einheit und Gegensätzen — so in dem, was Rousseau zur Leichtigkeit der Kontrastierung in italienischen Arien oder zur *unité de mélodie* als Maßnahme zu sagen hat, die Aufmerksamkeit des Hörers wachzuhalten und alle rezeptiven Kräfte anzusprechen, emotionale wie intellektuelle. Da befindet er sich auf einer Tendenzlinie, deren Ziel er nicht absehen konnte und deren Wesen in seinen Beschreibungen nur partiell erfaßt sein kann, weil das musikalische Material, anhand dessen er exemplifiziert, eng umgrenzt ist. Aber nicht so sehr solche Grenzen zählen als vielmehr dasjenige, was er innerhalb ihrer zu leisten und anzubahnen imstande war.

Rousseau weiß, daß er für den provozierenden Paukenschlag am Beginn seines Briefes geradezustehen und den demagogisch-rhetorischen Spielen ein sachliches Pendant zu schaffen hat. Allmählich verlagert er die Polemik vom Ton in die Sache, sie gewinnt an Fundierung und verschwindet mehr und mehr aus den Formulierungen. Auch in dieser Hinsicht folgerichtig gelangt er zu einer musikalischen Analyse, die Takt für Takt vorgeht und seine Standpunkte verdeutlicht, obwohl er sich die Probleme hier nicht aussuchen kann. Auch den Gegenstand hat er sich nicht ausgesucht, wollte er seine Ansichten doch ausdrücklich anhand eines Objektes bestätigen, das nicht im Hinblick auf die beabsichtigte Exemplifikation, sondern schon per se als vieldiskutiertes Meisterwerk Gewicht hat. Rameau hat sich mit dem Lullyschen Monolog in seinem zweiten, 1726 erschienenen Traktat *Nouveau système de musique théoretique* ausführlich beschäftigt, worauf Diderot sich in seiner — anonym veröffentlichten — Schrift *An den kleinen Propheten von Böhmisch-Broda* bezog, die nur kurz vor Rousseaus *Brief*... erschienen war. Diderot schlägt hier einen Vergleich von Lullys *Armida*-Monolog mit einem entsprechenden aus der *Nitocris* von Terradellas vor,[221] hat ihn selbst aber nicht angestellt. Dies nun besorgt Rousseau in dem „Finale" seines Pamphlets,[222] womit er zugleich allen halbwegs Eingeweihten zu verstehen gibt, daß der Streit um die *buffoni* immer auch ein grundsätzlicher Streit um die Möglichkeiten der Oper und um Rameau ist. Dieser hat denn auch schnell repliziert: In den 1754 veröffentlichten *Observations sur notre instinct pour la musique* behandelt er den Monolog abermals, nun freilich auf eine Weise, welche Rousseau implizite als Gesprächspartner anerkennt, wenn er auch Punkt für Punkt widerlegt werden soll. Vordergründig aber geht es Rameau weniger darum als um neuentwickelte Vorstellungen von Modulation; dennoch hat er den Kontrahenten ständig im Visier, so daß die Überlegungen zur Modulation nur zu bemänteln scheinen, daß er von ihm einiges gelernt hat. Im Vorwort der *Observations*... tadelt Rameau grundsätzlich, daß Rousseau, wenn er melodische Konturen, Verzierungen, Triller etc. isoliert betrachte, falsche Maßstäbe benutze; denn die Melodie empfange ihren Ausdruckswert von der Harmonie, und ein Triller empfange den seinigen von der Ausführung. Der von Rousseau geforderten Unterordnung der Begleitung hält er entgegen, daß die Linie des Continuo-Basses nicht einfach nach ihrem Erscheinungsbilde beurteilt werden dürfe, sondern in ihrer harmonischen Funktion, zumal dort, wo der Grundton nicht im Baß liegt. Gegen Rousseaus Vorwurf, die wechselnden Gemütslagen von Lullys Heldin fänden kein harmonisches Äquivalent, die Musik zeige sich gegenüber den Erlebnissen der Heldin unempfindlich, setzt Rameau die Behauptung, die Modulation sei hier so bewegt, wie sie nur irgend sein könne: Er erkennt gravierende harmonische Umschläge an Stellen, welche Rousseau nur minimal verändert sieht. Das Stück endet in derselben Tonart, in der es begann, und entfernt sich von dieser, gemessen am Anspruch der exaltierten Gefühlslagen, viel zuwenig, sagt der eine; der andere repliziert, es gäbe da genug Dominant-Septakkorde, genug Kreuze und Been etc., welche eine Art verschwiegener Chromatik bewirkten. Lully benutze zu viele vollständige Kadenzen, und diese seien *„der Tod des Ausdrucks"*, tadelt der eine; worauf der andere antwortet, vollständige Kadenzen seien nach abgeschlossenen gedanklichen Komplexen vonnöten und weist auf dominantische „Halbkadenzen" in den Takten 6 und 10 hin,[223] in denen die Musik sogar deutlicher als der Text zeige, daß der Gedanke noch nicht zuendegeführt sei. Bei der Vertonung des ersten Satzes bemängelt Rousseau, daß Lully hier, während er an viel wichtigeren Stellen zu modulieren versäume, unnötigerweise zur Dur-Parallele der Moll-Grundtonart fortgehe; Rameau hält gerade das für einen Ausdruckscharakter *„von der größten Vollkommenheit, die man sich nur irgend vorstellen kann"*, weil die Weichheit des Moll und die Kraft des Dur dem Text genau entsprächen: Moll bei *„Enfin il est en ma puissance"* (*„Endlich ist er in meiner Gewalt"*), Übergang zum Dur bei *„ce fatal ennemi"* (*„dieser furchtbare Feind"*) und Dur bei *„ce superbe Vainqueur"* (*„dieser stolze Sieger"*). Und anhand des dritten Gliedes (*„ce superbe Vainqueur"*) glaubt Rameau seinen Gegner mit dessen eigenen Waffen schlagen zu können, indem er fast auf den Gleisen einer enthüllenden Orchester-Psychologie im Sinne Wagners argumentiert, dies Dur sei deshalb so umwerfend gut, weil es bei der Kennzeichnung Rinaldos als *„Sieger"* Armidens wahre Gefühle zum Ausdruck bringe — wozu zu ergänzen wäre: Es bringt zum Ausdruck, was die Heldin sich selbst nicht eingestehen will! In derlei Überlegungen hat der alte Herr von seinem Widersacher deutlich profitiert. Bei *„Le charme du sommeil"* bemängelt Rousseau, Lully male die Worte; die schöne, edle Akkordfolge gebe aber von Armidens Zorn nichts wieder; nach Rameau aber darf man diese Akkorde nicht isoliert betrachten, sondern in dem weiteren Zusammenhang — und hier stelle sich der fragliche E-Dur-Septakkord im vierten Takt als Einstieg in einen Harmoniegang dar, der über die Subdominant im fünften und die Dominant im sechsten zur (Zwischen-) Tonika e-Moll im siebenten Takt führe, und die Zielstrebigkeit dieses Ganges spiegele genau die zunehmende Gewalt von Armidens Emotionen wider. An der Vertonung des sich ab Takt 9 steigernden Widerstreits der Gefühle tadelt Rousseau, daß Lully ausgerechnet im Übergang und Einstieg in die Passage (= Takte 8 und 9) an der gleichen Harmonie (= e-Moll) festhalte; Rameau entgegnet, es handele sich in den beiden Takten keineswegs um die gleiche Harmonie, sondern beim ersten um eine zuvor kadenzierend befestigte Tonika und beim zweiten um eine unzweideutig auf den Fortgang nach A bezogene Dominant; insofern sei bei ihr, obwohl nicht real klingend, sogar die dissonierende Sept impliziert. Dies entspricht einer schon in Rameaus erstem Traktat aufgestellten Theorie von der in einem Dominantakkord eo ipso mitenthaltenen Dissonanz (= Septime), eine Theorie übrigens, die Rousseau im Enzyklopädie-Artikel *Cadence* selbst referiert hatte! Inbezug auf die Takte 11 und 12 nun („... *qu'il éprouve toute ma rage. Quel trouble me saisit?*") („... *daß er meinen ganzen Zorn erfahre. Welcher Zweifel erfaßt mich?*") tritt die unterschiedliche Bewertung besonders deutlich in Erscheinung, weil beide in der Lesung des Textes übereinstimmen müssen: In Takt 11 D-Dur, Takt 12 D-Dur mit Septime c; zuerst also Tonika, dann, auf G-Dur bezogen, Dominant. Rousseau fragt empört, was ein simpler Übergang von der Tonika- zur Dominant-Funktion an einer Stelle zu suchen hätte, bei der alle harmonischen Halteseile reißen müßten. Rameau hingegen sieht in dem Funktionswandel des D-Akkordes einen dramatischen Umschlag, *„wie wenn es am Tage plötzlich Nacht würde"*. Die Frage liegt nicht fern, ob bei diesen Differenzen nicht auch ein Generationsunterschied im Spiele sei und der Ältere trotz eines größeren harmonischen Erfahrungsbereichs viel stärker als der Jüngere, der primär von inhaltlichen Bezugspunkten aus erlebt und wertet, von einer klaren Einbindung in musikalische, harmonische Gesetzlichkeiten ausging. Die strenge Disziplin seines Systems mag in einer Weise zu dem für ihn „Natürlichen" geworden sein, daß er auf harmonische Vorgänge sensibler reagieren mußte als der Jüngere, der doch mit einer viel simpleren, aber funktionell weniger durchgebildeten Harmonik im Bunde war.

Bei den Takten 18 bis 22 (*„Achevons ... je frémis"* etc.) differieren die beiden noch einmal in paradigmatischer Weise. Rousseau vermißt in dieser Passage höchster Erregung jegliche harmonische Abweichung und sieht sie unangebrachterweise auf einen gleichbleibenden Grundton bezogen. *„Nicht nur findet sich diese Erregung keineswegs nur in ein und derselben*

Tonart dargestellt", antwortet Rameau, *„sondern in der Hälfte eines jeden Halbverses wechselt der Grundton mitsamt einer wiederum implizierten Chromatik";* und er findet einen solchen Wechsel alle halben Takte und meint, daß man resultierend aus mitgedachten bzw. mitempfundenen Septimen *„die Wirkung einer chromatischen Fortschreitung verspürt, ohne daß diese in irgendeiner Stimme real in Erscheinung träte."*

Auch in diesem Disput stehen sich der Ältere und der Jüngere und zugleich der Professionelle und der Dilettant gegenüber, dieser mit der Neigung, nur die bloße Positivität der musikalischen Textur zu werten und allzu rasch auf die Maßgabe der Worte zu schauen, jener mit der Tendenz, die Maßgaben und Wirkungen der musikalischen Funktionalität zumal im Blick auf die implizierten Töne zu überwerten. Beide haben voneinander gelernt; das Bild des Dilettanten, der gegen die Bastionen des Professionalismus anrennt, welche ihrerseits dogmatisch verteidigt werden — dies durch frühere Stadien der Kontroverse nahegelegte Bild trifft nun nicht mehr zu. Bestehen bleibt die Differenz zwischen dem Musiker und dem *littérateur.* Das Zugeständnis, daß ein Mann wie Rousseau prinzipiell über Musik zu urteilen befugt sei, wäre für Rameau einer Selbstaufgabe gleichgekommen. Selbst Grimm sah sich da vor Fragen gestellt;[224] wenn er vom mangelnden Niveau und davon spricht, daß Frankreich *„kein Land der Musik"* sei, so zunächst als einer, der aus Deutschland strengere, andersartige Maßstäbe mitgebracht hat: Man vergleiche dazu Mozarts zahlreiche abfälligen Äußerungen.[225] Zugleich aber spricht Grimm als Zeuge eines historischen Wandels, innerhalb dessen die Fachleute weniger denn je die gesetzgeberische Zuständigkeit ausschließlich für sich beanspruchen dürfen. Dies immer neu zu realisieren, z. B. in der Überlegung, daß der Wandel leichter zu bewerkstelligen war in einem Lande, das *„kein Land der Musik"* ist, wo man weniger spezialistisch über Musik dachte als in Deutschland oder Italien, war selbst für einen versatilen Geist wie Grimm nicht leicht. Für Rameau, der in Frankreich gegen die neuen Anforderungen und manche Bilderstürmerei mehr zu verteidigen hatte als irgendein anderer, mußte rätselhaft bleiben, wieso sich Literaten das große Wort in Sachen Musik anmaßten. Da lag der Kurzschluß allzu nahe, dies sei nur geschehen, weil Literaten sich aufs Reden so gut verstünden; wobei freilich u. a. unerklärt blieb, weshalb nicht nur der verunglückte Musiker Rousseau, sondern sie allesamt es nötig fanden, sich mit Musik zu befassen: Da kommen wir zu Motivationen, die sich Rameau völlig entzogen, zu den Horizonten, die Rousseau auf der Landstraße nach Vincennes aufgegangen waren und immer neu zu fragen zwangen, auf welche Art und Weise, in welchen Formen und welcher Stilistik die Musik eine Musik aller werden könne. Wie die Merkmale, in denen sie sich seinerzeit als für Gebildete und Privilegierte geschaffen darstellte, zu retten und aufzuheben seien — diese Frage stand noch nicht auf der Tagesordnung. So wurde diese Situation zur Stunde der Dilettanten als derjenigen, die auf nichts verpflichtet und nicht vorbelastet waren, die auf die hergebrachten Formen fachlicher Legitimation pfiffen und ihre Forderungen zuweilen mit der Naivität von Wilden anmeldeten, welche unversehens in eine zivilisierte Welt geworfen worden sind. Der es fertigbringt, im Kontrapunkt nur „*gotischen*" Ballast zu sehen, genießt die Privilegien der Handlungsfreiheit und Unbedingtheit derer, die nichts zu verlieren, aber alles zu gewinnen haben. Wer in dieser Situation die Professionalität und das Niveau seiner Kunst verteidigte, konnte sich rasch gegen eigene Absicht in die konservative Ecke gedrängt finden, weil sein ästhetisches Argument — oft unbemerkt — schnell in ein politisches verwandelt war. Zur Überlegenheit der *philosophes* trug entscheidend bei, daß sie dies, anders als ihre Widersacher, genau wußten.

Auf ganz andere Weise indessen zeigt sich dennoch, daß Rousseau als *littérateur* gestritten hat: Zu dem Engagement, mit dem er sich zunächst ins Getümmel geworfen hatte, paßt schlecht, wie wenig er sich um die weiteren Entwicklungen der Oper kümmerte — und er steht damit nicht allein. D'Alembert — derselbe, der zehn Jahre zuvor in seiner Vorrede zur *Enzyklopädie* der Musik unverhältnismäßig viel Platz eingeräumt hatte — gab 1759 einen Rückblick auf die dramatischen Ereignisse,[226] der, recht resigniert klingend, wohl eine allgemeine Meinung widerspiegelt. Der Streit, meint er, sei nutzlos gewesen, weil die *buffoni* die erhoffte Revolution in der französischen Oper nicht ausgelöst hätten, und dies wiederum hätte offenbar dazu beigetragen, daß die *Enzyklopädie* an Popularität verlor: Ihre „*Autoren hatten das Unglück, mit Rousseau übereinzustimmen, und die Kühnheit, das einzugestehen ... Der musikalische Krieg war der erste Funke in einem großen Auflodern, welches seither so sehr viele Gegner unseres Werkes angefeuert hat. Die Autoren der Enzyklopädie werden in Frankreich als eine Gruppe angesehen, die sich formiert hat, um mit einem Schlage Religion, Autorität, Moral und die Musik zu zerstören."* Inbezug auf die Musik hatte d'Alembert zuviel erwartet, denn so grundlegende Forderungen wie die der *philosophes* lassen sich nicht von heute auf morgen realisieren. Tatsächlich gab es nach dem Buffonistenstreit in der französischen Opernkomposition zunächst eine Periode der Verarbeitung, des Zauderns und Suchens. Rousseaus Schweigen war andererseits die natürliche Folge seines Abschieds von den Freunden und von Paris, seiner Vertreibung und der *vagabondage* des Vogelfreien — nicht zu reden von den Hindernissen, die er seinerseits vor persönlichen Kontakten auftürmte.[227] Dennoch wäre nicht ganz unmöglich gewesen, daß er die musikalischen Entwicklungen etwa in der Weise kommentierend begleitet hätte wie Diderot in seinen *Salons* die der bildenden Künste; dies umso mehr, da die Opernkomposition sich schon bald auf den von der *coin de la reine* vorgebahnten Wegen befand und es überhaupt genug Berührungspunkte gab. Philidor z. B. hat Rousseau, wie dieser anläßlich der *Galanten Musen* berichtet,[228] gut gekannt; manche seiner späteren Werke muten wie genaue Exemplifikationen der aufgeklärten Opernästhetik an, seine *Ernelinde* nahezu maßgeschneidert nach den von Diderot im Dialog *Rameaus Neffe* entwickelten Maximen.[229] Ähnliches gilt für viele Werke Jüngerer, zumal Grétrys, der sich ziemlich erfolglos um Rousseaus Interesse und Freundschaft bemühte.[230] Zog er sich zurück, weil er auch ein Kollege der Komponierenden war und neidvoll auf deren Tätigkeit und Erfolge sah? — immerhin hat er noch kurz vor seinem Tode eine neue Oper zu schreiben begonnen![231] Diese Begründung läge dennoch zu weit unter dem Anspruch des Opernkampfes, als daß man sie für triftig halten könnte. Was Rousseau in der Musik anzuregen und in Gang zu setzen hatte, mag ihm nach 1753 weitgehend erledigt erschienen sein — dafür spricht auch die mühsam detaillierte Aufarbeitung, die er erst viel später im *Wörterbuch* vorlegte. Die Vorsicht im Umgang mit Rameau und der Bruch mit fast allen Freunden taten ein übriges. Seit diesem Bruch fühlte Rousseau sich ausschließlich einer Konsequenz seiner Mission verpflichtet, welche sich nicht nach der Treue bemessen läßt,

die er einem einzelnen Sachgebiet hielt — allemal galt seine
Treue mehr dem Prinzip als dessen Exemplifikationen.
Mit dem Schlagabtausch um *Armida* endet das direkte Gespräch zwischen Rameau und Rousseau; das indirekte hat Rousseau noch über den Tod des großen Alten hinaus fortgesetzt.

VIII *Aesthetica: imitation, génie, unité de mélodie*

„*Sonate, que me veux-tu?*" („*Sonate, was soll mir das?*") — dieser im Zusammenhang mit der aufklärerischen Musikästhetik meistzitierten Formulierung des bonmotfreudigen Fontenelle[232] war, als Rousseau sie im *Wörterbuch* an den Schluß des Artikels *sonate* setzte, keineswegs mehr Berechtigung zugewachsen; in der *Enzyklopädie* übrigens war das Stichwort *sonate* gar nicht vertreten gewesen ... Am Vorabend der Blüte der klassischen Instrumentalmusik geschrieben, nimmt sich das, was Rousseau hier zu sagen hat, befremdlich aus, und man muß die Voraussetzungen dieser Stellungnahme genau kennen, um von ihr nicht in prinzipielle Zweifel an seiner musikalischen Zuständigkeit gestürzt zu werden. Soviel er anderwärts vorausfühlte und -entwarf — hier waren ihm und fast allen Gleichgesinnten in Frankreich die Ohren verstopft, hier scheinen eben die, die gegen jederlei Vorurteil antreten wollten, selbst einem gravierenden Vorurteil aufzusitzen, das sie bestimmte Erfahrungen zu verdrängen zwingt: womit ein Stück Gegenentwurf zum *esprit de système* selbst zum „*système*" geworden wäre. Wörtlich genommen war Rousseaus Meinung zur Sonate schon rückständig, als sie formuliert wurde — inbezug auf die Musik einer der Gründe, derentwegen man in Deutschland bei der Distanzierung von der französischen Aufklärung leichtes Spiel hatte[233]: Allzu aggressiv sprach hier eine Inkompetenz, der auch etliche Verstocktheit inbezug auf die Kenntnisnahme deutscher Musik nicht fehlte. Diderot war vor Rousseaus Begegnung mit Gluck der einzige, der sich hierum ausdrücklich bemühte. Immerhin waren die Mannheimer in Paris bestens bekannt (woher sonst der Bezugspunkt des *Propheten aus Böhmisch-Broda?*), und haydnsche Werke erschienen in den *Concerts spirituels* seit den siebziger Jahren immer häufiger.

Allerdings wird man der Bedeutung solcher Standpunkte kaum

gerecht, wenn man sie wörtlich nimmt — zumal bei einem, der gern „*unhaltbare Paradoxa aufgestellt hat*"[234]. Aber auch fast jeder seiner Freunde hätte diesen Artikel so geschrieben, vielleicht mit Ausnahme Diderots, der in seinen Überlegungen zur Nachahmung deutlich eine Entwicklung zu mehr Vorsicht und Großzügigkeit durchlief. Andererseits braucht man aber nur Rousseaus *imitation*-Artikel zu lesen, um auch bei ihm jene Großzügigkeit zu finden; von seiner zentralen Formulierung zur Nachahmung ausgehend hätten sich zur Sonate sehr andere Auskünfte geben lassen als das stur bei Fontenelle verharrende Verdikt. Wie bei allen extremen Standpunkten Rousseaus läßt sich auch hier die Art der Argumentation nicht von der Frage der Verhältnismäßigkeit der Mittel trennen, d. h. von der Notwendigkeit abstrahieren, sich Gehör zu verschaffen. Die Vortragsweise, zu der er sich gezwungen fühlt, schlägt sich im Sachgehalt der Argumente nieder, wie ein zelotischer Ton stets mit der Situation von Einzelgängern zu tun hat, die sehr laut in den Wind rufen, der ihnen ins Gesicht bläst. Das spektakuläre Nein von 1750 wäre schwerlich so radikal ausgefallen, hätte Rousseau sich nicht antreten sehen gegen eine ungute, kompakte Allianz von Zivilisationshochmut und Fortschrittsrausch, worin ihm viele progressive Momente an die verhaßten bestehenden Verhältnisse verpachtet erschienen; entsprechend fand Rousseau in der Musik bestimmte Wertungen und Zuordnungen wie endgültig fixiert vor. Für den Versuch, sie aufzubrechen, bot sich kein geeigneteres Werkzeug an als das Nachahmungskonzept, wie sehr es immer auch als Teil der überkommenen Ästhetik angesehen werden konnte. Immer bei Rousseau muß man berücksichtigen, welcher Adressat ihm vor Augen steht, wenn er bestimmte Passagen formuliert; die Situation der Mitteilung, oft nur eine vorgestellte, ist bei ihm ein Moment der Sache selbst. Im Oszillieren seiner Begriffe hat er das selbst wahrgenommen. „*Lernen Sie, meine liebe Freundin, meinen Wortschatz bitte besser kennen*", schrieb er nach ersten Verständigungskrisen an Frau von Epinay, „*wenn Sie wünschen, daß wir uns verstehen. Glauben Sie mir, daß meine Begriffe selten die gewöhnliche Bedeutung haben, daß es immer mein Gemüt ist, das sich mit Ihnen unterhält; vielleicht werden Sie eines Tages erkennen, daß es nicht wie ein anderes spricht.*"[235]

Diese Empfehlung darf man auch für den Begriff der *imitation* beherzigen, dessen Wahl — in der humanistischen Übersetzung von mimesis als imitatio — ebenso unumgänglich wie unglücklich war: denn die Kalamität jeglichen Definierens, die Bestimmung einer Sache inbezug auf etwas, was sie nicht ist, tritt hier penetrant in Erscheinung — im Deutschen erst recht in der Zusammengesetztheit der Wortbildung Nach-Ahmung. Womit wir freilich den Vorwurf riskieren, mit dem Begriff gleich zweimal unredlich zu verfahren: einmal, indem wir ihm den Anspruch einer Definition aufbürden, und zum anderen, weil wir eine Verengung seines Bedeutungsbereiches zu tolerieren scheinen, in der er dann tatsächlich, wie geschehen, zum Prügelknaben der Ästhetik des späten 18. Jahrhunderts taugt. Dies indessen kam nicht von ungefähr; damit aber stellt sich die Frage, inwieweit wir, von seinem Gebrauch zu jener Zeit handelnd, berechtigt sind, gegen jene Verengung all das einzuklagen, was sich in ihm seit Aristoteles (und bei ihm deutlich bereits in zwei Nuancierungen[236]) an Bedeutungen akkumuliert hat — in der Summe fraglos genug, um „nachahmende Kunst" sehr allgemein zu verstehen als „Kunst, die etwas darstellt". Begriffe wie dieser aber werden nie als derartige Akkumulationen benutzt, nicht nur, weil ihnen — und das betrifft die Rolle von *imitation* im vorliegenden Zusammenhang nun ganz speziell — damit alle Schärfe und Präzision abhandenkäme, sondern auch, weil seinerzeit längst nicht alle Bedeutungsnuancen aufgearbeitet und so fest im Bewußtsein der Streitenden verankert waren, daß man sie stillschweigend hätte voraussetzen können, ganz abgesehen davon, daß Polemik und philologische Solidität sich selten gut vertragen haben. Auch hier also steht der Rückschluß vom Wozu zumindest gleichberechtigt neben der begriffsgeschichtlichen Bestandsaufnahme, und so hilft die letztere, wie unabdingbar sie immer erscheint, nur partiell aus dem Dilemma heraus, daß uns die Kenntnis der Schlachten nicht weniger zur Kenntnis der Waffen verhelfen muß wie umgekehrt die Kenntnis der Waffen zu derjenigen der Schlachten. Verständlicherweise finden wir die *philosophes* hin und her gerissen zwischen dem Bestreben, zur Sicherung der moralisch-gesellschaftlichen Verbindlichkeiten des *imitation*-Begriffs einerseits klare Abgrenzungen zu schaffen, andererseits aber, zumal gegen böswillige Vereinseitigungen, eine Breite des Bedeutungsfeldes offenzuhalten, die der Vielfalt der ästhetischen Phänomene gerecht wird und alle in ihrem Sinne bedeutende Kunst unter seinem Dache unterkommen läßt.

Mindestens sechs einigermaßen klar unterscheidbare, wenn auch nicht immer eindeutig voneinander abgrenzbare Bedeutungsbereiche[237] sind den *philosophes* für die Musik bewußt gewesen, wovon sie zwei traditionelle nicht akzeptierten — Musik als Gleichnis und Abbild eines nach dem Prinzip des *numerus* wohlgeordneten Weltenbaus und als Symbol bzw. analogische Entsprechung in satztechnischen Details —, derlei mußte ihnen als allzu umwegig vermittelte wennicht esoterische, jedenfalls „unrealistische" Bezugnahme erscheinen. Durchaus im Zwielicht steht ihnen derjenige Bereich, auf den die Gegenseite die Nachahmungsästhetik, um sie als Anwalt naturalistischen Abklatsches hinzustellen, nur allzugern eingeschränkt hätte, der illustrativ-lautmalerische. Bleiben drei, von denen einer, nahe bei der Illustration liegend, wenig reflektiert wurde, weil seine Mittel, die vielfältige Symbolik des Hoch und Tief, Hell und Dunkel, Schnell und Langsam samt den daran haftenden Assoziationen, nahezu zur zweiten Natur der Musik geworden ist; und endlich, als die zentralen, anderwärts explizierten, der rhetorische und derjenige des affektiv-emotionalen Ausdrucks.

Bringt man überdies die Differenzierungen in Anschlag, welche das (im Sinne Batteux') „Universalprinzip" der Künste in der Anwendung auf Malerei, Plastik, Architektur und alle poetischen Gattungen erfuhr, so mag es wundernehmen, wie oft die Protagonisten der Nachahmung ausführlich der Unterstellung begegnen mußten, purer Abschilderei und Programmatik das Wort zu reden. In dieser Verdächtigung steht offenbar ein Teil fürs Ganze — insofern, als in der Musik die Entwicklungen des Komponierens der Nachahmung zunehmend das Recht entzogen, insgesamt als ästhetische Wesensbestimmung aufzutreten, wodurch sich das Charakteristikum eines allmählich als beinahe peripher empfundenen Problemkreises im illustrativ-programmatischen Bereich besonders deutlich darstellte. Deshalb also kann Nachahmung einerseits noch von Hegel unter den *„Zwecken der Kunst"* als *„eine geläufigste Vorstellung, die uns einfallen kann"*, an erster Stelle abgehandelt (neben der *„Erregung des Gemüts"* und dem *„höheren substantiellen Zweck")*[238], kann andererseits aber von Goethe — in den Anmerkungen zu Diderots Dialog *Der Neffe*

Rameaus — beschrieben werden als das „*halbwahre Evangelium..., das allen so willkommen ist, die bloß ihren Sinnen vertrauen und dessen, was dahinterliegt, sich nicht bewußt sind*".²³⁹
„*... das halbwahre Evangelium...*" — man muß hinzufügen, daß die Existenz der anderen, nie erschöpfend definierbaren Hälfte der Wahrheit in jener Zeit nicht nur deutlich verspürt wurde, weil sie qua Nachahmung ausgegrenzt schien. Die Karriere des Begriffs „Genie" wäre kaum vorstellbar ohne den Zwang, all dem einen Namen zu geben, was mit den geläufigen Begriffen des ästhetischen Denkens nicht gedeckt wurde, eine Karriere übrigens, in der Rousseaus Bestimmung einen ersten Höhepunkt darstellt: „*Genie ist für Rousseau etwas Unerklärbares, Unerlernbares, eine Kraft, die den schöpferischen Menschen zu einem Gott erhöht.*"²⁴⁰ Doch ebenderselbe Rousseau insistiert andererseits im Artikel *sonate* besonders hartnäckig auf einigen mechanistisch fortgedachten Konsequenzen der Nachahmung! „*Daß Genie dem Nachahmungsgeiste gänzlich entgegenzusetzen sei*", ist eine spätere Erkenntnis,²⁴¹ und nicht nur Rousseaus rhapsodischer Denkstil hat verschuldet, daß er das problematische Nebeneinander beider Begriffe aufzulösen bzw. zu rechtfertigen versäumte. Uns mögen die Widersprüchlichkeiten dieses Nebeneinanders Anlaß geben, weniger nach den definitorischen Möglichkeiten dieser Begriffe und ihrer Versöhnung als Glieder eines Systems Ausschau zu halten, als vielmehr zunächst sie als Ausdruck eines kaum lösbaren Dilemmas zu begreifen, mit dem die Ästhetik zu tun bekam unmittelbar nachdem ihr Name und Rang einer eigenständigen Disziplin gegeben war — soweit ästhetische Fragen überhaupt durch Lösungen im Sinne einer Erledigung beantwortet werden können: Triftig antworten (aber wiederum nie prinzipiell) können ohnedies nur die Schaffenden. So gesehen hatte die neue Disziplin Probleme nicht nur mit der Konstellation einiger Grundbegriffe, sondern erst recht mit einer grundsätzlichen Bestimmung ihres Verhältnisses zur künstlerischen Praxis, nicht zu reden von dem zur gesellschaftlichen Wirklichkeit.
Inbezug auf das letztere kann wiederum der Begriff der Nachahmung als Kronzeuge dienen: denn bei ihm haben sich im Verlauf des 18. Jahrhunderts die Definitionen weniger stark fortentwickelt²⁴² als sein ideologisches Umfeld; anders gesagt: Seine Wandlungen sind kaum aus einer differenzierenden Entfaltung des Begriffs erklärbar, sondern nur mithilfe

der Tatsache, daß ihm immer mehr gesellschaftspolitische Implikationen zuwuchsen, immer mehr über den ästhetischen Bereich hinausreichende Bezüge, zu denen jede weitere Differenzierung rückgekoppelt werden mußte. Dergestalt mit den Grundfragen nach Sinn, Zweck und Funktion der Kunst verknüpft, war Nachahmung für die *philosophes* viel weniger disponibel als für ihre Gegner, in deren Augen sie weitgehend auf ästhetische Konnotationen beschränkt blieb: daher etliche nahezu engherzig anmutende Orthodoxien, z. B. diese von Diderot selbst angesprochene[243]: „*Die strenge Nachahmung der Natur kann die Kunst wohl dürftig, klein, kleinlich machen, niemals aber unwahr oder manieriert.*" „*Dürftig, klein, kleinlich*" stellen für Diderot offenbar geringere Mängel dar als „*unwahr oder manieriert*" — wieviel mehr erst für Rousseau, der u. a. in Genf lieber gar kein Theater sähe als eines, das nicht im Sinne seiner Kunstmoral wirkt: Da zeigt sich, wie schnell derlei ständig auf die Grundfrage rekurrierender Rigorismus zur Selbstverleugnung der Kunst treibt — für große Potenzen freilich ein inspirierendes Risiko. Um solche Konsequenzen wahrzunehmen, mußte man keineswegs eingeschworen sein auf das, was die *philosophes* als luxurierenden Ballast und als verderbte Formen von Kunstgenuß verabscheuten. Sie sahen kraft Nachahmung das unberechenbare, unverantwortliche Schwärmen der Phantasie an die Leine gelegt[244] und haben sogar auch die Möglichkeit erwogen, daß Dichtung (hier wohl stellvertretend für alle Künste) nur ein Durchgangsstadium sei, weil von der Phantasie abhängig, welche vornehmlich in Ecken niste, in die das Licht des aufgeklärten Verstandes noch nicht hingedrungen sei. „*Da die Vernunft sich vervollkommnet*", schrieb 1754 der Abbé Trublet, „*wird das nüchterne Urteil mehr und mehr der Phantasie vorgezogen und also der Dichter weniger und weniger anerkannt werden. Die ersten, welche schrieben, so sagt man, waren Dichter ... Die letzten, die schreiben, werden Philosophen sein.*"[245] Was sehr genau den Prognosen entspricht, die Rousseau den zivilisierten Sprachen stellt.[246] Später einmal — zu derart grundsätzlichen Hypostasierungen fand sich keiner der *philosophes* bereit — wird der deutsche Idealismus der Kunst als bloßem Durchgangsstadium bei der Selbstverwirklichung des Geistes einen vornehmen, wenn auch zu Recht zukünftigem Gebrauch bestimmten Sarg zimmern...

Wenn man an solche Konsequenzen auch herangedacht hat, so ist mit deren Zuspitzung dennoch nichts widerlegt — selbst wenn man in den parabelhaften Exemplifikationen, als welche sich Voltaires, Diderots und Rousseaus Romane darstellen, die Naivität einer kreativen Phantasie arg bevormundet sieht. Mag der literarische Bereich dabei auch für den künstlerischen insgesamt stehen — immerhin als der aufgeklärteste! —, so ist es dennoch kein Zufall, daß solche Fragen sich zunächst hier stellten: Im Grundsätzlichen war es der gleiche gedankliche Ansatz, der — in einem anderen Bereich und in einem anderen Land — Matheson die Musik als „*Klangrede*" charakterisieren ließ[247] — als einen in Deutschland hinsichtlich des Zeichenvorrats, der rhetorischen Figuren, wohlvertrauten Aspekt.[248]

Die Bezugnahme könnte unsauber erscheinen, weil in Mathesons Kennzeichnung unverkennbar die Affektenlehre mitspielt. Nicht aber nur ein historischer Sehfehler läßt uns Affektenlehre und Nachahmungsästhetik, weil beide Musik auf etwas außer ihr Befindliches beziehen, als auf einer Linie liegend wahrnehmen. Den Zeitgenossen stand die Qualität jenes Bezuges im Vordergrund — und bei der Frage, was und auf welche Weise nachzuahmen sei, kamen Unterschiede zutage, derentwegen man im Zeichen der Nachahmung gegen die Verdinglichung vorgefaßter Kategorien zu Felde ziehen mußte. Nachahmung stand zunächst für Offenheit und Vielfalt und greift in den frühen Formulierungen (zumal die Affektenlehre eine in bedeutender Musik von vornherein überbotene Arbeitshypothese war) historisch vor, obwohl jene Offenheit die Freiheitsrechte der Phantasie nur partiell betraf. D'Alembert konnte im Vorwort zur *Enzyklopädie* sehr direkt an eine über fünfzig Jahre zurückliegende Publikation anknüpfen, an die 1694 gedruckte *L'Art de la Poésie* von La Croix: „*Musik, die nichts darstellt*", liest man dort, „*ähnelt jenen schwülstigen Reden, in denen der Redner, ohne ein Thema zu behandeln, mit großen Worten prahlt*"[249]; und bei d'Alembert liest man dies: „*Alle Musik, die nichts darstellt, ist nicht mehr als Geräusch; und ohne die Konvention, die alles zurichtet, würde sie kaum mehr Vergnügen bereiten als eine Folge harmonischer und wohlklingender Worte, denen Ordnung und Zusammenhang fehlt.*"[250] Daß ein solches Konzept am wenigsten aufs pure Kopieren akustischer Natureindrücke ausging, muß kaum betont werden; jegliche Diskussion, die es in die Nachbarschaft des Programmatischen rückt, ginge unredlich vor — man lese nur, was Rousseau dazu u. a. im *Alceste*-Aufsatz[251] zu sagen hat.

Zwei Fragen empfanden die Protagonisten der Nachahmung als von vornherein in ihrem Konzept mitenthalten — die erste: auf welche Weise nachzuahmen sei, moderner gesprochen: in welcher Weise das Nachgeahmte zu den Spezifiken der jeweiligen Kunstgattung vermittelt sei; und die zweite, für die Musik besonders wichtige: was überhaupt nachgeahmt werden könne. „*Man pflegt zu sagen, daß Dichtung nur eine Nachahmung der Natur sei; indessen erklärt diese ungenaue Definition nichts; man muß genau wissen, welchen Sinn man den Begriffen ‚Natur' und ‚Nachahmung' beilegt*", schreibt 1716 Houdar de la Motte[252], um sodann den Begriff *imitation* in Beziehung zu setzen zu *dessein* — was mit Absicht, Konzeption, Idee, Intention oder auch Thema eher umschrieben als übersetzt ist[253] —: „*Man sollte beim Dichter die Nachahmung niemals von seiner Intention trennen. Diese Intention ist es, welche sozusagen der Nachahmung das Gesetz gibt, sie gibt ihr die richtigen Begrenzungen...*" Damit ist klar genug auf eine Vermittlung von Gegenstand, Intention und künstlerischem Material hingedeutet, welche das Nachzuahmende aus der Verhärtung zur fixen Größe löst — zugunsten von etwas, was gern *nature choisie* (= ausgewählte Natur) genannt wird. Diese Vermittlung stand zumal dort zur Diskussion, wo man das Verhältnis der Kunstgattungen zu ihren Gegenständen erörterte — nahezu das Hauptthema der Auseinandersetzung mit Batteux' Versuch *(Les Beaux Arts réduits à un même principe = Die schönen Künste, zurückgeführt auf ein einziges Prinzip)*, alle Künste auf das — hier durchaus liberal gefaßte — Prinzip der Nachahmung zu verpflichten, sie jedoch eben „*zurückzuführen*"; wogegen Diderot in seinem *Brief über die Taubstummen* (1749) die Eigenart jeder Kunstgattung betonte und die Zuständigkeit der Nachahmung differenzierte.[254] Kein Wunder, daß er den bildenden Künsten die am wenigsten vermittelte Nachahmung verordnet und in den früheren *Salons* (1759—1763) zuweilen bei Formulierungen ankommt, welche prinzipiell kaum abweichen vom antiken Lobpreis der Weintrauben des Zeuxis: Die sollen so naturwahr gemalt gewesen sein, daß lebende Tauben sie anpickten. Laut Diderot ist man „*versucht*", die von Chardin gemalten Flaschen „*beim Halse zu nehmen"*; seine *"Birnen und Rosinen erwecken den Appetit und laden die Hand ein"*, und die von Pajou von seinem Lehrer Lemoyne gefertigte Büste *"lebt, denkt, schaut, blickt umher, hört, scheint sprechen zu wollen"*.[255] *"Es gibt Porträts, welche, wie geistreich gesagt worden, bis zur Ekelhaftigkeit ähnlich sind"*, lautet eine einschlägige Bemerkung von Hegel[256]; man wüßte gern, was er von Houdons Porträtbüsten hielt, den möglicherweise erstaunlichsten Triumphen der *imitation*.[257] Schwerlich darf man Diderots Aussagen als Ausdruck einer naiven Auffassung von Nachahmung nehmen; sehr fein differenzierende hatte er seinerzeit längst auch selbst zu Papiere gebracht. Inbezug auf Zuständigkeit und Anwendung der Nachahmung gab die Musik die meisten Fragen auf, und zuweilen läßt sich schwer entscheiden, ob eine Aussage als weitherzige Ergänzung des Konzepts oder als dessen Einschränkung zu bewerten ist — wofür ihr Sachgehalt oft weniger wichtig ist als die Richtung des Gedankenweges, auf dem sie liegt. Rousseau hat ein untrügliches Indiz dafür geliefert, daß er sich hier mit einem besonders schwierigen Problem konfrontiert fühlte; mit geringen Veränderungen hat er einen einschlägigen Passus gleich dreimal verwendet,[258] nicht gerechnet der Umstand, daß eine zentrale Aussage wie die, daß der Musiker *"die Dinge nicht direkt darstellen..., sondern in den Gemütern die gleichen Gefühle erregen wird, die man empfände, wenn man sie wirklich sieht"*, noch viel häufiger auftaucht, u. a. auch in der *Neuen Héloise*. Dergleichen mag an sich nicht überraschen bei einem Autor, der angestrengt um Formulierungen rang und offenkundig mit einer als endgültig verabschiedeten das Bewußtsein verband, daß er den Sachverhalt nie mehr besser würde fassen können — so hat Thomas Mann entsprechende Selbstzitate gerechtfertigt. Besonderen Aussagewert besitzt der vorliegende Fall insofern, als der Passus gar im gleichen Buch zweimal begegnet, unter *imitation* und *opéra* im Wörterbuch, und weil Rousseaus Beispiele, obenhin betrachtet, austauschbar erscheinen. Doch auch diese wiederholt er und klassifiziert damit jene Logik, nach der sie ausgetauscht werden könnten, als zu abstrakt: Genau diese und keine anderen Beispiele gehören für ihn zur Definition. Es gibt also genug Anlaß, sie sehr genau zu lesen — übrigens auch im Hinblick auf das, was er über die assoziative Weite der Musik, zu ihrer Überlegenheit hinsichtlich der Vielfalt der *"nachahmbaren"* (was hier meint:

„darstellbaren") Gegenstände zu sagen hat. Da klingen Erkenntnisse zur Musik als vorrationale Schichten unseres Bewußtseins ansprechend und als die Gehalte auch ohne konkrete Gegenständlichkeit transportierend an, die erst die moderne Sinnesphysiologie genauer verifiziert hat.[259] Im übrigen hat Rousseau bei dieser Definition seinem Freunde d'Alembert viel zu danken, wie ein Brief vom Sommer des Jahres 1751 bezeugt, den er nach Lektüre des *Enzyklopädie*-Vorwortes geschrieben hat; darin nennt er d'Alemberts Bestimmung *„sehr richtig und sehr neu"* und spiegelt sie in einer Formulierung zurück, welche seiner nachmaligen sehr nahesteht: *„In Wirklichkeit besteht die Kunst des Musikers ... nicht darin, die Gegenstände unmittelbar zu malen, sondern darin, die Seele in eine Stimmung zu versetzen, derjenigen ähnlich, die ihr wirkliches Vorhandensein hervorrufen würde."*[260]

Das extensive Zitieren der einschlägigen Formulierungen findet sein Recht nicht zuletzt als Dokumentation einer Behutsamkeit des Beschreibens, welche sich eher vorteilhaft abhebt von derjenigen ästhetischen Formel, welche nahezu wie ihre Bündelung erscheint, Lukacs' „gedoppelte Mimesis", die, sehr handlich und sehr allgemein *„allzu Heterogenes umfaßt und darum fast nichts mehr zu erklären vermag"*.[261]

„Ziel aller schönen Künste ist es", schreibt Grimm, im Jahre 1761[262] einschlägige Erklärungsnöte seiner Gesinnungsfreunde geschickt zusammenfassend, *„die Natur nachzuahmen; doch jeder sucht es mit anderen Mitteln zu erreichen. Die Täuschung der Kunst liegt einmal im Bemühen, sich der Natur so weit wie möglich zu nähern...; zum anderen ruft sie gewisse Eindrücke hervor, erweckt in ihnen gewisse Gefühle durch ganz abwegige und flüchtige Mittel, deren Wirkung auf unsere Seele völlig unbekannt ist. Doch obwohl die Theorie der Künste im tiefsten Dunkel liegt, ließe sich leicht eine Rangordnung unter ihnen aufstellen, an deren einem Ende die Bildhauerei, an deren anderem die Musik stehen würde. Der Bildhauer täuscht weniger als der Maler, der Maler weniger als der Dichter; der Musiker geht in seiner Täuschung am weitesten, und man muß feststellen, je mehr sich die Täuschung einer Kunst von der Natur entfernt und unbestimmt und mehr deutig wird, umso stärker und mächtiger sind ihre Wirkungen in unserer Seele. Der Bildhauer kann uns ergreifen und in Staunen versetzen, der Maler uns erschüttern, der Dichter uns entflammen und unsere Seele aufwühlen, der Musiker dieses Gefühl bis zum Taumel und zum*

Wahnsinn steigern. Diese Rangordnung ergibt sich ... genau aus den Mitteln, die jeder Künstler anwendet. Je unbestimmter sie sind, umso stärker regen sie die Phantasie an; ... die Macht der Musik ist am stärksten, wenn auch am wenigsten bekannt. Wahrscheinlich werden wir nie wissen, welche Beziehung zwischen dem Ton einer Saite und dem Gefühl der Trauer oder Freude besteht, das er hervorruft." Dies schreibt einer, der nach Frankreich gekommen ist als in ein Land, wo seiner Meinung nach nicht so gute Musik gemacht wird wie daheim. Er formuliert eine gemeinsame Meinung seiner Freunde und stellt implizite deren intellektuelle Redlichkeit in ein schönes Licht: denn die Musik setzt eine Grenze, an der sie zugegebenermaßen nicht recht weiter wissen. So kehrt Grimms Schlußgedanke in Diderots *Brief über die Taubstummen* als Frage wieder: *„Die Malerei zeigt den Gegenstand selbst, die Poesie beschreibt ihn, die Musik ruft kaum eine Idee von ihm hervor; sie hat dafür keine anderen Hilfsmittel als die Intervalle und die Dauer der Töne. Und welche Entsprechung besteht zwischen einer solchen Art von Zeichnung und dem Frühling, der Finsternis, der Einsamkeit und den meisten anderen Gegenständen? Wie ist es also möglich, daß von den drei Künsten, die die Natur nachahmen, gerade diejenige, deren Ausdruck am willkürlichsten und ungenauesten ist, die Seele am stärksten anspricht? Sollte das gerade deshalb möglich sein, weil die Musik weniger von den Gegenständen zeigt und daher unserer Einbildungskraft freien Lauf läßt?"*[263] Die Problematik der *„Ungenauigkeit"*, Vieldeutigkeit o. ä. der Musik hat den aufs Erkennen, Erklären und Definieren eingeschworenen *philosophes* viel zu schaffen gemacht; Diderot, das Genie der Unvoreingenommenheit, kommt mehrmals fast bei puren Beschreibungen von Tatbeständen an, die er nicht erklärt: *„Mit den Tönen verhält es sich wie mit abstrakten Wörtern, deren Definition sich erst zuletzt aus einer Unmenge verschiedener Beispiele ergibt, die sich alle in gemeinsamen Punkten berühren. Der Vorzug und die Fruchtbarkeit des unbestimmten, vagen Ausdruckes unserer Kunst bestehen gerade darin, daß jeder Mensch aus unseren Melodien das machen kann, was dem augenblicklichen Zustand seiner Seele entspricht, daß also ein und dieselbe Ursache zur Quelle unendlich verschiedener Freuden und Leiden werden kann."*[264] Da geht Diderot sogar über Rousseaus Theorie der *„indirekten Nachahmung"*[265] aus dem mehrmals verwendeten Passus hinaus; diese berührt sich übrigens auffällig mit der Technik des

Erinnerns, die er in den *Bekenntnissen* beschreibt — als Rekonstruktion fast schon vergessener Fakten aus einem Bodensatz rein emotioneller Nachklänge, den diese in der Seele hinterlassen haben. Wenn Diderot nun gar, den Rätseln musikalischer Wirkungen nachgehend, feststellt, eine ein Unwetter darstellende Sinfonie übertreffe ihren Gegenstand in der Stärke des Eindrucks umso mehr, je weiter sie sich von einer direkten Wiedergabe der akustischen Eindrücke entferne,[266] so bietet er fast schon eine offene Flanke für einen Gegner wie Chabanon, welcher, den Ansatz gewissermaßen umkehrend, die Musik imstande sieht, *„fast alles"* zu *„malen, weil sie es in allen Fällen auf eine unvollkommene Weise tut"*.[267]
Es könnte nun naheliegen, die Schwierigkeiten der *philosophes* mit der Unbestimmtheit und Vieldeutigkeit der Musik mit dem — per se keineswegs untriftigen — Argument erklären zu wollen, es sei ihr Irrtum gewesen, ausschließlich nach verbalisierbaren bzw. konkreten Gehalten gesucht und nur diese als „bestimmte" Gehalte angesehen zu haben — eine Argumentation etwa auf der Linie der Mendelssohnschen Formulierung: *„das, was mir eine Musik ausspricht, die ich liebe, sind mir nicht zu unbestimmte Gedanken, um sie in Worte zu fassen, sondern zu bestimmte"*[268]. Das wäre indessen ebenso unangemessen wie unfair: Der Einwand kommt für die Nachahmungsästhetik zu weit von außen, er zerschlüge den — keineswegs gordischen — Knoten des Konzepts und setzte eine ungeheure, geschichtlich folgenreiche intellektuelle Anstrengung gleich Null, zu der die Spannung zwischen dem Ausgangspunkt der Erklärung und dem zu Erklärenden unabdingbar gehört. Musik bleibt allemal realiter anders als das Bild, das auch die sensibelste Beschreibung oder Deutung von ihr gibt: Mit dieser Problematik haben Ästheten jeglicher Couleur zu tun. Wer die Nachahmungsästhetik durch den Aufstieg der klassischen Instrumentalmusik schlechtweg als widerlegt, als Sackgasse und Anmaßung unzuständiger Literaten gebrandmarkt ansähe, sähe an einem der großen dialektischen Umschläge der Musikgeschichte vorbei. À la lettre eine Widerlegung, gab die große klassische Musik realiter nicht zuletzt Antwort auf den hohen Anspruch, der im Konzept der Nachahmung an die Musik herangetragen worden war, war sie eine Reaktion auf den „semantischen Druck", unter den die *philosophes* die Musik gesetzt hatten. Hinter den von ihnen angemeldeten Bedeu-

tungsanspruch — per Nachahmung war die Musik erstmals nachdrücklich in den Kranz der anderen Künste eingebunden worden — ließ sich nicht mehr zurückgehen, das nunmehr der Musik als eines Gegenstandes von emotioneller, intellektueller, philosophisch-ästhetischer bzw. gesellschaftlicher Relevanz zugemessene Gewicht ließ sich nicht mehr reduzieren. Wenn am Ende, was ihr an neuen Möglichkeiten zuwuchs — u. a. in der fast diskursiven Logik in der Sonate —, anders aussah als das, was im Zeichen der *imitation* von ihr verlangt worden war, so wiegt das gering gegenüber dem historischen Vorgriff in Ansprüchen, welche die Basis der musikalischen Strukturen, auf die die Projektierenden sich beziehen mußten, deutlich überforderten. Man müßte, um diesen Umschlag in eine neue Qualität, um die Paradoxie dieser zu einem nicht anvisierten, nichtsdestoweniger zu dem „richtigen" Ziel gelangenden Forderungen in den angemessenen historischen Rahmen zu stellen, alle jene Bereiche und Disziplinen nennen, in denen es unmittelbar nach den *philosophes* entscheidende Fortschritte gab, welche ohne die durch sie vermittelten Impulse, ohne die von ihnen bewirkte Klimaveränderung nicht denkbar waren und noch zuzeiten des *Ancien régime* die aktuelle, „materielle" Basis ihres Denkens veränderten — nicht nur in Verwaltung, Städtebau, Hygiene oder Erziehung als Bereichen, die die *philosophes* direkt interessierten, sondern Fortschritte auch oder gerade in Wissenschaft und Technik, wofür etwa der Name von James Watt einsteht. Überall hier wird ein Vorgriff der theoretischen Spekulation eingelöst und rückkoppelnd korrigiert. Nicht direkt, umso reicher aber nachträglich zahlt sich die praktische Orientierung der *philosophes* aus, kraft deren etliche ihrer Formulierungen wie Präludien zu Marx' elfter Feuerbach-These klingen, kraft deren sich das aufklärerische Denken freilich zugleich — ein Blick auf die Inhaltsverzeichnisse bürgerlicher Philosophiegeschichten lehrt da einiges — vielerorts den Ehrennamen einer Philosophie verscherzt hat. „*Die Wahrheit, die ich liebe*", schreibt Rousseau im Jahre 1761,[269] „*ist nicht so sehr metaphysischer als moralischer Art*", und im *Emile*: „*Es ist nicht das Problem, daß man weiß, was ist, als daß man weiß, was nützlich ist.*"[270] Am Ende wurden die *philosophes* auf andere Weise „*nützlich*", als sie selbst absehen konnten; die Richtungskorrektur aber, die ihre mit der gesellschaftlichen Realität konfrontierten Intentionen erfuhren, widerlegt sie nicht — selbst wenn dabei etliche Theoreme fielen. Insofern darf man die oben anklingende Verwunderung darob, daß Rousseau der Einlösung seiner musikalischen Konzeptionen so wenig Beachtung schenkte, unangebracht finden und ihr mit der — freilich etwas billig polemischen — Frage begegnen, was die Duni, Monsigny, Philidor und Grétry darstellten im Vergleich zu Mozart. Immerhin waren sie Rousseaus Zeitgenossen, und sie arbeiteten in einem künstlerischen Material, das zur Beantwortung eines so gewaltigen konzeptionellen Anrufs nicht taugte. Beim Anhören der Musik Grétrys[271] z. B. verspürt man wenig von den Ideen, Konzeptionen und weitreichenden Motivationen, die er mit ihr verbunden hat, sie gibt zu ähnlichem Erstaunen Anlaß wie der *Dorfwahrsager*. Philidors *Ernelinde* steht passagenweise Takt für Takt mit den brisantesten ästhetischen Positionen der Zeit im Bunde[272] — und bleibt dennoch blaß im Vergleich mit Mozart, der wenig später kam. Es hieße das Problem simplifizieren, wollte man dies dem Zufall einer einzigartigen Begabung zuschreiben, geht es hier zunächst doch um die Frage der historischen Dimension, die derlei Einlösungen beanspruchen. Historisch gesehen war die wörtlichste Einlösung der aufklärerischen Theoreme nicht die angemessenste, nicht nur, weil sie mit zu wenig freiem Spiel am Gängelbande einer primär literarisch konzipierten Ästhetik laufen würde, einer Ästhetik, die in einigen Punkten sehr wohl „musikalisiert" werden mußte.

Solche Überlegungen setzen sich insofern dem Verdacht reiner Spekulation aus, als sie eine Kongruenz von Theorie und Praxis supponieren, wie sie kaum je zustandekommt. Indessen rechtfertigt sie der Versuch, die Kontinuität in dem Bruch zwischen den relevantesten ästhetischen und musikalischen Leistungen des Jahrhunderts aufzufinden, beide als Momente einer Entwicklung zu begreifen — wobei hier auf die angesprochenen Richtungskorrekturen, Begriffsverlagerungen, um nicht zu sagen: Frontverschiebungen, bestenfalls als auf ein wichtiges Desideratum hingewiesen ist. Es liegt nahe, Hegels dialektische Aufhebung zu bemühen, die Wesentliches, doch nicht alles faßt. So könnten unter dem Dach dieses anspruchsvollen, oft unreflektiert verwendeten Begriffs Schwierigkeiten und Widersprüchlichkeiten allzu bequem unterkommen. Längst nicht alles von den *philosophes* Intendierte ist „aufhebbar", längst nicht alles läuft in die bedeutungsschwere Semantik der klassischen Musik hinüber, und wenn sich viele Bereicherungen des Nachahmungskonzepts auch als Relativierungen oder gar als partielle Zurücknahmen darstellten, lief deren Summierung doch nie auf eine Widerlegung hinaus. Die von Gegnern immer neu versuchte Gegenprobe erweist es wohl als kritisierbar, nicht aber als leichthin ersetzbar. Die partielle Kritik blieb zumeist die triftigere; wo die Gegner zu grundsätzlichen Widerlegungen ausholten, stießen sie ins Leere und vermochten für die angefochtene Bestimmung kein Äquivalent zu finden. Nicht zufällig landet einer der konsequentesten Gegner, Boyé[273], bei dem Versuch, reinen Tisch zu machen, bei diesen kümmerlichen Auskünften: *„Der wichtigste Zweck der Musik ist, uns sinnliches Vergnügen zu bereiten, ohne daß der Geist sich die Mühe macht, ihn in unnützen Vergleichen zu suchen. Man sollte sie ausschließlich als Vergnügen der Sinne und nicht des Geistes ansehen."*[274] Weil man gegen Nachahmung als „Fremdbestimmung" der Musik zu Felde zieht, sich inhaltliche Bestimmung aber — wie die Befehdeten — kaum anders denn verbalisierbar vorstellen kann, zieht man die Möglichkeiten der Musik, Inhalt zu haben, schlechthin in Zweifel oder umgeht das Problem in der Betonung anderer Momente. Das scheint auch in Chabanons schon erwähnten *Observations sur la musique et principalement sur la métaphysique de l'art* durch: *„Etwas darzustellen (= peindre) ist nur die zweite ihrer* [d. h. der Musik — d. Hrsg.] *Aufgaben, zu singen ihre erste"*[275] oder, noch radikaler: *„Die Musik gefällt ... ohne Nachahmung, durch die Empfindungen, die sie uns mitteilt."*[276] Boyé freilich geht weiter: *„Diejenige Musik, die sich am meisten dem Ausdruck ergibt, ist die allerlangweiligste"*[277]; es nimmt nicht wunder, ihn achtzig Jahre später in Hanslicks Schrift *Vom Musikalisch-Schönen* als Bundesgenossen begrüßt zu finden.[278] Freilich wuchs in der Produktion hochwertiger Instrumentalwerke in den sechziger und siebziger Jahren der Druck der Fakten gegenüber einer Theorie mächtig an, welche diesem Genre nur einen Nebenplatz zuweisen konnte; noch Grétry[279] verglich Haydns Sinfonien mit Steinbrüchen, aus denen man sich die besten Brocken zu einer ihrer eigentlichen Bestimmung entsprechenden Verwendung holen solle. Als Verbindungsglied im Sinne des oben angesprochenen „semantischen Drucks" mag die Empfehlung im Artikel *instrumentale* der *Enzyklopädie* gelten,

ein Musiker möge, bevor er eine Sonate oder ein Konzert zu komponieren beginnt, sich einen genauen Plan zurechtlegen und fixieren, was er in dem Werke ausdrücken wolle — als ein Gedanke, der sich, musikalisch konkretisiert, wenig später in Deutschland bei dem Rudolstädter Hofmusikus Koch so liest: *„Soll dieses Ganze schön, und der Absicht der Kunst gemäß sein, so muß es, so wie jeder Gegenstand, dem man Schönheit zueignet, 1) mannigfaltige schöne Teile haben, 2) müssen diese mannigfaltigen schönen Teile mit der Absicht des Ganzen übereinstimmen, und 3) müssen sie auch nach einer der Absicht des Ganzen gemäßen Ordnung verbunden sein."*[280]
In Deutschland ist man um die Bestimmung dessen, was Musik sei und sage, nicht weniger verlegen gewesen. Schließlich findet sich in Kants *Kritik der Urteilskraft* (§ 16) nicht nur der fatale Vergleich der *„Musik ohne Text"* mit Tapetenmustern, welche beide *„für sich nichts ... bedeuten"*, sondern auch (§ 53) die barsche Feststellung, daß die Musik, *„durch Vernunft beurteilt, weniger Wert"* hat *„als jede andere der schönen Künste...; denn, ob sie zwar durch lauter Empfindungen ohne Begriffe spricht, mithin nicht, wie die Poesie, etwas zum Nachdenken übrigbleiben läßt, so bewegt sie doch das Gemüt mannigfaltiger und, obgleich bloß vorübergehend, doch inniglicher, ist aber freilich mehr Genuß als Kultur."*[281] So derb ist Musik von keinem der welschen *littérateurs* deklassiert worden! Wenn sich Kant in derlei Formulierungen den Schlußfolgerungen des dürftigen Boyé nähert, muß die Kalamität erheblich sein — die gleiche, die z. B. etliche Jahre später Schiller zu gravierenden Einwänden gegen ein Manuskript des Freundes Körner veranlaßt. Da Nachahmung als zentraler Bezugspunkt ästhetischer Wertungen entthront ist, kommt kein Lösungsversuch, will er Musik nicht auf *„mehr Genuß als Kultur"* reduzieren, um die Frage herum, was das Besondere, die der Musik allein eigentümliche Substanz ausmache. *„Was ich indeß vorzüglich vermisse, und daher zu beherzigen bitte, ist der materielle Teil der Musik, auf welchem allein ihre ganze spezifische Macht beruht. Es ist doch sonderbar, daß eigentlich im ganzen Aufsatz nur von den ästhetischen Wirkungen der Musik, die sie mehr oder weniger mit jeder ästhetischen Kunst gemein hat, aber gar kein Wort von ihrer eigentümlichen Wirkung, die in der spezifischen Eigentümlichkeit ihres körperlichen Teils, des Tons beruht, die Rede ist. Alles was Du sagtest müßte sich ebenso gut auf Farben-Klaviere, auf Tanzkunst*

etc. angewendet werden können. Offenbar beruht die Macht der Musik auf ihrem körperlichen, materiellen Teil. Aber weil in dem Reich der Schönheit alle Macht, insofern sie blind ist, aufgehoben werden soll, so wird die Musik nur ästhetisch durch Form. Die Form aber macht keineswegs, daß sie als Musik wirkt, sondern bloß, daß sie bei ihrer musikalischen Macht ästhetisch wirkt. Ohne Form würde sie über uns blind gebieten; ihre Form rettet unsere Freiheit."[282]

Dies eine Vorausschau auf das Vakuum, das die Zurücknahme des Nachahmungskonzepts hinterließ, die in Einzelheiten schon in den späteren Enzyklopädiebänden vorbereitet wird. Kaum von ungefähr hat Diderot dort mit Jaucourt, Marmontel und Chevalier de Chastellux Autoren herangezogen, die dem Konzept kritisch gegenüberstanden. *„Diejenigen, welche darauf bestehen, daß Musik auf eine Kunst der Nachahmung oder auf den Ausdruck fixierter Gefühle beschränkt sei"*, schreibt der Chevalier, *„sind nicht würdig, den Melodien zu lauschen, die Galuppi, Piccinni und Sacchini erfunden haben. Diese überall akklamierten Melodien werden in Frankreich einer sterilen und pedantischen Kritik unterzogen, welche Reichtum aus der Musik verbannen und künstlerisches Vergnügen verdammen würde. Ein von echter Leidenschaft fortgerissener Mensch äußert Worte in ungeordneter Weise. Der Dichter zählt und ordnet diese Worte, der Komponist verlängert und wiederholt sie. Wenn Sie die Vorrechte des Künstlers leugnen, reduzieren Sie die Kunst auf Geschicklichkeit, welches die unnützeste Kennzeichnung in der Welt darstellt, wenn ihr Feingefühl und Phantasiekraft abgehen."*[283]

Der Passus verrät zugleich, wie sehr nun die Ästhetik des Genies bedarf — als einer freilich auch riskanten Kategorie: „*Einerseits mehr Wahrheit und weniger Genie, andererseits mehr Genie und weniger Wahrheit*"[284] — in dieser diderotschen Antinomie tritt der aufklärerische Anspruch, zu erkennen und zu erklären, ebenso zurück wie in der 1776 notierten Sentenz: „*ich maße mir nicht an, dem Genie Regeln vorzuschreiben*"[285], an die Kant seine Bestimmung des Genies als der *„angeborenen Gemütslage (ingenium), durch welche die Natur der Kunst die Regel gibt"*[286], angeschlossen haben könnte. Immerhin hat Diderot in einem späten Fragment *Über das Genie*[287] die besonderen Fähigkeiten des Genies mit dem *esprit d'observation* in Verbindung gesehen; was nicht hindert, daß bei den „*Män-*

nern von Genie ... irgendeine besondere und undefinierbare Eigenschaft verborgen" sei, *"ohne die man nichts Großartiges und Schönes zu schaffen vermag"*; das könnte Wort für Wort auch von Rousseau gesagt sein. Unser Erstaunen darüber, daß Diderot in den zitierten Formulierungen Unerkennbares auf sich beruhen läßt, wäre allerdings falsch motiviert, ginge es von der Annahme aus, daß die aufklärerische Leidenschaft des Erkennens das Postulat einer grundsätzlichen Erkennbarkeit der Welt voraussetze. Der Realismus der *philosophes* wandte sich gegen den Rationalismus descartescher Prägung nicht zuletzt, weil dieser die Welt als in abstracto im vorhinein kartographiert wennnicht virtuell schon durchschaut annahm. Nun wird, mit Höhepunkt bei Kant und vorbereitet u. a. in Diderots Kritik an Helvétius' *Der Mensch eine Maschine*, auch auf die Grenzen des Erkenntnisvermögens reflektiert. Bei Descartes war Genie nicht möglich und nicht vonnöten.

Freilich machte man es sich mit einer Beschreibung der aufklärerischen Konzeption von *génie* als einer pauschalen Deckung für etwas im schöpferischen Akt als wichtig Erkanntes, einstweilen aber noch nicht Erklärbares, zu einfach; ebensowenig läßt sich Diderots und Rousseaus Respekt vor den Geheimnissen künstlerischer Kreativität — bei beiden vor allem ein humaner Respekt — zur Zurücknahme ihrer auf rationale Erhellung vereidigten Intentionen hypostasieren. Weil sich mit dem Geniebegriff schon wenig später, zumal beim deutschen „Sturm und Drang", andere Bedeutungsnuancen und -ansprüche verbanden — bis hin zur emphatischen Gegenposition zu einer sogenannten „verstandesblassen Vernünftelei" o. ä. —, liegen Mißverständnisse nahe genug. Schon jene Bedeutung, die im Französischen vom „Genie eines Landes" oder vom „Genie einer Sprache" zu reden erlaubt, kommt im prätentiösen Gebrauch des „Sturm und Drang" kaum noch unter, obgleich sowohl Herder (im zweiten Teil der *Kalligone*)[288] als auch Christian Daniel Friedrich Schubart in seinen *Ideen zu einer Ästhetik der Tonkunst*[289] unmittelbar, teilweise sogar wörtlich an Rousseau anschließen. Niemand in Frankreich z. B. setzte das beim Genie nicht Erklärte mit einem prinzipiell nicht Erklärbaren gleich; eher stehen die *philosophes* noch einer Erklärung wie dieser leibnizschen nahe: *„Die gesamte Natur ist voll von Wundern, aber voll vernünftiger Wunder (miracles de raison)"*[290], und ihre Respektierung des Nicht-Erklärbaren betrifft vornehmlich den Prozeß der künstlerischen Hervorbringung, viel weniger dessen Produkt. Dies wird ganz deutlich, wenn man als Explikation zu Rousseaus Artikel *génie* den Artikel *Prima intenzione* liest. Normalerweise dürfte *Prima intenzione* nur als Sonderfall eingeordnet sein; Rousseau indessen erhebt sie zum Modellfall, zum Idealfall schöpferischer Arbeit — und nimmt übrigens in der Beschreibung der von derlei knappen Prägungen unmittelbar auf den Hörer übertragenen Intention des Autors, welche die Kette Autor—künstlerisches Material—Formung—Wiedergabe—Hörer blitzartig durchläuft und alle Widerstände gleich Null zu setzen vermag, Theorien der avancierten Lyrik der Wende zum 20. Jahrhundert vorweg, Pounds *Imagism* z. B. Der Vorgriff betrifft freilich mehr die Zuspitzung als den Gedanken selbst, der sich z. B. bei Kant[291] so liest: „*So besteht das Genie eigentlich in dem glücklichen Verhältnisse, welches keine Wissenschaft lehren und kein Fleiß erlernen kann, zu einem gegebenen Begriffe Ideen aufzufinden und andererseits zu diesem den Ausdruck zu treffen, durch den die dadurch bewirkte subjektive Gefühlsstimmung, als Begleitung eines Begriffs, anderen mitgeteilt werden kann.*"

Wer von Rousseaus Bestimmung von *génie* irgendein Lobpreis unfaßlicher Wunder erwartet, wird arg enttäuscht: Als Vergleichspunkt seiner Erläuterung dienen ihm ciceronische Satzkonstruktionen und die Mechanik eines Strumpfwirkstuhls — Gegenstände also, die bestenfalls die leibnizsche Benennung *miracle de raison* verdienen und deren für Rousseau signifikante Vorzüge einer nüchternen Erklärung keineswegs entzogen sind. Das *miracle* haftet am Herstellungsvorgang; am Produkt haftet es nur insofern, als es dessen Ergebnis und Zeugnis ist.

Bei vorschneller Verallgemeinerung machte sich Rousseaus Betrachtungsweise wohl der Verflachung verdächtig. Doch eben diese Verallgemeinerung vermeidet er; vielleicht nicht zufällig verlegt er die konkretere Beschreibung einer in seinem Sinne geniemäßigen Arbeitsweise unter ein Stichwort, bei dem er, scheinbar mit einem Spezialfall, tatsächlich aber mit dem Idealfall beschäftigt, den Vorwurf der Voreingenommenheit nicht fürchten muß: In Anbetracht der einfachen Struktur jener Stücke, in denen seine *prima intenzione* sich am glücklichsten verwirklicht, hat das Postulat der Durchschaubarkeit genialer Hervorbringungen etliche Berechtigung! An welche Musik er dabei denkt, bleibt nicht zweifelhaft: In Frankreich, sagt er, ist der Begriff der *prima intenzione* überflüssig, weil ohnehin nicht einlösbar.

Dies nun dürfte man für eine seiner bedenklichen Verabsolutierungen halten, wenn er es bei der Differenz zwischen dem grundsätzlichen Anspruch der Beschreibung des schöpferischen Prozesses und dem engen Rahmen, den er seiner Konkretisierung zugesteht, ruhig beließe. Doch eben das hat er nicht getan. Seine frühe Konzeption der *unité de mélodie* erweist sich im vorliegenden Zusammenhang als Versuch, die punktuellen Realisierungen *di prima intenzione* in kleinen Stücken und einfachen Strukturen auf größere und kompliziertere zu projizieren und also eine Richtung zu weisen, in der auch gegen den Widerstand der größeren Dimension und spezieller Gattungsanforderungen recht viel von den Postulaten des Komponierens *di prima intenzione* gerettet und auch eine vielgliedrige Struktur unter ein ästhetisches Ganzes im Sinne eines Oberbegriffs subsumiert werden kann. Kant — abermals parallel — spricht diesbezüglich von dem „*Vermögen, das schnell vorübergehende Spiel der Einbildungskraft aufzufassen und in einen Begriff ... zu vereinigen, der sich ohne Zwang der Regeln mitteilen läßt*"[292].

Die Artikel *génie, prima intenzione* und *unité de mélodie* bilden dergestalt, als Teile einer einzigen Konzeption, einen engen Zusammenhang: *génie* die vornehmlich psychologisierende Beschreibung einer kreativen Begabung und Disposition, *prima intenzione* die im engen Rahmen einer Idealkonstellation exemplifizierte Beschreibung ihrer Arbeitsweise, *unité de mélodie* der bis zu konkreten kompositorischen Empfehlungen vorgetriebene Versuch einer für alle Gattungen zuständigen Verallgemeinerung.

Definitorische Eindeutigkeit wird auch der angestrengteste Versuch nicht herausschlagen können bei einem Begriff, an dessen — bei Rousseau üblichem — Oszillieren überdies ein historischer Wandel Anteil hat, welcher für Diderot als Übergang vom *avoir du génie* (= Genie haben) zu *être un génie* (= ein Genie sein) beschrieben worden ist.[293] Die Formel charakterisiert wohl den Wandel im ganzen, ist aber allzu schlagend, um für Differenzierungen innerhalb seiner zu taugen. Bei Rousseau steht beides nebeneinander; einerseits wirkt der traditionelle Gebrauch fort, andererseits benutzt er ihn, wie man es aus seinen *Wörterbuch*-Artikeln *chant, dessein, pathétique, scène* oder *sujet* ersehen kann, in einer Weise, bei der auch ein deutscher Leser nach 1780 eine Differenz der Bedeutung nicht bemerkt hätte: Sein Abscheu gegenüber aller mechanisch-selbstgenügsamen Könnerschaft begünstigte die Erhöhung von *génie* zum Gegenbegriff, wenn auch nie in einem Maße, das ihn einen prinzipiellen Gegensatz zwischen *génie* und *imitation* im Sinne Kants hätte empfinden lassen.

Dazu übrigens waren in dem für ihn wichtigsten Bereich der Nachahmung, dem rhetorischen, auch die Spielräume zu groß, Platz genug also für schöpferische Freiheiten. Auch hier hat Rousseau ,,nur" drastisch aktualisiert, was längst vorgedacht war: Es gibt kaum eine ästhetische Frage, welche durch einen so langen Zeitraum — er reicht mindestens vom 16. Jahrhundert bis zu Janáček — in so ähnlichen Formulierungen abgehandelt worden wäre. ,,*Daher ließ ich jede andere bisher gehörte Gesangsart beiseite, gab mich gänzlich der Nachahmung hin, welche solchen Dichtungen gebührte ... Ich gab nur acht auf die Weisen und Akzente, deren man sich im Schmerz, in der Freude und ähnlichen Dingen bedient, ließ den Baß sich ihnen gemäß bewegen, bald mehr, bald weniger je nach Affekten, und hielt ihn fest durch die guten und falschen Proportionen, bis die Stimme des Redenden, durch verschiedene Noten hindurchgehend, dahin kam, was im Reden gewöhnlich betont, einem neuen Zusammenhang die Bahn öffnet.*" Nur die technologischen Details verraten, daß dies nicht von einem der *philosophes*, sondern über hundertfünfzig Jahre zuvor geschrieben worden ist — von Jacopo Peri[294]. Solange man Deklamation so selbstverständlich als Spezialfall der Nachahmung betrachten kann, verspürt man eine Differenz zwischen innerer und äußerer Natur bzw. zwischen Darstellungsästhetik und Ausdrucksästhetik noch nicht[295]: ,,*Seine* [d. h. des Menschen] *sichtbaren Handlungen, ebenso wie die unsichtbaren — in seinem Inneren erzeugten Bewegungen, die von seinem Willen oder von seinem Denken herrühren, sind gleichermaßen natürliche Wirkungen, notwendige Folgen seines eigentümlichen Mechanismus und der Antriebe, die er von den ihn umgebenden Dingen erhält.*"[296] Diese Art Determinismus erschien Rousseau gewiß zu engherzig; dennoch konnte er darin das Moment der Identität von innerer und äußerer Natur im Sinne der Nachahmungsästhetik an-

erkennen, wenn auch seine auf der Linie zur „gedoppelten Mimesis" liegende Konzeption nicht darauf angewiesen war.
Was die Rolle der kreativen Phantasie angeht, so wirft eine Konzeption, die zunächst doch immer darauf ausgeht, jeweils richtige Entsprechungen aufzufinden — zu dargestellten Naturereignissen analoge Gemütsbewegungen, zu Reden den analogen Tonfall etc. —, über sie dennoch den Schatten eines mehr antwortenden als schöpferisch-aktiven Verhaltens; umso schwerer wiegt, daß man ihren Erkenntniswert stark empfand: Musikalisch richtig erfaßte Deklamation ahmt nicht nur nach und spiegelt wider, sie analysiert auch und deckt auf — und gehört damit zu den „entlarvenden" Methoden, die im Kampf gegen alle Formen von Unnatur und Verderbnis dienten. In einer Oper im Sinne der *philosophes* können Menschen sich nicht verstellen bzw. wäre Verstellung von vornherein als Verstellung durchschaut. In dieser Hinsicht haben sie der Musik erstaunlich viel zugetraut — vermutlich zu viel: Hier aber bleibt zu bedenken, daß unsere Eindrücke von jener Musik kaum ein verläßlicher Ratgeber sein können, weil sich der Raster eines bestimmten Stilbildes vor die individuellen Details geschoben und die Empfindlichkeiten für Nuancierungen gemindert hat, in denen das zeitgenössische Ohr mehr von den Intentionen eingelöst empfunden haben mag, die der Komponist mit ihnen verband. Im übrigen steht jene Erkenntnisfunktion im Hintergrunde etlicher sehr verschiedenartig beantworteter Fragen: Ob der Komponist im Hörer genau die gleiche Gefühlsqualität auslösen könne, die ihn beim Reflektieren des in der Musik „nachgeahmten" Gegenstandes bewegt hat; ob und wie derlei Regungen je nach Individualität der Komponierenden und Hörenden differieren und in welchem Maße sie dies täten; wo die Grenzen lägen, innerhalb deren Emotionen als identisch angesprochen werden können; wie es sich mit dem Rätsel genialen Schöpfertums vertrage, daß die von ihm gefundenen Regeln sich am Ende als einleuchtend, vernunftgemäß und gar erklärbar darstellten — weil sie dann doch auch logisch-diskursiv müßten erschlossen werden können.
Daß der rhetorische Bereich oben ein „Spezialfall" musikalischer Nachahmung genannt wurde, erscheint insofern als schlechte Abstraktion, als in ihm lediglich die ursprüngliche Einheit von Wort und Ton wieder in ihre Rechte eingesetzt

werden soll.[297] Nachahmung stellt in diesem Bezug somit eine nachträgliche Ableitung dar, ein gegen den Auseinanderfall der Komponenten und also gegen die reine Instrumentalmusik gerichtetes Postulat. So unverkennbar die Verlegenheit der *philosophes*, so unverkennbar ist ihr Bestreben, Instrumentalmusik möglichst vielfältig auf die ursprüngliche Vokalität zu verpflichten. Der anonyme Verfasser des Artikels *instrumentale* der *Enzyklopädie* begründet eine Wertung der Instrumente z. B. so: Die menschliche Stimme *„ist fraglos das zur Wiedergabe des Tonfalls der Leidenschaft am besten geeignete Instrument. Wovon wir den fundamentalen Grundsatz ableiten können, daß Musikinstrumente als gut oder schlecht eingeordnet werden müssen nach dem Verhältnis ihrer Ähnlichkeit zu den tonlichen Eigenschaften der menschlichen Stimme."* Instrumente seien erfunden worden, um die Stimme nachzuahmen, liest man in Cahusacs Artikel *chant*, und Grimm schreibt im Artikel *motif*, daß instrumentale Musik, wenn sie erfolgreich sein wolle, den Prinzipien der Vokalmusik zu folgen habe, weshalb die Nation, welche am besten singt, auch die beste Instrumentalmusik haben werde.[298] Bei solchen Maßstäben hat die Oboe z. B. einen guten Stand, wohingegen d'Alembert eine Flötensonate lächerlich findet (Artikel *Elégiaque*), weil die Flöte ausschließlich zum Ausdruck von Traurigkeit oder elegischer Zärtlichkeit disponiert sei. Und Rousseau leitet in seinem *Wörterbuch*-Artikel *mélodie*[299] die Definition einer Sinfonie aus der Priorität des Singens ab (= *„nicht mehr und nicht weniger als instrumentale Melodie"*) — wobei ergänzt werden muß, daß *symphonie* bei ihm pauschal für „Orchesterstück" steht. Wenn in Diderots dialogisiertem Beitrag zur Klavierschule von Bemetzrieder der Lehrer *„die Stimme ... unstreitig das schönste Instrument"* nennt, *„die Vokalmusik die schönste Musik und die vollkommenste Instrumentalmusik nur eine unartikulierte Nachahmung des tierischen Lauts"*[300], dann nicht als im Gesprächsverlauf einzuschränkende extreme Position, sondern eher als eine im Vorbeigehen erwähnte Selbstverständlichkeit. Daß man bei ihr nicht stehenbleiben konnte, wußte dennoch keiner besser als Diderot; also versucht er, Brücken zu bauen: *„Ich habe niemals eine gute Sinfonie gehört, ... ohne daß ich die Musik mir gedeutet hätte — und häufig so glücklich, daß ich genau das traf, was der Musiker zu malen beabsichtigt hatte. Ebensowenig bin ich jemals von folgendem Rat abgegangen, den ich eines Tages* einem tüchtigen Klavierspieler gab: „*Wenn Sie eine gute Instrumentalmusik machen wollen, so daß Ihr Instrument mir jederzeit etwas sagt, so legen Sie Metastasio auf Ihr Pult, lesen Sie eine seiner Arien und lassen Sie dann Ihren Gedanken freien Lauf.*"[301] Dies immer auf dem Hintergrunde eines bei Diderot wie bei Rousseau weitherzigen Nachahmungskonzepts: „*Wenn Sie etwas Schönes machen, so machen Sie nicht etwas, das existiert, und nicht einmal etwas, das existieren könnte.*"[302] Das klingt nun wieder ganz anders als die obige Verurteilung zur Nachahmung des „*tierischen Lauts*". Immerhin sagt Diderots „Lehrer" auch dies: „*Mit den Tönen verhält es sich wie mit abstrakten Wörtern, deren Definition sich erst zuletzt aus einer Unmenge verschiedener Beispiele ergibt, die sich alle in gemeinsamen Punkten berühren. Der Vorzug und die Fruchtbarkeit des unbestimmten, vagen Ausdrucks unserer Kunst besteht gerade darin, daß jeder Mensch aus unseren Melodien das machen kann, was dem augenblicklichen Zustand seiner Seele entspricht, daß also ein und dieselbe Ursache zur Quelle unendlich verschiedener Freuden und Leiden werden kann.*"[303] Da nun scheint jener Diderot zu reden, der u. a. einen *Enzyklopädie*-Artikel wie diesen redigierte: „*Wenn Instrumentalmusik lediglich dem Ohre schmeichelt und der Vorstellung kein eindeutiges Bild präsentiert noch dem Gemüt eine besondere Stimmung, wenn diese Musik dem Zuhörer gestattet, durch den Vorhang der Töne hindurch zu erfühlen und zu erblicken, was ihm je nach seinem individuellen Gemütszustand während des Konzertes gefällt, so hat sie ihren Zweck erreicht.*"[304]

Die Widersprüche, die in den vorstehenden Zitaten aufscheinen, zeigen deutlich, wie wenig Rousseau ein Monopol auf Ungereimtheiten hat, wie sehr das aufklärerische Denken in musikästhetischen Grundfragen, die Hilfestellung scheinbar gesicherter Positionen verschmähend, immer neu auf den Gegenstand aufprallt und in der Unterschiedlichkeit der Resultate seine Unvoreingenommenheit unter Beweis stellt. Diese erheischt, daß immer neu begonnen, immer neu gefragt werden muß; oft scheinen Folgerungen, die der Leser nur als logisch empfindet, in den Augen der Autoren bereits dem Sog eines kohärenten Systems zu verfallen, also in die Gefahrenzone des Apriorischen zu führen. Offensichtlich gab es da ein rationalistisches Trauma — als Erfahrung, daß auch einem übergewissenhaften Nachdenken die Tuchfühlung mit den Fakten verlorengehen könne. Die großen aufklärerischen Konzeptionen sind darum — selbst wenn Autoren wie Condillac, Helvétius oder Holbach systemhafte Ordnungen nicht scheuten — weniger in großen, kontinuierlich ruhigen Gedankenzügen zustandegekommen denn als blitzhafte, in der Berührung experimentell gestimmter Geister mit der Realität überraschend zündende Einsichten. Deren innere Einheit wird wohl durch gemeinsame Ausgangspunkte und Interessenlagen verbürgt; dennoch stehen sie weniger stark verbunden nebeneinander als in anderen philosophischen Strömungen und Schulen; schon in der Arbeit des Verbindens höbe der Gedankenflug der Spekulation weiter vom Boden der Tatsachen ab, als den *philosophes* erlaubt schien. Auch deshalb macht sich ein Herausschälen von Grundlinien rasch der Reduktion verdächtig. *Imitation, génie, unité de mélodie* etc. sind wohl effektiv arbeitende Begriffswerkzeuge, nicht aber Achsen eines Koordinatensystems, mit dessen Hilfe sich das gesamte Problemfeld rastrieren ließe.

IX *Über den Ursprung von Sprache und Musik*

Schon die Leser der frühesten Werkausgaben mögen sich gefragt haben, wieso unter den „Schriften zur Musik" ein mit dem Ursprung der Sprachen befaßter Aufsatz Platz finden konnte; sein Untertitel erklärt das schon deshalb nicht, weil kaum ein Drittel des Textes explizite mit Musik befaßt ist. Dennoch steht außer Zweifel, daß Rousseau hier Antwort auf Fragen suchte, die sich ihm zunächst in der Musik gestellt haben. Die Grundsätzlichkeit des Anliegens brachte es mit sich, daß er dabei noch mehr als anderswo vom einen Wissensbereich in den nächsten geführt wurde — auch darin bezeugt diese Schrift, die er selbst nie veröffentlicht hat, seine Denk- und Arbeitsweise besser als irgendeine andere. Erstmals drei Jahre nach seinem Tode wurde sie in einem Sammelband seiner *Traités sur la musique* gedruckt und blieb auch in allen späteren Ausgaben hier eingeordnet.

Im übrigen umgibt sie, insbesondere ihr Zustandekommen, „*ein gewisses Geheimnis*"[305], zumal Rousseau sich über sie nur selten und zurückhaltend äußerte. Die Zuordnung zu seinen musikalischen Arbeiten, welche seit Beginn des 19. Jahrhunderts kaum noch beachtet wurden, war ihrer Wirkung nicht

günstig; erst jüngst ist sie in einer textkritischen Ausgabe
separat veröffentlicht worden.[306] In deutscher Übersetzung
erscheint sie nunmehr erstmals, obwohl sie seinerzeit sofort die
Aufmerksamkeit der einschlägig Interessierten erregt hatte.
„Unter seinen Œuvres posthumes ist ein Aufsatz Sur l'origine des
langues, *den ich zu lesen bitte"*, schrieb Herder unter dem 11. Juli
1782 an Hamann, *„es sind freilich bekannte Sachen, aber doch
stark und hübsch gesagt..."*[307]

Eine Darstellung des Werdegangs des Essays, dessen Erhellung bis vor kurzem zu den meistdiskutierten Problemen der Rousseau-Forschung gehörte,[308] erscheint umso weniger als philologische Pflichtübung, als Zustandekommen und Substanz hier in besonderer Weise zusammengehören. Immer neu sah Rousseau sich durch einen in der Sache liegenden Zwang zu einer Auseinandersetzung genötigt, der er sich — das eine Mal aus methodischen, das andere Mal aus pragmatischen Gründen — nicht ungern entzogen hätte. Mit den beiden großen Arbeiten des Jahres 1753, dem *Brief über die französische Musik* und der *Abhandlung über die ... Ungleichheit*[309], war das Problemfeld von zwei Seiten her abgesteckt worden; in der *Abhandlung ...* formuliert Rousseau nahezu eine Abwehr der als fällig empfundenen Auseinandersetzung: *„Ich überlasse ... jedem gern die Lösung der schweren Aufgabe, ob eine bereits gegründete Gesellschaft notwendig war zur Einführung der Sprache, oder ob die Erfindung der Sprache eine notwendige Voraussetzung für die Gründung der Gesellschaft gewesen ist."*[310] Damit spricht er anthropologische und gesellschaftstheoretische Dimensionen der Fragestellung an, wie sie ihm schon in früheren Behandlungen aufgeschienen waren; vornehmlich an den Schnittpunkten linguistischer und gesellschaftstheoretischer Überlegungen hatte sich der Widerspruch des die Arbeiten von Bernard Lamy, Condillac und Duclos lesenden Rousseau entzündet. Des letzteren Kommentar zur *Grammatik von Port Royal*[311] wurde im Jahre 1754 gedruckt; Rousseau kannte das Manuskript offenbar schon früher, er widmete Duclos den *Dorfwahrsager*. Im *Brief über die französische Musik* hatte er, längst vorhandene gedankliche Ansätze aufnehmend, ausführlich genug mit den Bezügen von Musik und Sprache argumentiert, um genau zu wissen, daß er nicht vom einen handeln könne, ohne das andere einzubeziehen. Nicht genug damit: Das Problem, dessen Lösung er *„gern jedem anderen überlassen"* hätte, hatte er sehr bald selbst zu behandeln begonnen; wir wissen das aus dem Entwurf eines Vorworts[312] zu einer Sammelpublikation, in der er im Jahre 1761 den Dialog *Der Levit von Ephraim*, den *Essay über den Ursprung der Sprachen* und einen Aufsatz über *Nachahmung auf dem Theater* zu vereinigen gedachte. „Das zweite Stück", berichtet er dort, „*stellte zunächst auch nichts anderes dar als ein Bruchstück aus der Abhandlung über die Ungleichheit, das ich dort, als zu lang und als fehl am Platze, herausnahm. Anläßlich der Fehler von Monsieur Rameau über die Musik*[313] *... nahm ich es mir wieder vor. Indessen veranlaßten mich das Lächerliche des Umstandes, daß ich von den Sprachen handelte, ohne kaum eine von ihnen zu beherrschen, und die Tatsache, daß ich mit dem Aufsatz wenig zufrieden war, zu der Entscheidung, ihn als der Aufmerksamkeit der Öffentlichkeit unwürdig zurückzustellen. Ein hochgestellter Beamter jedoch, der die Wissenschaften pflegt und beschirmt, hat ihn viel günstiger beurteilt als ich, und so unterwerfe ich mich, wie man mir glauben mag, mit Freuden seinem Urteil und werde also zugunsten der beiden anderen Schriften jene passieren lassen, die für sich allein herauszugeben ich vielleicht nicht gewagt hätte.*" Bei dem „*hochgestellten Beamten*" handelt es sich um den mit den *philosophes* befreundet gewesenen obersten Zensor Malesherbes. In einem im September 1761 an ihn geschriebenen Brief[314] hatte Rousseau mitgeteilt, er „*glaube nicht, daß diese Sudelei eine eigene Drucklegung verdient; vielleicht aber kann sie in einer allgemeinen Sammlung zugunsten des übrigen unterkommen... Seien Sie, mein Herr, so gnädig, zu entscheiden: Ihr Richtspruch wird mir in jeder Hinsicht Gesetz sein.*"[315] Offene Polemik mit Rameau hatte Rousseau sich damals schon seit sechs Jahren versagt, und eben damals hatte seine Argumentation gerade solche Erweiterungen und Vertiefungen erfahren, von denen er nur zu genau wußte, daß sie auf den Kontrahenten keinerlei Eindruck würde machen können: Ihr nicht im engeren Sinne musikalischer, der linguistische und anthropologische Teil hatten an Gewicht und Umfang zugenommen, und dies wäre dem Professionalisten Rameau nur zupaß gekommen als Offenbarungseid des Gegners, als Beweis, daß dieser auf Nebenwege auszuweichen gezwungen ist. Aller polemischen Untertöne unerachtet taugt der *Essay* in der von Rousseau hinterlassenen, möglicherweise nur vorläufig definitiven Form tatsächlich nicht zur Polemik. Die Momente der Erkundung und des Gedankenexperiments überwiegen diejenigen der affirmativen oder verteidigenden Fixierung.

Den Zuwachs an „nichtmusikalischer" Argumentation und das Zusammenfließen der in den beiden Schriften von 1753 geschiedenen Gedankenlinien belegt ein erst neuerdings zutage gekommenes Zeugnis, ein Entwurf mit dem Titel *Du Principe de la Mélodie ou Réponse aux Erreurs sur la Musique*[316], angesichts dessen der Hinweis nicht überflüssig erscheint, daß die Bedeutung des französischen *principe* viel näher beim lateinischen *principium* (= Anfang, Ursprung) liegt als die des deutschen Fremdwortes Prinzip in seiner Hauptbedeutung „Grundsatz". Der Text könnte zunächst als Selbstverständigung über die mit Rameau diskutierten Fragen entworfen worden sein bzw. die erste Fassung einer Antwort auf dessen 1755 erschienenen *Erreurs sur la Musique*...[317] darstellen, deren endgültige Fassung noch im selben Jahre unter dem Titel *Examen des deux principes avancés par M. Rameau, dans sa Brochure intutilée Erreurs sur la Musique dans l'Encyclopédie* erschien: Hierdurch wird der Zeitpunkt der Niederschrift des neuentdeckten Entwurfs präzise festgelegt. Wichtige Passagen aus ihm gingen — unterschiedlich stark revidiert — in das *Examen* ein, andere in den nachmaligen *Essay über den Ursprung der Sprachen* — als eine Aufteilung, zu der sich Rousseau vermutlich veranlaßt fand, weil er für seine weitausgreifenden Überlegungen in der Polemik keinen Platz sah, vielleicht auch, weil er sie noch immer nicht für endgültig ausgearbeitet hielt.[318] In eine weitere Fassung muß sodann auch das aus der *Abhandlung über die Ungleichheit* herausgenommene Bruchstück integriert worden sein, sofern es nicht von vornherein in dem Entwurf *Du Principe de la Mélodie* mitenthalten war. Wie dem auch gewesen sein mag: In jedem Fall stellt dieser sich als Schnittpunkt anthropologischer, musik- und gesellschaftstheoretischer Überlegungen dar, deren Verflechtung Rousseau von der Sache her ebenso unabdingbar erscheinen mußte wie im Hinblick auf die polemische Stoßkraft fragwürdig. Solchen Überlegungen fielen also zweimal — 1753 bei der Endredaktion der *Abhandlung über die Ungleichheit*... und 1755 bei derjenigen des *Examen des deux principes*... thematisch ähnliche wennicht gar textlich identische Passagen zum Opfer: Auch aus dieser Resignation vor pragmatischen Zwängen erklärt sich Rousseaus Unsicherheit inbezug auf den *Essay* ...; äußerlich verrät sie sich noch in der recht gewaltsam oktroyierten Kapiteleinteilung, der er den Text in einem letzten Arbeitsgang wohl im Jahre 1763, also nach dem Scheitern der geplanten Veröffentlichung, unterwarf: Das wenig praktikable opus, für das ein Platz schwer zu finden war, sollte endlich durchsichtig und lesbar gemacht werden. Danach dennoch liegengeblieben, mag es ihm, zumal es ein Kernstück seiner Theorie enthielt, geradehin als Sinnbild des gestörten Verhältnisses zu seiner Umwelt erschienen sein, als Beweis dafür, wie schwer es ihm sei, angehört und verstanden zu werden. Nur zu sehr schien er recht zu behalten mit jener Bemerkung vom Jahre 1753: *„Ich werde mich hüten, philosophische Betrachtungen über die Vorzüge und Nachteile anzustellen, die aus der Einführung der Sprache entstanden sind. Man erlaubt mir ja doch nicht, gegen die allgemein verbreiteten Irrtümer anzugehen, und der gebildete Pöbel hält seine Vorurteile viel zu sehr in Ehren, um geduldig meine angeblichen Paradoxe ertragen zu können."*[319]

Nach den Ursprüngen der Sprache fragen, hieß nach den Ursprüngen des Menschen fragen — ganz und gar in Frankreich, wo diese Diskussion damals bereits über hundert Jahre alt war, bedeutende Vorläufer nicht einmal gerechnet[320]: das älteste Werk, auf das Rousseau sich unmittelbar bezieht, Bernard Lamys *L'art de parler,* war mehr als ein dreiviertel Jahrhundert alt.[321] Rousseaus Essay erscheint geradezu wie eine zu historischen, linguistischen und musikästhetischen Problemen hin aufgelöste Untersuchung der Möglichkeiten eines unverdorbenen, unentfremdeten Lebens und Miteinanders der Menschen. Mag er auch gezwungen sein, sein „goldenes Zeitalter" in einer fernen Vergangenheit anzusiedeln, so kann er es doch recht konkret und als möglich denken; insofern stellt es sich nicht als versunken und verloren dar, sondern mehr als eine nach rückwärts projizierte, keineswegs von jederlei Einlösung abgeschnittene Utopie. Mehrmals hat Rousseau betont, daß er kein faktenfrommer Historienschreiber sei, daß die Fakten ihm mehr nur ein Vorwand seien, Mittel, Anlaß und Vehikel für Fragen nach dem Sinn von Geschichte, nach Ursprung und Wesen des Menschen, der Sprache, der Musik etc. Im Zeichen solcher Funktionalisierung schrumpft z. B. der Abstand zwischen den im *Emile* als Exemplifikationen ersonnenen Personen und Ereignissen und den im *Essay* ... angesprochenen historischen „Fakten" stärker zusammen, als dies uns gemäß der Unterscheidung belletristischer und theoretischer Texte zulässig erscheint; damit aber nimmt Rousseau keine Sonderrechte in Anspruch, wie u. a. eine Lektüre von Voltaires historischen Schriften lehren kann; weil sie sich nicht pedantisch an die materielle Basis der Fakten ketten läßt, gewinnt die Spekulation eine Flughöhe, aus der sie sodann einen besseren Überblick über die Fakten gewinnt — und instandgesetzt wird, nachträglich an ihnen einiges gutzumachen: das ist weniger eine sophistisch-dialektische Entschuldigung als eine Voraussetzung zum Verständnis aller aufklärerischen Geschichtsschreibung, deren Problematik von einem Historiker unserer Tage zu Recht als *„Geographie der Hoffnung"* abgehandelt worden ist.[322] Immer neu, da der Sinn der Fakten so eindeutig Priorität gewinnt vor den Fakten selber, muß bedacht werden, wohin die Reise geht, welcher Details die Theorie als Vehikel bedarf — dies allemal wichtiger als deren interne Widersprüche, im *Essay* ... z. B. desjenigen zwischen „*Vorsehung*", wohldisponierten Naturkatastrophen und prämarxistischen Antizipationen wie dieser: „*Sei es nun, daß man nach dem Ursprung der Kunstfertigkeit des Menschen forscht, sei es, daß man die ersten Gebräuche betrachtet: immer sieht man, daß im Grunde alles auf die Mittel bezogen ist, mit denen er seine Existenz sichert.*"[323] Unvereinbar erscheinen uns derlei Begriffe bzw. Konzeptionen nicht zuletzt in der Zugehörigkeit zu einander ausschließenden „Systemen" — nicht aber für Rousseau: da dienen sie ein und derselben Theorie als Transportmittel und bringen uns wohl in Gefahr, vorschnell vom Transportmittel aufs Transportierte zu schließen. Rousseau bleibt auch heute schwer zu lesen; nicht weniger, sondern eine andere Unvoreingenommenheit ist es, die er dem heutigen im Vergleich zum Leser von ehedem abverlangt.

Nicht aber nur deshalb macht er es uns nicht leicht. Man sollte meinen, daß der Zwang, der Rousseau so grundsätzlich nach dem Ursprung von Sprache und Musik zu fragen nötigte, entgegen aller Antipathie gegen „Systeme" dennoch eine bestimmte Vollständigkeit des Argumentationszusammenhanges hätte bewirken müssen. Dies jedoch ist nicht der Fall; in mehr als einer Hinsicht bleibt der *Essay* ... trotz der langwierigen Arbeit das aus der *Abhandlung* ... von 1753 herausgenommene „*Bruchstück*", und er setzt deren Kenntnis in etlichen Argumentationslücken in beinahe unzumutbarer Weise voraus. Beispielsweise hat Rousseau im *Essay* ... die Gesichtspunkte der Interdependenz von Sprechen und Denken auffällig vernachlässigt, welche in der *Abhandlung*, soweit dort nötig, durchaus angesprochen sind. *"Denn wenn die Menschen eine Sprache benötigen, um denken zu lernen, so muß es noch nötiger gewesen sein, denken zu können, um die Kunst der Sprache zu erfinden"*[324]: dies hätte nun fortgeführt und exemplifiziert zu werden verdient. Hierzu aber hatte Condillac schon so vieles und Wichtiges gesagt, daß Rousseau offenbar meinte, bestenfalls aufarbeiten und repetieren zu können, worauf er sich selten genug verstehen konnte. Er mag es auch insofern als überflüssig empfunden haben, als er sich in derlei Arbeiten viel zu sehr als an einem vorhandenen Gebäude weiterbauend begriff; da traten die Gesichtspunkte eines in sich vollständigen Ganzen notwendigerweise zurück. Abhängigkeiten will Rousseau gar nicht leugnen, zumal im Hinblick auf Condillacs Untersuchung,[325] die zu ergänzen und der in einigen Punkten zu widersprechen zu seinen wichtigsten Motivationen zählt. In der oben zitierten Passage aus der *Abhandlung* ... von 1753, welche möglicherweise die Stelle bezeichnet, wo das eliminierte *"Bruchstück"* anschloß, wird die wichtigste Differenz zu Condillac angesprochen, die Frage der Priorität von Gesellschaftsbildung und Sprachentstehung. Hatte sich für diesen die Frage nach der Sprache erst gestellt, nachdem eine — mehr oder minder gottgeschaffene — Gesellschaft vorhanden war, so sucht Rousseau, ausgehend von einem *"reinen Naturzustand"* (dessen Reinheit er sogleich relativieren muß), ein gleichzeitiges Entstehen beider und also das Wort als *"erste gesellschaftliche Institution"* plausibel zu machen, wobei seine Sprache ihre Prägung vornehmlich von der Natur, ihre Funktion vornehmlich durch das gesellschaftliche Miteinander der Menschen erhält. Im Vergleich zum Abbé Condillac denkt Rousseau hier dialektischer und konsequenter materialistisch, wenn immer auch als der Materialist, der — so Diderot — *"beim Geläute von Kirchenglocken von Atheismus geschüttelt"* wird[326]: Mühelos bringt er seine Vorstellungen mit denen der Bibel in Einklang; nur wenige Zeilen vor der oben zitierten, erstaunlich direkt auf *"Produktionsverhältnisse"* im marxistischen Verständnis vorausweisenden Antizipation kommt Herodot im Vergleich mit dem Verfasser der Genesis schlecht weg. Dennoch läßt sich, weil im *Essay* ... Bezugnahmen auf die Bibel im Vergleich zu dem Schwesterwerk von 1753 so häufig begegnen, nicht auf einen veränderten erkenntnistheoretischen Standpunkt schließen.[327] Gewiß haben wir an jener rechtzeitig eintretenden Naturkatastrophe zu schlucken, als einer in anthropologische Bereiche übersetzten, freilich säkularisierten Sintflut, die bei Rousseau die Menschen zusammenzurücken und zu dem zweifelhaften Glück der Gesellschaftsbildung zwingt. Nur einmal innerhalb des langen Entwicklungsganges indessen gestattet er diese außerirdische Einwirkung und gestattet ihr lediglich sehr irdische, sehr natürliche Wirkungen. So bliebe als einzige metaphysisch verantwortete Determinante die — freilich an Fügung grenzende — Bestimmung ihres Zeitpunktes. Katastrophen solcher Art, das sei nicht vergessen, wurden damals anders erlebt und kamen keineswegs nur bei Rousseau, sondern bis hin zu Cuvier zu theoretischen Ehren. Mitte der fünfziger Jahre machte Rousseaus und Voltaires Diskussion das Erdbeben von Lissabon über allen elementar empfundenen Schrecken hinaus zu einem Ereignis auch für die Literatur, und wenig später begleitete einiger Schauder die ersten Ahnungen vom Umfang der pompejanischen Katastrophe.

Jacques Derrida, dem eine tiefgründige Untersuchung des *Essays*... zu danken ist,[328] nennt die Passage, in der Rousseau den katastrophischen Anstoß zur Gesellschaftsbildung beschreibt, den *„Mittelpunkt des Essays"*[329] und meint damit, über jene zentrale Veranlassung hinaus, ohne die die Gesellschaft nie sich hätte bilden können, auch die besondere, nicht schlechtweg metaphorische Qualität des Bildes: Indem die Achse des Globus nur ein wenig geneigt wird, kommt die Natur aus ihrem bisherigen Gleichgewicht; jener geringe Anstoß langt hin, um ohne weitere Hilfe von außen die Entwicklung der menschlichen Gesellschaft auszulösen und den Übergang von der Naturgeschichte zur Menschheitsgeschichte, von Natur zu Kultur zu ermöglichen — tiefsinniges Gleichnis für dieses Kernproblem jeder Anthropologie! Vor und nach diesem Ereignis geht es bei Rousseau natürlicher und menschlicher zu als bei fast allen, die vor und unmittelbar nach ihm hierüber schrieben.

Als ein *„Abriß für den Tag und die Stunde"*, als Beitrag zu einer laufenden Diskussion und gerade auch in den Auslassungen auf sie bezogen erweist sich der *Essay* ... auch dort, wo er die

Konzeption der Verneinung von 1750 zuspitzt. Grob gesprochen scheinen die ersten Kapitel von einem geschrieben, der der Sprache feindlich gesonnen ist, die weiteren von einem, der das Schreiben verabscheut, und die Untersuchung insgesamt von jemandem, der die Menschen möglichst lange ohne Sprache und Schrift auskommen lassen will. Aus diesem Grunde verbietet er sich selbst nächstliegende Überlegungen wie z. B. die, ob nicht auch die Unmöglichkeit, im Dunklen sich der Gebärdensprache zu bedienen, zur Ausbildung der Lautsprache beigetragen haben könnte. Er kennt Sprache nur als Bestandteil der Zivilisation, also verderbt und entfremdet, und will alle Verderbnis von ihr abwaschen — um nicht zu sagen: wegätzen — um jenes essentiellen Kernes willen, als der sie nichts anderes wäre als das Organ einer ganz unmittelbaren, ganz und gar menschlichen Kommunikation. Indem er dies versucht, weiß er aber zugleich, daß ihn das Schicksal dessen ereilen muß, der die Schalen der Zwiebel abträgt, um zu spät zu entdecken, daß die Schalen und der Kern dasselbe waren. Die Geschichte ist ein Vorgang der Denaturierung; für jeden Fortschritt wird ein Preis jener Art erlegt, die Rousseau zunächst immer als Verderbnis erscheinen muß; insofern braucht er den Naturzustand nur rein genug zu denken, um das Modell des theologischen Sündenfalls sehr irdisch nachkonstruieren zu können. Dabei erginge es ihm freilich mit der Sprache nicht anders als mit seinem „goldenen Zeitalter", das, um als Berufungsinstanz zu taugen, nicht jeglicher Geschichtlichkeit entkleidet werden darf: Würde er sein Mißtrauen gegen zivilisatorische Verderbnis verabsolutieren, inbezug auf die Sprache ein Mißtrauen gegen Formalisierungen, wie sie zu jeglichem funktionierenden System gehören, so wäre die wahre Sprache — keine Sprache. Also muß eine bestimmte Strecke bereits zurückgelegt, eine Entwicklung absolviert sein, deren Gestehungskosten eben noch niedrig genug sind, um nicht dem Verdikt der Verderbnis zu verfallen — in genauester Analogie zur Gesellschaftsbildung: ein Stillstand, eine „glückliche Pause" tritt ein, ein Gnadenzustand optimaler Bedingungen, bei dessen Darstellung Rousseaus lyrisches Pathos ersetzt, was an historischer Glaubwürdigkeit fehlt — gewiß am wenigsten, weil er sich über eine nach den Maßstäben positiver Faktizität brüchige Stelle hinwegmogeln will: Gerade diese Lyrismen verdeutlichen, wieviel Unabgegoltenes, wieviel möglicherweise noch Einlösbares in dieser Vision steckt, wie wenig sie bloß historisch verstanden werden will — und darf. Für Rousseau ist die Geschichte, die er erzählt, nicht so eindeutig irreversibel, daß alle Chancen einer Besserung rettungslos vertan wären. Für ihn gibt es die Möglichkeit von *suppléments*, von Stellvertretungen bzw. Ersatzlösungen (welche teilweise sich mit dem jüngeren Begriff der Aufhebung decken): Eine zunächst einem Bereich A gehörige Funktion kann supplementär, d. h. wenigstens teilweise und zumeist unqualifiziert, von einem Bereich B übernommen werden. Keine jemals vorhanden gewesene Funktion ist also, wenn ihr auch ihre ursprüngliche Einbettung abhandengekommen ist, vollständig verloren, und entsprechend ist die Hoffnung nicht abwegig (in Rousseaus dem „goldenen Zeitalter" gewidmeten Lyrismen schwingt sie unüberhörbar mit), durch eine Neukombination solcher derzeit in entfremdende Zusammenhänge als *suppléments* eingesperrter Funktionen, biologisch gesprochen durch eine Art Rückkreuzung, könnte einiges von der Wahrheit und Unmittelbarkeit früherer Zeiten zurückgewonnen werden: Dies das wichtigste Motiv für den Versuch, Musik und Wort neu zusammenzufügen.

In der Entwicklung der gestischen, sprachlichen und schriftlichen Verständigung unter den Menschen lassen die *suppléments* sich besonders deutlich erkennen. Nachdem zunächst die Sprache der Gesten als die Bedürfnisse artikulierend der Lautsprache als dem Ausdruck der Leidenschaften gegenübergestanden hatte, wurde diese Funktionsteilung allmählich in den Bereich der gesprochenen Sprache hineinverlegt und kehrt wieder im Gegensatz der leidenschaftlichen Sprachen des Südens zu denen des Nordens als denjenigen der kühlen, gezügelten Temperamente. Hier reihen sich komplementäre Gruppierungen an; zu den nördlichen, vornehmlich nüchtern die Bedürfnisse artikulierenden Sprachen gehören harte Akzentuierung, Betonung der Konsonanten, Prosa und größere Präzision der Bedeutung — was sie auch zur schriftlichen Fixierung geeigneter macht; zu den südlichen die Unmittelbarkeit des leidenschaftlichen Ausdrucks, plastische Artikulation, wohlklingende Vokale, Musikalität und bildhafte Anschaulichkeit: Wiederum schlägt das Trauma Italien durch, als für das Maximum dessen einstehend, was gegen die fortschreitende Vermittlung der Kommunikation gerettet werden kann. Rousseau verlängert die Konsequenzlinien bis in den gesellschaftspolitischen Bereich: Anders als die in ihren klaren Vokalklängen volltönenden südlichen Sprachen, welche, auf öffentlichen Plätzen leicht verständlich, zum Gebrauch in der demokratischen Öffentlichkeit eines freien Volkes prädestiniert sind, taugt die durch Mischklänge und Nasalierungen geprägte französische — hier stellvertretend für die nördlichen — nur zum Getuschel in Salons, sie scheut klare Eindeutigkeiten und bietet sich an als Instrument preziöser Differenzierungen und geistvoller, oft heuchlerischer Doppelbödigkeiten. In derlei Bewertungen und Zuordnungen hat Rousseau Vorgänger[330] und — auch in unserem Jahrhundert — Nachfolger: *... ein wahres Vergnügen ist es, ... im Salon Französisch plaudern zu hören, — causer, man denkt daran, daß unser Wort ‚kosen' kein anderes Wort ist als dieses, und auch einmal ‚reden', ‚verhandeln' bedeutet hat; sein heutiger Sinn ist zärtlich einschlägig in jenem ‚causer', es ist ein Kosen der Sprache, gedämpft, delikat und genußreich ..."*[331] Mit der Charakterisierung des Französischen als einer Sprache von geistvollen Feiglingen und genießerischen Heuchlern hat Rousseau kein geringeres Paradoxon riskiert als mit der Auskunft von 1753, das Französische tauge nicht zur Musik; beide Male widerlegte er sich selbst, das eine Mal im *Dorfwahrsager*, das andere Mal in der Art und Weise, in der er — schreibend — die Rhetorik der Revolution vorprägte, wie er im — stärker vermittelten — Geschriebenen also eine Unmittelbarkeit aufzubewahren verstand, die er schon dem — weniger vermittelten — gesprochenen französischen Wort nicht mehr glaubte zutrauen zu dürfen. Da findet eine sehr direkte Rückwirkung statt — als eher periphere Möglichkeit der *suppléments*, da erweist sich im Geschriebenen längst nicht soviel sprechende Unmittelbarkeit als endgültig eingesargt, wie der Hader mit dem „*tintenklecksenden Säkulum*" dem Autor zu unterstellen befiehlt. Daß er sich bei dem Versuch, gesellschaftspolitische Implikationen im Sprachgebrauch und noch im Sprachklang dingfest zu machen, stellenweise allzuweit vorwagte, spricht jedoch nicht im geringsten prinzipiell gegen diese Verknüpfung, die weiterzuverfolgen hier nicht der Platz ist.[332]

Teils eine Widerlegung, war Rousseaus Vorwegnahme der Rhetorik der Mirabeau, Danton, Robespierre etc. andererseits freilich eine Bestätigung der Theorie der *suppléments*. Der

Schreibende rettet eine Unmittelbarkeit des Sprechens, die der
Sprechende derzeit nicht realisieren kann, wie wiederum dieser
an der Rationalität der von ihm gebrauchten Begriffe eine
nahezu gestische Unmittelbarkeit des Ausdrucks steigern
kann, die ein stumm Gestikulierender ohne Möglichkeiten
einer begrifflichen Präzisierung nicht zu erreichen vermag. Die
Indirektheit des Schreibens ist Rousseau ebenso suspekt, wie
er sich zugleich auf sie angewiesen weiß. Gern redet er von
seinem Abscheu vor Büchern, er empfiehlt, daß *Emile* recht
spät lesen lernen möge, und ist geneigt, Schrift insgesamt zum
supplément des Sprechens herabzustufen und also ihre spezifischen
Möglichkeiten ganz zu ignorieren. Zugleich aber verdankt
er dem autodidaktischen Lesen seine gesamte Bildung,
gehört überhaupt zu den großen Lesenden seines Jahrhunderts
und kennt sich selbst als einen, der, bei aller direkten Kommunikation
gehemmt, nur auf dem Umweg über das Schreiben
seinen Mitmenschen sich verständlich machen kann. Ebendieser
Ambivalenz verdanken wir Überlegungen zum Unterschied
von Sprechen und Schreiben, welche weit hinausgehen
über alles früher und das meiste danach hierzu Gesagte. Der
unablässig Schreibende hat das Ersatzhafte, das Umwegige
dieser Betätigung immerfort verspürt, den Wegfall von Mienen-
und Gebärdenspiel und aller Differenzierungen des
Sprechtons, das Angewiesensein auf vorgegebene Prägungen
von Worten, die er viel lieber im Augenblick der Mitteilung
aus deren je einmaliger Konstellation heraus neu bestimmen
möchte, die Abwesenheit des Angesprochenen, des Partners,
welche ihm das Schreiben gar als besondere Form von Selbstbefriedigung
verdächtig macht.[333]

Wie im Sprechen degenerieren Unmittelbarkeit und Anschaulichkeit
in Ausdruck und Widerspiegelung für ihn auch
im Schreiben zunehmend, und so ordnet er drei Stadien der
Schrift drei entsprechende Stadien der Menschheitsentwicklung
zu: Zum *sauvage,* dem in Vereinzelung lebenden Wilden
und Jäger, gehört das Piktogramm, das Abmalen der Gegenstände;
zum *barbare,* dem in Gemeinschaften lebenden Hirten,
abstrakte Wortzeichen; und zum *homme civilisé* bzw. zu den
peuples policés das die Wortklänge in Einzelelemente zerlegende
Alphabet. Nicht im *Essay*..., sondern im *Emile* verlängert er
die Linie der zunehmenden Abstraktion bis zur Absurdität nur
noch geschriebener Sprachen und zu einer vollkommenen

Mathematisierung der Mitteilung, wie sie (was Rousseau wußte) schon von Leibniz ins Auge gefaßt war; man muß — von Zusammenhängen mit der Informationstheorie ganz abgesehen —, um die Implikationen des Gedankens zu verdeutlichen ergänzen: später u. a. von Ludwig Wittgenstein. Zeitlich etwa auf halber Strecke zu ihm und in einem hochbrisanten Zusammenhang findet man diese Zitierung der rousseauschen Diagnose: „... überall ist ... die Sprache erkrankt, und auf der ganzen menschlichen Entwicklung lastet der Druck dieser ungeheuerlichen Krankheit. Indem die Sprache fortwährend auf die letzten Sprossen des ihr Erreichbaren steigen mußte, um, möglichst ferne von der starken Gefühlsregung, der sie ursprünglich in aller Schlichtheit zu entsprechen vermochte, das dem Gefühl Entgegengesetzte, das Reich des Gedankens zu erfassen, ist ihre Kraft durch dieses übermäßige Sichausrecken ... erschöpft worden: so daß sie nun gerade das nicht mehr zu leisten vermag, wessentwegen sie allein da ist: um über die einfachsten Lebensnöte die Leidenden miteinander zu verständigen. Der Mensch kann sich in seiner Not vermöge der Sprache nicht mehr zu erkennen geben, also sich nicht wahrhaft mitteilen."[334]

Wie die den nördlichen Sprachen zugeordnete Reihe in der Konsequenz der totalen Übersetztheit und Abstraktion eines algebraischen Zeichensystems endet, so führt die den südlichen Sprachen zugeordnete in entgegengesetzter Richtung zur Musik, genauer: zu einer Vereinigung von Ton und Wort, Singen und Sprechen, wie sie zuvor durch den griechischen Begriff der *musiké* umschrieben war. Daß *„in den Anfängen Musik und Dichtung ein und dasselbe"* waren, hatte Rousseau nicht nur bei antiken Autoren gelesen, sondern z. B. auch bei Bernard Lamy[335]. Allerdings liest und wertet er das bekannte, oft fehlgedeutete Faktum anders: als den Ausgangspunkt, auf den jede grundsätzliche Aussage über Musik bezogen sein muß. Von hier aus gesehen stellt sich die Geschichte der Musik, beginnend mit der Trennung vom Wort, als *„dégénerescence"* dar, innerhalb deren auch die Entfaltung der nur ihr eigenen Komponenten — Mehrstimmigkeit, Kontrapunkt, Harmonie etc. — nur als *supplément* verstanden werden kann, als ein notdürftiger Ersatz umso mehr, als Wirkungen, deren jene verlorengegangene Einheit mächtig war, seither nie mehr erreicht wurden. Auch hier, das weiß Rousseau, gibt es kein einfaches Zurück. Insofern diktiert ihm nicht nur die Gegnerschaft gegen allen Professionalismus seine rigorosen Wertungen, sondern auch die Unmöglichkeit, der Musik jenen vermeintlichen Verlust an Unmittelbarkeit zu verzeihen, dem er bei Sprache und Schrift einige historische Folgerichtigkeit zuerkennen muß: Zu innig ist Musik ihm mit all dem verbunden, was der Sprache Wahrheit, Aufrichtigkeit und Unmittelbarkeit verleiht, zu sehr erscheint sie ihm als rettendes Gegenbild zu allem, was die Entwicklung der zivilisierten Sprachen an Ernüchterung, Zerebralisierung und Formalisierung mit sich bringt. Eine verlorene Tochter, seitdem sie aus jener Einheit herausgefallen ist bzw. hinausgestoßen wurde, verkörpert sie ihm — jede Beschreibung der geliebten italienischen Musik beweist es — ein uneingelöstes Versprechen; an sie klammert sich seine Hoffnung, von jenem Bruch könne etwas geheilt, die Gefängnisse der *suppléments* könnten aufgebrochen, von der einst so machtvollen Eindeutigkeit der Wirkungen könne etwas gerettet werden. Und das bedeutet für jemanden, der nie ausschließlich in ästhetischen Kategorien denkt, immer zugleich: der Kommunikation der Menschen, ihrem Miteinander könne Wahrhaftigkeit und Aufrichtigkeit zurückgewonnen werden. Auf diese ebensowohl ästhetische wie soziale Hoffnung vereidigt, muß er sich jedes Verständnis für Entwicklungen und Argumentationen verbieten, die deren moralischer Gravitationskraft zuwiderlaufen bzw. von ihr nichts wissen; andererseits zeigt er sich hellwach und dankbar empfänglich, wo er Ansätze zu einer solchen Rettung erlebt, beim Anhören italienischer Opern, bei dramatischen Darstellungen, denen die Wiederherstellung einer sehr direkten Ansprache gelingt. Oder er versucht einen konkreten Entwurf — den wohl schönsten in der *Neuen Héloise* bei der Beschreibung der Weinlese in Clarens, wo noch das Unisono des Singens auch einen sozialen Sinn hat: „*Alle leben in der größten Vertrautheit, alle sind gleich*" — da liegt die Antithese zu der im Getuschel der Salons ihrer selbst entfremdeten Sprache, der in „überladenen" Harmonien etc. ihrer selbst entfremdeten Musik. So fern die Einlösung seiner sozialen Träume zu liegen schien, so genau kann er sich die zu ihnen gehörige Musik als eine vermeintlich geschichtslose natürliche Musik vorstellen; diese Differenz macht ihn weniger nachdenklich als ungeduldig. Qua Musik erlebt er seine Utopie zu konkret und hautnah, als daß ihn dies nicht beunruhigen und immer neu inspirieren müßte zu dem Versuch, die wechselseitigen Kausalitäten zwischen dem musikalischen, linguistischen, anthropologischen und gesellschaftspolitischen Bereich zu überdenken und zu ergründen.

X Das Wörterbuch der Musik

Rousseaus Arbeit an dem *Wörterbuch der Musik* war gleicherweise durch innere wie durch äußere Veranlassungen motiviert — innere in dem offenbar stark empfundenen, von der Sache herkommenden Zwang, sich mit den durch die stichwortmäßige Behandlung aufgeworfenen Problemen gründlicher auseinanderzusetzen, als es in den *Enzyklopädie*-Artikeln möglich gewesen war; äußere in Form eines Auftrages, der dem mittlerweile proskribierten, mittellosen Flüchtling aus naheliegenden Gründen hochwillkommen sein mußte. Als das *Wörterbuch* für ihn zur Brotarbeit wurde, hatte er längst mit der Wiedergutmachung dessen begonnen,[336] was bei der überhasteten Zuarbeit zur *Enzyklopädie* versäumt worden war — einer Arbeit, deren Tempo gar nicht vorstellbar gewesen wäre ohne den produktiven Stachel einer Polemik, die Rousseau seinerzeit leicht von der Feder ging. Nun freilich, da er es besser und gründlicher machen will, sind die äußeren Umstände, zumal hinsichtlich der Benutzung unerläßlicher Hilfsmittel, für ihn viel ungünstiger geworden; in einer Bibliothek z. B. durfte der Verfemte sich nicht sehen lassen. So kommt etwas zustande, was er selbst auf weite Strecken hin nur als Materialsammlung ansehen kann und gern einem anderen zu weiterer Bearbeitung übergeben möchte — dennoch ein Buch, dessen Reputation und Verbreitung man nicht nur dem berühmten Namen des Verfassers zuschreiben kann und von dem jüngst ein Spezialist meinen konnte: „*... ich halte für möglich, daß etwa im nächsten Jahrzehnt das Wörterbuch der Musik im gleichen Maße ein Brennpunkt der Rousseau-Forschung werden könnte, wie es heutzutage der Gesellschaftsvertrag oder der Emile sind.*"[337] Dies bezieht sich in erster Linie auf diejenigen Artikel bzw. Passagen, in denen Rousseau von vornherein mehr geben wollte als nur Sachinformationen oder Definitionen, viel weniger auf diejenigen, in denen ein in den fünfziger und sechziger Jahren des 18. Jahrhunderts verfaßtes Lexikon — es erschien gegen Ende des Jahres 1767, trägt aber das Datum 1768 — notwendigerweise überholt sein muß. Ob dem Verfasser eines Wörterbuches gestattet sei, mehr zu beabsichtigen als Definitionen und Sachinformationen, wäre zu modern gefragt, wie auch die — heute so naheliegende — Erwägung unangebracht wäre, daß ein Schriftsteller vom Zuschnitt Rousseaus zu nichts weniger disponiert sei als zum Verfassen eines Wörterbuches. Keineswegs war ein derartiges Unternehmen damals von vornherein auf eine von der Person des Autors abstrahierte Objektivität verpflichtet. So hat der erste Rezensent als positiv hervorgehoben, daß Rousseau *„die Vorzüge guten Geschmacks, die Reize eines guten Stils, oft auch epigrammatische Pikanterie und das Salz der Kritik"* miteinander zu verbinden gewußt habe.[338] Wir befinden uns in jener Zeit bestenfalls am Beginn einer Spezifikation, die dem Lexikographen das geistreich pointierte Aperçu, die herausfordernde Polemik, allgemein das Essayistische und damit dem Schriftsteller — zumindest, wenn er sich nicht verleugnen will — derlei Arbeiten verbieten wird. Immerhin verschafft sie Rousseau bereits das Unbehagen, strengen lexikographischen Anforderungen nicht genügt zu haben. Keinesfalls aber gebot sie, die enzyklopädische Zusammenfassung, Überschau und Neuordnung Fachleuten vorzubehalten: Innerhalb des aufklärerisch-enzyklopädischen Zuges, der fast alle bedeutenden Schriften jener Zeit kennzeichnet, stellt das Zusammenschreiben und Zusammenstellen von Fakten nur ein Teilmoment dar. Wenn bei der Behandlung eines Spezialproblems sehr verschiedene Fragestellungen und Fachbereiche einbezogen werden, so ist das nicht weniger — oder sogar stärker — enzyklopädisch intendiert als jene in Rousseaus Vorwort angesprochenen Kompilate, welche damals in vielerlei Formen zu erscheinen begannen. Nicht nur Rousseau schrieb ein Wörterbuch, sondern auch Voltaire — ein Wörterbuch der Philosophie; andererseits wiederum spielt in den Abhandlungen der großen Naturforscher der Zeit, zumal Linnés und Buffons, das belletristische Element eine so große Rolle, daß eine Geschichte der Literatur sie nicht ignorieren dürfte: *„Wenn ich die wichtigsten Werke des schwedischen Naturforschers der Beredtsamkeit eines Jahrmarktschwätzers vergleiche, will ich Linné nicht herabsetzen. Ich will nur daran erinnern, daß der Naturforscher ein professioneller Erzähler ist..."*[339]

Der nähere historische Umkreis und eine uns nicht mehr geläufige Einheit aller literarischen Produktionen rechtfertigen den Lexikographen Rousseau also weitergehend, als man zunächst vermutet. Freilich findet man Vergleichsfälle für ihn eher in Voltaire, Linné oder Buffon als in den Autoren musikalischer Wörterbücher. Deren gab es seinerzeit noch nicht viele — und demgemäß kaum verbindliche methodische Maßstäbe. Das im Jahre 1703 erschienene *Dictionnaire de Musique* von Sebastian de Brossard, dessen pedantischen Vollständigkeitsfanatismus Rousseau in seinem Vorwort rügt, war der einzige französische Vorgänger — und bezeichnenderweise hervorgegangen aus einem Glossar, das der Verfasser zuvor einer Motetten-Sammlung beigegeben hatte. Da erscheint die aus der Renaissance herkommende Tradition des *Diffinitoriums* fortgeführt, das, alphabetisch geordnet, eine Erklärung musikalischer Fachbegriffe gibt und sich prinzipiell von der dem Traktat vorbehaltenen Gesamtdarstellung unterschied. Die Tendenz zur Vereinigung beider ist insofern aufklärerischen, enzyklopädischen Wesens, als sie die Dialektik zwischen der Einzelheit und dem Ganzen zu entfalten und zu nutzen bestrebt ist: Ebensowenig wie man, metaphysische Bürgschaften nunmehr verschmähend, eine Summe nur auf der Basis konkreter Details konstruieren kann, läßt sich bei deren Darstellung auf den Hinblick aufs Ganze, auf die Fragen nach deren Einordnung und Funktion verzichten.

Unter den im Sinne dieses Anspruchs modernen Musiklexika war „der Brossard" das zweite; vorangegangen war ihm um nur zwei Jahre der *Clavis ad Thesaurum magnae artis musicae* des Prager Organisten T. B. Janowka; dreißig Jahre später folgt in Deutschland, mit „*ausgesprochen retrospektivem Zug*", Johann Gottfried Walthers *Musicalisches Lexikon*[340]; in England und Italien gab es einstweilen überhaupt keine musikalischen Lexika, Brossard wurde noch 1740, wenn auch revidiert, ins Englische übersetzt. Zu Rousseaus Modellen, nicht zuletzt in einer bislang unbekannten Verknüpfung von Faktographie und Interpretation, zählt fraglos Pierre Bayles 1697 erschienenes *Dictionnaire historique et critique*, das gut rationalistisch mit etlichen Konventionen aufräumt. Hier fand er auch eine essayistische Darstellungsweise vorgebildet, die zugleich die erste französische Musikgeschichte beeinflußt hatte, die 1715 erschienene *Histoire de la musique et de ses effets* ...

von Bourdelot-Bonnet.[341] Der Ermutigung durch derlei Vorbilder mochte Rousseau sehr bedürfen als einer, dessen Sinn für Faktizität begrenzt und der oft geneigt war, eine pedantische Sicherung der Materialbasis seiner Interpretationen zu verachten und ungeduldig über die Fakten hinaus nach deren Sinn zu fragen — sofern er nicht überhaupt mit vorgefaßten Deutungen über sie herfiel. Über die damit verbundenen Risiken hatte er durch die Polemik mit Rameau etliches erfahren; die oft betuliche Sachlichkeit, die er nun in den einschlägigen Artikeln walten läßt, beweist, daß er in dieser Hinsicht gelernt hat, wenn er es auch, den Spielregeln derartiger Polemiken gemäß, nicht eingesteht. Mehr als sonst in seinen Schriften — und nicht nur der Besonderheit des Unternehmens zuliebe — gibt er sich im *Wörterbuch* als Professioneller.

Biographica waren von vornherein ausgeklammert; in dem systematisch konzipierten Buche blieb der Ausfall der Instrumente aber auch dann noch ein Mangel, wenn Rousseau auf Diderots (übrigens hochinteressante) Artikel in der *Enzyklopädie* verweisen konnte. Jedenfalls läßt sich der Widerspruch zu einem in einigen Bereichen in die Augen springenden Vollständigkeitsdrang kaum übersehen, den Rousseau bei Brossard wohl tadelt, dem er indessen, z. B. im Zusammentragen aller zur antiken Musik und Musiktheorie gehörigen Begriffe, noch der entlegensten, selbst frönt: Da spielen als Motive die Legitimierung des Lexikographen und die Kompensation der essayistischen Eskapaden anderer Artikel sehr offenkundig mit; wo Rousseau von den wechselseitigen Ansprüchen der Fakten und ihrer Deutung nichts zu fürchten hat, weist er sich nur zu gern als Sachwalter pedantischer Solidität aus.

Beim Verfassen der rund 900 Artikel konnte er auf 317 eigene *Enzyklopädie*-Beiträge zurückgreifen; außerdem tat er das mit 17 Beiträgen anderer Autoren.[342] In der *Enzyklopädie* begannen seine Beiträge erst im zweiten Band, häuften sich im dritten und vierten und nahmen dann wieder ab bis hin zum achten mit nur noch drei Beiträgen. Wie er selbst berichtet, hat er sie im Verlaufe eines Vierteljahrs, also praktisch gleichzeitig nebeneinander geschrieben und nicht, wie andere Autoren, jeweils erst dann geliefert, wenn sie fällig waren. Der Druck schritt langsam voran, so daß in den späteren Bänden immer wieder Beiträge erstmals an die Öffentlichkeit gelangten, die für Rousseau ärgerlicherweise längst überholt waren und ihm in der Polemik mit Rameau schadeten. Dies ließ ihn bald an Revisionen und Ergänzungen denken und arbeiten — offenbar, ohne zunächst zu wissen, in welche Form er dies bringen sollte und in welchem Rahmen er es würde veröffentlichen können: Gern wüßte man, welches eigene Zutun bei dem Auftrag für ein Wörterbuch im Spiele war. Hält man sich vor Augen, daß Rousseau gleichfalls seit den frühen fünfziger Jahren, seit der Niederschrift der *Abhandlung über die ... Ungleichheit,* mit der Frage des Ursprungs der Sprache befaßt war, welche für ihn identisch war mit der Frage nach dem Ursprung der Musik — und also notwendigerweise mit dem Anspruch eines diesbezüglich letzten Wortes verbunden —, so ergibt sich, daß er, jeweils mit Unterbrechungen, weit über zehn Jahre lang gewissermaßen auf zwei Ebenen mit der Aufarbeitung und Rechtfertigung der zunächst vorschnell bezogenen Positionen beschäftigt war. Auf der Ebene der Faktizität bemüht er sich um Fundierung, Differenzierung und um mehr Sachkompetenz, auf der spekulativen um eine Selbstverständigung jener Ästhetik, deren eigener Zuschnitt ihm im Verlaufe der Auseinandersetzungen bewußtgeworden war, bevor er Zeit und Möglichkeit gefunden hatte, sie voll auszuloten und auszubauen.

Der Erfolg war eindeutig: das *Wörterbuch* erlebte schnell mehrere Auflagen. Für das seit 1776 erscheinende *Supplément* der *Enzyklopädie* hätte Diderot den einstmaligen Freund, der nun neu als Sachkenner ausgewiesen war, gern als Verfasser der musikalischen Artikel verpflichtet. Da dies sich zerschlug, übernahm man kurzerhand rund 350 Artikel aus seinem *Wörterbuch.*[343] Insgesamt wurden Rousseausche Artikel in fünf französischen und englischen Lexika nachgedruckt.[344] In der zweiten, sehr im Schatten der ersten stehenden französischen *Enzyklopädie,* deren zwei Bände 1791 bzw. 1818 erschienen, druckte man abermals viele Artikel unverändert ab, gab freilich jeweils nachstehend Korrekturen und Ergänzungen: Da ist Rousseau also schon kanonisch, aber noch nicht so historisch geworden, als daß man nicht meinte, ihn lediglich mithilfe ergänzender Hinweise auf einen aktuellen Stand bringen zu können. In Deutschland war man weniger freundlich; Johann Nicolaus Forkel schrieb im Jahre 1792,[345] das *Wörterbuch* enthalte *„viele vortreffliche Artikel ... unter welche* *besonders solche gehören, zu deren richtiger Kenntnis und Entwicklung keine tiefe Kunsterfahrung erforderlich war, woran es dem Verfasser sehr fehlte"*. Da hier die Tradition des *Diffinitoriums* stärker war, hatte man wenig Sinn für Wert und Nutzen auch der kapriziösen Artikel — des frechen Aperçus über die *Concerts spirituels* oder der emphatischen, in einer Provokation endenden Kurve, mit der er das Wesen des Genies zu umschreiben versucht (auch wenn man beschreibt, auf welche Weise Erkennen verwehrt ist, dient man der Erkenntnis), oder für die Dreistigkeit, mit der Rousseau auch noch den Anschein kündigt, Art und Umfang eines Artikels werde ihm durch die Sache auferlegt — mit der er z. B. die Behandlung von *Entr'acte* mit der Bemerkung beendet, er müsse zum Schlusse kommen, denn der Artikel sei ohnehin zu lang geraten. Derlei mußte nach den Maßstäben einer deutschen Gelahrtheit, welche auch damals schon zu Öffentlichkeit und Breitenwirkung ein distanziertes Verhältnis hatte, ebenso unseriös erscheinen wie die betuliche Ausführlichkeit beim Stichwort *copiste,* wo Rousseau selbst die Empfehlung noch lexikonwürdig findet, wie ein Notenschreiber die zu spartierenden Stimmen rechts bzw. links abzulegen habe.

Rousseaus *Wörterbuch* nach dessen eigenen Maßgaben richtig und mit Gewinn zu lesen ist nicht leicht; man muß es etwa mit der gleichen, zuweilen respektlosen Unbefangenheit tun, mit der es geschrieben worden ist — und man mag im übrigen bei diesem Versuch, der hergebrachte Bewertungen von Wichtig und Unwichtig und übliche Methoden einer rationalisierenden Lektüre vorerst hintanhalten sollte, auch etwas von der Berechtigung verspüren, mit der die *philosophes* gegen *préjugés,* die „Vorurteile", kämpften.[346] Daß wir unter dem Stichwort *battre la mesure* etwas über die ersten Schlagfiguren und über die grobschlächtigen Verfahrensweisen in der Pariser Oper erfahren, entspricht unseren Erwartungen. Wichtige Auskünfte zur Aufführungspraxis und über mittlerweile verlorengegangene Selbstverständlichkeiten aber erhält man im Artikel *copiste*[347], wie Rousseau verständlicherweise besonders dort ausführlich wird, wo er früher behandelte Themen aufgreift — bzw. wo er in deren nunmehriger Behandlung weitere Erfahrungen und neue Gesichtspunkte einbringt, etwa bei der Behandlung der Notenschrift die Unterscheidung von Entziffern und Lesen bzw. Verstehen.[348] Immer angesichts solcher Subjektivitäten der Gewichtsverteilung muß man sich vergegenwärtigen, daß sie durchaus im Einklang stehen mit bestimmten methodischen Vorsätzen, dem Widerstand gegen jederlei Systemzwang und mit einer Denkweise, die sich ausschließlich in der Begegnung mit der konkreten Materialität der Probleme legitimiert sieht und aller eigengesetzlichen Logik mißtraut. In diesem Sinne, so läßt sich allen Verdachten gegen den zum Lexikographen ungeeigneten Rousseau entgegenhalten, war das *Wörterbuch* sogar ein besonders angemessenes Unternehmen, führt es doch über die fälligen Stichworte zu allen Nervenpunkten der ästhetischen Diskussion, ohne von dem Verfasser zu verlangen, was er selbst nicht will: das umfassende, zu voller Stimmigkeit auskonstruierte System. Deshalb auch hat es nicht nur mit taktischem Versteckspiel zu tun, wenn man sich in dem *Wörterbuch* wie in der *Enzyklopädie* auf sicher zu erwartende Gravitationspunkte der Darstellung nicht verlassen kann. Bedeutende Einsichten sind nicht selten im Abseits zu finden, im Zusammenhang mit Themenstellungen oder Stichworten, bei denen man sie nicht vermutet, aber auch insofern im Abseits, als wenig Konsequenzen aus ihnen gezogen und sie oft nahezu aphoristisch für sich stehengelassen werden — wie als wolle dies Denken eine Hierarchie von Wichtigkeiten nicht dulden, die den einzelnen Gedanken allzusehr in einem Geflecht von Voraussetzungen und Schlußfolgerungen zu funktionalisieren droht.

Besonders deutlich zeigt sich das bei einer Überschau über das gedankliche Instrumentarium, welches — in den Artikeln des *Wörterbuches* „verstreut" liegend — bei koordiniertem Einsatz wohl geeignet wäre, den Panzer von Legende diskursiv aufzulösen, der die Musik der Alten und ihre vielberedeten Wirkungen umgibt; ebendeshalb, so sollte man meinen, hätte Rousseau sich zu einer Systematisierung gedrängt fühlen müssen. Statt dessen überläßt er es dem Leser, die membra disiecta dieses Argumentationszusammenhanges zu sammeln, wobei man u. a. bei einem scheinbar so entlegenen Stichwort wie *Ranz-des-vaches* auf eine wichtige Fährte gesetzt wird. Den *Ranz-des-vaches* beschreibt Rousseau als *„bei den Schweizern berühmtes Lied, das deren junge Kuhhirten auf dem Dudelsack spielen, wenn sie das Vieh in den Bergen hüten..."*, und er verweist auf den Artikel *Musique, „wo die merkwürdigen Wir-*

kungen dieses Liedes erwähnt werden". Diese aber „*erwähnt*" er dort nicht nur, sondern versucht sie auf eine Weise zu erklären, welche nach analoger Anwendung auf altgriechische Musik und deren Ethoswirkungen geradezu schreit. Er spricht vom *Ranz-des-vaches* als „*jenem den Schweizern so teuren Liede, das bei ihnen bei den Soldaten zu spielen unter Todesstrafe verboten war, weil es diejenigen, die es hörten, weinen, desertieren oder gar sterben ließ: so sehr erregte es in ihnen eine glühende Sehnsucht, ihre Heimat wiederzusehen. Vergeblich sucht man in dieser Melodie kraftvolle Akzente, welche imstande wären, so erstaunliche Wirkungen hervorzubringen. Diese Wirkungen, die ein Fremder nicht verspürt, rühren lediglich von den Gewohnheiten her, den Erinnerungen, tausend Umständen, die, für die Hörenden durch diese Melodie heraufbeschworen und ihre Heimat, ihre verlorenen Freuden, ihre Jugend und all ihre Lebensumstände in Erinnerung bringend, ihnen bitteren Kummer darüber verursachen, daß sie all dies verloren haben. Die Musik wirkt hier also nicht im genauen Sinne als Musik, sondern als Erinnerungszeichen. Diese Melodie, obwohl sie doch immer dieselbe geblieben ist, ruft heute bei den Schweizern nicht mehr die Wirkungen von einstmals hervor; weil sie das Gefühl für ihre ursprüngliche Einfalt verloren haben, trauern sie ihr nicht mehr nach, wenn man sie ihnen zurückruft. So zeigt sich, daß man die größten Wirkungen der Töne auf das Menschenherz nicht in ihrer physikalischen Wirkung suchen darf.*"[349] Und derselbe Rousseau teilt im *Wörterbuch* zwei Transkriptionen antiker Melodien mit und stellt ohne jeden weiteren Kommentar fest, daß man beim Singen dieser Musik nichts mehr von jenen Wirkungen verspüre, die ihr einst zugeschrieben waren.

Nicht aber nur, weil man sich auf geläufige Unterscheidungen von Wichtig und Unwichtig nicht verlassen kann, ist eine angemessene Lektüre des *Wörterbuchs* nicht leicht. Nicht weniger ginge man in die Irre, läse man die Stichworte isoliert und setzte also voraus, daß ihr Bedeutungsbereich einigermaßen deutlich umschrieben und im Anschluß an frühere Definitionen jeweils auf eine bestimmte Identität von Wort und Wortinhalt Bezug genommen sei — ganz abgesehen vom typisch rousseauschen Schwanken der Begriffe. „*Erst dann*" — das wurde oben[350] anhand der Artikel *génie, prima intenzione* und *unité de mélodie* unter einer bestimmten Blickrichtung versucht —, „*wenn man den Problemzusammenhang rekonstruiert, der dem Gesamtbestand der miteinander verknüpften, einen*

‚Sinnbezirk' bildenden Kategorien zugrundeliegt, wird die Bedeutung des einzelnen Wortes unverkürzt erkennbar: eine Bedeutung, die an den Stellenwert und die Funktion in einem terminologischen Komplex gebunden ist, der durch ein zentrales Problem von innen heraus zusammengehalten wird."[351] *Sujet* z. B. definiert Rousseau in dem entsprechenden Artikel so, daß man es mit unserem kompositionstechnischen Begriff Thema gleichsetzen möchte — insofern eine Unterkategorie zu *motif*, welches sich bei ihm als die einem Musikstück allgemein zugrundeliegende, thematischer Gestalten und Gesamtdisposition bestimmende Idee darstellt. „*Was Rousseau motif nannte, bezeichnete Beethoven als poetische Idee.*"[352] Im Artikel *dessein* hingegen verringert Rousseau den Abstand zwischen *sujet* und *motif* und gebraucht *sujet* als „*Inbegriff von Tonsatzmerkmalen, die als wiederkehrende Züge der Melodik, Rhythmik oder Harmonik einen Satz als in sich einheitlich erscheinen lassen*"[353]. Unter dem Stichwort *air* vergleicht er *sujet* einem Bilde, das sich in den verschiedenen melodischen Prägungen eines Musikstückes wie von verschiedenen Seiten zeigt, womit es als mehr oder minder ideelle Einheit in einer — zumindest möglichen — thematischen Vielfalt ausgewiesen ist, jedenfalls als Kontamination allgemein inhaltlicher und kompositionstechnischer Momente. Und ebendiese Kontamination charakterisiert wiederum auch seinen Gebrauch von Begriffen, die für uns in erster Linie als musikalische termini technici bestimmt sind. Sein Insistieren auf dem Primat der Melodie z. B. verliert viel von dem Odium verbohrten Dogmatisierens, wenn wir uns vergegenwärtigen, daß *mélodie* für ihn nahezu eine übergeordnete Kategorie darstellt, die alle Momente des musikalischen Satzes unter sich begreift, so daß seine Konnotationen von *mélodie* sich nahezu mit denen des deutschen Wortes „Gesang" decken, wo es poetisch-metaphorisch für Musik insgesamt steht. Das gäbe uns das Recht, *unité de mélodie* schlankweg als „musikalische Einheit" zu übersetzen, wenn nicht, mit axiomatischem, bis in kompositionstechnische Verbindlichkeiten hineinreichendem Anspruch, in dem Begriff postuliert wäre, daß Musik für Rousseau primär nicht ein „Tönen" darstellt, sondern ein „Singen".

Immer geht es Rousseau darum, Problemzusammenhänge zu erfassen, nie darum, Bedeutungen unverrückbar festzuschreiben; dieses stünde jenem für ihn im Wege, und dennoch:

Sowenig er immer zum Kompilator und zur Sachlichkeit des Definierens disponiert gewesen sein mochte, sosehr ihm der Sinn für jede Art alexandrinischer Vielwisserei abging — es fehlt nicht viel zu der Auskunft, daß der *Wörterbuch*-Auftrag an ihn ein Glücksfall war. Zweifellos hat er ihn sehr ernst genommen — noch in den kecken, das *Diffinitorium* verspottenden Eskapaden. Es gibt genug Artikel, in denen er sich den überkommenen Spielregeln des Definierens[354] streng unterwirft — formal schon mit der jeweils voranstehenden abrißhaften Charakterisierung und einer nachfolgenden *explicatio*. Im übrigen boten ihm selbstverschuldete Mißverständnisse genug Anlaß, sich über die Grenzen der objektiven Fixierbarkeit von Begriffen Gedanken zu machen,[355] und da er — überdies in einer Zeit, in der sich wichtige terminologische Verschiebungen vollzogen — mit etlichen Begriffen zu tun hatte, die ihrem Wesen nach einer Abgrenzung und Festlegung widerstreben, scheint sogar die Frage erlaubt, ob unter den gegebenen Umständen Begriffe wie *génie, goût* o. ä. überhaupt besser hätten definiert werden können; in diesem Sinne erscheinen Rousseaus Formulierungen gerade auch dort repräsentativ, wo er den Maßgaben des Definierens ausweicht.

Der besondere Ernst seines Anliegens läßt sich zudem dort erkennen, wo er um Besonnenheit und Ausgewogenheit bemüht ist und frühere Überspitzungen mildert — wenigstens mit jener Weisheit, die einem prinzipiell oppositionellen und polemischen Temperament erreichbar ist; wo er die Rigorosität früherer Standpunkte und Wertungen zumindest insofern zurücknimmt, als sie auch den Anspruch einschloß, jeweils endgültige Auskunft zu geben. Nicht, daß grundsätzlich neue Positionen und Meinungen auftauchen würden — dies ist nur ausnahmsweise der Fall; vielmehr geht es — oft diskret — um Akzentverlagerungen, um neue Belichtungen und Gruppierungen innerhalb eines weitgehend identischen Gedankenrepertoires. „*Vor allen Dingen muß man darauf achten, daß nicht Nachahmung schlechthin den Zauber der Musik ausmacht, sondern eine angenehme Art von Nachahmung, und daß selbst die Deklamation, um große Wirkungen zu erreichen, der Melodie untergeordnet bleiben muß; kann man doch kein Gefühl darstellen, ohne ihm jenen geheimnisvollen Zauber zu lassen, der nun einmal zu ihm gehört, und kein Herz rühren, wenn man das Ohr nicht erfreut*"[356] — eine solche Aussage steht in keinerlei substantiellem

Gegensatz zu einer entsprechenden aus den Jahren des großen Streites; dennoch klingt sie anders, der Gestus der Einräumung gewinnt eine gewisse Großzügigkeit, die Relativierung einer Grundposition wird nicht mehr in erster Linie als Risiko, als Einfallstor für die Argumente des Gegners angesehen. Die Lust an der behutsamen Annäherung an die Wahrheit verdrängt weitgehend diejenige an der polemischen Pointe. Vielleicht, daß der nicht mehr junge Rousseau die am härtesten umkämpften Begriffe nun schon als *„geschichtliche Knotenpunkte des Gedankens"* und vor dem Hintergrunde der Erfahrung sah, *„daß jeder philosophische Terminus die verhärtete Narbe eines ungelösten Problems sei"*.[357]

XI *Das Melodram*

Sofern man oben eine Stützung der These vermißte, das Nachahmungskonzept habe vermittels eines „semantischen Drucks" die Entstehung der klassischen Instrumentalmusik befördert — man findet sie fast unmittelbar bei Rousseau selbst. In dem von ihm konzipierten Monodrama bzw. Melodram wurde Musik, die nicht an Worte, wenn auch an szenisch präzis definierte Bedeutungen gebunden ist, in einen strengen Prüfstand gezwungen und vor Anforderungen gestellt, deren Auswirkungen in vielerlei Formen inhaltlicher und expressiver Vertiefung mit Händen zu greifen sind. Da die Kronzeugen der Gattung, die Stücke von Jiří Benda, dies zu verifizieren erschweren, mag man sich den Sprung vergegenwärtigen, den Mozarts dramatisches Komponieren in den großen Rezitativ-Szenen des *Idomeneo* vollzieht — als eine Entwicklung der musikalischen Sprachmittel, die von der Auseinandersetzung mit dem Melodram nicht zu trennen ist.[358]

Insoweit man vom Melodram als einer eigenen Gattung und überhaupt in derlei Zusammenhängen von „Erfindung" sprechen darf, hat Rousseau die Gattung des Melodrams erfunden — nicht nur theoretisch in Überlegungen, die er in dem *Brief über die französische Musik* erstmals angestellt und später in dem Aufsatz über Glucks *Alceste* nochmals resümiert hat, sondern auch praktisch als Verfasser der „*scène lyrique*" *Pygmalion*, eines, wie Goethe es charakterisierte, *„kleinen, aber* *merkwürdig Epoche machenden Werkes*".³⁵⁹ Nach dem *Dorfwahrsager* triumphiert der Dilettant damit ein zweites Mal auf der musikalischen Bühne — was sich bis in die Kassenrapporte der ersten Pariser Aufführungen verfolgen läßt, um die der Autor sich merkwürdig wenig kümmerte.³⁶⁰ Nochmals zeigt sich — er hat nicht nur eine Gattung, sondern diese Gattung zugleich als Mode kreiert —, daß der Unbefangenheit des Dilettanten ein Vorgriff leichter gelang, daß sein längst öffentlich approbiertes Eigenbrötlertum mehr den Mann als seine Standpunkte betraf.

Parteigänger und Widersacher zogen sogleich ins Feld: „... *eine monströse Zusammenstellung, würdig eines Jahrhunderts, in dem man sich damit abquält, das Neue auf den Platz des Schönen zu stellen*"³⁶¹, schreibt der eine; und der andere: „... *Wenn man mich fragen würde, auf welche Weise sich eine Reform unserer Oper herbeiführen ließe, würde ich vorschlagen, bei der ‚Musikalischen Szene' zu beginnen, die ein wirkliches Genie im letzten Jahr in einem Provinztheater erprobte, ‚Pygmalion' von Herrn Rousseau, welcher in Lyon mit großem Erfolg gespielt worden ist. Man mag streiten und bemängeln, soviel man will: wenn es gut aufgeführt würde — dessen bin ich sicher — wäre dies einfache Stück imstande, die Epoche einer großen Revolution unseres Theaters einzuleiten . . .*"³⁶²

Die schöne Pointe, ein musikalischer Dilettant habe eine musikalische Gattung erfunden, ist freilich anfechtbar. Rousseau hat nichts weniger im Auge gehabt als eine neue Gattung, wie man schon anhand der Terminologie ersehen kann: Er hielt es nicht für nötig, seiner Schöpfung einen eigenen Namen zu geben; derjenige, den sie erhielt, stammt in der uns geläufigen Bedeutung nicht von ihm. In Gebrauch war er aber längst, u. a. im *Alceste*-Aufsatz³⁶³, wo Rousseau von einem „*Mittelweg zwischen einfacher Deklamation und einer richtigen Oper*" spricht (= „*la simple déclamation et le véritable mélodrame*") und zuvor schon vom *Pygmalion* als einem Genre, mit dem man „*dem französischen Publikum jene Art von musikalischem Bühnenstück*" anbieten könne (= „*l'espèce de mélodrame*"), „*die zu seiner Sprache am besten paßt*"³⁶⁴. In beiden Fällen kann die Übersetzung das Wort nicht direkt übernehmen, weil es in dem weiteren Sinne gebraucht wird, der auch durch den Titel des oben zitierten „*Traité du mélodrame ou réflexions sur la musique dramatique*" belegt ist — hier wie dort immerhin mit Intentionen verbunden, die vom etablierten Begriff „Oper" bzw. *drame lyrique* abweichen und im Deutschen später im Begriff „Musikdrama" anvisiert werden.[365] Die neue, verengte Bedeutung hat sich dann rasch eingebürgert. Schon der französische Übersetzer von Bendas *Ariadne* hat diese — welche ihr Komponist *Duodrama mit musikalischen Zwischensätzen* genannt hatte — als „*Melodram*" bezeichnet, und Grimm gebraucht den Begriff in seinem Bericht über die Pariser *Ariadne*-Aufführung[366] bereits ganz selbstverständlich. Doch genau mit diesem Werk hat die „Gattung" sich von den Intentionen ihres Urhebers bereits entfernt: An eine musikalische Unterlegung gesprochener Worte hatte dieser nicht gedacht, und er hatte sowieso nicht gemeint, sein Experiment entferne sich so weit aus der Bannmeile vorhandener Gattungen bzw. Verfahrensweisen, daß es eines eigenen Namens bedürfe; in seinem *Wörterbuch* taucht ein Stichwort *mélodrame* nicht auf.

Zwar liegt die Endredaktion des *Wörterbuchs* vor der Uraufführung des *Pygmalion*. Dessen Vorgeschichte aber reicht wie die des *Wörterbuchs* viel weiter zurück, u. a. auf ein nicht zur Ausführung gelangtes, offenbar ähnlich konzipiertes Vorhaben, eine Dichtung der Madame d'Epinay zu vertonen, mit der Rousseau immerhin 1756 gebrochen hatte. Wie aus einer brieflichen Mitteilung vom Januar 1763 aus dem Umkreis der Sophie von Laroche hervorgeht,[367] hat Rousseau das Stück damals einem jungen Schweizer vorgelesen. Davon abgesehen ist der *Pygmalion* so sehr mit den im *Brief über die französische Musik* bezogenen Standpunkten verbunden (Rousseau hat sie im *Wörterbuch* in den Artikeln *acteur*, *opéra* und *récitatif obligé* zusammengefaßt) und erscheint so sehr in die aufklärerischen Konzeptionen eines musikalischen Theaters integriert, daß es sich verbietet, ihn eine „*Schrulle*" Rousseaus zu nennen.[368] Derlei Urteilen liegen Maßstäbe zugrunde, die Rousseau für sein Experiment nie beansprucht hat — vor allem diejenigen einer eigenen Gattung samt den darin enthaltenen Anforderungen hinsichtlich innerer Stimmigkeit, Stabilität und — zumindest partieller — Autonomie. Diese allerdings konnte das Melodram auf die Dauer tatsächlich nicht erfüllen — in den Augen der Zeitgenossen immerhin doch etwa ein halbes Jahrhundert, wenn man seine Lebensspanne begrenzt sieht durch die Uraufführung des *Pygmalion* (1770), Goethes 1815 ergangenen Auftrag an Carl Eberwein, seine *Proserpina* neu zu komponieren, und Schuberts *Zauberharfe* (1820).[369] Und die Aufführungsziffern verbieten nahezu, das Melodram als Gattung „*unmöglich und unglücklich*" zu nennen.[370] Adäquate Maßstäbe einer Wertung indessen werden eher durch jene Überlegungen geliefert, die bei seiner Konzipierung Pate standen. Sie definieren das Melodram als Experiment, bei dem neuartige Möglichkeiten der Verbindung von Musik, Wort und Handlung in einer extremen wennicht gefährlichen Konstellation erprobt werden, ein Experiment, dessen Sinn und Berechtigung sich vornehmlich danach bemessen, wie die Ergebnisse in zentrale Bereiche des Komponierens zurückwirken. Hier lieferte Mozarts *Idomeneo* schon zehn Jahre nach dem *Pygmalion* eine gewichtige Bestätigung. Was den Standort als einer in der Oper peripheren, an Ausnahmesituationen gebundenen Möglichkeit angeht, so war er ein Jahr vor Goethes wiederaufgenommener *Proserpina* an prominentester Stelle befestigt worden, in der endgültigen Fassung von Beethovens *Fidelio*. Insgesamt ähnelt die Konstellation der Konzipierung, der ersten Realisierungen des Melodrams und deren späterer Aneignung in der Oper durchaus derjenigen zwischen den humanistisch inspirierten Versuchen im Florentiner Bardi-Kreis und den ersten, jener früheren Theorie ungehorsamen Opern-Erfüllungen bei Monteverdi: Die Idee mußte sich, hegelsch gesprochen, an der Wirklichkeit erst „*abarbeiten*". Was nach jenem Halbjahrhundert zwischen 1770 und 1820 blieb, war zwar nicht mehr eine intakte Gattung, wohl aber eine periphere, äußerste Möglichkeit und, viel wichtiger, eine tief und weit reichende Beeinflussung des dramatischen Komponierens. Damit aber wird nach etlichen Umwegen neben der Absicht auch der Rahmen jener Überlegungen bestätigt, als deren Konsequenz das Experiment *Pygmalion* in Szene gegangen war. Und jene Überlegungen wiederum liegen eingebettet in vielerlei Versuche, das Zusammenwirken der Künste im Sinne einer expressiven und spirituellen Steigerung effektiver zu gestalten und neu zu erproben, für welche die Namen Calzabigi, Noverre und Gluck stehen. Schon vor diesen, und im Verhältnis zu den vorhandenen Gattungen noch viel weniger realistisch, hatte Grimm vorgeschlagen, Gesang und Darstellung zu trennen, diese pantomimisch auf der Bühne zu geben und dazu vom Orchester aus singen zu lassen.[371] „*Der Gedanke*" [des Melodrams — d. Hrsg.] „*als solcher lag für einen Kenner der französischen Musik gar nicht so fern, denn sowohl in der ernsten als in der komischen Oper hatte das Orchester bereits derartige programmatische Leistungen zu verzeichnen, daß es jeder Aufgabe gewachsen schien, und namentlich das dramatische Ballett Noverreschen Stils führte mit seinen eingehenden Orchestermalereien hart bis an das Melodram heran.*"[372] Erst recht gilt das (worauf Rousseau in seinem *Alceste*-Kommentar selbst hingewiesen hat) für mehrere Szenen im *Dorfwahrsager*, in denen er die Musik mit präzis vorgeschriebenen szenischen Vorgängen koordiniert.

Durch den erwähnten Brief von 1763 ist sicher erwiesen, daß Rousseau die *Pygmalion*-Dichtung von vornherein im Hinblick auf die neuartige Vertonungsweise entwarf: Bei jener Vorlesung ist ausführlich von Musik die Rede gewesen. Zunächst hinderten die zahlreichen Ortswechsel Rousseau daran, das Projekt weiter zu verfolgen; erst im Jahr 1770 während eines Aufenthaltes bei Freunden in Lyon kam er darauf zurück; am 28. September fand dort die Uraufführung statt — mit einer teilweise von Rousseau, teilweise von dem Liebhabermusiker Horace Coignet komponierten Musik. Außer bei zwei Nummern, wo Rousseaus Autorschaft ausdrücklich vermerkt ist, lassen sich die Anteile nicht eindeutig scheiden, was eine — schwerlich endgültig abschließbare — Diskussion veranlaßte, zumal Rousseau es bei der ersten Pariser Aufführung unterließ, auf den Mitautor hinzuweisen. Dieser gab daraufhin eine sehr loyale Erklärung im *Mercure de France* ab.[373] Dennoch war damit einer der üblichen Kontroversen und der fast notorischen Verdächtigung neue Nahrung gegeben, als Komponist schmücke Rousseau sich mit fremden Federn. Eine Klärung mit Coignet wäre gewiß leicht möglich gewesen; sie kam aber nicht zustande, wohl weil Rousseau (auch dies ist kein Einzelfall) nach dem Zustandekommen des *Pygmalion* alles weitere Interesse an ihm verlor. Hierzu mögen nicht zuletzt Erkenntnisse über Möglichkeiten und Unmöglichkeiten des Experiments beigetragen haben, die er bei der ersten Realisierung gewonnen hatte. Umständliche Erklärungen zur Autorschaft mochte er für überflüssig halten, da sie eine in Verfahrensweise und Qualität fragwürdige Vertonung betrafen: daher wohl auch das ostentative Desinteresse an den überaus erfolgreichen Pariser Aufführungen. Im übrigen verliert die Frage der Zuweisung auch deshalb alles Gewicht, weil Idee und Disposition ohnehin ganz und gar Rousseaus Eigentum waren. Daran ließ gerade Coignet keinen Zweifel: *„... ich habe den Erfolg stets nur der neuen und erlesenen Art dieses Stückes zugeschrieben und der Vollendung, mit der der große Mann seinen Gegenstand behandelt hat."*[374] Im übrigen erscheint angesichts des stilistischen Zuschnitts und des Miniaturformates der musikalischen Passagen der Versuch, zur Bestimmung der Anteile wertende oder personalstilistische Kriterien anzuwenden, weder aussichtsreich noch sinnvoll.[375]

Die Neugier der Kunstwelt war rasch geweckt; nach einer ersten, unrichtigen Information erfahren die Leser von Grimms *Correspondance littéraire* unter dem 15. Januar 1771,[376] *„daß Pygmalion überhaupt nicht singt, sondern daß er rezitiert, und daß Musik nur zur Anwendung kommt, um die Rede des Schauspielers mit verschiedenen Zwischenspielen zu unterbrechen und um sein Gebärdenspiel sowie die verschiedenen ihn erregenden Gemütsbewegungen zum Ausdruck zu bringen"*. Schon zwei Jahre nach der Uraufführung erscheint das Stück in Weimar und Wien, hier von Franz Aspelmayr, dort von Anton Schweitzer vertont; und abermals zwei Jahre später komponiert Jiří Benda innerhalb weniger Monate für das gothaische Hoftheater, wo bereits andere Melodramen gespielt worden waren,[377] *Ariadne* und *Medea*, die bedeutendsten und erfolgreichsten Werke der „Gattung". In ihnen hat sich das Melodram von Rousseaus Intentionen bereits entfernt — nicht zu seinem Schaden.[378] Nicht nur Rousseaus Desinteresse am weiteren Schicksal des *Pygmalion* gibt Grund zu der Vermutung, daß die ersten Schritte jener Entfernung nicht ohne sein Zutun unternommen wurden, womit er rasch reagiert hätte auf eine Problematik, die der oben zitierte La Harpe[379] so beschreibt: *„Die Musik, die man in den Unterbrechungen des Monologs zu hören bekommt, stammt von irgendjemandem aus Lyon; sie ist mittelmäßig. Aber selbst, wenn sie besser gewesen wäre, hätte man ihr kaum gelauscht. Nichts erscheint schlechter ausgedacht, als mit Instrumenten wiederholen zu wollen, was zuvor in der Deklamation ausgedrückt wurde: Wiederholung wird stets eine Abschwächung mit sich bringen. Ein harmonischer Satz kann nur einen Gesang begleiten: beide werden sich wechselseitig unterstützen, indem sie verschiedene Ausdrucksnuancen des gleichen Gegenstandes geben; niemanden aber interessiert es, Instrumente spielen zu hören, nachdem ein Darsteller geredet hat, heißt dies doch* *nichts anderes, als eine ungenaue und distanzierte Wirkung nach einer sicheren und unmittelbaren zu plazieren.*" Von der gescheiten Überlegung zum Risiko von Doppelinformationen abgesehen: im Sinne von Rousseaus Konzeption, welche in erster Linie auf eine musikalische Untermalung der Gestik des Schauspielers ausging und auf die der Worte nur mehr insofern, als diese mit der Gestik korrespondieren, hat La Harpe falsch gewertet. Doch scheint hiermit nur die Theorie, nicht aber ihre Umsetzung mißverstanden, denn zwischen beiden klafft eine Lücke. Am ehesten in einigen vom Text her gesehen unverständlichen musikalischen Einschaltungen, also per negationem, wird der gestische Bezug der Musik greifbar, und genaugenommen spielt dieser Bezug auch in der Theorie insofern mehr die Rolle einer Ausweichstation, eines eingeschobenen Kettengliedes, als die „unkomponierbare" französische Sprache sich einer direkten Verbindung mit Musik verweigert. Wenn im *Pygmalion* gesprochen wird, so nur als Ersatz für ein *récitatif obligé*[380], welches als Vertonung einer musikgemäßen Sprache allemal besser wäre. Daß *„uns ein gut deklamiertes Stück oft stärker"* bewegt *„als ein schönes Rezitativ"*, dennoch aber *„jedermann bemerken"* kann, *„daß die Musik, sooft sie die Illusion nicht zerstört, ihrerseits einen viel stärkeren Eindruck macht"* — hier in der Formulierung von Condillac[381] —, wußte auch Rousseau nur zu gut.[382]

Die Frage des Bezugspunktes für die Musik steht aber auch deshalb so sehr im Vordergrunde, weil der rigorose Verfechter der Nachahmung den Aufbau einer eigenen musikalischen Ebene kaum erwägt, weil er der Musik eigene Dimension und Produktivität nicht gestattet und sie darauf angewiesen hält, immer neu veranlaßt zu werden. Vielleicht war es der Versuch, aus dieser Not — auch wenn sie als Not gar nicht voll erkannt wurde — eine Tugend zu machen, der etliche merkwürdige Verfahrensweisen der *Pygmalion*-Partitur veranlaßt hat, so z. B. das oftmalige jähe Verlassen der Tonart gegen Ende eines Musikstückes, wodurch offenbar etwas offengehalten werden soll — Pendant zu literarischen Methoden, Fragmentarisches bzw. die Unmöglichkeit einer abgeschlossenen Aussage zu unterstreichen. Dies mutet recht gewaltsam auf die Musik übertragen und dilettantisch an — weniger, weil es versehentlich passiert sein könnte, als vielmehr in der Annahme, derlei Analogien ließen sich so unmittelbar herstellen.[383] Die strikte

Unterordnung der Musik wird in fast schockierender Weise am Ende deutlich: Da hat Rousseau für sie keinen Platz mehr, da, so scheint es, hat sie für ihn nichts mehr zu sagen.

Die Gefahr, daß die musikalischen Einlagen sich als bloß akzessorische Einsprengsel und so blaß in der Wirkung darstellen, wie es La Harpe beschrieb, war in Rousseaus erster Konzeption offenbar nicht berücksichtigt; da rächt sich nun, daß er die Musik nur in einer subalternen Rolle zu sehen vermag, von der aus sie an der Ganzheit des Stückes kaum mitarbeiten kann. Doch scheint er darauf schnell reagiert zu haben: Schon zwei Jahre nach der Uraufführung wurde in Wien eine Version des *Pygmalion*-Textes gedruckt,[384] in der der Musik mithilfe erweiterter und vermehrter szenischer Anmerkungen bzw. Anweisungen mehr Raum geschaffen ist; fast gleichzeitig ging das Stück in Wien in Szene — mit der Musik von Franz Aspelmayr, dessen op. 1 ausgerechnet in Lyon veröffentlicht wurde — wenn auch von einem für seine wahllose Raubdruckerei bekannten Verleger. Immerhin liegt es nahe, persönliche Kontakte zu vermuten, die Rousseau dazu veranlaßten, derlei Schlußfolgerungen zu fixieren — als Vorgaben für einen Komponisten, mit dem er vermutlich nicht ausführlich zusammenarbeiten konnte.[385] Dazu würde gut passen, daß die Pariser Wiederholung der Lyoneser Fassung gegen seinen Willen zustandekam: Zu dieser konnte er nicht mehr stehen. Die „*comique absurdité*" freilich, von der er in diesem Zusammenhang spricht,[386] muß sich auf andere Mängel beziehen, vielleicht darauf, daß die Pariser Galathea im Reifrock agierte!

Genau in der Richtung, die sich in der Differenz der Lyoneser und der Wiener Fassung andeutet, ging Jiři Benda viel weiter, wie gerade aus seiner Behandlung des gleichen Stoffes zu ersehen ist.[387] Er komponierte den *Pygmalion* erst fünf Jahre nach den beiden — ungleich besseren und erfolgreicheren — Melodramen von 1774/75, in denen er Musik und Text bereits innig verbunden und oft kombiniert hatte, beginnend bei Inzidenzmusiken wie dem Marsch heranrückender griechischer Soldaten,[388] und generell der Tatsache Rechnung tragend, daß entgegen der Rousseauschen Konzeption der Text als Bezugspunkt stets die Oberhand über die Gestik gewinnen wird. Ein begeisterter Kommentar wie der nachfolgende von C. F. D. Schubart bestätigt das ausdrücklich: „*Durch sie*" [die

Idee des Melodrams — d. Hrsg.] *„ist die Würde der Deklamation auf den äußersten Gipfel erhoben. Jedes Zeichen der Bewunderung, Ausrufung, Frage, jedes Komma, jeder Ruhepunkt, jeder Strick des Denkens oder der Erwartung, jedes aufbrausende oder sinkende Gefühl des Deklamators, jede kaum merkliche Verflössung der Rede wird durch diese Art der Tonkunst ausgedrückt."*[389]
Schubarts Enthusiasmus nimmt dennoch etlichen grundsätzlichen Fragen an das Melodram nicht ihr Recht: Wie kann einer, der das Hin- und Herwechseln zwischen Singen und Sprechen als Bruch einer ästhetischen Verabredung brandmarkt, wie sie jede Gattung auf je eigene Weise trifft, ein Zusammenwirken von ästhetischen Ebenen bzw. Mitteln planen, die viel weiter auseinanderliegen? Hatte ihn sein Vorurteil gegen die Musikfähigkeit der französischen Sprache nicht vom Regen in die Traufe gebracht? Müßte sich zwischen dem „naturalistischen" Sprechen und der „artifiziellen" Musik eines Orchesters nicht selbst ein französischer Gesang als Vermittlung, als ein Verbindung und Zusammenhalt stiftendes Element darstellen? Rousseau dachte vom Eigenrecht der Musik gering genug, um das Problem jenes Abstandes für lösbar halten zu können; andererseits muß er die integrierenden Fähigkeiten des Sujets sehr hoch veranschlagt haben — zu hoch. Wobei wir ihm einräumen müssen, daß die Charakterisierung der Deklamation als „naturalistisch" ziemlich sicher überzogen ist. Fraglos war die Deklamation auf der Bühne des 18. Jahrhunderts, auch die von den realistisch orientierten *philosophes* erstrebte, vom alltäglichen Sprechen viel weiter entfernt als die unsere — und mag es im Melodram umso mehr gewesen sein, als dessen Helden zum überwiegenden Teil barocken Zuschnitt haben, womit die Traditionen des *stile rapprasentativo* zwangsläufig beschworen wurden. Zudem geht es hier um Aussagen und also um Sprechweisen sehr eigener Art; diskursive, sachlich mitteilende Momente, in denen der Darsteller sich der Sphäre der nüchternen wennicht banalen Alltäglichkeit hätte annähern können, fehlen weitgehend. Alle typischen Melodram-Texte halten sich an der lyrischen, musiknahen Seite der Sprache, dort also, wo ein gehobenes, wie immer auch künstliches, ein fast schon musikalisches Deklamieren am ehesten sein Recht und seine Objekte findet. Die Autoren erleichtern sich dies in der Wahl von Szenen bzw. Stoffen, bei denen die Konstellation ihnen großenteils ab-

nimmt, was normalerweise exponierend berichtet werden müßte; von vornherein wird eine bestimmte Kongruenz von äußerer und innerer Situation sichergestellt, oft so weitgehend, daß der Normalfall einer barocken Arie bzw. die Art und Weise ihrer Herbeiführung ins Monumentale, d. h. zur Konstellation eines ganzes Stückes gesteigert erscheint. Alle äußeren Handlungsmomente werden von der emotionell aufgewühlten, lyrisch-pathetisch sich ergießenden Subjektivität des Helden aufgesogen oder zumindest usurpiert; folglich handelt es sich fast durchweg um „Monodramen" — auch wenn mehrere Darsteller agieren. Angesichts der gewaltig expandierenden Subjektivität der *Ariadne* z. B. erscheint Theseus einer umfangreichen Szene zum Trotz fast nur wie ein Katalysator. Freilich müssen Figuren und Situationen danach sein: Es gibt nicht eben viele theaterfähige Stoffe, deren Essenz sich in einer einzigen Szene, einem einzigen Monolog, einer einzigen Konstellation kondensieren läßt, worin der Zusammenfall äußerer und innerer Ereignisse einerseits für genügend affektive Besetzung des Monologs und andererseits für jenes Minimum an äußerer Handlung sorgt, ohne das die Stücke das Recht auf die Bühne verlören. Das aber bedeutet inbezug auf die Problematik der Gattung: Der Kreis der möglichen Themen erscheint zu eng gezogen, als daß er jene — wenn immer auch relative — Totalität möglicher Gegenstände einschließen könnte, ohne die eine künstlerische Verfahrensweise oder Form sich nicht als eigenwertige Gattung ausweisen kann.

Wenn dies ein Halbjahrhundert lang dennoch der Fall zu sein schien, dann nicht zuletzt kraft eines Einklangs mit Zeitstimmung und Zeitgeist, der literarisch vielfach belegt ist und konstruktiver Kritik zunächst Weg und Wirkung versperrte — zu Recht: denn was man hier an deklamativer Eindringlichkeit erlebte, boten benachbarte Genres nur ausnahmsweise; nicht zufällig sind Musiker, deren Werk seither zu vornehmlich entwicklungsgeschichtlicher Bedeutung verblaßte — Neefe, Reichardt, Fomin etc. —, von dieser Aufgabenstellung zu besonders originellen Leistungen inspiriert worden. So viel barocker Theatergestus in *Ariadne, Medea, Proserpina, Sophonisbe, Ino, Cephalus* und *Euridike* fortlebte, so sehr war das Melodram als Konzeption ein Kind der Aufklärung und in seiner Wirkungsweise ein Kind der Empfindsamkeit. Als Projektion der Geschehnisse in den Spiegel einer großen Seele, im Blick auf das gewaltige Panorama der Emotionen erscheint die Darstellung in ganz neuer Weise auf die Person und Subjektivität des Hauptdarstellers bezogen, wird das Affektpotential aller objektivierenden Kategorisierung entrissen und den wilden Katarakten der Gefühle überantwortet, weshalb die Zentralfigur — in einer extremen Zuspitzung der aristotelischen Dramaturgie (wie wichtig ist für Rousseau die *illusion!*) — zur Identifizierung nicht nur einlädt, sondern zwingt. Mehr als jedes andere Bühnenstück wird deshalb das Melodram von vornherein für einen bestimmten Darsteller verfaßt — Bendas *Ariadne* z. B. für Charlotte Brandes von ihrem Ehemann,[390] Goethes *Proserpina* für Corona Schröter: *"Besonders deklamiert sie das Rezitativ meisterhaft. Ihre schöne Gestalt, ihre edle, hohe Haltung, ihr bewegliches, ausdrucksvolles Gesicht gab diesem rezitativischen Vortrag eine Kraft, einen Zauber, den ich nie gekannt, vorher nie empfunden hatte. Nie habe ich ihr ohne tiefste Herzensbewegung gelauscht"* — dies, aus der Feder von J. F. Reichardt,[391] eine ebenso typische wie kompetente Beschreibung.

Freilich hätte auch Corona, die *"Überschöne",* Goethe kaum zur *Proserpina* motiviert, wäre er nicht ohnehin am Melodram interessiert gewesen. *"Pygmalion ist eine treffliche Arbeit; soviel Wahrheit und Güte des Gefühls, soviel Treuherzigkeit im Ausdruck",* hatte er fünf Jahre zuvor an Sophie von Laroche geschrieben;[392] zwanzig Jahre später freilich spricht er, nun wohl auch die Gattung und den von Benda komponierten *Pygmalion* meinend, von einem *"sehr sonderbaren Unternehmen"*[393], wobei auch einräumende Höflichkeit gegenüber dem schroff ablehnenden Schiller[394] im Spiele sein mag.

Dessen Verurteilung betraf den Stoff, und hierin folgte Goethe später nachdrücklich: *"... diese wunderliche Produktion schwankt ... zwischen Natur und Kunst, mit dem falschen Bestreben, diese in jene aufzulösen. Wir sehen einen Künstler, der das Vollkommenste geleistet hat und doch nicht Befriedigung darin findet, seine Idee außer sich kunstgemäß dargestellt und ihr ein höheres Leben verliehen zu haben; nein! sie soll auch in das irdische Leben zu ihm herabgezogen werden. Er will das Höchste, was Geist und Tat hervorgebracht, durch den gemeinsten Akt der Sinnlichkeit zerstören."*[395] In den *Tag- und Jahresheften* schilt er das Stück *"unzuläslich und unerfreulich"*[396]. Die ästhetischen Auseinandersetzungen um Begriff und Konzeption der Nachahmung lagen zu nahe, als daß die Freunde nicht hätten erschreckt sein müssen durch einen Pygmalion, der sich grundsätzlich nicht anders verhält als die mythologischen Tauben, die die gemalten Weintrauben des Zeuxis anpicken, und der damit zu billigen Gleichsetzungen des bildnerischen und des erotischen Triebs wennnicht zu ärgerlichen Banalisierungen einlud. In dieser Lesart freilich erscheint der durch den Stoff angebotene Interpretationsspielraum über Gebühr verengt und seine allegorische, fast parabelhafte Qualität ignoriert. „*So läßt Kunst nicht sehen die Kunst*"[397] — dies ist es, was Ovid ins Gleichnis setzt, und wenn etwas die „*Kunst . . . nicht sehen*" läßt, muß es natürlich erscheinen — insofern ist die Belebung nur eine letzte Konsequenz; obendrein bedarf es bei Ovid der Mithilfe der durch Pygmalions Sehnsüchte gerührten, nur für Liebe und nicht für Kunst zuständigen Venus, um das Wunder zu vollbringen. Nicht so bei Rousseau: da wird die Belebung, sofern nicht durch erweckende Fähigkeiten seiner aufflammenden Liebe, vor allem durch Pygmalions Kunstfertigkeit bewirkt — doch gerade damit kennzeichnet das Stück sich als Parabel. Und überdies erweist sich das Wunder zugleich als Katastrophe: Pygmalion, wenn er überhaupt weiterleben wird, wird jedenfalls nicht mehr bilden können. Die Schlußwendung „*je ne vivrai plus que per toi*" deutet darauf hin, wenn auch sehr diskret. Vielleicht kommt hier die Katastrophe, d. h. die Erkenntnis zu kurz, daß Pygmalions vermeintlicher Flug zur Sonne tödliche Selbsttäuschung war; jedenfalls kommt sie schwer an gegen die sinnliche, emotional hochtemperierte Präsenz der Geschehnisse auf der Bühne. Dies aber widerlegt nicht die Möglichkeit, daß Rousseau das Prinzip der Nachahmung ad absurdum führen wollte und durchaus hätte unterschreiben können, daß, „*hätte Pygmalion seiner Statue begehren können*", er „*ein Pfuscher gewesen*" wäre.[398] Was zu Goethes „*unerfreulichen*" Folgerungen Anlaß gibt, erscheint — als freilich allzu suggestives Detail — gewissermaßen eingelagert in Ovids allgemein gedachte Allegorisierung des für die Kunst entliehenen natürlichen Scheins.

In erster Linie freilich mußte es Rousseau um ein geeignetes Demonstrationsobjekt seiner „Erfindung" zu tun sein, und da bot *Pygmalion* sich aus vielerlei Gründen an — auch, weil jeder ihn kannte: Der Stoff ist oft dichterisch gestaltet und komponiert worden,[399] zuletzt im Jahre 1748 höchst erfolgreich als *acte de ballet* von Rameau; womit Rousseaus *scène lyrique* sich, zumal Rameaus Stück von Grimm[400] und d'Alembert gepriesen worden war, auch als später Zug im Wettbewerb mit dem alten Gegner darstellt und als Versuch, im Vergleich mit dessen luxurierender, gefälliger Darstellung den Stoff streng und eindringlich auf seine Substanz zurückzuführen.

Die erste deutsche Übersetzung des *Pygmalion* stammt von jenem Freiherr von Gemmingen, dessen Melodram *Semiramis* Mozart im Jahre 1778 in Mannheim zu komponieren begann[401] — das Fragment ist verlorengegangen. Zwei melodramatische Szenen von Mozarts Oper *Zaïde* indessen geben Aufschluß über seine Absichten; eine von ihnen scheint erst auf seinen Wunsch hin eingefügt worden zu sein.[402] Hier nun zeigt er sich als gelehriger und engagierter Schüler von Benda — auch in dem Bestreben, alle Zufälligkeiten der musikalischen Einschaltung auszuschließen, die musikalische gleichberechtigt neben die textliche Ebene zu stellen und deren Kohärenzen stark genug zu entfalten, um die der Deklamation gehörigen Pausen zu überspannen. Während der Arbeit an der *Semiramis* schreibt er an den Vater: „... *in der that habe ich mich gar nicht lange besonnen; — denn, diese art Drama zu schreiben habe ich mir immer gewunschen ... sie wissen wohl, daß da nicht gesungen, sondern Declamirt wird — und die Musique wie ein obligiertes Recitativ ist — bisweilen wird auch unter der Musique gesprochen, welches alsdann die herrlichste wirckung thut; — was ich gesehen war Medea von Benda — er hat noch eine gemacht, Ariadne auf Naxos, beyde wahrhaft — fürtreflich ... ich liebe diese zwey wercke so, daß ich sie bey mir führe...*"[403]

Daß Mozart Bendas Melodramen „*bey sich führte*", trifft noch in einem weiteren als dem im Brief gemeinten Sinne zu: In der *Zauberflöte* beim ersten Erscheinen der Königin der Nacht nimmt er sehr genau Bezug auf Bendas musikalische Darstellung eines Sonnenaufgangs.[404] Auf Ariadnes Begrüßung des kommenden Tages folgt ein *Allegro moderato e maestoso*[405], worin alle Details von Mozarts Königinnen-Auftritt beieinander sind — das die Klangschichten auftürmende Crescendo, Synkopen, aus denen zuerst pulsierende Achtel und später die Sechzehntel hervorgehen, und die vor dem Einsatz der Darstellerin gewichtig zusammenfassenden Punktierungen. Natürlich macht Mozart das „besser", er konzentriert und schärft — aber natürlich auch, weil er in einem vorgeformten Material arbeitet. Dies ist nicht die einzige Korrespondenz — und nicht die einzige, die uns fragen läßt, inwieweit hier ein kompositorischer Topos im Spiele ist, von dem beide Vertonungen zehren. Zweifellos aber war Benda der Mittler für Mozart, er hat in der *Zauberflöte* sozusagen „mitkomponiert". Die Frage nach dem Topos führt aber noch weiter: Kaum sonstwo im Vorfeld der Klassik ist Musik so klar bestimmten Funktionen und Bedeutungen zugeordnet, ohne daß dies durch Aspekte der Ausarbeitung und Entwicklung eines größeren Zusammenhangs oder durch Rücksichtnahmen auf die menschliche Stimme überlagert würde, nirgendwo sonst bestehen so gute Möglichkeiten, für eine Art „*Wörterbuch*"[406] der klassischen Musik Anhalte zu gewinnen, Topoi, Formeln und Konventionen und deren Bedeutungsspielräume zu definieren; in dieser Hinsicht bleibt beim Melodram noch viel zu entdecken.

Und noch in einem abermals weiteren Sinne hat Mozart Bendas Melodramen „*bey sich geführt*". Rousseau konnte nicht ahnen, daß seine — vornehmlich durch die vermeintliche Unmusikalität des Französischen gerechtfertigte! — Anregung besonders in Deutschland auf fruchtbaren Boden fallen würde, dessen Musik für ihn vor der Bekanntschaft mit Gluck nahezu unvorhanden war. In Deutschland gab es im Gegensatz zu Italien (wo Rousseaus Erfindung weniger stark wirkte)[407] kaum eigene Traditionen der Theatermusik zu verteidigen, Neues mußte hier nicht gegen etablierte Reglements durchgesetzt werden. Auf der Suche nach einer eigenen Lösung — vgl. etwa Wielands *Versuch über das deutsche Singspiel und einige dahin einschlagende Gegenstände* von 1775[408] — verfuhren die Beteiligten viel unbefangener, als dies innerhalb intakter Traditionen möglich wäre. Darüberhinaus war gerade den empfindsamen Qualitäten von Rousseaus Erfindung musikalisch der Boden in Deutschland längst bereitet gewesen, nicht erst durch Carl Philipp Emanuel Bach, sondern u. a. schon im pietistischen Gefühlston einiger der Weimarer Kantaten seines Vaters. Überdies fiel es in Deutschland leicht, den in der *opera seria* nicht selten klappernden mechanischen Wechsel zwischen Secco-Rezitativ und Arie als „welsch" und überständig abzutun.[409] Schon daß das Melodram niemanden gleichgültig ließ, mußte da begrüßt werden. Im Vergleich mit den perfekt und gewissermaßen gleichgültig funktionierenden Formalismen der späten *seria* mag das Melodram wie eine neuartig erregende „Nervenkunst" erschienen sein, als radikaler Gegenentwurf, der jene Mechanismen kündigte und ihre „Trümmer" auf frappierende Weise neu zusammensetzte; ebensosehr, wie der Reiz eines neuen Materials und der Gewagtheit einer schwierigen Synthese mitspielte, lebte das Melodram zugleich hinsichtlich des Materials von Ererbtem. Kaum zufällig taucht der „moderne" Gedanke des Verbrauchs künstlerischer Mittel bei Rousseau mehrmals auf: da lag auch die Konsequenz einer Auffrischung durch ungewöhnliche Konstellationen in Reichweite. Weder die Figuren des Melodrams noch die Situationen waren neu, weder der Stil der Deklamation noch der Stil der Musik; neu allein waren die Kombination und die Fragmentierung, das feingliedrige, unberechenbare In- und Übereinander, die überraschenden, subtilen Bezüge und jäh eröffneten Aspekte — und damit die Erfahrung, daß das Material gerade auch in seinen Brüchen, als Torso eindringlich zu sprechen vermag — eine Erfahrung im übrigen, die auch unabhängig sein konnte von einer Gesamtbeurteilung, etwa derjenigen Herders als einer *„mißlichen Gattung"*, in der falscherweise *„Töne die Worte, Worte die Töne, als unvereinbar miteinander, jagen"*[410].

Gewiß verglühte der Komet der Rousseauschen „Erfindung" rasch, was zumeist als Beweis ihrer Fragwürdigkeit verbucht wird. Dem bliebe zusammenfassend also die Vermutung entgegenzuhalten, das könne auch mit einer Situation zu tun haben, die vom Stand des Komponierens her wie kraft der zur Verfügung stehenden Begabungen eine schnelle Aneignung und Verarbeitung des Experiments in einzigartiger Weise begünstigte.

XII *Begegnung mit Gluck*

Im November des Jahres 1773 traf — auf Einladung der Dauphine Marie Antoinette — Gluck in Paris ein, um die Aufführung seiner *Iphigenie in Aulis* vorzubereiten. Von etlichen Seiten waren hierfür geradezu strategische Vorkehrungen getroffen worden; alle Neugier galt der Frage, wie Gluck in dem einer Auffrischung bedürftigen Opernkriege Position beziehen bzw. wie er dessen Fronten verschieben würde. Fraglich war auch, wie sich sein Verhältnis zu den *philosophes* gestalten würde. Zeit genug war geblieben für theaterpolitische und journalistische Scharmützel im Vorfeld des Ereignisses und jede Art händereibender Vorbereitung auf etwas, was anderswo eine „Hatz" heißt und allemal mit dem Versuch der mittleren Chargen verbunden ist, die Protagonisten auf Standpunkte und Methoden festzulegen, die unter deren Niveau liegen. So auch hier: Gluck und Piccinni — als die musikalischen Gegenpäpste — vermieden jede persönliche Konfrontation, und bald kam es zu einer freundschaftlichen Begegnung mit Rousseau; wenige Monate nach seiner Ankunft stieg Gluck zu einem Gespräch gewissermaßen oberhalb des Getümmels in der Rue Platière ab und ließ es sich nicht nehmen, bei Rousseau Kopien eigener Kompositionen zu bestellen. Das Publikum kam nicht auf seine Kosten: statt einer spektakulären Auseinandersetzung zwischen dem großen, auch taktisch begabten Theatermusiker und dem Manne, mit dessen Name das Verdikt über die französische Oper verbunden war, respektvolles Einverständnis, eine Handreichung im Zeichen der wechselseitig bestätigten Gleichrangigkeit. Prompt meldet Grimm im April 1774 den Lesern der *Correspondance littéraire* fast im Stile eines Feldzugsberichtes, daß die Partei der Gluckisten sich *„bereits einer erlauchten Bekehrung rühmen"* könne: *„Jean-Jacques ist der eifrigste Anhänger der neuen Lehre geworden; er hat mit einer unter unseren klugen Leuten nur wenig bekannten Selbstverleugnung erklärt, er habe sich bisher getäuscht, Herrn Glucks Oper stoße all seine Vorstellungen um, und er sei nunmehr völlig davon überzeugt, dass die französische Sprache wie jede andere für eine bedeutende, ergreifende und gefühlvolle Musik geeignet sein könne."*[411] Es gehört zu den allfälligen journalistischen Vereinfachungen, daß Grimm Rousseaus Stellungnahme schlankweg als Widerruf beschreibt.

Dessen Verdikt über die Musikfähigkeit der französischen Sprache war damals schon über zwanzig Jahre alt, die „Ecken" der Königin bzw. des Königs zu angegrauten Symbolbegriffen geworden, deren jüngere Stellungnahmen umso weniger neugierig verfolgt wurden, als es an brisantem, aktuellem Konfliktstoff mangelte. Die — keineswegs unbedeutende — Produktion der Duni, Philidor, Monsigny, Grétry etc. gab für Kontroversen im Stile der fünfziger Jahre wenig her. Nun konnte neuer Zündstoff erhofft werden von einem Manne, der, mit bedeutenden Vorschußlorbeeren versehen, aus dem deutschen Sprachbereich kam, wo es nach weitgehend übereinstimmender Meinung halbwegs diskutable Musik kaum geben konnte: Knapp zehn Jahre zuvor hatte Grimm vor der Musik Glucks als einer *„barbarischen"* gewarnt[412] und Grétry, Philidor und Duni seither mehrmals ob ihrer italienischen Orientierung gelobt, wenn auch mit der Einschränkung, daß *„die französische Sprache Grétry niemals gestatten"* werde, *„den Flug der großen Meister Italiens zu nehmen"*[413]. Wenig später — Gluck ist im Anmarsch — nennt er den zunächst als Gegenpapst nominierten Grétry den *„Pergolesi Frankreichs"*, während andererseits die konservativen Ritter der Königsecke Morgenluft wittern, weil Gluck gegen die Vertonung französischer Texte durchaus nichts einzuwenden hat. Schon vor seiner Ankunft also war er vereinnahmt — allerdings für eine Konstellation, in die er nicht hineinpaßte bzw. -passen wollte. Einen Vorgeschmack dessen, was ihn erwartete, gab ihm der in Wien tätige Gesandtschaftssekretär Du Roullet, der das Libretto der französischen *Iphigénie* eingerichtet hatte und mit diesem Stück der Königsecke aus der Defensive heraushelfen wollte. In einem Artikel im *Mercure de France* nahm er es, nicht ohne Spitzen gegen die *philosophes*, für die konservative Fronde und als Bestätigung alter französischer Traditionen in Anspruch. Sein Komponist aber spielte nicht mit: Wenig später wurden die Leser der gleichen Zeitschrift mit einem Beitrag überrascht, worin er sich von Du Roullet distanziert, mit den wichtigsten Forderungen der aufklärerischen Opernästhetik sich bestens vertraut zeigt und Rousseau als deren prononciertestem Sprecher ausdrücklich Reverenz erweist. In der Annahme, daß es zu der Pariser *Iphigénie* nicht kommen werde — der Artikel erschien am 1. Februar 1773, also mehr als ein halbes Jahr vor Glucks Ankunft —, betont er u. a., *„daß ich sie mit Vergnügen in Paris vorgeführt haben würde, weil wir durch ihre Wirkung und mit Hilfe des berühmten Herrn Rousseau von Genf, den ich zu befragen beabsichtige, vielleicht zusammen, indem wir eine edle empfindungsvolle und natürliche Melodie mit einer Deklamation genau nach der Prosodie jeder Sprache und dem Charakter jedes Volkes suchten, das Mittel festzustellen vermocht haben würden, welches ich im Auge habe, um eine für alle Nationen geeignete Musik zu erschaffen und die lächerliche Unterscheidung der nationalen Musik verschwinden zu machen. Das Studium, welches ich in den Werken dieses großen Mannes über Musik gemacht habe, der Brief unter anderem, worin er die Analyse des*

Monologes der Armide von Lully macht, beweisen die Höhe seiner Kenntnisse und die Sicherheit seines Geschmacks und haben mich mit Bewunderung durchdrungen. Es ist mir davon die innige Überzeugung geblieben, daß, wenn er seine Bemühungen auf die Ausübung dieser Kunst hätte verwenden wollen, er die wunderbaren Wirkungen zu realisieren vermocht hätte, welche das Altertum der Musik zuschreibt. Ich bin erfreut, hier die Gelegenheit zu finden, ihm öffentlich diesen Zoll des Lobes zu geben, welchen er nach meiner Meinung verdient."[414]

Trotz dieser eindeutigen, noblen Weigerung, sich als Figur auf ein präpariertes Spielfeld schieben zu lassen, bestimmten dessen Maßgaben die Diskussionen über die denkwürdige Uraufführung vom 19. IV. 1774 hinaus. Von Neapel aus hetzt der Abbé Galiani in den Kreisen um Madame d'Epinay gegen Gluck; Grétry, der *„eher feine als starke Geist"*[415], sieht den Aktualitätswert seiner Produktion nach langen Jahren eines unsensationell-gleichmäßigen Erfolges steigen und schreibt im Gegenzuge zu Gluck recht glücklos seine Oper *Céphale et Procris;* der im musikalischen Urteil oft unsichere und von gängigen Meinungen beeindruckte d'Alembert rettet sich bei der *Iphigénie* in die Auskunft, daß er *„zuviel Geschmettere in dem Stück"* finde.[416] Paris war schon vor dem großen Ereignis in Atem gehalten worden durch Berichte von der Probenarbeit und Glucks sehr handfestem Umgang mit Sängern, die seinen Vorstellungen von dramatischer Wahrhaftigkeit nicht genügten. Spätestens seit dem 19. April gab es drei Parteien: *„Seit vierzehn Tagen denkt man in Paris nur noch an Musik und träumt von ihr. Sie ist Gegenstand all unserer Dispute, all unserer Unterhaltungen, sie ist die Seele all unserer Soupers; und es wäre geradezu lächerlich, wollte man sich für etwas anderes interessieren. Auf eine Frage der Politik antwortet man Ihnen mit einer musikalischen Passage, auf eine Betrachtung über die Sitten mit dem Ritornell einer kleinen Arie; und suchen Sie Interesse dafür zu erwecken, was dieses oder jenes Stück von Racine oder Voltaire bedeutet, so wird man Sie als Antwort auf die Orchesterwirkung in dem schönen Rezitativ des Agamemnon aufmerksam machen. Muß man übrigens noch sagen, daß an dieser ganzen Aufregung Ritter von Glucks ,Iphigenie' schuld ist? Sie ist um so größer, als die Meinungen höchst geteilt und alle Parteien von gleicher Leidenschaft besessen sind. Drei von ihnen sind vor allem zu unterscheiden: die Partei der alten französischen Oper, die sich geschwo-*

ren hat, keine anderen Götter als Lulli und Rameau anzuerkennen; die Partei der alten rein italienischen Musik, die nur an den Gesang bei den Jomelli, Piccinni und Sacchini glauben will; schließlich die Ritter von Glucks, die behauptet, sie habe die einer dramatischen Handlung angemessenste Musik gefunden, eine Musik, deren Grundregeln nur aus dem ewigen Quell der Harmonie und dem engen Zusammenhang unserer Gefühle und Empfindungen geschöpft werden; eine Musik, die keinem Land angehört, deren Stil das Genie des Komponisten aber dem Wesen unserer Sprache anzupassen verstand ... Die ultramontane Partei kann unserem neuen Orpheus eine gründliche Kenntnis der Geheimnisse der Harmonie nicht absprechen; sie spricht ihm aber das Liedhafte oder Melodiöse ab. Sie wirft ihm vor, was man in Italien den ‚Pferdefußtritt' nennt. Sie findet, die Motive seiner Arien seien fast alle entweder gewöhnlich oder phantastisch und die lieblichsten verfehlen ihre Wirkung, weil sie nicht genug ausgeführt seien. Seine Begleitungen sind nach ihrer Meinung sauber, aber eintönig, sein Rezitativ mühsam und plump.

Die alten Stützen der französischen Oper zetern, man richte die Gattung, in der wir Erfolg hatten, zugrunde, ohne uns eine bessere dafür zu geben. Sie klagen, die Darbietung, während der sie bisher ruhig zu schlafen pflegten, anhören zu müssen, da ja sonst nichts Anziehendes geboten würde..., seit die Ballette die geschmacklosesten der Welt geworden seien: die Ballette, die doch Glanz und Wonne der Auffführung bilden müßten!

So entgegengesetzt alle diese Urteile erscheinen mögen, so zeigen sie, scheint mir, wenigstens einstimmig, daß Herr Gluck die bekannten Wege verlassen und den Künstlern eine ganz neue Bahn eröffnet hat; so etwas nimmt man schwerlich in Angriff, ohne dazu durch den Auftrieb eines überlegenen Genius bestimmt zu sein. Ein Werk, das soviel Aufregung, Anteilnahme, ja Widerspruch hervorruft wie die neue Oper, ist sicherlich kein mittelmäßiges Werk; auch die am meisten dagegen einwenden, müssen ihm große Schönheiten zugestehen, und die Zuschauer, die am wenigsten geübt sind, seinen Wert zu empfinden, haben es mit einer Art Überraschung angehört, vor der ihre Kritik oder Unwissenheit anscheinend verstummte ..."[417]

Gluck hat seine im *Mercure de France* bekundete Absicht wahr gemacht — nicht höflichkeitshalber hat er Rousseau besucht (als den namhaftesten derzeit in Paris weilenden *philosophe*: Diderot und Grimm waren außer Landes), er hat ihn um Rat gefragt und damit in eine Diskussion gezogen, die sich in zwei fragmentarischen Aufsätzen niederschlug, dem Letzten, was Rousseau über Musik geschrieben hat. Wohin in der Geschichte der Begegnung sie gehören, ist unklar. Der etwas wichtigtuerische Journalist Corancez, dem wir viele Auskünfte über Rousseaus letzte Jahre verdanken,[418] will wissen, daß die beiden sich über der *Alceste* verzankt und daraufhin allen weiteren Verkehr abgebrochen hätten. Diese Begründung liegt recht weit unter dem Anspruch der Begegnung; auch darf man fragen, ob es eines besonderen Grundes für das Aufhören des Kontakts bedurfte — selbst, da Gluck innerhalb sehr kurzer Zeit dreimal in Paris weilte. Bekanntermaßen war es sehr schwer, mit Rousseau in Verbindung zu treten und Verbindung zu halten; Störungen aufgrund übergroßer Empfindlichkeiten waren stets zu gewärtigen: *„Ohne daß Gluck diese Laune im geringsten voraussehen konnte, bemerkte"* Rousseau *„eines Tages zu ihm, daß es ihn verdrösse, ihn in seinem Alter vier Stockwerke hinaufsteigen zu sehen, und er bat ihn inständig, in Zukunft davon Abstand zu nehmen"*, berichtet Corancez; *„der arme Gluck weinte noch am nächsten Tag darüber."*[419] Immerhin haben die beiden über die italienische *Alceste*, deren 1769 gestochene Partitur Gluck mitgebracht hatte, ausführlich gesprochen; Rousseaus Manuskript mag zumindest teilweise ein Protokoll dieser Gespräche darstellen — worüber der Schreibende selbstverständlich hinausging, ohne noch zu einem Ende kommen zu können. Er bestimmte das Fragment für Charles Burney in London. Der an diesen gerichtete Beibrief liest sich passagenweise wie ein letztes Wort Rousseaus über seine musikalischen Aktivitäten.[420] Möglicherweise aber hat Burney die Sendung nie erhalten: Nach Auskunft der Redakteure der ersten Gesamtausgabe[421] übermachte Rousseau das Manuskript des *Alceste*-Aufsatzes dem an der Berliner Akademie tätigen Philologen Prévost, der es, etliche Ergänzungen einschiebend, druckreif zu machen versuchte,[422] freilich mit der Zusammenreihung der Notizen seine liebe Not hatte; z. B. übersah er, daß Rousseau in einem Fall zu einer gleichen Arie verschiedene Kommentare hinterlassen hat.

Wie unsicher der Boden immer auch sei — uns interessiert das Fragment dennoch nicht nur im Hinblick auf Glucks Berücksichtigung von Rousseaus Ratschlägen, sondern als seltenes, bis in kleine Details nachprüfbares Zeugnis der Einwirkung eines großen Theoretikers und Literaten auf einen großen Musiker. Wahrscheinlich schon im Spätsommer 1774 hat Gluck die Umarbeitung mit Du Roullet beraten, und offenbar war er ungeduldig: *„Er holte die Partitur seiner Oper wieder bei mir ab"*, hat Rousseau später berichtet,[423] *„ohne nach meinen Kommentaren zu fragen, an denen zu arbeiten ich eben begonnen hatte und deren unlesbare Skizzierung sich nicht in einem Zustand befand, in dem ich sie ihm hätte überlassen können."* Im folgenden Jahr war die französische Fassung der *Alceste* bereits fertig.

Die oben anklingende Unterscheidung von ratgebendem Theoretiker und ausführendem Praktiker freilich wird dem Manuskript insofern nur halb gerecht, als es sich viel eher wie das Protokoll eines Gesprächs unter Kollegen liest — und damit als Dokument eines Denkens, das sich mit seinem Gegenstande *„innigst identisch"* zu machen (Goethe) und die Trennung von Theorie und Praxis aufzuheben sucht. Rezeptionspsychologische Überlegungen — da konkretisiert Rousseau Denkansätze, die in verallgemeinernder Form seit der Frühaufklärung geläufig waren — spielen eine bedeutende Rolle, etwa, wenn er nach der Abmattung der Aufmerksamkeit fragt und zu diffizilen Folgerungen gelangt wie der, daß die Psalmodie des Priesters nicht auf gleicher Tonhöhe wiederholt werden solle etc. Hier und in vielen anderen Details wird eine intelligente und sensible Unvoreingenommenheit produktiv, mit der er andererseits nun auch die heiligsten Kühe seiner Ästhetik behandelt, z. B. in der Empfehlung, der Komponist möge die Abhängigkeit von der Deklamation nicht übertreiben und der Musik geben, was der Musik ist.[424]

Im übrigen sucht er hämischen Bemerkungen über eine „Konversion" zu Gluck die Spitze zu nehmen; mehr noch als anderwärts rekurriert er auf früher formulierte Standpunkte, wie um diese als mit seinem gegenwärtigen vereinbar bzw. übereinstimmend darzustellen, abgesehen davon, daß die nunmehrige Empfänglichkeit für neuartige Kunsteindrücke oberhalb des Niveaus liegt, auf dem man ihm Widersprüchlichkeiten nachrechnet. Gewiß läßt er sich in seiner Begeisterung weit hinreißen: da mit Glucks Erscheinen der Thronwechsel zusammenfiel, schreibt er am 16. VIII. 1774 in einem Brief[425]: *„Mir scheint, daß Ludwig XVI und Gluck ein neues Zeitalter heraufführen werden. Da ist ein Solon, unter dessen Herrschaft wir einen neuen Orpheus haben werden. Ich möchte Sie bitten, mir* *mitzuteilen, ob Sie auch so verrückt nach dem ‚Orpheus' sind und ob Sie dem ‚Roland' und der ‚Armide' restlos abgeschworen haben."* Woran einen mehrfach überlieferter Bericht anzufügen sich anbietet, der bei Rellstab[426] so lautet: *„Über die Arie J'ai perdu mon Euridice"* [im Deutschen meist mit dem Text *„Ach, ich habe sie verloren"* — d. Verf.] *„hat man folgende interessante Anekdote von J. J. Rousseau. Eines Tages, da er der Vorstellung des Orpheus zum vierzigsten Mal (!) beigewohnt hatte, sahen ihn einige Liebhaber mit gesenktem Haupte unbeweglich stehen und wandten sich zu ihm mit folgenden Worten: Nun, Herr Rousseau, was sagen Sie zu dieser Oper? Keine Antwort. Endlich richtet er den Kopf in die Höhe; ließ diejenigen, die ihn gefragt hatten, die hellen Tränen sehen, die ihm über die Wangen flossen, und sang mit leiser und halberstickter Stimme die Worte der Oper: ‚J'ai perdu mon Euridice; rien n'égale mon malheur!' — Welch ein rührender Widerruf."* In der Rechenschaft über Glucks Musik suchte Rousseau auch eine Gegenposition zu den ehemaligen Freunden, besonders Holbach und Grimm; diese *„könnten ... keine Musik machen ... und so schwatzten sie darüber in schönen Phrasen und stellten gelehrte Spekulationen auf, womit sie höchstens das Staunen der unwissenden Menge erregten"*. Er hingegen will als Mann vom Fach gesehen sein, der sich *„auf das der Praxis zugehörige Gebiet"* beschränkt, *„welches dem Orakeln von Schöngeistern unzugänglich bleibt, dessen Studium jedoch einzig und allein für die Fortschritte der Kunst wirklich von Nutzen ist"*.[427]

Diese Absicht gibt sich in besonderer Weise in dem kleinen Aufsatz über eine Arie des Orpheus — genauer genommen nur über eine bestimmte Stelle dieser Arie — zu erkennen. In einer Geschichte der analytischen Werkbetrachtung verdiente er einen Ehrenplatz, wobei die Frage, wie triftig die Beobachtungen und Wertungen seien, an Gewicht hinter der Verbindung hörpsychologischer und satztechnischer Aspekte zurücktritt. Gerade der „punktuellen" Beschränkung wegen mag Rousseaus Reflexion hier der künstlerischen Intention so dicht auf den Fersen sein — herausgefordert durch einen Sachverhalt, angesichts dessen eine spezialistische, ausschließlich satztechnische Betrachtungsweise über Bedenken kaum hinauskäme: Ohne Zuhilfenahme von Rousseaus Überlegungen erscheint die gleichzeitige, unterschiedliche Notierung des Tones h bzw. ces tatsächlich willkürlich bzw. unlogisch. Nicht aber vom papierenen Text ging Rousseau aus, sondern vom unmittelbaren Eindruck, von der Betroffenheit durch das „*no*" der Furien, und unverkennbar schreibt er als Liebender, der diese Betroffenheit zu reflektieren sucht. Ungewöhnlich erscheint die kleine Arbeit ebenso in ihrer empirischen Unbefangenheit, in der Originalität des gedanklichen Ansatzes wie als Genre: Gewiß begegnen differenziert analysierende Beschreibungen musikalischer Werke oder einzelner Passagen schon früher, zumal in Lehrbüchern und polemischen Schriften[428], doch zumeist eingebunden in einen größeren Zusammenhang — da liegt von Rameau über den Streit um die Italiener bis zu deutschen Erben der Aufklärung wie Wieland oder Reichardt für eine Geschichte der musikalischen Analyse ein großes Material bereit. Rousseaus *Orpheus*-Aufsatz aber signalisiert in der Art und Weise der Beschreibung und Wertung einen besonderen, eigenen Anspruch des Analysierens und damit die Suche nach neuen Möglichkeiten, beschreibendes Wort und Musik zueinanderzubringen — welche mitunter recht entfernt liegen von den Denkwegen der damals bereits herkömmlichen Nachahmungsästhetik. Außer in Sammelpublikationen wie den frühesten Gesamtausgaben konnte ein solcher Aufsatz kaum Platz finden: Die Leser jener Zeitschriften jedenfalls, in denen z. B. Diderots *Salons* erschienen, welche also an anspruchsvolle Rezensionen von literarischen Neuerscheinungen, Theaterstücken und Ausstellungen gewohnt waren, hätten den Kopf geschüttelt angesichts der musikalischen Spezifikation des Rousseauschen Aufsatzes — und in der Überzeugung, daß es überflüssig sei, Musik in dieser Weise zu bereden. Die musikalische Kritik insgesamt lag hier zurück, ihr fehlten einstweilen Stil und Konvention ebensosehr wie das journalistische Forum. Doch selbst nachdem dies erreicht war, behielt Rousseau recht mit dem, was er im Vorwort des *Wörterbuchs* geschrieben hatte: *„Musiker lesen wenig; und doch kenne ich keine Kunstart, in der Lektüre und Reflexion dringlicher vonnöten wäre."*[429] Kein Wunder also, daß die *Orpheus*-Betrachtung unveröffentlicht liegenblieb und daß der *Alceste*-Kommentar nur den Komponisten zuliebe zu Papier gebracht worden ist.

Möglicherweise auch fühlte Rousseau sich durch weitere Kontakte mit Gluck belastet, weil er wieder zu komponieren begonnen hatte, und zwar mit einem Engagement, das ihn an minderen Qualitäten seiner Textvorlage vorbeisehen ließ. Aus dem vielbehandelten Stoff *Daphnis und Chloë* sollte gar so etwas wie eine große Oper werden — mit einer bezeichnenden Umbiegung des Handlungsganges: Daphnis und Chloë sind zu Reichtum und Anerkennung gekommen, beschließen aber, Hirten zu bleiben,[430] — da schauen ihnen Colette und Colin unverkennbar über die Schultern. Weit gediehen ist Rousseau mit dem Unternehmen nicht mehr; ein krudes Mißverhältnis zwischen Anspruch und Mitteln läßt es wie einen verquälten, von krankhaften Altersmelancholien überschatteten Versuch erscheinen, die Brücke zurückzuschlagen in die Zeiten der Jugend, der Skandale und Erfolge. Und ihm ist nicht erspart geblieben, jenes Mißverhältnis selbst zu empfinden, wie u. a. das Anwachsen verbaler Erläuterungen im *Daphnis*-Fragment und in anderen späten Kompositionen erkennen läßt: Rousseau traut seiner Musik nicht mehr, er glaubt nicht, sie sich selbst überlassen zu können bzw. sie für eine selbständige Existenz, eine authentische Aussage zugerüstet zu haben — wenn der Realitätsverlust seiner Intentionen nicht überhaupt so weit fortgeschritten ist, daß er etwas zugleich Musikalisches wie Literarisches auszudrücken sucht, das einigermaßen adäquat weder in diesem noch in jenem Medium sich darstellen läßt und also nur eingekreist werden kann, etwas, das, als Intention zwischen den Künsten und oberhalb der Sphäre einer Kristallisation schwebend, sich der Vergegenständlichung zum Zeichen, der Übersetzung in einen vorgegebenen Code verweigert. Womit seiner präsumptiven Entgegnung bereits die Handhabe geboten wäre: Wenn man derlei als Symptom von Realitätsverlust bewertet, affiziert man Realität von vornherein mit der Notwendigkeit der Anpassung an Vorgegebenes. Wer über seinem „Scheitern", über der wachsenden Disparität zwischen sich und der Welt so zwanghaft grübelte wie der alternde Rousseau, mag sich durch die Begegnung mit der naiv-schöpferischen Kraftnatur des fast gleichaltrigen Gluck nur allzusehr zu solchen Überlegungen genötigt empfunden haben.

XIII *Von der Zuständigkeit des Dilettanten*

Mit der Frage nach einer zwischen bzw. über den Künsten schwebenden Intention sind wir zugleich ins Problemfeld des

Dilettantismus zurückgekehrt und damit der Verdächtigung ausgesetzt, wir hätten dem Mißverhältnis zwischen Absichten und Fähigkeiten zur Umsetzung, das den Dilettanten kennzeichnet, lediglich eine prätentiöse Formulierung verpaßt — eine Verdächtigung, zu deren Gunsten sich beliebig viele Aussagen metierbewußter Künstler zitieren ließen, daß Kunstwerke weniger aus Absichten als aus Materialien und mithilfe bestimmter Techniken gemacht würden, bis hin etwa zu Benns Auskunft, Kunst sei das Gegenteil von *„gut gemeint"*. Es bedarf nicht des Beispiels Rousseau, um derlei Standpunkte als einseitig und die zunächst nicht materialisierbare Intention als Problematik zu erkennen, für die Dilettantismus, Kreativität und Schizophrenie gleicherweise zuständig sein können, wo nicht als Punkt, in dem sie sich oft merkwürdig eng verknoten. Insofern sie die Spannung zwischen einer Intention und ihrer Formulierung im Rahmen eines vorgegebenen Code produktiv macht — „dialektische Vermittlung" klingt hier zu friedfertig, um das Konflikthafte des Vorgangs zu fassen —, insofern sie sich von einer zunächst inkommensurabel erscheinenden Intention herausfordern lassen muß, fängt fast jede schöpferische Leistung von vorn an, muß das Handwerk jeweils am neuen Gegenstande neu erlernt werden und sein Meister also zeitweise, seines Instrumentariums nicht mächtig, in Dilettantismus zurückfallen — um es sodann, unterschiedlich rasch, doch stets bereichert, zurückzugewinnen. *„Alle großen Künstler sind Dilettanten"* — das ist, von Satie gesagt, nicht nur Provokation.[431] Man braucht zum Beweis, zum Beweis auch der kreativen Möglichkeiten einer durch metierbedingte Rücksichtnahmen kaum oder spät abgelenkten künstlerischen Arbeit, nicht die Naiven zu bemühen — die in der Komposition kaum denkbar sind — oder Erscheinungen wie Mussorgski oder van Gogh, man findet derlei Möglichkeiten in der Musik oft in glückhafter Weise auch bei Beethoven, Schubert, Bruckner oder Mahler bestätigt. Es gibt eine Dialektik von Unvermögen und Vermögen, innerhalb deren rein professionelle Maßgaben weitgehend versagen und welche halbwegs sogar noch Rousseaus Versuch rechtfertigt, Tacitus zu übersetzen, ohne des Lateinischen ganz mächtig zu sein.
In den „Urnebeln", im „Chaos" des Anfangs, in der Unschuld von Intentionen, die den Sündenfall der zurichtenden Formulierung noch vor sich haben, in der *„holden Dunkelheit der*

Sinnen", in die auch der schöpferisch Tätige das Licht nüchterner Rechenschaft nur ungern lenkt, fühlt der Dilettant sich am wohlsten — und genau hierin ist Rousseau der Dilettant par excellence: Fixierung liegt für ihn allemal nahe bei Verkrustung; er weiß genauer als andere und will dennoch nicht wahrhaben, daß jegliche Entwicklung bei ihrem Fortschreiten auf einem Wege andere Wege bzw. Vervollkommnungen verschmähen muß; er ist sich der Unwiderruflichkeit solcher Festlegungen als Negationen zuvor offengewesener Möglichkeiten zu sehr, zu schmerzlich bewußt, um nicht alle Liebe und Sympathie stets jeder Art von Anfang, allem Werdenden, jeder Form unfixierter, noch unspezialisierter Offenheit zuzuwenden — daher sein allenthalben bohrendes Fragen nach der Genese, daher seine fast prinzipielle Verständnisunwilligkeit gegenüber allem endgültig Gewordenen, zur Reife Gekommenen, gegenüber allen verfestigten, in seinen Augen damit bereits verhärteten Strukturen. Die Frühe des Morgens gehört zum Glaubensbekenntnis des savoyardischen Vikars nicht einfach als poetisch-pittoreske Einkleidung, sondern als Gegenstand; ob Rousseau Verfassungen entwirft für junge, anscheinend noch geschichtslose Völker wie das polnische oder das korsische; ob er pädagogische Theorien entwickelt, da für ihn mit jedem Kinde die Geschichte der Menschheit nochmals neu beginnt und also wieder in unsere Hand gegeben ist; ob er in der Beschreibung von Julies Garten eine Apotheose natürlichen Wachsens formuliert und darin die Idee des nachmaligen englischen Parks; ob er eine neue musikalische Notation entwirft oder das Hoffnungsbild einer wahren, ohne Umwege sich mitteilenden Musik — immer bewährt sich die dilettantische Fähigkeit, Vorhandenes, historisch Gewordenes zu ignorieren. Und selbst noch, wo er ohne dessen Berücksichtigung nicht auskommt, etwa beim *Gesellschaftsvertrag*, spielt jene besondere Naivität mit, in der der unrastig-unermüdliche Projektemacher die Dignität und die Rechte, die Voraussetzungen und das Beharrungsvermögen bestehender Verhältnisse gleich Null zu setzen vermag. Dies allein schon mußte ihn zum Manne der Revolution, zum Heros derer machen, die gordische Knoten zu durchschlagen hatten.

Nicht ohne Berechtigung ließe sich nun freilich so fortfahren: Gerade, weil er sich nur selten darauf einläßt, seine Entwürfe bis zur letzten Konsequenz durchzukonjugieren, kann er der dilettantischen Anmaßung frönen, fast überall — und stets mit prinzipiellen Ansprüchen — mitzureden. Als geborener Anti-Spezialist steht er unter dem Zwang, sich zu allen Erscheinungen seiner Umwelt in ein Verhältnis zu setzen; spätestens seit der „Erleuchtung" von Vincennes gab es für ihn keine andere Wahl. Beinahe könnte man seinen Dilettantismus als die angesichts eines rasch sich mehrenden Wissensstandes eben noch mögliche Form ansehen, in der die Ansprüche eines Universalisten sich noch artikulieren können; immerhin hatte es eine Generation zurück noch Männer wie Leibniz gegeben, welche cum grano salis alles wußten, was es zu ihrer Zeit zu wissen gab. Und entsprechend stünde, historisch gesehen, hinter Rousseaus Allergie gegenüber allen Formen von Fachlichkeit und klassifikatorischem Denken eine Ahnung vom Umfange der Frustrationen, die die Einsperrung in Fachdisziplinen mit sich bringen würde.

Auch für sich selbst festgelegt auf die Offenheit und Beweglichkeit eines jederzeit zu neuen Anfängen Bereiten, hat er ein überwaches Gespür für die Gefahren eines Identitätsverlustes, für das Risiko, die Objekte, die ein Könner zu beherrschen gelernt hat, könnten auf seine Subjektivität so zurückwirken, daß diese ganz auf deren Bewältigung hin organisiert und also nicht mehr fähig ist, mit der vollen Breite einer unreduzierten Individualität auf die Objekte bzw. die Umwelt aufzuprallen — als der gleiche Aspekt, unter dem nicht formulierbare Intentionen verteidigt werden könnten mit dem Argument, daß, wenn sie sich mühelos in einen Code fassen ließen, nur bewiesen wäre, wie tief dessen Maßgaben, d. h. die Zurichtung durch heteronome, von außen wirkende Instanzen, bereits in den innersten schöpferischen Bezirk eingedrungen seien. In diesem Sinne lassen Rousseaus *Bekenntnisse* auch sich lesen als Dokument seiner Verweigerung, geschrieben von einem, der seine Identität um seiner persönlichen Wahrheit willen ängstlich und eifersüchtig vor allen beschlagnehmenden Zwängen hütet, der immer wieder und auf vielerlei Weise sich entziehen, in seinen Hervorbringungen fragmentarisch bleiben muß und eine Philosophie als ein Ganzes nicht durchformulieren darf, weil er eine philosophische Existenz zu leben hat. Die Arbeitsteilung zwischen Rousseau und denen, die auf ihm fußen und ihn weiterdenken, ähnelt nicht zufällig derjenigen zwischen Sokrates und Plato und liegt näher noch als diese zur mythischen Moses-und-Aron-Konstellation: der eine lebt die Philosophie — tatsächlich gibt es, vom verborgen-unscheinbaren Leben bis zur fortwährenden Provokation der Mitwelt, viele Gemeinsamkeiten —, der andere schreibt sie. Der eine gibt den Ansatz, der andere die Konsequenzen. *„Es bedurfte Kants, um die Gedanken Rousseaus zu durchdenken."*[432]

Jene Sorge um die Identität hat als Zwang zur Selbstbewahrung auch konstitutionelle Gründe, welche geringzuschätzen allzusehr vom Wunschbild des über den Körper triumphierenden Geistes eingegeben war und am wenigsten am Platze wäre bei einem Manne, der immer wieder auf seine Subjektivität, auch die physische, rekurrieren mußte. Einstmals sah man das nüchterner: Zum Beispiel hat ein Weimarer Gymnasialdirektor im Jahre 1808 Goethes *„kristallhelle Klarheit im Ausdruck, seinen kurz geschlossenen Periodenbau"* etc. mit seinen *„sehr scharfen äußeren Sinnen"* in Zusammenhang gebracht, die ihm *„die sinnlichen Gegenstände mit unwiderstehlicher Gewalt und Wahrheit"* zu umfassen ermöglichten, im Gegensatz zu Wielands *„äußerst blöden Sinnen"*, derentwegen dessen *„Poesie Feenwerk, Phantasiespiel, Vision und Exaltation des inneren Auges"* sei;[433] entsprechend ist die Musik gewiß nicht zufällig im Denken hochgradig kurzsichtiger Männer zu höchsten philosophischen Ehren gekommen.

Von *„äußerst blöden Sinnen"* — *„blöde"* im älteren Verständnis — ließe sich mit noch mehr Recht als bei Wieland bei Rousseau reden. Wie der *„für Musik Geborene"* kein Musiker, war der große Panegyriker der Natur alles andere als ihr Günstling — in jeder Hinsicht ein Mann von reduzierter Sinnlichkeit: Kurzsichtig, seit einem Unfall in jugendlichem Alter schwerhörig, woraus sich allgemein Intensität und Tempo seiner Kommunikation mit der Umwelt bestimmten; er sprach langsam und schwerfällig und erreichte auch schreibend nie jene *présence d'esprit*, mit der alle seine Zeitgenossen, auch zweitrangige, zu brillieren verstanden; unter den Peinlichkeiten, die ihm seine urologische Erkrankung auferlegte, hat er schwer gelitten; und auch als Liebenden begünstigte die Natur ihn nicht — Thérèse bezeichnet vor allem ein *supplément*, eine Bescheidung. Die von ihm empfohlene Subordination der Frau hat u. a. auch mit Geschlechtsangst zu tun,[434] derentwegen er bei der Schilderung der Affäre mit Madame d'Houdetot[435] z. B. das Geschehene sehr wohl gegen das vertauscht haben könnte, was er als tatsächlich geschehen sich wünschte — in Wirklichkeit hätte somit nicht er sie, sondern sie ihn bedrängt.[436]

Man tut gut daran, die Tür der Individualpsychologie bei Rousseau vorsichtig zu öffnen — jener banalisierenden Reduktionen auf das Persönlichste wegen, deren Gefahren Herder anläßlich der Bekenntnisse schreiben ließen: *„Einen Schlüssel zu seinen Schriften haben wir nun freilich; ich wollte aber, man hätte ihn nicht."*[437] Auch tragen sie nicht zur Beantwortung der Frage bei, weshalb man diesen sonderbaren Mann nie als Sonderling abtun konnte. Andererseits kann und darf man diese Tür nicht verschlossen halten, will man Einblick gewinnen in die Art und Weise, auf die *„in seiner diffizilen subjektiven Reaktionsform ein objektiv Geschichtliches sich niederschlug, das ihn befähigte, sich umzuschaffen zum Organ von Objektivität"*[438].

Jene reduzierte Sinnlichkeit stellt, wie seine Einsamkeit, ein Organ der Distanzierung, sie stellt das abgedunkelte Zimmer dar, in dem Jean-Jacques auf die Suche nach seiner verlorenen und wiederzufindenden Zeit geht, sie begünstigt die *„Vision und Exaltation des inneren Auges"*, die durch unendlich viele Zusammenstöße mit der Realität korrigiert, präzisiert und in schmerzlichen Rechenschaften in Theorien umgeschmolzen wird. Nicht zuletzt ihr ist die außerordentliche Schärfung des Problembewußtseins inbezug auf historischen Wandel und Fortschritt zu danken, die, durch das donnernde Nein von 1750 exponiert, die Diskussion um Glanz und Elend historischer Entwicklung auf ein neues Niveau gehoben hat. Es wäre eine allzu selbstgefällige Dialektik, die dabei Rousseaus Ratlosigkeiten übersähe, sein Nein zum Fortschritt uneingeschränkt als Moment des Fortschritts selbst reklamierte und damit weitgehend die immer wieder durchschlagende Ahnung verdrängte, daß der Fortschritt *„einem Lust, aber nicht Liebe machen"* und zu seinen stärksten Motivationen *„die Angst vor der eigenen inneren Leere"* gehören würde — als eine moderne Formulierung,[439] die durch entsprechende zeitgenössische dem Verdacht der Überspitzung leicht entzogen werden kann: *„Durch vieles Aufklären haben wir mehr Leere als Fülle gefunden"*, schreibt der Abbé Galiani, alles andere als ein Freund Rousseaus; *„diese Leere, die in unserer Seele und in unseren Vorstellungen haften-*

bleibt, ist der wirkliche Grund unserer Traurigkeit."[440] Derlei bislang allzusehr der konservativen Argumentation überlassene Besorgnisse Rousseaus zeigen sich in seinem Bemühen, in der Schichtung der *suppléments* gegen das Gefälle des Zeitlaufs, gegen die fortschreitende Zivilisierung recht viel Anfang und Ursprünglichkeit aufzubewahren — einstweilen, wie immer unterstellt bleibt; sie zeigen sich auch, auf sehr rührende Weise, dort, wo er, nimmt man ihn ganz wörtlich, hart an das sacrificium intellectus gerät; bei seiner Bestimmung der Rolle der Frau, und bei manchen Details der Musik. Die erstere ist dem historischen Ort nach kleinbürgerlich; eingegeben indessen ist sie vor allem von der ehrwürdig-naiven Hoffnung, dieser Teil der Menschheit könne der Verderbnis entzogen bleiben und, wie eingeschränkt auch immer, inmitten des falschen Lebens ein Stück vom richtigen retten. Die prominenten emanzipierten Frauen seiner Zeit, die Freundinnen seiner Freunde, die Präsidentinnen der aufgeklärten Salons etc. müssen ihm, als Menetekel der Vermannung und Selbstaufgabe, ein Greuel gewesen sein, Thérèse andererseits sein Gegenentwurf hierzu und weniger große Liebe als emphatisches Bekenntnis.

Auch in der Musik meint er Anfang und Ursprünglichkeit retten zu können, wie man noch an der bewundernswerten Konsequenz einer Verdrängung erkennen mag: Der so viel geschrieben hat über Sinn und Unsinn, über Segen und Fluch historischer Veränderungen, hält von seinem Idealbild einer wahren Musik alle Gesichtspunkte ihrer möglichen Historizität fern, er hütet sich klüglich, Grad und Art von dessen Einlösung inbezug auf die vermutete griechische oder die moderne italienische Musik genau zu bestimmen, läßt auch deren Verhältnis zueinander weitgehend undiskutiert und meidet die Nagelprobe technologisch konkreter Beschreibungen guten Gewissens, weil diese seiner Vision ohnehin nicht beikommen könnten; Postulate wie *unité de mélodie* stellen sich in diesem Zusammenhang als Wegweiser dar, keinesfalls als eindeutige Rezepturen oder gar ästhetische Vollzugsmeldungen. Der so viel Anlaß hatte, über die Fragwürdigkeit der Gleichsetzung von natürlich und gewohnt nachzudenken, denkt über diese Musik ungehemmt nach als über schlechthin die wahre und natürliche. Alle bohrenden oder spöttischen Einlassungen gegen den Dilettanten mögen da zum Schweigen kommen angesichts der Frage: was muß er mit Musik, wie muß er sie erlebt haben, damit solche Fragen verstummen konnten! Der ganz angemessenen Auskünfte hierüber scheint auch der gesprächige Schriftsteller sich nicht mächtig zu fühlen. Von einer Seite immerhin redet er sehr ausführlich — von der kommunikativen: Musik ist es, die ihm über die Barrieren seiner Sprödigkeit hinweghilft, bei der er mit Menschen in Verbindung tritt — mit Madame de Warens, mit dem Abbé Caton, mit Grimm oder Madame d'Houdetot, um nur wenige von vielen zu nennen. Im Erlebnis im Gleichtakt schlagender Herzen, gemeinsam vergossener empfindsamer Tränen tritt die Utopie einer schrankenlosen, unmittelbaren, ganz und gar menschlichen Kommunikation nahe genug an ihn heran, um jederlei Hypostasierung zu rechtfertigen; da war das — nahezu unübersetzbare Formulierung — *„froid ministère de la parole"* entmachtet, da begann sich ein Versprechen einzulösen, angesichts dessen alle Fragen nach Geschichte oder Handwerk nur noch philiströs erscheinen können, umso mehr, als es stets sich um einfache Melodien handelt, zuweilen gar nur um einzelne Wendungen, um Fragmente von Liedern und Liedtexten, deren er sich voller Rührung erinnert und bei deren Vervollständigung mitzuhelfen er zuweilen seine Leser bittet. An ihnen erlebt er eine Identität von Intention und Formulierung, die er im *Wörterbuch* unter *Prima intenzione* beschrieben hat,[441] auch zum Beweis der obersten Würden der Melodie. Unausgesetzt und bis zuletzt sammelt und erfindet er Melodien, Lieder, kleine Arien, Romanzen etc. als die *„Consolations des misères de ma vie"*, als *„Tröstungen über das Elend meines Lebens"*[442], welche für ihn immer sprachliche und musikalische Mitteilung zugleich sind, so daß es an ihnen nichts auseinanderzudividieren gibt. Darin mochten sie ihm, wenn schon nicht als Teile, so doch zumindest als Wahrheitszeugen jener Ursprache erscheinen, in deren Gebrauch alle zivilisatorische Entfremdung und Verderbnis getilgt, in der der Mensch als sich Mitteilender unverstellt und ganz er selbst war und wieder wäre, und welche auf jeden Fall, mit Jacopo Peri zu reden, eine *„cosa mezzana"*, ein Mittleres ist — allerdings nicht im Sinne eines Kompromisses zwischen zwei Seiten: denn diese erscheinen erst als Ergebnis des Auseinanderfalls dieser Einheit. Und, wohlgemerkt: er singt die Melodien — für sich, und nicht ungern auch vor Gästen; *„er hatte eine Stimme von bestrickender Süße, und sein Singen war sehr ausdrucksvoll"*[443].

Diese „*cosa mezzana*" weiterdenkend und nicht nur Rousseau betreffend darf man sich Auskünfte versprechen zur Simplizität jener Musik, zu deren Anwälten die *philosophes* sich machten, und darf fragen, ob sie nicht in viel höherem Maße als von uns vermutet und nachvollziehbar als Zeichen und Bedeutungsträger verstanden bzw. angehört wurde, ob seinerzeit nicht selbstverständlich nichtmusikalische Kontexte mitgesetzt und rezipiert wurden, welche uns, auch wenn wir über sie an kompetenter Stelle wie z. B. bei dem Komponisten Grétry nachlesen, eher als überzogene Deutungen, als semantische Überfrachtung erscheinen wollen. Nun, da sie abgefallen sind, wirkt diese Musik, abgesehen von der belastenden Nachbarschaft zu den Erfüllungen der Klassik, oft ärmlich — Anlaß genug zu der weiteren Frage, ob nicht Maßstäbe, die von der später erschienenen Idee der absoluten Musik abgezogen sind, uns wichtige Einsichten in die Mitteilungsweise dieser früheren Musik und eine angemessene Einstellung zu ihr versperren; wobei sich auch einiges am Phänomen der empfindsamen Rezeption enträtseln, wenn diese auch nie wieder nachvollziehbar werden würde. Nur um ein besseres Verständnis, nicht um eine Rückgewinnung dieser Musik könnte es gehen; vielleicht müßte man sich die Argumentation von Prousts Ehrenrettung sentimental-kitschiger Musik zueigen machen,[444] um jener früheren gerecht zu werden, die ganz und gar Mitteilung und Botschaft und überhaupt nicht Struktur sein wollte. Wo Musik Struktur und Eigengesetzlichkeit hervorkehrt, verschüttet sie in Rousseaus Augen die Hoffnung, die Möglichkeit des Rückwegs zu jener ursprünglichen Einheit, welcher allein sie ihre moralische Würde, ihr Daseinsrecht dankt; daher sein Rigorismus, sein Abscheu gegenüber allen Formen, in denen Musik ihrer selbst bewußt und in denen sie offiziell, repräsentativ wird — wobei innerhalb der damit signalisierten Verderbnis zwischen ästhetischer und sozialer Repräsentation kaum noch unterschieden werden muß. Notwendigerweise handelt es sich bei Rousseaus *Consolations* um intime, ganz und gar unoffizielle Musik, welche er nur zu gern ins Licht eines Gegenentwurfs stellt, mochte manche der Melodien noch so oft in der *Académie Royale de Musique* erklungen sein.

Bei der „entfremdeten" Musik durfte Rousseau die Unterscheidung zwischen ästhetischer und sozialer Repräsentation umso mehr vernachlässigen, als er gegen eine Symbiose von

Kunstgenuß und Lebensgenuß antrat, wie sie in solcher Form, mit so bewußter Vermischung von Kunst und Wirklichkeit und deren Aufhebung in der zeremoniösen oder provozierend verspielten Selbstdarstellung der herrschenden Klasse kaum ein zweites Mal vorgekommen ist. Kraft ihrer Reichweite konnte sie nicht nur Rameau, sondern auch Voltaire und selbst den Autoren des *Dorfwahrsagers* zu ihren Handlangern machen, und sie schreckte, etwa in der Kastration stimmbegabter Knaben, auch vor letzten, brutalen Konsequenzen ihrer koketten Verachtung von Natur und Humanität nicht zurück. Vor dem Hintergrunde dieser Kultur, die *„willentlich das Leben zum Traum erhoben"* hat, *„... mit vollkommen wachen Sinnen, einschließlich des Bewußtseins von der Eitelkeit des Schönen"*[445], hebt sich die Figur Rousseaus als die eines humorlosen, puritanischen Moralisten ab, eines Spielverderbers, der den Veranstaltern der ebenso glanzvollen wie unverantwortlichen Phantasmagorie in die Suppe spuckt, der, während auf der Szene das Stück noch läuft, ungerührt die Lichter zu löschen beginnt und übrigens nicht einmal danach fragt, welche Versatzstücke für ein anderes Stück taugen könnten.

Zu diesen Versatzstücken gehören viel bedeutende Musik und ganze Disziplinen der kompositorischen Arbeit, verworfen immer auch mit dem Ingrimm dessen, den sein Unvermögen aggressiv macht. Der sich mit dem Handwerk so schwer tut, empfindet dessen Anmaßungen genauer, wittert genauer als andere die Gefahr, daß mithilfe der aus dem Generalbaßzeitalter überkommenen Regulationen auch mittelmäßige Musik allemal sich noch als gediegen darstellen und die Musik überhaupt, ins Gefüge kunstreicher Mechanismen eingesperrt, vom absichernden Continuogerassel über die Runden gebracht, auf Inspiration weniger angewiesen sein könnte als zulässig, daß über allen ihre Selbstgenügsamkeit befördernden Maßnahmen ihr wirklicher, der kommunikative Auftrag vergessen werden könnte — mit wieviel Recht! Denn tatsächlich, die Unsicherheit in Qualitätsfragen beweist es, verschaffen die barocken Ostentationen des Handwerklichen der Einfallslosigkeit besonders gute Verstecke. Um das Gefüge dieser Maßnahmen, dieser allzu perfekt eingeschliffenen Selbstverständlichkeiten zu erschüttern, bedurfte es wohl des groben Geschützes der totalen Konfrontation, bei der, so bescheiden im äußeren Zuschnitt die „wahre" Musik sich immer ausnehmen mochte, so hoch ihr ästhetisch-moralischer Anspruch lag — gewissermaßen als nunmehr vollständige Einlösung der ins Jahr 1723 gehörigen Feststellung des in seinen Vorwegnahmen oft erstaunlichen Mattheson, daß es mehr Kenntnisse bzw. Fähigkeiten erfordere, eine einzige herzbewegende *monodia* zu komponieren als tausend *canones*.[446] Indem Rousseau mit den sichernden Mechanismen reinen Tisch macht, hält er seine Musik auf neue Weise darauf angewiesen, inspiriert zu sein, etwas mitteilen zu wollen — nicht nur insofern zu Recht, als die Führung der Harmonie präzise Regeln kennt, diejenige der Melodie aber kaum: Melodie will vor allem erfunden sein. Weil er ihr etliche Stützungen und Anhalte bei vorhandener Musik entzieht, zwingt er die Musik seiner Wahl zu einer Direktheit der Ansprache des Hörenden, deren geschichtliche Wirkungen man „humanisierend" nennen darf, solange man daraus nicht billige Negationen ableitet; es geht nicht um mehr oder weniger, sondern um eine andere, neue Humanität der Musik.

In dem Wagemut — und sei es der Mut des Ahnungslosen —, mit dem er gesicherte Wohnungen verläßt, wird der Dilettant schöpferisch und also zum Bruder des schaffenden Künstlers. Beide setzen neue Anfänge, beide kombinieren scheinbar Auseinanderliegendes — wenn mit Glück, dann in solchen „Mutationen", ohne die nirgends qualitative Sprünge möglich sind; beide überprüfen etablierte Arbeitsteilungen, auch solche des Denkens, und mißtrauen deren Rationalisierungen, auch denen der verdächtig reibungslos funktionierenden Begriffe und Begriffssysteme. Beide verbindet die Kraft zur Antizipation, zur gleicherweise naiven, listigen und weisen Anmaßung, noch Ungewußtes als bereits gewußt, noch Ungeschaffenes als bereits geschaffen anzunehmen, „*im ersten Zeichen Vollendetes schon*" zu sehen;[447] beide verschmähen die Bannmeile des Beweisbaren und kennen das Risiko, woanders anzukommen als im ursprünglich anvisierten Ziel. „*Nur die Unwissenheit mißt das Mögliche mit der Elle des Bestehenden.*"[448]

1 *Rousseau juge de Jean-Jacques*, in: *Œuvres complètes*, Bibl. de la Pléiade, ed. R. Osmond, Paris 1959, Bd. 1, S. 872.
2 P. Gay, *The Enlightenment: An Interpretation*, Bd. 2: *The Science of Freedom*, New York (Norton) 1977, S. 530.
Alle aus fremdsprachigen Publikationen übernommenen Zitate übers. vom Verfasser.
3 *Die protestantische Theologie im 19. Jahrhundert*, Zollikon/Zürich 1952, S. 160.
4 Siehe das eingangs gegebene Zitat.
5 *Rêveries d'un promeneur solitaire*, 7. Promenade, in: Rousseau, *Œuvres complètes*, Bibl. de la Pléiade, Bd. 2, S. 1062.
6 Auswahlausgabe *Paris zündet die Lichter an*, Leipzig 1977.
7 A. a. O., S. 312.
8 A. Hauser, *Sozialgeschichte der Kunst und Literatur*, München 1953, S. 591/92.
9 S. Moravia, *Beobachtende Vernunft. Philosophie und Anthropologie in der Aufklärung*, München 1973; bezüglich musikalischer Sachverhalte: F. Reckow, *Richard Wagner und der esprit d'observation et d'analyse. Zur Charakteristik aufgeklärter Opemtheorie*, in: *Archiv für Musikwissenschaft*, Jahrg. XXXIV (1977), S. 237—259.
10 Das Wort bleibt, weil in seiner die Vertreter der französischen Aufklärung betreffenden Spezifikation unübersetzbar, im vorliegenden Text als Fremdwort stehen. Marmontel (*Erinnerungen an Philosophen und Aktricen*, Leipzig 1979, S. 422) charakterisiert *philosophe* als „*in jener Zeit eine abwertende Bezeichnung*", wie jener Kritiker bestätigt, der den *philosophe* beschrieb als „*eine Art von Mißgeburt ..., ohne Rücksichtnahmen auf Anstand, Sitte, Politik, Religion: man muß sich auf alles gefaßt machen von seiten dieser Herrschaften*". (Zit. Voltaire, *Erzählungen, Dialoge, Streitschriften*, Berlin 1981, Bd. 3, S. 411.) Woraus freilich gleichzeitig hervorgeht, wie sehr Marmontels Auskunft vor allem den Sprachgebrauch der aufklärerfeindlichen Seite meint.
11 Zit. I. Fetscher, *Rousseaus politische Philosophie*, 3. Aufl., Frankfurt (Main) 1978, S. 101.
12 *Annales de la Société Jean-Jacques Rousseau*, Bd. VIII, S. 1—31.
13 E. Friedell, *Kulturgeschichte der Neuzeit*, München 1928, Bd. 2, S. 313.
14 E. Bloch, *Naturrecht und menschliche Würde*, Frankfurt (Main) 1972, S. 11.
15 Jean-Jacques Rousseau, *Zehn botanische Lehrbriefe*, Frankfurt (Main) 1979, S. 11.
16 A. a. O., S. 9.
17 J.-J. Rousseau, *Frühe Schriften*, ed. W. Schröder, Leipzig (RUB) 1970, S. 97 ff.
18 S. 99 ff. dieser Ausgabe.

19 *Frühe Schriften,* a. a. O., S. 27 ff. Rousseaus „Nein" war freilich auch in seinem damaligen engsten Freundeskreis auf Ablehnung gestoßen, vgl. z. B. Grimm in der *Correspondance littéraire* vom 15. 2. 1754, Neuausgabe Bd. 2, S. 318 ff.
20 Voltaire, *Korrespondenz aus den Jahren 1749 bis 1760,* ed. R. Noack, Leipzig (RUB) 1978, S. 78 ff.
21 Voltaire, a. a. O., S. 69 ff.
22 B. Baczko, *Rousseau. Einsamkeit und Gemeinschaft,* Wien-Frankfurt-Zürich 1970, S. 184 ff.
23 *Idee zu einer allgemeinen Geschichte,* 1784; zit. A. Gehlen, *Moral und Hypermoral,* Frankfurt (Main)/Bonn 1969, S. 21.
24 W. Krauss, *Zur Anthropologie des 18. Jahrhunderts,* Berlin 1978, S. 32 ff.
25 S. 129 dieser Ausgabe.
26 Baczko, a. a. O., S. 262.
27 Fetscher, a. a. O., S. 43; dort eine sehr detaillierte Darstellung der hier nur angedeuteten Sachverhalte.
28 In der *Abhandlung über die Ungleichheit* ...; hier zit. A. Gehlen, *Anthropologische Forschung,* Hamburg 1961, S. 83.
29 Zit. Gehlen, a. a. O.
30 Die umfassendste Darstellung der Zusammenhänge bei G. R. Havens, *Avant-Propos,* in: J.-J. Rousseau, *Discours sur les Sciences et les Arts, The Modern Language Association of America, Monograph Series,* Bd. XV, New York 1946, und J. Fabre, *Deux frères ennemis: Diderot et Jean-Jacques,* in: ders., *Lumières et Romantisme,* Paris 1963, S. 19—65, besonders S. 26 ff.
31 A. a. O., S. 402.
32 Hierzu Havens, a. a. O., S. 75 ff.
33 Hierzu umfassend Gay, a. a. O., S. 176.
34 J.-J. Rousseau, *Bekenntnisse,* Leipzig 1971, S. 493 ff.
35 *J.-J. Rousseau in Selbstzeugnissen und Bilddokumenten,* dargestellt von G. Holmsten, Hamburg 1972, S. 65.
36 *Die Apologie,* Schleiermacher-Zählung 31 c—d.
37 Zit. H. Köller/B. Topfer, *Frankreich. Ein historischer Abriß,* Berlin 1969, Teil 2, S. 81. Die Formulierung stammt aus den Memoiren des zeitweiligen Außenministers René-Louis Marquis d'Argenson (1694—1757).
38 F. Nietzsche, *Morgenröte,* Buch V, S. 544.
39 S. 30 dieser Ausgabe.
40 *Über P. J. Proudhon,* in: Marx/Engels, Werke, Bd. 16, S. 32.
41 *Emile,* zit. Baczko, a. a. O., S. 92.
42 F. Grillparzer, *Tagebücher und Reiseberichte,* Berlin 1980, S. 82; Diderots Feststellung in: ders., *Essais,* Paris o. J., Bd. III, S. 96, auch bei Grimm, *Correspondance littéraire,* a. a. O., 15. 10. 1765, Bd. X, S. 139.

43 *Rousseau juge de Jean-Jacques*, in: J.-J. Rousseau, *Œuvres*, ed. Du Peyrou, Genève 1782, Bd. XXII, S. 196.
44 Zur Problematik von dessen Zuständigkeit bei Rousseau vgl. Baczko, a. a. O., S. 11 ff.
45 Baczko, a. a. O., S. 62.
46 *Bekenntnisse*, a. a. O., S. 231.
47 Übers. Zit. W. Weischedel, *Die philosophische Hintertreppe*, München 1975, S. 164. Georges Roth, der Herausgeber der *Correspondance de Diderot* (Bd. I, S. 260), sieht in der Formulierung, welche aus der *Histoire de Madame de Montbrillant* (Bd. III, S. 257/58), d. h. der Madame d'Epinay, stammt, eine, wenn sinngemäß gewiß auch authentische, Kompilierung Diderotscher Formulierungen, welche Grimm vornahm.
48 A. a. O., S. 211.
49 *Tagebücher und Reiseberichte*, Berlin 1980, S. 82.
50 Friedell, a. a. O., S. 313.
51 Zit. E. Beutler, *Essays um Goethe*, Bremen 1957, S. 702.
52 H. Goldschmidt, *Kunstwerk und Biographie*, in: *Bericht über den Internationalen Beethoven-Kongreß Berlin 1977*, Leipzig 1978, S. 448.
53 *Die Erinnerungen an Beethoven*, ed. F. Kerst, Stuttgart 1913, Bd. 1, S. 46 und 137.
54 Brief vom 13. 9. 1785 an Ludwig Ferdinand Huber, in: *Schillers Briefe in zwei Bänden*, Berlin—Weimar 1968, Bd. 1, S. 89. Rousseaus Weigerung, die Audienz beim König wahrzunehmen, brachte, soweit das verfolgbar ist, die erste Unstimmigkeit in der Freundschaft mit Diderot.
55 *Bekenntnisse*, a. a. O., S. 714.
56 Brief vom 13. 10. 1764 an Philibert Cramer.
57 Vgl. die Nachweise in der Edition des *Essai sur l'origine des langues*... von C. Porset, Bordeaux 1970.
58 Zit. Friedell, a. a. O., S. 311.
59 Ortega y Gasset, *Um einen Goethe von innen bittend*, Stuttgart 1952, S. 31.
60 Siehe unten S. 377 ff.
61 D. Muller, *J.-J. Rousseau. De l'opéra à la chanson?*, in: *Schweizerische Musikzeitschrift* 1980, Heft 6, S. 350–355.
62 *Correspondance complète de J.-J. Rousseau*, ed. R. A. Leigh, Bd. 8, Genf/Madison 1969, Brief Nr. 1269.
63 *Bekenntnisse*, a. a. O., S. 231.
64 W. Schröder in: J.-J. Rousseau, *Frühe Schriften*, a. a. O., S. 21.
65 W. Hildesheimer, *Mozart*, Frankfurt (Main) 1977, S. 297.
66 Nicht von ungefähr hat einer der großen Rousseau-Kenner unserer Zeit versucht, die gesamte Wirksamkeit seines Protagonisten als Auseinandersetzung mit einem zum Trauma gewordenen

Kindheitsglück zu deuten: J. Starobinski, *J.-J. Rousseau: La transparence et l'obstacle*, Paris 1958.
67 *Bekenntnisse*, a. a. O., S. 124 ff.
68 A. a. O., S. 273.
69 A. a. O., S. 276.
70 A. a. O., S. 277.
71 A. a. O., S. 184 ff.
72 A. a. O., S. 192.
73 A. a. O., S. 223 ff.
74 A. a. O., S. 225 ff.
75 A. a. O., S. 268.
76 A. a. O., S. 306 ff.
77 A. a. O., S. 308.
78 A. a. O., S. 317.
79 A. a. O., S. 329.
80 A. a. O., S. 442 ff.
81 Vgl. hierzu u. a. den Artikel *barcarolles* aus dem *Wörterbuch*, S. 226 dieser Ausgabe, und den *Essay über den Ursprung der Sprachen*...
82 *Tagebuch der italienischen Reise für Frau von Stein*, in: Goethe: *Poetische Werke (Berliner Ausgabe)*, Bd. 14, Berlin und Weimar 1972, S. 114 ff.; *Italienische Reise I*, a. a. O., S. 241; *Volksgesang*, a. a. O., S. 760 ff.
83 J. Baretti, *On accourit of the mahners and customs in Italy*.
84 P. Nettl, *Bemerkungen zu den Tasso-Melodien des 18. Jahrhunderts*, in: *Die Musikforschung*, X. Jg., 1957, S. 265 ff.
85 Im Artikel *notes* des *Wörterbuchs*, S. 273 ff. dieser Ausgabe.
86 Außer dem genannten Artikel *notes* das *Projet concernant de nouveaux signes pour la musique*, 1742, in der frühesten Gesamtausgabe *Aux Deux Ponts Chez Sanson et Compagnie* (Paris) 1782, 13 Seiten, und *Dissertation sur la musique moderne*, 1743, dortselbst mit Einschluß der Beispiele 129 Seiten.
87 Siehe Anm. 86.
88 S. 273 ff. dieser Ausgabe.
89 Ed. E. Klemm, Leipzig (RUB) 1968, S. 204.
90 S. 180 ff. bzw. S. 190 ff. dieser Ausgabe.
91 *Bekenntnisse*, a. a. O., S. 402 ff.
92 Vgl. den Artikel *duo* des *Wörterbuchs*, S. 247 ff. dieser Ausgabe.
93 R. Cotte, *Bemerkungen über das Verhältnis J.-J. Rousseaus zur Musik*, in: *Beiträge zur Musikwissenschaft*, 1963, S. 81—96.
94 W. Arlt, *Natur und Geschichte in der Anschauung des 18. Jahrhunderts. J.-J. Rousseau und J. N. Forkel*, in: *Neue Zeitschrift für Musik*, 1976, S. 351—356; ders., *Der Beitrag des 18. Jahrhunderts zum Verständnis der Notenschrift*, in: *Festschrift für Arno Volk*, ed. C. Dahlhaus und H. Oesch, Köln 1974, S. 47—90.
95 Nicht gerechnet die Tatsache, daß die Melodie zu Pindars Er-

ster pythischer Ode, die hier vertreten war, wohl eine Fälschung ist.
96 S. 139 ff. dieser Ausgabe.
97 Vgl. S. 467 ff.
98 Arlt, *Der Beitrag*, ..., a. a. O., S. 86.
99 Arlt, a. a. O., S. 88.
100 *Bekenntnisse*, a. a. O., S. 509 ff.
101 A. a. O., S. 826 ff.
102 A. a. O., S. 826.
103 A. a. O., S. 179 ff.
104 A. a. O., S. 338.
105 A. a. O., S. 87.
106 Artikel *copiste*, S. 236 dieser Ausgabe.
107 A. Jansen, *J.-J. Rousseau als Musiker*, Berlin 1884, S. 129.
108 *Frühe Schriften*, a. a. O., S. 33.
109 Fabre, a. a. O., S. 36/37.
110 *Bekenntnisse*, a. a. O., S. 472 ff.
111 A. a. O., S. 474.
112 A. a. O., S. 475.
113 A. a. O., S. 272.
114 Nicht von ungefähr kennt man sie auch von zeitgenössischen Stichen.
115 *Erreurs sur la musique dans l'Encyclopédie*, 1755, S. 41/42; vgl. C. Girdlestone, *Jean-Philippe Rameau*, New York (Dover Publikationen) 1969, S. 479.
116 In den *Mélanges de Littérature* IV, S. 443; gemeint ist der Aufsatz *De la liberté de la Musique*.
117 *Réponse de M. Rameau à M. les Editeurs de l'Encyclopédie*, 1757.
118 Girdlestone, a. a. O., S. 488.
119 *Bekenntnisse*, a. a. O., S. 469—471.
120 A. a. O., S. 471.
121 A. a. O., S. 480.
122 Jansen, a. a. O., S. 179.
123 P. Gossett, *Preface*, in: Rameau, *Treatise on Harmony*, New York 1969.
124 A. Pirou, zit. P. H. Lang, *Diderot as Musician*, in: *Diderot Studies*, Bd. 10, 1968, S. 95—107, das Zitat S. 99.
125 Auf etliche mathematisch-physikalische Fragwürdigkeiten hat indessen schon d'Alembert hingewiesen.
126 *Réfutation suivi de l'ouvrage d'Helvétius intitulé L'homme*, in: *Œuvres philosophiques*, ed. P. Vernière, Paris 1961, S. 576; es handelt sich um die Einleitung zur postumen Ausgabe von Helvétius' Buch (1773).
127 ... die sehr bald auch ins Deutsche übersetzt wurde.
128 Im Bd. XI der *Correspondance littéraire* ... zitiert, S. 301 bzw. 308.

129 Zit. G. Danzel, *Gottsched und seine Zeit*, 1848, S. 349.
130 S. 212 ff. dieser Ausgabe.
131 Übersicht bei A. R. Oliver, *The Encyclopedists as Critics of Music*, New York 1947, S. 171—188.
132 Oliver, a. a. O., S. 101.
133 J. Tiersot, *Les leçons de musique de J.-J. Rousseau*, in: *Sammelbände der Internationalen Musikgesellschaft*, Bd. 14, 1912/13.
134 S. 33 ff. dieser Ausgabe.
135 *Traité de l'harmonie réduite à ses principes naturels*, Paris 1722, S. 143.
136 Rameau, *Démonstration du principe de l'harmonie*, Paris 1750; die beiden letzten Zitate nach der Übersetzung in: D. Zoltai, *Ethos und Affekt*, Berlin-Budapest 1970, S. 156 bzw. 157.
137 Neuausgabe Rom 1968.
138 Sister M. Keane, *The Theoretical Writings of Jean-Philippe Rameau*, Washington 1961; E. Jacobi, *Die Entwicklung der Musiktheorie in England nach der Zeit von Jean-Philippe Rameau*, Straßburg 1957; H. Pischner, *Die Harmonielehre Jean-Philippe Rameaus*, Leipzig 1963.
139 Vgl. u. a. *Die Natur der Musik als Problem der Wissenschaft*, Musikalische Zeitfragen X, Kassel und Basel 1962.
140 P. E. Knabe, *Schlüsselbegriffe des kunsttheoretischen Denkens in Frankreich*, Düsseldorf 1972, S. 385.
141 *Démonstration du principe de la mélodie*, Paris 1750, S. 11.
142 Zit. W. Felix, *Gluck*, Leipzig (RUB) 1965, S. 117.
143 *Essai historique et philosophique*, Berlin 1960, Bd. 1, S. 191.
144 *Recueil de mémoires, dissertations, lettres, et autres ouvrages critiques, historiques et littéraires, pour servir de supplément aux Mémoires de l'Académie Royale des Sciences et celle des Inscriptions et Belle-Lettres*, Bd. CCCXXXIV, S. 349.
145 Zoltai, a. a. O., S. 158.
146 *Code de musique pratique*, S. 161.
147 Material bei Girdlestone, a. a. O., S. 534.
148 Zit. Zoltai, a. a. O., S. 158.
149 *Réponse de M. Rameau ...*, a. a. O., S. 12.
150 A. a. O., S. 142.
151 C. Kintzler, *Rameau et Rousseau: Le Choc des deux Esthétiques*, in: Rousseau, *Ecrits sur la Musique*, Paris 1979, Reprint der Ausgabe Paris 1838.
152 *Œuvres et correspondances inédites*, Paris 1887, S. 178.
153 *De la liberté de la musique*, 1758, in: *Mélanges de littérature, d'histoire et de philosophie*, Bd. 4, 2. Aufl. 1763, S. 388.
154 Vgl. *La Querelle des Buffons*, 3 Bde., Minkoff Reprints Genf 1967, ed. D. Launay.
155 *Bekenntnisse*, a. a. O., S. 513.

156 Zu dessen Person K. Schnelle, *Zur Bedeutung von Grimms „Korrespondenz"*, in: *Paris zündet die Lichter an*, a. a. O.
157 *Bekenntnisse*, a. a. O., S. 491 ff.
158 Jansen, a. a. O., S. 138.
159 Jean-Laurent Le Cerf de la Viéville de Fresneuse, *Comparaison de la musique Italienne et de la musique Française*, Brüssel 1704.
160 Zur Problematik von dessen Benennung vgl. unten S. 404 ff.
161 Vgl. die unter Anm. 154 genannte Ausgabe.
162 P. M. Masson, *La Lettre sur Omphale* (1752), in: *Revue Musicale* 1945, S. 1—19.
163 Vgl. S. 85 ff. dieser Ausgabe.
164 Übersicht bei Oliver, a. a. O., S. 32—56.
165 A. a. O., S. 292; zu *Unité de mélodie* vgl. unten S. 415 ff.
166 Ein erfolgreicher Liebhaber, der Maler Latour, hat ein psychologisch interessantes, unvollendetes Porträt von ihr hinterlassen.
167 S. 30 ff. dieser Ausgabe.
168 *Bekenntnisse*, a. a. O., S. 525 ff.
169 W. Eisenmann, *Wer komponierte den „Devin du Village"?*, in: *Schweizerische Musikzeitschrift* Jg. 112, 1972, S. 210/11.
170 Diese Darstellung nach H. Abert, *Mozart W. A.*, 2 Bde., Leipzig 1955, Bd. 1, S. 112.
171 Marmontel, a. a. O., S. 211.
172 Jansen, a. a. O., S. 463 ff.
173 Dezember 1752, Bd. 1, S. 173 ff.
174 *Bekenntnisse*, a. a. O., S. 529 ff.
175 A. a. O., S. 531 ff.
176 Grétry, *Memoiren oder Essays über die Musik*, ed. P. Gülke, Leipzig (RUB) 1973; Marmontel, a. a. O.
177 Titel des vielgelesenen Romans von Choderlos de Laclos; vgl. hierzu H. Mann, *Choderlos de Laclos*, in: ders., *Geist und Tat. Franzosen 1780—1930*, Leipzig und Weimar 1980.
178 Von Pierre Lagarde, im Januar 1748 in Versailles uraufgeführt; *Aeglé* war das populärste der für die Pompadour komponierten Stücke.
179 Grétry, a. a. O., S. 395.
180 E. Bücken, *Die Musik des Rokokos und der Klassik*, Potsdam 1927, S. 120 ff.
181 Hierzu Grétry, a. a. O., S. 132 ff.
182 *Über das Pathetische*, in: *Schillers Werke*, ed. A. Kutscher, Berlin—Leipzig—Wien—Stuttgart o. J., Teil XII, S. 457—458.
183 A. Jansen, *Die Bildnisse J.-J. Rousseaus*, in: *Preußische Jahrbücher*, Bd. VII. S. 455 ff. Grimm hat über das Porträt in der *Correspondance littéraire* ebenfalls geschrieben, und Marmontel hat gar ein Epigramm beigesteuert: „*A ces traits par le zèle et amitié tracés / Sages, arrêtez-vous, gens du monde, passez.*"

184 Diderot, *Ästhetische Schriften*, Berlin 1967, Bd. 1, S. 657.
185 A. Arnheim, *Le Devin du Village von Jean-Jacques Rousseau und die Parodie Les Amours de Bastien et Bastienne*, in: *Sammelbände der Internationalen Musikgesellschaft*, Bd. IV, S. 296 ff.
186 Die Parodierung erlebte noch im Dezember 1752 die 50. Aufführung, kam sofort nach Brüssel, zwei Jahre später nach Wien, 1764 nach Frankfurt, 1792 nach Hamburg und bald danach auch nach Polen. Der originale *Dorfwahrsager* erschien schon 1753 in Brüssel, 1754 im Haag, 1758 in Stockholm, 1759 in Frankfurt (Main), 1760 in Wien, 1761 in Turin, 1771 in Lüttich, in holländischer Übersetzung 1758 wieder in Brüssel und 1769 im Haag, in der englischen durch Charles Burney 1766 in London und 1767 in Dublin. Vgl. A. Loewenberg, *Annals of the Opera*, Cambridge 1943.
187 *Musikalische Stationen*, Wien 1880, S. 170 ff.
188 Zit. G. Becker, in: *Pygmalion par J.-J. Rousseau, publié d'après l'édition rarissime de Kurzböck*, Vienne 1772, Genf 1878, S. XI.
189 Zur Chronologie im Buffonistenstreit vgl. Masson, a. a. O.; *La Querelle des buffons*, a. a. O., mit tabellarischer Übersicht. Ein gewisser Abstand wird auch durch zwei 1754 in der Schweiz erschienene, durch ausgewogene Urteile sich auszeichnende Beiträge bestätigt: G. H. Blainville, *L'esprit de l'art musical*; Rochemont, *Réflexions d'un patriote sur l'opéra français et sur l'opéra italien*.
190 W. Krauss, *Über den Anteil der Buchgeschichte an der literarischen Entfaltung der Aufklärung*, in: ders., *Aufsätze zur Literaturgeschichte*, Leipzig (RUB) ²1968.
191 W. Krauss, *Der Streit der Altertumsfreunde mit den Anhängern der Moderne und die Entstehung des geschichtlichen Weltbildes*, in: ders., *Essays zur französischen Literatur*, Berlin und Weimar 1968, S. 130 ff.
192 *Sur la liberté de la musique*, in: ders., *Œuvres*, Bd. 1, Paris 1821, S. 520.
193 Vgl. z. B. P. Lalo, *De Rameau à Ravel*, Paris 1947, oder auch St. Markus, *Musikästhetik*, 1. Teil, Leipzig 1967.
194 *Brief an d'Alembert über die Schauspiele*, in: *Theater und Aufklärung*, Berlin 1979, S. 325 ff.
195 G. T. F. Raynal, *Nouvelles littéraires*, Bd. 1, S. 313.
196 M. de Genlis, *Mémoires*, Paris, 1825, Bd. 1, S. 1 ff.
197 *Memoiren...*, a. a. O., S. 210.
198 *Code de musique pratique*, S. XVI.
199 *Recueil de mémoires*, a. a. O., Bd. CCCXXXIV, Nr. 23.
200 Der entsprechende Bericht in den *Bekenntnissen*, a. a. O., S. 540, wird durch den in der Bibliothek von Neuchâtel bewahrten Brief dieses Offiziers bestätigt, vgl. A. Jansen, *Rousseau als Musiker*, Berlin 1884, S. 222.

201 *Correspondance*…, a. a. O., Bd. LVI, S. 32.
202 *Correspondance*…, a. a. O., Bd. V, S. 286 ff.
203 Brief an Sophie Volland vom 8. 10. 1763, in: ders., *Correspondance*, Bd. VIII, S. 44 ff.
204 A. a. O., Bd. VIII, S. 45.
205 Weiteres hierzu bei P. Gay, *The Enlightenment: An Interpretation*, Bd. II: *The Science of Freedom*, New York (Norton) 1977, S. 74 ff.
206 T. Mann, *Betrachtungen eines Unpolitischen*, Frankfurt (Main) 1956 *(Stockholmer Gesamtausgabe)*, S. IX.
207 *Paris zündet die Lichter an*, a. a. O., S. 74.
208 *Bekenntnisse*, a. a. O., S. 539.
209 S. 49 dieser Ausgabe.
210 Ebenda.
211 Vgl. hierzu auch Rousseaus *Essay über den Ursprung der Sprachen* und seine weiteren Zusammenhänge.
212 *Ästhetische Schriften*, a. a. O., Bd. 1, S. 27 ff.
213 Unter anderem *Paris zündet die Lichter an*, a. a. O., S. 176, 248, 283, 454.
214 *A General History of Music*, 1776—1789, Bd. 2, S. 967.
215 S. 62 dieser Ausgabe.
216 S. 66 ff. dieser Ausgabe. Nicht mehr berücksichtigt wurden: G. Cowart, *The Origins of Modern Musical Criticism. French and Italian Music 1600–1750*, UMI Research Press 1981; J.-C. Malgoire, *L'analyse ramiste du monologue d'Armide*, in: J.-Ph. Rameau, *Musique raisonnée*, Paris 1980, S. 201–215; H. Schneider, *Die Rezeption der Opern Lullys im Frankreich des Ancien Regime*, Tutzing 1982.
217 S. 323 dieser Ausgabe.
218 Zum Beispiel J. P. Strauss, *Jean-Jacques Rousseau: Musician*, in: *The Musical Quarterly*, 1978, S. 474—482.
219 E. Krenek, *Lessing — Bach — Gegenwart. Rede anläßlich der Verleihung des Hamburger Bach-Preises 1966*, in: *Musica*, 1967, S. 3 ff.
220 H. Besseler, *Bach als Wegbereiter*, 1955, in: ders., *Aufsätze zur Musikästhetik und Musikgeschichte*, Leipzig (RUB) 1978, S. 35 ff., und ders., *Mozart und die deutsche Klassik*, 1956, a. a. O., S. 442 ff.
221 *Ästhetische Schriften*, a. a. O., Bd. 1, S. 138–142.
222 S. 85 ff. dieser Ausgabe. Zum weiteren vgl. E. Cynthia Verba, *The Development of Rameau's Thoughts on Modulation and Chromatics*, in: *Journal of the American Musicological Society*, 1973, S. 69-91.
223 Vgl. den Notentext S. 86 ff.
224 Wie in der *Correspondance* vielerorts aufscheint, vgl. *Paris zündet die Lichter an*, a. a. O.
225 Unter anderem Mozart, *Briefe und Aufzeichnungen*, Bd. 2, Kassel usw. und Leipzig 1962, S. 322, 345, 346, 388, 427.
226 *De la liberté de la musique*, a. a. O., S. 517.

227 Zu seiner Situation vgl. das Vorwort zum *Wörterbuch*, S. 212 ff. dieser Ausgabe.
228 *Bekenntnisse*, a. a. O., S. 469.
229 D. Heartz, *Diderot et le théâtre lyrique „le nouveau style" proposé par Le neveu de Rameau*, in: *Revue de Músicologie* LXIV, 1978, S. 224–251.
230 *Memoiren*, a. a. O., S. 162 ff.
231 Siehe unten S. 493 f.
232 Vgl. das schöne Denkmal, das Grimm ihm gesetzt hat, *Paris zündet die Lichter an*, a. a. O., S. 138 ff.; es handelt sich übrigens um die Parodierung einer Lully-Arie mit dem Text „*Amour, que me veux-tu?"*.
233 W. Krauss, *Die französische Aufklärung und die deutsche Geisteswelt*, in: ders., *Aufsätze zur Literaturgeschichte*, a. a. O., S. 326 ff.
234 Grimm, *Paris zündet die Lichter an*, a. a. O., S. 141.
235 Zit. G. May, *Rousseau par lui-même, Ecrivains de toujours*, Bd. 53, Paris 1961, S. 161/62.
236 Vgl. M. Fontius, *Das Ende einer Denkform. Zur Ablösung des Nachahmungsprinzips im 18. Jahrhundert*, in: *Literarische Widerspiegelung. Geschichtliche und theoretische Dimensionen eines Problems*, Berlin 1981, S. 189—238. Ich danke dem Verfasser wichtige Anregungen zu diesem Problemkreis.
237 Vgl. C. Dahlhaus, *Musikalischer Realismus. Zur Musikgeschichte des 19. Jahrhunderts*, München 1982, S. 27 ff.
238 *Ästhetik*, Berlin 1955, S. 84.
239 *Berliner Ausgabe*, Bd. 21, Berlin und Weimar 1977, S. 668.
240 Knabe, a. a. O., S. 237; vgl. Rousseaus einschlägigen *Wörterbuch*-Artikel, S. 265 dieser Ausgabe.
241 Kant, *Kritik der Urteilskraft*, § 47. Ausgabe Leipzig (RUB) 1968, S. 200. Vgl. immerhin aber Young schon im Jahre 1759, wenn auch in bezug auf die seinerzeit in der Literatur geführte Antike-Diskussion: „*Von einem Original kann man sagen, daß es eine pflanzliche Natur besitzt, es entsteht spontan aus der Lebenswurzel des Genies, es wächst, es ist nicht gemacht. Imitationen hingegen stellen oft eine Art Manufakturware dar, die mithilfe dieser mechanischen Fähigkeiten wie Kunst und Arbeit aus bereits vorhandenen, ihr nicht zugehörigen Materialien gefertigt sind.*" Zit. Fontius, a. a. O., S. 197.
242 Übersicht bei Knabe, a. a. O., S. 320 ff.
243 *Ästhetische Schriften*, a. a. O., Bd. 2, S. 210.
244 Zum weiteren Zusammenhang vgl. Gay, a. a. O., Bd. 2, S. 208 ff.: *The carreer of imagination*.
245 Zit. Gay, a. a. O., S. 214.
246 Vgl. den *Essay über den Ursprung der Sprachen*...
247 *Der vollkommene Kapellmeister*, Hamburg 1739; zum weiteren Zusammenhang vgl. die Übersicht bei H. Rösing, *Musik als*

Klangrede. Die französische Nachahmungsästhetik und ihre Auswirkungen bis hin zur Musique concrète, in: *Musicologica Austriaca* I, 1977, S. 108—120.
248 A. Schmitz, *Die Bildlichkeit der wortgebundenen Musik J. S. Bachs*, in: *Neue Studien zur Musikwissenschaft I*, Mainz 1950; ders., Artikel *Musikalisch-rhetorische Figuren*, in: *Die Musik in Geschichte und Gegenwart*, Bd. 4, Kassel usw. 1955, Sp. 176—183.
249 Zit. Knabe, a. a. O., S. 31.
250 E. Hirschberg, *Die Encyklopädisten und die französische Oper im 18. Jahrhundert*, Leipzig 1903, S. 70.
251 S. 199 ff. dieser Ausgabe.
252 Zit. Knabe, a. a. O., S. 321.
253 Vgl. den *Wörterbuch*-Artikel S. 245 f. dieser Ausgabe.
254 *Ästhetische Schriften*, a. a. O., Bd. 1, S. 27 ff.
255 A. a. O., S. 231.
256 *Ästhetik*, a. a. O., S. 85.
257 H. Arnason, *The Sculptures of Houdon*, New York 1975.
258 ... welcher übrigens auf sehr ähnliche Formulierungen bei d'Alembert zurückgeht bzw. mit diesen korrespondiert; vgl. a. a. O., S. 138.
259 Vgl. hierzu u. a. G. Knepler, *Geschichte als Weg zum Musikverständnis*, Leipzig (RUB) 1977, Teil 1.
260 Zit. Fontius, a. a. O., S. 215/16.
261 C. Dahlhaus, *Der musikalische Realismus*, a. a. O., S. 16. Hinweis auf diesen Bezug auch bei Fontius, a. a. O. Vgl. G. Lukacs, *Die Eigenart des Ästhetischen*, 2 Bde., Berlin und Weimar 1981, Bd. 2, S. 313—383.
262 *Paris zündet die Lichter an*, a. a. O., S. 181 ff.
263 *Ästhetische Schriften*, a. a. O., S. 79.
264 *Ästhetische Schriften*, Bd. 2, S. 350.
265 H. Rösing, a. a. O., S. 111.
266 Artikel *Symphonie* im 15. Bd. der Enzyklopädie.
267 *Observations sur la musique et principalement sur la métaphysique de l'art*, Paris 1765, S. 740; hier zit. Rösing, a. a. O., S. 112.
268 *Brief an Marc André Souchay*, Berlin, 15. 10. 1842, in: *Briefe aus den Jahren 1833—1847*, ed. J. Rietz, ²Leipzig 1864, S. 337.
269 An Du Parc, in: *Correspondance générale*, Bd. 6, S. 160.
270 *Œuvres complètes*, Paris 1871—1877, Bd. 2, S. 136 ff.; zum weiteren Zusammenhang vgl. Gay, a. a. O., Bd. 1, S. 178: *The Primacy of moral realism*.
271 P. Gülke, *Vorwort des Herausgebers*, in: Grétry, *Memoiren ...*, a. a. O., S. 44.
272 Heartz, a. a. O.
273 *L'expression musicale mise au rang des chimères*, Amsterdam 1779.
274 *L'expression musicale...*, a. a. O., S. 23.

275 Siehe Anm. 267, S. 42/43.
276 A. a. O., S. 43.
277 Siehe Anm. 273, S. 17.
278 Zu den weiteren Zusammenhängen vgl. R. M. Maniates, „Sonate, que me veux-tu?" — The Enigma of French Musical Aesthetics in the 18th Century, in: Current Musicology IX, 1969, S. 117—140; O. F. Saloman, La Cépède's La poétique de la musique and Le Sueur, in: Acta Musicologica XLVII, 1975, S. 144—154.
279 Memoiren ..., a. a. O., S. 184.
280 Versuch einer Anleitung zur Composition, Rudolstadt 1782, Reprint Hildesheim 1969, Bd. 1, S. 12/13.
281 A. a. O.
282 Schillers Werke, a. a. O., S. 545.
283 Oliver, a. a. O., S. 231.
284 Diderot, Ästhetische Schriften, a. a. O., Bd. 1, S. 491.
285 A. a. O., Bd. 2, S. 615.
286 A. a. O., § 46 bzw. S. 199.
287 A. a. O., Bd. 2, S. 538. Zur Datierung vgl. die Anmerkung daselbst S. 832.
288 Sämtliche Werke, ed. B. Suphan, Bd. 22, Berlin 1880, S. 202—207.
289 Vom musikalischen Genie, Leipzig (RUB) 1977, S. 278 ff. Zum Gesamtzusammenhang vgl. E. E. Lowinsky, Musical Genius — Evolution and Origins of a Concept, in: Musical Quarterly L. 1950, S. 321—340, 476—495.
290 Brief an Bossuet, in: Œuvres, ed. Foucher de Careil, Bd. 1, S. 277.
291 A. a. O., § 49 bzw. S. 212.
292 A. a. O.
293 H. Dieckmann, Diderots Conception of Genius, in: Journal of the History of Ideas, II, 2, April 1941, S. 151—182.
294 Vorwort zur Oper Euridice, in: Monatshefte für Musikgeschichte, Jg. 13, Berlin 1881.
295 Zum weiteren Zusammenhang vgl. D. Zoltai, Ethos und Affekt, Berlin-Budapest 1970, S. 165 ff.
296 Holbach, System der Natur, Berlin 1960, S. 12.
297 Hierzu vgl. den folgenden, den Essay über den Ursprung der Sprachen ... behandelnden Abschnitt.
298 Übersicht bei Oliver, a. a. O., S. 64 ff.
299 S. 270 ff. dieser Ausgabe.
300 Ästhetische Schriften, a. a. O., Bd. 2, S. 332.
301 A. a. O., S. 318.
302 Aus dem Salon von 1767. An meinen Freund Grimm, Ästhetische Schriften, a. a. O., S. 15.
303 A. a. O., S. 350.
304 Marmontel, Artikel chant. Weitere Hinweise auf Diderots Be-

rührung mit Instrumentalmusik bei Oliver, a. a. O., S. 71, Anm. 12.
305 C. Porset, *Avertissement* zur Ausgabe J.-J. Rousseau, *Essai sur l'origine des langues*, Bordeaux/Paris 1969; im weiteren zit. als „*Ausg. Porset*".
306 *Ausg. Porset.*
307 *Herders Briefe*, ed. W. Dobbek, Weimar 1959, S. 215.
308 Übersicht und Nachweise im Avertissement der *Ausg. Porset*.
309 *Frühe Schriften*, a. a. O., S. 97–246.
310 A. a. O., S. 145.
311 Vgl. Anm. 40 auf S. 162f.
312 *Ausg. Porset*, S. 11–12; Jansen, a. a. O., S. 472/73.
313 Es handelt sich hier um eine polemische Bosheit; Rameaus Schrift hat den Titel *Erreurs sur la musique dans l'Encyclopédie;* sie war 1755 anonym erschienen.
314 *Correspondance générale de J.-J. Rousseau*, Paris 1924ff., Bd. VI, S. 216–217; Malesherbes Antwort dort S. 296.
315 Die Angelegenheit kommt auch in den *Bekenntnissen* zur Sprache, vgl. a. a. O., S. 771.
316 In der Bibliothèque de la Ville de Neuchâtel; M. E. Duchez, *Principe de la Mélodie et Origine des Langues. Un brouillon inédit de J.-J. Rousseau sur l'origine de la mélodie*, in: *Revue Musicale*, Jg. 40, 1974, S. 33–86; R. Wokler, *Rameau, Rousseau and the Essai sur l'origine des langues*, in: *Studies on Voltaire and the Eighteenth Century*, Bd. 117, Oxford 1974, S. 179–230.
317 Siehe Anm. 313.
318 Einzelheiten bei Duchez, a. a. O.
319 *Frühe Schriften*, a. a. O., S. 238.
320 Vgl. u. a. U. Ricken, *Condillacs Essai über den Ursprung der menschlichen Erkenntnisse im Rahmen der philosophischen und sprachtheoretischen Diskussion der Aufklärung*, in: Condillac, *Essai über den Ursprung der menschlichen Erkenntnisse*, Leipzig (RUB) 1977, S. 7–53.
321 Einzelheiten bei G. Rodis-Lewis, *L'art de parler et L'Essai sur l'origine des langues*, in: *Revue internationale de philosophie*, Jg. 21, 1967, S. 407–420.
322 P. Gay, a. a. O., Bd. 2, S. 98ff.
323 S. 126f. dieser Ausgabe.
324 *Frühe Schriften*, a. a. O., S. 140.
325 Vgl. Anm. 320.
326 Brief an Sophie Volland vom 25. 7. 1762, französisch „*balloté de l'athéisme au baptême des cloches*". *Correspondance de Diderot*, ed. G. Roth, Bd. IV, S. 71.
327 H. Grange, *L'essai sur l'origine des langues dans ses rapports avec le discours sur l'origine de l'inégalité parmi les hommes*, in: An-

nales historiques de la Révolution française, Jg. 39, 1967, S. 291—307.

328 *De la Grammatologie*, Paris 1967; umständehalber wurde die amerikanische Übersetzung benutzt: *Of Grammatology*, Baltimore-London 1974/1976.

329 *La linguistique de Rousseau*, in: *Revue internationale de philosophie*, Jg. 21, S. 443—462.

330 Vgl. Anm. 105 auf S. 168.

331 T. Mann, *Pariser Rechenschaft*, in: ders., *Gesammelte Werke*, Berlin 1955, Bd. 12, S. 14.

332 Aus diesem Grund sind die Annotationen zur Übersetzung in dieser Ausgabe besonders ausführlich, vgl. auch die Hinweise der *Ausg. Porset*.

333 Derrida, *Of Grammatology*, a. a. O., S. 142 ff.

334 F. Nietzsche, *Richard Wagner in Bayreuth*, Kap. 5 (= *Unzeitgemäße Betrachtungen*, Viertes Stück), Werke in drei Bänden, ed. K. Schlechta, München 1966, Bd. 1, S. 387.

335 *L'art de parler*, a. a. O., Buch III, Kap. XIV, S. 269.

336 Im Artikel *orchestre* vermerkt er ausdrücklich das Datum 1754.

337 R. Wokler, a. a. O., das Zitat S. 186. Jüngst ist eine Darstellung von Rousseaus musikästhetischen Positionen ganz und gar aus der Lektüre des *Wörterbuchs* entwickelt worden: J.-M. Bardez, *La Gamme d'Amour de Jean-Jacques Rousseau, Les Ecrivains et la Musique au XVIIIe*, Bd. II, Genf-Paris 1980. Daselbst S. 117—209 eine vollständige Wiedergabe der von Diderot in der Enzyklopädie gegebenen Darstellung der Instrumente, welche Rousseau für sein Wörterbuch voraussetzte.

338 *Le Journal des Scavans*, Jg. 18, 1768, S. 165; zit. W. Arlt, *Rousseaus Dictionnaire und die Aufführung der Musik seiner Zeit: Kritisches, Information und Polemik*, in: *Baseler Jahrbuch für historische Musikpraxis* III, 1979, S. 115—148.

339 O. Mandelstam, vgl. C. v. Linné, *Lappländische Reise*, Leipzig (RUB) 1980.

340 H. H. Eggebrecht, in: *Riemann Musiklexikon*, 12. Aufl., *Sachteil*, Mainz 1967, S. 515.

341 H. Osthoff, *Die Anfänge der Musikgeschichtsschreibung in Deutschland*, in: *Acta Musicologica*, Jg. V, 1933; eine allgemeine Übersicht bei W. D. Allen, *Philosophies of Music History. A Study of general Histories of Music*, 2. Aufl., New York 1962, S. 62 ff.

342 Übersicht bei R. W. Hunt, *The Dictionnaire de Musique of Jean-Jacques Rousseau*, Diss. North Western Texas State University 1967.

343 K. Hardesty, *The Supplement to the Encyclopédie*, in: *Archives Internationales d'Histoire des Idées*, Bd. 89, Den Haag 1977.

344 Arlt, a. a. O., S. 121.

345 *Allgemeine Literatur der Musik,* Leipzig 1792, S. 218.
346 Weil sie nur eine Auswahl bietet, ist die vorliegende Ausgabe für einen solchen Versuch leider nicht geeignet.
347 S. 236 ff. dieser Ausgabe.
348 Hierzu vgl. oben S. 368.
349 Den ersten Hinweis auf diesen Zusammenhang gab mir E. Lichtenhahn, Zürich. Das Zitat in Bd. 17 der ersten postumen Gesamtausgabe, *Aux Deux Ponts* 1782, auf S. 329 ff.; auch im *Emile* ist hiervon die Rede!
350 S. 441 ff.
351 C. Dahlhaus, *Unité de mélodie,* Vortrag auf der Tagung *Deutschfranzösische Wechselbeziehungen im 18. Jahrhundert,* Saarbrücken 1981.
352 Dahlhaus, a. a. O.
353 Dahlhaus, a. a. O.
354 W. Dubislav, *Die Definition,* 3. Aufl., Leipzig 1931; T. W. Adorno, *Philosophische Terminologie,* Bd. 1, Frankfurt (Main) 1973, S. 10 und 221.
355 Vgl. den oben S. 424 zitierten Brief an Frau von Epinay.
356 Artikel *expression,* S. 258 ff. dieser Ausgabe.
357 T. W. Adorno, *Philosophische Terminologie,* Bd. 2, Frankfurt (Main) 1974, S. 11.
358 H. Abert, *W. A. Mozart,* a. a. O., Bd. 1, S. 709 ff.
359 *Dichtung und Wahrheit,* in: Goethe, *Poetische Werke, (Berliner Ausgabe),* Bd. XIII, S. 527.
360 E. Istel, *Studien zur Geschichte des Melodrams* I: *Jean-Jacques Rousseau als Komponist seiner lyrischen Szene „Pygmalion",* Leipzig 1901 (= *Publikationen der Internationalen Musikgesellschaft,* Beiheft 1), S. 36, Anm. 3.
361 La Harpe, *Œuvres,* Paris 1820, Bd. 10, S. 246.
362 L. Garcin, *Traité du mélodrame,* Paris 1772, S. 368 ff.
363 S. 198 dieser Ausgabe.
364 Ebenda.
365 Der Aussagewert der Formulierungen im *Alceste*-Aufsatz im Sinne der vorstehenden Argumentation erscheint nur wenig gemindert durch die Tatsache, daß sie aus dem durch den Herausgeber der ersten postumen Gesamtausgabe, Prévost, ergänzten Passus stammen. Istel, a. a. O., und van der Veen, *Le Mélodrame musical de Rousseau au Romantisme,* Den Haag 1955, sprechen dies nicht an.
366 *Correspondance littéraire...,* Bd. 12, S. 534.
367 Zit. Istel, a. a. O., S. 16.
368 So Alfred Einstein in der Einleitung zu: G. Benda, *Ariadne auf Naxos,* Leipzig 1920, S. V.
369 Zu etlichen weiteren Werken van der Veen, a. a. O.

370 Einstein, a. a. O.
371 Oliver, a. a. O., S. 59.
372 Abert, a. a. O., Bd. 1, S. 687.
373 Zit. Istel, a. a. O., S. 31 ff.
374 Zit. Istel, a. a. O., S. 28 ff.
375 Entgegen Istel, a. a. O.
376 Bd. 9, S. 238.
377 R. Schlösser, *Vom Hamburger Nationaltheater zur Gothaer Hofbühne. Die Tagebücher Konrad Ekhofs*, o. J.
378 Z. Pilková, *Das Melodram Jiři Bendas im Zusammenhang mit der Mozart-Problematik*, in: *Internationale Konferenz über das Leben und Werk W. A. Mozarts*, Prag 1956, S. 85—94.
379 La Harpe, *Œuvres*, Paris 1820, S. 246.
380 Vgl. den *Wörterbuch*-Artikel S. 313 f.
381 Condillac, *Essay über den Ursprung der menschlichen Erkenntnisse*, Leipzig 1977 (RUB), S. 222.
382 Die früh aufgetauchte Vermutung, Rousseau habe bei dem Melodram die Musik der Alten im Auge gehabt, findet in seinen Schriften keine Stütze.
383 Vgl. die Beschreibungen bei Istel, a. a. O., S. 42 ff., und van der Veen, S. 10 ff.
384 Vgl. Anm. 188.
385 Die Frage möglicher Schlußfolgerungen aus der von Istel a. a. O. festgestellten Korrespondenz zwischen den Anweisungen des Wiener Drucks und einer anonymen, früher in der Staatsbibliothek Berlin vorhanden gewesenen Partitur muß hier außer Betracht bleiben, weil die Partitur derzeit nicht zugänglich ist; im vorliegenden Zusammenhang wiegt das wohl nicht schwer, weil der von Istel angestrebte Beweis kaum Chancen hat, vgl. hierzu van der Veen, a. a. O., S. 28.
386 *Rousseau juge de Jean-Jacques*, a. a. O., S. 307.
387 Vgl. die Hinweise im *Pygmalion*-Text S. 169 ff. dieser Ausgabe.
388 Zu Einzelheiten vgl. Pilková, a. a. O.
389 *Ideen zu einer Ästhetik der Tonkunst*, Leipzig (RUB) 1977, S. 111.
390 H. C. Wolff, Artikel *Dressler*, in: *Die Musik in Geschichte und Gegenwart*, Bd. 3; vgl. die Abbildungen in H. C. Wolff, *Oper, Musikgeschichte in Bildern* IV/1, Leipzig 1968, S. 133.
391 Zit. E. Beutler, *Essays um Goethe*, Bremen 1957, S. 485.
392 Zit. Istel, a. a. O., S. 15, Brief vom 29. 1. 1773.
393 Brief an Schiller vom 25. 4. 1798, in: *Der Briefwechsel zwischen Schiller und Goethe*, Leipzig o. J., Bd. 2, S. 79.
394 Vgl. dessen Briefe vom 24. 4. und 27. 4. 1798, a. a. O., S. 78 und 79 ff.
395 *Dichtung und Wahrheit*, III. Teil, Elftes Buch, a. a. O., Bd. 13, S. 527.

396 A. a. O., Bd. 14, S. 230.
397 Ovid, *Metamorphosen* X,252, in: Ovid, Werke in zwei Bänden, Berlin und Weimar 1968, Bd. 1, S. 243.
398 Goethe, *Diderots Versuch über die Malerei*, übersetzt und mit Anmerkungen versehen, a. a. O., Bd. 21, S. 742.
399 Er erlebte darin gerade um die Mitte des 18. Jahrhunderts eine Renaissance, vgl. E. Frenzel, *Stoffe der Weltliteratur*, 4. Aufl., Stuttgart 1976, S. 616 ff.
400 In dessen *Brief über Omphale*, vgl. Anm. 128.
401 Köchel-Verzeichnis 315 e = Anhang 11.
402 A. Einstein, *Die Textvorlage zu Mozarts Oper Zaide*, in: *Acta musicologica* VIII, 1936, S. 30 ff.
403 *Briefe und Aufzeichnungen*, a. a. O., Bd. 2, S. 505 ff.
404 H. Abert, *W. A. Mozart*, a. a. O., Bd. 2, S. 647.
405 Klavierauszug, a. a. O., S. 21.
406 A. Schweitzer, *J. S. Bach*, Leipzig 1908 usw., Kap. XXII.
407 Vgl. hierzu aber van der Veen, a. a. O., S. 38 ff.
408 *Wielands Werke*, Ausgabe der Jahre 1773—1783, Bd. XIV.
409 Eine andere, hier nicht zu diskutierende Frage ist, daß die *opera seria* unverdientermaßen viel zu stark in den Schatten dieser Bewertung geriet; vgl. R. Strohm, *Die italienische Oper im 18. Jahrhundert*, Wilhelmshaven 1980.
410 *Adrastea*, in: *Gesammelte Werke*, ed. B. Suphan, Bd. 23, S. 559.
411 *Paris zündet die Lichter an*, a. a. O., S. 355 ff.
412 Bd. VI, a. a. O., S. 34 ff.
413 A. a. O., Bd. IX, S. 439.
414 Zit. W. Felix, *Gluck*, Leipzig (RUB) 1965, S. 148.
415 Grétry, *Memoiren* . . ., a. a. O., S. 19.
416 D'Haussonville, *Le salon de Madame Necker*, Bd. 1, S. 180. Immerhin hielt Herder, zweifellos der musikalischste im Kreise der Weimarer Klassiker, d'Alembert für den musikalischsten im Kreise der Enzyklopädisten.
417 *Paris zündet die Lichter an*, a. a. O., S. 355 ff.
418 *De Jean-Jacques Rousseau*, Paris 1778.
419 Zit. Cotte, a. a. O., S. 82.
420 J.-J. Rousseau, *Collection complète des œuvres*, Aux Deux Ponts Chez Sanson et Compagnie (Paris) 1782, Bd. 16, S. 266 ff.
421 A. a. O.
422 Vgl. Anm. 1 auf S. 209.
423 *Œuvres complètes*, Paris 1824, Bd. 11, S. 258.
424 S. 200 dieser Ausgabe.
425 Zit. E. Desnoiresterres, *Gluck et Piccinni 1774—1780*, 2. Aufl., Paris 1875, S. 231.
426 Vorwort zum Klavierauszug *Orphée/Orpheus*, Berlin um 1791, hier zit. L. Finscher, *Che farò senza Euridice? Ein Beitrag zur Gluck-*

Interpretation, in: *Festschrift Hans Engel*, Kassel usw. 1964, S. 96 ff.
427 *Œuvres complètes*, Paris 1824, Bd. 6, S. 217; übersetzt auch bei Jansen, a. a. O., S. 377.
428 Vgl. u. a. die Lully-Diskussion zwischen Rameau und Rousseau, S. 85 ff. dieser Ausgabe.
429 Siehe S. 215 dieser Ausgabe.
430 Eingehender hierzu Cotte, a. a. O. Eine Neuausgabe liegt noch nicht vor.
431 J. Cocteau, *Le rappel à l'ordre*, Paris 1926, S. 241.
432 E. Weil, *J.-J. Rousseau et sa philosophie*, in: *Critique*, 1952, Heft 1, S. 11.
433 *Goethe in vertraulichen Briefen seiner Zeitgenossen*, ed. W. Bode, Berlin und Weimar 1979, Bd. 2, S. 148.
434 H. Pross, *Mythos Frau. Das gefährliche Geschlecht*, Düsseldorf 1969.
435 May, a. a. O., S. 134 ff.
436 Freilich galt auch den Zeitgenossen die von Rousseau in den Bekenntnissen geschilderte Version als gültig, zumal gleichzeitig auch als Motiv für den Bruch mit Madame d'Epinay, Grimm und mittelbar auch Diderot, vgl. Marmontel, a. a. O., S. 457.
437 *Herders Briefe*, a. a. O., S. 215.
438 So Adorno über Benjamin, in: ders., *Über Walter Benjamin*, Frankfurt (Main) 1970, S. 82.
439 C. Wolf, *Büchner-Preis-Rede 1980*, Sonderdruck, S. 2.
440 Zit. W. v. Niebelschütz, *Über Barock und Rokoko*, Frankfurt (Main) 1981, S. 97.
441 S. 306 ff. dieser Ausgabe.
442 Eingehender hierzu D. Muller, *De l'opéra à la chanson? Réflexions à propos de ses mélodies*, in: *Schweizerische Musikzeitschrift*, Jg. 1980, Heft VI, S. 350—355.
443 So P. Mercier, zit. J. Tiersot, *J.-J. Rousseau musicien*, 2. Aufl., Paris 1920, S. 174.
444 *Lob der schlechten Musik*, in: M. Proust, *Tage der Freuden*, Berlin 1955, S. 133 ff.
445 Niebelschütz, a. a. O., S. 9—39.
446 *Critica Musica*, Faksimile Amsterdam 1964, S. 262.
447 Hölderlin, *Rousseau*, in: ders., *Sämtliche Werke*, ed. F. Beißner, Leipzig 1965, S. 237 ff.
448 *Œuvres complètes*, Paris 1824, Bd. 23, S. 81.

Zeittafel

1712	28. Juni: Rousseau in Genf als Sohn des Uhrmachers Isaac Rousseau und seiner Frau Suzanne geboren. 4. Juli: Tod der Mutter.
1718	Umzug des Vaters in das Handwerkerviertel St. Gervais.
1722	Isaac Rousseau zieht nach Nyon. Jean-Jacques unter der Aufsicht seines Onkels Gabriel Bernard dem Pfarrer Lambercier in Bossey zur Erziehung übergeben.
1724	In Genf in der Lehre beim Gerichtsschreiber Masseron.
1725	Daselbst in der Lehre beim Graviermeister Abel Ducommun.
1728	14. März: Verläßt Genf. Nach Aufenthalt in Annecy bei Frau von Warens – seit 21. März – Wanderung nach Turin. Wird ins Hospiz für Konvertiten aufgenommen. Am 23. April Konversion zum Katholizismus; anschließend Lakai in Turiner Häusern.
1729	Im Sommer Rückkehr zu Frau von Warens. Nach erfolglosem Besuch eines Priesterseminars *Chorist und Eleve der Kathedralschule von Annecy.*
1730	Wanderungen durch die Schweiz und Frankreich, *betätigt sich u. a. als Musiker und Musiklehrer. Komponiert in Lausanne eine Sonate.* Bis Sommer 1731 Fußwanderungen: Nyon, Freiburg (Schweiz), Lausanne, Vevey, Neuchâtel, Freiburg, Bern, Soleure.
1731	Im Sommer erstmals in Paris, danach Lyon; im September wieder bei Frau von Warens in Chambéry; arbeitet im Katasteramt in Savoyen.
1732	Verläßt das Amt im Juni. Gehilfe bei Frau von Warens, *gleichzeitig Musiklehrer in Chambéry.*
1734/35	Liebesverhältnis mit Frau von Warens (seit Herbst 1733?) in der Idylle von Les Charmettes; *Komposition von Kantaten.*
1736/37	*Weitere Kantaten.* Im Sommer 1736 Unfall, danach Aufenthalte in Genf (wegen Erbschaftsregelungen) und Montpellier.
1738	Im Frühjahr Rückkehr zu Frau von Warens. Lektüre, Studien.
1739	*Libretto und Komposition der Oper „Iphis et Anacorète".*
1740	April: Hauslehrer in Lyon, „Projet pour l'Educa-

	tion" („Projekt für die Erziehung") des Sohnes im Hause Mably.
1741	April: Aufgabe der Stellung bei den Mablys, Reisen zu Frau von Warens, wieder nach Lyon, vielleicht auch nach Paris. *Libretto und Komposition der Oper „La Découverte du nouveau monde"* („Die Entdeckung der neuen Welt").
1741/42	*„Projet concernant de nouveaux signes pour la musique"* („Vorschlag, eine neue musikalische Notation betreffend").
1742	Im Juli endgültig nach Paris. *Unterbreitet den Vorschlag des „Projet ...", die bisherigen Noten durch Zahlen zu ersetzen, der Akademie und verteidigt dies — nach Ablehnung u. a. auch durch Rameau — in der „Dissertation sur la musique moderne"* („Abhandlung über die moderne Musik"), *die 1743 gedruckt wird.*
1743	Freundschaft mit der Familie Dupin-Francueil. *„Leçons de Musique"* („Musikstunden"). Reist im Juli nach Venedig, um dort als Sekretär des französischen Botschafters tätig zu sein. „Dépêches de Venise" („Depeschen aus Venedig"). *Libretto und Komposition der Oper „Les Muses galantes"* („Die galanten Musen").
1744	Im Herbst Rückkehr nach Paris. *Dichtung und Komposition der Romanze „Dans une cabane obscure"* („In einer düsteren Hütte").
1745	*Fertigstellung der Oper „Les Muses galantes".* Verhältnis mit Thérèse Levasseur, Freundschaft mit Diderot, Condillac und anderen Aufklärern. Im Spätherbst *Umarbeitung des Festspieles „La Princesse de Navarre"* („Die Prinzessin von Navarra") *von Voltaire/Rameau zu dem Singspiel „Les Fêtes de Ramire"* („Die Feste Ramiros").
1746	Sekretär im Hause der Dupins. Das erste von fünf Kindern aus der Verbindung mit Thérèse Levasseur geboren.
1747	9. Mai: Tod des Vaters. *Text und Komposition von Terzetten für Männerstimmen.*
1748	Erster Kontakt mit Frau von Epinay.
1748/49	*Komposition von zwölf italienischen Kanzonen. Ausarbeitung der musikalischen Artikel für die Enzyklopädie.* Oktober 1749: Die „Erleuchtung" von Vincennes.
1750	Preis der Akademie von Dijon für den „Discours sur les sciences et les arts" („Abhandlung über die Wissenschaften und Künste"). *Weitere Männer-Terzette, auf Texte Melchior Grimms und des Vikars von Marcoussy. Fragmentarischer „Lettre à Grimm"* („Brief an Grimm").
1751	Verläßt das Haus Dupin, *arbeitet als Notenkopist*. Ende Mai *„Lettre à M. l'Abbé Raynal, au sujet d'un nouveau mode de musique inventé par M. Blainville"* („Brief an Herrn Abbé

	Raynal über eine neue, von Herrn Blainville erfundene Musikart").
1752	Im Frühjahr „Lettre à Grimm, au sujet des Remarques ajoutées à sa Lettre sur Omphale" („Brief an Grimm, die Bemerkungen zu seinem Brief über Omphale betreffend"). 18. Oktober: Aufführung des Singspiels „Le devin du village" („Der Dorfwahrsager") vor Ludwig XV. Arbeit an der Ausgabe von Pergolesis „La serva padrona" („Die Magd als Herrin").
1752/53	Komposition des Divertissements zum „Devin du village".
1753	Frühjahr: Komposition der Motette Salve regina. Sommer: Ausgabe der „Zingara" von Rinaldo. September/Oktober: „Lettre d'un symphoniste de l'Académie Royale de musique à ses camerades de l'Orchestre" („Brief eines Orchestermusikers der Académie Royale de musique an seine Kollegen"). August: Latours Porträt von Rousseau in einer öffentlichen Ausstellung. November: „Lettre sur la musique française" („Brief über die französische Musik"). Arbeit an „Discours sur l'origine et les fondements de l'inégalité parmi les hommes" („Abhandlung über den Ursprung und die Grundlagen der Ungleichheit unter den Menschen") und am „Essai sur l'origine des langues" („Essay über den Ursprung der Sprachen").
1754	Komponiert französische Romanzen. Im Juni Reise nach Genf; letztes Treffen mit Frau von Warens. Im August Wiederaufnahme in die calvinistische Kirche.
1755	„Essai sur l'origine ..." (s. 1753) erscheint in Amsterdam. „Réponse aux Erreurs de la Musique" (Fragment) („Erwiderung auf musikalische Irrtümer" [in der Enzyklopädie]). „Examen des deux principes avancés par M. Rameau" („Prüfung der zwei von Herrn Rameau vorgeschlagenen Prinzipe"). Der 5. Band der Enzyklopädie erscheint mit Rousseaus Artikel „Economie politique" („Politische Ökonomie").
1756	Am 9. April Übersiedlung in die „Eremitage" bei Montmorency. Brief an Voltaire, polemisch gegen dessen Gedicht über das Unglück von Lissabon. Erste Arbeit an den später zum Roman „Julie ou La nouvelle Héloïse" („Julie oder Die neue Héloïse") gehörigen Briefen.
1757	Liebe zur Comtesse Houdetot. Komponiert Einlagen zu einem Theaterstück der Frau von Epinay und die Motette „Ecce sedes hic tonantis". Zerwürfnis mit Frau von Epinay, Diderot und Grimm. Rousseau verläßt am 18. Dezember die „Eremitage" und zieht in das Gartenhaus Mont-Louis in Montmorency.
1758	„Imitation théâtrale („Nachahmung auf dem Theater"), eine Übersetzung und Bearbeitung platonischer Dialoge.

	„Lettre à d'Alembert sur les spectacles" („Brief an d'Alembert über die Schauspiele"). Im September Abschluß der Arbeit am Roman „Julie ou La nouvelle Héloïse".
1759	Am 6. Mai Einzug in das „kleine Schloß" in Montmorency; Arbeit am „Emile" und am „Contrat social" („Der Gesellschaftsvertrag").
1760	*Komponiert ein Glockenspiel für eine von seinem Landsmann Romilly verfertigte Uhr.*
1761	Fertigstellung des „Emile", des „Contrat social" und des „Essai sur l'origine des langues" (s. 1753).
1762	*„Pygmalion", Textbuch und Anweisungen für die Komposition.* „Emile" und „Contrat social" erscheinen im Frühjahr; „Emile" wird verboten und konfisziert, gegen Rousseau Haftbefehl erlassen. Am 9. Juni verläßt Rousseau Montmorency und reist in die Schweiz, in das preußische Neuchâtel, da die beiden neuen Bücher auch in Genf verboten und verbrannt worden sind. Nimmt Wohnung erst in Yverdon, dann in Môtiers.
1763	„Lettre à Christophe de Beaumont" („Brief an Christophe de Beaumont"), Polemik gegen das Verbot des „Emile" durch Beaumont, den Erzbischof von Paris. Im April Bürger des Fürstentums Neuchâtel, im Mai Verzicht auf das Bürgerrecht in Genf.
1764	„Lettres écrites à la montagne" („Briefe vom Berge"), Polemik gegen Jean-Robert Tronchin, den Generalprokurator von Genf. Angriff Voltaires auf Rousseau in der anonymen Schrift „Sentiments des citoyens" („Bürgermeinungen"). Rousseau entwirft eine Verfassung für Korsika und beginnt die Arbeit an seiner Autobiographie, den „Confessions". *Komposition weiterer französischer Romanzen. Ende des Jahres Fertigstellung des „Dictionnaire de musique" („Wörterbuch der Musik") — u. a. mit den umgearbeiteten Musikartikeln der Enzyklopädie.*
1765	Im September Flucht aus Môtiers auf die Insel St. Peter im Bieler See. Im Oktober Ausweisung durch die Regierung in Bern; auf der Reise nach England Stationen in Basel, Straßburg und Paris.
1766	Im Januar Ankunft in London. Bekanntschaft mit David Hume, alsbald Rückzug aus der Hauptstadt nach Chiswick, später nach Wootton. Symptome von Verfolgungswahn, deshalb beginnende Entfremdung zwischen Rousseau und Hume. Weitere Arbeit am ersten Teil der „Confessions".
1767	Im Mai Rückkehr nach Frankreich, bis 1770 Aufenthalt in abgelegenen Orten, Meudon, sodann Schloß Trye.

1768	Im Sommer Abreise nach Bourgoin in Südfrankreich. *Komposition der Motette „Principes persecuti sunt"*. Am 30. August heiratet Rousseau Thérèse.
1769	Rousseau geht im Januar nach Monquin; er beginnt den zweiten Teil der „Confessions".
1770	Im April einige Wochen in Lyon, am 24. Juni Rückkehr nach Paris. Abschluß der „Confessions". *Arbeitet wieder als Notenkopist. Etwa in dieser Zeit Komposition der Motette „Quomodo sedet sola" und der „Airs pour être joués la troupe marchant" („Melodien, die beim Marschieren gespielt werden sollen").*
1771	*Gibt im Verlag Duchesne eine Liedsammlung heraus;* Vorlesungen aus den „Confessions" werden ihm — offenbar auf Initiative der Frau von Epinay — polizeilich verboten.
1771/73	„Lettres sur la botanique" („Botanische Lehrbriefe").
1772	„Considérations sur le gouvernement de Pologne" („Betrachtungen über die Regierung in Polen") und „Rousseau juge de Jean-Jacques" („Rousseau als Richter von Jean-Jacques" — autobiographische Dialoge —), botanische Exkursionen und Schriften. *Etwa zu dieser Zeit Komposition der „Air de cloches" („Melodie für Glocken"), neue Ergänzungen zum „Devin du village" und — fragmentarisch — der Oper „Daphnis et Chloé" mit dem Text von Corancez.*
1774	„Extraits d'une Réponse du petit faiseur à son prête-nom, sur un morceau de l'Orphée de Gluck" (Auszüge aus einer Antwort des kleinen „Machers" an seinen Namensgeber über eine Nummer aus dem „Orpheus" von Gluck"). *„Nouvelle théorie pour calculer les intervalles" („Eine neue Theorie zur Berechnung der Intervalle"), und „Tableau du nouveau genre d'harmonie que j'appelle genre harmonique" („Darstellung einer neuen Art Harmonie, die ich harmonisches Genre nenne").*
1774/75	*„Observations sur l'Alceste de Gluck" („Beobachtungen bei der ‚Alceste' von Gluck"), Fragment.*
1776	Beginn der Arbeit an den „Rêveries du promeneur solitaire" („Träumereien eines einsamen Spaziergängers"). *Im Sommer „Lettre à M. le docteur Burney" („Brief an Herrn Dr. Burney").*
1777	*„Les Consolations des misères de ma vie, ou Recueil d'airs, romances et duos" („Tröstungen über das Elend meines Lebens oder Sammlung von Arien, Romanzen und Duetten").*
1778	Am 20. Mai Umzug nach Ermenonville auf die Besitzungen des Marquis de Girardin. 2. Juli: Tod Rousseaus. 4. Juli: Bestattung auf der Insel im See des Parks von Ermenonville.

Personenregister

Adam de la Halle (etwa 1237—1286/87)   396
Addison, Joseph (1672—1719)   405
Adolfati, Andrea (1711—1760): Schüler Galuppis, der vornehmlich an Kirchen in Venedig, Modena und Genua tätig war, jedoch auch zahlreiche *opere serie* komponierte.   19, 23 f.
Alembert, Jean Le Rond d' (1717—1783): illegitimer Sohn der Madame de Tencin, Mathematiker und *philosophe*, der auch mit ästhetischen und musikalischen Fragen befaßt war, 1751—1758 Mitherausgeber der Enzyklopädie.   30, 158; 340, 343 f., 377, 382 f., 389 f., 393, 406, 410, 421 f., 429, 432, 445, 483, 488
Alexander der Große (= III.) (356—323 v. u. Z.): makedonischer König, am Ende großer Eroberungskriege Herrscher eines — nach seinem frühen Tode rasch zerfallenen — „Weltreiches".   101
Anakreon (etwa 580—495 v. u. Z.)   377
Antiochus: Es ist unklar, welchen der Könige aus dem Geschlecht der Seleukiden Rousseau meint, am ehesten wohl Antiochus III. (der Große) (247—187 v. u. Z.), der bis nach Indien vordrang, im Westen aber am römischen Widerstand scheiterte.   9
Archytas (etwa 400—365 v. u. Z.): Philosoph, Mathematiker, Politiker und Feldherr, ein Freund Platons, der sich auch mit Musik befaßte.   192
Ariosto, Ludovico (1474—1533): italienischer Dichter, mit dem Hof von Ferrara und der Familie d'Este verbunden. In seinem berühmtesten Epos „*L'Orlando furioso*" (Der rasende Roland) verbindet er die karolingische Rolandssage mit den Fabeln des Kreises der Tafelrunde um König Artus.   35
Aristoteles (384—322 v. u. Z.): Schüler Platons, neben diesem der bedeutendste Denker der Antike, fraglos der universellste. Seine „Poetik" beeinflußte das ästhetische Denken der *philosophes* nachhaltig.   8, 288, 319; 425
Aristoxenos (etwa 354—300 v. u. Z.): Schüler des Aristoteles, Philosoph und Musiktheoretiker; seine Ethoslehre wurde vornehmlich durch Plutarch weiterentwickelt.   197
Arnaud, François, Abbé (1721—1784)   407
Aspelmayr, Franz (1728—1786)   476, 478

Bach, Carl Philipp Emanuel (1714—1788)   484
Bach, Johann Sebastian (1685—1750)   343

Bambini, Eustachio (Daten unbekannt): Leiter der italienischen Theatertruppe, deren Aufführungen in Paris 1752/53 im Mittelpunkt des Buffonistenstreites standen. 40—42
Barth, Karl (1886—1968) 332
Batteux, Charles, Abbé (1713—1780): Geistlicher, Pädagoge und Ästhetiker, seit 1750 Lehrer am Königlichen Kolleg, seit 1765 Mitglied der Académie française; versuchte — etwa in Parallele zum Vorgehen Newtons in der Physik —, die Künste auf ein einziges Prinzip zurückzuführen, die Nachahmung. Sein Werk „*Les beaux arts réduits à un même principe*", 1746, beeinflußte das ästhetische Denken des 18. Jahrhunderts nachhaltig. 268; 426, 430
Bayle, Pierre (1647—1706) 463
Beccaria, Cesare Bonesana, Marchese de (1738—1794) 343
Beethoven, Ludwig van (1770—1827) 345, 349f., 411, 469, 474, 495
Bellerophon: sagenhafter korinthischer Held. 114
Bemetzrieder, Anton (1743—1815) 445
Benda, Jiří Antonín (1722—1759) 471, 473, 476, 478, 481, 483f.
Benedictus (Benedikt von Nursia) (um 480—543): Der Patriarch des christlichen Mönchtums und Stifter des nach ihm benannten Ordens ist in die von Rousseau berichtete legendäre Begebenheit ebenso absichtlich wie willkürlich hineinkombiniert worden; vgl. auch Theodorus. 50
Benn, Gottfried (1886—1956) 495
Bérard, Albert (1710—1772) 378
Bernacchi, Antonio (1685—1756): berühmter, u. a. in Venedig, Düsseldorf und London tätiger Sänger und Gesangslehrer, seit 1736 ausschließlich als Lehrer in Bologna, neben Senesino der bedeutendste Vertreter der Bologneser Gesangsschule, Lehrer u. a. von Faustina Hasse, Bordoni und Farinelli. 19—22
Bernier, Nicolas (1664—1734): Kapellmeister des französischen Königs, Schüler von Antonio Caldara, komponierte vor allem Kantaten und Motetten. 146
Bezutti (Daten unbekannt): Musiker in der Kapelle des Königs von Sardinien. 356
Böhme, Jacob (1575—1624) 371
Boileau-Despréaux, Nicolas (1636—1711): Kritiker, Verfasser von Satiren und Episteln und der „*Art poétique*" (= Dichtkunst), in der er in Versform die Regeln des französischen Klassizismus kodifizierte. 8, 19, 24
Bonnet-Bourdelot, Pierre (1638—1708) 464
Bononcini, Giovanni Maria (1670—um 1750): italienischer Komponist und Kapellmeister, der — nacheinander in Bologna, Rom, Wien, Berlin, London, Paris, Venedig tätig — zeitweise neben A. Scarlatti als der bedeutendste italienische Komponist seiner Generation galt, schrieb auch ein Lehrbuch „*Musico prattico*". 70

Bontempi, Giovanni Andrea (etwa 1624—1705): Sänger (Kastrat) und Komponist, seit 1643 in Venedig, seit 1650 in Dresden tätig, woselbst er später zum Kapellmeister aufrückte, seit 1664 Architekt und Maschinenmeister am Hoftheater, auch Historiker; seit 1680 wieder in Italien, schrieb u. a. eine „*Historia Musica*". 156

Bourbonnais, Fräulein (18. Jh.): Sängerin. 378

Bourdelot, Pierre (1610—1685) 464

Boyé, Johannes (1756—1830) 437 f.

Brandes, Esther Charlotte, geb. Koch (1742—1786) 481

Brossard, Sébastien de (1655—1730): veröffentlichte im Jahre 1703 das erste französische „*Wörterbuch der Musik*". 216, 272 f.; 463 f.

Bruckner, Anton (1824—1896) 495

Buffon, Georges-Louis Leclerc, Comte de (1707—1788) 343 f., 462 f.

Buonmattei, Benedetto (1581—1647): italienischer Philologe. 117

Burette, Pierre-Jean (1665—1747): Arzt, Antiquar, auch Historiker und Musiker, hatte 1720 eine „*Dissertation über die Melopöie der antiken Musik*" vorgelegt und in dieser einige griechische Stücke übertragen, die er später öffentlich darbot. 139; 368 f.

Burney, Charles (1726—1814) 365 f., 414, 490

Cäsar, Gaius Julius (100—44 v. u. Z.): römischer Feldherr und Staatsmann, ersetzte die Senatsherrschaft durch die Alleinherrschaft. 9, 290

Caffarelli: Welchen von mehreren Sängern dieses Namens Rousseau meint, hat sich nicht ermitteln lassen. 84

Cahusac, Louis de (1700—1759) 393, 445

Calzabigi, Ranieri Simone Francesco Maria (1714—1795) 474

Canavas (Daten unbekannt) 356

Caraffe, wohl Carlo *Carafe* (1734—1765): ein italienischer, lange in Paris ansässig gewesener Aristokrat, u. a. mit Casanova befreundet. 42

Cartaud de la Villatte (l'Abbé François) (gest. 1737) 386

Casanova, Giacomo Girolamo Chevalier de Seingalt (1725 bis 1798) 353

Castel, Louis-Bertrand (1688—1757): Jesuitenpater (= Père Castel), erregte durch die Konstruktion eines „Farbenklaviers" Aufsehen, vgl. Anm. 83 zum „*Essay über den Ursprung der Sprachen...*". 165

Cato, M. Porcius Censorius (234—149 v. u. Z.): römischer Staatsmann, u. a. Konsul, fast sprichwörtlich bekannt wegen seiner Strenge, Einfachheit und Unbestechlichkeit, auch Schriftsteller, u. a. Autor des ersten lateinischen Geschichtswerkes. 10, 290

Caton (Daten unbekannt): Franziskanerpater. 356, 501

Cazotte, Jacques (1719—1792) 406

Chabanon, Michel Paul Guy de (1729—1792) 434, 437

Chardin, Jean (1643—1713): Kaufmann, Reisender, Diplomat, Schriftsteller, der durch seine Reiseberichte berühmt wurde, besonders sein 1686 erstmalig erschienenes „*Journal de voyage*". 103, 110f.

Chardin, Jean-Baptiste-Siméon (1699—1779): Maler 430

Chassé (Chassé de Poucean), Claude-Louis-Dominique (1698 bis 1786): Sänger und Theaterunternehmer. 223

Chastellux, François-Jean, Marquis de (1734—1788) 439

Chevalier, Madame: Näheres zu dieser Sängerin läßt sich nicht ermitteln. 44

Cicero, M. Tullius (106—43 v. u. Z.): römischer Politiker, Redner und Schriftsteller, zeitweilig Konsul. Seine Reden gelten als kanonische Modelle der klassischen Rhetorik, die drei Bücher „*De oratore*" (Vom Redner) als deren verbindliche Schule. 73, 115f., 307

Clérambault, Louis-Nicolas (1676—1749) 358

Cocchi, Gioacchino (1715—1804): italienischer Komponist. 64

Coignet, Horace (1735—1821) 475f.

Condillac, Etienne Bonnot de, Abbé (1715—1780) 343—345, 447, 453, 477

Corancez, Olivier de (gest. 1810) 490

Corelli, Arcangelo (1653—1713): italienischer Komponist, Geiger und Kapellmeister; in Bologna ausgebildet, war er seit 1675 in Rom tätig. In seinen Concerti grossi und Sonaten ein „Klassiker" des barocken Musizierens. Der Aufenthalt in Paris, auf den Rousseau anspielt, gehört wohl ins Reich der Legende. 70, 236, 266

Corneille, Pierre (1606—1684): prägte Form und Stil der klassischen französischen Tragödie. 26, 41, 290

Couperin, Louis (1626—1661) 412

Cury, Bay de (18. Jh.) 398

Cuvier, Georges (1769—1832) 454

Dacier, Anne Lefèbre (1651—1720): Schriftstellerin und Übersetzerin. 8

Danton, Georges (1759—1794) 457

Daponte, Lorenzo (1749—1838) 353

Darius (Dareios) I. (522—486 v. u. Z.): persischer König, festigte das durch Kyros begründete Reich sowohl militärisch als auch organisatorisch-administrativ. 101

Deffand, Marie de Vichy-Chamrond, Marquise de (1697—1780) 351

Demaux: Näheres nicht nachweisbar. 275

Demosthenes (384—322 v. u. Z.): athenischer Politiker und Redner, Vorbild für Cicero und darüber hinaus allgemein der Modellfall eines großen politischen Redners. 311
Derrida, Jacques (geb. 1926) 454
Descartes, René (1596—1650) 343, 385, 440
Desjardins (Daten unbekannt) 356
Destouches, Louis Camus, Chevalier (1668—1726) 392
Diderot, Denis (1713—1784): führender französischer Aufklärungsphilosoph, Schriftsteller und Literaturhistoriker. Mitarbeiter und Herausgeber der „*Großen Französischen Enzyklopädie*". 216; 333, 340, 344, 347f., 354, 374, 382f., 390, 392, 398, 400, 403f., 406, 410, 412f., 417, 422—424, 427—431, 433f., 439f., 442, 445f., 453, 464, 489, 493
Diogenes von Sinope (etwa 412—um 323 v. u. Z.): kynischer Philosoph, der, als Verächter der Kultur, ein Bettlerdasein führte, wichtige Rousseausche Prinzipien antizipierend. 101
Dionysios von Halikarnassos: seit etwa 30 u. Z. in Rom nachweisbarer griechischer Geschichtsschreiber und Rhetor, schrieb u. a. „Über die Nachahmung", „Über die Fügung der Wörter" u. a. m. 116, 120
Dittersdorf, Karl (Ditters von) (1739—1799) 401
Dodart, Denis (1634—1707): Arzt, der den Jansenisten von Port-Royal nahestand; schrieb über botanische und stimmphysiologische Fragen. 234
Dubos, Jean-Baptiste, Abbé (1670—1742): Seine „*Réflexions critiques sur la poésie, la peinture et la musique*" (Paris 1719) gehören zu den einflußreichsten ästhetischen Schriften des 18. Jahrhunderts. 70; 413
Duclos, Charles Pinot (1704—1772): Sein „*Commentaire sur la Grammaire de Port-Royal*", der einer Neuausgabe dieses Buches (genau: Arnaud-Lancelot, „*Grammaire générale et raisonné*", Paris 1660) im Jahre 1754 beigegeben wurde, regte Rousseau wesentlich zu seinen Überlegungen über den Ursprung der Sprachen und der Musik an. 112, 117f., 154; 448
Dumesnil, Marie-Françoise (1713—1803): Schauspielerin, deren subjektiv-pathetischer Stil u. a. den Beifall Voltaires fand; Gegenspielerin der Clairon. 93
Duni, Egidio Romoaldo (1709—1775) 436, 486
Dupré, Louis (1697—1774): seit etwa 1715 bis 1751 Tänzer an der *Académie royale de Musique,* zeitweise der „Gott des Tanzes". 29
Durante, Francesco (1684—1755): einer der großen Vertreter der neapolitanischen Schule, in seiner Kirchenmusik den Palestrina-Stil bewahrend, Lehrer u. a. von Pergolesi, Vinci, Paisiello, Jomelli und Picinni. 43, 236, 266

Du Roullet (Rollet), Marie-François Gand-Leblanc, Marquis (1716—1786) 487, 491

Eberwein, Carl (1786—1868) 473
Epinay, Louise-Florence-Pétronille Tardieu d'Esclavelles (1726 bis 1783) 424, 473, 488
Eupolis (446—412 v. u. Z.): griechischer Komödiendichter, Freund und Konkurrent des Aristophanes; in seinen „*Demoi*" ließ er große Figuren der Vergangenheit aus der Totenwelt zurückkommen und den Zeitgenossen Ratschläge zur politischen Besserung erteilen. 139
Euripides (485/84—406 v. u. Z.): der jüngste der drei Klassiker der griechischen Tragödie, der lange am mazedonischen Hof lebte; in seinen Dramen erscheinen die Mythen in gewisser Weise „aufklärerisch" angeeignet. 22, 154, 191

Falconet, Camille (1671—1762) 410
Favart, Marie Justine Benoîte (1727—1772) 403
Fel, Marie (1713—1794): die bedeutendste französische Opernsängerin in den fünfziger Jahren, Favoritin der *philosophes*, Lebensgefährtin des Malers Maurice Quentin de La Tour; seit 1759 sang sie nur noch im *concert spirituel*. 63, 230; 393
Fomin, Jewstignej Ipatowitsch (1761—1800) 480
Fontenelle, Bernard Le Bovier de (1657—1757): eine der großen Autoritäten der französischen Aufklärung, vertrat im *Streit der Altertumsfreunde und der Modernen* engagiert die Partei der letzteren. 49, 318; 343, 423 f.
Forkel, Johann Nicolaus (1749—1818) 465
Francueil (Daten unbekannt) 397
Freud, Sigmund (1856—1939) 333

Galiani, Ferdinando, Abbé (1728—1787) 353; 488, 499
Galin, Pierre (Daten unbekannt) 368
Galuppi, Baldassare (1706—1785): im 18. Jahrhundert nach seinem Geburtsort Burano (bei Venedig) zumeist „*Il Buranello*" oder einfach „*Buranello*" genannt, einer der großen Vertreter der venezianischen Oper, zeitweise auch in London und Petersburg tätig gewesen; arbeitete mit Goldoni zusammen. 19, 23, 62, 64, 236; 439
Gay, John (1685—1732) 405
Gemmingen, Otto Heinrich, Freiherr von (1755—1836) 483
Genlis, Stéphanie-Félicité du Crest de Saint-Aubin, Comtesse de (1746—1830) 407
Girardin, René-Louis, Comte d'Ermenonville (1735—1808) 335
Gluck, Christoph Willibald, Ritter von (1714—1787): er ist insgesamt

sechsmal in Paris gewesen (1764, 1773, 1774/75, 1776, 1777 und 1779); angesichts der Gleichsinnigkeit der ästhetischen Bestrebungen kam der direkte Kontakt mit den *philosophes* erstaunlich spät zustande. 180, 190, 193, 200, 204, 209; 366, 386, 404, 423, 471, 474, 484—494

Goethe, Johann Wolfgang (1749—1832)   349, 354, 362, 400, 427, 471, 473f., 481f., 491, 498

Gogh, Vincent van (1853—1890)   495

Goldoni, Carlo (1707—1793)   405

Gottsched, Johann Christoph (1700—1766)   382, 408

Goudimel, Claude (um 1514—1572): erreichte besonders durch seine Psalmvertonungen eine erstaunliche Breitenwirkung.   70f.

Gregor I., Papst (etwa 540—604): nicht, wie die Legende will, der „Erfinder" oder Begründer, sondern eher schon ein erster Kompilator des nach ihm benannten einstimmigen Gesangs der Kirche.   49

Grenet, François-Lupien (gest. 1753)   395

Grétry, André-Ernest-Modeste (1741—1813)   400—402, 407, 422, 436f., 486—488, 502

Greuze, Jean-Baptiste (1725—1805)   400

Grillparzer, Franz (1791—1872)   349

Grimm, Friedrich Melchior, Baron von (1723—1807): engagierter Literaturkritiker und Journalist, der seit 1748 in Paris ansässig war, langjährig Herausgeber und wichtigster Autor der *„Correspondance littéraire ..."*, zunächst enger Freund Rousseaus, nach 1756 sein wohl meistgehaßter Intimfeind.   8ff., 19ff.; 333, 382, 384, 390—393, 404f., 407f., 412f., 420, 432f., 445, 473f., 476, 483, 486f., 489, 492, 501

Hadrian I.: Papst von 772 bis 795.   50

Halle, Adam de la, siehe Adam de la Halle

Händel, Georg Friedrich (1685—1759): einer der ganz wenigen deutschen Musiker, die in Rousseaus Gesichtskreis getreten sind.   24; 405

Hanslick, Eduard (1825—1904)   403, 437

Hasse, Johann Adolf (1699—1783): einer der großen Repräsentanten der *opera seria*, seit 1730 in Dresden tätig.   23f., 236, 299

Haydn, Joseph (1732—1809)   345, 387, 423, 437

Hegel, Georg Wilhelm Friedrich (1770—1831)   334, 426, 431, 436

Helvétius, Claude-Adrien (1715—1771)   343, 382, 440, 447

Herder, Johann Gottfried (1744—1803)   401, 440, 448, 485, 499

Herodot (um 484—um 425 v. u. Z.): griechischer Historiker, Freund von Perikles und Sophokles, in Ciceros Worten der „pater historiae" — der Begründer der griechischen Geschichtsschreibung.   126, 158; 453

Holbach, Paul Heinrich Dietrich, Baron d' (1723—1789)   343, 396, 407, 409, 447, 492
Homer (etwa im 8. Jahrhundert v. u. Z. lebend): der legendär gewordene früheste Dichter Griechenlands und damit Europas. Auch bei Rousseau spielt die Diskussion um Art und Authentizität der unter seinem Namen überlieferten Epen eine Rolle, von denen die moderne Forschung ihm nur die „*Ilias*" zugesteht.   19, 34, 73, 114f., 123, 140, 154
Horaz (Q. Horatius Flaccus, etwa 65—8 v. u. Z.): römischer Lyriker, dessen Werk mehr als das irgendeines anderen antiken Dichters seit der Renaissance zum Allgemeingut geworden war.   8
Houdar de la Motte, Antoine (1672—1731)   343, 430
Houdetot, Elisabeth de la Live de Bellegarde, Comtesse de (1730—1813)   376, 499, 501
Houdon, Jean Antoine (1741—1828)   431
Hume, David (1711—1776)   343 f.
Hyperbolus (gest. 411 v. u. Z.): athenischer Volksredner, 417 v. u. Z. durch Scherbengericht aus Athen verbannt.   139

Isidor von Sevilla (um 570—636): lateinischer Schriftsteller, seit 600 Erzbischof von Sevilla. In seinen „*Origines*" versuchte er in Form étymologischer Worterklärungen eine Gesamtdarstellung des Wissens seiner Zeit.   116
Isokrates (436—338 v. u. Z.): athenischer Redner, nahezu der Begründer der antiken Rhetorik.   116

Janáček, Leoš (1854—1928)   443
Janowka, Thomas Balthasar (gest. nach 1715)   463
Jaucourt, Louis, Chevalier de (1704—1779)   439
Jelyotte (Géliote), Pierre (1713—1797): populärer Darsteller der *Comédie italienne*; gefeiert in Rameaus Opern, auch Komponist, Gitarrist und Violoncellist.   29, 63, 230; 379, 397
Johannes de Muris (etwa 1290—nach 1351): Musiktheoretiker, der letzte große Vertreter des Quadriviums. Rousseaus Tadel trifft ihn zu Unrecht, vgl. Anm. 98 auf S. 167.   155
Jomelli, Niccolò (1714—1774): sehr erfolgreicher Opernkomponist von ausgesprochen dramatischer Begabung, bevorzugte die *opera seria,* u. a. 1753—1770 in Stuttgart tätig.   42, 64, 236, 266; 409, 489
Julian Apostata (332—363): römischer Kaiser, Neffe Konstantins I., versuchte vergeblich, die alten Bräuche und Gotteskulte der Römer wiederzubeleben.   155

Kadmos: in der griechischen Mythologie phönizischer Königssohn, der seine von Zeus entführte Schwester Europa suchen sollte und nach Weisung des delphischen Orakels die Kadmeia, die Burg des späteren Theben, gründete; ihm wurde auch die Einführung des phönizischen Alphabets in Griechenland zugeschrieben. 111

Kant, Immanuel (1724—1804)   334, 338, 343, 438—443, 498

Karl der Große (742—814): fränkischer Kaiser; spielte für die Musik vor allem bei der Orientierung an der römischen Liturgie eine wichtige Rolle.   49f., 323

Koch, Heinrich Christoph (1749—1816)   438

Körner, Theodor (1791—1813)   438

Kyros (II.) (559—529 v. u. Z.): persischer König, machte Persien zur Großmacht und stand in dem Rufe, gegenüber den Unterworfenen großmütig und tolerant zu sein.   290

La Bruyère, Jean de (1645—1696): einer der großen französischen Moralisten.   8, 17

La Croix, A. Phérotée de (1640—1715)   429

La Fontaine, Jean de (1621—1695)   336

La Harpe, Jean-François de (1739—1803)   476—478

Lamettrie, Julien Offray de (1709—1751)   344

Lamotte, siehe Houdar

Lamy, Bernard („Père Lamy") (1640—1715): französischer Sprachtheoretiker, der Rousseau sehr stark beeinflußt hat. Sein Hauptwerk „*L'Art de parler*" erschien zwischen 1678 und 1715 mehrmals, jeweils mit weitreichenden Ergänzungen, eine spätere Auflage noch 1757.   106; 448, 451, 459

Lanson, Gustave (1857—1934)   334

La Poupelinière, Alexandre-Joseph Le Riche de (1692—1762)   351, 375, 377, 382

Laroche, Sophie von (1731—1807)   473, 481

Lasso, Orlando di (etwa 1532—1594): franco-flämischer, sprachlich wie musikalisch polyglotter Komponist, seit 1553 in Rom, seit 1556 in München tätig.   70

La Tour, Maurice Quentin de (1704—1788)   402—404

Laugier, Marc-Antoine (1713—1769)   406

Leibniz, Gottfried Wilhelm (1646—1716)   440f., 459, 497

Le Maure: Näheres zu dieser Sängerin nicht nachweisbar.   318

Lemoyne, Jean-Baptiste (1704—1778)   431

Leo, Leonardo (1694—1744): als Kapellmeister an neapolitanischen Kirchen und Theatern tätig, 1725 Nachfolger A. Scarlattis als Hoforganist, Lehrer von Jomelli und Picinni; im Vergleich zu Vinci als Opernkomponist eher „konservativ".   62, 236, 266, 291

Lessing, Gotthold Ephraim (1729—1781)   343, 353

Levasseur, Marie-Thérèse (1721—1801)   370, 377, 397f., 498, 500

Linné, Karl von (1707—1778)   462f.

Ludwig XV., König von Frankreich 1715—1774   363
Ludwig XVI., König von Frankreich 1774—1792   491
Lukács, Georg (1885—1971)   432
Lully, Jean-Baptiste (Giovanni Battista Lulli) (1632—1687): seit 1646 in Paris, wo er zunächst vornehmlich Ballette, sodann Opern (*tragédies lyriques*) schrieb, deren lange Tradition er in Frankreich gründete — daher für die Aufklärer Inbegriff des etablierten, konventionellen Musiktheaters.   8, 20, 31, 38, 62, 70 f., 77 f., 83, 89, 91, 93, 302 f.; 363, 389, 412, 417 f., 488 f.
Luther, Martin (1483—1546)   346

Mahler, Gustav (1860—1911)   411, 495
Mainard (Lebensdaten nicht nachweisbar): französischer Sprachwissenschaftler des 18. Jahrhunderts.   22
Mairet, Jean (1604—1686): französischer Dichter, der mit seinen Bühnenstücken (*"Sylvie"*, *"Silvanie"*, *"Sophonisbe"*) entscheidend zur Herausbildung der klassischen französischen Dramaturgie beitrug.   22
Mairobert de Pidausat, Mathieu François (1707—1779)   408
Malesherbes, Chrétien-Guillaume de Lamoignon de (1721—1794)   449
Mann, Thomas (1875—1955)   416, 431
Maricas: Näheres nicht zu ermitteln.   139
Marie-Antoinette (1755—1793)   332, 335, 485
Marmontel, Jean-François (1723—1799)   341, 348, 392, 396, 400, 402, 439
Marx, Karl (1818—1883)   333, 346, 435
Matanasius: Näheres nicht zu ermitteln.   22
Mattheson, Johann (1681—1764)   429, 504
Menalippides der Jüngere: Dichter chorischer Dithyramben im späteren 5. Jahrhundert v. u. Z.   153
Mendelssohn Bartholdy, Felix (1809—1847)   434
Metastasio, eigentl. Pietro Antonio Domenico Bonaventura Trapassi (1698—1782): der große Librettist des barocken *dramma per musica*, in den meisten Darstellungen viel zu einseitig auf Schematismus der Handlungsführung und Typisierung der Charaktere festgelegt, zweifellos der bedeutendste und glänzendste Repräsentant des spätbarocken Theaters.   10, 64, 250; 446
Mirabeau, Victor Riqueti, Marquis de (1715—1789)   457
Molière (Jean-Baptiste Poquelin) (1622—1673): Frankreichs großer Komödiendichter, den die Aufklärer auf Grund seiner bissigen Gesellschaftskritik als einen der ihrigen betrachteten.   255, 280
Mondonville, Jean-Joseph Cassanéa de (1711—1752): französischer Geiger und Komponist, langjährig Leiter der *Concerts spirituels*, im Buffonistenstreit auf der Seite der französischen Oper.   318

Monsigny, Pierre-Alexandre (1729—1817)   436, 486
Montesquieu, Charles de Secondat, Baron de la Brède et de (1689—1755)   343f.
Monteverdi, Claudio (1567—1643)   474
Morellet, André, Abbé (1727—1819)   341
Mozart, Wolfgang Amadeus (1756—1791)   387, 403, 420, 436, 471, 474, 483 f.
Mussard, François (1693—1753)   394f.
Mussorgski, Modest Petrowitsch (1839—1881)   495

Nardini, Pietro (1722—1793)   401
Naukrates (geb. kurz nach 380 v. u. Z.)   116
Neefe, Christian Gottlieb (1748—1798)   480
Nietzsche, Friedrich Wilhelm (1844—1900)   340
Noblet: Näheres zu diesem Pariser Musiker nicht nachweisbar. 74
Noverre, Jean Georges (1727—1810)   474f.

Olivet, Pierre-Joseph Toulier, Abbé de (1682—1768): Verfasser der „*Remarques sur la langue française*", Paris 1767, eines Traktates, den Rousseau bei der Arbeit am „*Essay über den Ursprung der Sprachen ...*" zu Rate zog.   221
Orlow, Grigori Grigorjewitsch, Graf (1734—1783)   350
Ovid (Publius Ovidius Naso) (43—17 v. u. Z.)   377, 482

Pagin, André-Noël (1721—nach 1785): in seinen Glanzjahren — etwa 1747—1759 — der bedeutendste französische Geiger, auch Komponist; Schüler von Tartini.   24
Pajou, Augustin (1730—1809)   431
Palais, Abbé (Daten unbekannt)   356
Palamedes: in der griechischen Mythologie Königssohn aus Euböa, der den vorgeblichen Wahnsinn des Odysseus bei Ausbruch des trojanischen Krieges entlarvte und, der Bestechung beschuldigt, gesteinigt wurde. Ihm wurden Erfindungen wie die der Zahlen, Buchstaben, von Maß und Waage zugeschrieben.   112
Pepusch, John Christopher (1667—1752)   405
Pereire (Péreyre): Arzt, der im 18. Jahrhundert bekannt war durch seine Bemühungen zur Bildung der Taubstummen.   103
Perez, Davide (1711—1778): zunächst vornehmlich in Neapel und Palermo, später in Lissabon tätiger Opernkomponist, herausragender Vertreter der neapolitanischen Schule mit einem auf Gluck vorausweisenden Sinn für realistische Dramatik.   64, 236
Pergolesi, Giovanni Battista (1710—1736): der in der Schätzung der *philosophes* zuhöchst stehende Komponist, Vertreter der neapolitanischen Schule, als Modellfall vielfach zitiert und als nahezu uner-

reichbar gepriesen.   19, 23 f., 39, 62, 70, 73, 236, 247, 250, 266, 291; 382, 393, 407

Peri, Jacopo (1561–1633)   443, 500

Pherekrates: griechischer Komödiendichter.   163

Philidor, François-André Danican- (1726–1795)   422, 436, 486 f.

Philoxenos (435/34–380/79 v. u. Z.): Dichter von Dithyramben; galt neben Thimotheos als Hauptvertreter einer „modernen" Musik.   153

Philipp (II.) (382–336 v. u. Z.): seit 356 König von Mazedonien, schuf die Grundlagen für das Weltreich seines Sohnes, Alexanders des Großen.   29

Phryne: bekannte athenische Hetäre.   101

Piccinni, Niccolò (1728–1800)   439, 486, 489

Pindar (518–446 v. u. Z.): der letzte und größte griechische Chorlyriker.   139

Plato(n) (427–347 v. u. Z.): neben seinem Schüler Aristoteles der bedeutendste Philosoph des Altertums, bei Rousseau auffallend viel häufiger zitiert als bei den anderen *philosophes*.   19, 34, 51, 108, 154; 497

Plutarch (46–119): griechischer Schriftsteller mit großer Nachwirkung; ein wesentlicher Teil unserer Kenntnis der antiken Geschichte geht auf Berichte von ihm zurück, zumal die *„Parallelbiographien"*.   153

Pompadour, Jeanne-Antoinette Poisson, Marquise de (1721–1764)   374, 397 f., 401

Porpora, Nicola (1686–1768): neapolitanischer Opernkomponist mit recht konventioneller Schreibart, zeitweise auch in Venedig, Rom, Wien, Dresden und London tätig gewesen.   64, 312

Pound, Ezra (1885–1972)   441

Prévost d'Exiles, Antoine-François, Abbé (1697–1763)   490

Prodamus: griechischer Lehrer der Grammatik und der Musik, durch Quintilian belegt.   139

Proust, Marcel (1871–1922)   502

Quinault, Philippe (1635–1688): der bedeutendste französische Librettist, vornehmlich für Lully arbeitend, prägte die *tragédie lyrique* nachhaltig, wurde noch gegen Ende des 18. Jahrhunderts komponiert und u. a. auch von Voltaire hochgeschätzt.   8, 10, 26, 36

Quintilian(us), M. Fabius (etwa 35–etwa 96): Lehrer der Rhetorik in Rom, dessen *„Institutio oratoria"* zu den kanonischen Büchern seines Faches gehört; sein Modellfall war Cicero.   139

Racine, Jean-Baptiste (1639–1699): neben Corneille der bedeutendste Vertreter der klassischen französischen Tragödie.   26, 41, 290; 488

Raguenet, François, Abbé (um 1660—1720)   391, 404f.
Rameau, Jean-Philippe (1683—1764): Rousseaus Hauptgegner im musikalischen Felde, war einer der großen Universalisten der Musikgeschichte, der in allen seinerzeit gepflegten Gattungen Überragendes leistete, insbesondere auf dem Gebiet der Oper.   22 f., 26, 29—33, 63, 75, 85, 144, 156, 217, 321; 345, 352, 360f., 363f., 367, 374—394, 406f., 412, 417—423, 449f., 464f., 482f., 489, 493, 503
Rebel, François (1701—1775)   379
Reichardt, Johann Friedrich (1752—1814)   480f., 493
Rellstab, Heinrich Friedrich Ludwig (1799—1860)   492
Richelieu, Armand-Jean du Plessis, Duc de (1585—1642)   375, 378
Rinaldo da (di) Capua (um 1710—nach 1770): venezianischer Opernkomponist; zwei Stücke von ihm wurden von den *buffoni* in Paris aufgeführt, von denen „*La Zingara*" nächst Pergolesis „*Serva padrona*" am meisten diskutiert wurde; von Burney gelobt, in der melodischen Erfindung stärker als in der kompositorischen Ausarbeitung.   236; 394
Robespierre, Maximilien-Marie-Isidore de (1758—1794)   332, 336, 457
Rulhières, Claude Carloman de (1735—1791)   387

Sacchini, Antonio Mario Gasparo (1730—1786)   439, 489
Saint-Evremont, Charles de St. Denis, Seigneur de (etwa 1611—1703): General; frühaufklärerischer Opernkritiker, entschiedener Parteigänger der französischen Oper.   258
Salieri, Antonio (1750—1825)   404
Sallier, Abbé (Lebensdaten nicht zu ermitteln): Vorsteher der königlichen Bibliothek.   213
Satie, Erik (1866—1925)   495
Sauveur, Joseph (1653—1716): Mathematiker und Akustiker, der die Obertonstruktur des Klanges untersuchte, u. a. den Begriff des Grundtones definierte.   275; 384—386
Schiller, Friedrich (1759—1805)   350, 402, 438, 481
Schönberg, Arnold (1874—1951)   411
Schröter, Corona (1751—1802)   481
Schubart, Christian Friedrich Daniel (1739—1791)   440, 478f.
Schubert, Franz (1797—1828)   474, 495
Scudéry, Madeleine (1607—1701): französische Schriftstellerin; ihr Salon galt als Mittelpunkt der *précieuses*, jener Damen, deren oft bis zur Unnatürlichkeit getriebenen Umgangs- und Sprachstil Molière später verspottete.   24
Schweitzer, Anton (1735—1787)   476
Seneca der Jüngere (um 4 v. u. Z.—65 u. Z.): römischer Philosoph, Erzieher Neros, der ihn später zum Selbstmord zwang; schrieb außer philosophischen Abhandlungen über Rhetorik Tragödien, wel-

che gerade die französischen Klassiker stark beeindruckten.
22
Sergius von Donat (Daten unbekannt) 218
Shaftesbury, Anthony Ashley Cooper, Earl von (1671—1713): englischer Philosoph der Frühaufklärung, wirkte besonders in Deutschland sehr stark (Kant, Herder, Schiller). 59
Simonides (um 556—um 468 v. u. Z.): griechischer Lyriker, wie sein Rivale Pindar oft auf Wanderschaft; von ihm hat sich vornehmlich „Gelegenheitsdichtung" erhalten. 112
Sokrates (470—399 v. u. Z.) 343, 497
Somis, Giovanni Battista (1686—1763) 356
Sophokles (um 496—406 v. u. Z.): der „mittlere" der drei Klassiker der griechischen Tragödie; nur sieben Dramen sind vollständig erhalten. Schon in der Antike galt er als klassisch. 22
Spinoza, eigentl. Bento Despinoza Baruch (1632—1677) 371
Strabo (58 v. u. Z.—22 u. Z.): griechischer Geograph. 138

Tacitus, Publius Cornelius (um 55—um 120) 495
Tamerlan (1336—1405): europäischer Name für den türkisch-mongolischen Großkhan und Eroberer Timur. 9
Tarquinius: Tarquinius Priscus und Tarquinius Superbus waren legendäre römische Könige, die einem etruskischen Geschlecht entstammten. 101
Tartini, Giuseppe (1692—1770): italienischer Geiger, Komponist und Theoretiker. Rousseau gab seinen im „*Trattato di musica* ..." (1754) dargelegten Theorien den Vorzug vor denjenigen Rameaus. 24, 156, 217, 312
Tasso, Torquato (1544—1595): Der neben Ariost größte Epiker des 16. Jahrhunderts gehörte zu Rousseaus „Leitfiguren", nicht nur, weil ihn die oft elegische Musikalität seiner Dichtung besonders stark ansprach. 58, 114, 226; 363, 377f.
Terradellas (bei Rousseau stets italienisiert *Terradeglias*), Domingo (Domenico) (1713—1751): Schüler Durantes in Neapel, später in Rom, kurzzeitig in Spanien, London und wieder in Rom tätig; Rousseau lernte ihn in Paris kennen; Vertreter der neapolitanischen Schule in der ersten Generation, einer der erfolgreichsten Opernkomponisten seiner Zeit. 24, 64, 70, 236; 417
Terrasson, Abbé (Daten nicht ermittelt): Verfasser einer zweibändigen, 1715 in Paris erschienenen „*Dissertation critique sur l'Iliade d'Homère* ...". 140
Themistokles (524—459 v. u. Z.): griechischer Feldherr und Politiker, der in der Auseinandersetzung mit Persien eine bedeutende Rolle spielte. 9f.
Theodorus (um 800/850): römischer Archidiakon unter Papst Gregor IV., bei dem sich der fränkische Mönch Amalar im Auftrag Kai-

ser Ludwigs des Frommen um 831/32 über die römische Liturgie unterrichten ließ — dies wohl der historische Kern der von Rousseau sehr anders wiedergegebenen legendären Begebenheit. 50

Thérèse, siehe Levasseur

Thrasybulos (5. Jahrhundert v. u. Z.): griechischer Stratege und Politiker, der für die Erhaltung der athenischen Demokratie kämpfte. 101

Tonelli: französische Sängerin, etwa 1745—1760 in Paris tätig. 43f.

Treytorens (Daten unbekannt) 359

Triptolemos: Nach der griechischen Mythologie gab Demeter ihm Ähren und trug ihm auf, die Menschen den Getreideanbau zu lehren. 123, 126

Trissino, Giangiorgio (1478—1550): italienischer Dichter. 22

Trublet, Nicolas-Charles-Joseph, Abbé (1697—1770) 428

Turgot, Baron de l'Aulne, Anne-Robert-Jacques (1727—1781) 343

Venture (Daten unbekannt) 358f.

Vinci, Leonardo (etwa 1696—1730): der angesehenste neapolitanische Opernkomponist seiner Zeit, für kurze Zeit Lehrer Pergolesis, kam über die Vertonung neapolitanischer Komödien zur *opera seria*, wurde — bei oft simpler Satztechnik — für seinen *dolce stil nuovo* gelobt. Mit ihm beginnt die sogenannte neapolitanische Opernschule, zugleich der Siegeszug der Libretti Metastasios. 70, 236, 291; 401

Voisenon, Abbé (1708—1775) 408

Voltaire, eigentl. François-Marie Arouet (1694—1778): innerhalb der Aufklärer die große Gegenfigur zu Rousseau — in einer insofern repräsentativen Konfrontation, als beide auch in der bissigsten Polemik aufeinander fixiert blieben. 34, 41; 337, 343f., 361, 374f., 378, 402, 409f., 429, 452, 454, 462f., 488, 503

Wagner, Richard (1813—1883) 334, 411, 418

Walther, Johann Gottfried (1684—1748) 463

Warens, Louise Eléonore, Baronin von (1700—1762) 355—358, 361, 376, 501

Watt, James (1736—1819) 435

Wieland, Christoph Martin (1733—1813) 343, 484, 493, 498

Wittgenstein, Ludwig (1889—1951) 459

Zeno, Apostolo (1668—1750): italienischer Dichter und Gelehrter, in Venedig und Wien tätig; der „Architekt" des Librettos der *opera seria*, der erste, der ihm literarischen Rang zu geben wußte. 101, 218

Zeuxis (um 400 v. u. Z.) 430, 482

Inhalt

Statt eines Vorwortes (Peter Gülke)   5

Brief an Grimm über die italienische und die französische Oper
(1750)   8
Brief an Herrn Grimm, die „Bemerkungen" zu seinem Brief
über „Omphale" betreffend (1752) 19
Brief eines Orchestermusikers der Académie Royale de Musique an seine Kollegen (1753) 38
Brief über die französische Musik (1753) 47
Essay über den Ursprung der Sprachen, worin auch über Melodie und musikalische Nachahmung gesprochen wird 99
Pygmalion. Musikalische Szene (1762) 169
Auszug aus einer Antwort des „petit faiseur" an seinen Namensgeber, eine Arie aus dem „Orpheus" des Ritters Gluck betreffend (1774) 180
Fragmentarische Beobachtungen zu der italienischen „Alceste"
des Ritters Gluck (1774/75) 190
Artikel aus dem „Wörterbuch der Musik" (1767) 212
Vorwort; accent; acteur; allemande; ballet; barcarolles; battre la mesure; bourrée; branle; broderies/doubles/fleurtis; canarie; cantate; cartelles; castrato; chaconne; chant; compositeur; concert spirituel; contre-danse; copiste; courante; dessein; divertissement; double; duo; effet; ensemble; entr'acte; execution; expression; fête; forlane; gaillarde; gavotte; génie; gigue; goût; imitation; loure; mélodie; menuet; musette; naturel; notes; notes de goût; opéra; orchestre; ouverture; passacaille; passepied; pathétique; pavane; phrase; prima intenzione; récitatif; récitatif accompagné; récitatif mesuré; récitatif obligé; rigaudon; romance; roulade; sarabande; scène; sonate; sujet; symphonie; tambourin; unité de mélodie; vaudeville; villanelle.

Peter Gülke: Rousseau und die Musik oder Von der Zuständigkeit des Dilettanten 331
I Einleitung 331
II Werdegang 353
III Notation 364
IV Der Kopist 370

543

V Streit mit Rameau 37
VI „Der Dorfwahrsager" . . . . 39.
VII Im Buffonistenstreit und danach 404
VIII Aesthetica: imitation, génie, unité de mélodie 423
IX Über den Ursprung von Sprache und Musik 447
X Das Wörterbuch der Musik 461
XI Das Melodram 471
XII Begegnung mit Gluck 485
XIII Von der Zuständigkeit des Dilettanten 494
Anmerkungen 505

Zeittafel 523
Personenregister 528